(Kinderlose unschattiert)

Friedrich (1728-1811) Großherzog 1806
Luise Geyer v. Geyersberg, Gräfin Hochberg (1768-1820)

Leopold (1790-1852) Großherzog 1830
∞ Sophie von Schweden (1801-1865)

Alexandrine (1820-1904)
∞ Ernst Herzog v. Sachsen-Coburg-G.(1818-1893)

Ludwig II. (1824-1858) Großherzog 1852

Friedrich I. (1826-1907) Großherzog 1856
∞ Luise von Preußen (1838-1923)

Wilhelm Markgraf (1829-1897)
∞ Marie v. Leuchtenberg (1841-1914)

Carl (1832-1906)
∞ Rosalie v. Beust Gräfin Rhena (1845-1908)

Marie (1834-1899)
∞ Ernst Fürst v. Leiningen (1830-1904)

Cäcilie (1839-1891)
∞ Michael Großfürst von Rußland (1832-1902)

Wilhelm (1792-1859)
∞ Elisabeth v. Württemberg (1802-1864)

Amalie (1795-1869)
∞ Carl Egon Fürst v. Fürstenberg (1796-1854)

Maximilian (1796-1882)

automobilität

 1

für Renate

automobilität

Karl Drais
und die unglaublichen
Anfänge

Hans-Erhard Lessing

3

Über den Autor

Hans-Erhard Lessing, Jahrgang 1938, promovierte an der TU Berlin und ist apl. Professor der Universität Ulm. Nach Laser-Grundlagenforschung u.a. im kalifornischen IBM-Labor San José wandte er sich der Technikgeschichte zu und wirkte an Museen in Mannheim und Karlsruhe. Seither publizierte er zur Mobiltitätsgeschichte und deckte u.a. den Leonardo-Schwindel auf.

Danksagung

Mein Dank gilt zuerst der Heinrich-Vetter-Stiftung in Mannheim, besonders Herrn Dieter Kolb und Prof. Dr. Carl-Heinrich Esser, die mit einem Druckkostenzuschuß den Farbdruck der historischen Kupferstiche ermöglichten.

Die Liste der inhaltlichen Helfer führen die früheren Biografen Keizo Kobayashi, Max Rauck und Dr. Herman Ebeling an, die mir dankenswerterweise Material zur Verfügung stellten. Bei den Archiven sei besonders dem Generallandesarchiv Karlsruhe und seinem Direktor Dr. Volker Rödel, den Stadtarchiven Mannheim und Karlsruhe mit Dr. Peter Pretsch, dem Landesmuseum für Technik und Arbeit und den Reiss-Engelhorn-Museen mit Frau Dr. Grit Arnscheidt, sowie der Bayerischen Staatsbibliothek mit Dr. Dieter Blasenbrey gedankt, stellvertretend für alle weiteren. Allen in den Bildlegenden genannten Forschern und Sammlern bin ich für Bild- und Quellensuche zu Dank verpflichtet, zudem Nicholas Clayton, Prof. Dr. Helmut Engler, Walter Euhus, Dr. Klaus Häfner, Dr. Christel Hess, Jan Kralik, Gertjan Moed, Samuel Nieswizski, Prof. Dr. Glen Norcliffe, Jost Pietsch, Andrew Ritchie, Prof. Dr. Heinz-Egon Rösch, Helge Schultz, Jacques Seray, Dr. Gerhard Söllner, Roger Street, Henning Volle, Prof. Dr. David G. Wilson, Dr. Rudolf Wackernagel und vor allem Walter Ulreich. Maxi Kutschera danke ich für ihren verlegerischen Mut, einen so umfänglichen Reader zu wagen, und Bernard Eichhorn für die kritische Durchsicht.   Hans-Erhard Lessing

Bibliografische Information Der Deutschen Bibliothek
Die Deutsche Bibliothek verzeichnet diese Publikation in der Deutschen Nationalbibliografie; detaillierte bibliografische Daten sind im Internet über http://dnb.ddb.de abrufbar.

© 2003 MAXIME · Verlag Maxi Kutschera · Leipzig
Titelgestaltung: Heike Baasch, Leipzig
ISBN 3-931965-22-8

Vorwort

Ich glaube, die Geschichte ist die Geschichte der Technik. Und die Technik ist immateriell. Die Technik macht keine Objekte*   Vilém Flusser 1991

Universitätsbibliothek Heidelberg – die Bibliothekswagen quellen über von Zeitungsbänden aus Baden zur Zeit der Revolution, die 1998/99 ihren 150. Jahrestag hatte. Wer im Land ein Historikerseminar von innen gesehen hat, dachte und schrieb seit Jahren nichts anderes, noch jetzt werden Revolutions-Zeitungen gelesen.

Seit zwanzig Jahren versuchten andere und ich herauszufinden, wie eigentlich der Zweiraderfinder dazu stand. Eine preiswürdige Diplomarbeit über ihn wurde von Michael Rauck geschrieben, zum 200. Geburtstag 1985 gab es eine Ausstellung in Karlsruhe/Mannheim und zudem eine Biographie von Hermann Ebeling. Wir alle hielten ihn eher für einen progressiven Monarchisten. Und doch – irgend etwas stimmte da immer noch nicht. Ein Griff zum Band 1849 der Karlsruher Zeitung sollte den Fund bringen, der das vorliegende Buch nötig machte:

> C.77. Karlsruhe.
> ## Erklärung.
> Ich Freiherr Karl Friedrich Ludwig Christian Drais von Sauerbronn erkläre hiermit feierlichst und Angesichts der deutschen souveränen Nation, daß ich auf den Altar des Vaterlandes, der Freiheit, Gleichheit und Volkssouveränität alle und jede aus dem Feudalrechte, dessen tausendjähriger Druck Deutschlands Freiheit in Fesseln schlug, entspringende Vorrechte für mich und meine ehelichen und außerehelichen Nachkommen verzichte. Dieses erklärt,
> Karlsruhe, den 11. Mai 1849,
> ### Drais, Professor,
> Bürger und Mitglied des souveränen deutschen Volkes.

Jähe Erkenntnis: Drais war keineswegs Monarchist, sondern hat sich unerschrocken als Demokrat geoutet – ideell auf Seiten der Revolution! Schlagartig paßten jetzt alle Puzzleteile zusammen: Alles Lächerliche und Verächtliche, das wir von ihm zu wissen glaubten, wurde von den badischen Monarchisten nach 1849 und bis 1918 lanciert - vom badischen Major Seubert über den Heidelberger Mathematikhistoriker Cantor bis zum Karlsruher Gewerbehallenleiter Meidinger! Also muß alles noch einmal auf den Prüfstand. Und er wollte Karl Drais genannt werden! Drais war also nicht *„verkannt"*, wie immer blauäugig getextet wurde, sondern politisch verfolgt!**

---

*Prototypen schon. Doch mit 2 Stück beginnt der Kommerz (HEL)
** Seine Verfolger haben zu Lebzeiten alle sie belastenden Akten verschwinden lassen

 5

Mit einem Male wird klar, wieso die famose Erfindung des Zweiradprinzips bislang ständig als Ausbund der Lächerlichkeit gehandelt wurde. Denn nach der gescheiterten Revolution war das gezielte Lächerlichmachen der Übriggebliebenen, die nicht als *Forty-Niner* nach USA auswandern konnten, den badischen Monarchisten Programm! Also wurden bis zum Ende der Monarchien 1918 fleißig Anekdoten erfunden und ausgestreut, um den Erfinder und seine Erfindung ins Lächerliche zu ziehen: er sei mutterseelenallein mit seiner Laufmaschine umhergezogen und habe sie einer widerstrebenden Mitwelt förmlich aufnötigen müssen. Das Gegenteil ist der Fall, wie die Quellen beweisen: In der *letzten großen Subsistenzkrise der westlichen Welt* (John D. Post) mit Hungersnot und Pferdesterben 1817 erschien es den Hungernden extrem sinnvoll, das dieselben Nahrungsvorräte aufzehrende Pferd durch die eigene Muskelkraft abzulösen. In Zeiten schwindelnd hoher Haferpreise wurden Drais' Zweiräder in der ganzen Alten Welt bis zu den USA oder zum fernen Kalkutta nachgebaut. Erst die knallharten Verbote und Strafen der Obrigkeiten machten der Idee weltweit den Garaus, nachdem die Ernte wieder gut und die Pferdewirtschaft zurückgekehrt war. Danach stahl das britische Massenverkehrsmittel Eisenbahn der individuellen Mobilität à la Drais die Schau.

Posthum folgte die Drais-Verehrung oder -Verachtung der Fieberkurve der Fahrrad-Akzeptanz. Um 1890 kam das erste Hoch, als das Fahrrad noch das Auto war und soviel wie ein halbes Piano kostete. Die deutschen Radfahrerbünde – wegen Schikanen der Obrigkeit gegründet – sammelten für die Umbettung in den neuen Karlsruher Friedhof und für Denkmale. Hierzu wurde Drais' Porträt aus Karikaturen rekonstruiert – sein wirkliches Porträt war entweder unbekannt oder wurde vom offiziellen Baden unterschlagen. Da das offizielle Kaiserreich den Demokraten ächtete und totschwieg, konnten bei den europäischen Nachbarn unwidersprochen nationalistische Prioritätslegenden entstehen. Im Kaiserreich hielt man lieber mit neuen vordatierten Prioritätsschwindeleien dagegen. Ein weiteres Hoch bildet sich ironischerweise im Dritten Reich, als die Nationalsozialisten mit den beschlagnahmten Rädern des zerschlagenen Arbeiterradfahrerbunds Solidarität ihren N.S.-Radfahrerbund formierten. Hörspiele und ein Film entstanden. Es folgte die Nachkriegszeit mit dem Fahrrad als Hilfsmittel zu Hamsterfahrten auf die Bauernhöfe. Den Motorseiten der Zeitungen diente das Fahrrad dann nur noch als Gruselalternative zum begehrten Automobil. Erst die Ölkrise brachte ein Umdenken.

Es geht jedoch nicht bloß um Geschichte, sondern auch um das Heute. Jahrzehntelang konnte jedermann sich damit profilieren, die ätzenden Karikaturen gegen das britische Dandytum auf englischen Zweirädern hierzulande als verheerende optische Message gegen die gehaßten Verkehrsteilnehmer auf zwei Rädern einzusetzen. Daß infolge solch verantwortungsloser Spielchen oder Sottisen wie „Strampeln" diese Verkehrsteilnehmer als minderberechtigt diskriminiert werden und dann wieder mal ein radfahrendes Kind mehr am Kühler klebt, schien niemanden zu stören. Einer schrieb 1985 in der Zeitung, komisch sähen nicht nur *„der Baron"* aus, sondern die Radfahrer noch heute. Es ist ihm nicht zu wünschen, daß sein Kind auf dem Fahrrad angefahren wird, aber komisch würde es für ihn dann sicher nicht mehr aussehen. Den 68er Autoren, die aus ideologischen Gründen meinten, in Drais den Adelsmann verhöhnen zu müssen, war nicht klar, daß sie damit die monarchistische Hetze gegen einen Demokraten nahtlos fortsetzten.

Rund 150 Jahre nach Drais' Tod will das Buch vor Augen führen, daß nicht allein Fahrrad und Motorrad, sondern der mechanisierte Individualverkehr überhaupt seinen Anfang nahm, indem sich eine Avantgarde der Alten und Neuen Welt erstmals auf Maschinen statt auf Pferde setzte, um individuell in die Umwelt auszuschwärmen. Die veraltete Brockhaus-Formulierung vom *Vorläufer des Fahrrads* muß längst aktualisiert werden in *Vorläufer von Fahrrad, Motorrad, Automobil und Aeroplan*, kurz in *Beginn des Individualverkehrs*. Man nennt so etwas Automobilität, Selbstbeweglichkeit, wozu das Mittel ebenso offen bleibt wie beim Autodidakten, der sich selbst weiterbildet, einerlei ob mit Griffel oder Laptop.

Mannheim, im August 2003   Hans-Erhard Lessing

Karl Drais um 1820

INHALT

 9

Automobilgeschichte mit Zopf

Wie alt ist nun das Automobil nach Brockhaus wirklich, das „durch einen Motor angetriebene Straßenfahrzeug mit gummibereiften Rädern und offener oder geschlossener Karosserie zum Transport von Personen oder Gütern"?

1768 Ⓕ
Nicolas-Joseph Cugnot (1725-1804) bringt seinen „fardier" zum Laufen, einen dreirädrigen Dampfschlepper für Artilleriegeschütze

1801 Ⓕ
Phillippe Lebon (1767-1804) erfindet das Leuchtgas. In seinen Memoiren beschreibt er das Funktionieren eines Gasmotors mit elektrischer Zündung

1807 Ⓕ
Isaac de Rivaz läßt ein mit Wasserstoff betriebenes Fahrzeug fahren und erhält ein Brevet

1827 ⒼⒷ
Goldworthy Gurney verwirklicht einen Dampfschlepper, der zwischen Gloucester und Cheltenham mehrere Wagen zieht

1839 ⓊⓈⒶ
Charles Goodyear (1800-1869), Eisenhändler von Connecticut, bringt die Vulkanisation des Kautschuks zustande

1843 ⒼⒷ
Der englische Gelehrte Thomas

Gute Frage, denn natürlich hängt dies noch davon ab, ob der Motor ein Benzin-, Dampf-, Diesel-, Elektro-, Gas- oder Kohlensäure-Motor sein darf. Da wir immer den derzeitigen Zustand für garantiert und endgültig halten, ist dann das erste Auto das früheste mit Benzinmotor. Niemand kann aber garantieren, daß nicht in zig Jahren die Autos alle mit Erdgas fahren. Kommende Generationen werden also als erstes Auto wieder ein ganz anderes ansehen. Offensichtlich sind all diese „Firsts", wie die Engländer sagen, nur Rückprojektionen gegenwärtiger Vorstellungen in die Vergangenheit und somit wirklich ungeeignet, dem evolutionären Prozeß der Technikentwicklung auch nur annähernd gerecht zu werden. Wer immer nur mit den Scheuklappen der Gegenwart auf die Vergangenheit blickt, wird dort entscheidende Zusammenhänge verpassen. Dies ist der Hauptvorwurf gegen die „internalistische" Technikgeschichtsschreibung, die sich von Konstruktionszeichnung zu Blaupause zurückhangelt, ohne je einen Blick auf die Zeitumstände zu werfen. Ein Auto hat vier Räder? Ja dann sondern wir doch alles aus, was nicht vier Räder hat! Im Englischen werden solche Autoren, denen sich die Technikgeschichte als eine ständige Aufwärtsbewegung auf ein gegenwärtiges Ziel darstellt, treffend als „whig historians" bezeichnet, als Perücken-Historiker also und auch hierzulande ist solch verzopfte Technikgeschichte immer noch hoch im Schwange.

Es stimmt natürlich nicht, daß das Wrightsche Motorflugzeug von 1900 aus dem Nichts entstand, wie wenn es davor nichts dergleichen gegeben hätte. Vielmehr baute es auf einer langen Kette von Mißerfolgen und Erfolgen auf, Otto Lilienthal nicht zu vergessen. Und sollten die Propellerflugzeuge dereinst aussterben und vollends den Düsenflugzeugen Platz machen, werden künftige Generationen ihr erstes Flugzeug Hans von Ohain 1939 zuschreiben bzw. seinem Arbeitgeber Ernst Heinkel, falls sie immer noch nicht Techniker und Unternehmer auseinanderhalten können.

Kuriorserweise schreibt man Automobilgeschichte auch noch von Autonation zu Autonation anders. Jedes Land hat seine eigenen Säulenheiligen, und die an unseren Universitäten seltenen Technikhistoriker scheuen diesen Prioritäten-Krieg wie der Teufel das Weihwasser. Nehmen wir zum Beispiel

individuell

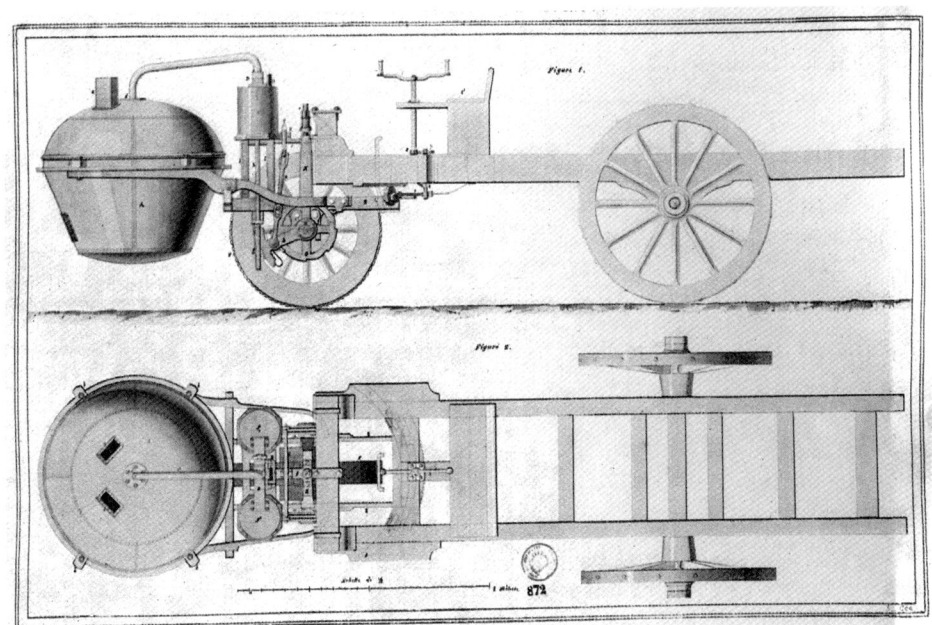

Cugnots „Fardier" von 1768

unsere französischen Nachbarn, kommen wir unvermittelt in eine ganz andere Zeitrechnung. Als Beispiel soll ein Ausstellungsbuch der Cité des Sciences et de l'Industrie dienen, jenes Super-Science-Centers im Osten von Paris *(Marc Netter: Automobile, Paris 1986)*. Seine Chronologie, hier in den Randspalten wiedergegeben*, liest sich wie eine Just-in-time-Produktion.

Erst fährt Cugnots Dampftrakor für Kanonen gegen eine Mauer, dann bauen die Engländer ihre Straßenlokomotiven, doch das Rote-Flaggen-Gesetz der Eisenbahnlobby läßt sie nicht aufkommen, anders als in Frankreich dank Amédée Bollée - alles graue Vorzeit! Aber schon wird der Gasmotor entwickelt und der Kautschuk vulkanisiert, so daß zur rechten Zeit alles ins „erste richtige" Automobil mündet, den Panhard-Levassor von 1891. Dieser rhetorischen Figur vom „ersten richtigen" Irgendwas werden wir noch öfter begegnen. Sie ist ein sicheres Zeichen für eine Rückprojektion heutiger Beurteilung in die Vergangenheit - denn die Zeitgenossen haben doch nie ausgerufen: „Hoppla, da fährt ja das erste richtige Irgendwas!" Fairerweise kommen auch noch die beiden Süddeutschen Benz und Daimler vor (deren Konkurrenz gleich noch zu betrachten ist). Aber der Ahnherr des modernen Automobils sei (wenn auch außerhalb Frankreichs bestritten) der motorisierte „Break" aus dem 1884er Patent von Edouard Delamare-Debouteville, jenem Textilunternehmer in Rouen, der mit seinem Werkmeister Léon Malandin auch Gasmotoren baute und zudem noch eine fünfbändige Grammatik für Sanskrit verfaßte. Dieses Fuhrwerk mit Benzinmotor hat allerdings wegen eines mechanischen Schadens die Werkstatt

Hancock reicht ein Patent auf die Vulkanisierung von Kautschuk ein, nachdem er Goodyears Entdeckung analysiert hat

1857 ①
Die Florentiner Gießer Eugenio Barsanti und Felix Matteucci nehmen ein Patent auf einen durch Gasexplosion funktionierenden Motor

1862 Ⓕ
Étienne Lenoir (1822-1900) durchquert Paris auf einem Fahrzeug, angetrieben durch einen Motor mit interner Gasverbrennung
Ⓕ Niederschrift des Prinzips des Viertaktmotors durch Alphonse Beau du Rochas

---

*Um nicht weitere Lexika der populären Irrtümer zu füllen, wurden einige Zeitangaben korrigiert nach Rudolf Krebs: 5 Jahrtausende Radfahrzeuge, Heidelberg 1994. (Fahrradkapitel fehlerhaft)

Delamares Dampfwagen verließ die Werkstatt nie

1865 (GB)
Gesetz, das den Verkehr der Dampffahrzeuge regelte, bekannt unter dem Namen Red Flag Act, weil es jedem Fahrzeug auferlegte, einen Mann mit roter Flagge zu Fuß vorausgehen zu lassen. Geschwindigkeit dadurch 6 km/h

1866 (D)
Der Ingenieur Nikolaus-August Otto (1832-1891) verwirklicht einen Zweitakt-Motor mit innerer Verbrennung

1870 (A)
In Wien läßt Siegfried Marcus einen vierrädrigen Karren fahren, angetrieben von einem Petroleum-Zweitaktmotor

1873 (F)
Amadée Bollée verwirklicht das erste Automobil „Obéissante", das mit Dampf arbeitet

1877 (D)
Nikolaus-August Otto verwirklicht einen Viertaktmotor und beantragt dafür ein Patent

1879 (USA)
George B. Selden (1846-1922) reicht ein theoretisches Erfindungspatent über einen von einem Explosionsmotor angetriebenen Wagen ein (demonstriert 1876 von G. B. Brayton) mit Kupplung, Getriebe und Lenkung. Infolgedessen verlangt er von jedem in USA gebauten oder verkauften Wagen Lizenzgebühren

nie verlassen.

Damit hat man fürs Schulbuch den Dreiklang beisammen: als Dampf-Dinosaurier Cugnots Fardier - als Benzinkutsche Delamares Break - und als „erstes richtiges" Auto dasjenige von Panhard-Levassor (mehr kann doch kein Mensch im Kopf behalten). Als 100 Jahre Automobil feierte dann Frankreich konsequent 1984 die hundert Jahre Patenterteilung für Delamare-Deboutteville, während die Bundesrepublik 1986 über die hundert Jahre Patenterteilung für Karl Benz jubilierte - eine europäische Harmonisierung ist nicht in Sicht!

Angesichts solcher Schieflagen in der Frühzeit des Automobils drängt sich natürlich die Frage auf, wem eigentlich welcher Ruhm gebührt und wie man überhaupt Prioritäten bewerten soll.. Versuchen wir es mit dem Kriterium von Sir William Osler, einem kanadischen Internisten, der postulierte: „In der Wissenschaft gebührt das Ansehen demjenigen, der die Welt überzeugte, nicht einem, dem die Idee zuerst kam."

Klingt plausibel, kann aber auch ganz schön unfair ausfallen - besonders für Techniker. Was schon in der Wissenschaft zwei sich gegenseitig ausschließende Begabungen verlangt, nämlich sich in eine Materie bedingungslos zu versenken, andererseits aber dennoch gut für sich selbst klappern zu können, wird in der Technik vollends zur Sisyphus-Aufgabe. Während der Wissenschaftler durch eine gut plazierte Veröffentlichung in der Fachzeitschrift die Welt überzeugen kann, gilt die Veröffentlichung der Patentschrift des Technikers eigenartigerweise nicht als überzeugend. Das deutsche Patentrecht pfeift z.B. auf die geistige Urheberschaft, sondern sieht das Patent hauptsächlich als Produktionslizenz für einen anmeldenden Unternehmer. Der Techniker soll demnach die Welt nicht durch wohlfeile Schriften, sondern gleich durch Vervielfältigung, sprich Produktion und Distribution, sprich Verkauf, seiner Problemlösungen überzeugen. Das verlangt nicht bloß eine

12

individuell

Doppel-, sondern brutal eine Dreifachbegabung: Techniker - Unternehmer - Verkäufer! Und dies in einem erst noch zu schaffenden Markt und innerhalb von 20 Jahren, dann erlischt nämlich das Patent und jeder darf sich der Erfindung bedienen. Doch wer das Kapital zum Unternehmer oder das Talent zum Verkäufer hat, braucht keine technischen Probleme zu lösen - er kommt auch so bestens durchs Leben. Bloß wer als Techniker anfängt, soll dann über Nacht zum Unternehmer und dann auch noch zum Verkäufer mutieren. Auf die Schriftstellerei übertragen hätte z.B. Thomas Mann nach Fertigstellung des Manuskripts der Buddenbrooks einen Verlag für Familiensagas gründen, eine Druckerei einrichten und ein Vertreternetz aufbauen müssen - fraglich, ob ihm dies alles je gelungen wäre. Dabei hat jedwede Schriftstellerei oder Tonsetzerei, selbst ein Porno-Comic, wegen Kunstverdacht automatisch(!) Urheberschutz bis 70 Jahre nach dem Tod des Urhebers, und mächtige Organisationen treiben noch für die Erben die Lizenzgebühren ein. Der technisch-naturwissenschaftlichen Intelligenz, welcher der automatische Urheberschutz verweigert wird, bleibt der Trostpreis, daß eine gelungene technische Problemlösung ein Wert an sich ist. Aber eine durch und durch materialistische Gesellschaft versteht unter Erfolg ausschließlich den wirtschaftlichen Erfolg (wie natürlich auch der Wirtschaftsteil der Zeitung, welche zwei Seiten weiter im Feuilleton dann den Materialismus unserer Zeit beklagt).

Der französische Autor Louis Bonneville wollte in den 1930er Jahren den Augiasstall der Automobil-Prioritäten ausmisten und hat in seinem Buch *(Le moteur roi, 1939)* einen Kriterienkatalog aufgestellt, um Erfindungen seriös zu bewerten:

• Zeitpunkt der Patente
• nachgewiesene Realisierung
• öffentlich bezeugte und datierbare Versuchsläufe
• zeitgenössische Publikation in Zeitungen oder eigenen Schriften
• zeitgenössische Kontroversen oder Kritiken

Dies sind nichts anderes als die üblichen Kautelen des Technikhistorikers gegen Lügengespinste aller Art. Auch Bonneville verlangt mehr als nur die Patentierung, wenn auch maßvoll: die Sachen müssen nachweislich funktionieren! Aber zusätzlich an die Öffentlichkeit gelangen! Allerdings stolpert nun ausgerechnet der Benzin-Break von Delamare-Deboutteville über Bonnevilles weitere Punkte beginnend mit: Öffentlich bezeugte und datierbare Versuchsläufe *(Krebs 1994)*.

Doch wo bleiben die Fahrräder, auf denen die Menschheit bis 1900 schon millionenfach ihren Mobilitätsrausch ohne Pferd erlebte? Mais oui, haben wir doch gebracht: unter 1889 (kleiner Fahrradfabrikant) und unter 1893 (Michelin-Fahrradreifen) - außerdem haben Fahrräder gar keine vier Räder! Nicht zu fassen, die Perücken-Automobilhistoriker haben noch 1986 die Stirn, den Vater des Automobils zu verleugnen. Die Erklärung liefert das Impressum Netters Ausstellungsbuches: man dankt den sponsernden französischen Autofirmen, die das Fahrrad offenbar noch weniger leiden können als die deutschen. ❦

1882 Ⓕ
Graf Albert de Dion (1856-1940) assoziiert sich mit Bouton und Trépardoux, um Dampffahrzeuge zu bauen

1883 Ⓓ
Gottlieb Daimler (1834-1900) demonstriert einen einzylindrigen Verbrennungsmotor, der mit Petroleum oder Benzin funktioniert

1884 Ⓕ
12. Februar: Patent eingereicht für das erste Automobil, angetrieben von Petroleum-Viertaktmotor, durch Édouard Delamare-Deboutteville und Léon Malandin
Ⓓ Karl Benz (1844-1929), Gründer der Gasmotorenfabrik Benz & Cie., baut einen Zweitaktmotor mit elektrischer Batteriezündung durch Summer

1885 Ⓓ
29. August: Gottlieb Daimler verwirklicht ein Sitzrad mit einzylindrigem Motor und nimmt ein Patent
ⓊⓈⒶ Der Ingenieur und Volkswirtschaftler Frederic Winslow Taylor (1856-1915) stellt die Prinzipien der Serienfertigung auf

1886 Ⓓ
29. Januar: Karl Benz montiert einen Viertaktmotor auf ein Dreirad, das mit 12 km/h fährt, und erhält ein Patent
Ⓓ Gottlieb Daimler montiert einen seiner größeren Motoren auf einen eigens umgebauten Americaine-Wagen

Der aufhaltsame Aufstieg der individuellen Mobilität

Die Perückenhistoriker unterschlagen also die Vaterschaft des Fahrrads beim Automobil, was umso leichter fällt, als der Nachwuchs bald denselben Regenschutz verpaßt bekam wie die Mutter, die Kutsche, wogegen der Vater ohne fuhr.

Ⓕ Fernand Forest demonstriert und fabriziert Eplosionsmotoren mit Magneto-Zündung und beliefert die französische Marine

1877 ⒾⓇⓁ
Ein Tierarzt in Belfast, John Boyd Dunlop, realisiert den zweiten Luftreifen aus Kautschuk

1888 Ⓕ
Tod des Ingenieurs Sarrazin, Vertreter Daimlers in Frankreich. Seine Witwe wird die Lizenz für den Daimlermotor zu Panhard-Levassor bringen.

1889 Ⓕ
Adolphe Clément, kleiner Fahrradfabrikant, erwirbt von Dunlop die Lizenz zur Herstellung von Luftreifen

1891 Ⓕ
Erste Automobile von Panhard-Levassor und Peugeot. Erster Kunde von Panhard-Levassor: Monsieur Verlinde

1892 Ⓓ
Erstes vierrädriges Automobil von Benz
ⓊⓈⒶ Hiram Percy Maxim baut Einzylinder-Motor in ein Dreirad

Doch wer gewohnt ist, unter die Oberfläche zu schauen, erkennt in jedem frühen Automobil das Fahrrad wieder. Und nicht nur das - die frühen Protagonisten des Automobils und Aeroplans kamen praktisch komplett vom Fahrrad und seinem Leichtbau und nicht von der tonnenschweren Eisenbahn. Letztere hatte der 1817er Idee des individuellen Vorwärtskommens auf einer leichten Maschine nun schon fünfzig Jahre die Schau gestohlen, bis um 1869 das Zweirad eine Renaissance erlebte und ein zweiter Boom einsetzte. Diesmal kamen die Neuigkeiten aus Paris, das unter seinem Bürgermeister Haussmann breite Schneisen in die Altstadt brach und makadamisierte (nach MacAdam) Boulevards anlegte.

Dies war nicht der Anlaß für den Boom, ihm aber doch außerordentlich förderlich. Die Gründe für das späte Wiederauftauchen des Zweirads werden erst gegen Ende des Buchs klar werden. Durch die Weltausstellung 1869 in Paris - noch ohne Eiffelturm, der erst zwanzig Jahre später zur Weltausstellung gebaut wurde - breitete sich die Nachricht von den neuen Zweirädern durch die Besucher in alle Welt aus. So auch nach Deutschland, wo mittlerweile die aus England importierte Eisenbahntechnik tonangebend war. Und wie immer, wenn not invented here, bildete sich eine Experten-Kaste, die von allem anderen nichts hören wollte, ganz ähnlich wie die EDV-Referenten vergangener Jahrzehnte, welche die IBM-Großrechner umringten, ohne die programmierbaren Taschenrechner eines Blickes zu würdigen. Moritz Rühlmann, Professor am Hannoverschen Polytechnikum, wetterte im Band 3 seiner Maschinenlehre von 1868, daß alle, welche die Menschenkraft als Triebmittel solcher Fahrzeuge anwendeten, solche seien, *die nichts gelernt oder alles vergessen* hätten. Dank solcher Ansichten ignorierte Dinglers Polytechnisches Journal weitere dreißig Jahre lang die stürmische technische Entwicklung der individuellen Mobilität!

individuell

Die jungen Mechaniker sahen dies etwas anders: Heinrich Büssing gründete in Braunschweig gleich eine Veloziped-Manufaktur. Und Mannheim hatte ein schönes Beispiel in Karl Benz (1844-1929), zwar Lokomotivführersohn, aber seit 1869 stolzer Velozipedist. Zudem war er Eisläufer, wie seine erhalten gebliebenen, selbstgebauten Schlittschuhe beweisen. Lange hatte er sich im Kopf wie die meisten der Zeitgenossen mit dampfbetriebenen Straßenlokomotiven beschäftigt, doch hören wir den Originalton des 65Jährigen selbst:

Da fiel ein Ereignis in mein Leben, das mein Streben eine Zeitlang in andere Bahnen lenkte, um es dann aber umso mehr zu fördern. Ein guter Freund von mir hatte sich ein Veloziped gekauft. Es hatte nichts gemein mit den heutigen Niederrädern, ja es war nicht einmal eines der heute so belächelten Hochräder, es war ein Vorläufer beider, nämlich eine Draisine mit Pedalen. Das Vorderrad hatte neunzig Zentimeter, das Hinterrad achtzig Zentimeter Durchmesser... und die Pedale waren direkt an der Vorderachse angebracht. Die Bereifung bestand aus Eisen. Von Kugellagern war selbstverständlich keine Spur.

Da hatte ich ja mein Ideal, und sogar in vereinfachter Form. Jetzt konnte ich pferdelos über die Landstraße dahineilen und bedurfte nicht einmal des kostspieligen Betriebes einer Kraftmaschine, sondern nur meiner eigenen Kraft. Das heißt, vorläufig konnte ich noch nicht. Aber nach vierzehn Tagen hatte ich es doch erlernt. Wer war stolzer als ich! War das eine Sensation, als ich durch Mannheims Straßen pedalierte, und war das eine Sensation, wenn ich irgendwo auf der Straße in einem Gasthause einkehrte!
(Allgemeine Automobilzeitung 18.4.1909)

Ⓕ Zum Jahresende hat Panhard-Levassor 19 Automobile verkauft, davon 14 Zweisitzer und 5 Viersitzer; Peugeot 18 Automobile

1893
Ⓕ André und Édouard Michelin, Industrielle in Clermont-Ferrand, stellen demontierbare Luftreifen für Fahrräder in Serie her
🇺🇸 Charles E. und J. Frank Duryea verwirklichen ein Automobil mit einzylindrigem Motor

---

Bild links: Briefmarke Büssing
Bild unten: Heinrich Büssing (li.) auf Dreier-Veloziped nach Pariser Vorbild, wohl 1869
(MAN-Archiv)

Diese Hymne auf das Fahrrad aus einem Interview des 65Jährigen liest sich in Karl Benz' angeblicher Autobiographie ganz anders. Denn Ghostwriter Karl Volk, Geographielehrer und Benz' Schwiegersohn verfaßte sie im fernen Überlingen, weil der achtzigjährige Benz *körperlich und geistig gebrochen* war, wie der Bürgermeister seines Alterssitzes Ladenburg damals feststellte. Volk schmückte einfach die Interviews mit eigenen Worten aus, wobei er dies Zweirad als plump, ungefedert und das Balancieren auf ihm als ei-

mobil

Londoner Clubausfahrt auf
Bicycles und Tricycles um 1885
(Archiv Andrew Ritchie)

noch 1893
Ⓕ Georges Richard baut die
ersten Unic bis 1896, Unic macht
1902 weiter
Ⓤ̲S̲A̲ Ransom S. Olds verwirklicht
ein Dampffahrzeug

1894
Ⓕ Rennen Paris-Rouen: erster
Automobilwettbewerb der Welt
Ⓤ̲S̲A̲ Elmer und Edgar Apperson
lassen ein einzylindriges 1-PS-
Automobil fahren, konzipiert
von Elwood Haynes (1857-1925)

1895
Ⓕ Gründung des Automobile
Club de France, des zeitlich
ersten
Ⓕ Erste „Voiturettes" von Léon
Bollée
Ⓕ 11. Juni: Start des Rennens

genartigen Sport bezeichnete - er war wohl ein Fahrradhasser reinsten Wassers. Und genau diese Stelle war für Generationen von deutschen Motorjournalisten die einzige Information über Fahrradgeschichte...

Aber doch höchst eindringlich ist hier ein sogenannter Paradigmenwechsel im Landverkehr geschildert, der Übergang vom Urbild des gewichtigen Dampflokomobils zum gegensätzlichen, filigranen Zweirad mit Muskelmotor, wenn auch in Schmiedetechnik so schwer wie ein Motorrad heute. Ein historisches Datum ist das US-Patent 59915 von 1866 für den aus Frankreich eingewanderten Pierre Lallement, doch ob er auch der Erfinder war, ist immer noch strittig. Der Boom der Velocipede mit Pedalen am Vorderrad brachte in Frankreich und den USA eine Unzahl von Patenten hervor, kugelgelagerte Naben, Kettenantrieb aufs Hinterrad und so fort, doch bis zur Produktion kam es in den meisten Fällen nicht mehr. Der Wechsel von Holz zu geschmiedeten Rahmen aus Volleisen war zwar fertigungstechnisch ein Gewinn und ermöglichte einen Ausstoß von täglich 200 Stück in der Compagnie Parisienne der Gebrüder Olivier. Aber die schwere Handhabbarkeit machte das Produkt mit 65 kg zu einer ausgesprochenen Junggesellenmaschine. Die jungen Frauen und Männer strömten lieber in die überdachten Rollschuhbahnen, die nun von den USA her den Kontinent eroberten und allerlei Anbändelmöglichkeiten wie z.B. Kostümfeste boten. So kam es noch vor Ausbruch des Deutsch-Französischen Kriegs 1870 zur Geschäftsaufgabe des guten Dutzend deutscher Veloziped-Manufakturen. Büssing sattelte auf Eisenbahn-Signaltechnik um und begann erst im hohen Alter die LKW- und Omnibus-Produktion.

Hatte man in England vor dem Krieg schon nach Paris Velozipede exportiert, übernahm die bisherige Textiltechnik-Hochburg Coventry danach voll-

individuell

ends das Veloziped-Business und entwickelte es zur Hochform - im wahrsten Sinne des Wortes. Das schon von Eugène Meyer in Paris mit Drahtspeichen gebaute, größere Vorderrad wuchs und wuchs, bis die Schrittlänge des Fahrers eine Grenze setzte, denn er mußte natürlich die Pedale an der Achse noch erreichen können. Von der Eisenbahn hatte man gelernt, daß man größere Räder nehmen muß, wenn man bei gleichem Antrieb schneller vorwärts kommen will. Hohlrohre machten den Rahmen leichter und Kugellager den Fahrwiderstand geringer. Dagegen brauchten Pferdefuhrwerke bisher keine Kugellager, denn nach Ansicht der Fuhrleute brachten ein Paar Peitschenhiebe mehr denselben Effekt. Ganz offensichtlich machte die Selbsterfahrung den Menschen klüger. Der Pionier in Deutschland war Heinrich Kleyer, Nichterbe einer Maschinenfabrik in Darmstadt, der in den USA die Hochräder sah und in Frankfurt dann die Produktion aufnahm (die späteren Adler-Werke). Wer die verlangte artistische Hochrad-Beherrschung sich nicht zutraute, wich auf die stabilen Tricycles (Dreiräder) aus - wahre Wunderwerke der Büchsenmacher, die in Friedenszeiten gerne edle Fahrzeuge bauten, die sich nur die oberen Zehntausend leisten konnten. Queen Victoria in England kaufte drei Exemplare Salvo von Coventry-Pionier James Starley, der sie danach als Royal Salvo bewerben durfte. Überall schossen exklusive Clubs aus dem Boden, nicht zuletzt wegen der ständigen obrigkeitlichen Schikanen. In Berlin gründete Thomas Walker, Vertreter der schottischen Bicyclefirma Howe, 1881 den Ersten Berliner Bicycle-Club und brachte die erste deutsche Fahrradzeitschrift *Das Velociped* heraus. Und 1885 kam der erste Weltumrunder auf seinem vernickelten Columbia-Hochrad durch Deutschland, als das Made in Germany noch das Gegenteil von heute bedeutete: Die Deutschen waren damals so etwas wie die Taiwaner heute. ❦

Paris-Bordeau-Paris über 1200 km
Ⓕ André und Édouard Michelin nehmen am Rennen teil, um die Anpassung ihrer Luftreifen an ein Automobil zu testen
Ⓖ Sir David Salomans finanziert die erste Automobil-Ausstellung Großbritanniens: sechs Wagen werden im Erdgeschoß seines eigenen Hotels präsentiert
Ⓤ Charles E. und J. Frank Dureya gründen die Dureya Motor Wagon Co., erster amerikanischer Hersteller für Benzin-Automobile
Ⓤ Erstes Automobilrennen in Amerika, der Times Herald Contest, zwischen Chicago und Evanston (Illinois), wird von J. Frank Dureya gewonnen

1896
Ⓕ Erster Automobil-Salon vom Automobile Club de France auf der Esplanade des Invalides organisiert: sechzehn französische Hersteller
Ⓖ Die Daimler Motor Co. wird in Coventry gegründet als erster britischer Automobilhersteller: die dort gebauten Wagen verbinden einen Daimler-Motor mit einem Panhard-Chassis
Ⓤ Henry Ford (1863-1947) konstruiert mit seiner Frau Clara einen Zweizylindermotor, der einem Vierrad 4 PS und 20 km/h verleiht
Ⓕ Erste De-Dion-Bouton-Dreiräder mit Benzinmotor
Ⓤ Erstes Pistenrennen in den Vereinigten Staaten, gewonnen von einem Riker Electric Stanhope

Tricycle und Quadricycle um 1882 *(Archiv Andrew Ritchie)*

mobil  17

Müssen Motorenbauer balancieren können?

Im Prinzip nein, möchte man mit Radio Eriwan antworten. Doch in der Folgezeit erwies sich der radfahrende Motorenkonstrukteur einfach als der erfolgreichere Autohersteller.

arl Benz baute derweil in Mannheim mit wechselnden Finanziers Gasmotoren, also diese liegenden Einzylinder mit Schwungrad, die einer Dampfmaschine zum Verwechseln ähnlich sahen, aber auf ein Gasleitungsnetz angewiesen waren. Als 1880 die Hochräder neu aus Coventry kamen, wollte er eine zeitlang selbst welche bauen, zudem war einer seiner Finanziers, der Handelsmann Max Caspar Rosé, in Mannheim Importeur von Tricycles aus Coventry und dann Vertreter für die Hochräder von Kleyer, Frankfurt. Rosé war es denn auch, der seinem Ingenieur Benz gestattete, nebenher ein Veloziped mit Ligroinmotor zu bauen. Ligroin sagte man damals, weil das Waschbenzin in den chemischen Reinigungen als brandgefährlich berüchtigt war. Doch der Name Benzin wurde nicht aus dem Nachnahmen Benz hergeleitet, sondern aus der Chemie, wo die Benzoesäure aus javanischem Weihrauchharz hergestellt wurde, auf arabisch lu-ban-gawiy - dies wurde zu ‚benzoe' verballhornt. Nichtsdestotrotz steht im deutschen Sprachraum und sonst nirgends in der Welt nun an jeder Zapfsäule für Gasöl ganz selbstverständlich ‚Diesel'.

Was tut ein Techniker, der ein Konzept in einen Prototypen umsetzen will? Er bedient sich so weitgehend wie möglich aus dem Baukasten der vorhandenen Maschinenelemente und Fertigbauteile - alles andere wäre Zeit- und Arbeitsverschwendung. Benz nahm sich also ein Tricycle wie das Royal Salvo zum Vorbild und baute seinen leichten Viertaktmotor ein, mit Kraftübertragung per Riemen und Ketten. Statt einer Kupplung wird einfach der Riemen schleifend von einer Leerlaufscheibe auf die Antriebsscheibe verschoben, wobei der Motor bekanntlich bei zu kleiner Drehzahl abgewürgt wird (heute weiß das jeder Fahrschüler).

och was schreibt Firmenarchivar Paul Siebertz, vormals Prinzenerzieher am spanischen Hof, in der 2. Auflage seiner Benz-Biographie? *Die früher vielfach, auch von mir vertretene Meinung, der Patent-Motorwagen sei nur ein dreirädriges Veloziped mit einem Motor als Antriebskraft gewesen, ist eine irrige.* Mittlerweile hatte nämlich der Verkehrskustos des Deutschen Museums, Max Rauck, dem Firmenarchiv lukrative Expertisen geschrieben, die zu dem Schluß kamen: *Erstmals wurde das Fahrgestell eines Dreirads mit einem Motor von ebenso sinnreicher Neukonstruktion zu einer organischen Einheit verbunden (Siebertz 1953).*

individuell

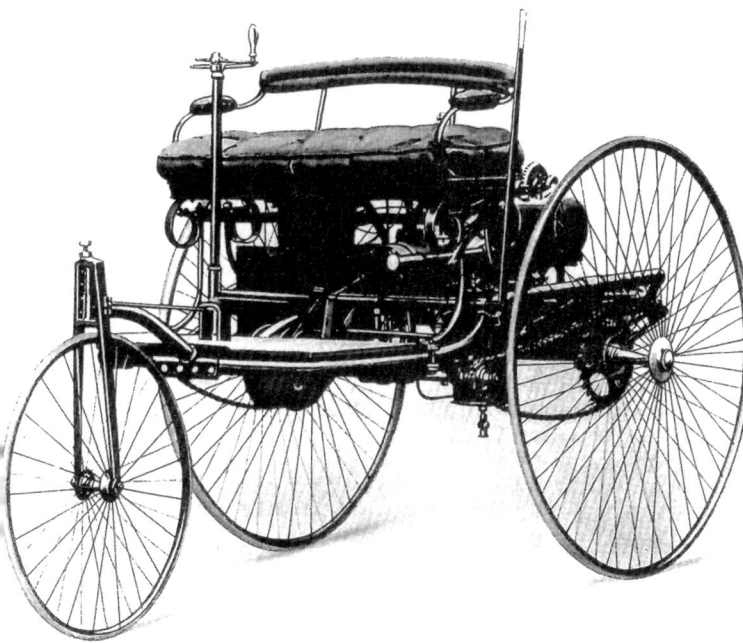

Benz`erstes Ligroin-Velociped
nach Wiederherstellung 1903
(Die Benzwagen, 1914)
Linke Seite außen: Maybachs
Sitzrad mit Stützrädern
(Die Gartenlaube Nr. 10, 1888)

Ⓤ William E. Metzger zieht das
erste Netz unabhängiger
Autoverkäufer auf
Ⓤ John Wilkinson verwirklicht
einen luftgekühlten
Vierzylindermotor
Ⓤ Erste amerikanische
Automobilausstellung in Boston,
Massachusetts

1899
Ⓕ Gründung der Gesellschaft
Gebrüder Renault
Ⓕ Camille Jenatzky erreicht
mit seinem Elektrowagen *La
jamais contente* 105,8 km/h
und besiegt so den Jeantaud,
gefahren von Graf Chasseloup-
Laubat
Ⓔ Erste Hispano-Gesellschaft
gegründet, sie baut Omnibusse
Ⓤ James W. und Warren D.
Packard gründen mit George L.
Weiss die Ohio Automobile Co.
Ⓘ Gründung von FIAT (Fabrica
Italiana Automobili Torino)
Ⓕ Erste Verkehrsverordnung
für pferdelose Wagen, denen
1901 und 1919 weitere folgen
Ⓤ Mehr als 40 Automobilher-
steller in den Vereinigten
Staaten
Ⓖ König Eduard VII. macht
seine erste Fahrt im Automobil.
Er ist so zufrieden, daß er
mehrere davon kauft

1900
Ⓖ Erster Gordon-Benett-Preis

Zu Siebertz' Rückzieher und dieser heute noch verwendeten Sprachregelung der *organischen Einheit* paßt eine Anekdote aus der Seelenpraxis von Siegmund Freud. Patient sagt: *Die Mutter war es nicht!* Darauf Freud: *Also war es die Mutter!* Das Ende Januar 1886 erteilte Patent spricht von einem *Fahrzeug für Gasmotorenbetrieb*, einem *Tricycle*.

Noch unorganischer ging es in Cannstatt zu, damals ein Weltbad vor den Toren Stuttgarts. Es gab ja außer Benz noch den Manager Gottlieb Daimler (1834-1900) mit seinem Mann fürs Konstruktive, Wilhelm Maybach (1846-1929), den er als Vollwaisen im Reutlinger Bruderhaus entdeckt hatte. Entsprechend waren die Gehaltsunterschiede der beiden bei der Deutzer Gasmotorenfabrik: Maybach verdiente 3.000 Gulden im Jahr, Mitdirektor Daimler 100.000 - mehr als das Dreißigfache! *(Rauck 1979)*. Als der magenkranke Daimler ausschied und sich 1882 nahe dem Kursaal von Cannstatt ein Haus mit einem Gewächshaus als Ingenieurbüro kaufte, war Maybach mangels Bleibeangebot mitgekommen - all seine Konstruktionen wurden für Daimler patentiert. Dieses Team konnte offenbar <u>nicht</u> balancieren, denn der erste Prototyp mit dem Daimler-Motor war ein hölzernes Zweirad mit Stützrädern, von den zeitgenössischen Quellen als *Sitzrad* bezeichnet und heute auf den Motorseiten als *„erstes richtiges"* Motorrad besungen. Daimler wollte jedoch seinen schnellaufenden Motor primär in alles einbauen, das Sitzrad war als hölzerner Prototypenträger nur eine Eintagsfliege. Ohne Stützräder war dagegen schon 1871 Louis Perreaux mit seinem Dampfveloziped in Paris gefahren. Es zählt mit den amerikanischen Dampfvelozipeden zu den ersten motorisierten Zweirädern. ✿

Als das Fahrrad noch das Auto war

Vor kurzem fragte man skeptisch:„Was, Sie - radeln?" - Heute heißt es:„Ja was, ist's möglich, Sie radeln nicht?!" - und im Stillen zieht der mitleidige Frager bereits seine Schlüsse über die offenbar gestörte Gesundheit oder das - Spießbürgertum des oder der Gefragten!

Ich will Ihnen sagen, was ich vom Radfahren halte. Ich glaube, es hat mehr zur Emanzipation der Frauen beigetragen als sonstwas auf der Welt. Jedesmal wenn ich eine Frau auf einem Rad vorbeifahren sehe, bleib ich stehen und freue mich. Es gibt den Frauen ein Gefühl von Freiheit und Selbstvertrauen. Es vermittelt ihr Unabhängigkeit. Sobald sie den Sattel einnimmt, weiß sie, daß ihr nichts passieren kann, bis sie wieder absteigt, und los schwirrt sie, ein Bild freien, ungebundenen Frauseins.
Aus dem Interview mit Frauenrechtlerin Susan B. Anthony in *New York World* 2.2.1896

Verleger Paul v. Salvisberg hat 1897 in *Der Radfahrsport in Bild und Wort* (Abb. links) den rasanten Wandel durch die Ankunft des Rover und anderer Niederräder aus Coventry auf den Punkt gebracht. Die vierte Fahrradwelle brachte den endgültigen Durchbruch zum Statussymbol aller fortschrittlich gesinnten Bewohner des Kaiserreichs. Das polnische Wort für Fahrrad ist heute noch *Rower*. Das Aufsteigen konnte nun jeder in der Fahrschule lernen, und die Frauen waren nicht länger ausgeschlossen. Diese Niederräder - von der Hochradelite verächtlich als Teckel bezeichnet - hatten gleichkleine Räder und den Kettenantrieb aufs Hinterrad, wie er seitdem geblieben ist.

Doch das Kaiserreich war nicht der Trendsetter. Die Beamten der amerikanischen Volkszählung von 1890, deren Auswertung trotz der Lochkarten von Hollerith noch zehn Jahre dauerte, machten es schon früher amtlich: *Wenige Artikel, die der Mensch je benutzte, haben eine derartige Revolution in den gesellschaftlichen Bedingungen geschaffen wie das Fahrrad.* Und je mehr man von dort erfährt, umso deutlicher wird, daß das Fahrrad dort wie überall im 19. Jahrhundert die Rolle des Automobils spielte und vorwegnahm. Das Fahrrad war eben das neue Objekt der Begierde und Statussymbol für die Besserverdienenden. Bald hatte jeder größere Ort Amerikas seinen Fahrradclub mit Clubhaus, Fahrschule und Werkstatt. New York erlebte die größte Fahrradparade aller Zeiten, während die Superreichen in ihrem elitären Michaux-Club unter sich waren. Gegründet wurde er, um im Winter eine Halle zum Fahren zu haben. Morgens erhielten dort die Clubmitglieder Fahrunterricht von den clubeigenen Lehrern, nachmittags konnten die Damen mit Musikbegleitung fahren und die Herren von einer Empore aus zuschauen. Für die Herren gab es die „Baklava Melee", eine wilde Fahrt mit Masken und Federbüschen drauf, die sie sich gegenseitig mit Stöcken vom Haupt zu schlagen trachteten. Der mit intaktem Federbusch übrigbleibende war Sieger. Auch für Damen gab es die aus Indien kommende Gymkana auf bändergeschmückten Fahrrädern, ein ganztägiges Reigenfahren in vorgeschriebenen Kostümen um einen Maienbaum. Selbst die Politik in Washington stieg aufs Rad. Vom Capitol Bicycle Club hieß es: *Jeder, der es zu etwas bringen will, hat das rotierende Rad zu fahren gelernt, lernt es oder hat es vor (Smith 1972).* Ölmilliardär Rockefeller fuhr selbst Rad und schenkte seinen leitenden Angestellten ein Fahrrad, wenn sie Gesundheitsprobleme hatten.

individuell

Die Neue Frau, beäugt von Sonntagsspaziergängern auf Berlins Oranienburger Allee. Karikatur von Lyonel Feininger, 1898. Der damals in Berlin lebende Illustrator und Maler Feininger war ein glühender Fahrradfan.
Sein Briefwechsel mit dem Freund Alfred Kortheuer in USA ist voller Fachchinesisch über neue Fahrradtypen. Als er in den 1920ern am Bauhaus Dessau die Meisterhäuser plante, sah er für jedes eine Fahrradgarage vor. (Archiv Lessing)

D as alles kam nicht von ungefähr, sondern fing mit den unglaublich modern anmutenden Aktivitäten eines Fahrradkonzerns an, der das Monopol anstrebte und die modernen Marketingstrategien heutiger Autokonzerne vorwegnahm. Albert A. Pope besaß in Boston eine Fabrik für Schuhbeschläge und Luftpistolen, als er bei der Jahrhundert-Ausstellung zur amerikanischen Verfassung in Philadelphia 1876 ein britisches Hochrad erblickte (aus Deutschland war eine Riesenkanone von Krupp ausgestellt). Pope war fasziniert und reiste nach England, um die dortige Fahrradindutrie zu studieren. Wieder zuhause begann er, Hochräder zu importieren und schließlich selbst zu produzieren. Das taten andere auch, aber zum Vater der amerikanischen Fahrradindustrie und indirekt auch der Autoindustrie wurde er durch den Zusammenkauf aller Fahrradpatente, um andere von sich abhängig zu machen und zu Lizenzzahlungen zu bringen. Dann begann er sich um die Rechte der Benutzer seiner Hochräder zu kümmern, denen das Fahren an vielen Orten verweigert wurde, beispielsweise

Albert A. Pope, der amerikanische Fahrrad-Magnat, von dem die Autobranche lernen konnte. (Archiv Lessing)

*Es gibt anno domini 1887
kaum noch etwas
Verwunderliches: wenn ein
Freund aus der Ferne, statt
angemeldet der Eisenbahn
zu entsteigen, plötzlich
staubbedeckt als
Frühstücksgast erscheint
und mit dem Bemerken,
das Zweirad halte unten ein
Dienstmann am Zügel,
nach einem ‚Ritt' von
einigen hundert Kilometern
Stärkung erbittet, so ist dies
Ereignis kein Grund zu
einem Extrablatt, nicht
einmal innerhalb des
nächsten Bekanntenkreises.*
So beschreibt der deutsche
Übersetzer im Vorwort des
Bestsellers von Thomas Stevens,
der mit dem Hochrad als erster
die Welt umrundete, die Vision
vom Individualverkehr seiner
Zeit, die – Hand aufs Herz – erst
im zwanzigsten Jahrhundert mit
Motorrad und Automobil breit
verwirklicht wurde
(Stevens 1887)

im Zentralpark New Yorks. Pope finanzierte Klagen und Anwälte, um diesen Übelstand zu beseitigen. Dann nahm er sich der Ärzte an, die gegen die Gefahren der Hochräder wetterten. In einer großangelegten Kampagne ließ er das Lied vom Fahrrad als Gesundheits- und Glücksbringer singen, einer Maschine zur Besserung der Menschheit. Für Ärzte, welche die besten Artikel zur Verteidigung des Fahrrads schrieben, wurden Preise ausgelobt. Und natürlich wurden diese prämierten Artikel dann im hauseigenen Sport- und Lifestyle-Magazin namens *Wheelman*, später *Outing* (Ausflug), abgedruckt, der wichtigsten Sportpublikation damals. Ebenso wurde der Vertrieb optimiert: seine Hochräder der Marke *Columbia* hatten im ganzen Land denselben Festpreis, unabhängig von Frachtkosten oder anderen Faktoren. Die Autofirmen später brauchten dies System nur zu übernehmen. Außerdem gründete er laufend neue Fahrradclubs durchs ganze Land bis nach San Francisco. Pope war der Prototyp des Unternehmers, dem eigene technische Erfindungen fremd sind, im Gegensatz zum britischen Aussteller damals in Philadelphia, John Keen, dem rastlosen Entwickler-Rennchampion-Unternehmer in einer Person, der denn auch keineswegs als Millionär starb.

Aber noch waren die Pferde in der Überzahl. Der Staub aus zerstampftem Pferdemist, getränkt mit ihrem Urin, legte sich auf alles und jeden. Den durchdringenden Gestank kann man noch heute erfahren, wo touristische Kutschfahrten angeboten werden, etwa am Stephansdom in Wien. Die Vierbeiner schienen den neuen Feind instinktiv zu erkennen, wenn er mit seinen in der Sonne blitzenden Speichen entgegenkam, und oft scheuten sie vor dem unbekannten Etwas. Das brachte die Pferdeleute in Rage und ließ sie zu Rechtsmitteln greifen. So ging Popes juristischer Streit hauptsächlich gegen Einschränkungen der Hochräder im Namen der Pferde und ihrer Besitzer. Dabei kam es zur Einführung erster Verständigungssignale: Die Kutscher sollten einen Arm hochheben, um entgegenkommende Hochradfahrer zur Vorsicht zu raten.

Mehrmaliges Hochheben sollte bedeuten, daß das Pferd nervös sei und der Hochradfahrer sofort absteigen solle – was dieser höchst ungern tat, weil das Wiederaufsteigen danach immer einen riskanten Akt bedeutete. Schließlich gründete Pope eine Lobby, die Liga der amerikanischen Radmänner (League of American Wheelmen), deren Persönlichkeiten sich für mehr Straßenbau einsetzten. Der amerikanische Kontinent hatte damals keine durchgehenden Straßen – man konnte ihn nur per Flußdampfer oder Eisenbahn durchqueren. Die prominenten Mitglieder der LAW machten Druck und konnten den seit dem Bau der Eisenbahnen eingestellten Straßenbau wiederbeleben. Ja Pope finanzierte schließlich sogar Vorlesungen über Straßenbau an Amerikas renommiertester Technischer Hochschule MIT, dem Massachusetts Institute of Technology in Cambridge im Staate Massachusetts.

Als dann von England das Niederrad in Form des *Rover* alias *Vagabund* in die USA gekommen war, bauten Pope und seine Lizenznehmer sogleich auch Niederräder. Jetzt ging der Boom erst richtig los, zumal die Frauen mit aufsteigen konnten. An oberster Stelle auf jedem Wunschzettel rangierte ein Fahrrad. Damit entzog es aber den anderen Wirtschaftszweigen spürbar die Kaufkraft und es erhob sich ein vielstimmiger Chor der durch den

individuell

Fahrradboom Geschädigten. Die Saloonwirte hatten es als erste zu spüren bekommen: die Radmänner tranken keinen Alkohol, denn Trunkenheit beeinträchtigt das Balanciervermögen. Wie ja auch das Bulletin der Liga konstatierte, erforderte das Fahrrad außer gesunden Lungen einen klaren Kopf und ein ruhiges Gewissen.

Bei Feuerwehr und Ambulanzen wurden die Pferde durch Spezialfahrräder für mehrere Personen verdrängt. Bei Noteinsätzen konnte man dann das Gefährt im Laufschritt über unwegsame Strecken tragen, was mit den Pferdefuhrwerken nicht zu machen war. Geistlichkeit und Ärzte stiegen vom Pferd aufs Niederrad um. Der Flaschner-Verband war allerdings gegen das Fahrrad, weil damit die Aufträge zu schnell erledigt werden konnten. Aber wo es um Schwerlastentransport ging, brauchte man die Pferde doch. Die New Yorker Feuerwehr hatte zum Beispiel Tankwagen, die nur Pferde ziehen konnten. Bei Alarm fielen den Pferden im Stall elektromagnetisch ausgelöst die Geschirre auf den Hals, wo sie von den Feuerwehrleuten festgezurrt wurden, nachdem diese selbst an Stangen vom Obergeschoß herabgeglitten waren. Vielleicht hätte so die Zukunft der Mobilität ausgesehen, wenn die Fahrräder nicht gekommen wären: elektro-magnetisch gesteuerte Pferde!

Ein kritischer Moment. Stich von Alfred Schwarz *(Moderne Kunst 1899, Pryor Dodge Collection)* Das Fahrrad war das Weihnachtsgeschenk schlechthin geworden.

Die Pferdezüchter erlebten ihre schlimmsten Zeiten: 1895 wurden in den sieben größten Städten rund 240.000 Pferde ausgesondert. Allerdings kam nun die Umrüstung der Pferde-Straßenbahnen auf elektrische Trams hinzu. Diese beiden, Fahrrad und Elektrische schufen die neue Urbanität ohne Uringestank und auf den Zähnen knirschendem Miststaub! Vorher hatte allein New York jährlich 30.000 Pferde für die Straßenbahn gekauft. Der Stall mit Heuboden für das Familienpferd hinter jedem besseren amerikanischen Haus wurde frei zum Abstellen der Fahrräder. Stellmacher und Wagenbauer verkauften immer weniger Chaisen. Schließlich stieg auch die berittene Polizei aufs Fahrrad um, und der spätere Präsident Roosevelt berichtete als Polizeichef von abenteuerlichen Stuntmännern darunter, die an durchgehende Kutschpferde heranradelten, sich an deren Hals hingen und das Fahrrad wegstießen, um dann allmählich das Fuhrwerk mit den verängstigten Insassen zum Halten zu bringen. Post- und Telegraphenboten wurden mit Fahrrädern ausgerüstet. Es war nur eine Frage der Zeit, bis das amerikanische Militär das Fahrrad entdeckte. Nach mehreren Militär-Tagungen fand tatsächlich ein Probemarsch oder besser ein Probetreck einer Fahrradtruppe des 25. Infanterie-Regiments ausgehend vom Fort Missoula statt, die nach vierzig Tagen im 3200 Kilometer entfernten St. Louis ankam – Tagesschnitt also 80 Kilometer und dies über schlechtes Gelände! Beim damaligen Krieg

Toronto 1900 *(Norcliffe 2001)*

Schon 1896 wurde die Zahl der Radfahrer allein in Berlin auf 35.000 berechnet, und diese Armee ist noch allenthalben in beständigem Wachstum begriffen. Eine lebendige Anschauung dieser ungeheuren Verbreitung gewinnt man, wenn man an einem Sonntag zur Zeit der Baumblüte den Straßenzug beobachtet, der von Berlin nach Werder führt. Eine ununterbrochene Kette von Rädern zieht sich an solchen Tagen in den Vormittagsstunden über eine Strecke von fast vierzig Kilometern von der Metropole bis zu dem märkischen Inselstädtchen, und wenn abends der ganze Zug mit leuchtenden Laternen den Heimweg antritt, ist es bis tief in die Nacht, als ob eine endlose Prozession riesiger Glühwürmer sich dahinbewege. (Bertz 1900)

mit dem spanischen Kuba kamen aber keine Fahrräder zum Einsatz und danach interessierte sich die amerikanische Armee nicht mehr dafür, ganz im Gegensatz zu den europäischen Militärs. Siebzig Jahre später hat Amerika den Vietnamkrieg verloren, nicht zuletzt wegen der vietnamesischen Nachschublinien mittels hochbeladener Peugeot-Fahrräder, die durch den Dschungel geschoben wurden.

So richtig deutlich werden die Umbrüche in Amerika durch das Fahrrad aber erst an den ökonomischen Folgen, die beim gesunkenen Alkoholkonsum nicht haltmachten. Die jungen Leute, die sonst jeden anglikanischen Sonntag-Nachmittag herumsaßen, ein oder zwei Maß Bier tranken und dazu Zigarrren pafften, rasten jetzt auf ihren Fahrrädern durch die Gegend und inhalierten bloß frische Luft. Der Zigarrenverbrauch sank in den USA im Sommer 1896 um eine Million Stück pro Tag oder im Jahr seit Einsetzen des Booms um hundert Millionen Zigarren! Da die jungen Leute zuvor auch den Gottesdienst versäumten, war die Erbitterung der Kirchenleute groß und machte sich in Gegenmaßnahmen bis hin zum Ausschluß der radfahrenden Gemeindeglieder Luft. Da sie nicht die guten, handgeschneiderten Kleider trugen, sondern billige Clubuniformen aus der Konfektion, wurden die guten Kleider nicht so schnell aufgetragen. Infolgedessen verloren allein in New York achttausend der zweiundzwanzigtausend Maßschneider ihre Arbeit! Ähnlich ging es den Hutmachern, denn die Fahrradsüchtigen trugen maximal eine Kappe. Von den Schuhmachern ganz zu schweigen, weil zum einen billige Strandschuhe zum Radeln getragen wurden und so zum andern die guten Maßschuhe nicht so schnell verschlissen wurden. Selbst Verleger jammerten, denn wegen des Fahrrads lasen die Leute nicht mehr so viel, bis auf die neuen Magazine mit einem Fahrradteil. Den Theaterbesitzern ging es nicht besser, denn die Leute kauften keine Karten mehr, sondern sparten auf Fahrräder. Und wenn sie die schließlich hatten, fuhren sie in die Natur, nicht ins Theater, sodaß damals zum Beispiel in Chicago die Sonntags-

individuell

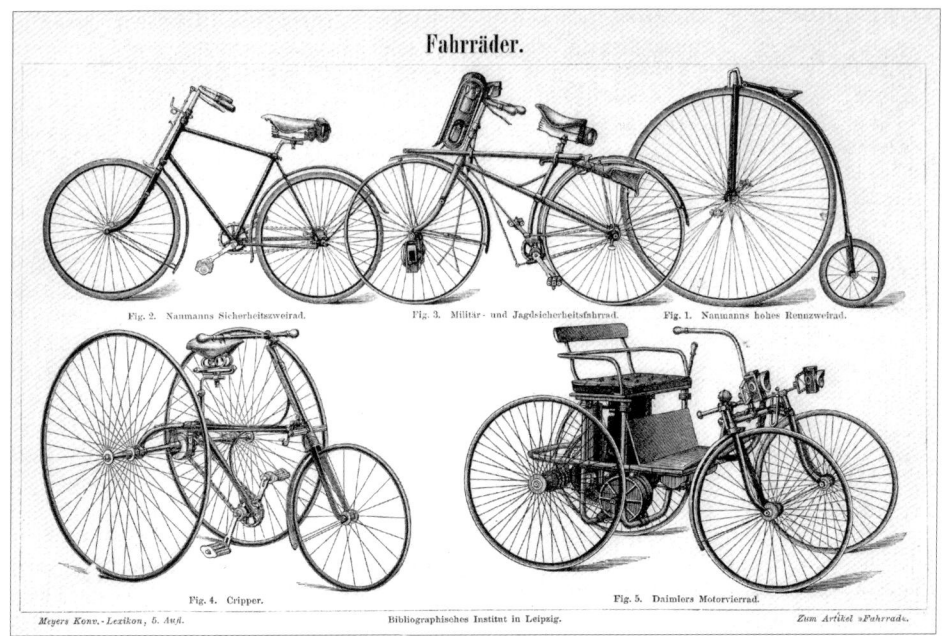

Fahrräder.

Fig. 2. Naumanns Sicherheitszweirad.   Fig. 3. Militär- und Jagdsicherheitsfahrrad.   Fig. 1. Naumanns hohes Rennzweirad.

Fig. 4. Cripper.   Fig. 5. Daimlers Motorvierrad.

Meyers Konv.-Lexikon, 5. Aufl.   Bibliographisches Institut in Leipzig.   Zum Artikel »Fahrrad«.

vorstellungen ausfallen mußten. Sogar die Körperpflege wurde vernachlässigt. Der Gentleman ging in Vorbereitung des Theaterbesuchs mit der Dame seines Herzens zum Barbiersalon, wo seine persönliche Seifenschale nebst Rasierpinsel schon wartete, um den Schaum für die Rasur zu spenden. Stattdessen ging er nun unrasiert radeln, was einem New Yorker Barbier die Bemerkung entlockte, daß er dem Mann, der heute eine Rasur ausläßt, morgen nicht zwei Rasuren berechnen könne.

Das Sparen traf noch andere Wirtschaftszweige hart. Das Fahrrad stand auf allen Wunschlisten jetzt oben und verdrängte die Taschenuhr als oberstes Wunschziel für Geburtstag, Arbeitsjubiläum oder was auch immer. Also litten auch die Juweliere und Uhrmacher darunter. Aber wer hätte gedacht, daß auch die Piano-Fabrikanten Grund zur Klage hatten? Früher habe er viele Pianos an jungverheiratete Paare verkauft, die ihr Erspartes hinlegten oder auf Raten zahlten, schrieb ein Händler in Minneapolis. Jetzt nähmen sie das Ersparte für zwei Fahrräder – woraus übrigens der schwindelerregende Preis eines Fahrrads damals hervorgeht, den der einfache Arbeiter noch lange nicht aufbringen konnte. Um es kurz zu machen: die New Yorker Handelszeitung schätzte die Verluste der anderen Branchen durch die Fahrradmanie auf jährlich 112 Millionen Dollar vor Steuern, was damals wesentlich mehr Geld war als heute! Das Fahrrad war das zentrale Objekt der Begierde für die Oberschicht geworden und verdrängte bei den Mobilitätsleistungen zusehends die Pferdewirtschaft. Natürlich gab es auch unerwartete Gewinner, etwa die Inhaber der Straßengasthöfe, die der Eisenbahn wegen ihr

Meyers Konversationslexikon von 1895 listet ganz selbstverständlich als Fahrräder sowohl die neuen Niederräder (Safeties) als auch die allmählich aussterbenden Hochräder (Bicycles) und Dreiräder (Tricycles), sowie Daimlers Motorvierrad, das die Firma heute *Stahlradwagen* zu nennen beliebt, um die Vaterschaft des Fahrrads beim Automobil zu verschleiern. Das hier als Priorität gepriesene Zahnradgetriebe hatte schon das 1882 von William Jeans in Christchurch gefertigte Dual Tricycle (unten) *(Street 1979)*

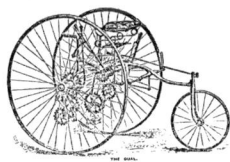

mobil   25

Adolph Schoeninger, Chicago-Schwabe und Unternehmer
(Archiv Lessing)

Zwölfhundert Arbeiter machen die große Fabrik der Western Wheel Works in Chicago zu einem Bienenkorb. Wie die Honigsucher sind die Männer hochaktiv, und das Ergebnis ihrer Mühen sind 200 Räder pro Tag. Ein Fabrikbesuch bei den WWW läßt die Augen des Besuchers soweit hervorquellen, daß man einen Hut daran hängen könnte. Soviel Maschinen und so viele Männer sind für den Neuling verwirrend; er kann bloß herumstehen und Mund und Nase aufsperren…
(Zeitgenossen zitiert nach Hounshell 1984)

Heinrich Horstmann, war nach seiner Weltreise Generalvertreter der Western Wheel Works.

Publikum verloren hatten, jetzt aber von den Fahrrad-Touristen mithilfe eigener Straßenkarten wieder aufgesucht wurden.

Wie so oft trug aber die massenhafte Nachfrage bereits den Keim des Image-Verlusts in sich. Pope geriet mit seinen Columbia-Niederrädern die nächsten Jahre zusehends in Schwierigkeiten, denn der Markt hatte nach Auslaufen der Patente jede Menge Newcomer angelockt. Ein Beispiel ist der Württemberger Kaufmann Adolph Schoeninger, der das Scheitern der Badischen Revolution im Kurzwarengeschäft des Onkels zu Rastatt hautnah miterlebte und nach den standrechtlichen Erschießungen auszuwandern beschloß, 1854 zunächst nach Philadelphia, wo er heiratete. Nach der Teilnahme am Bürgerkrieg zog er nach Chicago und betrieb eine kleine Möbelfabrik, die ausbrannte. Dann übernahm er eine Spielzeug- und Kinderwagenfabrik, deren Neubau beim großen Brand von Chicago 1871 in Schutt und Asche sank – und die ruinierten Chicagoer Brandversicherungen konnten ihn nicht auszahlen. Er stand wieder vor dem Nichts. Dank seines guten Rufs erhielt er von einer europäischen Bank das Kapital zum Wiederaufbau seiner Western Toy Company. Sein Erfolg mit Kinderfahrrädern der Marken *OTTO* und *PETITE*, für die er Lizenz an Poe zahlte, war so phänomenal, daß er in zehn Jahren schuldenfrei war.

Nach Auslaufen der Lizenzpflicht nannte er die Firma in Western Wheel Works um, abgekürzt WWW und begann nun, durch rationellste Fertigungsmethoden unter der Marke *Crescent* das preiswerte Fahrrad für den kleinen Mann zu produzieren, ohne allzu große Qualitätsabstriche. Während Pope noch der edlen Büchsenmacher-Tradition verhaftet war, mit viel spanabhebender Bearbeitung der Rohre, ging man bei WWW respektloser mit dem Material um, und versuchte möglichst alle Arbeitsgänge durch spanlose Preß-, Stanz- und Ziehtechniken aus der Blechspielzeugmacher-Tradtition der deutschen Einwanderer zu erledigen. Nach den Patenten zu schließen, war Schwiegersohn Otto Unzicker der technische Kopf der Firma. Unter dem vom Buchhalter zum Präsidenten aufgestiegenen Verkaufsgenie R. L. Coleman wurden die WWW dann zur größten Fahrradfabrik der Welt – 1896 zehntausend Fahrräder mehr herstellend als Pope. Bald konnte jeder Arbeiter sich ein Fahrrad leisten - höchste Zeit für die Reichen und Super-Reichen, nach einem neuen Alleinstellungs-Objekt auszuschauen.

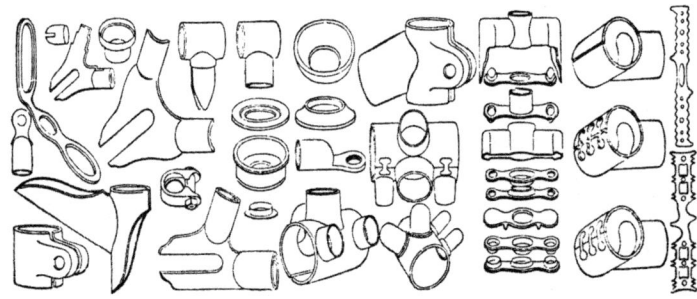

individuell

Nicht zu vergessen ist auch ein Auswanderer aus Baden, Ignaz Schwinn, der mit dem Fleischkonservenhersteller Adolph Arnold in Chicago Fahrräder der Marke Schwinn baute mit seinem Know-How aus den Frankfurter Adler-Werken. Die Firma mit ihrem ganz Amerika überspannenden Händlernetz bestand bis 1993.

Den direkten Beweis, daß die Automobil-Industrie die neue Fertigungstechnik für Fahrräder übernahm, lieferte Henry Ford durch den Ankauf der Fahrradfabrik John Keim Company in Buffalo nahe der Niagara-Wasserfällen. Offenbar baute die Keim Company preiswerte namenlose Fahrräder für Versandhäuser und dergleichen. John Keim war Juwelier in New York, wohnte auch dort und ließ sein Kapital in Buffalo arbeiten, wo es billigen Strom gab.

Tiefziehpressen der Fabrik der Western Wheel Works in Chicago

Als nach 1900 die Fahrradnachfrage nachließ, nahm die Firma auch andere Press-, Stanz-und Ziehaufträge an. So kam die Verbindung mit Henry Ford zustande, der gerade seine Fertigung des Modells T in Highland Park aufbaute. Das ganze Hinterachsgehäuse mit Differential wurde damals bei den Konkurrenten noch in mehreren Teilen gegossen, entgratet, gefräst und ausgebohrt. Die Leute der Keim Company machten daraus ein Stahlblechteil, das rums-bums in mehreren Schritten unter den Ziehpressen die endgültige Form erhielt – mit enormen Kosteneinsparungen. Beeindruckt kaufte Ford 1912 die ganze Firma und verpflanzte die Techniker nebst Maschinenpark nach Highland Park, um weitere Autoteile für das Modell T mit der neuen Fahrrad-Fertigungstechnik rationeller zu fertigen. ☙

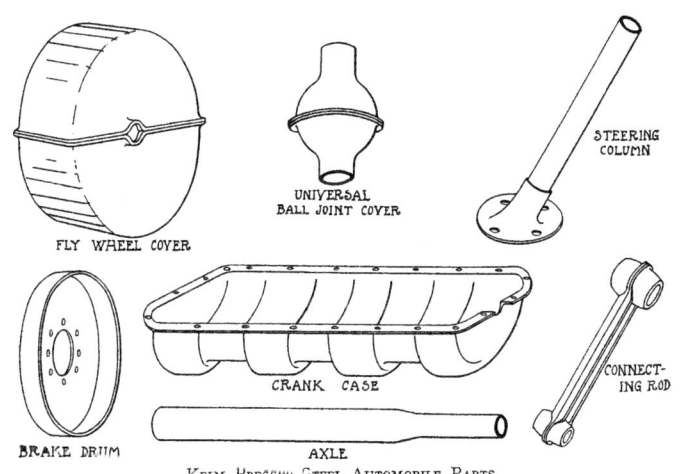

FLY WHEEL COVER

UNIVERSAL BALL JOINT COVER

STEERING COLUMN

BRAKE DRUM

CRANK CASE

AXLE

CONNECTING ROD

KEIM PRESSED STEEL AUTOMOBILE PARTS.

I WANT TO SELL YOU THE
BICYCLES
Made (and guaranteed) entirely by me in one big plant.

All Styles, Sizes and Lists
PLEASE WRITE ME
JOHN R. KEIM
BUFFALO, N. Y.

Die Fahrradfabrik, die Henry Ford wegen ihres Know-How kaufte und von ihr rationell gepreßte Autoteile *(3x Archiv Lessing)*

Flyer proben Aeroplane

Die Bahnrennfahrer der Six-Days werden Flyer, Flieger, genannt. Aus der Fahrrad-Avantgarde rekrutiert sich auch die erste Generation der Aeroplan-Konstrukteure und -Flieger, woher auch sonst? Aus der tonnenschweren Eisenbahn gewiß nicht!

Wilbur Wright
38 years old

Orville Wright
34 years old

Frühe Porträts der Brüder Wright.

Fahrrad *St. Clair* mit drittem Rad zum Testen von Flügelprofilen
(Bild rechts) Fahrradteile im Wrigth-Aeroplan
(4x Fred Fisk, The Wright brothers 1995)

In Dayton im US-Staat Ohio drucken zwei Söhne Wilbur and Orville eines anglikanischen Bischofs namens Wright nach dem College selbstredigierte Lokalzeitungen, leisten sich zwei Fahrräder und gewinnen öfter auf der lokalen YMCA-Radrennbahn. Daraufhin fangen sie an, selbst Räder zu montieren unter den Phantasiemarken „van Cleve" und „St. Clair" – vermutlich damit die Wright Cycle Company auch zwei konkurrierende Fahrradhändler am selben Ort beliefern kann. Der Betrieb vergrößert sich laufend, weshalb er sechsmal innerhalb Daytons umzieht. Mit dem Gewinn finanzieren die sparsamen Junggesellen ihre verblüffende Flugforschung. Erste Flügelprofile werden mit einem Fahrrad getestet, dann ein Windkanal gebaut und schließlich die Lenkungsmöglichkeit durch Verdrillen der Flügelenden gefunden. Als die damit gebauten Flugdrachen funktionieren, konstruieren sie schließlich einen leichten Benzinmotor und schaffen 1903 den Motorflug. Ohne ihre profunden Kenntnisse der Fahrradtechnik hätten sie ihre leichten Doppeldecker nicht bauen können, mit denen sie schließlich Weltruhm erlangten (siehe gegenüber).

Zweifellos hat der Fahrradboom um die Jahrhundertwende auch die alte Idee des Menschenflugs ohne Fremdhilfe angefacht. In Paris gründete 1912 ein Comte Puiseux aus dem Département Calvados eine *Société pour l'Aviation sans Moteur*. Die Schaffung eines billigen Volksflugzeugs schien in erreichbare Nähe gerückt. Die Anhaltischen Fahrzeug-Werke Krause & Günther zu Dessau bauten schon 1910 einen Prototyp mit negativen Ergebnissen. Der Anlaß für Puiseux war die Stiftung eines Preises von 10.000 Francs durch

individuell

Bicycle Parts Used On Wright Aeroplanes

Oversized bicycle chains and sprocket used to turn the propellers. Regular and oversized bicycle tubular steel was used in the propeller shaft supports.

Double Bicycle-type sprockets on the back of the engine turned the propeller chains. They purchased the chains from the Diamond Chain Co., Indianapolis, Indiana.

Bicycle chain and sprockets turned engine camshaft at the front of engine. Idler pulley had ball bearings, center under the chain.

A mannequin of Orville Wright with left hand on the front elevator control. Section of bicycle chain connected to control (spoke) wires.

Section of bicycle chain over pulley (in 4 places) inserted in wing warping (spoke) wires to prevent metal fatigue. Bicycle spoke wire used to brace the wings.

Bicycle to Biplane over sized double triangle shaped like a bicycle frame on both sides of the 1905 Wright Flyer above, and on some other models of Wright Flyers. See page 31.

Section of bicycle chain in front elevator control (spoke) wires. Pivot shaft of bicycle tubular steel.

During take off, aeroplane rolled on oversized bicycle wheel hubs (in 2 places). Later aeroplanes used bicycle type wheels. Ball bearings first used on bicycles were used on the Wright Flyer.

An interesting note, the tubing hose leading from the gas tank to the engine is a bicycle foot pump hose.

CYCLING

THE CYCLIST'S ILLUSTRATED NEWSPAPER

No. 1119. Vol. XLIII.

27th JUNE, 1912.

WHEN CYCLISTS FLY!

If the pedal-aeroplane becomes an accomplished fact, such a contretemps as our artist has depicted will not be improbable. A broken chain has caused a precipitate descent, and the cyclists who are proceeding in the "old sweet way" are in imminent danger of being mixed up in the catastrophe.

30

individuell

Die Technikvision vor dem I. Weltkrieg, der Muskelflug (gegenüber), wurde durch Wettbewerbe
der Peugeot-Fahrradwerke
vorangetrieben – die
Verwirklichung sollte erst 1979
dem Aerodynamiker Paul
McCready gelingen. (oben)
Muskelkraftflugzeug *Velair* von
Dr. Ing. Peer Frank. (links)
Wird die Durchsetzung gegen die
Behörden weitere 60 Jahre
dauern?

die Firma Peugeot für den ersten Muskelflug über 10 Meter Distanz – diesen
konnte von 23 Teilnehmern niemand gewinnen. Daraufhin reduzierte Robert Peugeot die Anforderung auf Überfliegen zweier Schnüre in 10 cm
Höhe und nur 1 Meter Entfernung. Gewinner war ein Flugfahrrad mit dem
Radrennfahrer Gabriel Poulain über 3,60 Meter. Daraufhin gab es weitere
Preise, von der Firma Michelin und der Pariser Zeitung *La Justice*. Erst 1921
gewann Poulain den 10-Meter-Preis in etwa 1 Meter Höhe mit einer Aviette,
gebaut von der Firma Nieuport. 1933 schrieb die Frankfurter Polytechnische Gesellschaft einen Preis von 5000 Mark für Muskelflug um zwei Wendemarken in 500 Meter Entfernung aus. Das Flugzeug zweier Junkers-Inge-
nieure, Villinger und Häßler, erreichte mit Gummiseilstart immerhin 235 Meter und erhielt Anerkennungsprämien. Der Flugingenieur Hans Seehase war
konstruktiv auf dem richtigen Weg, erreichte 60 Meter, gab aber wegen eines Herzfehlers nach einem Crash infolge einer Seitenbö auf.

Also sollte es doch zwei Generationen dauern bis der Muskelflug dank
Kunstfaser-Verbundtechnik Realität wurde. Der *Gossamer Condor* von Paul
McCready mit stolzen 30 Metern Flügelspannweite gewann 1979 den
Kremer-Preis für eine geflogene Acht um zwei Wendemarken in einer Meile Abstand. Daraufhin gab es eine Renaissance des deutschen Muskelflugs
dank des zu früh verstorbenen Designers Günter Rochelt. Sein handliche-
rer *Musculair 1* mit 22 Meter Spannweite absolvierte 1984 sogar einen Flug
mit Passagier! Das 28 Kilo schwere Flugzeug könnten im Prinzip schon
Anfänger fliegen. 🍏

Muskulair-1 beim
Passagierflug 1984: Holger mit
Katrin Rochelt *(Archiv: Schöberl)*

Ein Fahrrad mit Petroleum-Motor

Wenn ich erklärte, ein Wagen dieser Art werde zweitausend bis dreitausend Mark kosten, so wurde mir regelmäßig erwidert: „Bevor man sich auf einen Maschinenwagen setzt, kauft man sich doch lieber Chaise und Pferde, das sieht viel feiner aus als solch ein Fuhrwerk."
Benz-Interview in Allgemeiner Automobil-Zeitung Wien 18.4.1909

Das damals gerade sechs Jahre alte Branchenorgan *Radmarkt* der Fahrradindustrie aus Bielefeld macht das Dilemma der Automobilpioniere deutlich. Einesteils wollen sie das bisherige Statussymbol des Kutschgespanns ablösen, andererseits ist ihnen nun die Niederradwelle dazwischen gekommen. Wer will nun was kaufen? Zwei Innovationen auf einmal kann das Publikum nicht so recht verkraften. Dazu kommt, daß die heimischen Gasmotoren- und Autobauer eigentlich OEMs (Original Equipment Manufacturer) für den rasanten französischen Markt waren. Die Benz-Produkte liefen in Paris unter dem Namen Émile Roger, die Daimler-Produkte unter Panhard-Levassor und sonstigen Lizenznehmern, soweit die Sachen nicht – wie das Daimler-Vierrad durch Peugeot – schlicht kopiert wurden.

Obwohl Benz und Daimler stets versicherten, sich nie begegnet zu sein, verfolgten sie doch argwöhnisch, was der jeweilige Konkurrent als nächstes machte. Sie lagen zwar zwei Eisenbahnstunden auseinander, aber so abgeschottet waren Mannheim und Cannstatt nun doch nicht, als daß man voneinander nichts hätte erfahren können. Außerdem gab es die Patentzeitung und andere technische Blätter und Familienblätter wie *Die Gartenlaube* berichteten auch schon früh.

Benz in Mannheim hatte also ein Tricycle motorisiert, das mit Stahlspeichenrädern und Rohrrahmen seine Herkunft nicht verleugnete. Maybach und Daimler in Cannstatt hatten kaum später ihren Motor in das hölzerne Reitrad mit Stützrädern eingebaut, danach in ein Fuhrwerk vom Typ Americaine. Aha, muß man in Mannheim gedacht haben, die Cannstatter probieren es bei der konservativen Kutschenfraktion – sollten wir auch tun. Nach einigen dreirädrigen Prototypen kam man in Mannheim mit einem vierrädrigen motorisierten Fuhrwerk vom Typ Viktoria heraus, wozu Benz die Achsschenkelsteuerung des Georg Lankensperger von 1819 (alias Ackermann steering) patentiert erhielt. Das Reichspatentamt war alles andere als eine technikhistorische Institution! Und Ghostwriter Volk schwafelte, Benz habe dabei Viktoria=Sieg gerufen, daher der Name des

Abbildung oben:
Faksimile aus *Radmarkt 1892*

individuell

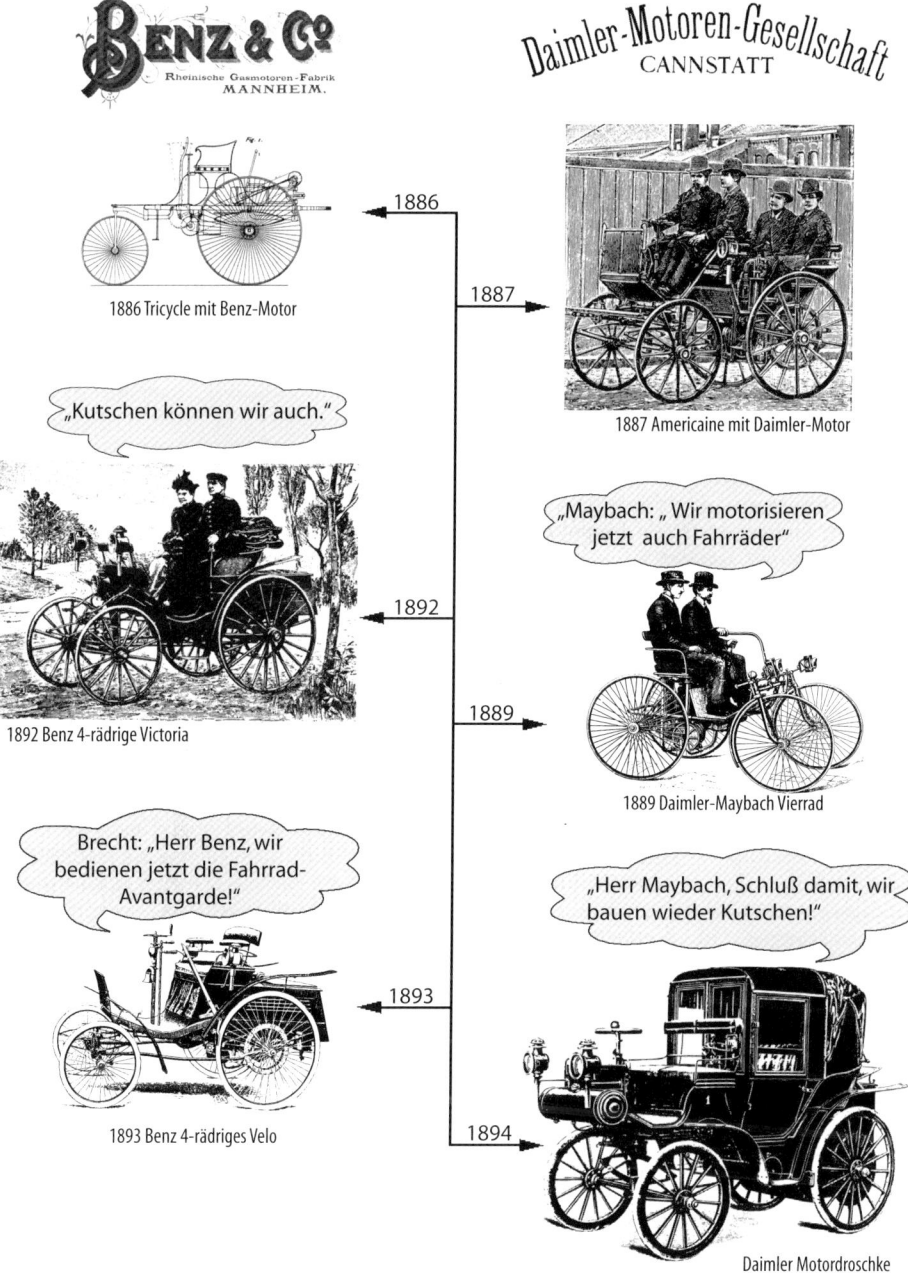

Keine frühere technische Innovation – nicht einmal der Verbrennungsmotor – war für die Entwicklung des Automobils so wichtig wie das Fahrrad. Erfolgselemente der Automobiltechnik aus der Fahrradindustrie waren Stahlrohrrahmen, Kugellager, Kettenantrieb und Differential, und ganz besonders der Fahrradpneu. Die Fahrradindustrie entwickelte auch die Verfahrenstechnik der Serienproduktion mittels spezieller Werkzeugmaschinen, Blechpressen und Lichtbogenschweißen für die spätere Automobilproduktion. Viele der wichtigsten Autohersteller waren zuvor Fahrradfabrikanten. Doch der wichtigste Beitrag des Fahrrads war, einen enormen Bedarf nach individuellem Langstreckenverkehr zu schaffen, der erst durch das massenhafte Aufkommen motorisierter Fahrzeuge befriedigt werden konnte.

(James J. Flink, The Automobile Age, 1988)

neuen Fahrzeugs. Tatsächlich heißt die Kutschenform nach Queen Victoria. Dieses Fahrzeug, das Benz auch im Ruhestand noch fuhr, war es, das die Kritik des *Radmarkt* und damit der Fahrradfraktion auf sich gezogen hatte.

In Cannstatt wiederum war aufgefallen, daß Benz in Mannheim sich an die Radfahrer-Avantgarde gerichtet hatte – sollten wir auch tun. Prompt konstruierte Maybach das Vierrad oder Quadricycle, dessen Rohrrahmen und Speichenräder die NSU-Fahrradwerke in Neckarsulm bauten, genau wie später für die Peugeot-Werke deren erfolgreiche Kopie. Die Daimler-Motoren-Gesellschaft baute dagegen nur 12 Quadricycles mit Holzspeichenrädern, die Konstrukteur Schroedter aus dem Maybach-Prototyp entwickelt hatte.

Mittlerweile war in Mannheim der Kaufmann Josef Brecht in die Rheinische Gasmotorenfabrik gekommen, dessen Bruder bei Kleyer in den Frankfurter Adlerwerken arbeitete. Der Bau der Victorias stagnierte, weshalb Brecht den Vorschlag machte, sich doch wieder an die Radfahrer-Avantgarde zu richten und ein niedrigeres fahrradähnliches Vierrad zu bauen, das denn auch „Velo" heißen sollte (*Die Benzwagen 1913*). Benz favorisierte die Victoria, aber was sollte er machen. Also konstruierte er das Velo, das er 16 Jahre später im Interview abschätzig als „kleines Ding" bezeichnete. Das Velo wurde ein Riesenerfolg, bis 1897 wurden über 1000 Stück verkauft, meist unter anderem Namen in Frankreich. Seine Speichenräder kamen aus den Adlerwerken. Nach 1897 erhielt es eine Kindersitzbank und den neuen Namen „Comfortable". Die Niederradwelle hatte also zunächst das Automobil behindert, aber nachdem es sich formal an die neue Avantgarde richtete, ging es damit aufwärts.

Ganz anders in Cannstatt, wo man sich nach dem schwachen Erfolg des Schroedter-Quadricycle wieder auf die Kutschenfraktion besann. Die Motordroschke und auch Viktoria-Wagen entstanden, mit der Kraftübertragung mittels Riemen statt Fahrradketten, wofür die Firma neuerdings „Riemenwagen" textete, welche Bezeichnung aber nicht zeitgenössisch ist. Ein solches Gefährt kaufte Emil Jellinek, an der Riviera operierender Kaufmann österreichischer Abstammung, der nach Daimlers Tod die Modellpolitik bestimmte. Nach dem Idol der Zeit, der nach Liebesheirat jung verstorbenen spanischen Königin Mercedes, taufte er seine Tochter, benannte er sein Autohaus und schließlich den von Maibach konstruierten Rennwagen, wieder mit Fahrradketten-Antrieb. Damit nicht genug, kreierte Jellinek auch noch den neuen Typus des Herrenfahrers.

Doch dies soll nicht die 1001-te Automobilhistorie werden. Deshalb nur kurz eine interessante These, warum in Frankreich das Automobil schneller Fuß faßte als im Kaiserreich. Abgesehen davon, daß man dort mit Dampf schon früher angefangen hatte, war die Metropole Paris im zentralistischen Staat Frankreich der Treffpunkt aller wichtigen und reichen Leute, noch dazu mit sehr guten Straßen. Die deutschen Adligen saßen auf ihren Gütern verstreut, hatten zwar Wohnungen in der Reichshauptstadt Berlin, hielten sich aber nicht ständig dort auf. Aus Berlin kennen wir die Stimme einer passionierten Radfahrerin, Amalie Rother, die in ihrem Artikel *Das Damenfahren* (Salvisberg 1897) eine interessante Beobachtung mitteilt. Sie hatte beabsich-

individuell

Ein Fahrrad mit Peltroleummotor, wie es sich die Radfahrer-Avantgarde wünschte: das Benz *Velo*, hier unter der Marke *La Parisienne*. Die Pariserin kommt damit ohne Mitwisser überall hin und kann ihren Schminkkoffer mitnehmen.

tigt, eine vergleichende Zusammenstellung des Damentourenfahrens auch der Nachbarländer zu bringen, mußte aber feststellen, daß es diese Abenteuerlust bei den Französinnen gar nicht gab: *Der liebenswürdige Herr Walther vom Pariser „Cycle" gab mir eine interessante Ausführung über die Gründe des Nichttourenfahrens der Französinnen... Hauptsächlich schuld sei die Erziehung der französischen Frau zur Unselbständigkeit. Die Dame der höheren Gesellschaft steckt im Kloster, bis sie ehereif ist. Dann wird der Gatte für sie gesucht und sofort die Ehe geschlossen. Als Mädchen hat sie also keine Zeit zu fahren, als Frau treten sofort eine Menge gesellschaftlicher Verpflichtungen an sie heran, die eine längere Abwesenheit, wie die Tour sie verlangt, gar nicht gestatten... Dann aber, fährt Herr Walther fort, wird die Französin nie zu bewegen sein, sich irgendwie in derangiertem Zustand zu zeigen. Und das sei auf der Tour doch unvermeidlich... Auch duldet der Gatte nicht, daß die Frau – sich den Teint ruiniert. Und endlich der Hauptgrund: Die Französin verzichtet auch für die Reise nie auf ihr Toilettenkabinett. Dessen gesamten Inhalt schleppt sie unbedingt überall mit hin. Das geht natürlich unterwegs nicht an"* (zitiert nach Lessing 1995). Sollten die Französinnen so schnell aufs Automobil aufgesprungen sein, nur um den Schminkkoffer mitnehmen zu können?

Warum in den USA vor 1890 kein Automobil gebaut wurde, erklärte Hiram Maxim, Pope's Autoentwickler, in seiner Autobiographie: ...*weil das Fahrrad noch nicht in großer Zahl aufgetreten war und das Denken der Menschen noch nicht auf unabhängige Langstreckenreisen auf der normalen Straße gelenkt hatte. Wir dachten, die Eisenbahn sei gut genug* (Maxim 1937). ❧

Polizeiliche Kennzeichen: Seit den Fahrrädern gab es Nummernschilder. An Fuhrwerken stand noch Name und Adresse des Halters *(Band 1895)*

Wer steht auf wessen Schultern?

Von Isaac Newton, dem britischen Genie mit zwei Nervenzusammenbrüchen im Alter, stammt der Spruch: Wir stehen auf den Schultern von Giganten. Dies gilt auch für Techniker, doch infolge der ständigen Verwechslung mit dem Unternehmer in seiner vergötternden Firmenfestschrift entsteht der Eindruck, ein Einzelner könne die Welt aus den Angeln heben.

Ich wage zu behaupten, daß es heute kaum eine praktisch genutzte Erfindung im Maschinenbau gibt, die ihre Existenz einem einzigen Manne verdankt. Es ist wohl möglich, daß die Idee für einen Apparat zur Erlangung eines bestimmten Zwecks die Frucht eines einzigen kreativen Gehirns war, aber bei der Verwirklichung, bei der Vervollkommnung der Details, kurz bei der Ausarbeitung des Entwurfs verdankt in 99 von 100 Fällen der Erfinder anderen allerhand Anregungen oder noch greifbarere Hilfestellungen.
Aus der Rede eines Joseph Newton vor der London Association of Foremen Engineers *(English Mechanic 1.12.1865)*

Louis Renault ist der Name eines sympathischen Technikers der den Schritt zum Unternehmer getan hat und dank Fortbestehens seiner Automobilmarke auch hierzulande in aller Munde ist. Mit seinem Brevet hat er das *„erste richtige"* Automobil mit Kardanwelle zur Hinterachse statt zweier Fahrradketten gebaut. Wiewohl – eigentlich ist diese Antriebsart nur mehr bei Lastkraftwagen verbreitet, sonst hat der Frontantrieb gesiegt, und es dauert sicher nicht mehr lange, bis ein anderes *„erstes richtiges"* Personenauto auf den Schild gehoben wird. Doch an diesem Beispiel läßt sich schön zeigen, wie ein Maschinenelement einer Wanderniere gleich durch die Konzeptionen der Erfinder wandert, wobei es sich durch die Anstrengungen des Kollektivs der Techniker zusehends verfeinert. Wir müssen uns dabei vom romantischen Bild des einsam sinnend den Ellenbogen auf den Amboß und das Kinn auf die Hand stützenden Mechanikers verabschieden zugunsten eines, der die Patentzeitung und die technischen Zeitschriften liest – die schon früh Abbildungen brachten, lange vor den Illustrierten. Techniker sind visuelle Menschen und ein Bild sagt bekanntlich mehr als tausend Worte.

Wir setzen unvermittelt ein mit der 1878er Straßenlokomotive *„Mancelle"* (d.h. *die aus Le Mans*) von Amadée Bollée dem Älteren. Sie war seine zweite und schon mit Einzelradaufhängung vorn ein technischer Leckerbissen obendrein. Möglicherweise aus den Dampfbooten übernommen hatte Bollée die Anordnung zweier stehender Dampfzylinder vorn mit Welle zur Schiffsschraube hinten. Er dagegen verlängerte die Kurbelwelle bis nach hinten über Kegelräder zu einer Vorgelegewelle, die wieder über Ketten die Hinterräder antrieb. Ein zukunftsweisendes Konzept, wenn man bedenkt, daß dann im 20. Jahrhundert die Automobile überwiegend ebenfalls vertikale Zylinder vorn und eine zentrale Kardanwelle nach hinten besaßen. Sein Ruf drang unter anderem nach Berlin, wo 1879 ein Nachbau aus der Wöhlertschen Maschinenfabrik Probefahrten machte.

individuell

Da kann es nicht verwundern, daß diese Anordnung (Antriebswelle mit Kegelzahnrädern) plötzlich in anderem Zusammenhang in den Wäldern der Vereinigten Staaten auftauchte. Ephraim Shay hatte im Bürgerkrieg als Sanitäter gedient und war dann Holzhändler mit einer Sägemühle geworden. Shay war kein Techniker, sondern der Typ Unternehmer, der eine Problemlösung braucht und sie sich dann mithilfe eines willfährigen Technikers verschafft. Die Transportkosten machten drei Viertel des Holzpreises aus, weil die Stämme nur im Win-

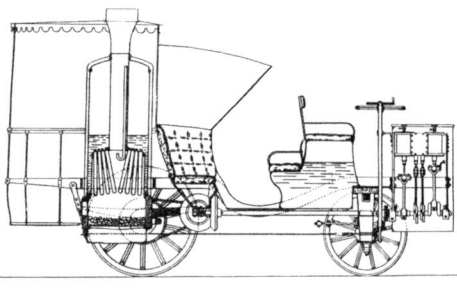

Die *Mancelle* von 1878 des älteren Amadée Bollée mit stehenden Zylindern und Zentralwelle, aber noch mit Kettenantrieb auf die Hinterräder. *(Krebs 1994)*

ter auf Pferdeschlitten und Schnee- oder Eisblockbahnen zur Sägemühle transportiert werden konnten. Als dann noch ein Winter praktisch schneelos verlief, ließ Shay Geleise aus Holzstämmen bauen, auf denen Pferde die Stämme auf Drehgestellen mit Rädern zogen, die beidseitig Spurkränze hatten. Schließlich ließ er sich eine Dampflok dafür bauen, die aber mit dem üblichen Pleuelantrieb ihrer Räder die Holzgeleise vor allem in den Kurven ruinierte, während die Drehgestelle unter noch so schweren Stämmen dies nicht taten. Dann probierte er es mit zwei Drehgestellen, auf die er eine Dampfmaschine stellte und über Ketten oder Riemen die Räderpaare antrieb. Dies funktionierte, und jetzt begannen andere Sägmüller sich für die Holzfällerbahn zu interessieren. Im Kontakt mit seinem Maschinenlieferanten Carnes, Agerter & Co. im 700 km entfernten Lima (Ohio) entwickelte Shay das Konzept weiter.

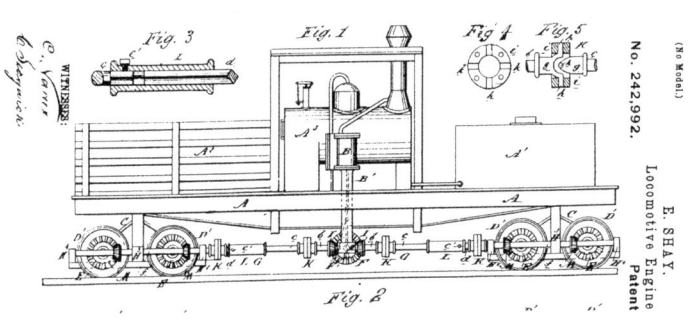

Kaum als Lokomotive zu erkennen, die Patentzeichnung für Ephraim Shays Drehgestell-Waldlokomotive von 1881 *(Pooch 1997)*

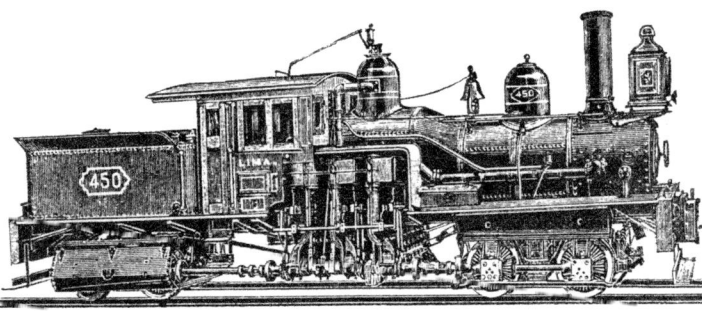

Eine dreizylindrige Shay-Lokomotive der Lima Machine Works auf Eisenschienen *(Dinglers Polytechnisches Journal 292/1894)*

mobil

Das meistgebaute kettenlose Fahrrad war Popes *Columbia Chainless* ab 1898 *(Archiv Lessing)*

Mitinhaber John Carnes, der technische Kopf der Firma, hatte die Idee, die stehenden Dampfzylinder wartungsfreundlich an der Seite anzubringen und alle Achsen über Kardanwellen und Kegelräder von dieser Seite aus anzutreiben. Warum hat er sich das nicht patentieren lassen? Shay selbst beantragte das Patent und erhielt es 1881, obwohl die neuen Loks aus den Lima Machine Works, wie sie jetzt hießen, bereits herumfuhren. Als erster Lizenznehmer bauten sie noch 2770 Shay-Lokomotiven für Eisengeleise, welche die Holzgewinnung revolutionierten und wurden darüber hinaus zu einer der größten Lokomotivfabriken Amerikas.

Die Fahrradketten hatte man Ende des 19. Jahrhundert noch nicht fertigungstechnisch so im Griff wie heute. Die Folge waren häufige Kettenbrüche. Warum das Hinterrad nicht mit einer Welle und Kegelrädern antreiben wie bei der Shay-Lok? Eine zentrale Welle wie bei Bollées Vierrad war beim Zweirad ja nicht möglich, weil da die Räder in der Mitte sind. Die belgische Waffenschmiede Fabrique Nationale erhielt wohl 1889 das erste Patent auf den Wellenantrieb mit Kegelrädern beim Fahrrad, der heute in Analogie zum Motorrad als Kardanantrieb bezeichnet wird, obwohl beim Fahrrad anders als beim Motorrad kein Kardangelenk vorgesehen ist. Viele weitere Patente in Europa folgten. Pope in Boston kaufte alle zusammen und wollte daraus wieder neue Monopolmacht schmieden. Doch das kettenlose Columbia kostete 1898 ganze 50 Dollar mehr als das Ketten-Columbia zu 75 Dollar. Außerdem war der Mechanismus anfällig gegen Verwindungen und mußte oft mithilfe einer umfänglichen Bedienungsanleitung nachjustiert werden. Dennoch baute sie Pope bis zum Ersten Weltkrieg weiter. In Deutschland bauten unter anderen Dürkopp, Opel und Adler ähnliche „Kardan"-Fahrräder.

Jetzt schlug die Stunde für Louis Renault. Panhard und Levassor hatten schon 1891 Bollées Konzept auf ein Benzin-Vierrad übertragen: also zwei stehende Zylinder vorn, zentrale Welle nach hinten, über Kegelräder auf Vorgelegewelle und dann mit zwei Ketten auf die Hinterräder. Warum nicht mit der Welle über Kegelräder die Hinterräder direkt antreiben? Hierfür gab es seit 1891 ein Vorbild, die Heisler-Waldlokomotive. Um Shays Patent zu umgehen, hatte Charles Heisler, Sohn deutscher Einwanderer in Wapakoneta (Ohio), die beiden Zylinder V-förmig unter dem Dampfkessel angeordnet, sodaß die Welle zu den Drehgestellen nun zentral verlief. Dadurch verschwanden die Kegelräder auf die Unterseite der Maschine, wo sie dem Menschen weniger gefährlich waren (Die Shays brauchten bald Blechabdeckungen, damit niemand mit der Kleidung in die Kegelräder hineingezogen werden konnte). Natürlich wurde auch die Heisler-Lok in europäischen Technikzeitschriften vorgestellt. Wie auch immer, Louis Renault zog sich in seine Werkstatt im Schuppen hinter dem Elternhaus zurück und baute 1898 ein De-Dion-Dreirad in seinen ersten Prototyp mit vier Rädern um, mit Kardanwelle zur Kegelräderkapsel auf der Hinterachse. Bei Ausfahrten kamen aus dem Umfeld der Textilindustriellen-Familie erste Bestellungen.

individuell

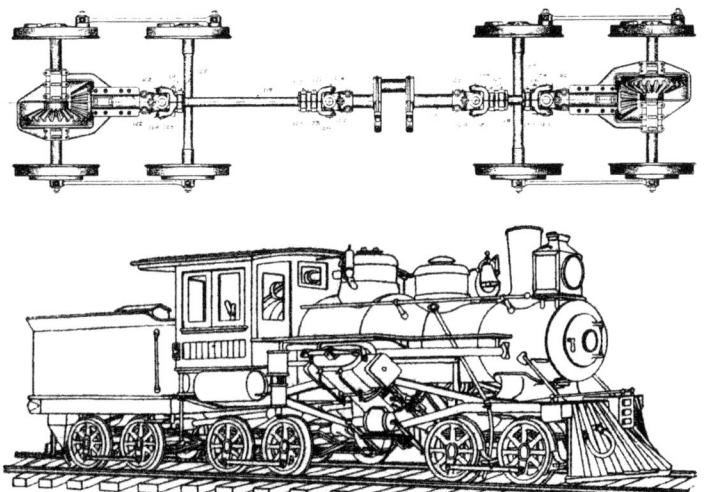

Die Heisler-Waldlokomotive mit V-Zylindern und Zentralwelle wurde auch in Europa bekannt (*Dinglers polytechnisches Journal 312/1898*)

Louis Renaults Serienauto von 1899 (*Archiv Lessing*)

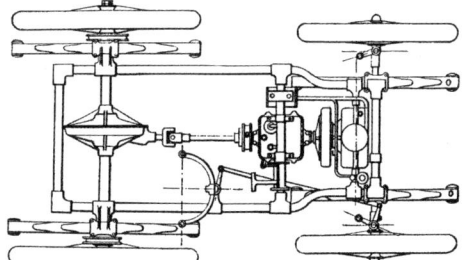

Mit seinen zwei Brüdern Marcel und Fernand gründete er hierauf im nächsten Jahr die Société Renault-Frères. Der Rest ist Geschichte. Aber noch der erste Cannstatter Rennwagen *Mercedes* von 1900 oder der Mannheimer *Blitzen-Benz* von 1910 (so die amerikanische Bezeichnung) hatten diese offenen Fahrradketten zu den Hinterrädern.

Angesichts der schnellen Kommunikation technischer Neuheiten durch die Alte Welt glauben wir jetzt zu wissen, wer auf wessen Schultern stand, auch wenn wir kaum je schriftliche Eingeständnisse finden werden von der Art: *Jawohl, ist mir da und da zu Augen gekommen*.

Diese Geschichte wurde jedoch nicht erzählt, um die technischen Köpfe als bloße Plagiatoren zu outen. Der Baukasten der Maschinenelemente steht schließlich jedermann rechtefrei zur Verfügung wie dem Wortschmied der Wortschatz seiner Sprache. Die Kunst besteht darin, diese Elemente zu neuen Konzepten zu arrangieren, die eine bisher ungelöste Aufgabe zu lösen, daß das neue Konzept im Dauereinsatz auch klaglos funktioniert! Ein echtes Plagiat ist laut Arno Schmidt Edgar Allan Poes Gruselgeschichte *The Fall of the House of Usher*. Das Original war *Das Raubschloß* eines H. Clauren in Wien. ❦

mobil

Heidelbergs folgenreichster Student

Das Auto wäre früher oder später sowieso erfunden worden! Wirklich? Wenn die Religion der Amischen zur Staatskirche des Abendlands geworden wäre, dann mit Sicherheit nicht! Die Amischen in Pennsylvania und Ontario fahren weiterhin ausschließlich mit Pferdekutschen.

Ein Buggy der heutigen Amischen
(Foto: R. Bauer-Lessing)
Mit 16 Jahren bekommt der Amischen-Jüngling sein erstes Fuhrwerk, um auf Brautschau fahren zu können.
Buggy heißt eigentlich *Wanzennest.*

Solche Sprücheklopfereien sind wohlfeil, weil nicht nachprüfbar, und von der Qualität des anderen Spruchs, daß mit hoher Wahrscheinlichkeit ein Shakespeare-Sonett entsteht, wenn drei Schimpansen dreißig Tage lang auf Schreibmaschinen tippen. Versuchen wir die Denke eines Leitenden zu erahnen, von dem der Eingangsspruch stammen könnte: Die Techniker sollen sich bloß nicht einbilden, daß sie unersetzlich wären – mit meinen Geldern kann ich mir sowieso alle kaufen. Genau, und dann den Kunstbetrieb sponsern, denn: Der Firmenname aus dem Medienfeuer springt, wenn das Kunstsponsoring im Kasten klingt - so der moderne Ablaßhandel.

Daß Technik und Kunst einmal dieselbe Bezeichnung, eben Kunst, trugen, weiß jeder, der alte Texte liest. Das deutsche Wörterbuch der Gebrüder Grimm ab 1854 ist voll davon, es zitiert beispielsweise (die Grimms schrieben alles

Automobilpionier Elwood P. Haynes, links auf seinem Prototyp, wird 1895 in Chicago von der Fahrradpolizei gestoppt *(National Archives)*. Nach Karl Benz hätte es dabei bleiben können, denn: *Warum muß man mit achtzig und hundert Kilometer fahren, wenn es mit fünfundzwanzig so angenehm ist?* *(Allgemeine Automobilzeitung No. 49, 1916)*

klein): *die ganze mechanik ist nach dieser seite kunst im höchsten sinne, und kuenstliche vorrichtungen, maschinen, hiessen bei uns kurz selber kunst.* Da gab es die *Kunstmühle,* sprich Maschinenmühle, und dazu den *Kunstmeister* oder *Kunstmüller,* oder gleich die *Kunstmaschine,* womit man z.B. ein Uhrwerk bezeichnete. Kraftübertragung über Hebel hieß *Stangenkunst,* das Pumpwerk zur Hebung des Grubenwassers im Bergwerk *Wasserkunst,* bedient vom *Kunstwärter* oder *Kunstknecht. Kunstfreund* hieß auch der Technikinteressierte. Leider unterschied man bald die schönen von den nützlichen Künsten. Und vermutlich schon die erste Generation der Kunsthistoriker an den Universitäten baute dann einen Grießbreiwall um die schönen Künste, beschlagnahmte das Wort Kunst für ihre Zwecke und verstieß so per akademischer Abgrenzung die Techniker aus dem Schlaraffenland.

Die eingangs geschilderte Borniertheit hat neuerdings sogar einen Namen bei den Allgemeinhistorikern: Strukturgeschichte. Demnach empfängt, grob vereinfacht, der Erfinder von irgendeiner Struktur analog Heiligem Geist eine Idee, die er unter Schmerzen austragen und gebären muß. Wird der eine nicht befruchtet, sucht sich die Struktur halt einen anderen. Diese Modeerscheinung in Historiker-Zirkeln beginnt glücklicherweise wieder realistischeren Sichtweisen Platz zu machen. Geschichte ist doch das Ergebnis menschlicher Entscheidungen und nicht das unausweichliche Resultat anonymer Kräfte. Ergo verdienen die einzelnen Techniker mit ihren Biographien nach wie vor unsere Aufmerksamkeit, um nicht zu sagen: Hochachtung.

Wenn, ja wenn da nicht die schrecklichen Folgen wären! Der Begriff der Technikfolgen ist aber Falschmünzerei mit Sündenbockfunktion. Denn gemeint sind natürlich die Ökonomiefolgen, aber da die Ökonomen mit den

Der Mißbrauch großer Kräfte ist kein Beweis gegen die Möglichkeit ihres richtigen Gebrauchs.
Shri Aurobindo Ghose (indischer Philosoph)

Soziologen in derselben Fakultät sitzen und in Akademia keine Krähe der anderen ein Auge aushackt, schont man die Ökonomen und weist die Schuld den sprachlosen Technikern zu (à la: weiß doch jeder, daß die Wirtschaft gemeint ist). Dabei hat eine technische Problemlösung, die – nur als Beispiel - mit Stacheldraht um sich fuchtelt, keinerlei Folgen, solange der Prototyp im Garten des Konstrukteurs steht. Erst die massenhafte Vervielfältigung und Vermarktung dürfte Probleme schaffen. Aber der Techniker kann doch mit dem Betriebswirt diskutieren und die schlimmen Folgen verhindern? Kann er bzw. kann er nicht, denn der Betriebswirt sitzt im Management, er dagegen darunter: er kann bloß kündigen. Eine schöne Außendarstellung also: Die Ökonomen sorgen für Arbeitsplätze und das Geld in der Tasche – die Techniker zeichnen für die Folgeerscheinungen verantwortlich. Nein, für die Ökonomiefolgen sind eindeutig die Ökonomen verantwortlich, was durch die Begriffsklitterung *Technikfolgen* verschleiert werden soll!

Karl Benz selbst ist ein Schulbeispiel dafür, wie schnell die technische Problemlösung, kaum daß ihr Funktionieren demonstriert ist, der Kontrolle des Technikers entgleitet. Sie wird zur Ware und fortan nach den Vorstellungen der Kaufleute umgemodelt. Wir sahen bei Benz, daß die motorisierte Viktoria eigentlich seinen ultimativen Motorwagen verkörperte. Doch dann kam Kaufmann Josef Brecht und verlangte, daß das *Velo* für die Radfahrer-Avantgarde produziert werden müsse – tatsächlich ein kommerzieller Erfolg. Doch damit nicht genug. Der neue Teilhaber Julius Ganß holte 1902 den französischen Konstrukteur Marius Barbarou von der Pariser Automobilfabrik Clément-Bayard ins Haus, um die neue Herrenfahrer- und Renn-Klientel mit schnellen Wagen à la Mercedes zu bedienen. Benz schied verärgert aus der Firma aus, die aber weiter als Benz & Cie firmierte. 1906 gründete er mit seinen Söhnen die konkurrierende Gasmotorenfirma *C. Benz Söhne* in Ladenburg. Die Söhne bauten dann aber doch schnelle Autos, nur der alte Benz blieb seiner Viktoria treu.

Man braucht die Automobilgeschichte nicht weiter zu erzählen, sie steht mit vielen – oft erfundenen – Anekdoten täglich in der Zeitung. Das Motorpressetaschenbuch mit den Adressen der Motorseiten-Zuarbeiter erreicht den Umfang eines Dünndruck-Gesangbuchs. Die Anzahl derer, die über das Fahrrad schreiben, läßt sich dagegen an vier Händen abzählen.

Wir fragen jetzt, wie alles angefangen und wer eigentlich bewirkt hat, daß sich die Leute erstmals auf eine Maschine statt auf ein Pferd setzten und damit den mechanisierten und heute motorisierten Individualverkehr weltweit anschoben. Er hieß Karl Drais und hat 1803-05 in Heidelberg studiert. ❦

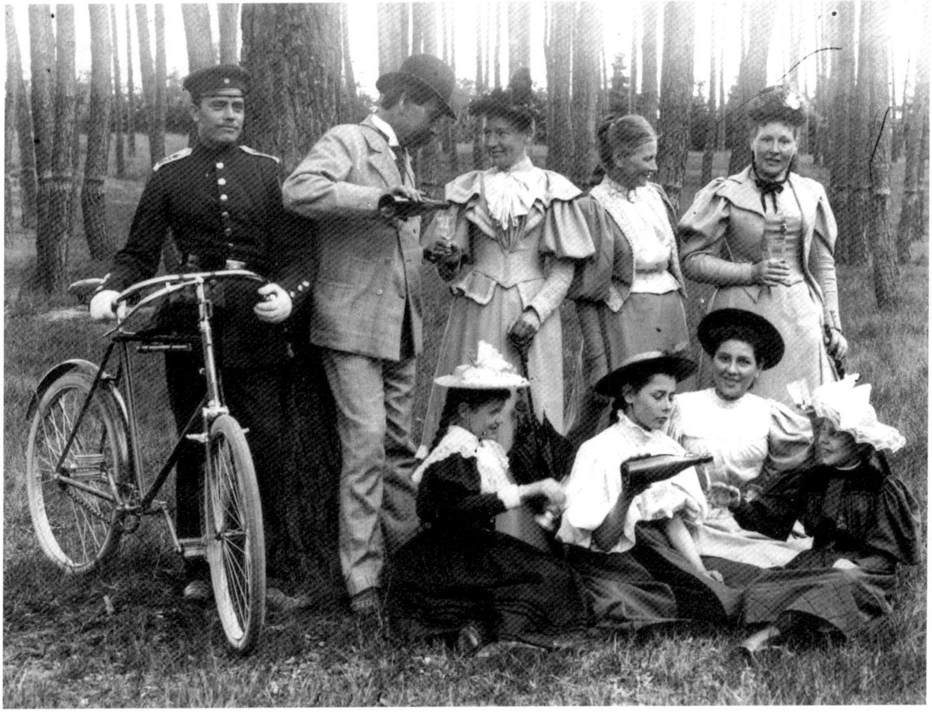

Allgemeine

Automobil-Zeitung.

Herausgeber: Felix Sterne und Adolf Schmal-Filius.

Nr. 16. Band I. | Wien, 18. April 1909. | X. Jahrgang.

Ein Besuch beim alten Benz.

Ein vierzigpferdiger Benz-Wagen, neuestes Modell, war mein Expreßzug von Mannheim nach Ladenburg. Dies waren also die Straßen, auf denen Karl Benz seine „neumodische Chaise" zum erstenmal probiert hatte, auf welchen er stecken geblieben war und wo er Anerkennung und Spott zu gleicher Zeit eingeheimst hatte.

Alle fünf Minuten überquerten wir ein Eisenbahngeleise; neben uns lief auf dem Straßenkörper eine Straßenbahn hin, und dort hinten fuhren eine Dampftramway und eine elektrische Bahn auf ein und demselben Geleise wie friedliche Brüder, die derselben Idee dienen.

Nach etwa halbstündiger Fahrt hatten wir Ladenburg erreicht, wo Karl Benz jetzt auf seinen Lorbeeren ausruht. Er hat sein Heim in einer hübschen Villa aufgeschlagen, die inmitten eines großen Gartens liegt. Es ist ein Heim, wo es sich gut sein läßt nach einem Leben voll Mühe und Arbeit.

Man würde es dem großen Mann mit dem buschigen Schnurrbart und dem nur wenig ergrauten Haupthaar kaum ansehen, daß er heute schon 64 Jahre zählt. Trotz seines berühmten Namens und trotz seiner Verdienste um die Sache ist Karl Benz von einer un-

Herr Karl Benz zieht seine alte Victoria aus dem Jahre 1894 allen modernen Wagen vor und benützt heute immer noch das „vormärzliche" aber betriebsfähige Fahrzeug.

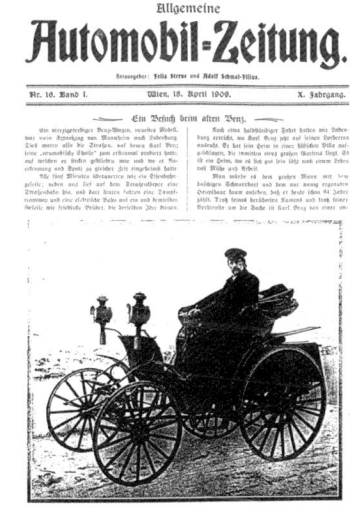

Dies schien uns geradezu enorm und wir betrachteten jeden, der einen 12HP kaufte, für einen, der mit seinem Leben und seinen geraden Gliedern spielte. Dann kamen die Rennen, und von da an datiert die rasche Perfektionierung des Automobils, aber gleichzeitig auch die rasche Steigerung der Kraft bis zu einem Grade, den ich im Interesse des Automobilismus nur bedauern kann. Nichts hat meiner Ansicht nach der ganzen Bewegung so geschadet, wie die enormen Schnelligkeiten, und wie viel Leute sind ihr nicht schon zum Opfer gefallen. Auch heute noch ist es meine feste Ueberzeugung, daß die starken Wagen ein Malheur für den Automobilismus und überflüssig für die Menschheit sind. Hätten wir Straßen darnach, so wäre gegen die schnellen Wagen nichts einzuwenden. aber unsere modernen Landstraßen sind für den Trott der Pferde, nicht aber für das Tempo der Schnellzugslokomotive gebaut. Das Automobil in der Stärke zwischen 12HP und 20HP ist meiner Ansicht nach für alle Zwecke vollkommen ausreichend, und alles, was mehr ist, ist vom Uebel.

Karl Benz im Interview *(Allgemeine Automobil-Zeitung 18.4.1909)*

Markgrafschaft Baden
anno 1785

Den 29. April, mittags, zwischen 11 und 12 Uhr geboren und ev. getauft:
Karl Friedrich Christian Ludwig. Vater: Herr Karl Wilhelm Friedrich Ludwig, Baron von Drais,
Fürstlicher Hof- und Regierungs-Rat. Mutter: Frau Ernestine Christine Margareth, geborene
Baronin von Kaltenthal. NB: im Haus

Wappen der im Mannesstamm
ausgestorbenen Familie Drais
von Sauerbronn

Denn Karl, welchen Vornamen der Erstgeborene später benutzten wird, ist wohl eine Frühgeburt, weshalb eine Haustaufe am gleichen Tag stattfindet für den Fall, daß er doch zum Kirchhof getragen werden müsse. Der Eintrag im Evangelisch-Lutherischen Kirchenbuch der Karlsruher Kirche geht aber noch weiter und listet fast die komplette Herrscherfamilie als Paten auf:

• *Ihro Durchlaucht, der regierende Herr Markgraf zu Baden, Carl Friedrich*, 57 Jahre alt und seit zwei Jahren Witwer.
• *Ihro Durchlaucht, der Herr Erbprinz Karl Ludwig zu Baden*, also der 30jährige Älteste des Herrschers, der wegen eines tödlichen Kutschenunfalls als Nachfolger ausfallen wird
• *Höchstdero Frau Gemahlin, Amalie Friederike geborene Prinzessin von Hessen-Darmstadt*, 31jährig. Vielleicht hat sie ja ihre fünf Mädchen zwischen neun und drei Jahren dabei, derer Viere sie derart strategisch an gekrönte Häupter verheiraten wird, weshalb sie dann als „Schwieger mutter Europas" bezeichnet werden wird.
• *Prinz Friedrich von Baden*, der 29jährige zweite Herrschersohn, der sich krankheitshalber im gleichen Jahr ins Privatleben zurückziehen und später noch heiraten wird.
• *Prinz Ludwig von Baden*, der 22jährige dritte Herrschersohn, der überhaupt nicht standesgemäß heiraten wird. Wegen Napoleons Heiratspolitik wird er seinen dato noch ungeborenen Neffen Carl (nach den fünf Mädchen) als Großherzog an sich vorbeiziehen lassen müssen und erst nach dessen frühem Tod dann doch noch Großherzog werden. Zwischenzeitlich wird er als Vorsitzender der Forstkommission dereinst der Dienstherr des Täuflings sein.
• *Herr Markgraf Wilhelm Ludwig von Baden*, der 53jährige jüngere Bruder des Herrschers.
• *Herr Markgraf Carl August von Baden*, 73jährig, war der Vormund des Herrschers bis zu dessen Volljährigkeit, wird im nächsten Jahr sterben.
• *Herr Markgraf Christoph von Baden*, 68jährig, wie der vorige ein Vetter von des Herrschers Vater.

Der Vater

Karl Wilhelm
Friedrich Ludwig
Freiherr Drais von Sauerbronn
(1755-1830) Maler unbekannt,
undatiert *(Oberlandesgericht
Karlsruhe)*

• *Herr Geheimer Rat und Präsident von Hahn*, der 63jährige erste Ratgeber des Herrschers für die innere Verwaltung, Mitglied des Kabinetts, aus Sachsen gebürtig
• *Herr Geheimer Rat und Minister von Edelsheim*, 48jährig, Mitglied des Kabinetts. Sein Enkel wird 1849 den Täufling schwer mißhandeln.
• *Herr Hof- und Regierungsrat von Reck*, 42jährig, verwandt mit dem Kindsvater, der auch dank dieser Verbindung von Ansbach nach Baden kam
• *Frau Kammerpräsidentin von Gayling*, 35jährige Frau des dritten Kabinettmitglieds und jetzigen Kammerpräsidenten v. Gayling, der Vater Drais laut Aussage vom Sekretär dem Herrscher empfohlen hatte *(NN 1841)*
• *Frau Obervögtin von Gemmingen*, 33jährig, aus Gernsbach
• *Frau Hofmarschällin von Gültling(en)*, Witwe eines Ritterrats, Durlach
• *Fräulin Hof-Dame von Sternenfels*, wohl mit der Kindsmutter verwandt

1785   45

Vater Drais`Tagebuch

Ich bin nun seit dem 21. Junius 1777 in den badischen Staatsdienst eingeführt; zwar für das erste Jahr ohne Gehalt und nur zur Probe – eine schwere Bedingung für den Wenigbemittelten – aber ich warte mit Zufriedenheit und getroster Zuversicht auf die weitere Entwicklung meines Schicksals, Gott! in deinem Schutze! (NN 1841) Erste Seite des 65jährigen Tagebuchs von Wilhelm v. Drais (verschollen)

• *Fräulein Tante von Drais*, die 65jährige ledige Tante Christine des Kindsvaters, die mit im Haushalt lebt
• *Herr Oberforstmeister von Drais*, der frisch verheiratete 37jährige Onkel Friedrich des Täuflings, der dereinst sein Lehrmeister sein wird. Aus Gernsbach angereist
• *Frau Hof-Diakonus Waltzin von Rastatt*, Schwester der Kindsmutter. Ihr Schwiegervater, der Oberhofprediger von Karlsruhe, vollzieht die Taufe.

Bis auf Christian sind alle anderen Vornamen dem Herrscherhaus entlehnt, eine auch vom Onkel bei seinen Kindern dann beachtete Strategie des Beamtenadels, der dadurch die Herrscher für den Nachwuchs einnehmen will. Denn die Familie Drais ist Beamtenadel ohne Grundbesitz, der sich für den Lebensunterhalt in Fürstendienste begeben muß. Unklar ist die Lage der Wohnung der Familie. Die Reißbrettstadt Karlsruhe ist radial ums Schloß angeordnet, und die Fürstendiener wohnen überwiegend in Schloßnähe, etwa an dem halbrunden Straßenzug namens *Zirkel*, von dem es ein Katzensprung zum Schloß ist. Ein Adreßbuch gibt es noch nicht.

Der Markgraf sitzt im Schloß inmitten des *Zirkels*: Vogelschauplan der Residenz Karlsruhe vor 1727 (*Stadtarchiv Karlsruhe*). Die Radialstraßen tragen noch die Namen der Mitglieder des mit der Stadt gegründeten Ordens der Treue – diejenige nach oben heißt *Drays Obrist*, nach dem Urgroßvater des Erfinders. Später wurden diese Straßen dann nach den jeweiligen Gasthäusern benannt! Mitte unten das Gymnasium, das der junge Karl besuchen wird (die kleine Kirche rechts davon steht noch).

D och zurück zu den Eltern des Täuflings. Wer ist der 30jährige Regierungsrat, daß er den Herrscher als Taufpaten und die halbe Regierung der Markgrafschaft Baden zu sich laden kann, und wer ist seine zwei Jahre jüngere Frau?
Die Adelsbücher geben für die heute ausgestorbene Familie Drais von Sauerbronn einen elsäßisch-lothringischen Ursprung an. Allerdings gibt es auch eine Ortschaft namens Drais bei Mainz. Die zwei Brüder mit den langen Kettenvornamen sind aber in Ansbach geboren, wo deren Vater es vom Obristwachtmeister zum Geheimen Rat gebracht hatte und zweimal verheiratet war. Die erste Frau starb, als die Söhne 14- bzw. 11-jährig waren, worauf sie der Vater nach Erlangen in den Schulunterricht gab. Zum vierjährigen Jurastudium an der heute nicht mehr existierenden Universität Altdorf bei Nürnberg zog der Vater, am Ansbacher Hof in Ungnade gefallen, mit den Söhnen mit. Wilhelm (welcher Vorname nur der Unterscheidbarkeit wegen gewählt wird) las nebenher Klopstock, Wieland und Goethes Werther. Dann trennten sich die Wege von Wilhelm und Friedrich. Ein reicher Onkel vermittelte den wenig bemittelten Jüngling ans Reichsgericht nach Wien, von wo er nach Ansbach zurückkehrte und in den Fürstendienst eintreten wollte, aber zurückgewiesen wurde. *Der würdige Minister von G., ein Hausfreund der Drais'schen Familie, empfahl den Ausgestoßenen dem Markgrafen Carl Friedrich von Baden; und dort, in dem Lande, wo sein Großvater bei der Stiftung des Hausordens der Treue zum ersten der acht Ritter ernannt wurde, fand Drais wieder eine Heimat*, schrieb der Sekretär posthum (*NN 1841*). Die Beamtenjobs fielen einem also keineswegs immer im Heimatfürstentum in den Schoß. Doch Drais-Vater wird dann selbst noch den Hausorden der Treue empfangen

Geheiratet hatte er *bei dem kleinen Gehalte von 700 Gulden* am 10. August 1784 in Pforzheim seine direkte Base, Tochter eines bereits verstorbenen sächsischen Hauptmanns und badischen Kammerjunkers, der eine Schwester des Ansbacher Obristwachtmeisters zur Frau hatte.

Beim Zurückrechnen könnte man auf eine Muß-Heirat schließen, andererseits war Karl eine Frühgeburt. Der Sekretär schreibt: *In ihrem heitern und anspruchslosen Wesen fand er die Befriedigung seines Herzens; denn ihren stillen Verdiensten und vortrefflichen Eigenschaften brachte er seine, anfänglich mehr auf höhere Geistesbildung und Weltton gerichteten Wünsche, gerne zum Opfer. Sein häusliches Glück, mit diesen bescheidenen Ansprüchen eröffnet, befestigte sich mehr und mehr (NN 1841).* Noch Fragen? Der junge Drais-Vater war kein Kind von Traurigkeit gewesen - erhalten ist ein ziemlich heißblütiges Gedicht über eine Elise! Und ein von Goethe-Freund André vertontes Lustspiel Wilhelms war 1781 im Druck erschienen. ❧

Der Herrscher als Pate
Markgraf Carl Friedrich von Baden (1728-1811) Ölporträt von Philipp Jakob Becker, um 1790 (CF-Katalog 1981). Der als fortschrittlich geltende Monarch hatte früh die Folter und die Leibeigenschaft aufgehoben. Im Clinch mit Österreich wird er vor allem durch sein zeitweiliges Bündnis mit Napoleon Badens Gebiet verfünffachen. Interessierte sich für Physik und drechselte in Mußestunden Edelhölzer. Drais-Vater lobpries ihn später, schrieb aber, *daß er zuweilen mit dem Fuß stampfte, doch sah man es nicht bei öffentlichen Erscheinungen, wo er sich immer sehr beherrschte. (W. Drais 1818)*

Überbürdung: Epilepsie!

Mißverständnisse mit seinem Vorgesetzten, dem er bei übermäßigem Fleiß nichts zu Dank machen konnte; ein zu hoch gespanntes Ehrgefühl, wodurch er sich oft zurückgesetzt glaubte, verbunden mit jugendlicher Eitelkeit; dazu die große Anstrengung seiner Kopfnerven durch die überhäuften Geschäfte...

„Der Epileptiker" von Jean
Duplessi-Bertaux
(Welch Medical Library)

Vater Drais beschrieb seine
Krankheit und Selbstheilung
unter Pseudonym Diätophilus in
einem zweibändigen Werk.

So beschrieb der Sekretär Vater-Drais' derzeitige körperliche und nervliche Verfassung. Wer der streßauslösende Vorgesetzte war, läßt sich nur raten. Lesen wir, was Wilhelm von Drais aus der Distanz von dreißig Jahren über diesen schreibt: *... Dabei hielt er noch in Abendstunden die Waisenhaus-, Synodal- und Kommun-Deputationen ab. Er verstand, mit wenigen Mitteln allmählich viel auszuführen* (sprich: die Untergebenen), *Schwierigkeiten mit beharrlicher Geduld zu besiegen, die Zeit einzuteilen und sie zum Gelingen gut zu wählen.... etwas Steifheit und Kleinlichkeitssinn... (W.Drais 1818).* Der große alte Herr v. Hahn wird es gewesen sein und bei allen Deputationen war Drais mit dabei.

Für die nächste Zeit müssen wir uns auf die Angaben des Sekretärs und seine posthum verfaßte biographische Skizze (*NN 1841*) verlassen, zu der er die verschollenen Tagebücher Wilhelms auswerten konnte. Doch zunächst gab es wieder Kindersegen. Eine Tochter wurde 1786 geboren und erhielt den Namen ihrer Taufpatin, der Erbprinzessin Amalie und künftigen „Schwiegermutter Europas", die übrigens im gleichen Jahr als sechstes Kind einen Sohn Carl gebar, der dann jung Großherzog werden und Napoleons Adoptivtochter Stephanie heiraten mußte.

1787 heiratet der 59jährige Herrscher die vierzig Jahre jüngere Luise Karoline Geyer von Geyersberg. Er macht sie dann zur Reichsgräfin von Hochberg. Er habe dem Staat die Kosten einer zweiten standesgemäßen Eheschließung ersparen wollen (schon bessere Ausreden gehört!), aber die Nachfolgeregelung für die aus dieser morganatischen Verbindung entstandenen fünf Kinder sollte mit der Kaspar-Hauser-Affäre Verdacht schüren, der letztlich in der Badischen Revolution 1848/49 virulent wurde

1788 bekommt Drais-Vater auch noch die Leitung der Polizeideputation draufgepackt, mit welcher der Hof die Polizeigewalt in der Residenzstadt an sich zog, wozu auch die Einrichtung und Beaufsichtigung eines Spinnhauses zur Beschäftigung der Armen gehörte. Jetzt war die Überbürdung da: *Im Jahr 1788 stieg der Angriff oder vielmehr die Erschlaffung seines ganzen Nervensystems so hoch, daß er in manchen Stunden seine Gedanken nicht zusammenhalten und oft sie nicht in Worten aussprechen konnte.*

Die Rettung eines braven Mannes (der nicht näher identifiziert wird) *vom Verderben hatte Drais zu einer Konferenz noch am späten Abend in seinem Hause veranlaßt. Kaum beendigt mußte er noch zum Empfang einer fremden Fürstin nach Hofe; er hatte im Eifer des Geschäftes vergessen, die dargereichte Nahrung zu nehmen; mußte nun stundenlang warten, immer mit leerem Magen, was sich so nachteilig auf ermüdete Kopfnerven wirkt – und fiel endlich unter heftigen Konvulsionen im vielbewegten Schloßgange ohnmächtig zur Erde nieder. – Nun war das längst befürchtete Übel, die Epilepsie, traurig bewahrheitet!* Drais mußte eine Auszeit nehmen, der Herrscher versetzte dann 1790 seinen Diener in die sechs Tagesreisen entfernte badische Gemeinde Kirchberg im Hunsrück, wo es ruhiger als in Karlsruhe zuging. Die Familie zog mit dem fünfjährigen Karl und mittlerweile drei Geschwisterchen Amalie, Luise und Karoline um. Drais-Vater als neuer Obervogt von Kirchheim richtete an seine Untergebenen statt einer Rede eine Begrüßungsbotschaft, die sogar später in der *Teutschen Zeitung*

Die Markgrafschaft Baden vor 1794 (*Historischer Atlas von Baden-Württemberg*) Links oben die Grafschaft Sponheim mit Kirchberg im Hunsrück, 1707 an Baden-Baden gefallen und im Frieden von Basel 1794 wieder verloren.

von 1794 abgedruckt wurde – eigentlich eine Gebrauchsanweisung, wie Bürger und Obrigkeit miteinander umgehen sollen, die auch seine Vorgesetzten nicht aussparte: *Ich komme als ein kränklicher Mann zu Euch, der erst hofft, in Eurer gesunden Luft und mit Euren kräftigen Nahrungsmitteln seine geschwächten Nerven zu stärken. Öfters also werde ich meinen Diensteifer mäßigen müssen und in mancher trüben Stunde niemand sprechen können.* Diese Attitüde der entwaffnenden Offenheit hat wohl der junge Karl voll verinnerlicht, wie man den Schlußformeln in seinen späteren Schriften entnehmen kann. Doch anders als sein Vater hatte der junge Drais dann keine Regierungsmacht hinter sich. ❦

Mobilität,
die aus der Kälte kam

Schlittschuhläufer aus Guts Muths: *Gymnastik für die Jugend*, 1796

Das weibliche Geschlecht findet sich in den Niederlanden kräftig genug, um der Kälte mit flinkem Fuße Trotz zu bieten, währenddem unsere zimperlichen Dinger hinter dem Ofen stricken.
(Johann Peter Frank, *System einer vollständigen medizinischen Polizei*, 1784.) In Frankreich und Deutschland galt weibliches Schlittschuhfahren als unschicklich.

Man zeigt sich die Stelle, wo neulich ach! ein Unvorsichtiger ertrank, man läuft, wetteifert, spricht von allem, was zum Eise gehört. Klopstock erzählt von seinen Reisen, wie's in der Schweiz damit ist? wie in Holland? da laufen die Frauen mit! (Brief eines Karl Friedrich Kramer, Kiel 1777)

Die Zeiten vor und nach 1800 waren wesentlich kälter als heutzutage – eine kleine Eiszeit eben – und selbst größere Flüsse waren im Winter regelmäßig zugefroren. Im Winter 1788/89 war sogar die Themse in London fest gefroren, sodaß Marktbuden auf ihr aufgestellt werden konnten, ebenso nochmals dann 1813/14. Viel öfter als heute erlebte man damals die Natur als Erbauer natürlicher Straßen, welche die nordischen Völker seit Menschengedenken nutzten.

Denn Gewässer und Pfützen werden nun zu topfebenen und spiegelglatten Eisflächen. Dies beruht auf einer ausgeprägten Sonderstellung des Wassers in der Welt der chemischen Verbindungen. Deren überwältigende Mehrheit wird beim Übergang vom flüssigen zum festen Zustand spezifisch schwerer, daß heißt, festgeworden sinkt der Stoff in der Flüssigkeit zu Boden. Auf einem anderen Stern, wo etwa Naphthalin die Rolle des Wassers spielen würde, sänke bei Kälte das Naphthalin, besser bekannt als Mottenkugeln, im Naphthalinsee zu Boden! Das Schlittschuhlaufen der Außerirdischen sähe dann bestenfalls so aus, daß sie in der Flüssigkeit stehend fahren, also mit einem Widerstand wie beim Schwimmen kämpfen müßten! Unser Eis ist dagegen spezifisch leichter als Wasser, schwimmt deshalb an der Oberfläche und bildet die ideale Grundlage für Schlittschuhfahrer, deren erste bei den nordischen Völkern auf untergebundenen Tierknochen fuhren.

Eine weitere Besonderheit des Wassers liefert zum noch das Schmiermittel dazu: seine Gefrierpunktserniedrigung unter Druck. Denn unter der scharfgeschliffenen Schlittschuhkufe herrscht ein gewaltiger Druck, infolgedessen sinkt dort der Gefrierpunkt unter Null Grad, dem Eis dort ist es also momentan zu warm, es schmilzt unter der Kufe und liefert so Wasser als Schmiermittel. Wenn es schneit, hat die Schneedecke eine ähnliche Wirkung und ebnet das Terrain ein. Deshalb gibt es den Skilauf auch schon seit mindestens zwei Jahrtausenden im Norden und nicht bloß zur fröhlichen Freizeitgestaltung. Die erste kriegerische Verwendung ist 1200 in einer dänisch-finnischen Schlacht belegt. Kajak, Schnee- und Schlittschuh waren also die ersten Hilfswerkzeuge der individuellen Mobilität ohne Pferd, weil die Natur hierzu die fertigen Straßen lieferte. Nur auf nichtgefrorenem Boden dauerte es viel länger, bis man ohne Pferd schnell vorwärtskommen konnte, denn ohne Straßen war das Pferd eben konkurrenzlos gut.

Die Deutschen entdeckten während dieser kleinen Eiszeit das Schlittschuhlaufen oder Schrittschuhlaufen, und der Gothaische Hofkalender von 1788 berichtete aus Holland: *Noch in der Mitte dieses Jahrhunderts (1786) waren selbst die vornehmsten holländischen Damen sehr geschickte Schrittschuhläuferinnen. Das Eis war mit Personen von beiderlei Geschlecht bedeckt. Man sah oft eine Dame von erstem Range die unter Wasser gesetzten und mit einer dicken Eiskruste bedeckten Wiesen in der Mitte von zwei Bauern durchlaufen oder einen jungen Herrn von Stande einer Bäuerin den Arm geben. Es war eine gar vorzügliche Gunstbezeugung, wenn man einer Dame die Schrittschuhe anschnallen durfte, und sie belohnte diese Mühe auf der Stelle durch einen Kuß. Allein diese Familiarität hat aufgehört, und der holländische Adel hat angefangen, dieser alten Sitte untreu zu werden. Doch gibt es noch immer viele Damen, welche dieses Vergnügen lieben; auch alle Bäuerinnen und Bewohnerinnen des Landes fahren auf Schrittschuhen (Zindel 1825).*

Das dichte Netz von Kanälen und Bewässerungsgräben gestattete geradezu einen nützlichen Individualverkehr auf Kufen: *„Man sieht in Holland und in andern kalten Ländern unter anderen sogar eine große Anzahl von Milchweibern, die mit Milch gefüllten Gefäße auf dem Kopfe und Schlittschuhe an den Füßen, mit großer Schnelligkeit und Leichtigkeit – sie stricken gewöhnlich auf dem Wege – in die benachbarten Städte eilen, um ihre Ware zu Markte zu bringen. Nach vollendetem Geschäfte kehren sie auf dieselbe Weise in ihre Heimat zurück, nicht selten in Entfernungen von mehreren Meilen"* (Ginzroth 1813).

Hier ist also vorgezeichnet, was sich beim Fahrrad vor 1900 wiederholte: Der Reiz der Neuheit zieht die Gesellschaftsspitzen an; sobald aber breite Verwendung resultiert, ziehen sie sich zurück. Derart gab es in Holland schon vor dem Fahrrad Individualverkehr ohne Pferd.

Dieselbe Quelle beschreibt den Schlittschuh *als einfaches Instrument, durch dessen geschickten Gebrauch man auf dem Eise die Schnelligkeit eines Pferdes weit zu übertreffen im Stande ist.* Sollte sich schon auf einer zugefrorenen Pfütze im Hunsrück dem fünfjährigen Karl eingeprägt haben: *Hui, ich bin schneller als ein Pferd und das aus eigener Kraft?* 🖐

„Radfahren" als Schlittenkarusell um 1750 *(Feldhaus 1914)*

Unten: Die Bezeichnung *radfahren* für *bicyceln* wurde erst 1885 eingeführt *(Zindel 1825)*

Das Radfahren.

Zum Radfahren, wird ein starker Pfahl durch das Eis geschlagen, auf dessen oberes wie eine Achse geformtes Ende, ein Rad gesteckt und mit einer Stange versehen wird, von deren einem, oder beiden Enden, Seile ausgehen um kleine Schlitten daran zu hängen und schnell im Kreise herum zu treiben. Dieß Vergnügen kann auch zu den Uebungen der Eisbahn gezählt werden.

Es ist durch die schnelle umkreisende Bewegung, in welche der Schwung von den dabei arbeitenden Personen, bis zum höchsten Grade der Geschwindigkeit getrieben werden kann, für manchen Rich tschrittschuhfahrer anziehend genug; der Schrittschuhläufer achtet es aber gewöhnlich geringe, des größern Genusses wegen, den er in der Ausübung seiner Kunst findet.

Fassen sechs bis acht gute Schrittschuhfahrer aber die Seile ohne Schlitten, um die zweite Elementarbewegung auszuüben, so würde jene Vorrichtung zum Radfahren recht geeignet seyn, um sie durch eigenes Fortfahren, oder durch die Arbeiter getrieben, im schnellsten Schwunge regelmäßig umher schweben zu sehen.

Wintermärchen fürs Ballett

Zu Zeiten, wo die Theaterbühne das Äquivalent der Fernseh-Tagesschau darstellte, gab es das Problem, das fashionable Schlittschuhfahren auf die Bretter der Bühne zu bringen. Die Lösung: Rollen an den Schlittschuhen.

E rinnert an die Frühzeit des Schlittschuhfahrens nur noch das Berliner Fleischgericht *Eisbein* mit dem Knochen, den man sich damals zum Eislauf unter die Füße band, so ist es um die Frühzeit des Rollschuhfahrens nicht viel besser bestellt. Dazu kommen Wanderfehler, gern abgeschriebene Anekdoten von Sportschriftstellern, die mit historischer Realität nichts am Hut hatten. So konnten bisher die Angaben eines Otto Lüders in seiner Schrift *Der Rollschuhsport* von 1909 nicht nachgeprüft werden. Ihm zu-

Die Erfindung des
Herrn van Lede.
Aus dem Gothaischen
Hofkalender von 1790.

folge habe es schon 1720 eine Rollschuhbahn in London gegeben, die laut englischen Zeitungsberichten vier Jahre lang in Betrieb gewesen sein soll *(Norden 1999)*. Auch die andere Spur nach London, eine Aufführung eines Winterstücks von T. Hood 1743 im Londoner Old Drury Lane Theatre, harrt noch der Verifizierung. Ansonsten gibt es nur drei gesicherte Nachrichten aus dem 18. Jahrhundert über Rollschuhe *(Lessing 1994)*.

Da ist einmal die Anekdote von John Joseph Merlin (1735-1803), einem gebürtigen Belgier in London, der als Musikinstrumentenbauer auch ein kleines Museum voller mechanischer Wunderwerke betrieb. Die Anekdote besagt, daß er irgendwann zwischen 1761 und 1772 bei einem Maskenball *erschien wearing a pair of skaites contrived to run on small wheels* und dabei in einen teuren Spiegel gekracht sei, weil er nicht anhalten konnte, wobei er sich ernstlich verletzte und seine Violine zerbrach. Dies war also eindeutig auf Parkett in einem Innenraum.

Dann gibt es die Nachricht im Gothaischen Hofkalender für 1790, der im voraus erschien, also ist sie auf 1789 zu datieren. Maximiliaan Lodewijk van Lede (1759-1834) war an den Akademien im heimischen Brüssel und Paris als Bildhauer ausgebildet worden und wegen der Revolution wieder nach Belgien zurückgekehrt. (siehe links)

Die einzige Abbildung aus dem 18. Jahrhundert zeigt zwei Rollen hintereinander, möglicherweise war dies die van-Lede-Bauart. Der namentlich nicht bekannte Soldat einer Schweizerarmee (Söldnerarmee) fuhr vom Küstenort Scheveningen nach Den Haag, also auf einer Straße, drei Meilen (5,4 km) nicht ganz in den angekündigten 5 – 6 Minuten, weil ihm die Zuschauer im Weg standen. Hinterher stellte er die Rollschuhe im Gasthof „Den Orangen Jager" aus. Generell waren die Straßenverhältnisse wohl noch nicht geeignet, die Rollschuhidee zu fördern. Aber in Innenräumen und auf der Theaterbühne gab es ebene Holzböden. Aus aktuellem Anlaß werden dann 1818 in einer Winterballettszene des Königlichen Schauspielhauses zu Berlin neben rollenden Schlittschuhläufern erstmals auch zwei junge Herren auf Draisinen auftreten. 🍎

John Joseph Merlin. Ölbild von Thomas Gainsborough *(Merlin-Katalog 1985)*

Flugblatt von der Rollschuh-Schaufahrt am 19.8.1790 *(Schweiz, Sportmuseum Basel)*

<!--placeholder-->
K L I N K D I C H T

Op de AFBEELDING van den NIEUWERWETSCHEN SCHAATSENRIJDER, zoo als hij zijne Exercitie heeft verricht, tusschen 'sHAGE en SCHEVENING, in tegenwoordigheid van duizende Aanschouwers.

Op Donderdag den 19 *Augustus* 1790.

De Oosterling ziet met verwond'ring 't Schaatsenrijen, (*)
En denkt, wat toverij! — dit heb ik nooit beleefd,
Dat hier de mensch als over zeeën zweeft,
En, in zijn wond're vaart, het water schijnt te lijen!

Ik wil, ô Africaan! wel voor de vuist belijen,
Dat uw verwondering mij geen bedenking geeft;
Nu wij hier duidlijk zien dat naar iets wonders zweeft,
De schaatsenrijder op 't land en als op 't ijs te glijen!

Tuig hier van SCHEVENING! tuig VORSTLIJK 'sGRAVENHAAG!
Tuig duizenden! roep uit: „Wij hebben nu van daag
„Met 't oog gezien 't geen ieder nimmer was verzonnen!

De goede Zwitser, die zoo klompenvast zig kweet,
Verdiend, dat elk hem dra den bill'ken lof toeweet,
„Hy heeft in Nederland iets wonderlyks begonnen!

H. S.

(*) Ten bewijze hiervan: Eenige jaaren geleden, deed een Marocaansche Gezant, die hier een tijd lang gelogeert had, rapport van deszelfs verrichtingen aan zijne Moorsche Majesteit, en vertelde hem vervolgens al het merkwaardige 't geen hij hier gezien en bijgewoond had. Ten besluite voegde hij 'er bij, dat op zeekeren tijd van 't jaar gemeenlijk de rivieren als met een korsk bedekt wierden; dit die korsk zoo hard en sterk wierd dat zwaare helspannen, met paarden bespannen, ook dat duizende van menschen zig daar op vermaakten, om met glad geslepen ijzeren onder de schoenen snel gemaakt, snar over te glijden en als 't ware te vliegen. Toen wierd zijn pikzwarte Majesteit zeer gram, en zei. He! ho! nu glij mij zulke duivelsche leugens op den mouw wild speiden, geloof 'et van alles wat gij mij vertelt hebt, nier niet al.

Frankreich köpft seinen König

Die Französische Revolution 1789-1799 löste in den Nachbar-
monarchien Hoffnungen, aber auch verstärkte Wachsamkeit aus.
Sehr wahrscheinlich scheiterte die erste Zweiradwelle noch zwanzig Jahre später an der Behördenpraktik, alles ungewohnte Neue
am besten sofort zu verbieten, zumal wenn sie mit den aufmüp-
figen Studenten zu tun hatte.

Ehemaliges Badisches Oberamtsgebäude in Kirchberg;
Foto von 1941 *(Archiv Ernst Fuchß)*

Alltag eines Obervogts:

Drais-Vater in Kirchberg 1791 an Herrn Inspektor Cosäus:
*Euer Hochwürden eröffnen wir hiedurch, daß nach der
gestern mit sämtlichen Kirchenvorstehern getroffe-
nen Abrede und Einwilligung von nun an bis nächste
Martini alle Leichen aus der Stadt auf den Kirchhof
der hieher gepfarrten Orte bis auf Martini des Jahres
beerdiget werden. Dieselben werden daher ersucht,
bei vorkommenden Leichen sich hiernach gefällig zu
benehmen. Oberamtsrat Frhr. von Drais.*
(keinerlei Ausfälle, nur bei Martini doppelt-gemoppelt).
(Archiv Ernst Fuchß)

Die Drais-Familie bezog das Oberamtsgebäude der Markgrafen zu Baden in
Kirchberg, das nach Kriegszerstörung wiederauf-
gebaut wurde. Im Garten hatte Drais-Vater Me-
daillons mit Denksprüchen aufgestellt, die Sohn
Karl allmählich lesen konnte. Überhaupt lag das
Elternhaus voll auf Reformkurs im Lichte der Auf-
klärung. Von Frankreich waren mit Denis
Diderots Enzyklopädie, die erstmals Wissenschaft und Technik zusammenbrachte, Impulse
der Zeitströmung zu mehr Rationalität gebün-
delt worden. Diderot nannte als Ziel der Enzyklopädie, *die über die Oberfläche der Erde verstreuten
Erkenntnisse zu sammeln..., damit unsere Nachkommen,
indem sie besser unterrichtet werden, auch tugendhafter
und glücklicher werden, und damit wir nicht sterben,
ohne uns um das menschliche Geschlecht verdient gemacht zu haben (Klemm 1986).* Solch menschen-
freundliche Ideen müssen beim jungen Karl gut
angekommen sein.

Und nun rumorte seit 1789 die Französische
Revolution, die mehr noch als die amerikanische
Unabhängigkeitserklärung drei Jahre zuvor die
Alte Welt erschütterte, nicht zuletzt auch durch
die Teuerung wegen des strengen Winters 1788/
89. Lassen wir Drais-Vater selbst erzählen, wenn
auch aus sicherem zeitlichen Abstand, wie sich der
hilflose König durch Einberufung der Stände aus
dem Staatsbankrott retten wollte: *Diese Stände erklärten sich (auf Sieyes Vorschlag) für mehr als sie waren,
für eine repräsentierende Nationalversammlung. Nach des
Königs feierlicher Eröffnung des Reichstags zu Versailles,
blieben die Deputierten des dritten Standes im Saal zurück,*

und als Louis, um die nächste Sitzung leiten zu lassen, durch den Zeremonienmeister ihnen kundtat, daß für heute auseinanderzugehen sei, so fuhr Mirabeau mit seiner donnernden Stimme auf: ,die Repräsentanten der Nation nehmen keine Befehle an, und ihre Personen seien unverletzlich, bei Strafe des Hochverrats anmit erklärt.' Auf diesen kühnen Schritt ging ein Teil des Adels zu ihnen über, und der König in dieser ersten, schon sein Unglück entscheidenden Verlegenheit, wies nun selbst den Rest der Deputierten an, sich mit jenen zu vereinigen, damit sie sich nur nicht trennten. Drei Wochen hernach, weil er inmittelst seinen Finanzminister abgedankt und viele Truppen in die Nähe von Paris gezogen hatte, stürmte der Pöbel die Bastille, schrie auf dem Marsfeld die sogenannte Freiheit und Gleichheit aus – und die Revolution war gemacht. Schon am 4ten August proklamierte die Nationalversammlung ihren Code der Menschenrechte – mitunter wahre und anziehende Sätze, aber ausgehend von dem Unheilschwangern, daß die Souveränität beim Volk sei (ein Demokrat war Drais-Vater nicht). Daraus wurde im andern Monat gefolgert, daß das Volk die höchste gesetzgebende Gewalt und der König nur ein aufhaltendes Veto habe. Er hieß le premier délégué de la nation. Nun Schlag auf Schlag – noch in demselben Jahr die Vernichtung des Feudalsystems mit allen Vorrechten und Gerichtsbarkeiten der Geistlichkeit und des Adels, die Aufhebung aller Fronen und Zehnten, Freimachung aller Jagden und Fischereien, Abschaffung aller Zünfte und Kooperationen, bald darauf die Suspension der Parlamente, Aufhebung der geistlichen Orden und Erklärung der geistlichen Güter für Nationaleigentum. (W.Drais 1818)

D ies bekamen 1791 die Nachbarländer zu spüren, wohin nun der französische Adel floh und seinen bisherigen Herrschaftsstil weiterzuleben suchte. Die Guillotinen köpften die politischen Gegner zu tausenden, deren Angehörige zum Zeichen ihrer Trauer und stummen Empörung eine rote Schnur um den Hals trugen. 1793 kam der König dran, neun Monate später die Königin. Mittlerweile hatten sich Preußen und Österreich mit den Emigranten gegen die Revolutionäre verbündet, die daraufhin Louis XVI. noch zur Kriegserklärung gezwungen hatten. Mit der Kanonade von Valmy verwandelte sich die französische Defensivstrategie zur Annexion nachbarlicher Territorien. Unter ihrem General Custine kämpfte sich die Revolutionsarmee bis nach Mainz vor – sogenannter Erster Koalitionskrieg.

Hinrichtung von Bürger Capet
(Louis XVI.) mit der Guillotine
(zeitgenössischer Stich aus
Révolutions de Paris, 1793)

U nter solchen Vorzeichen wollten die epileptischen Anfälle von Drais-Vater nicht abnehmen – im Gegenteil. Vergebens hatte er – auf den Rat sich zu zerstreuen, um den gefährlichen Aufregungen seiner Kopfnerven zu begegnen – die Schreinerei, das Buchbinden, dann das Holzsägen angefangen (NN 1841). Sein jüngerer Bruder Friedrich, der Oberforstmeister, mochte nicht länger tatenlos zusehen und setzte sich beim Herrscher ein, Drais-Vater samt Familie zu einem achtmonatigen Urlaub in den Schwarzwald zu holen – laut Sekretär ohne dessen Wissen. Herrscher Carl Friedrich bewilligte es. Daraufhin fuhr die ganze Familie 1794 mit dem jetzt neunjährigen Karl zu Drais-Onkel nach Gernsbach – sieben Tagesreisen mit der Kutsche. ✦

Evakuierung – Flucht – Entlassung

Hermann Ebeling hat zum Hauptproblem des Sohns den übermächtigen Vater stilisiert. Die kriegerischen Zeitumstände, die ständigen Umzüge und der frühe Tod der Mutter dürften neben dem üblichen Generationskonflikt aber die Haupteinflüsse auf Karls Charakter gewesen sein.

Also finden wir 1794 die Familie Drais beim Onkel im Forsthaus Gernsbach logieren – angesichts der nach Osten vorrückenden revolutionären Truppen nicht bloß ein Erholungsurlaub, sondern eine vorsorgliche Evakuierung. Der 36jährige Friedrich von Drais hatte ein Jahr nach Drais-Vater eine Freiin von Vischpach geheiratet - theoretisch gut vorbereitet, denn laut Deutschem Anonymen-Lexikon stammen die 1783 ohne Verfasserangabe erschienen *Drei Vorlesungen über Liebe, Geschlechter und Eheglück, dreien Damen gehalten* aus seiner Feder.

Was sein Bruder forstlich so machte, beschrieb Drais-Vater später u.a. so, daß mit der Einrichtung der herrschaftlichen Sägemühle bei Rothenfels nebst Lager für langes Bauholz ein musterhafter Schritt getan wurde: *dies gab nun Gelegenheit, um nun auch kürzere Holzstücke von allerhand Formen dort niederzulegen – sobald nämlich der* <u>Forstmann mit technischer Einsicht</u> *urteilen konnte, daß dieses oder jenes Abfallstück noch tauge, um von einem Handwerker verarbeitet zu werden. Da fanden die Bauunternehmer für ihre Schwellen- und Pfostenhölzer, die Wagner für ihre Deichseln, Naben, Speichen, Felgen und noch eine Menge kleinerer Bedürfnisse, die Glaser und Dreher desgleichen, in rauh zugehauenen Stücken von Eichen-, Buchen, Birkenhölzern ihr wohlfeileres und zugleich besseres Material. Denn sie bekamen ausgetrocknete Ware.* Ersichtlich war damals Holz das Baumaterial für die Maschinen und der Forstbeamte die der Technik nächste Fürstbeamtenlaufbahn!

Und da Drais-Vater dies 1818 schrieb, als der Sohn bereits seine Jahrhundert-Erfindung gemacht hatte, hatte sich ihm auch etwas von der Ungeduld des Technikers mit den bestehenden Verhältnissen mitgeteilt, denn in einer Fußnote zum musterhaften Schritt schreibt er: *Wie so mancher ist noch zu tun! Die durchziehenden Russen in unseren Tagen* (also 1814/15) *waren verwundert über unsere Holzverschwendung und üble Konstruierung der Häuser bezüglich auf die Wärmung der Zimmer (W.Drais 1818).*

Doch Friedrich von Drais bildete auch aus: *Endlich wurde bei derselben Amtsstelle als Privatanstalt das im badischen Land erste Forstlehrinstitut eröffnet. Es besuchten dasselbe nicht nur junge Männer von wissenschaftlicher Bildung – auch viele vom Ausland – sondern, was nicht minder wichtig war, die gemeinen Jägerburschen*

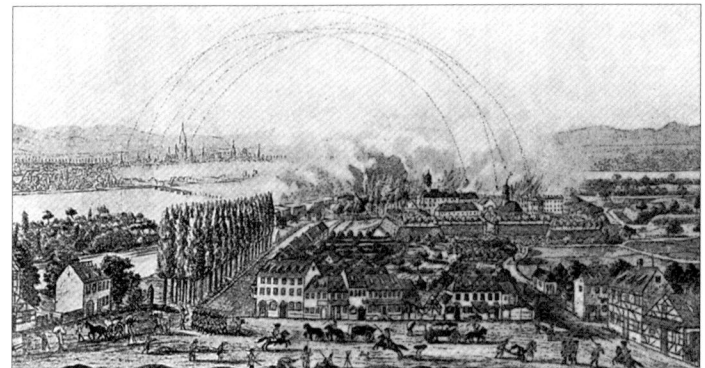

konnten bei guter Anlage zu dem theoretischen und praktischen Unterricht in gewissem Maße zugelassen werden, schreibt Drais-Vater ohne Nennung seines Bruders, um als unabhängiger Chronist auftreten zu können. Der junge Karl wird in sieben Jahren ebenfalls zu den Schülern zählen.

Noch etwas anderes war aus Gernsbach zu berichten, ein Straßenbau hin zum Weltbad Baden-Baden: *Hier glaubte der Regent mit nichts Wichtigerem anfangen zu können als mit dem trotz aller Schwierigkeiten auszuführenden Straßenbau. Nachdem derselbe zuerst von Gernsbach nach Baden über Berghöhen hin geschehen war (in den 1770er Jahren), so wurde der kühnere Plan gefaßt, durch die Wildnisse der Grafschaft neben der Murg hinaus, da wo Granitfels an Felsen stand, von Gernsbach bis zum letzten Pfarrdorfe Forbach eine Straße zu räumen und nach allen Krümmungen des Flusses zu verfolgen... Die Reisenden besuchen diese Straße als ein Meisterwerk – vorzüglich die Badgäste, indem es eine leichte Exkursion ist, von Baden nach Forbach zu fahren, dort die belobten Forellen zu kosten und am Abend desselben Tages heimzukommen.* Auf dieser Kunststraße (eingedeutscht für Chaussée) wird dann Jahre später Karl seine zweite bekanntgewordene Zweiradfahrt von Gernsbach über den Berg nach Baden-Baden vornehmen.

D ie acht Monate Urlaub waren vorbei und Drais-Vater mit Familie musste Anfang 1795 wieder sieben Tagesreisen nach Kirchberg zurück. Der Sekretär berichtet: *als dort der heftigste Anfall ihn zu Boden stürzte und er einer doppelten Ohnmacht und langwierigen Stumpfheit unterlag – wer hätte glauben sollen, daß damit die Krankheit ausgetobt habe? – ja, ausgetobt nach beinahe zenhjähriger Peinigung in dem sonst kräftigsten Mannesalter vom 32ten bis ins 42te Jahr!* Doch die Revolutionstruppen kamen immer näher. Kaum angekommen entscheidet sich die Familie, nach Winningen an der Mosel zu fliehen. Vater Drais hatte ein paar Äcker gekauft und mußte sie jetzt unter Preis verschleudern. Die Rückkehr nach zwei Wochen ist nicht von Dauer. Denn Baden verliert im Frieden von Basel den Besitz links des Rheins, also die Grafschaft Sponheim. Die dortigen badischen Beamten werden entlassen und auf halben Sold gesetzt. Vater Drais zieht ins alte Residenzstädtchen Durlach vor den Toren Karlsruhes, gesundet zusehends und schriftstellert. ❧

High-Tech in Rastatt

Zu Rastatt steht die berühmte Stahl- und Kutschenfabrik der Engländer Schlaff: Alle Kräfte der Mechanik und bildenden Künste vereinigen sich, dieses Schoßkind unseres Luxus - die Kutsche - zu vervollkommnen...Wagner, Stellmacher, Rademacher, Tischler, Grobschmid, Kleinschmid, Schlosser, Sattler, Posamentierer, Glaser, Bildschnitzer, Rotgießer, Ciseleur, Drechsler, Maler, Vergolder und Lackierer.

Markgräfin Amalie, Ölgemälde Johann Ludwig Kisling zugeschrieben. Die „Schwiegermutter Europas" trug mit der Verheiratung ihrer Töchter an Zar und Könige zur Unterstützung der badischen Gebietsansprüche bei.

Scherenschnitt der Luise von Drais, undatiert *(Walter 1931)*

Ab 1795 wohnte die Familie Drais in Durlach bei Karlsruhe, wo genau wissen wir nicht. Drais-Vater unterrichtet die Kinder kriegsbedingt zeitenweise selbst, seinem Karl bringt er das Fechten bei. Möglicherweise wird aber der Zehnjährige bereits zum Unterricht ins nahe Karlsruher Gymnasium kutschiert. Die zweite Tochter Luise besucht in Durlach höchstwahrscheinlich die Malschule des Johann Ludwig Kisling, der wie schon sein Vater als Hofmaler fungiert. Zumindest sind von ihr einige Scherenschnitte und später eine Porträtzeichnung von Drais-Vater bekannt. Kislings Name wird rund zwanzig Jahre später im Zusammenhang mit dem ersten Privileggesuch von Karl Drais noch einmal erwähnt werden. Im Folgejahr geht der Krieg wieder los. Die Revolutionstruppen überschreiten erneut den Rhein und erreichen Karlsruhe und Durlach. Der Markgraf Carl Friedrich hatte sein Militär dienstentlassen und war ins damals preussische Ansbach geflüchtet. Minister von Reitzenstein handelt in Stuttgart erst einen Waffenstillstand und dann einen geheimen Friedensvertrag zwischen Baden und Frankreich aus. Erst nachdem die österreichische Gegenoffensive die Revolutionstruppen wieder hinter den Rhein zurückgedrängt hat, kehrt der Herrscher zurück. Baden nähert sich nun Frankreich an.

Im Jahr darauf ist Drais-Vater wiederhergestellt und sein zweibändiges Werk anonym im Druck unter dem Titel: *Diätophilus – Physische und Psychische Geschichte seiner siebenjährigen Epilepsie.* Zwillinge kommen zur Welt, wovon eine Ernestine überlebt – ein Nachzügler mit acht Jahren Abstand zur vorigen Tochter Karoline (auf dem Mannheimer Meldeschein gibt er später für alle Kinder den Geburtsort Karlsruhe an – Ungenauigkeit oder Indiz des erfolgten Umzugs nach Karlsruhe?) Vermutlich auf Zutun des Ministers von Edelsheim wird Drais-Vater vom Herrscher wieder eingestellt und zum Polizeidirektor in Rastatt ernannt, wohin der Friedenskongreß einberufen wird, um hoffentlich den Friedensvertrag zu ratifizieren. Keine leichte Aufgabe, denn die Gesandtschaften der verfeindeten Kriegsparteien mit ihrem Tross hatten wenig Neigung, sich der Polizeigewalt der gastgebenden Markgrafschaft zu unterwerfen, zumal diese die neue Distanz gegenüber den bislang Verbündeten Preussen und Österreich einübte. Zur Eröffnung kam auch der zunehmend siegreiche General Bonaparte der Revolutionstruppen, von dem unter dem Namen Napoleon bald mehr zu hören sein wird. Ob die Familie schon wieder umzog oder Drais-Vater für diese zeitlich begrenzte Aufgabe alleine nach Rastatt ging, läßt sich nicht mehr feststellen. *Dieses Amt brachte ihn mit allen hervorragenden Personen, die dem Congresse beiwohnten, in geschäftliche (=dienstliche) Verbindung. Seine unbestechliche Pflichttreue und die energische Festigkeit, mit welcher er allen Ausschreitungen, von wem sie auch kamen, entgegentrat, machte ihm aber auch viele Feinde. Besonders die österreichischen Militairs waren ihm ungünstig gesinnt (Weech 1875).* In dem unter den Gesandten sich bildenden literarischen Verein wurde er zum Vorstand gewählt.

Von Schlaff geprägte Kongreß-Gedenkmünze:
Der 28jährige General Bonaparte, noch langhaarig, der 1799 Diktator wird

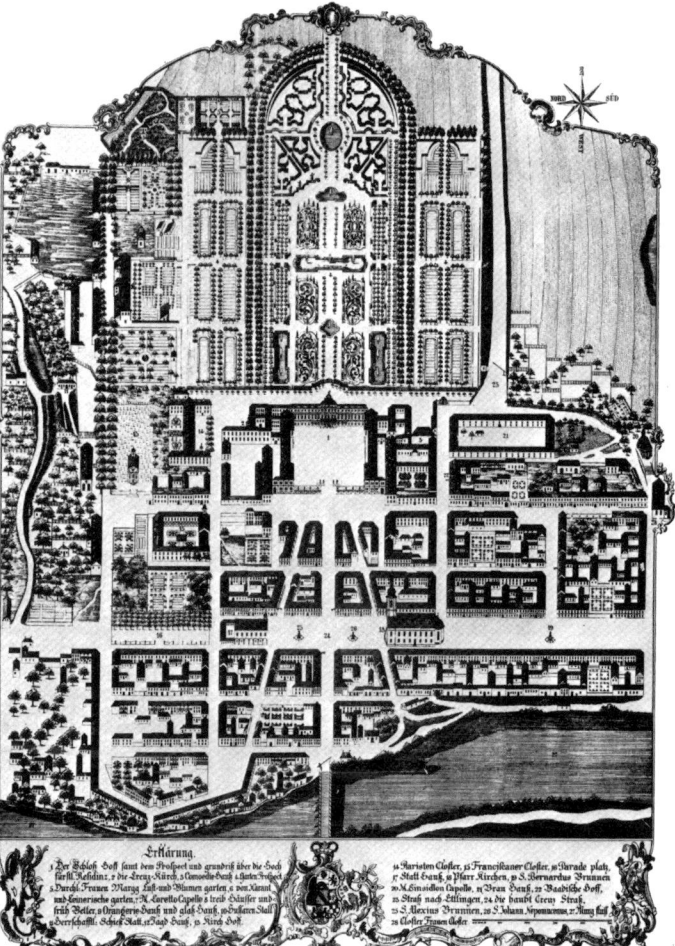

Vogelschauplan von Rastatt um 1780 *(Stadtarchiv Rastatt)*. Rastatt hatte Baden-Baden als Residenzstadt der baden-badischen Lande abgelöst, bevor diese dann 1772 mit den durlach-badischen Landen vereint wurden. Die Schlaffsche Manufaktur befand sich rechts außerhalb auf Höhe der Pfarrkirche.

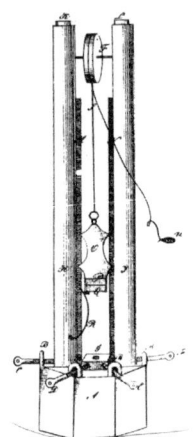

Keine Guillotine, sondern
Schmiedehammer der
Schlaffschen Wagenfabrik
(Bickes 1829)

alls der nun zwölfjährige Karl nach Rastatt gekommen war, lernte er hier zum erstenmal den Vorzeigebetrieb der Markgrafschaft, die Stahlfabrik und neuerdings Kutschenmanufaktur der Gebrüder Schlaff kennen. Diese hatte als ein allgemeines Metallwerk *Clais und Compagnie* 1774 begonnen, wozu der Hofmechanikus Johann Sebastian Clais in London die Associés Johann und Benjamin Schlaff angeworben hatte. Ein dritter Bruder Gottfried Schlaff wurde vom Herrscher nach London geschickt, um sich beim Bau von Feuerspritzen umzusehen. Clais schied schon nach zwei Jahren aus und die Manufaktur produzierte alles mögliche, auch Textilien, um über die Runden zu kommen. Die Produktion hochwertiger Stahlfedern und sogenanter Schwanenhälse für den Kutschenbau, die hauptsächlich an den Straßburger Kutschenbauer Ginzroth geliefert wurden, reichte nicht aus. Durch den Kongreß kam dann das Kutschengeschäft mit Reparaturen und Sattlerarbeiten in Gang. Mit Privileg des Herrschers hieß die Manufaktur dann nicht mehr Schlaffsche Stahlfabrik, sondern Schlaffsche Wagenfabrik. Drais-Vater schreibt später über die Schlaffs: *Drei Brüder aus England, übernahmen 1778 in Rastatt von Clais die durch sie bald berühmt gewordenen Fabrik, in der sie aus Eisen des Landes einen Stahl bereiteten, der dem englischen an die Seite gesetzt wird. Ihre Wagenfedern wurden häufig nach Frankreich und sonst verführt. Bald dehnten sie die Fabrik auf elegante Kutschen und größere Feuerspritzen aus. Der älteste Bruder* (Johann) *und eigentliche Direktor des Werks, ein erfinderischer Kopf, erhielt den Charakter des Commerzienrats (W.Drais 1818).* Zum Schmelzen und Schmieden – auf zwei Schmiedehämmern - wurde Holzkohle verwendet, Steinkohle war nicht vorhanden. Zu Kongreßzeiten gab die Fabrik über achtzig Menschen Arbeit. Das Eingangszitat des Technologen Krünitz hatte

schon recht: die herrschaftliche Kutsche war damals das, was heute der Privatjet ist.

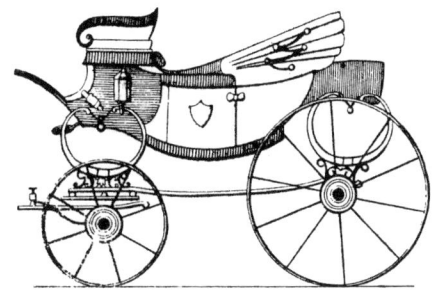

Landauer Schlaffwagen. Fig. 2.

Im Spätmittelalter hatte man angefangen, den
Wagenkasten nicht mehr starr auf das Räder-
gestell zu setzen, sondern schwebend in Lederriemen aufzuhängen, damit die Stöße unebener
Wege nicht mehr ungemildert übertragen wurden. Die Bezeichnung Kutsche soll von dem Ort
der Erfindung, dem Dorf Koce bei Raab in Ungarn,
herrühren. Seither hatte es eine rasante technische Entwicklung gegeben, vor allem seit man in
England Stahl herstellte und Blattfedern daraus
schmiedete. Die hölzerne Langwied oder der
Langbaum inmitten wurde bald ganz durch zwei
filigranere stählerne Brancarden nebeneinander ersetzt. Wenn diese vorn

Landaulet der Schlaffschen
Wagenfabrik mit Federn *à
parenthèses* und Koffer hinten
(Ginzroth 1817)

noch einen Brückenbogen eingeschmiedet hatten, um beim Wenden die
Vorderräder durchzulassen, sprach man von Schwanenhälsen – wie damals
von jedem gebogenen Werkstück. Den Artenreichtum des britischen und
kontinentalen Kutschenbaus in dürren Worten zu beschreiben, ist unmöglich. Dazu schaut man sich besser die Musterbücher der Dessinateure an,
welche die Vorlagen für die Kutschenmanufakturen zeichneten – Design
begann also lange vor der Massenproduktion!

Eine deutsche Besonderheit soll aber noch hervorgehoben werden,
weil sie später noch relevant wird:
der *Wurstwagen* oder – kürzer noch
– die *Wurst*, bzw. weil er für die
Jagd benutzt wurde, auch
Jagdwurst. Ein Zeitgenosse
(Ginzroth 1817) erklärt:

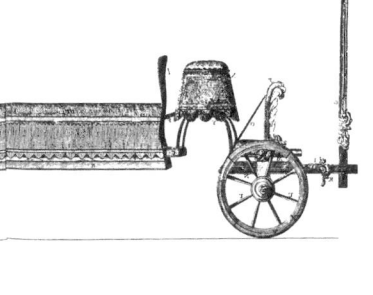

*Die ersten Wurstwagen sind in
Deutschland erfunden und an
den Höfen der Fürsten bei
großen Jagdpartien ge-
braucht worden. Von da wurden sie durch den Grafen von
Charleroi nach Frankreich gebracht,
wo man sie bald häufig zum Jagd-*
*gebrauche verwendete. Diese Jagdfahrzeuge waren bei ihrem Entstehen äußerst einfach
gebaut, die Vorderräder hatten nur 20 Zoll, die hinteren Räder kaum vier französische
Schuh Höhe, und das Hintergestelle war mit dem vorderen bloß durch eine starke, hölzerne Langwiede, die auf den vier Seiten mit eisernen Spangen und Ringen beschlagen war,
vereinigt. Der Sitzkasten von der einfachsten Art, worauf vier bis sechs Jäger hintereinander sitzen oder reiten konnten, bestand nur aus zwei übereinanderliegenden, zwölfzölligen
Dielen, die an dem Boden rund zugehobelt und auf dem vorderen und hinteren Achsen-
stock mit vier Schraubennägeln befestigt waren. Auf diesem Sitze lag ein langer Sack, gewöhnlich von geringem Zeuge oder Drillich gemacht und mit Stroh ausgefüllt, welcher als
Kissen diente und mit Stricken auf das Brett aufgebunden war.*

Jagdwurstwagen mit
Schwanenhälsen (unter
Kutschbock) und Damen-
sitzbank mit Verdeck hinten –
auf dem gepolsterten Sitztrog
saßen die Jäger rittlings
hintereinander, mit den Füßen
auf dem Bodenbrett *(Diderots
Enzyklopädie 1751ff)*

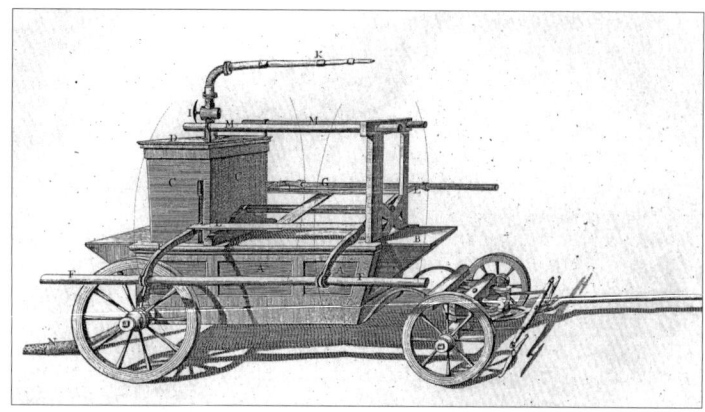

Auf der besseren Art dieser Wagen war anstatt eines Brettes ein langer, schmaler Kasten, der Sitztrog genannt, worauf anstatt des langen, drillichenen Sackes, der mit Stroh gefüllt war, ein Kissen von braunem Leder lag, mit gesottenem Roßhaar vollgestopft und mit Schnallenriemen der ganzen Länge nach festgeschnallt. Dieses Kissen nannte man seiner langen Gestalt wegen die Wurst, welcher Name nachher dem ganzen Fuhrwerk beibehalten wurde. Entsprechend gab es auch Wurstschlitten, z.B. für die Blaskapelle bei einer höfischen Schlittenausfahrt, und die Idee des rittlings auf einem Lederpolster Sitzens hat Karl Drais später für seine Fahrzeuge übernommen, welches für Frauen natürlich vollkommen unschicklich war, die ja schon zu Pferde den seitlichen Damensattel bevorzugten. Doch die Frauen durften ja nicht einmal schlittschuhfahren.

Drais-Vater mußte trotz Genesung einen Tiefschlag hinnehmen: *Im Frühjahr 1799 brach der Krieg wieder los, und schon war der Congreß aufgelöst, als die Ermordung der französischen Gesandten sein Andenken schwer befleckte... Die Gährung über jenes schauderhafte Ereignis war groß; auch Drais stand damals auf einer umlaufenden schwarzen Liste, weil er vorher einige allzu unruhige Emigranten hatte ausbieten (=ausweisen) lassen, aber nur um Hunderte dieser Unglücklichen in schonender Vergessenheit halten zu können* (NN 1841). Drais-Vaters Version: *Nach ihm war kein Gouvernement in den sich hier ereignenden, schändlichen und zwecklosen Mord verwickelt, jedoch hätten letztere durch Begünstigung einer von einzelnen Menschen beabsichtigten Staatsumwälzung in Deutschland sich als Feinde dieses Reichs benommen und eine Jagd auf ihre verräterischen Papiere beim Wiederausbruche des Krieges veranlaßt haben können. Daß, wenn höchstens hierzu ein höherer Befehl gegeben worden zu sein scheint, der weiter ergangene Erfolg als nicht vorausberechneter Exzeß, geleitet durch Eigennutz von Untergeordneten, die lediglich im Kriege zu handeln glaubten und so die Geldschätze aus dem gesandtschaftlichen Wagen plünderten, anzusehen sei; daß aber nachmals beiderseitige Regierungen Motive haben konnten, die eine in Fehlern ihrer Gesandten, , die andere in Fehlern ihrer Subalternen, die verunglückte Sache ohne Untersuchung auf sich beruhen zu lassen.* Der Fall ist unter Historikern bis heute nicht geklärt. Die Presse hakte nach, worauf Drais-Vater zur Beruhigung der versammelten Fürsten flugs ein Zensur-Edikt entwirft, das dem Preu-

ßenkönig Friedrich Wilhelm III. so gut gefällt, daß er es in seinem Königreich übernimmt. *Damals zum Landvogt in Lörrach an der Schweizergrenze ernannt
wurde er durch die gesperrten Landstraßen wieder in die Residenz zurückverschlagen –
immer reisefertig, den günstigen Augenblick abwartend und nun plötzlich gefesselt durch
schwere Unglücksfälle, die sein Haus betrafen.*

Eine Schwester seines Vaters (Christine v. Drais), *die seit seiner Verheiratung als
ehrwürdige Altmutter in seinem Hause lebte ... endete unter großen Leiden ihr Leben,
Ein zweiter Sohn, kaum zum Leben erwacht, ward in die Bahre gelegt. Das Scharlach-
fieber wütete unter seinen Kindern. Die erst aus den Wochen hervorgegangene Gattin
ward davon ergriffen und nach wenigen Tagen ein Raub des Todes... und jetzt gerade
sollte der tiefgebeugte Wittwer die mütterlich verwaisten fünf Kinder verlassen?.. Ein
Diensttausch, den der in dieser traurigen Lage wahren Anteil nehmende Landesvater
begünstigte, entzog unsern Drais seinen gerechten Sorgen...Den auf sein künftiges
Schicksal erfolgten guten Einfluß der nun bescheideneren Anstellung als Regierungsrat
in Karlsruhe konnte er jedoch damals nicht berechnen* (=voraussehen). Damit wiederholte sich etwas in der Familiengeschichte: Karl wurde wie ehedem sein
Vater mit 14 Jahren Halbwaise – ein in vielen Erfinderbiographien auffal-
lendes Schicksal. 🐦

Die Ermordung zweier
französischer Gesandter durch
österreichische Husaren 1799
nach ergebnislosem Ende des
Rastatter Friedenskongresses
führte zum Zweiten
Koalitionskrieg *(Generallandesarchiv Karlsruhe)*

Botschaften,
schneller als der reitende Bote

Wenn Erfinder auf den Schultern ihrer Lehrer stehen, dann Karl Drais auf denen Johann Böckmanns, des Karlsruher Gelehrten und Ephorus des Gymnasiums, wo Karl den Realabschluß machte. Böckmann steckte Karl mit dem Telegrafenfieber an, der sich dann mit Kodierung und Schreibmaschinen beschäftigen wird.

Das Schulgebäude des fürstlichen Gymnasiums zu Karlsruhe ist längst abgerissen *(2x Stadtarchiv Karlsruhe)*

Johann Lorenz Böckmann, Physiker, Mathematiker, badische Pionier für Realschulen, Lehrerseminare und Telegraphie, vierzig Jahre vor Gauß und Weber.

Seit 1799 oder möglicherweise schon länger besucht Karl Drais das Karlsruher Gymnasium oder Lyzeum, wie es später auch genannt wurde, in einem längst verschwundenen Bau mit Gärten dahinter – für die Lehrer Wohnungen im Obergeschoß. Drais-Vater war vor dem Ausbruch seiner Epilepsie selbst Ephorus des Gymnasiums gewesen und hatte bei dessen zweihundertjährigem Jubiläum eine Rede gehalten, die gedruckt wurde. Natürlich war dies eine Lateinschule zur Vorbereitung auf das Studium der Brotfächer Jura, Medizin oder Theologie, da an den Universitäten noch auf Lateinisch doziert wurde. Zum Realzug, wie wir heute sagen würden, schreibt Drais-Vater: *Seit 1774 war im Gymnasium zu Carlsruh die wohltätige Veränderung vorgegangen, daß schon in den mittleren Klassen die zu den Studien destinierten und nicht destinierten Knaben gesondert wurden. Den letzteren, Realschüler genannt, brauchte nicht mehr so vieles Latein und gar kein Griechisch für das künftige Vergessen eingeprägt zu werden. Sie wurden von gewissen Klassenstunden befreit, und ihre kürzere Schulzeit desto nützlicher mit Rechnen und Mathematik, Schönschreiben und Aufsätzen, Geographie und Historie, Naturgeschichte, deutscher und französischer Sprache, Zeichnen, Buchhaltung etc. ausgefüllt (W. Drais 1818).* Karl Drais war offenbar ein zu den Studien nicht bestimmter Knabe geworden, denn Drais-Vater schreibt damals in einem Gedicht:

*Unsern redlichen Karl, bedächtlicher Art und vergebens
Mit dem Latein gemartert, befrei ich von dieser Befeßlung*

Als 14jähriger Halbwaise hat Karl in dem Viermädelhaushalt sich demnach eine gewisse Stoizität zugelegt, zumal die jüngere Schwester Amalie dem verwitweten Drais-Vater den Haushalt beaufsichtigte. Doch für die entgangene Juristenlaufbahn hatte das Gymnasium anderes zu bieten, wie Drais-Vater berichtet: *Schon 1775 ward am Karlsruher Gymnasium ein eigener Lehrstuhl für die Naturgeschichte errrichtet; 1776 freie Vorlesungen in der Experimentalphy-*

sik für alle Stände und für beide Geschlechter eröffnet – mit Benutzung der physischen und mathematischen Instrumente aus dem fürstlichen, indessen sehr vergrößerten (besonders in der Darstellung des Weltgebäudes und für die Lehren der Luft, der Elektrizität, der Optik usw.) ausgezeichneten Cabinet. Damit verband sich die Modellkammer für Mechanik und Hydraulik, das zu chemischen Versuchen geöffnete, oft von dem Markgrafen selbst besuchte Laboratorium der Hofaptheke, wo im Jahr 1778 auch Vorlesungen mit Experimenten veranstaltet wurden, und das Naturalien-Cabinet.

Dahinter steckte natürlich Johann Lorenz Böckmann (1741-1802), der gebürtige Lübecker mit Theologiestudium in Jena, der vom Herrscher diese erste Professur an der Fürstenschule erhalten hatte. Drais-Vater schreibt über ihn posthum: *War viele Jahre im fast täglichen Umgang mit dem Markgrafen, begleitete ihn 1775 in die Schweiz. Unter seiner Herrschaft mehrte und veredelte sich das mathematische, herrschaftliche Cabinet. Er besaß rednerisches und pädagogisches Talent.*

Das physikalische Kabinett füllte mehrere Zimmer und diente noch der später gegründeten Polytechnischen Schule, Vorläuferin der Technischen Hochschule, als Grundstock. Im ersten Zimmer befanden sich diverse optische und astronomische Instrumente, darunter ein Planetenmodell des schwäbischen Uhrmacherpfarrers Hahn, eine Taschen-Rechenmaschine des Weimarer Hofmechanikus Auch und Modelle von verschiedenen Arten von optischen Telegraphen, *worunter sich besonders die Böckmannschen auszeichnen. Die Böckmannschen Telegraphen wurden im Anfang des französischen Kriegs von einer kaiserlich-österreichischen telegraphischen Kommission genau geprüft und als ganz vorzüglich anerkannt. Es wurden hierauf mit denselben vollkommen entsprechende Versuche im Großen angestellt.*

Womit wir bei der Wunderwaffe der Revolutionsarmee angelangt wären, dem Chappeschen Telegraphen oder Fernschreiber, wie er damals eingedeutscht wurde. Nicht viel erinnert mehr an die damals von Paris ausgehenden Linien von festen Stationen, die

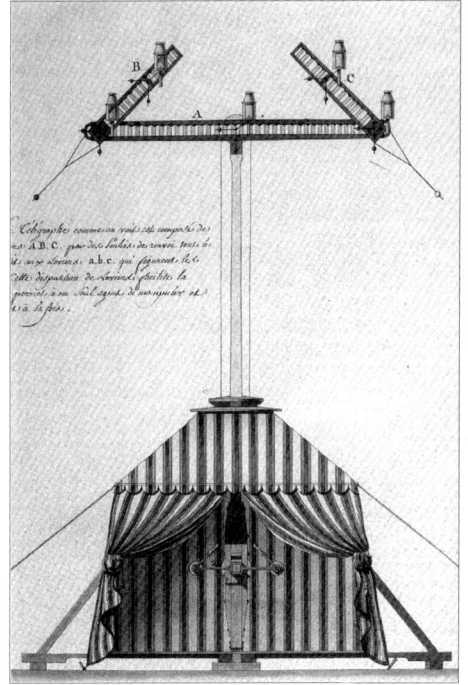

Mobile optische Telegraphen-Feldstation von Claude Chappe mit Laternen für Nachtbetrieb *(Archiv: Lessing)*

Mittels Telegraph rechts am Fächer flirten *(Journal für Fabrik 1795)*

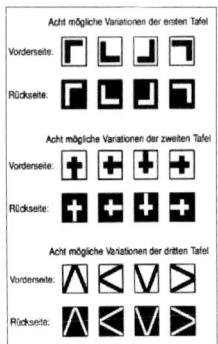

Acht mögliche Variationen der ersten Tafel

Vorderseite:

Rückseite:

Acht mögliche Variationen der zweiten Tafel

Vorderseite:

Rückseite:

Acht mögliche Variationen der dritten Tafel

Vorderseite:

Rückseite:

Böckmanns drei Tafeln konnten 24 Buchstaben übertragen – die Zuordnung ist nicht überliefert

erste nach Lille, später auch nach Mainz oder bei uns von Berlin nach Koblenz. Ihrem Anblick am nächsten kamen ihre Nachfolger, die Flügelsignale der Eisenbahn, bevor diese heute auf die Laternen allein reduziert wurden. Und von der Beschäftigung mit den Telegraphenkodes ist uns das Kreuzworträtsel geblieben.

Jeder Chappe-Telegraphenposten bestand aus einem 14 Fuß hohen Masten, der seinerseits oben auf einen kleinen Turm gepflanzt war. Am oberen Ende trug er drei Arme, die sich vor dem Himmel schwarz abhoben. Durch Drehen der Kurbeln konnte der Telegraphist den Mittelarm (régulateur) in 4 Positionen bringen (vertikal, horizontal, schräg nach links, schräg nach rechts) und jeden der beiden Endarme in 8 Positionen relativ zum Mittelarm (alle 45 Grad). Die achte davon, nämlich in Verlängerung des Mittelarms, wurde nicht benutzt, um Verwechslungen zu vermeiden. Blieben 7 x 7 x 4 = 196 Kombinationen der drei Arme, also 196 Signale, wovon 92 für interne Dienstangaben dienten. Die übrigen gestatteten die Verwendung eines Vokabulars von 92 Seiten zu je 92 Wörtern, also 8.464 Wörtern und eines zweiten Vokabulars von 92 Seiten zu 92 Sätzen, also 8.464 Sätzen, und schließlich eines dritten Vokabulars von Ortsbezeichnungen. Zur Übertragung von drei Signalen wurde eine Minute benötigt, die durch ein Fernrohr beobachtet wurden. Und jedes Signal brauchte bei solcher Übertragung von Posten zu Posten bloß 15 Minuten von Paris nach Toulon (etwa 840 Kilometer), entsprechend einer Geschwindigkeit von 3.360 km/h. Da kam der reitende Bote nicht mehr mit.

Panorama vom Turm des Karlsruher Schlosses – am Horizont links der Durlacher Turmberg-Turm, von wo der Telegraphist 1794 signalisierte *(Archiv Lessing)*

Die Wirkung der optischen Telegraphen des Revolutionsheers war vor allem eine psychologische, denn es hatte nun einen vagen Vorsprung vor den Fürstentruppen. In Unkenntnis des geheimgehaltenen Chappeschen Kodes vermuteten die Deutschen eine Übertragung Buchstabe für Buchstabe und dachten sich entsprechende Kodes aus. So auch Böckmann. Schon 1794 hatte er zum 66. Geburtstag des Herrschers ein optisches Telegramm vom Durlacher Turmberg in den Turm des Schlosses von Karlsruhe übertragen. Und das ging so: der Telegraphist, vermutlich sein Sohn, bestieg die Kutsche nach Durlach mit drei roten Emblemen auf quadratischen Tafeln unter dem Arm. Auf dem Turmberg angekommen hielt er diese abwechselnd in verschiedenen Orientierungen in die Luft. Vater Böckmann im Karlsruher Schloß beobachtete dies durch ein Fernrohr und notierte innerhalb von zehn Minuten die Botschaft. Der Text des Glückwunsch-Telegramms, das er dem Herrscher überreichte, ist erhalten:

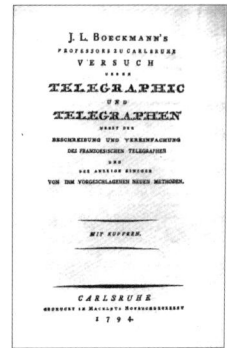

Das Buch zum Versuch.
(Böckelmann, 1794)

> Groß ist das Fest und schön! Triumph! Der Gute lebt,
> Um dessen Fürstenthron der Vorsicht Auge schwebt.
> Der seines Volkes Lieb', den Bürger treu beglücket! -
> Heil ihm! – so tönt es fern und nah! -
> O Fürst! Sieh hier, was Deutschland noch nicht sah,
> Daß Dir ein Telegraph heut' Segenswünsche schicket!

Im nächsten Jahr wurde Böckmann wegen der Telegraphie ins Hauptquartier des Fürstenheeres, damals in Heidelberg, durch Herzog Albrecht von Sachsen-Teschen eingeladen. Man wollte über die neue Wunderwaffe des Gegners informiert werden. Böckmann reiste mit seinem 22jährigen Sohn Karl Wilhelm, Secondlieutenant beim badischen Bataillon Erbprinz, hin. Eine Telegraphische Kommission unter Vorsitz des Freiherrn von Lauen wurde in Mannheim zur Erprobung der Böckmannschen Telegraphen gebildet. Man erprobte, schrieb Protokolle und wollte den Sohn zur Einführung des Telegraphen in die Reichsarmee anstellen. Der Sohn lehnte aber ab und studierte lieber in Erlangen. Denn mittlerweile hatte sich Baden auf die Seite des Gegners begeben. Kaiser Franz in Wien verlieh Vater Böckmann für Verbesserung der Telegraphie noch die Große Goldene Verdienstmedaille. ☙

Böckmanns Deutscher Feld-Telegraph für den Mannheimer Großversuch 1799 (Kriegsarchiv Wien)

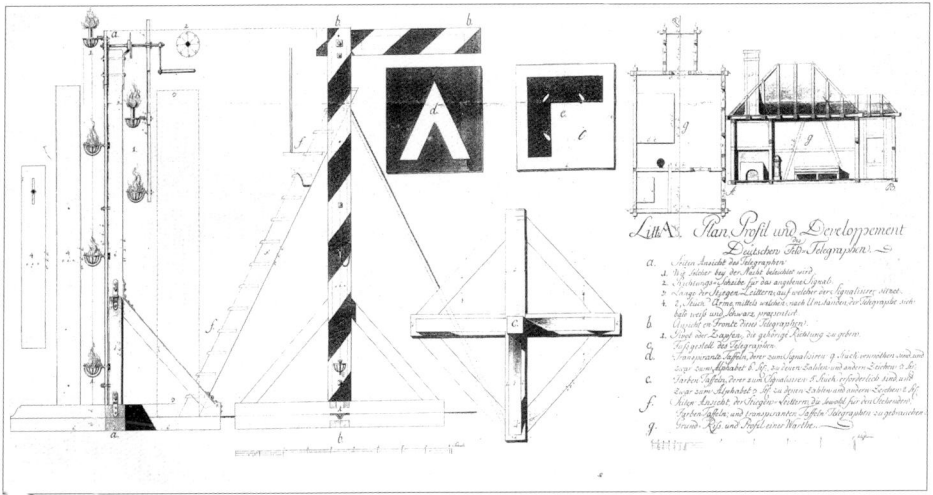

Nach Pforzheim,
des Paten wegen

Während man bisher davon ausging, daß Karl Drais selbst oder sein Vater den künftigen Beruf wählten, ist einem neuen Brieffund zu entnehmen, daß den jungen Karl niemand anders als der Herrscher und Pate für den Forstdienst bestimmte. Einem jungen Mann aus dem Beamtenadel ohne Landbesitz blieb für seinen Lebensunterhalt eigentlich nur wieder der Fürstendienst.

Im Jahr 1800 verließ der 15jährige Karl mit seinem Realabschluß das Karlsruher Gymnasium und ging zum Onkel in dessen private Forstlehranstalt. Nach einem Brand zwei Jahre zuvor in Gernsbach war wohl das dortige Forstamt in Mitleidenschaft gezogen worden, worauf Drais-Onkel nach Pforzheim versetzt wurde bzw. sich versetzen ließ. Ob er dort im ehemaligen Forstamt am See mit seiner Familie wohnte, läßt sich nicht mehr feststellen.

Der Sekretär schreibt posthum über Drais-Vater: *In dieser ruhigeren Tätigkeit (als Regierungsrat) drückte ihn jedoch in seinem Witwerstande die Sorge für die Erziehung seiner vier Töchter (der Sohn war noch nicht völlig erwachsen, zur Stärkung seines schwachen Körpers seinem Oheim in die Forstlehre gegeben) (NN1841).* Diese Information über den angeblich schwachen Jungen konnte der Sekretär aber auch nur von Drais-Vater gehabt haben. Irgendwie klingt dies nach einer Scheinargumentation, denn Karl Drais wird bis kurz vor seinem Tod als eher robust geschildert. Es könnte sich also um eine Nebelkerze seitens Drais-Vater handeln von der Art eines früheren Tagebucheintrags, eine der Töchter sei *das einzige, 9 volle Monate ausgetragene unserer Kinder* – mit der beabsichtigten Implikation: Karl war eine Frühgeburt.

In seinem Brief an den Erbprinzen Ludwig drei Jahre später, der weiter unten im vollen Wortlaut wiedergegeben wird, schreibt Drais-Vater

jetzt:...*daß mein ... Sohn um die Osterzeit 1800 durch Serenissimi regnantis gnädigsten, mir von dem Freiherrn Oberjägermeister mündlich eröffneten Entschluß für den Forstdienst bestimmt worden (GLA 60/498).* Da haben wir's also: der Herrscher und Pate hat Karl nach Schulende gnädigst zum Forstdienst bestimmt, ob dieser wollte oder nicht! Und die einzige Ausbildungsstätte Badens war damals beim Onkel in Pforzheim, mit der Grablege des badischen Herrscherhauses in der Stiftskirche.

Posthum lobte Drais-Vater seinen Herrscher Carl Friedrich, äußerte aber auch Kritik: *eine zu hausväterliche Verwaltung, die jeweils ins Kleinliche und Ängstliche ging; daher ein Bekümmern der höheren Stellen um Detailbestimmungen, die den unteren zu überlassen sind;* <u>*überhaupt zuviele Curatel über Großjährige;*</u> *dagegen öfter ein Mangel an statistischen Daten, um die Überblicke mit Sicherheit sich eigen zu machen (W.Drais 1818).* Und gibt auch ein Beispiel für dessen Bevormundung von Erwachsenen:

(Ein Sponheimer) wurde bald Kammerlakai (in Karlsruhe) *und gewann die Zuneigung seines Fürsten, der auf sein Glück dachte. Der Hausmeister eines Landschlosses hatte eine erwachsene Tochter. Aus Rücksicht für die beiden Männer wollte der Fürst den kleinen Hofdienst des schon alten Hausmeisters auf einen Schwiegersohn desselben übertragen und warf das Auge auf den Sponheimer (wie er ihn im Wohlwollen fortzunennen pflegte). Dieser erklärte der vermittelnden Person, daß er noch nicht zu heiraten gedenke, weil seine Mutter und Schwester, die er*

jetzt unterstütze, weniger glücklich sein würden. Der Markgraf, hierüber gerührt, sprach ihn nun gelegentlich selbst: „Sponheimer! Heirat, er nur, ich will ihm den Lohn erhöhen, daß es den Seinigen darum nicht schlimm gehen soll." Dieser voll Danks und Verlegenheit auf den Knien: „Gnädigster Herr! Da Sie mein Glück wollen – ich werd, nie heiraten, ohne in meine Frau verliebt zu sein." Der Fürst lächelnd: „Vielleicht, daß er des Hausmeisters Tochter nur nicht genug kennt, um sie schon zu lieben; ihr Vater ist mir ein treuer alter Diener; ich möchte demselben einen redlichen Schwiegersohn zuwenden; und auch er wird glücklich sein, denn sie ist brav und reich." Dieser: „O ja, reich und brav, aber ich liebe sie nicht – fühle nicht das Geringste für sie – wollte lieber ein armes Mädchen nehmen, das mir gefiele. Es gilt hier die Verpflichtung fürs Leben. Ich danke Eurer Hoheit tief für Ihre ausnehmende Gnade, verzeihen Sie nur meine allzugroße Freimütigkeit." Der Markgraf, indem er ihm milde die Schulter berührte, schloß mit den Worten: „Es tut mir leid, daß er sich mit dem guten Mädchen nicht verbinden will; aber bleib er immer bei seinen Grundsätzen."

Das erste Autograph von Karl Drais' Hand (er ist bereits Student in Heidelberg) im Poesiealbum der sechs Jahre jüngeren Base Auguste von Drais blieb bis heute erhalten:

> Des Lebens Frühling eilt dahin
> Beglückt, wer ihn genießt.
> Pforzheim, den 1ten Januar 1803
> dein treuer Vetter Karl von Drais

Zwei Jahre später trägt sich schon der künftige Gemahl ein, Auguste ist da vierzehn, als *Ihr Freund Fr. v. Kalitsch*, der spätere Landrat mit Besitz in Dobritz in Sachsen-Anhalt (Die Gemeinde sucht derzeit eine Nutzung für das leerstehende Schloß). Weitere vier Jahre später wird geheiratet und nach Dobritz gezogen. Ihre Nachkommen sind die einzigen aus den beiden Drais-Familien, und eine Urururenkelin besitzt noch ihr Porträt und Poesiealbum. Karl wohnte in Pforzheim sicher bei der Familie seines 42jährigen Onkels und Lehrherrn, außer Base Auguste gab es noch deren kleine Schwester Karoline und den zweijährigen Vetter Johann, der in die Fußstapfen seines Vaters treten und Karl noch einmal nützlich werden sollte. ❦

Auguste von Drais, verheiratete von Kalitsch (1791-1867) *(2x Archiv Müller)*. Karls Eintrag in ihr Poesiealbum ist das älteste bekannte Autograph von ihm.

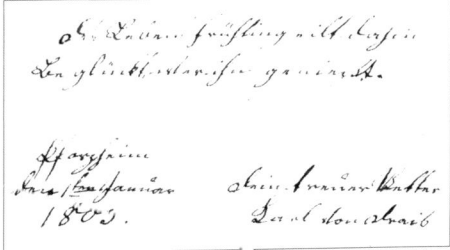

Pferde, nichts als Pferde

Obwohl Schlittschuhläufer und jetzt auch noch telegraphische Meldungen schneller waren, bleibt das Pferd Mobilitätsgarant und Antriebskraft schlechthin und selbst Zukunftsromane können sich das 21. Jahrhundert nicht anders als mit tierischer Kraft vorstellen.

Ernst-August und Sohn George, später Könige von Hannover *(Historisches Museum Hannover).*
So wie dieser Knabe mußte auch Drais, den damaligen Normen entsprechend, frühzeitig seine Ausbildung zu Pferde absolvieren.

Spätestens seit seiner Forstlehre mußte Karl Drais ein Pferd reiten können, um mit dem Onkel und Lehrherrn durch die Forsten zu streifen. Genau wie heute der Dienstwagen war damals das Dienstpferd für manche Fürstendiener wie den Oberforstmeister Friedrich von Drais unabdingbar und wurde von der Verwaltung mit Sonderzuwendungen unterstützt: *Wer amtshalber Pferde zu halten hatte, erhielt auch Haber, Heu und Stroh. Die Landbeamten pflegten danebst Holz, ja sogar herrschaftliche Häuser und Gärten zum Genuß zu empfangen. Dies war der Fall der Oberbeamten, Oberforstmeister, Geistlichkeiten, Staatsverrechner, Schulmeister und vieler Förster.*

Man wollte nicht, daß sie dependent (=abhängig) von den Landleuten würden, derer Häuser sie bewohnten, oder daß sie zu schlecht wohnen oder verleitet werden sollten, eigene Häuser zu bauen, wodurch die Versetzung des Mannes auf einen anderen Dienst erschwert wird (W.Drais 1818). Genau dies traf auf Drais-Onkel zu, der während seiner Dienstzeit von Gernsbach nach Pforzheim, dann Schwetzingen und schließlich Freiburg versetzt wurde.

Aber auch außerhalb des Staatsdienstes war das Pferd ein zentraler Wirtschaftsfaktor wie das Automobil heute. Wer es sich nur leisten konnte, hielt sich mehrere Pferde, um nicht auf Mietkutscher oder später Pferdeomnibusse angewiesen zu sein. Auch im Haushalt von Drais-Vater ist spätestens seit dem Umzug nach Mannheim ein Kutscher angestellt. Pferde schleppten nicht nur Frachtwägen und Kutschen, sondern auch Treidelkähne oder Holzstämme aus dem Wald. Auf dem Land wurden sie und die Ochsen zum Pflügen eingesetzt. Für leichtere Aufgaben nahm man oft Hunde. Doch wo es um intelligent gesteuerten Krafteinsatz ging, war die Muskelkraft die ultima ratio. Kräne, vor allem in den Häfen und bei Bauarbeiten, wurden mit Laufrädern angetrieben, in denen die Fußarbeiter endlose Bohlen hinauftrabten oder auf Kommando innehielten. Mühlen und Schmiedehämmer waren mit Wasserkraft angetrieben, Windmühlen gab es nur in Küstennähe.

Doch wo blieb die Dampfmaschine? In der Markgrafschaft Baden gab es keine zu sehen, aber es kamen vereinzelt Nachrichten aus dem mansfelder und schlesischen Bergbau. Doch Englandbesucher berichteten atemberau-

Laufrad-Eimerbagger beim Ausgraben eines Mastodons, gemalt 1803 von Ch.W.Peale *(Peale-Katalog 1996)*

Der Eimerbagger wird durch das hölzerne Laufrad (dahinter) angetrieben. Die darin laufenden Fußarbeiter sind von dem Pfosten verdeckt. Auch bei Hafenkränen, wo es auf punktgenaues Anhalten ankam, zog man durch Arbeiter angetriebene Laufräder einem Göpel mit unberechenbaren Pferden vor.
Andere Bezeichnung: Tretmühle

bend, so der seither guillotinierte General von Custine (oder ein Sohn?), der mit den Revolutionstruppen Mainz eingenommen hatte: *In dem gewerbe- und handeltreibenden England ist alles riesenhaft; man glaubt sich in eine Welt versetzt, bewohnt von Wesen größer als die Menschen. Maschinen bewegen dort ungeheure Lasten und Massen mit schrecklicher Leichtigkeit, ich möchte fast sagen, Geschicklichkeit. Ich sah Acajoustämme* (Mahagoni), *dicker als unsere ältesten Eichen, von ihren Plätzen weggenommen und über meinem Haupte hin bis zum anderen Ende eines äußerst großen Magazins durch einen mechanischen Karren getragen, welcher die Riesenblöcke ebenso leicht wegrückte, als Sie auf Ihrem Herde ein Scheitchen Holz umkehren würden.*

Ein Reitpferd kostet vielleicht 40 britische Pfund und anschließend günstigenfalls 30 oder 40 Pfund im Jahr für die Haltung und mit den Ausgaben für einen Stall und für einen Mann, der für es sorgt, oft mehr als das Doppelte dieser Summe. Wenn es dreißig Jahre lebt, belaufen sich diese Ausgaben zusammen mit den Anschaffungskosten auf mehr als 1700 Pfund – soviel kostet ein Pferd von Anfang bis Ende (Davies 1837)

Oder über eine dampfbetriebene Textilfabrik mit mechanischen Webstühlen: *Bei diesen lebendigen Maschinen spielen zwei Federn die Rolle der Hände des Webers und schießen das Schifflein mit einer Geschicklichkeit und Pünktlichkeit hin und her, welche ebenso wie die Richtigkeit der Bewegung aller andern in diesem Hause gebrauchten Maschinenwesen etwas Zauberisches hat. Ich sah zweihundertundfünfzig Webstühle und folglich fünfhundert künstliche Hände im vierten Stockwerke dieses unermeßlichen Gebäudes zusammen arbeiten. Ich sah dort auch eine unzählige Menge Haspel, Spinnstühle, Kardätschstühle. Und die Werkstätten, die alle diese Maschinen enthalten, waren fast Einöden. Man traf dort kaum, weit voneinander, einige junge Mädchen und sehr wenige Mannsleute an, bloß beschäftigt, über die Maschinen während der Arbeit, die sie in Stille vollenden, die Aufsicht zu führen. Der Mensch ist dort bloß der Oberaufseher des Ganges der Maschine. Er irrt traurig in einer Wüste herum, die er geschaffen hat, und wo die Bewegung und die Intelligenz so garnicht mehr die Gegenwart des Lebens anzeigt.*

Um heute den Artikel über die Maschinen zu schließen, will ich ein Industriewunder beschreiben, das ich diesen Morgen gesehen habe. Es ist ein Wirkstuhl, wo vierzig Nadeln mit Häkchen ein Stück Mousseline auf einmal sticken. Vierzig Fäden rücken miteinander diesen vierzig Häkchen entgegen, und jedesmal, wo die Nadeln einen neuen Stich in den Mousselin getan haben, dreht eine durch ihre Pünktlichkeit und Hurtigkeit wunderbare Mechanik jeden Faden um das Häkchen gegenüber. Ist die Stickerei fertig, so rückt der gestickte Mousselin weiter, um den Nadeln ein neues Stück zum Sticken anzubieten. Die Intelligenz, die Übereinstimmung, die Geschicklichkeit dieser stummen Figuren, die man zu einem ihnen unbekannten Zwecke miteinander wirken sieht, jagt wie das Übernatürliche Furcht ein. Es sind Intelligenzen eingekerkert in Nadeln, die ihre Prüfungszeit in dem Palast irgendeiner bösen Fee aushalten; diese Fee ist immer der Dampf. Eine Frau ist dort (eine wahre Frau) bestimmt, über die vierzig Gewerke jedes Stickrahmens die Aufsicht zu führen. Diese einzige Person verrichtet hier also ebensoviel Arbeit, als sonst vierzig tun würden* (Ginzroth 1817).

Ginzroth mag dies nicht unkommentiert lassen: *Es liegt in diesen Schilderungen des Herrn v. Custine ein Gemisch von Erstaunen, Bewunderung, übler Laune, was von dem englischen Maschinenwesen eine große und wahrhaft poetische Idee gibt. Der Verfasser macht aus dem Dampfe eine mächtige und böse Fee, einen boshaften und neidischen Kobold, der dem Menschen nur gehorcht, um ihn unglücklich zu machen und ins Verderben zu stürzen. Wer sollte nicht versucht werden, es zu glauben, wenn man die undenkliche Bevölkerung von Arbeitern sieht, denen der Dampf die Arbeit raubt und nur den Bettelstab läßt. Wie ist es möglich, die Konkurrenz auszuhalten mit diesem All-Arbeiter, der weder ißt noch trinkt, der weder Frau noch Kinder hat, der nicht auszuruhen braucht, der niemals krank ist.*

Entgegen dieser frühen Ökonomiefolgen-Diskussion sollte es noch Jahrzehnte dauern, bis die Dampfmaschine im deutschen Sprachraum eine Rolle spielte. Auch ein Zukunftsroman von Julius von Voß, 1810 erschienen und von Karl Drais gelesen, träumt nur von vogelgezogenen Ballonen oder walgezogenen Treibinseln - Tierkraft also, keine Dampfkraft! Immerhin wird sich dann Drais vierzigjährig mit dieser Technikvision befassen, allerdings mit einem vogelgezogenen Flugdrachen, und auf seiner zweiten Schnellschreibmaschine mit nur 16 Buchstaben in Vierergruppen tippen:

FLUG	DURJ	VOGL	DRAJ
(Flug	durch	Vogel	Drach.)

Drais liest Zukunftsroman

1810 erscheint der Zukunftsroman „Ini" des Julius von Voß. Karl Drais wird ihn zwar erst im *Deutschen Courier* vom 11.10.1836 erwähnen, dürfte ihn aber vermutlich gleich nach Erscheinen gelesen haben, denn er war Mitglied der Mannheimer Harmoniegesellschaft, einer Lesegesellschaft, deren Mitglieder Zugang zum Lesesaal hatten. Solche Lesegesellschaften waren die Vorläufer öffentlicher Bibliotheken. Deren Exemplar des Zukunftromans ist in Mannheim noch erhalten. Julius von Voß (1768-1832) war ein Berliner Autor, der heute nur noch von Kulturhistorikern als zeitgenössische Quelle gelesen wird. Seine sechzehnjährigen Erfahrungen im Dienste der preussischen Armee schlagen auch in seinem Zukunftsroman durch. Der Held, ein Heerführer namens Guido, durchläuft eine wahre Odyssee auf dem ganzen Erdball auf der Suche nach seiner geliebten Ini. Dabei nutzt er, wie jeder damals, die Tierkraft, aber eben in ganz visionärer Form, z. B. Adler oder Wal.

Nach 368 ruhm- und siegreichen Seiten schließt Guido am ersten Tag des 21. Jahrhunderts seine Ini in die Arme, Schlußabsatz: *Bescheiden nahte Guido dem Altar. Die hohe Mutter trat ihm entgegen, Freudentränen auf der Wange. Hier, sprach sie, junger Cäsar, Oberherr von Europa und Afrika, empfange meine Tochter. Sie hob den Schleier von Ottonas Antlitz. Guidos tiefgesenkter Blick vermochte nicht aufzusehn. Nur der Ruf einer wohlbekannten himmelvollen Stimme weckte seine Betäubung! Er sah auf die Braut – O Himmel: Ottona war Ini – verklärt gestaltet wie ihr Ideal. – Bei Athania hatte die weise Fürstin sie erziehen lassen.* 1966 erschien ein Reprint in der Reihe Antares der Offizin Bleymehl, Fürth/Saar.

Nachdem das Zweirad erfunden ist, wird Julius v. Voß 1818 auch eine Erzählung *Die Reise auf der Draisine* schreiben. Darin bricht ein junger Berliner alleine per Draisine zu einer Fahrt von 50 Meilen ins Riesengebirge auf *(Lessing 1995)*. Dies sind allerdings preussische Meilen zu 7.5 Kilometer, also 375 Kilometer! ❦

Tierkraft als Zukunftsvision.
Titelei und Frontispiz des Zukunftsromans INI

Bettina von Arnim irrt nur halb

Die ähnliche Vornamen-Kette der letzten vier von Drais täuschte nicht nur Biographen und Zeitgenossen. Auch die Promoterin der Goethe-Verherrlichung, Bettina von Arnim, verwechselte Vater und Sohn Drais, ansonsten hat sie recht: es wurde nochmal geheiratet.

1920 hatte der Direktor der Frankfurter Stadtbibliothek seinen 70. Geburtstag und erhielt dazu eine Festschrift, zu der auch der Bibliothekar Louis Liebmann einen Beitrag lieferte. Letzterer war bisher vor allem durch seinen Katalog der historischen Abteilung der ersten Internationalen Luftschiff-Ausstellung (ILA) 1909 zu Frankfurt aufgefallen. Mit seinem Beitrag: *Bettina von Arnim und Freiherr von Drais* zog er sich jedoch heftige Kritik durch Franz Feldhaus zu, einen der Technikgeschichte-Pioniere in Deutschland. In dessen Archiv findet sich eine Karteikarte, wonach Liebmann Drais' Zweirad auf das Jahr 1807 datiert habe, wie Feldhaus widerlegt und deshalb Liebmann brieflich auf die Unmöglichkeit seiner Ansicht aufmerksam gemacht habe: *Aber er blieb dabei, und ich kritisierte ihn scharf.* Praktischerweise hatte Feldhaus dies in seiner eigenen Zeitschrift *Geschichtsblätter für Technik* publik tun können.

Kurz müssen wir uns also mit einer für Historiker besonders unerquicklichen Quelle befassen, dem sogenannten Briefroman, der Bettinas Spezialität war. Denn nach dem frühen Tod ihres Ehemanns, des Gutsbesitzers und Romantikers Achim von Arnim, begann sie ihren Briefwechsel mit den Heidelberger Romantikern (*Des Knaben Wunderhorn*) romanhaft umgedichtet zu veröffentlichen. Germanist Waldemar Oehlke hat darüber 1904 seine Dissertation geschrieben: *Sie zerpflückt die Vorlagen und verstreut die Teile an geeigneten Stellen; aber sie zieht auch verschieden Datiertes* unter ein Datum zusammen. Selten läßt sie etwas unverändert, wenn sie auch bemüht ist, den einheitlichen Charakter zu wahren.

Doch auch berühmte Gelehrtenlexika wie Meusels Nekrolog kamen bei ihren Einträgen zu den verschiedenen von Drais völlig durcheinander.

Lesen wir also, was Bettina in der erst 1844 erschienenen Ausgabe über die Hochzeit an ihren schriftstellernden Bruder Clemens schreibt: *Es ist aus mit den Blumen, die letzten Asternsträuße waren die, womit wir in voriger Woche die Blumenurnen schmückten und die wegen der Batterie vor die Tür gesetzt wurden. Gestern haben wir den letzten Herbst gemacht, nur noch die Winterbirnen hängen, von denen meint die Großmama, wir wollten sie hängen lassen, bis erst Reif kommt, der war heut Nacht, und nun frug ich: Wollen wir heut die Birnen abmachen, es war heut Nacht Reif. Großer Schrecken der Großmama, sie hatte so in den Tag hineingelebt und gemeint, es sei noch lange nicht Winter. Und wie sehen die Blumen aus? Wir müssen heute noch Kränze haben, es ist eine Hochzeit hier im Haus, um drei Uhr wird der Pfarrer hier sein und ein edles Paar zusammengeben. Lieber Clemente, was doch alles hier im närrischen einsamen Haus passiert! Aber wir drei Geschwister ahneten gleich die Geschichte; ich sprang mit Flügeln die Treppe hinauf, wir kriegten uns alle drei um den Hals und tanzten eine Ronde, daß die Wände zitterten. Auf einmal erscheint die Tante im Negligee halb frisiert, was das für ein unanständiger Spektakel sei? Und was die Hofdame denken solle, die seit acht Tagen im Saal unter uns wohnt, daß wir ihr so auf dem Kopf herumtanzen.*

Das Reich der Liebe aus Krünitz' 224bändiger Enzyklopädie

Herausgeber Johann Georg Krünitz starb ausgerechnet beim Stichwort *Leiche* angekommen.

Ü ber die Trauung selbst heißt es im gleichen Brief: *Diese Heirat ist ein Werk der Großmama, vor kurzer Zeit lernte diese Hofdame von Meiningen bei ihr den Herrn von Drais kennen, wie er grade vor unserm Hause eine Draisine probierte, eine Bank mit Rädern, die Herr von Drais drauf sitzend mit Händen und Füßen fortbewegt. Die Hofdame sah ihn daher gerollt kommen, hinter ihm drein alles, was Beine hatte. – Nachdem sie getraut waren, hielt die Großmama eine bewegliche Rede. Wir spielten abends ein Sprichwort, worin die Draisine eine Hauptrolle hatte. – Heute werden nun die Birnen abgemacht. Da freu, ich mich drauf. Das Hochzeitspaar ist nämlich gestern spät noch fortgereist und alles wieder im stillen Geleise...*

Liebmann war Bettina also auf den Leim gegangen und hatte den Brief und damit die Draisine (statt korrekt 1817) auf spätesten Herbst 1806 datiert, während Germanist Oehlke den Brief sogar auf 1801 festsetzte. Was stimmt nun an der ganzen Story? Drais-Vater hat 46jährig nach drei Jahren Witwerdasein wieder geheiratet, und zwar nicht im Herbst 1806, sondern im März 1801 eine Hofdame von Nassau-Usingen, die 42jährige Friederika von Rotberg – Heiratsort unbekannt. Daß Drais-Vater später öffentlich auf dem Zweirad gefahren wäre, ist nirgends überliefert, aber daß Bettinas schriftstellernde Großmama – Sophie v. La Roche zu Offenbach - die Ehe gestiftet hat, ist gesichert *(NN1851)*. Der Vater der Braut war kurhessischer General und Stadtkommandant im 50 km entfernten Gießen. Der 16jährige Karl, seit einem Jahr aus dem Haus und die vier Schwestern zwischen 15 und 4 Jahren hatten eine neue Stiefmutter, von der kein Porträt bekannt ist. *Diese brachte das Vermögen ein mit der Bestimmung, daß das Geld zurückging an die Verwandten, wenn die Ehe kinderlos sei,* schrieb ein Verwandter v. Loßberg in sein Tagebuch. Das sollte sich bewahrheiten: Drais-Vaters zweite Ehe blieb kinderlos. 🚲

Die letzten vier v. Drais:

Hier nochmal die vollständigen Vornamen der letzten vier Drais, wobei wie eingangs berichtet, der Erfinder 1849 seine Adelstitel ablegen wird:

Karl Drais = Karl Friedrich Christian Ludwig Freiherr Drais von Sauerbronn *1785

Drais-Vater = Karl Wilhelm Friedrich Ludwig Freiherr Drais von Sauerbronn *1755

Drais-Onkel = Friedrich Heinrich Georg Freiherr Drais von Sauerbronn *1758

Drais-Vetter = Johann Friedrich Joseph Karl Freiherr Drais von Sauerbronn *1798

Links: Bettina von Arnim *(DIE ZEIT)*

Die Revolution ist vorbei

Ein General hat militärische Erfolge und macht sich zum Diktator, wie täglich aus der Dritten Welt zu lesen ist. Unserer heißt Napoleon, wird erst Konsul und krönt sich dann selbst zum Kaiser. Außer Frankreich reorganisiert er nebenher auch noch halb Deutschland.

Napoleon im Krönungsornat nimmt den württembergischen Herrscher unter seine Fittiche (*Bildmontage aus Napoleon–Katalog 1987*)

Velozifer von Chabannes *(2x Archiv Lessing)*
Diese Neuheit 1804 als Bühnenstück (gegenüber)

Genaugenommen war die Revolution schon mit dem Sturz des Direktoriums 1799 vorüber, wonach Napoleon zum Ersten Konsul des Landes gemacht wurde. Den Zweiten Koalitionskrieg beendete er siegreich mit den Friedensschlüssen von Lunéville und Amiens, wo schon mal die Entschädigungen der deutschen Fürsten für linksrheinische Verluste festgelegt wurden, so auch für Baden. Jetzt, 1802, konnte sich Napoleon zum Konsul auf Lebenszeit machen und einen Neuadel etablieren, dem sich Teile des alten französischen Adels anschlossen. Mit dem Reichsdeputationshauptschluß löst sich das alte deutsche Reich allmählich auf: Die Vasallen Napoleons dürfen sich an den Klöstern und den Reichsstädten schadlos halten. Die alte Kurpfalz verschwindet ganz von der Landkarte und wird zwischen Baden und Bayern aufgeteilt. Damit erhält Baden unter anderem die Städte Mannheim und Heidelberg mit seiner alten Universiät. Dazuhin wird das bisherige Vorderösterreich zwischen Baden und Württemberg aufgeteilt, wozu Drais-Vater vom Herrscher in Sondermission entsandt wird. Damit erhält Baden unter anderem Freiburg mit noch einer Universität. Baden und Württemberg werden zu Kurfürstentümern erhoben. Carl Friedrich heißt nun Kurfürst von Baden. Hierzu wird eigens eine neue badische Krone angefertigt. Allerdings gibt es kein Bild Carl-Friedrichs und seiner Nachfolger, auf dem sie diese getragen hätten. 1804 krönt sich dann Napoleon in der Kathedrale von Nôtre Dame in Paris mit großem Pomp selbst. Im selben Jahr erläßt er den Code Napoleon, das neue Gesetzbuch, das auch Baden und andere Länder einführen werden.

Von den vielen Neuerungen, die jetzt von Frankreich ausgehen, interessiert uns vor allem der Landverkehr. Als Zentralstaat hatte Frankreich schon zu Königszeiten ein modernes Straßennetz von 5700 Kilometern, ausgehend von Paris. Unter Napoleon wurde es auf 7000 Kilometer erweitert. Schon zu Königszeiten war das Postwesen straff organisiert. Das Königliche Postprivileg hatte eine *Ferme des Diligences et Messageries Royale de France,* von deren höflichen Postillonen deutsche Reisende schwärmten. Schlagbäume an Fürstentums-Grenzen, stets mit Abkassieren und Warte-

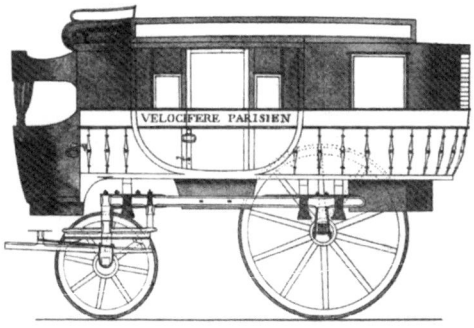

zeiten verbunden, gab es in Frankreich nicht. Mit 3.000 Fahrten jede Woche war Frankreich schon in den 1780er Jahren Spitzenreiter.

Jetzt 1803 kam eine neue Idee aus Frankreich, die das ganze System enorm beschleunigte: *Vélocifères. Ein Franzose, Herr von Chabannes, will die besondere Erfindung gemacht haben, Menschen, Waren und Briefe weit schneller als gewöhnlich von einem Ort zum andern zu bringen. Er hat eine Anstalt dazu errichtet, die er Unternehmung der Schnellfuhren (Vélocifères) nennt, und macht sich anheischig, Reisende um 1/3 geschwinder als die Briefpost im Winter weiter zu bringen, wobei sie noch bei 24 Stunden 8 bis 10 Stunden zum Ausruhen übrig behalten sollen. Ferner verspricht er, Waren geschwinder zu transportieren als die besten bisher bestehenden Transport-Anstalten. In Wagen von der ersten Geschwindigkeit zahlt man für die Stunde (= 3,2 km) 1 Franken, für den Centner Kaufmannsgut 20 Franken für 100 Stunden (= 320 km). Die Routen nach Lyon, Rouen und Brüssel sollen zuerst angelegt werden, und die Regierung soll die Anstalt begünstigt haben. Chabannes war sonst ein Agent der ausgewanderten Prinzen und hatte die geheime königliche Post von Paris nach Genf zu bringen,* schreibt das *Magazin aller neuen Erfindungen* 1803. Tatsächlich findet man aus demselben Jahr ein Brevet (Patent) für einen neuen gutgefederten Kutschentyp namens Vélocifère auf den Namen de Chabannes, der offenbar noch dem König Louis XVI gedient hat.

In den folgenden Jahrzehnten breitet sich die Idee der fahrplanmäßig fahrenden und Anschlüsse einhaltenden *Eilwagen,* so der deutsche Begriff hierfür, auch nach England und schließlich Deutschland aus. Staunend berichtet man über die perfekte Organisation in der Pariser Straße Nôtre Dame des Victoires: *Die Räder müssen in 42 Tagen einen Weg von 1500 Stunden (= 4800 km) gemacht haben und sie könnten wohl noch mehr verrichten, aber man behält sie im Magazine zu Paris zurück, steckt neue vorrätige Räder, deren man viele im Vorrate hat, an den Wagen und läßt die alten an leichten Wagen in den Umgebungen von Paris auslaufen... Die Moden in Paris sowohl an Privat- als an öffentlichen Wagen bleiben nie auf einem festen Punkte stehen, sondern sie ändern sich fast mit jedem Jahre, sowohl in Verbesserung und Vervollkommnung der Bauart als auch in ihrer zierlichen Verfertigung, wobei meistens auf die äußerste Leichtigkeit des Baues, verbunden mit einer wohl überlegten Dauerhaftigkeit, Rücksicht genommen wird (Ginzroth 1817).*

Da kündigt sich der jährliche Modellwechsel bei den Automobilen hundertfünfzig Jahre später schon an, und man kann verstehen, daß auch Karl Drais sich dem absoluten Leichtbau verschreiben wird. 🐦

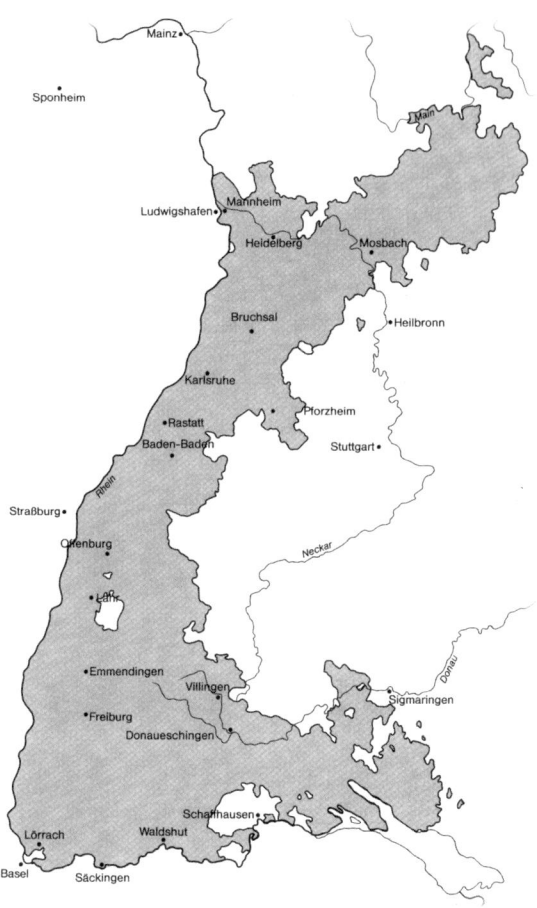

Das Kurfürstentum Baden hat sich dank Napoleon verfünffacht *(Historischer Atlas Baden Württemberg)*

Rauchverbot und Streik

Frühling in Heidelberg bedeutete verschärfte Konkurrenz zwischen Akademikern und Uniformträgern um die Heidelbergerinnen. Doch der erste Vorlesungsstreik Heidelbergs konnte gütlich gelöst werden, da dank Karl Drais' Parkstudium der Herrscher mit der Schlichtung Drais-Vater beauftragte.

Das Gebäude, wo Drais studierte, steht noch an der Hauptstraße.

Wären die Lebensmittel und die Mieten wohlfeiler: ich wüßte keinen bessern Ort für dich und mich als Heidelberg.
Jean Paul 1817

Zum Wintersemester 1803 schrieb sich Karl Drais an der Heidelberger Universität ein und war damit am Ziel seiner Wünsche.

Das bislang kurpfälzische Heidelberg war eben erst zum Kurfürstentum Baden geschlagen worden und erholte sich nur schwer von dem fast dreißigjährigen Niedergang der Kurpfalz, seit deren Kurfürst Carl Theodor nach München gezogen war, um von dort das ererbte Bayern zu regieren. Die Folge war, daß der Immobilienbesitz der Universität zusammenschmolz und ebenso ihre Studentenzahl auf den niedrigsten Stand von 46 Akademikern – so sagte man damals auch statt *Studenten*. Und nun hatte Badens Herrscher Carl Friedrich über Nacht einen enormen Gebietsgewinn und drin auch eine eigene Universität erhalten. Seither trägt die Universität den Doppelnamen Ruperto-Carola.

Der achtzehnjährige Karl mußte sich gleich zweimal einschreiben, denn die Ruperto-Carola bestand eigentlich aus zwei Hochschulen: der alten Universität mit ihren auf lateinisch gehaltenen Vorlesungen und einer aus Kaiserslautern zugewanderten Modellhochschule, die auf deutsch unterrichtete und künftige Staatsdiener ausbildete, damit diese später keinen technischen Unfug dekretierten. Deren Professoren bildeten die Staatswirtschaftliche Fakultät, trugen lediglich schwarze Kleidung anstelle von Talaren und hatten gerade mal 23 von den wieder 67 Studenten in ganz Heidelberg - darunter Namen wie Merck, aus der Apothekerfamilie in Darmstadt, oder Günderode, ein Bruder der unglücklichen Romantikerin aus Karlsruhe. Das waren noch Zeiten, als im Schnitt sechs Studenten auf einen Professor kamen!

Solch ein Studium war für den Forstmann eigentlich nicht erforderlich und daß der junge Drais dies trotzdem aufnahm, kann man sich außer mit Wissensdurst auch als eine Art Parkstudium erklären, bis sich bei den wenigen Forststellen in Baden eine Gelegenheit auftat. Denn die amtierenden Forstbeamten hatten natürlich selbst Söhne, die auf den Forstdienst spitzten. Bei Hofe schmorten zwar schon länger Pläne, an der Universität eine

Forstausbildung anzubieten und dafür – man höre – Drais-Onkel nach Heidelberg zu berufen, der durch seine private Forstlehranstalt dafür prädestiniert schien. Aber trotz angeblich studierwilliger russischer Forstanwärter war bei Hofe noch nichts entschieden worden. So hatte sich der junge Drais eben für die staatswirtschaftliche Fakultät entschieden, zumal er dort keine Lateinkenntnisse brauchte und noch dazu seine Lieblingsfächer Mathematik und Physik, aber auch Baukunst hören konnte.

Diese Baukunst lehrte der 52jährige Professor Georg Adolf Suckow nach dem Lehrbuch seines Vaters, woraus man schließen könnte, daß Professorenposten damals noch erblich waren. Karl Drais hat bei ihm noch mehr gehört, denn im Abgangszeugnis schreibt Suckow, daß Karl die Vorlesungen über Naturlehre, Naturgeschichte, Mineralogie und ökonomisch-technische Chemie besucht habe und sich *durch vorzüglichsten Fleiß und anhaltende Aufmerksamkeit, sowie durch Beweise des eigenen Nachdenkens aufs vorteilhafteste ausgezeichnet habe.* Leider war Suckow kein langes Leben beschieden, sonst hätte er Drais im weiteren Leben ein väterlicher Berater sein können.

Eine anhaltende Freundschaft entwickelte Drais jedoch zu dem 43jährigen Christoph Wilhelm Jakob Gatterer, dem Professor für Landwirtschaft, Forst- und Handelswissenschaft, Technologie und Diplomatik – eine schöne Fächerkombination. Und welche Duplizität der Verhältnisse: auch Gatterer war Professorensohn und las praktischerweise die Diplomatik nach dem Lehrbuch seines Vaters! Immerhin hatte er im Vorjahr einen Ruf an die Universität Moskau erhalten, dabei Kunde von den russischen Forstanwärtern bekommen und die Sache mit dem Forstlehrstuhl für den Drais-Onkel eingefädelt. Sie wurde schließlich durch Oktroi erledigt: der für die Ruperto-Carola zuständige Minister Freiherr von Reitzenstein, offensichtlich kein Freund der Drais-Familie, berief kurzerhand einen Oberforstmeister aus dem Württembergischen an die Universität. Drais-Onkel blieb auf seiner Forstlehranstalt sitzen. Aber auch Drais-Vater hatte mit dem Professorenmachen kein Glück: ein von ihm vorgeschlagener Jurist erhielt keinen Ruf – Reitzenstein muß besonders ihm spinnefeind gewesen sein.

Ganz erstaunlich ist aber, was damals der Akademiker an einer deutschen Universität an praktischen Kenntnissen erwerben konnte. Gatterer und Suckow waren Herren über umfangreiche Sammlungen von Materialproben und funktionierenden Modellen, die den didaktischen Elan des unkonventionellen, ehedem Kaiserslauterer Schulmodells unterstützten. Mühlenmodelle aller Art, landwirtschaftliche Maschinen und Geräte, Textilmaschinen, Waschmaschinen, Öfen, Bienenkästen, geometrische Körper und und und – genug, um ein kleines Technikmuseum einzurichten. Auch Architekturmodelle waren gestiftet worden: das Karlstor vom Heidelberger Stadtrat und die Oggersheimer Kirche noch vom pfälzischen Kurfürsten. Den jungen Drais interessierten vor allem die Fuhrwerkmodelle. Da war der Faggotsche Wagen, eine Antwort auf die Preisfrage der Schwedischen Akademie der Wissenschaften von 1763, *ob die Wägen nicht derart zu verbessern seien, daß ein und dasselbe Pferd 70 Ließpfund ebenso leicht ziehen könnte, wie es derzeit 40 Ließpfund auf gewöhnlichen Arbeitswägen zieht.* Solch eher bescheidene Verbesserung um 75% wurde damals auf vielerlei Wegen zu erreichen gesucht.

Johann Heinrich Gatterer
Mit Drais-Onkel befreundet:
seit 1787 Professor in
Heidelberg

Sigismund Reitzenstein,
Verhandler der Frankreich-
Liaison Badens und Drais-Feind
(Stephanie-Katalog 1989)

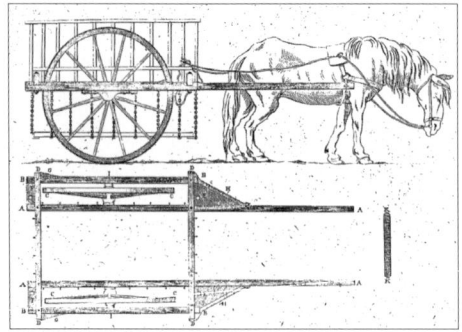

Faggotscher Wagen, wovon ein
Modell an der Heidelberger
Universität vorhanden war.
(Archiv Lessing)

Englische Nachbauten
chinesischer Schubkarren
(Archiv Lessing)

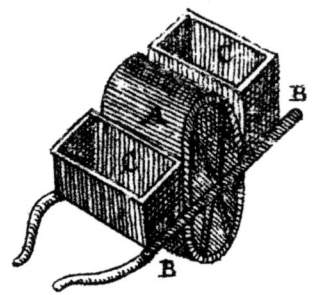

Eine Lösung war eine Radnabe aus massivem Messing, die sich leichter um die Achse drehen sollte, woraus später die Messingbüchse als Gleitlager zwischen Achse und Nabe entstand. Die Goldmedaille gewann damals ein Oberdirektor des Landmesserwesens namens Jacob Faggot mit einem zweirädrigen Karren, dessen Achse nicht durchging, sondern welcher an Achsstummeln befestigte Räder direkt unterm Schwerpunkt hatte. Dadurch drückten die Deichseln nicht mehr auf das Pferd, und die Zuladung auf dieser „Niederflur"-Ladefläche konnte erheblich größer sein. Wohl dem Pferd, das vor einen Faggotschen Wagen gespannt wurde!

Für Drais' Zukunft enscheidend war aber die Begegnung mit *dem Schubkarren nach Borlachs Erfindung* in der Heidelberger Sammlung. Der sächsische Salineninspektor Johann Gottfried Borlach hatte diesen im Leipziger Intelligenzblatt vorgestellt, und er zeigte in der Tat revolutionäre Eigenschaften. Das europäische Mittelalter hatte ja die chinesischen Schubkarren gröblich mißverstanden: es setzte das Rad am Schubkarren ganz vorne hin, gewissermaßen von zwei Trägern einer Lade den vorderen durch ein Rad ersetzend. Doch der verbliebene Hintermann mußte dabei noch immer die Hälfte der Last tragen und obendrein noch schieben! Wer jemals auf dem Bauernhof einen Schubkarren voll Mist zu bewegen hatte, weiß, daß bei solch drückender Belastung das Schieben keine Freude macht! Und dem seitlichen Kippen muß auch noch gegengehalten werden! Borlachs Schubkarren hatte stattdessen das Rad in der Mitte, unter dem Schwerpunkt, und nun drückte den Schiebenden keinerlei Last – ganz analog zum zweirädrigen Karren Faggots, wo die Stangen auch nicht auf das vorgespannte Pferd drückten. Bei Borlachs Schubkarren brauchte nur noch die Kippeligkeit der Einspurigkeit kompensiert zu werden – ein durchaus machbare Aufgabe. Schwer vorstellbar, daß die Theorie dieser Verbesserungen in den Vorlesungen, die Karl besuchte, kein Thema gewesen sein sollte. Denn die schwedische Preisfrage hatte indirekt auch die Theoriebildung zu den Fuhrwerken eingeleitet, welche bisher von den Stellmachern und Kutschenbauern einfach mit tradierten Rezepten nach den Musterbüchern der Dessinateure gebaut wurden. Jetzt stellte man an Pferden Zugkraftversuche mit Schlepp-Ankern an, und mit der Zeit wurde das fahrphysikalische Verhalten des passiv gezogenen Wagens komplett verstanden.

Vor Weihnachten griff Vater Drais wieder mal zur Feder, um anläßlich der Neubesetzung der entscheidenden Forstkommission mit Herrschersohn Ludwig, der schon bei Karls Taufe mit dabei war, etwas für die Karriere seines Sohnes zu tun, verpackt als Gratulation, aber eigentlich muß man das als Aktennotiz lesen, um frühere Zusagen des verstorbenen Vorgängers und gesprächsweise gefallene Gnadenerweise seines Fürsten schriftlich festzuzurren. Wir erfahren, daß es der Herrscher Carl Friedrich gewesen war, der seinen Patensohn Karl zum Forstdienst bestimmt hatte.

Durchlauchtigster Markgraf! Gnädigster Herr!

Da der allgemeine Ruf versichert, daß die kurfürstliche Forstkommission das Glück haben wird, Eure hochfürstliche Durchlaucht an ihrer Spitze zu haben, so erlauben Sie mir in Gnaden, daß ich zuvörderst meine Freude über die Aussicht zu einer künftig-planmäßigen Behandlung dieses wichtige Finanzzweiges ausdrücke - sodann auch davon melde, daß mein im 19ten Jahr stehender Sohn um die Osterzeit 1800, durch Serenissimi regnantis gnädigsten, mir von dem Freiherrn Oberjägermeister v. Geusau mündlich eröffneten Entschluß, für den Forstdienst bestimmt worden und einstweilen die Erlaubnis zu Tragung der kleinen Uniform erhalten hat, so wie der sich

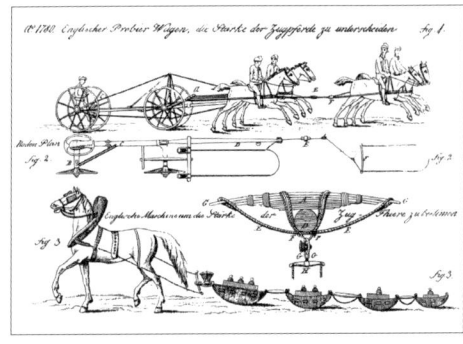

„Englischer Probierwagen"
Zunehmende
Verwissenschaftlichung:
Messung der Zugkraft der Pferde
(Ginzroth 1817)

gleich hiernach anmeldende junge von Blittersdorf. Nach erstandener 3jähriger Lehrzeit bei meinem Bruder, um Ostern 1803, meldete dieser dem Herrn Oberjägermeister die Bereitschaft der beiden jungen Leute zur höchsten Disposition; der desfallsige Vortrag aber verschloß sich durch die Reise, Krankheit und nachmaliges Ableben des seligen v. Geusau. Ich erhielt von ihm noch vor 6 Wochen einen alle Rücksicht zusichernden Brief und die Approbation, daß ich meinen Sohn von hier aus, wo er den Zutritt zu Herrn von Adelsheim genoß, zu Vermehrung seiner Landes- und Sachansichten auch nach Schwetzingen und Heidelberg sandte, an welch letzterem Ort er in diesem Winterhalbjahr wissenschaftliche, mit seinem Metier conveniente Collegien hört, als Physik, Landwirtschaft, Baukunst. Ich zeigte dies neulich mündlich Serenissimo Electori selbst an und äußerte die Hoffnung, daß dieses ihn nicht gegen Andere werde hintansetzen machen? - Die höchste Gegenäußerung versicherte mich vielmehr eines besonderen Beifalls über jene Maßregel und entsprach ganz meinem in Bescheidenheit nur dahin gehenden Wunsch, daß unter den Dienstanfängern gleiche Konkurrenz zu spätern Hauptanstellungen (je nach Qualifikation, die sich am besten erst unter der längern Zeit eines Anfangsdienstes bestimmen läßt) bleiben werde. Nun bitte und vertraue ich zu Höchstdero Gnade und Gerechtigkeit, daß bei der bevorstehenden Formation des Forstpersonals auch mein Sohn einstweilen zum Jagdjunker miternannt und alsdann - wenn es sein könnte von künftigem 23. April an, wenn es aber früher befohlen würde, soll er auch schon erscheinen - zu einem, immer noch am besten ausbildenden Hilfsdienst mit dem ehemals schon waidlich etablierten Wartgeld berufen werde.
In reinster Ehrfurcht Eurer hochfürstlichen Durchlaucht untertänigster Diener
Frhr. von Drais
Rastatt, 8. Dezember 1803

Und tatsächlich wurde Karl noch vor dem Examen zum Jagdjunker ernannt. Der Absendeort verrät, daß Drais-Vater wieder einmal versetzt wurde. Nach drei Jahren als Polizeidirektor in Karlsruhe hatte ihn der Herrscher zum Präsidenten des Hofgerichts zu Rastatt ernannt.

Im Sommerhalbjahr 1804 kam es zum großen Heidelberger Vorlesungstreik, bei dem die Studenten unter Protest den Vorlesungen fernblieben. Vordergründig ging es um das Rauchverbot in Behörden, eigentlich aber um die Chancen beim chercher la femme. Die Akademiker konkurrierten um die weibliche Jugend natürlich mit den Einheimischen, wobei die Soldaten der Wache den modischen Vorteil der Militäruniform besaßen. Und

Lager der Heidelberger Studenten bei Neuenheim den 13ten July 1804.
Nach Carl Rottmann gezeichnet von...

nicht nur das: das Rauchverbot legten sie etwas eigenwillig aus, indem ihnen das Rauchen innerhalb der Wache erlaubt, den Passanten davor das Rauchen aber verboten sei. Solche Amtsanmaßung war den selbstbewußten Akademikern ein Dorn im Auge, und sie machten sich nun einen Sport daraus, bis zum Nahbereich der Wache zu rauchen und dann nur kurz die Pfeife aus dem Mund zu nehmen, um das Verbot formal zu befolgen. Einem Mitstudenten Drais', dem Kameralisten Cäsar Morgenstern, widerfuhr dann das Unvermeidliche: Da er die Pfeife nach Ermessen des Wache schiebenden Soldaten zu lange im Mund behielt, sollte er arretiert werden, und als er sich dagegen wehrte, wurde ihm die Pfeife mit dem Säbel aus dem Mund geschlagen. Ob Heidelbergerinnen zugegen waren, ist nicht bezeugt. Aber verschärfend kam hinzu, daß ein neueingestellter Trompeter Alarm blies, worauf die Garnison zu Pferde ausrückte und die Stadt besetzte, während die erstaunten Bürger sich ruhig verhielten – die Französische Revolution lag erst fünf Jahre zurück! Außerhalb des Städtchens wurde ein Akademiker gar von einer Soldatenkette aufgefordert, die sich an den Händen faßte, unten durchzukriechen, wobei sein Hut im Staube landete - vor den Augen der Soldatenliebchen eine grobe Demütigung. Nach einem weiteren Vorfall, bei dem Wachsoldaten auf friedliche Bürger einhieben, reichte es den Akademikern und sie sandten dem Universitätssenat eine Beschwerdeschrift mit 78 Unterschriften der Unterstützer. Anderntags beschlossen die Studenten, über den Fluß ins Dorf Neuenheim auszuziehen und solange die Vorlesungen nicht zu besuchen, bis die Ereignisse befriedigend aufgeklärt und künftige Wiederholungen ausgeschlossen seien.

Derweilen erzürnte sich der zufällig in der benachbarten Sommerresidenz Schwetzingen weilende Herrscher von Baden und empfing eine Senatsdelegation aus dem Prorektor, sowie Professor Suckow und dem Syndikus recht ungehalten (vermutlich stampfte er auf den Boden). Die vorjährige Ergebenheitsadresse der Akademiker mit der Anfangszeile: *Edler Greis! In Dessen Silberhaaren Hoher Fürstentugend Palme glänzt*, war längst vergessen. Seine Ordre für Law and Order verriet mehr Sympathien für sein Militär als für die aufrührerischen Akademiker, denen lediglich bei sofortiger, unauffälliger Rückkehr eine Untersuchung der Vorfälle versprochen wurde. Darauf wollten sich die Akademiker aber keinesfalls einlassen, sondern machten eine erneute scharfe Eingabe beim Senat mit anhängender Liste aller Studiosi, darunter auch die Namen von Drais und Suckow. Als aber der Kurfürst zu einer günstigeren Verordnung bewegt werden konnte, beendeten die Akademiker ihren zweitägigen Streik und kehrten mit Musik nach Heidelberg zurück. Auf dem Paradeplatz bildeten sie einen Kreis und warfen die Hüte zu einem dreifachen Vivat auf den Kurfürsten hoch, welche Szene eigens für ihn im Bild festgehalten wurde.

Eigens für den Herrscher abgebildet: Das Vivat der Akademiker auf dem Paradeplatz nach ihrer Rückkehr zu den Vorlesungen. Krisenmanagement durch Bildbeleg!

Nachdem schon der studierende Sohn des Professors Suckow für ein positives Gutachten des Vaters über den Cäsar Morgenstern gesorgt hatte, hatte die Wende zugunsten der Akademiker kein anderer als der ferienhalber in Schwetzingen weilende Drais-Vater zustande gebracht. Drais-Onkel war nämlich mittlerweile ans Schwetzinger Forstamt versetzt worden, wo er auch seine private Forstschule weiterführte und hatte offensichtlich Besuch von seinem Bruder, dem Hofrichter v. Drais. Der gealterte Herrscher betraute flugs seinen bewährten Beamten Drais-Vater mit der Sache, der den Konflikt salomonisch löste: Morgenstern erhielt wegen Widerstands gegen die Wache 50 Stunden Karzer (einmal dringewesen zu sein, war ohnehin Sport), zwei besonders hitzige Leutnants erhielten Stubenarrest und die säbelhauenden Dragoner 18-40 Rohrstockhiebe. Kein Wunder, daß die Akademiker daraufhin dem Vater Drais ein Ständchen darbrachten.

Mathematik gab es natürlich auch an der Universität Heidelberg, doch für die hatte der 50jährige Mannheimer Hans-Heinrich Bürmann einen Lehrauftrag. Der brillante Mathematiker und Handelslehrer war ein weiteres Leitgestirn des jungen Karl, und seine private Handlungsakademie für erwachsene Jünglinge in Mannheim florierte, worauf sich die heutige Wirtschaftsuniversität Mannheim zurückführt. Bürmann hatte nicht nur einer unendlichen Reihe seinen Namen gegeben, er war auch ein Verfechter der Leibnizschen Logik und Binärzahlen und befaßte sich mit einer Schnellschrift für Kaufleute. Drais sog diese Ideen auf und fing später selbst an darüber zu publizieren. Sein automatisch auf Papierstreifen aufzeichnender Klavierrekorder und dann seine Schnellschreibmaschine nahmen hier ihren ideellen Anfang. Doch das Forstexamen nahte. Karl mußte Abschied nehmen von der geliebten Universität, allerdings mit glänzenden Beurteilungen. Gatterer schrieb, Drais habe seine Vorlesungen *mit dem ausgezeichnetsten Fleiße und der anhaltendsten Aufmerksamkeit gehört und sich auch durch sein musterhaft-gesetztes Benehmen seine vollkommenste Achtung und Freundschaft erworben –* und die sollte Drais erhalten bleiben. ✌

Abbildung links: Heidelberg Vorlesungsstreik vom Juli 1804. Die wenigen Akademiker lagern am Neckarufer drum herum stehen jede Menge Wachsoldaten *(2x Kurpfälzisches Museum Heidelberg)*

1804    83

Kleine Kostprobe:
Fahrphysik „light"

Der Begriff ist eine Schöpfung heutiger Motorseiten, aber um was es dabei geht, war damals schon aktuell, um die Fuhrwerke verbessern zu können. Die erste richtige Theorie scheint aus dem Nachlaß eines Berliner Naturwissenschaftlers zu stammen, dessen Name als Maßeinheit für die Leuchtstärke überlebt: Lambert.

A us Drais' Heidelberger Zeit sind leider keine Vorlesungsskripte erhalten und seine Professoren haben auch keine Bücher zur Wagenkunde verfaßt, bis eben auf das Verzeichnis der Modellsammlung *(Suckow 1789)*. Aber in den zeitgenössischen technologischen und mathematischen Zeitschriften findet die Diskussion statt, und ausgerechnet in Hindenburgs (nicht des Reichspräsidenten!) *Annalen der reinen und angewandten Mathematik*, dem Leib- und Magenblatt des Mathematik-Lehrbeauftragten Bürmann, findet sich der Aufsatz *Über die vierrädrigen Wagen – ein Nachlaß von Johann Heinrich Lambert,* der längst verstorben, aber den Vorgängern überlegen war. Karl Drais hat ihn sicher gelesen. Anstatt hier einzusteigen, soll aber viel elementarer vorgeführt werden, welchen Vorteil Räder bringen und was man dabei zur Reibungsverminderung beachten sollte (gegenüber, nach *Richard D. Stepp, Why wheels work, The Physics Teacher, Nov. 1982)*

Und einen frühen Einfluß der Einspurigkeit der Schubkarren auf ein Fuhrwerk können wir in Paris feststellen: die kurze Mode der *Hoppas*. *Es gab nämlich im Jahre 1771 zu Paris eine Art Hoppas oder Cabriolets <u>mit einem Rade</u>, die sehr verwegen gebaut waren, aber weder im In- noch im Auslande Glück machten, selbst in Paris*

1771 gab es das Pariser *Hoppa*, es irritierte sogar den Zeichner *(Ginzroth 1817)*

nicht, wegen der Unachtsamkeit der jungen Leute, welche sich derselben bedienten. Unsere Leser sehen ... eine Darstellung des Baues und der Bespannung dieses originellen Fahrwerkes, welches indeß viele Unglücksfälle verursachte. Die Ursache davon lag nicht allein in der allzu kecken Struktur des Wagens, sondern der Erfinder hatte auch nicht bedacht, daß, wenn das Pferd um die Ecke laufen mußte, der Gurt an dem Tiere nicht fest genug geschnallt werden konnte, wodurch eben so sehr viele Unfälle mit seiner Erfindung sich ereigneten, besonders wenn die Herrschaften selbst fahren wollten. Auch mußte man alle Augenblicke den Bauchgurt fester schnallen, wodurch dem Pferde alle Respiration (Atmung) genommen wurde, sodaß dasselbe vielmals stehenzubleiben gezwungen war. Sehr oft geschah es, daß das Pferd, um den beängstigenden Zustand loszuwerden, dergleichen Fahrwerke an den Ecken der Straßen zerschellte. Junge Leute suchten besonders ihren Ruhm darin, dergleichen Hoppas zu lenken, welches gewöhnlich auf Spazierwegen der Fall war, wo oft viele dergleichen Fahrkünstler zusammentrafen, aber sich nicht immer wieder so leicht auseinanderfinden konnten. Man wendet seine Augen weg von dieser Schreckensszene, aus der sie nur ein schützender Blick des Himmels retten kann (Ginzroth 1817).

A lso stellen wir uns mal janz dumm... Ein Betonblock wird auf einer horizontalen Betonebene geschoben. Dies erfordert eine Kraft von – sagen wir mal – 10 Newton (was ist das schon wieder? Egal, vergessen Sie's). Das Reibungsgesetz vom alten Coulomb besagt, daß die Schiebekraft dieselbe ist, einerlei ob wir den Klotz liegend oder hochkant schieben.

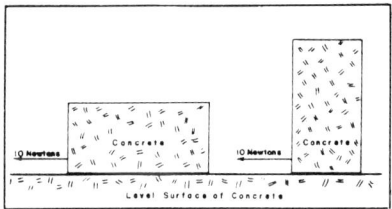

Hier haben wir einen neuen Betonklotz geformt, mit zwei halbzylindrischen Auswüchsen unten, aber vom selben Gewicht. Auch dafür sagt das Reibungsgesetz voraus, daß die Kraft gegen die Reibung dieselbe sein muß, ganz unabhängig von der Berührfläche!

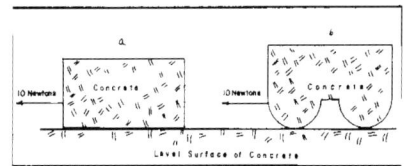

Jetzt – tricky, tricky – formen wir zwei solche Vollzylinder aus Beton als Protoräder und legen einen Betonklotz mit ensprechenden Aussparungen darauf (letzterer vom selben Gewicht wie bisher). Intuitiv möchte man meinen, die Kraft gegen die Reibung sei jetzt kleiner - aber nein – laut Coulomb braucht's die gleiche Kraft wie bisher, nur findet die Reibung jetzt zwischen Walzen und Klotz statt.

Ein Vorteil stellt sich erst ein, wenn wir an unsere Walzen oder Protoräder jetzt größere Scheiben kleben. Damit haben wir erst „richtige Räder" mit den Walzen als Achsen. Jetzt kommt das gute Hebelgesetz (Kraft mal Kraftarm gleich Last mal Lastarm) hinzu: Die Kraft gegen die Reibung verringert sich im Verhältnis Achsradius zu Radradius, das heißt: die benötigte Schiebekraft wird umso kleiner, je größer der Radradius oder je kleiner der Achsradius ist.

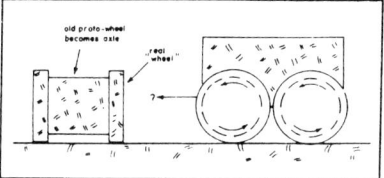

K arl Drais wird bei seinen Fahrzeugen möglichst große Räder und auf der Drehbank *dünn gedrehte Achsen* verwenden, die zudem in *messingnen Büchsen* laufen, also den optimalen Gleitlagern – wovon die Wagner noch weit entfernt sind. ☙

Als Lehrer in Schwetzingen

Studium beendet, Forstprüfung verschoben – was tun? Drais-Onkel in Schwetzingen kann jede Hand gebrauchen, denn er treibt das Oberforstamt um, führt seine Privatlehranstalt weiter und richtet beim Schwetzinger Schloßgarten ein Arboretum mit allen Nutzhölzern der Erde ein.

Das Forsthaus in Schwetzingen
steht noch. Plan von 1900.
(Forstamt Schwetzingen)

Mit dem Wintersemester 1804/05 endet Karls Studium nach eineinhalb Jahren – formale Abschlüsse gab es in der Staatswirtschafts Hohen Schule offenbar nicht. Grund war die auf Juli angesetzte Forstprüfung, die dann aber um zwei Jahre bis 1807 verschoben wurde – strategisch ein Verhängnis. Denn 1806 wird Drais-Vater als Hofkommissär für die Inbesitznahme der vorderösterreichischen Länder nach Freiburg entsandt und hat alle Hände voll zu tun, deren Ausplünderung durch die abziehende französische Besatzung zu verhindern, die Landstände aufzulösen, wobei er sich die Feindschaft des Herrn v. Andlaw zuzieht, und die reichen Benediktinerklöster zu säkularisieren, sprich: zu enteignen. Seine Eingaben für den Sohn reißen ab – ein gefährliches Vakuum entsteht. Der junge v. Blittersdorf erhielt schon bei der Ernennung 1804 zum Jagdjunker 20 Gulden monatlich zugesagt, Karl Drais nicht – sowas heißt im Beamtenrecht Ungleichbehandlung. Der nicht studierende Blittersdorf erhielt eine Pferdefourage (18 Malter Haber, 36 Zentner Heu, 100 Bund Stroh), Karl Drais nicht. Erst ab Semesterende kommt Karl Drais auch in diesen Genuß, als er dem Forstbezirk Rastatt zugewiesen wird. Er geht aber offenbar gar nicht hin, sondern

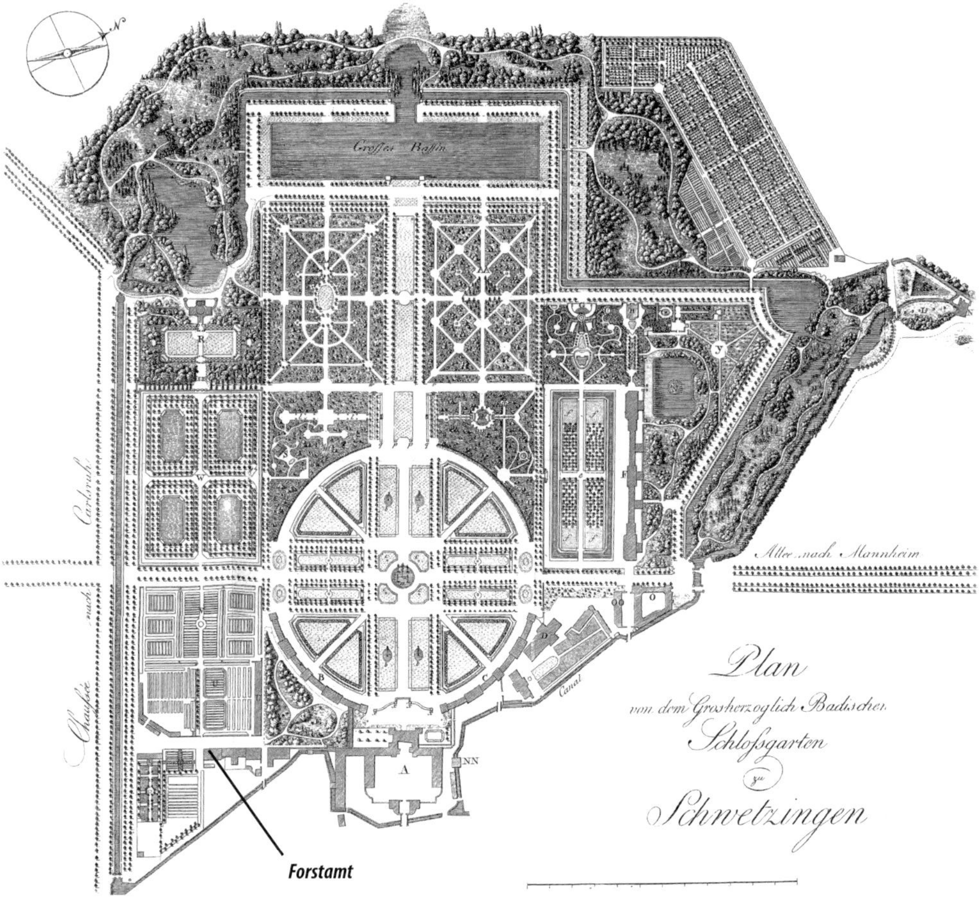

Forstamt

bleibt beim Onkel in Schwetzingen, der ihn gut gebrauchen kann, und er-
wirkt seine Versetzung hierher.

Das Schwetzinger Schloß mit seinem berühmten Garten, die ehemalige
Sommerresidenz des pfälzischen Kurfürsten Carl Theodor, war ebenfalls eine
badische Neuerwerbung, und Drais-Onkel war von Pforzheim auf das neben dem Schloß gelegene Forstamt versetzt worden. Sein Herrscher Carl
Friedrich hatte die Idee zum Arboretum geäußert und Drais-Onkel mußte
sie zusätzlich zu seinen Aufgaben durchführen, wozu er - den Heidelberger
Lehrstuhl vor Augen - durchaus motiviert war. Deshalb überläßt er Karl Drais
viele Aufgaben, der hierüber später schreibt, *daß ich besonders erprobt wurde in*

dem Oberforstamt Schwetzingen, wo ich schon von 1805 an bis zur Forstorganisation von 1807 die meisten Geschäfte des Oberforstmeisters zur Zufriedenheit versah, während mein Onkel damals mit Erlaubnis sich mehr mit dem Forstinstitut beschäftigte. Eines der letzten Geschäfte, die mir in dem Forstfach anvertraut wurden, waren die pressantesten (dringlichsten) oberforstamtlichen Geschäfte bei einer Urlaubsreise des Oberforstmeisters von Wattbrunn nach Paris (GLA26/6375-49a). Letzterer war schon der Nachfolger von Drais-Onkel.

Band 2 dieses Lehrbuchs unterblieb, nachdem für Drais-Onkel die Universitäts-Karriere gestorben war.

Der Lehrplan des Forstinstituts ist auf den letzten Seiten von Drais-Onkels *Lehrbuch der Forstwissenschaft – Erster Band* abgedruckt (Band Zwei ist nie erschienen). Ihm entnehmen wir, daß Karl Drais mit an Sicherheit grenzender Wahrscheinlichkeit eben jener Beilehrer war, weil das Fächerspektrum genau Karls Studienfächern und Neigungen entspricht – vermutlich eine befriedigende Rolle für den nun 20jährigen. Doch in diese Idylle landet v. Reitzenstein seinen Coup: Der Herrscher beruft den Württemberger v. Sponeck auf den von Drais-Onkel angestrebten Forstlehrstuhl der Uni und dessen Studenten kommen nun ins Schwetzinger Arboretum, um sich Setzlinge abzuholen. Verständlich, daß Drais-Onkel der Kragen platzt und er um Versetzung bittet – diese wird gewährt, nach Freiburg. Er braucht keine Bücher mehr zu schreiben, denn einen zweiten Forstlehrstuhl wird es in Baden nicht geben. Karl Drais bleibt zurück und fragt nach weiterer Verwendung an. Er wird besoldeter Forstinspektor beim Oberforstamt Schuttern, jedoch unterstellt dem Forstmeister v. Neveu in Gengenbach. Der macht lieber alles alleine und behandelt Karl Drais mangels weiterer Instruktionen seitens der Forstkommission wie einen Praktikanten, eine skurrile Situation, denn Drais-Vater hat seinem Sohn einen Bediensteten mitgegeben. Karl Drais bringt dort kein Bein auf den Boden – das erkennt auch der Vater, der wieder brieflich eingreift und ihn mit Genehmigung 1809 nach Karlsruhe holt, *damit er einige Zeit unter den Augen der Staatsoberen sich benehmen und auf jeder Seite bekannt werden soll.* Was auf höchster Ebene arrangiert wird, sorgt jedoch auf den unteren Ebenen für Reibereien: Die Besoldung läuft weiter, aber bei den zustehenden Naturalien machen die unteren Beamten Ärger. Und der Forstinspektor gilt seit seinem Universitätsbesuch als überqualifiziert.

Wieviel anstelliger muß da doch der junge Karl v. Blittersdorf gewesen sein, dem die Sympathien von Prinz Ludwig von Baden, dem Vorsitzenden der Forstkommission, nur so zuflogen. Die 20 Gulden gleich nach der Ernennung zum Jagdjunker wurden *mit der Verbindlichkeit huldreichst bewilligt, daß sich derselbe in der Forstkanzlei zu seiner Bildung in schriftlichen Arbeiten und in den Forstprinzipien ferner beschäftigen solle.* Jaja, Schreibstubendienst war schon immer der Weg zu höheren Begünstigungen, weil Gelegenheit zu häufigem persönlichem Kontakt bietend. Anders als sein Verwandter Friedrich Karl Landolin, der in die große Politik ging, blieb der Jagdjunker im Forstdienst und starb als Oberforstmeister in Heidelberg. Erfunden hat er allerdings – nichts. ❦

Nachricht
von der
Einrichtung der Privat-Forst-Lehranstalt in Schwetzingen.

In dem von mir seit 12 Jahren mit Landesherrlicher Erlaubniß errichteten Privat-Forst-Institut werden sowohl durch mich selbst, als durch einen hiezu eigends angestellten Lehrer nachfolgende Forst- und Hülfswissenschaftliche Gegenstände in verschiedenen Coursen, wovon der Sommer-Cours mit dem Monat May, der Winter-Cours aber mit dem Monat November anfängt, gelehrt:

Durch mich selbst

I. Allgemeines Forstwesen; bestehend in
Übersicht und Endzweck desselben,
Forstphysiologie,
Allgemeine Grundsätze oder Ansicht der Holzzucht,
Ausgedehnte Forstbotanik,
Ausgedehnte Holzzucht,
Forstschutz,
Forstsicherung,
Taxation,
Technologie.

II. Einführung und Zuziehung zu praktischen Waldarbeiten, grundsächliche Holzhiebsführungen, Culturen aller Art, Anlegung und Wartung von Saat- und Pflanzschulen, Kenntniß der Einsammlung, Behandlung und Aussaat der Saamen, auch alles, was nur dem ausübenden Forstmann vorzukommen pflegt.

III. Den protokollarischen Forstrevisionen werden die Herren Forstpraktikanten beygezogen.

IV. In einem eigenen Collegio practico wird Einführung in alle schriftlichen Geschäfte gelehrt; dieses geht von den Arbeiten des gemeinen Försters an, bis zu den Schreibstuben- Amts- und direktiven Geschäften; auch werden hierbey öfters Fragen zur Ausarbeitung aufgeworfen.

V. Eigentliche Forstdirection wird gelehrt, und

VI. Hohe und niedere Jagd, mit Thierkunde verbunden.

Durch meinen Beylehrer

an Hülfswissenschaftlichen Gegenständen:
1.) Mathematik; nämlich:
Arithmetik, Geometrie, Trigonemetrie, Algebra, Waldausmessungen, Forststereometrie.
2.) Planzeichnung.
3.) Physik und Chemie, so viel im engern Sinne für den Forstmann nöthig ist.
4.) Deutsche Sprache und Stylübungen, verbunden mit Logik.
5.) Correctur der im Collegio practico gelieferten Aufsätze.

In der Woche einmal ist forstliterarische Abendgesellschaft bey mir, wo über wichtige Materien gesprochen wird, auch zugleich die allerneusten Schriften gesellschaftlich gelesen und beurtheilt werden.

Nähere Nachrichten gebe ich sogleich auf jede an mich gelangende Briefe.

Freiherr von Drais,
Großherzoglich Badischer Kammerherr und Oberforstmeister,
der vaterländischen Gesellschaft der Aerzte und Naturforscher Schwabens Mitglied.

Auf den letzten Seiten des Lehrbuchs: Werbung für die Privat-Forstlehranstalt von Drais-Onkel. Mathe, Physik, Chemie, Logik - als Beilehrer konnte Karl Drais sein Universitätsstudium verwerten. Allerdings mußte er auch für seinen Onkel die Aufsätze der Adepten korrigieren. Vermessungstechnik wird er dann in Brasilien treiben.

Napoleon
Schwiegervater Europas

Mit dem Mädchen aus der Verwandtschaft seiner Frau macht Napoleon klassische Heiratspolitik und mischt in Baden die Thronfolge auf: zur adoptierten Stephanie de Beauharnais paßt nur der übernächste Thronfolger Carl.

Erbengroßherzogin Stephanie von Baden 1806
Ölgemälde von François Gérard (Stephanie-Katalog 1989)

Daß Karl Drais sich in der Residenzstadt, d.h. vor allem bei Hofe, zeigte, war auch im Hinblick auf seine Hofkarriere wichtig. Den Anfangstitel Hofjunker hatte er 1806 erhalten und rückte 1808 zum Kammerjunker auf. Ziel eines jeden Angehörigen des Beamtenadels war der Titel Kammerherr, der den symbolischen Kammerherrn-Schlüssel verliehen bekam, welcher mit einer Schleife am Gürtel getragen wurde. Dazu gehörte eine eigene Uniform, die bei Hofveranstaltungen zu tragen war. Ohne Hofuniform war man ein Niemand.

Während Karl Drais in Schwetzingen Aufsätze korrigierte, war der Dritte Koalitionskrieg Österreichs gegen Frankreich ausgetragen und verloren worden, worauf ja Vorderösterreich an Württemberg und Baden verteilt wurde, weshalb Drais-Vater nach Freiburg mußte. Napoleons Vasallen schlossen den Rheinbund, wobei der württembergische Herrscher die Königswürde, der badische den Titel Großherzog erhielt. Das Großherzogtum Baden gewann noch weitere Gebiete hinzu. Damals war Kaiser Napoleon mit Kaiserin Josephine, geschiedene de Beauharnais, nach Karlsruhe gekommen, um ihren Heiratsplan in die Tat umzusetzen: ihre 17jährige Nichte Stephanie de Beauharnais sollte mit dem 22jährigen Carl, Sohn der verwitweten Markgräfin Amalie verheiratet werden. Der Großherzog fügte sich gegen den Protest seiner Schwiegertochter, denn die „Schwiegermutter Europas" hatte ihren Carl bereits sich mit Auguste von Bayern verloben lassen. Zudem war eigentlich der Herrschersohn Ludwig (der von der Forstkommission) der Erbprinz, doch mit 43 Jahren zu alt für Stephanie. Das alles kümmerte Napoleon wenig. Amalies Argument der Unebenbürtigkeit der beiden durchkreuzte er, indem er Stephanie kurzerhand adoptierte und sie damit als kaiserliche Hoheit ranghöher einstufte als ihre künftige Schwiegermuttter. Reitzenstein fuhr nach Paris und handelte den Ehevertrag aus. Die todunglückliche Stephanie mußte Paris verlassen um in dem fremden Land, dessen Sprache sie nicht sprach, mit einem linkischen Jüngling namens Carl von Baden verheiratet zu sein und der Feindseligkeit seiner Mutter standzuhalten. Die Trauung fand nach katholischem Ritus in Paris statt. In der Hochzeitsnacht ließ Stephanie eine Pensionatsfreundin zu sich kommen, während der angetraute Ehemann sich nicht nähern durfte. Danach läßt sich Stephanie mit eigener Hofhaltung im Mannheimer Schloß nieder, während Carl in Karlsruhe seinen ausschweifenden Lebenswandel fortsetzt - unter dem schlechten Einfluß des übergangenen Erbprinzen Ludwig, seines Onkels. Es kommt dann doch zur Schwangerschaft, die mit einer Fehlgeburt endet. Nach Stephanies Nervenzusammenbruch hagelt es Beschwerdebriefe von Napoleon und Ludwig wird nach Schloß Salem verbannt.

Immerhin findet eine Pariser Spezialität Eingang: die Hofschlittenfahrt in Karlsruhe 1808, *weil Prinzeß Stephanie diese Unterhaltung sehr liebte* und an der Karl Drais möglicherweise teilnahm. Die Schlitten unterteilten sich damals in den profanen Lastschlitten und den sogenannten Rennschlitten, der ausschließlich dem Vergnügen diente. *Er zeichnet sich dadurch aus, daß er zierlicher gebaut ist und daß die Kufen nach vorn zu in die Höhe gehen und einen Triangel bilden, der an der Spitze mit den verschiedensten Figuren (Hirsche, Löwen, Taube, Adler, Mohren usw.) verziert ist, und wird dann auch mit einem Tiger-, Leoparden-, Löwenfell usw. bekleidet. Hinten an dem Schlittenkasten befindet sich noch eine* <u>Pritsche</u>, *worauf derjenige sich setzt, der das Pferd und die schallende Peitsche führt.* Diese gepolsterte Pritsche war so niedrig, daß der Pferdelenker mit den Füßen den Boden erreichte, so daß er während der Fahrt auf- oder abspringen konnte. Solches Sitzen und zugleich Laufen wird sich bei Drais' Zweirad wiederfinden. Auch die Damen vorn saßen viel tiefer als im Fuhrwerk, weshalb besondere Maßnahmen ergriffen wurden: *Zur Ausrüstung eines Rennschlittens gehören außer der Schlittendecke, womit sich die im Schlitten sitzende Person bedeckt, die Schmutzabhaltungs-Tücher, die vom Schlitten aus bis zur Hälfte über die Pferde gedeckt werden, damit der von den Hufen heraufgeworfene Schnee usw. nicht in den Schlitten geschleudert werde (Krünitz 1751ff).* Und nicht allein dies – Pferdeäpfel und -urin hätten hier die richtige Höhe, um auf die Insassen zu treffen. Karl Drais wird sich auch um dieses Problem auf der Straße kümmern und dereinst mit hinten angespannten Pferden bei Fuhrwerken experimentieren.

Gegen das Frühjahr 1812 sah man die erste maskierte Schlittenfahrt in Karlsruhe, von den Offizieren veranstaltet, welche bald darauf zum russischen Feldzug ausrückten. Von einem Heere von 12.000 Kriegern kamen nur einige Hundert in dem elendsten Zustande wieder, die übrigen alle fanden ihr Grab im Norden (Freystedt1902). Auf Napoleons schicksalhaftem Rußlandfeldzug mußten die badischen Soldaten die Zeche für die herrlichen Gebietsgewinne mit ihrem Leben bezahlen.

Erbgroßherzog Carl I. von Baden 1806, vor dem Mannheimer Schloß, seiner offiziellen Residenz, solange der Großvater in Karlsruhe regierte. *Radierung von Karl Kuntz (Stephanie-Katalog 1989)*

Zwei Rennschlitten mit der Pritsche hinten für den Pferdelenker *(Ginzroth 1817)*

Der Oberhofrichter
zieht nach Mannheim

Die kurpfälzische Nicht–mehr–Residenz Mannheim erhält vom neuen badischen Herrscher das Oberhofgericht, bisher in Bruchsal. Damit ziehen Vater und Sohn Drais nach Mannheim und machen es zum Schauplatz einer Jahrhunderterfindung.

Verschollenes Porträt von Drais - Vater *(Wehrgeschichtliches Museum Rastatt und Stadtarchiv Karlsruhe)*

Drais-Vater hatte die Freiburg-Mission mit Bravour gemeistert und dafür 1807 von seinem fast 80jährigen Großherzog den höchsten badischen Orden erhalten: *Um Ihm ein Merkmal Meiner besonderen Zufriedenheit über den rühmlichen Eifer und die Bemühung zu geben, womit Sie sich von jeher sowohl Meinem Dienste überhaupt gewidmet, als insbesondere die Besitznahme Meiner Breisgauischen Lande vollzogen haben, conferire Ich Ihnen andurch das Commandeur Kreuz Meines Großherzoglichen Hausordens der Treue und bestätige Ihm auch hiermit die Gesinnungen jener ausgezeichneten Achtung, in welcher Ich forthin verbleibe, des Herrn Geheimrats freundwilliger Carl Friedrich (GLA 236/170).*

Es folgte eine Beförderung zum Oberhofrichter des Oberhofgerichts in Bruchsal, wobei in der Vita des bisherigen Innenministers Karl Graf v. Bentzel-Sternau ebenfalls erscheint: 1810 Präsident des Mannheimer Oberhofgerichts. Wenn da mal nicht wieder Reitzenstein dahintersteckte! Der Sekretär schreibt über Drais-Vater, *daß Verleumdungen über ihn bis nach Paris getragen und andere nachteilige Sagen über ihn ausgesprengt wurden, die sogar seine ersten Amtshandlungen in Mannheim erschwerten (NN 1851).* Der schriftstellernde Bentzel wurde dann aber Staats- und Finanzminister in Frankfurt und blieb der Drais-Familie freundlich gesinnt. Drais-Vater war nun unbestritten der höchste Richter Badens. Doch hier noch ein Beispiel für die Kehrseite des Kammerherrn-Prestiges. Vor seiner Ministerzeit mußte Bentzel als Kammerherr beim Besuch der Kaiserin auftragen: *Die Kammerherrn, die Dienst hatten, brachten den Fürsten und Fürstinnen Erfrischungen, wobei sich einer (Graf Benzel) durch spanische Komplimente und Kniebeugen auszeichnete. Dies nannten die französischen Damen „le ballet des chambellans". Überhaupt ward unser Hof ziemlich von dem kaiserlich französischen über die Achsel angesehen (Freytedt 1902).*

Vater Drais hat sich ein Haus in B6, Nr. 8 (woraus später M6, 8 wurde) gekauft, einen Steinwurf vom Schloß, in dessen Nordflügel heute noch das Amtsgericht tagt. Das Wohnhaus wurde später von der Musikhochschule belegt und ist im 2. Weltkrieg zerstört worden. Trotz der Kriegszerstörungen ist der von Drais-Vater unterschriebene Meldezettel noch erhalten. Daraus geht hervor, daß der Haushalt fünf Bedienstete hatte, darunter einen Kutscher. Seit dem Wegzug des pfälzischen Kurfürsten Carl Theodor 1777 ins ererbte München hatte Mannheim am Verlust des Residenzstatus schwer zu tragen. 1795 war es von österreichischen Truppen mit 20 000

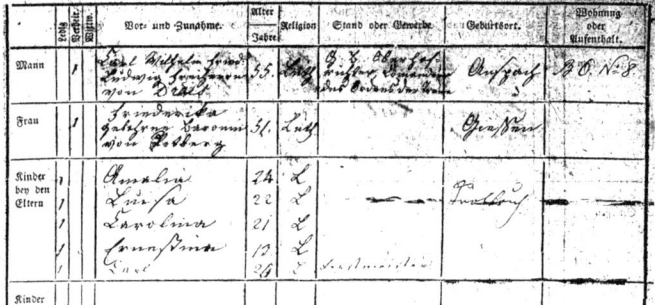

Der Meldezettel, mit Drais-Vaters Handschrift signiert, sowie Sohn Karl und Geburtsort *Carlsruh* pauschal ergänzt (Stadtarchiv Mannheim)

Kanonenkugeln in Brand geschoßen worden. Hoffnungsträger war dagegen die Rheinschiffahrt, für die Mannheim lange Zeit den südlichen Endhafen bedeutete. Die Hofhaltung der Erbengroßherzogin Stephanie im verwaisten Schloß brachte neue Impulse in die Stadt. Der Bürgerwunsch nach einer öffentlichen Parkanlage auf dem Glacis der geschleiften Festungsmauern wurde von Stephanie erfolgreich unterstützt und dann rasch als Schloßgarten realisiert. Dort werden in sieben Jahren bevorzugt die Zweiräder fahren. Als dann die Mannheimer Bürger Stephanie ein Schlößchen schenkten, hatte Karlsruhe tatsächlich eine Zeitlang zu fürchten, daß sich das Erbgroßherzogspaar auf Dauer in Mannheim niederließe und Karlsruhe dann den Residenzstatus verlöre.

Stadtplan Mannheim 1837 (Stadtarchiv Mannheim)

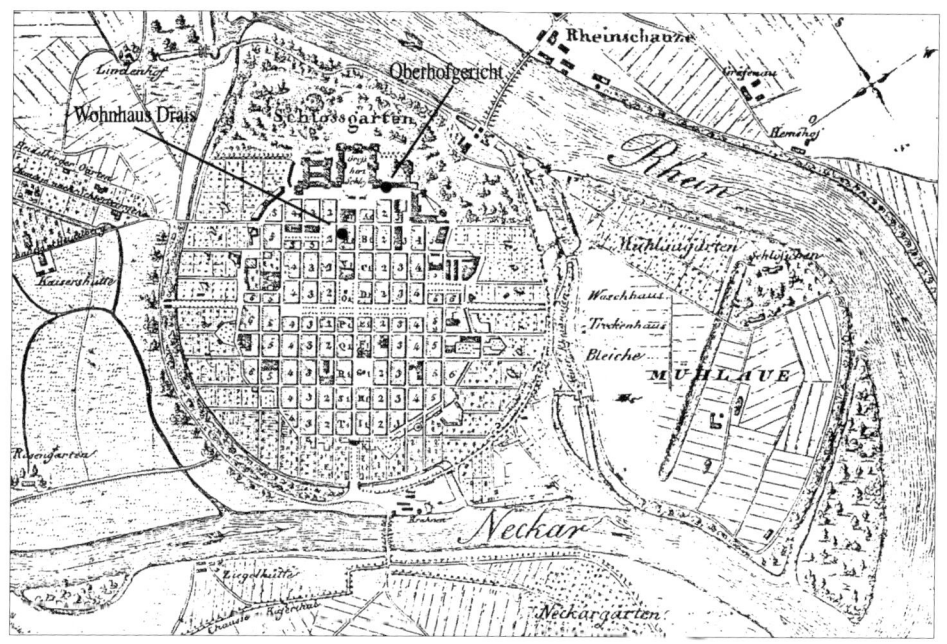

Herrscher und Pate tot

Mit dem Tod des alten Großherzogs geht Drais-Vater der direkte Draht zum Herrscher verloren. Doch als höchster Richter Badens hat er weiter Einfluß im Beamtenapparat. Karl Drais bekommt dennoch kein Forstamt.

Das letzte Porträt des Großherzogs Carl Friedrich (1806)

Der 83jährige Herrscher Carl Friedrich starb 1811 in Karlsruhe. Seit drei Jahren war er eigentlich nicht mehr regierungsfähig, weshalb der Erbgroßherzog zum Mitregenten ernannt wurde: *Seinerzeit begab sich das seltsame Ereignis, daß einige französische Abenteurer mithilfe eines Herrn von Sternheim, der der Gräfin Hochberg ganz ergeben war, das bestehende Ministerium stürzten, an dessen Spitze der ehemalige Ritterhauptmann Freiherr von Gemmingen, Carl Friedrichs Freund, sich befand. Die Herren hatten sich des Staatssiegels bemächtigt, benutzten die Schwäche des fürstlichen Greises, um ihn neue Ernennungen im Ministerium unterschreiben zu machen, und so gelang für den Augenblick diese unbegreifliche Intrige, welche wahrscheinlich dazu dienen sollte, der Gräfin Hochberg noch größeren Einfluß zu schaffen. Der Erbgroßherzog durchschaute dieses Gewebe, benahm sich mit viel Energie und sprengte die Gesellschaft auseinander (Freystedt 1902).*

Drais-Vater, der sich zum Baden-Chronisten aufgeschwungen hat, beschreibt Tod und Bestattung des Herrschers wie ein Augenzeuge: *Sechs Stunden rang die starke Natur heftig mit dem Tode. Noch ahnte der Arzt ein Bewußtsein, und man wurde dessen gewiß, indem Carl Friederich eine halbe Stunde vor dem Hinscheiden bezeichnend die Augen auftat, die Hand seiner Gemahlin erfaßte und stark drückte. Sein letztes Seelenzeichen war ein warmes Gefühl. Der Oberhofprediger beobachtete zwischen 2 und 3 Uhr früh am 10ten Junius die Momente der brechenden Augen und segnete den erhabenen Vollendenden feierlich ein. Die Augenzeugen erklären ihre Schmerzgefühle und deren Wechselwirkung auf alle Umstehenden für unbeschreiblich. Nach den ersten Augenblicken stiller Betäubung, unter dem Losbrechen von Tränen, sah man den regierenden Enkel (Carl I.), die Königin von Schweden (Enkelin), den Markgrafen und die Markgräfin Friederich (Sohn), die Gräfin von Hochberg, die Grafen Leopold und Maximilian, die Gräfin Amalie und später den von Mannheim nachgekommenen Grafen Wilhelm von Hochberg (Frau und Kinder 2. Ehe) hinzutreten und dem heiligen Leichnam die Hand küssen. Die abwesenden Glieder des Fürstenhauses trauerten umso tiefer, daß sie sein Antlitz nicht mehr gesehen haben.*

Bei der legalen Sektion vom 11. Junius fand man noch Spuren merkwürdiger Kraft, dauerhaften Baues in der Brust und den Eingeweiden des Unterleibs, hingegen die größere Schwäche im Gehirn, das schlaff und weich wie bei Kindern, danebst zusammengefallen und von einem schleimigten Wasser – an einigen Stellen von einer förmlichen Gallerte – überlegt war. Auch das hintere Gehirn, das verlängerte Rückenmark und alle Nerven waren ungewöhnlich verkleinert. Die Ärzte folgerten aus diesem Erfund, daß eine allgemeine Untätigkeit im ganzen Nervensystem nach und nach die Lebensfunktionen vernichtet habe, worauf der Stick-Katarrh zur nächsten Ursache des Todes ward. Dies erinnerte an eine Beklemmung der linken Seite und starke Verziehung des Mundes, die Carl Friederich schon ehemals (auf der Favorite im Sommer 1804) erlitten hatte. Vermöge seiner trefflichen Natur genas er damals in wenigen Tagen; und noch im Jahr 1806 erholte er sich von einem starken Ansatz der Wassersucht notdürftig – doch nun nicht mehr bis zur vollen Energie des Geistes... Nach der Balsamierung stellte sich die Gestalt Carl Friederichs wie aus früheren Jahren seltsam her. Der krümmende Druck des hohen Alters und dessen kleine Ängstlichkeiten in den Gesichtszügen verloren sich in der Ruhe des Todes; die angeborenen und ausgebildeten Hauptzüge traten in ihrer schönen Kraft und Milde wieder hervor – besonders erkannte man die muskelstarken Arme und Schenkel vor dreißig Jahren...

Luise Caroline von Hochberg, die 40 Jahre jüngere 2. Frau (1811)

Am 23ten Junius nachts folgte die Bestattung zur Erde, unter der erstmaligen Einberufung aller fürstlichen und gräflichen Standesherrn der badischen Souveränität, sowie vieler Staatsdiener. Der Großherzog Carl hatte die Hauptanordnungen selbst bestimmt und dabei erklärt, daß alles die Tiefe der Ehrfurcht und Liebe ausdrücken solle, die in Ihm für seinen verewigten Ahnherrn leben. Hinter der Leiche trat Er zu Fuß in den Conduct, vom Residenzschloß bis nach Gottesaue, wo die engere Begleitung nach Pforzheim sich mit Ihm in die Wägen erhob. Auf dieser Landstraße von 5 Stunden (= 18 km) wallfahrteten in der schauerlichen Sommernacht viele tausend Menschen aus weitem Umkreis, sich anschließend an die Geistlichen, die Vorgesetzten und die Schuljugend aller Ortschaften, durch welche der Trauerzug ging, der mit stetem Geläute und sanften Gesängen empfangen wurde. Greise ließen sich herbeiführen, und sichtbar vorherrschend vor aller Neugier über dem Gepränge war die Andacht, die tiefe Rührung. In der Vorstadt von Pforzheim wurde wieder der Zug zu Fuß geordnet bis in die zur feierlichsten Trauer eingerichtete Schloßkirche, wo am Morgen des 24ten Junius

Die Kinder der Gräfin Hochberg, v.l.n.r.: Maximilian, Amalie, Wilhelm und Leopold (3x Leopold-Katalog)

der regierende Enkel der Beisetzung in die fürstliche Gruft und der letzten Einsegnung vorstand. Bei diesem Hintragen – wie vorhin beim Wegtragen aus dem Karlsruher Schlosse – brachen alle Handelnden und selbst die unter dem Gewehr stehenden Wachen in ein unbezwingliches Schluchzen aus (W. Drais 1818).

Nach dem Auszug der Witwe aus dem Karlsruher Schloß, verlassen der 25jährige Großherzog Carl I. und die 22jährige Großherzogin Stephanie Mannheim und halten in Karlsruhe Hof. Einige Tage vor dem Todesfall war ihre Tochter Luise zur Welt gekommen, später mit Gustav Wasa verheiratet, dem Sohn des entthronten schwedischen Königs. Die Geburt wurde in Karlsruhe mit 101 Kanonenschüssen gefeiert – aber alle männlichen Nachkommen werden nicht überleben. 🐾

Eine Zeitung ohne Politik

Napoleon hatte die Mannheimer Zeitungen auf dem Kieker und erreichte ein Verbot aller badischen Blätter außer der *Groß-herzoglich-Badischen Staatszeitung* mit Nachrichten aus dem Pariser *Moniteur*. Einer der ruinierten Verleger gründete ein unpolitisches Blatt namens *Badisches Magazin* – das Forum für Karl Drais.

Diese Seite aus Bürmanns Privatdruck *(Maurisches Archiv)* gibt einen Vortrag in seiner Allschrift wieder. Unten ein Lied in seiner Musikschrift.

Drais-Vater gab nicht auf, über das Finanzministerium und die zugehörige Forstkommission die Laufbahn des Sohnes weiterzutreiben. Noch vor dem Tod des alten Großherzogs war Karl Drais zum Forstmeister ernannt worden. 1811 hat Drais-Vater den Vorschlag, daß sein Sohn in Mannheim sich aufhalten kann und Dienstgeschäfte in Schwetzingen verrichtet, ohne den Anspruch im Schwarzwald zu verlieren, wo er weiterhin die Naturalien bezieht. Auch dies wird bewilligt, und so trifft man den Forstmeister in den Herbst- und Wintermonaten im Forstamt Schwetzingen beim Oberforstmeister v. Neubronn an. Die Besoldung läuft aber auch in den Sommermonaten weiter. Karl Drais ist nun in der beneidenswerten Lage, seinen eigenen Interessen nachzugehen, denn die moralische Verpflichtung auf den diktierten Forstberuf gegenüber dem alten Herrscher und Paten ist mit dessen Tod erledigt.

Und in Mannheim betrieb Johann Heinrich Bürmann (1754-1817) in seinem Haus in C 3, 19 die *Handlungsakademie für erwachsene Jünglinge*, welchen Karl Drais ja an der Universität Heidelberg durch dessen Lehrauftrag kennengelernt hatte – sicher der Grund, warum er dem Vater gern ins Mannheimer Wohnhaus unweit des Bürmannschen folgte. Als der Weggang Bürmanns nach Paris drohte, hatte er vom alten Großherzog ein garantiertes Gehalt und den Titel eines großherzoglich-badischen Direktors der Handelsakademie erhalten. Seine *Contor-Enzyklopädie – Ein Handbuch für lernende und angelernte Kaufleute und alle Arten von Geschäftsleuten* stellt er denn auch unter Plutarchs Motto: *Der Handel ist ruhmvoll und erwirbt die Gunst der Herrscher*. Napoleon ließ sich als erster auf die Subskribentenliste setzen. Im Buch

Badisches Magazin.

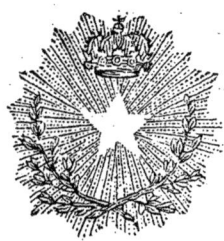

N.ᵒ 173.   Freitag, den 24. Julius   1812.

Gemeinnützliche Anzeigen.

Nro. 1.

Um als Fremdling in der literarischen Welt meinen künftig bekannt zu machenden, zum Theil für die Menschheit nicht unwichtigen Erfindungen in der Mathematik und Physik einige mehrere Aufmerksamkeit zu verschaffen, mache ich einstweilen meinem Vaterlande hierdurch bekannt, daß mir in der reinen Mathematik, dieser vollkommensten und bearbeitetsten aller Wissenschaften, ein erheblicher Blick gelungen ist.

Ich habe nämlich dieselbe Erfindung — welche der Herr Doctor u. Professor Bauer zu Potsdam, über die allgemeine Entwickelung aller möglichen Wurzeln der numerischen algebraischen Gleichungen jedes Grades, im Spätjahr 1810 herausgegeben hat — ein halbes Jahr früher zu Carlsruhe ebenfalls gemacht, worüber ich mich auf das Zeugniß des dortigen Herrn Professors Holzmann und mehrerer andern würdigen Männer berufen kann.

Hauptsächlich auf den Rath des so eben erwähnten Hrn. Professors legte ich meine Wahrnehmung dem Herrn Geheimen Hofrath und Professor Langsdorf zu Heidelberg zur Prüfung vor, welcher in einem mir sehr theuern Antwortschreiben sagte:

„Ihre Methode hat in der That Vorzüge vor „der Newtonischen. Ich hielt sie für mühsamer, „das ist sie aber nicht. Außerdem hat sie den „wesentlichen Vorzug, daß sie die folgenden „Decimalstellen auf eine directe Weise gibt, „so daß man die stufenweise Annäherung immer „vor Augen und den Grad der Näherung überall „bestimmt vor sich liegen hat. Sie ist nach „meinem Urtheile — ich habe sie selbst auf einige „Fälle angewendet — die vollkommenste, welche „man jetzt für numerische Gleichungen hat."

Gerade dieses Zeugniß der Gründlichkeit zu verdienen, war mein Bestreben, und ich hätte auf vorstehendes Urtheil eines weltberühmten Mannes diese reinmathematische Entdeckung schon um ihrer selbstwillen bekannt gemacht, wenn nicht Herr Doctor Bauer durch die frühere Herausgabe der nämlichen Erfindung rühmlich zuvorgekommen wäre. Nun kann ich sie nur noch zur Unterstützung einiger anderen Ideen — (deren nachfolgende Darlegung ich mir vorbehalte) — benutzen.

Carl Freiherr v. Drais,
Großherzogl. Badischer Kammer- und Jagdjunker und Forstmeister.
(Eine Fortsetzung folgt)

Unsterblichkeit. *)

Soll ich zweifeln, daß nach diesem Leben
Sich mein Geist zu Sphären wird erheben,
Die kein sterblich Auge noch erblickt? —
Soll ich glauben, daß am Grabesrande
Sich auf immer lösen alle Bande,
Die auf dieser Erde mich beglückt?

*) Der Geschmack ist doch noch nicht überall so verfeinert, daß er durchaus nichts vertragen könnte, was eine religiöse Tendenz hat.   Spalding.

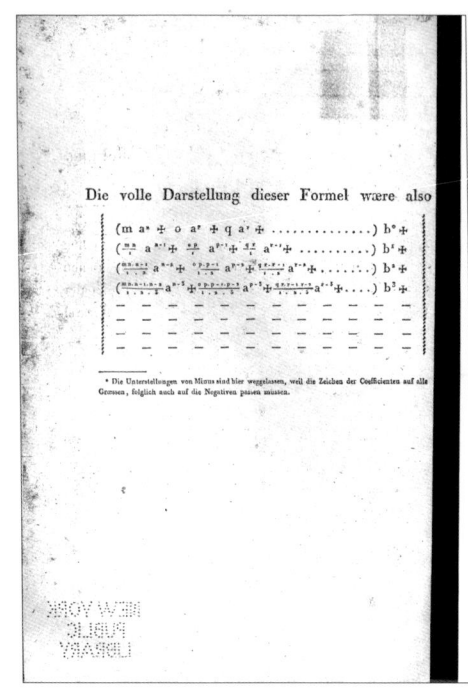

erscheint als Schreibübungsblatt die Programmatik der Schule: *Die Contor-Wissenschaften sind in der Tat die Wissenschaften jedermanns. Wer nicht bloßer Tagelöhner ist, braucht eine schriftliche Ordnung seiner Einnahmen und Ausgaben, Schulden und Forderungen, welche die Buchhaltung einzurichten lohnt. Er handelt wichtige Geschäfte mit Abwesenden ab. Ohne die Briefkunde wird sein Vorteil oder seine sittliche Würde, werden beide oft leiden. Ohne die Wechselkenntnisse läuft er die größte Gefahr beim Annehmen und Abgeben von Geldverschreibungen. Und das Rechnen und das Schönschreiben und die Sprachlehre, wer – vom Fürsten bis zum Handwerker – sollte die nicht können?*

Doch vor allem war Bürmann ein beachtlicher Mathematiker, der einer mathematischen Reihe seinen Namen gegeben hat, die der große Legendre für die Pariser Akademie günstig beurteilte. Die Kombinatorik des großen Leibniz wendete er auf allerhand mathematische Probleme an und war damit der Star im *Archiv der reinen und angewandten Mathematik* des Berliner Professors Hinden-

burg. Zugleich Mitglied einer Freimaurerloge versuchte er die Kombinatorik auf Geheim- und Kurzschriften – auch für Töne - anzuwenden, welche Wissenschaft er als *Charakterik* bezeichnete (siehe auch Abb. vorherige Seite). Daß optische Telegraphie der Auslöser hierfür war, erkennt man an Bürmanns Vorschlag, *daß man durch Pulverblitze in einer Nacht mit jemandem in Ostindien, ja durch stationierte Schiffe übers Meer in Amerika sprechen könnte.* In Karl Drais hat er einen Jünger gefunden, auf den allerdings später von Bürmann auch das öffentliche Lamentieren über persönliche Mißbill abfärbte.

Im Jahr 1812 erscheint Karl Drais auf der Titelseite des Badischen Magazins der Mannheimer Druckerei Kaufmann mit der selbstbewußten Ankündigung einer Lösung für die Nullstellen eines Polynoms n-ten Grades, allerdings war ihm der Konrektor am königlichen Lyzeum zu Potsdam mit einem Buch von 100 Seiten zuvorgekommen. Offenbar war Drais noch in Karlsruhe zu diesem Ergebnis gekommen, was ihm der Mathematik-

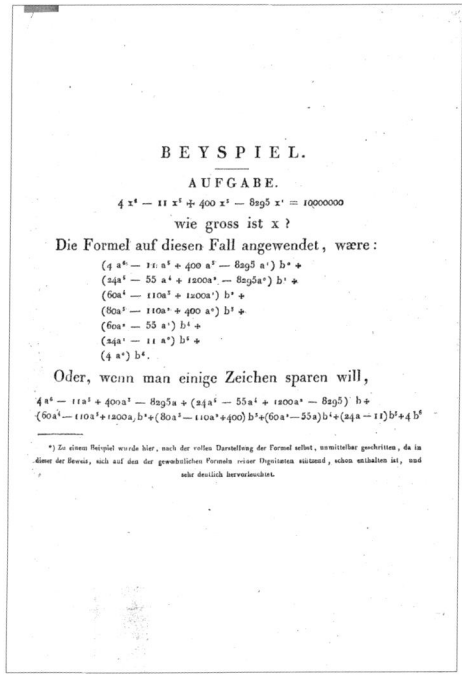

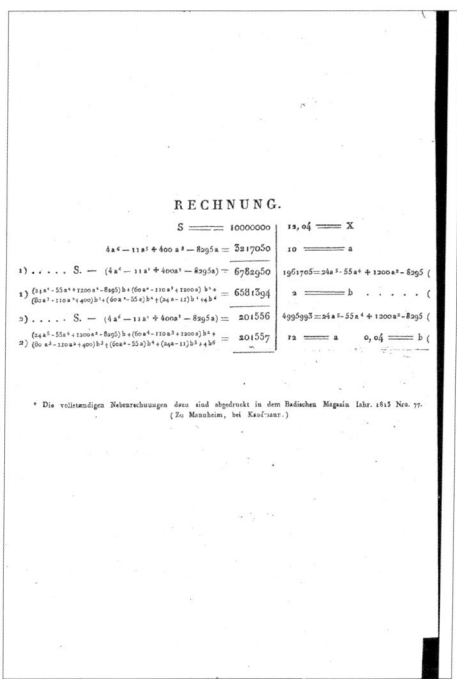

lehrer am dortigen Gymansium bestätigte. In Fortsetzungen stellt er sein Verfahren dar. Ein Jahrzehnt später hat er seine Lösung nochmals als vierseitigen Sonderdruck veröffentlicht, wovon ein Exemplar in der *New York Public Library* (der im 2. Weltkrieg umbenannten *Astor Library*) gefunden wurde. Worum geht es? Die Lösung der quadratischen Gleichung

$$ax^2 + bx + c = 0$$
anders geschrieben als $\quad ax^2 + bx = -c$

lernt man noch in der Schulmathematik. Auch für die kubische Gleichung

$$ax^3 + bx^2 + cx + d = 0$$
oder à la Drais $\qquad \pm mx^3 \pm ox^2 \pm qx = S$

gibt es fertige Lösungen, wo man nur einzusetzen braucht. Mit noch größeren Hochzahlen geht das nicht mehr und man braucht Näherungs-

verfahren – früher mit dem Rechenschieber, heute mit dem Computer. Drais bekommt mit seinem Verfahren für das Beispiel

$$4x^6 - 11x^5 + 400x^3 - 8295x = 10.000.000$$
die Lösung $\quad x = 12{,}04$

Für die viel einfachere, umgekehrte Aufgabe, den Wert der Parabelkurve

$$y = ax^3 + bx^2 + cx + d$$

(oder mit beliebigen anderen Hochzahlen) an einer bestimmten Stelle x und noch dazu die dortige Steigung der Tangente an die Kurve auszurechnen, gibt es ein einfaches Schema, das sogenannte Hornersche Schema. Da der britische Mathematiker William George Horner ein Zeitgenosse war, wäre es für einen Mathematikhistoriker vielleicht lohnend herauszufinden, ob da Ideen über den Kanal hin- oder hergeflogen waren. ❦

Klavier-Improvisationen
automatisch aufzeichnen

Hermann Ebeling spekuliert, daß Drais-Vater durch die Klavier-Rekorder-Versuche des Sohns einen Flügel eingebüßt hat. Aber hat jemals jemand beklagt, daß Karl Benz mit seinem Automobil-Protoyp ein Pedal-Tricycle ruiniert hat?

Tags darauf bestreitet Karl Drais schon wieder die Titelseite des Badischen Magazins und outet sich dabei als Klavierspieler. Anlaß war offenbar ein einleuchtender Artikel von 1811 in der *Allgemeinen Musikalischen Zeitung* aus Leipzig. Darin beschreibt Karl Christian Friedrich Krause, ein progressiver Musikprofessor aus Dresden, seine Idee, die Musik nicht mittels Notensymbolen zu kodieren, sondern analog aufzuzeichnen. Natürlich erhob sich ein Entrüstungssturm von konservativen Musikliebhabern wie auch von den Notenstechern, die ihre Zunft in Gefahr sahen.

Karl Drais hat sich hier von der notenzeichenähnlichen Sprache seines Vorbilds Bürmann gelöst und erkannt, daß sich Krauses Tonschriftsprache hervorragend zur mechanischen Aufzeichnung eignet. Jede weiße oder schwarze Taste der Klaviatur betätigt offenbar einen eigenen Stift, der dann für die Dauer der Betätigung je nach Lautstärke auf Papier drückt, das sich auf eine Trommel gespannt drunter wegbewegt. Voilà, die Phantasie - oder wie wir heute sagen: Improvisation – zeichnet sich von selbst auf. Man hat also einen Klavier-Rekorder. Wenn danach ein der Krauseschen Tonschriftsprache Kundiger das Papier von der Trommel löst, kann er die Improvisation nachspielen, ohne diese zuvor gehört zu haben. Wir haben kein Bild von dieser Maschine, jedoch eins von derjenigen des Mechanikus Hohlfeld, der seinen ähnlichen Apparat schon 1752 der Königlich Preussischen Akademie vorgelegt hat.

Möglicherweise hat Krause dort seine Tonschriftsprache abgeschaut, wogegen der Drais'sche Klavier-Rekorder offenbar nun auch die Lautstärke – *forte und piano* – aufzeichnen konnte.

Karl Drais sucht einen Unternehmer für seinen Klavier-Rekorder. Warum macht er es nicht selbst? Ganz einfach, weil für Fürstendiener ein absolutes Nebentätigkeitsverbot galt – noch dazu für einen, der ohne Dienstauftrag die vollen Bezüge erhielt! 🐦

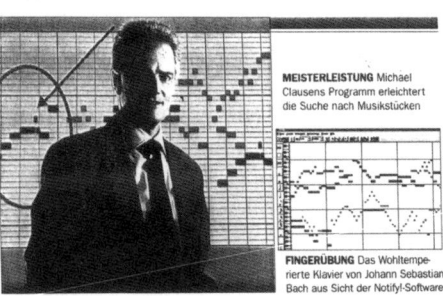

MEISTERLEISTUNG Michael Clausens Programm erleichtert die Suche nach Musikstücken

FINGERÜBUNG Das Wohltemperierte Klavier von Johann Sebastian Bach aus Sicht der Notify!-Software

Krausesche Tonschriftsprache in Software *Notify!* *(Focus 20/2001)*

Das Welte-Mignon-Piano 1904 klimpert von der Papierrolle *(Archiv Lessing)*

Badisches Magazin.

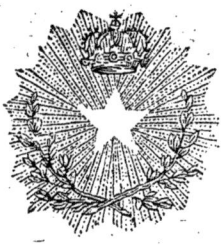

N͞o 174.   Samstag, den 25. Julius   1812.

Gemeinnützliche Anzeigen.
Nro. 2.

Fortsetzung der Anzeige des Forstmeisters v. Drais, in Nro. 173.

Ich fange mit der Bekanntmachung eines Ge-
genstandes an, der in musikalischer Hinsicht vielleicht von Werth ist.

Ich habe nämlich eine Maschine erfunden, wodurch Phantasieen auf dem Clavier sich zugleich in
Noten aufschreiben.

Es hat zwar ein Herr Hohlfeld längst eine
solche Maschine angezeigt; die meinige hat aber
den Vorzug, daß sie ganze Musik-Compositionen
mit Takt, forte und piano so vollkommen, und
ohngefähr auf die nämliche Art aufschreibt, wie es
die verbesserte Tonschriftsprache des Herrn Doktor
Carl Krause zu Dresden angibt, welche derselbe in Nro. 30. der allgemeinen musikalischen
Zeitung des Jahres 1811 so schön beschrieben hat.

Eine fühlbare Ueberzeugung zu geben, kann
ich etwas beliebiges nach der Wahl desjenigen, den
ich überzeugen will, auf meinem hergerichteten
Clavier spielen lassen, und gleich darauf einem
Andern (den ich vorher — nach Erlernung der
Krausischen Notenschrift — einige Augenblicke
instruire, der aber bey dem Spielen nicht gegenwärtig seyn und überhaupt gar nicht wissen soll
was gespielt wurde) auftragen, das Papier der
Maschine abzulösen, und nachher die ganze ge-
spielte Musik Composition, mit Takt, forte und
piano ꝛc. in Noten vorzuzeigen oder abzuspielen.

Dieses wird, wie ich hoffe, von der Vollständigkeit meiner Sache ziemlich überzeugen.

Die ganze Erfindung kann von zweierley Nutzen
seyn:

1) Um Noten ohne eigene Mühe aufgeschrieben zu besitzen.

2) Um glückliche Phantasieen aufzubewahren.
Der erstgenannte Nutzen ist zwar entschieden, aber
nicht groß. Der andere hingegen ist entweder sehr
klein oder sehr groß für die Tonkunst, je nachdem der eine oder der andere Theil meiner Bekannten in seiner Behauptung recht hat.

Der eine behauptet, daß die guten Tonsetzer
ihre Compositionen auswendig behalten und nachher aufschreiben können, der andere aber, daß
dieses bey tiefer Begeisterung gar nicht möglich
sey, und daß durch die befragte Erfindung gerade
die feurigsten Gedanken für die Musik aufbewahrt
werden können.

In dem ersten Falle würde ich selbst die ganze
Sache für unbedeutend anschlagen, in dem letzten
aber bin ich auch überzeugt, daß sie für die Liebe
zur Tonkunst von unschätzbar, großem Werth ist,
und auf diesen Fall suche ich einen musikverständi-
gen, bemittelten, und unternehmenden Mann,
der Lust hat eine Fabrik von solchen Maschinen
auf zu suchendes Monopol oder Subscription anzulegen. — Vielleicht daß sich in meinem schönen
Vaterlande schon ein solcher Unternehmer befände,
mit dem ich dann auf seine Anzeige näher zu un-
terhandeln bereit wäre.

Das Erfinden
war noch nicht erfunden

Die etwas kalauernde Überschrift soll den Umkehrschluß zur These des britischen Philosophen Alfred Whitehead bilden, wonach die wichtigste Erfindung des 19. Jahrhunderts die Erfindung der Methode zum Erfinden gewesen sei.

Wir befinden uns aber fast noch im 18. Jahrhundert. Der progressive Redakteur druckte im *Badischen Magazin* einen Beitrag aus seinem verbotenen Blatt *Rheinische Correspondenz* von 1809 nach, eine beredte Schilderung der Misere der vorindustriellen Erfinder in den Fürstentümern des deutschen Sprachraums. Freudiger Anlaß: ein erfinderischer Pfarrer hatte für seine rauchverzehrenden Sparlampen nach drei Jahren einen Verkäufer gefunden, einen Mannheimer Händler namens Brentano, aus welchem Clan ein Advokat hervorgehen wird, der in der Badischen Revolution noch große Politik machen wird. Zu welchen Konditionen der Pfarrer dem Handelsmann seine Erfindung überließ, ob und wieviel Vergütung er erhielt, ist unbekannt. Auf den nächsten Seiten folgt eine Preisliste und die Gebrauchsanleitung für die Sparlampen: der Erfindername Bus kommt da nicht mehr vor, lediglich der Händlername Brentano – ein vielsagendes Indiz.

Die Rolle des Erfinders, der verschiedene Entdeckungen und Beobachtungen erfahrungsgeleitet zu einem neuen Apparat oder Verfahren kombiniert und für das Patent darauf Lizenzgebühren nehmen kann, war im damaligen Zunftsystem hierzulande überhaupt nicht vorgesehen. Gut, so jemand konnte Mechanikus werden und dann kunstreiche Geräte herstellen und verkaufen, aber weder für ihn noch etwaige Weißkragen-Erfinder gab es rechtlichen Schutz. Selbst Goethe mußte durch die Lande reisen, um die Raubdrucker seiner Werke in Schach zu halten. Es gab keinen Urheberschutz oder Patentschutz, es gab nur Monopole, als einziger etwas im Fürstentum verkaufen zu dürfen, das möglichst anders, also neuer war als von bereits zugelassenen Monopolträgern verkaufte Waren. Pastoren oder Fürstendiener schieden da wegen des Nebentätigkeitsverbots von vornherein aus.

Das englische Statute of Monopolies von 1623 war denn auch weniger zur Ermutigung von Erfindern gedacht als zur Entmutigung der Neigung der Könige, ihren Favoriten lukrative Monopole zuzuschanzen. Das sah in der amerikanischen Verfassung von 1787 ganz anders aus, welche die Ermutigung und den Schutz der Erfinder beabsichtigte. Im Artikel I, Abschnitt 8 wird der Kongreß ermächtigt, *den Fortschritt von Naturwissenschaften und nützlichen Künsten zu fördern, indem Autoren und Erfindern auf begrenzte Dauer das ausschließliche Recht an ihren Schriften oder Entdeckungen erteilt wird.* Ein Blick in die Bundesverfassung gibt Aufschluß über die Wichtigkeit der Erfinder für die bundesdeutsche Gesellschaft: sie kommen überhaupt nicht vor! In Frankreich zählt seit der Revolution das Erfinderrecht zu den Menschenrechten! Erst nach der Reichsgründung wird es 1877 ein deutsches Reichspatentgesetz geben. Im Vorfeld hatte der Kongreß der Volkswirte noch opponiert mit der wenig feinen Begründung, daß die Erfinder mit ihren Forderungen die Ausbeutung ihrer Erfindungen (durch die Volkswirte natürlich) behindern würden! ❧

Badisches Magazin.

Nro 264.　Donnerstag, den 12. Nov.　1812.

Neue Lampen.

Vor drey Jahren gaben wir *) die Ankündigung einer nützlichen Erfindung, der Lampen des reformirten Pfarrers Bus zu Vilbel, und begleiteten sie mit folgenden Zusätzen:

„In unsern Zeiten, wo in Deutschland für den Erfindungsgeist, er möge noch so mächtig wirken, kein Lohn blüht, wo für nützliche Entdeckungen noch keine Prämien ausgesetzt, die Erfindungen für den Erfinder durch keine Patente gesichert sind, wäre es nicht blos verdienstlich, sondern Pflicht, sich für die Industrie eines wackern Mannes zu interessiren.

„So manche literarische Institute, Casino's, Museum's, Harmoniegesellschaften u. s. w. blühen in unserm lieben Deutschland, aber sie stehen ohne Verbindung unter sich; manche zeichnen sich aus; andere commentiren auch wohl das Thema von weltbürgerlichen Ansichten und Grundsätzen, und gefallen sich unter dieser Beziehung; aber die meisten thun nichts; der Wille des Einzelnen ist oft gut, aber das Ganze wirkt nichts, weil, wo Vieles getrennt ist, kein rechtes Ganze zum Vorschein kommt, und wenige Muth genug haben, ihre Kraft zu zeigen und die Eigenliebe aufzuopfern, um aus den Partheien den Verein zu bilden und zur ächten kosmopolitischen Ansicht sich hinan zu schwingen.

Armer Pfarrer Bus! so lange der Egoismus seine bleiernen Flügel nicht ablegt, wird dein Bemühen und deinTrachten, für dich und deineFamilie den Genuß einer allgemein nützlichen Erfindung einzuernten, nur Stückwerk seyn. Verschließe darum, weil der Tag des Lohns noch nicht angebrochen ist, verschließe dein Pfund in den Wandschrank, und hoffe, wenn dir nichts mehr übrig bleibt, auf ein späteres Jahrhundert.

„Aber wäre dir dies zu langweilig, zu entehrend für deinen Eifer, für deinen thätigen Geist: so wandere nach Albion; hier findest du wenigstens zehen Jahre Schutz für dieWerke deines Strebens.

„Fehlt es dir dort in der Hauptstadt, wo man sich um große und kleine, selbst um geringfügige Erfindungen, wenn sie nur Nutzen und Bequemlichkeit geben, gleich eifrig versammelt, etwa an einer schicklichen Adresse, so eile nach dem ROYAL INSTITUT, da wirst du freundlich-ernste Aufnahme finden; trete nur muthig hinein, aber beuge dich bescheiden am Eingange, denn hier blickt dir der Name des edlen Stifters entgegen: Er heißt — Rumford."

Nicht viel haben wir heute dieser Herzensergießung zuzusetzen, auch gehört es nicht hierher, wie sie auf den edlen Mann gewirkt habe; aber lohnend ist uns der Gedanke, daß die wenigen Worte gefruchtet, Muth und Erhebung gebracht, dem Erfinder Trost gegeben und wackere Männer angesprochen haben, die ihn aufmuntern, sein Pfund nicht zu vergraben. Zwar dauerte es etwas lange, bis die edle Frucht zum Vorschein kam; aber die Zeit war nicht verloren, der Künstler benützte sie zur größeren Vervollkommnung seiner Erfindung. Jetzt steht sie da, gewährt Nutzen und Bequemlichkeit, findet Aufnahme bey den Verständigen, und man freut sich darüber. Wer weiter etwas davon wissen will, den ersuchen wir freundlich, nur dies Blatt umzuwenden.

Mannheim, den 11. November 1812.

　　　　　Der Herausgeber.

*) in einem öffentlichen, bey Vielen unvergessenen Blatte, dessen Fehler wir kennen — aber dessen Tugenden wir beweinen indem sie uns trösten.　　　　　　　d. H.

Bei Thronfolge Tod?

Wenn männliche Fürstenkinder sterben und nur weibliche überleben, entsteht ein furchtbarer Verdacht, zumal bei konkurrierenden Nachfahren in der Thronfolge. Eine Staatskrise bleibt aus, aber Jahrzehnte später wird dies ein Thema der Badischen Revolution.

Das großherzogliche Paar:
Stephanie und Carl I. von Baden
(Stephanie-Katalog)

Indessen ward in Karlsruhe für die Einnahme Moskaus durch die Franzosen ein Te Deum in der Schloßkirche gesungen, dem der Großherzog (Carl I.) *mit seinem Hofe beiwohnte; die Markgräfin* (Amalie, Schwiegermutter Europas) *aber war nicht zu bewegen, dabei zu erscheinen, weil sie Gott nicht danken wollte für die Niederlage ihres Schwiegersohns* (Zar Alexander). *In jener Zeit, im September 1812, kam die Großherzogin* (Stephanie) *mit ihrem ersten Sohne nieder. Die Freude über dieses längst gewünschte Ereignis war groß. Die Markgräfin war nach dem Wunsche Ihres Sohnes bei dieser Geburt gegenwärtig. Als sie abends im Theater erschien, ward sie mit großem Jubel und Vivats empfangen, für welche Demonstration sie immer sehr empfänglich und erkenntlich war. Leider starb der neugeborene Prinz nach kaum 14 Tagen an Gichtern; er war außerordentlich groß und stark und schien bei der Geburt gelitten zu haben, weil er durch Instrumente zur Welt befördert werden mußte. Die Trauer über diesen Verlust war tief und schmerzlich, doch hinderte sie nicht, daß am Namenstag der Großherzogin, den 26. Dezember ein großer Maskenball im Schloß gehalten wurde, der ebenso zahlreich besucht als glänzend war. Den nämlichen Tag war die Nachricht von der großen Niederlage der französischen Armee an der Beresina eingetroffen. Sie wurde geheimgehalten* (Freystedt 1902).

Kinderkriegen as usual – sollte man denken, wenn man den Bericht der Kammerfrau der Schwiegermutter Europas liest. Als sie dies niederschrieb, war allerdings der größte Krimi jener Zeit bereits gelaufen, der Tod eines zweiten männlichen Erbprinzen, sowie des jungen Großerherzogs selbst, wie auch die Ermordung eines in Nürnberg aufgetauchten Findelkinds namens Kaspar Hauser und zuvor des in ihm das badische Erbprinzen vermutenden Gerichtspräsidenten Feuerbach zu Ansbach! Ein bißchen viel Tote auf einmal, dachte das Volk und seither hunderte von Historiker-Publikationen. Was war geschehen? Der alte Großherzog hatte ja mit seiner 40 Jahre jüngeren zweiten Frau noch vier Kinder gezeugt und ein Gesetz erlassen, wonach diese Hochberger Linie auch in die Nachfolge eingereiht werden sollte, allerdings erst nachdem die Männer aus erster Ehe ausgestorben wären (von denen nur Ludwig Interesse hatte, aber von Napoleon zugunsten dessen Neffen Karl übergangen wurde). Hat also jemand ein bißchen nachgeholfen? Der junge

Großherzog hatte, seinen Tod vor Augen, das badisches Hausgesetz verabschiedet, wonach die Hochberger Linie nicht außerdem, sondern ausschließlich die Nachfolge erhalten sollte – so kam es dann auch, aber erst 1830 nach dem Tod seines Onkels und Nachfolgers Ludwig I.

Doch trotz Hausgesetz war die Sache damit noch nicht ausgestanden. Am Pfingstmontag des Jahres 1828 wird ein unbeholfener Sechzehnjähriger eigenartig wankend auf Nürnbergs Unschlittplatz auftauchen - des Sprechens kaum kundig und verwahrlost. Einen in ungelenkem und fehlerhaftem Deutsch geschriebenen Brief hat er dabei mit Anschrift *„Von der Bäiernschen Gränz": Hochwohlgebohrener Hr. Rittmeister! Ich schücke ihner ein Knaben der möchte seinen König getreu dihnen verlangte Er dieser Knabe ist mir gelegt worden 1812 den 7 October, und ich selber ein armer Taglöhner, ich Habe auch selber 10 Kinder, ich habe selber genug zu thun daß ich mich fortbringe, und seine Mutter hat mir um Die erziehung das Kind gelegt, aber ich Habe seine Mutter nicht erfragen Könen.* Der anonyme Absender habe ihn *Zeit 1812 Keinen Schritt weit aus dem Haus gelaßen,* wolle ihn aber nun vom Halse haben. Der Bub wisse nicht, wo er gewesen sei.

Diesem Schreiben lag noch ein Blatt Papier in anderer Schrift bei, die laut Graphologen vom gleichen Schreiber nur verstellt sei: *Das Kind ist schon getauft sie Heist Kasper in Schreib name misen sie im selber geben das Kind möchten Sie auf Zihen sein Vater ist ein Schwolische Regiment da ist auch sein Vater gewesen ich bitte um die erzikung bis 17 Jahre gebohren ist er im 30 Aperil 1812 im Jaher ich bin ein armes Mägdlein ich kann das Kind nicht ernehren sein Vater ist gestorben.* Der Findling wird auf die Polizeiwache gebracht, wo er auf ein vorgelegtes Papier schreibt: *Kaspar Hauser.* Die Frage nach seiner Herkunft beschäftigt bald ganz Deutschland. Der Ansbacher Gerichtspräsident Anselm Ritter von Feuerbach untersucht den Fall und veröffentlicht eine Schrift: *Kaspar Hauser – Beispiel eines Verbrechens am Seelenleben des Menschen.* Darin geht er davon aus, daß der Findling bis dato in einem dunklen Verließ ohne Kontakt zu Menschen gefangen gehalten worden sei. In einem geheimen Memorandum für die bayerische Königin spricht er aus, was viele denken: daß Kaspar Hauser der für ein sterbendes Kind ausgetauschte badische Thronfolger sei. Ein Jahr später stirbt Feuerbach unter mysteriösen Umständen bei einem Kutschenhalt. Am 14. Dezember 1833 wird Kaspar Hauser im Ansbacher Hofgarten ermordet aufgefunden.

Durch einen Gentest hat 1996 das Nachrichtenmagazin DER SPIEGEL nachweisen lassen, daß Kaspar Hauser kein Sohn von Großherzogin Stephanie sein kann. Hierzu dienten Blutspuren an der erhaltenen Kleidung Kaspars vom Mordtag und die Blutprobe einer Nachfahrin. Also war sein Vater vielleicht doch bei den *Schwolischen,* dem 6. Bayrischen Chevaux-Légers-Regiment, das damals Tirol besetzte. Dies ändert nichts daran, daß die Zeitgenossen den Verdacht für Realität gehalten haben, auch im Karlsruher Schloß. Und die Ermordung des Findlings in Ansbach ist dadurch nicht aufgeklärt. ❦

Sechzehn Jahre später ein Findling in Nürnberg: Kaspar Hauser *(Hanfstengel 1830)*

Ulrike Leonhardts Biographie *PRINZ VON BADEN genannt Kasper Hauser* (1987) war Anlaß für den 4. Film *Kasper Hauser* von 1993, der wiederum den SPIEGEL auf den Plan rief.

2002 hat die Stadt Ansbach Schweiß aus einem Hemdskragen Kasper Hausers gentechnisch untersuchen lassen. Danach stammt er doch von Stephanie ab. Erklärung: Die von SPIEGEL getesteten Blutspuren stammen vom Täter.

Wie werden wir rechnen?

Nach der Anpassung des badischen Landrechts an den Code Napoleon geht es jetzt um einheitliche Maße und Gewichte – dezimal unterteilt. Doch was lanciert Leibniz-Jünger Karl Drais? Ein Plädoyer für binäres Rechnen im Alltag - heute gäb's dafür Applaus vom PC.

D as metrische System ist ein Erfolg der Französischen Revolution, denn schon 1790 hatte es Talleyrand der Nationalversammlung vorgeschlagen. Jeder hat schon mal vom Pariser Urmeter aus Platin-Legierung gehört, das nur alle Jubeljahre aus seinem Samtkoffer geholt wird – bloß nicht auf den Boden fallen lassen! Wichtig aber war vor allem die Unterteilung in Zehnerstufen, wodurch die lästigen Brüche durch Kommazahlen ersetzt wurden. Ab 1810 waren auch in Baden dann neue Maß- und Gewichtsverordnungen ergangen: der Fuß wurde genau 30 cm lang, und das Pfund wog genau 500 Gramm. Aber vielleicht ließ sich der alte Leibniz mit seinem

Die neuen Maße der Revolution
(*Archiv Lessing*)

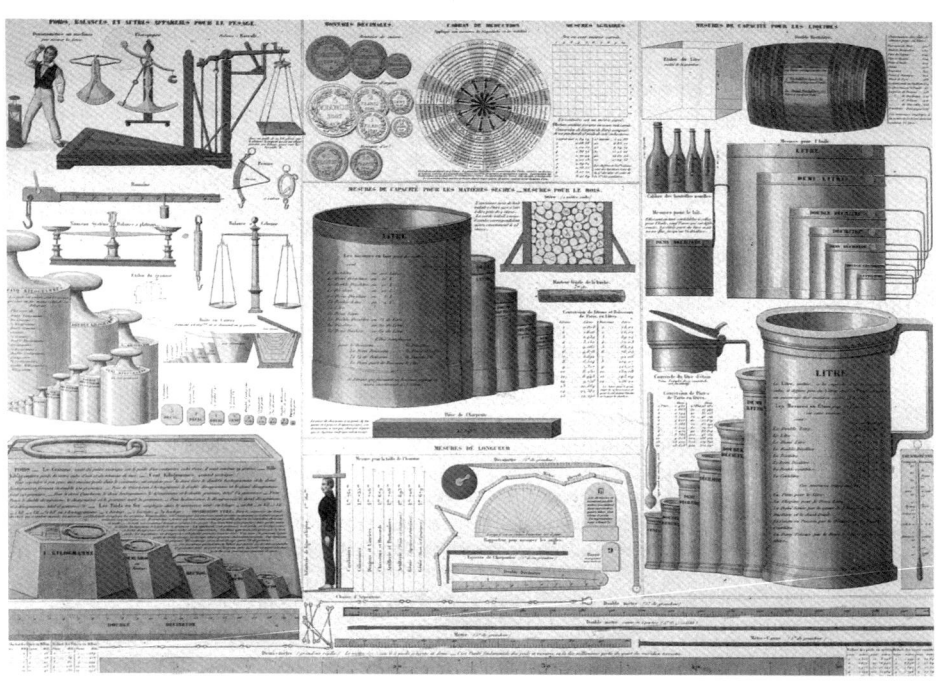

Badisches Magazin.

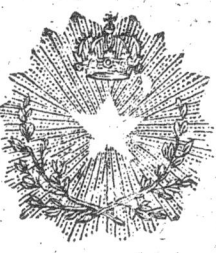

Nᵒ 61.   Dienstag, den 16. März   1813.

Dyadische Charakterik. *)

Auf die in einem öffentlichen Blatte erschienene gütige Aufforderung meines lieben verehrungswürdigen Lehrers, des Großherzogl. Badischen Herrn Directors und Professors Bürmann, zeige ich hierdurch an, daß ich zwar hoffe, mein bereits unternommenes Werk bald herausgeben zu können, und daß meine Absicht mit der des Herr Bürmann sehr übereinstimmt, indem wir uns beyde bestreben, zur Abkürzung und Uebersicht der Gedankenmittheilung etwas wesentliches beyzutragen. Herr Bürmann hat aber sein System zu einer allgemeinen Bezeichnung mit außerordentlichen Einsichten und Fleiß schon so weit verfolgt, als man es kaum einer ganzen gelehrten Gesellschaft hätte zumuthen können. Ich hingegen habe vor der Hand blos eine Vertheidigung des dyadischen Rechensystems nebst einigen Ideen zu einem durch mathematische Eintheilung vollkommen deutlichen, leicht zu übersehenden, sehr kurzen und durchaus wohllautenden Sprachsystem in die Bearbeitung genommen.

Mein Hauptsatz ist folgender:

Zur Bildung aller Charakterik *), sowohl für allgemeine Schrift- und Rede-Sprache **), als auch für allgemeine Messung und Zählung, ist das dyadische System das beste, weil es sich auf die einfachsten Grundsätze reducirt.

Der Titel meiner ersten kleinen Schrift über diesen Gegenstand wird seyn:

DYADIK,
oder
Aufstellung einer Charakterik,
welche Alles durch zwey Zeichen ausdrückt.

*

Wenn einige Leser dieser Anzeige Lust haben, sich umständlicher von der Wahrheit meiner Sätze zu überzeugen, so bin ich schon vor der Herausgabe bereit, denselben das Wesentliche meiner Bearbeitung vorzulegen.

---

*) Durch dieses neue, aus dem Griechischen geformte Wort versteht Herr Director Bürmann — der Stifter desselben — die Bezeichnungskunde, nämlich die wissenschaftliche, die systematische Bezeichnung. Es muß demnach nicht Karakterik geschrieben, und noch weniger mit Charakteristik verwechselt werden, welches, ohne nähere Bestimmung, blos eine genaue Bezeichnung oder Unterscheidung bedeutet.

*) Wo nicht die Natur der Sache selbst eine Ausnahme vorschreibt, wie es z. B. in der Zeitrechnung, bey dem Uebergang von Jahren zu Tagen, oder von $\frac{1}{8}$ Jahr zu 16 Tagen, der Fall ist.

**) Zu jeder dyadischen Abstufung braucht man blos auf ein einziges charakterisches Unterscheidungszeichen Acht zu geben.

Zweiersystem doch noch zum Leben erwecken? Karl Drais versucht's, und das im *Badischen Magazin* angekündigte Büchlein *DYADIK - Einleitung zum Rechensystem* erlebt sogar zwei Auflagen. Den Artikel beendet er übrigens mit der uns schon bekannten Grußformel: *Jedem, der sich bestrebt, die Wahrheit zu untersuchen und das Gute zu befördern, reiche ich freundschaftlich die Hand* – ganz wie Drais-Vater. Und klärt noch schnell die Prioritäten: *Das dyadische Rechensystem wurde schon vor mehr als hundert Jahren von dem berühmten großen Leibniz aufgestellt, ist aber bis zur Stunde noch nicht genug gewürdigt worden. In der Aufstellung eines ganzen dyadischen Systems hingegen bin ich – nach der Behauptung des belesenen Herrn Professor Bürmann – der erste.*

Für die handschriftliche Mathematik damals wichtiger war aber, wie Klügels *Mathematisches Wörterbuch* damals erklärt, daß Zahlen im Zehnersystem kürzer zu schreiben sind als im binären. Beispiel: dekadisch 3303 lautet binär 110011100111.

Recht hat Karl Drais damit, daß *man für die Dyadik viel besser Rechnungsmaschinen ausführen kann als für die Dekadik.* Genau so geschieht's heute: der PC gaukelt seinem Benutzer dekadische Zahlen lediglich auf dem Schirm vor, intern rechnet er binär. Am Ende des Büchleins gibt Drais noch den binären Algorithmus fürs Quadratwurzelziehen als Beispiel – eine Übung für alle, die das Quadratwurzelziehen von Hand noch gelernt haben. Zwei Jahrzehnte später wird Drais wieder auf ein binäres Sprachsystem zurückkommen – für seine Schnellschreibmaschine. ❧

DYADIK

—

angekündigt im Bad. Magazin 1813. Nro 61.

Einleitung

zum Rechensystem.

★

1 8 1 4.

Gedruckt bey Kaufmann in Mannheim.

4

Nach meiner Vermuthung ist dieses Letzte der Fall, denn nach meiner mathematischen Urtheilskraft bin ich vollkommen überzeugt, dass das dyadische System, -oder ein blos daraus zusammengesetztes System, wie z. B. die Zæhlung nach 4, (welches für quadratische Rechnungen besonders vortheilhaft ist) — 8, (welches für cubische Rechnungen besonders vortheilhaft ist) und die Zæhlung nach 64, (welches für quadratische und cubische Rechnungen sehr vortheilhaft ist), für den Durchschnitt das übersichtlichste und beste ist, weil es das einfachste ist.

Blos die Gewohnheit kann bewirken, dass ein zusammengesetzteres System für die Allgemeinheit vortheilhafter scheint.

Da der grosse Leibnitz, der dieses System zuerst aufgestellt hat, leider zu

5

früh gestorben ist, um die Welt von dieser Wahrheit zu überzeugen, so will ich mich bestreben, einstweilen wenigstens einige Vortheile aufzudecken, welche das dyadische System vor allen andern, besonders vor dem decadischen hat, und die sogar vermuthen lassen, dass es das Beste sey.

B E W E I S.

Von Natur aus, wo das bisher angenommene Rechen - System gar keinen besondern Einfluss hat, kommen Verdoppelungen und Halbirungen in dem Durchschnitt wenigstens 3 bis 4 mal so oft vor, als Verzehnfachungen und Eintheilungen in zehn gleiche Theile, und eine wirkliche (d. h. geometrische) Grösse lœsst sich in Gedanken viel besser 4 mal verdoppeln und 4 mal halbiren, als einmal verzehnfachen, und einmal in zehn gleiche Theile theilen.

Da nun eine vierfache Verdoppelung oder Halbirung eine Versechszehnfachung ins Grosse oder ins Kleine ist, und 16 mehr als 10 beträgt, so braucht man, um ganz grosse oder ganz kleine Zahlen zu erreichen, nicht 4 mal so viel Verdoppelungen und Halbirungen, als man Verzehnfachungen und Eintheilungen in 10 Theile braucht, und da man dabey eine vierfache Verdoppelung sowohl ins Kleine als ins Grosse, im Durchschnitt, noch besser bewerkstelligen und übersehen kann, als eine gleichartige einfache Verzehnfachung, so ist für das Ganze das dyadische System übersichtlicher und besser, als das bisher gewöhnlich gewesene decadische System.

Auf die Einwendung Vieler: « es sey uns der Wink von der Natur gegeben, nach 10 zu zählen, weil sie uns 10 Finger gab » — antworte ich:

1) Wir könnten auch eben so gut sagen, sie habe uns 8 Finger und die gegenüber stehenden Daumen zum Abzählen gegeben. Das octadische System besteht schon aus dem dyadischen, und hat bey den cubischen Berechnungen beynahe ganz dieselben Vortheile.

2) Noch besser könnten wir uns auf die unmittelbaren Glieder unsers Körpers aufmerksam machen, und aus unsern 2 Armen, 2 Füssen, 2 Ohren, 2 Augen etc. noch vielmehr vermuthen, dass uns der Wink zum dyadischen System gegeben sey.

3) Noch viel besser könnten wir aus unsern nur 2 Gattungen von Geschlech-

tern und aus der dadurch entstehenden dyadischen Form der Stammbäume auf dieses System zurück kommen.

4) Dieses alles brauchen wir aber nicht, denn die Natur gab uns noch viel mehr, um richtige Schlüsse zu machen, sie gab uns den Verstand, um unsere Glieder dazu anzuwenden, wozu sie uns gegeben sind, und keine falsche Anwendung davon zu machen.

Der unpartheyische Verstand sagt uns:

« Das dyadische System ist das einfachste, und folglich auch das übersichtlichste und beste. »

Man betrachte nur — um sich auch praktisch zu überzeugen — die Annehmlichkeiten aller derjenigen Systeme, welche mit dem dyadischen System übereinstimmen, indem sich ihre Grundzahl mit 2 auflösen lässt.

Wie angenehm ist es nicht, wo es so üblich ist, dass eine Maas gerade 2 Bouteillen 4 Schoppen und 8 Gläser, ein Malter 8 Simmern, ein Simmern 16 Mæssel, ein Pfund 32 Loth, ein Loth 4 Quintchen, ein Conventionsthaler 2 schwere Gulden, ein Batzen 4 Kreuzer, ein Kreuzer 4 Pfennig, eine Carolin 4 grosse Thaler, eine Ducat 2 Kronenthaler, ein Sechsbætzner 2 Dreybætzner, ein Dreybætzner 2 Sechser und ein Sechser 2 Groschen hat, u. s. w.

Die derartigen Annehmlichkeiten hat man immer sehr durchgefühlt, obschon sie noch nicht mit dem Haupt-Rechen-System übereinstimmten, wie sehr wird man sie erst fühlen, wenn alle Rechen-Systeme darin miteinander übereinstimmen!

(2)

Auf die Einwendung, dass man bey dem dyadischen System gegen 4 mal so viel Zeichen braucht, antworte ich: dagegen braucht man aber nun auch 2 Gattungen von Zeichen, welche man daher viel einfacher machen kann. Der Einser ist schon sehr einfach, und statt der schon ziemlich einfachen Nullen kann man etwa sogar nur Punkte oder kleine Querstrichelchen oder — deutlich zu unterscheiden — kleinere Strichelchen machen, und 4 so einfache Zeichen, bey deren Ausführung man sich nach meiner Anleitung, nebst vollkommener Ueberzeugung gar nicht aufzuhalten braucht, sind meines Erachtens noch schneller gemacht, als die mit Nachdenken verbundene Auffindung und Aufzeichnung eines einzigen zusammengesetzten Zeichens im Durchschnitt nach bisheriger Art.

Die Hauptsache ist aber nicht das Bischen geschwindere Rechnen, sondern die deutlichere Uebersichtlichkeit, welche auch die Menge von Menschen erreichen kann, die bisher ohne Ueberzeugung die Zahlen blos mechanisch nach dem auswendig gelernten Einmal Eins niedersetzten.

Auch sind praktische Eintheilungen von Linien, Flæchen und Körpern viel besser nach dem dyadischen System zu bewerkstelligen, als nach dem decadischen. Ich war so glücklich schon mehrere verdienstvolle Männer von der überwiegenden Nützlichkeit des dyadischen Systems zu überzeugen.

Sie hielten aber die allgemeine Ausführung für schwer, da die Menschen ganz erstaunend stark an der Gewohnheit hängen.

Allerdings war dieses auch wahrscheinlich der Hauptanstand.

Ich sollte aber dennoch denken, dass dieses beste System durchgeführt werden könnte, wenn

1) Ein sehr talentvoller Mann sich einige Tage so sehr in dem einfachen Rechen-System üben will, dass er alle andere talentvolle Mænner überzeugen kann, dass man darnach, in dem Durchschnitt, noch schneller und angenehmer Rechnen kann, als nach dem decadischen.

2) Und hauptsæchlich ein einsichtsvoller Regent sich entschliesst: dieses beste System nicht nur bey alter Maas- und Gewicht-Eintheilung, sondern auch bey dem ganzen Staatsgeschæftsgang einzuführen, da beynahe jeder Staatsdiener dieses so einfache System in wenigen

Tagen lernen kann, und die næthigen Uebersetzungen durch vollstændige Uebersetzungstafeln ziemlich schnell gemacht sind.

Diese Uebersetzungstafeln und hauptsæchlich neue Logarithmen werden zwar auf die Entschliessung eines Regenten mehrere Gelehrte ein Jahr lang beschæftigen, doch wird die Hauptsache dabey, die dyadische Logarithmen bey weitem weniger Mühe kosten, als die decadische Logarithmen gekostet haben, indem man zu jenen nur Quadratwurzeln auszuziehen braucht, wæhrend man sich bey diesen sehr hæufig mit den Wurzelausziehungen des fünften Grades plagen müsste.

Alle diese anfængliche Mühe der Umwælzung würde bald reichlich ersetzt seyn, und ich bin überzeugt, dass demjenigen Regenten, der die Ausführung

dieses für die Uebersichtlichkeit und Zeitersparniss so nützliche Systems begünstigt, die meisten andern grossen Hæupter bald auch nachfolgen werden.

Sollte es mir durch diese kleine Abhandlung gelingen, zwey solche beschriebene Mænner zur Ausführung meiner nützlichen Absicht zu finden, so will ich recht gerne den Ruhm mit Ihnen theilen, der dadurch für die Nachwelt entsteht.

———

Sollte mir noch ein oder anderer nicht unbedeutender Einwurf gemacht werden, an den ich jetzt nicht denke, so hoffe ich auch diesen heben zu kœnnen, wenn man die Güte haben will, mir ihn bekannt zu machen.

C. v. Drais.

———

Drais' Beispiel der binären Quadratwurzel-Berechnung folgt hier aus der 2. Auflage von 1816

ZUSATZ.

Um vorlæufig auch davon eine Idee zu geben, dass die Vereinfachung der Regeln im Verhæltniss noch mehr zunimmt, je hæher die Gattung der Rechnung steigt, will ich hier einen Auszug aus meinem kleinen Lehrbuch beyfügen, indem ich die Beschreibung der Quadratwurzelausziehung mittheile, welche die Hauptsache der dyadischen Logarithmen, und folglich auch die Hauptsache der grœssten, bis jetzt für nützlich gefundenen Rechnung ist.

QUADRATWURZELAUSZIEHUNG
Etwas abgekürzte Methode.

Man theile bey der Zahl, aus der man die Quadratwurzel ausziehen will, hinten die Einheitsstelle anfangend, alle Zeichen paarweise ab, bilde also Klassen und setze über jede derselben ein Zeichen der Wurzel nach folgender Vorschrift.

*Zuerst ziehe man von der vordersten Klasse eine 1 ab und setze dafür eine 1 darüber. Alsdann sehe man, so wie nach jeder folgenden Zifferaufzeichnung, allemal, ob man die ganze auf dem Platze der Wurzelaufzeichnung stehende Zahl *), aus dem Rest der Klassen darunter noch einmal, und mit dessen Hülfe 1 von der darauf folgenden **) abziehen kann? Ist dieses der Fall, so mache man diese Abzüge, und setze dafür eine 1 über die dazu neu anzugreifende Klasse. Ist es aber der Fall nicht, so setze man eine — an dieselbe Stelle und fange die Untersuchung von neuem an, ob bey der næhern Bestimmung der Wurzel eine 1 oder eine — folgt, bis über jeder Klasse der Quadratzahl die Ziffer der Wurzel steht, oder man sonst die erforderliche Genauigkeit erreicht hat.*

*) Ohne Rücksicht auf die Zahl der noch unbezeichneten Stellen.

**) Ohne Rücksicht auf die Zahl der noch weitern.

Ein Beyspiel davon ist auf der ersten Seite der Beylagen.

Will man dabey auch für die Hand noch mehr Arbeit sparen, so kann man auch dieses bewirken, indem man das Rechnungspapier etwa durch die Steindruckerey so in ein Netz legen læsst, dass die Abtheilungslinien schon in Natura vorhanden sind, und sich die Nullen durch Leerlassung der Stellen von selbst anzeigen.

Will man dabey durch Nichtabsetzen mancher auf einander folgenden Zeichen noch mehr Zeit sparen, so mache man diese wie man sonst Nullen macht, oder schœner, man ordne die Klassen nach ihrem Werth statt von einer Seite zur andern von oben herab.

Ein Beyspiel davon ist auf der zweyten Seite der Beylagen.

Will jemand lieber bloss mit Punkten des Auftrags oder Durchstichs arbeiten, so kann er auch dieses wæhlen u. Platz sparen.

Ein Beyspiel davon ist auf der dritten Seite der Beylagen.

Will jemand eine Zahl in schœner Form deutlich darstellen, so kann er auch dieses bewirken.

Ein Beyspiel davon ist auf der vierten Seite der Beylagen.

Auch lassen sich Rechnungsmaschinen für die Dyadik viel besser ausführen, als für die Decadik.

Systematische und gutlautende Betonung ist auch in dem Lehrbuche zu finden.

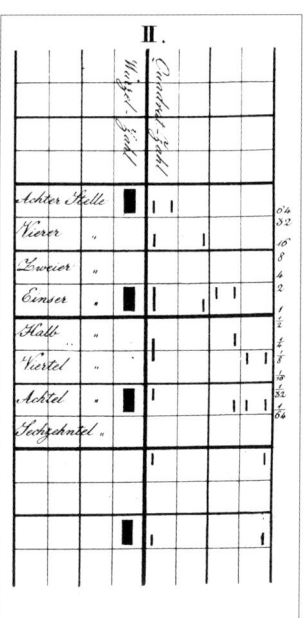

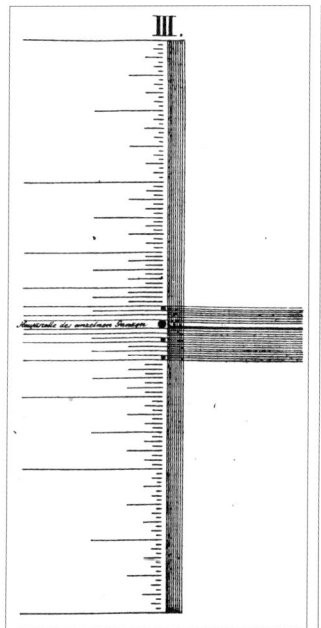

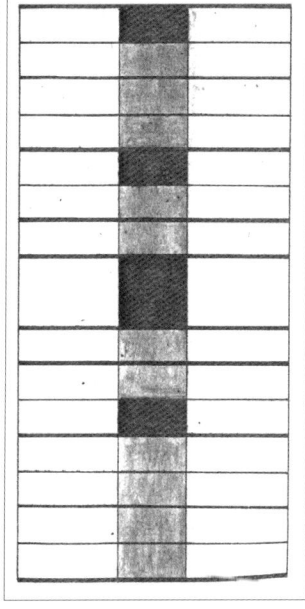

Kritik an der Feuerwehr

Nichts ist so gut, daß es nicht verbessert werden könnte – die Losung des Technikers, mit der er oft bei den Traditionalisten aneckt, ist auch hier Karl Drais' Leitgestirn. Genau beobachtend, kann er aber auch begründen, woran es fehlt.

Einsatz bei einem Brand.
Schlaffsche Feuerspritze mit
Löscheimer-Zufuhr
(Ehrhardt 1803)

Mitglieder der Feuerbutten-
Rotte aus Knittlingen 1800
(Bild Hornung)

Mit der letzten Publikation im Badischen Magazin hatte Karl Drais aufgehört, seine gemeinnützigen Anzeigen durchzunumerieren. Die vierte jetzt ist sein *Unmaßgeblicher Vorschlag zu einer Verbesserung der Feuerlöschanstalten*. Ganz offensichtlich hat er in Mannheim zuvor Feuerlöscheinsätze mitgemacht, bei dem ihm wohl auffiel, daß die Badener noch nicht auf dem Stand der Württemberger waren, den er wohl im Zusammenhang mit der Schlaffschen Wagenfabrik gut kannte. Beim Einsatz der Schlaffschen oder anderen Feuerspritzen wurde zwar mit Handpumpen ein weitreichender Strahl erzeugt, aber noch nicht das Wasser mit Saugpumpen durch Schläuche angesaugt. Vielmehr mußten Eimer- oder eben Büttenkolonnen das Wasser herbeischaffen und in den Tank der Feuerspritze gießen. So gab es im württembergischen Knittlingen schon um 1800 eine Aufteilung der Feuerwehrmänner in diverse Rotten, darunter auch eine *Feuerbuttenrotte* mit Bütten auf dem Rücken zum Herbeischaffen des Löschwassers (Mitt. Wolfgang Hornung). Die Idee war also nicht neu, in Baden jedoch unbekannt.

Drais' Argument war ein arbeitsphysiologisches, wie wir es heute nennen würden. Wegen der Breite der Löscheimer, muß man diese mit zusätzlicher Haltearbeit der Arme vom Körper weghalten, damit sie nicht beim Laufen an die Beine anstoßen. In einer Bütte huckepack kann ein Mann doppelt soviel Wasser zur Feuerspritze transportieren wie mit zwei Eimern. ❧

Badisches Magazin.

Nᵒ 83.   Samstag, den 10. April   1813.

Gemeinnützige Anzeigen.

Unmaßgeblicher Vorschlag
zu einer
Verbesserung der Feuerlöschanstalten.

Ich habe mich bey mehreren Feuersbrünsten nicht nur praktisch, sondern auch theoretisch überzeugt:

„daß in der Regel das Wassertra
„gen mit Bütten*) viel besser ist, als
„das mit Eimern, wie es bisher üblich
„war.

Meine Hauptgründe sind folgende:

1) Wird die menschliche Kraft bey den Bütten viel vortheilhafter angewendet, da der Schwerpunkt der Last sich gerade über der Grundfläche der Füße befindet, und daher blos von den stärkern Gliedern, den Füßen, zu tragen ist. Bey dem Tragen der Eimer hingegen, welche zugleich auch von den im Durchschnitt schwächeren Gliedern, den Aermen, gehoben werden, geht bey diesen wenigstens dreymal so viel Kraft unnützer Weise verloren, als man zum Heben selbst bedarf; indem durch das Abhalten der Eimer vom Körper der Schwerpunkt der Last sich wohl viermal so weit

als die Kraft von der Perpendikularlinie des Ruhepunktes in der Schulter entfernt. Durch eine Bütte kann daher ein Mann wenigstens viermal so viel ausrichten, als durch einen Eimer. Man kann also mit der Hälfte der Leute noch einmal so viel Wasser tragen lassen, als bisher, und die ganze andere Hälfte zu öfterer Ab.lösung, folglich zum kräftigern Betrieb der Feuerspritzen selbst ꝛc. gebrauchen, wodurch die Wirkungskraft der Löschanstalten auf allen Seiten zugleich verdoppelt wird.

2) Wird nicht mehr wie bisher, vieles Wasser über die Füße der Leute verschüttet, welches — besonders im Winter — das Ausdauern derselben vermindert, oder ihrer Gesundheit nachtheilig werden kann.

3) Ist, an Orten wo Wassermangel zu befürchten ist, der Verlust des auf solche Art im Transport verloren gehenden Wassers schon selbst sehr gefährlich.

4) Kostet die Anschaffung einer Bütte — die noch dazu nicht so leicht gestohlen wird oder verloren gehen kann, als es bey den Eimern häufig der Fall ist — höchstens nur die Hälfte desjenigen, was zwey Feuereimer gekostet haben, die dadurch erspart werden.

Diese Gründe scheinen mir gegen alle mögliche Einwürfe stark überwiegend.

*) die bisher blos ausnahmsweise von einzelnen Handwerkern, als: Küfern und Bierbrauern ꝛc. benutzt wurden.

Pferde oder Menschen
durchfüttern?

Mit der schlechten Ernte 1812 beginnt eine Serie von Mißernten, die alle Getreidevorräte restlos erschöpft, da obendrein die durchziehenden Truppen der Napoleonischen Kriege ernährt werden müssen. Der Haferpreis, der damals - wie der Ölpreis heute - den Verkehr bestimmt, beginnt in schwindelnde Höhen zu steigen.

In die historische Erinnerung und Überlieferung sind die Jahre 1812 bis 1817 als „Hungerjahre" eingegangen. Kälte im Frühsommer, starke Regenfälle, Hagelschlag und unverhältnismäßig früh einsetzende Winter hatten immer wieder die Aussaat, das Wachstum und die Ernte stark beeinträchtigt. Am meisten betroffen waren Baden, Württemberg und auch das benachbarte Bayern, 1816/17 aber ganz Nordeuropa und die Neuenglandstaaten der USA. In kargen Gegenden wie auf der Schwäbischen Alb und im badischen Odenwald waren die Ernteerträge bis auf die Hälfte der sonst üblichen Mengen zurückgegangen. Scheunen und Kornhäuser waren restlos leer.

Ganz besonders hungerte die Bevölkerung, in den Jahren 1815/17. Zeitgenossen schilderten in Tagebüchern und Chroniken die bittere Erfahrung solcher Not. Oberämter empfahlen, den Kornmangel durch Zusatznahrungsmittel zu begegnen. Es wurde geraten, in Ermangelung von Getreide den Brotteig mit Kartoffeln und Rüben anzureichern. Man aß, was man fand – selbst Wurzeln und Gras. Ein Kleiebrei sei ein Festessen gewesen, schreibt einer der Chronisten. Diese schlechten Ernten trafen die Bevölkerung umso härter, als der Nahrungsbedarf zu Beginn des 19. Jahrhunderts noch zu 80 Prozent aus Getreide gedeckt wurde.

Ein nicht namentlich bekannter Bürger aus Laichingen auf der Schwäbischen Alb schreibt: *Im Märzen hat es angefangen, da haben meine Kinder zum erstenmal nach Brot geschrieen und wir hatten schier keins. Derweil im 1814er und 1815er Jahr alles schlecht geraten war. Und ist hernachmals alles so teuer geworden, als man es nimmer hat verzahlen mögen.* (Napoleon-Katalog).

Auf der Grafik des britischen Statistikers William Playfair erkennen wir die schwindelnde Getreidepreishöhe zwischen 1810-1815 schwarz auf weiß – tatsächlich war er Anfang 1817 am höchsten, aber der Fünf-Jahres-Balken 1816-1820 war dank der guten Ernten 1817, 1818, 1819 und 1820 schon wieder niedriger.

Außer dem Volk gab es aber noch eine Spezies, die hauptsächlich von Getreide lebte, die Pferde, die vor die Fuhrwerke gespannt den Verkehr auf-

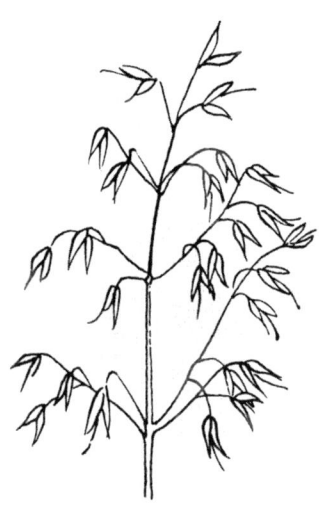

Hafer

114

recht erhielten. Wer war in einer Hungersnot wichtiger? Die herrschaftlichen Häuser verzichteten ungern auf die Ausfahrt per Kutsche - das gemeine Volk aber sollte ruhig zu Fuß gehen! Doch da gab es eine Stimme, die solche Einstellung verdammte: Adam Smith, der britische Moralphilosoph und Gründervater der Volkswirtschaft, dessen übersetztes Buch *Untersuchung der Natur und Ursachen von Nationalreichthümern* im Hause Drais gelesen wurde (heutiger Titel: *Der Wohlstand der Nationen*). Und was sagt er zum jetzigen Dilemma? Es ist unmoralisch, Pferde für den Straßenverkehr zu füttern, während Menschen verhungern!

Auf dem Kontinent findet Smith einen Jünger, der hieraus die Konsequenzen zieht, den 28jährigen Beamtenerfinder Karl Drais. Dieser gibt zum Glück sein Vorhaben auf, ein Lehrbuch der Dyadik zu schreiben und wendet sich dem Landverkehr zu. Wenn das Getreide nur noch für die Menschen reicht und nicht mehr für die Pferde, dann müssen die Menschen eben versuchen ohne Pferde voranzukommen.

Währenddessen bleibt die Politik nicht stehen. Nach der Niederlage Napoleons im Rußlandfeldzug hatte sich Preußen mit Rußland verbündet, worauf Napoleon mit neuer Armee nach Deutschland zog und die Aliierten nach Schlesien abdrängte. Dann erklärte auch Österreich Frankreich den Krieg, und Bayern verließ den Rheinbund, um sich der Allianz anzuschließen. Oktober 1813 wurde die Völkerschlacht bei Leipzig zum Debakel für Napoleon. Erst danach wechseln das Königreich Württemberg und das Großherzogtum Baden (20. November) ebenfalls die Seiten. Die Sieger verfolgen das französische Heer und bauen eine Schiffbrücke, um bei Mannheim den Rhein zu überschreiten. Im Großherzogtum wird die badische Landwehr aufgestellt, zu der sich auch Karl Drais meldet (er hätte sich durch eine Ablösesumme auch befreien können). ❧

Adam Smith (1723-1790) wurde im Hause Drais gelesen

Höchster Getreidepreis aller Zeiten um 1810/15. Statistik von William Playfair. *(Tufte 1983)*

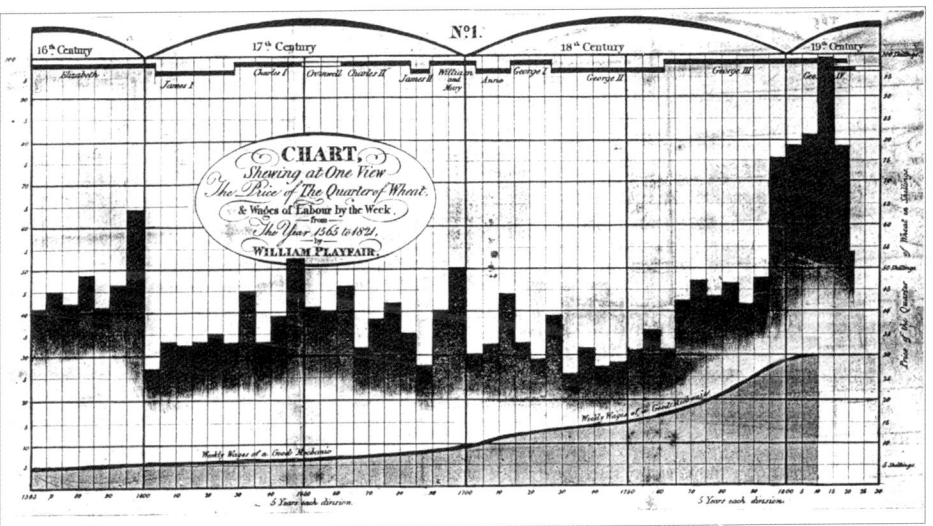

Fahrmaschine I
ohne Pferde

Nach zwei schlechten Ernten fährt Drais' erster Prototyp eines Wagens ohne Pferde mit Tretantrieb, die Fahrmaschine. War er gut beraten, als Fürstendiener dafür ein Privileg zu beantragen?

Elf Tage nach der Völkerschlacht bei Leipzig richtete Karl Drais ein Gesuch direkt an den ein Jahr jüngeren Großherzog Carl I.:

Durchlauchtigster Großherzog, allergnädigster Souverän!
Nachdem ich das hohe Glück hatte, Euer Königlichen Hoheit meine Erfindung einer Fahrmaschine ohne Pferd untertänigst produzieren (vorführen) zu dürfen, wage ich folgende zwei untertänigste Bitten:
1) Mir in Gnaden das Privilegium zu erteilen, daß innerhalb der nächsten 10 Jahre bloß der von mir erkaufte Gebrauch der Maschinen gestattet wird, mit denen man ohne Pferd in einer Stunde zwei Stunden Weg fahren kann.
2) Mir zur schnelleren Ausführung eines noch vollkommeneren und schönen Exemplars meiner Erfindung eine Geldunterstützung gnädigst zu verleihen.
Ich glaube umso mehr auf die gnädigste Gewährung dieser untertänigsten Bitten hoffen zu dürfen, als ich bei den letzten Forstbeförderungen nicht so glücklich war, gnädigst bedacht zu werden, und ich hoffe durch die Verfolgung meiner Erfindung meinem Vaterland und dem Auslande noch beträchtlichen Nutzen verschaffen zu können, worin ich die größte Begründung meines eigenen Glückes suche.
Karlsruhe, d. 27.Oktober 1813

In tiefster Erfurcht verharrend
Euer Königlichen Hoheit
untertänigst treu gehorsamster Kammerjunker und Forstmeister
Karl Frh. v. Drais

Wie man zwei bis vier Personen unterbringt: Ambulanz-Wurstwagen des Baron Percy um 1810 *(Archiv Lessing)*

Karl Drais war also in der Residenzstadt und hatte bereits Carl I. seinen Prototyp vorgeführt, den er nicht selbst gebaut haben konnte, sondern nur mit Hilfe eines Wagners oder möglicherweise gar der Schlaffschen Wagenfabrik zu Rastatt, die mit Schmiedehämmern und Messingdreherei ausgestattet auch kompliziertere Aufträge wie z.B. eine durchgehende Hinterachse durchführen konnte.

Er hatte dieses Schreiben wohl ohne Gegenlesen des Vaters losgeschickt, doch erkennt man die Beratung des Vaters in der Formulierung, daß die Benutzung der Fahrmaschinen honoriert werden und Gegenstand des Privilegs sein soll, nicht der Verkauf der Maschinen, was wegen des Nebentätigkeitsverbotes für Fürstendiener von vornherein aussichtslos gewesen wäre.

Aber wie sah diese erste Fahrmaschine aus?

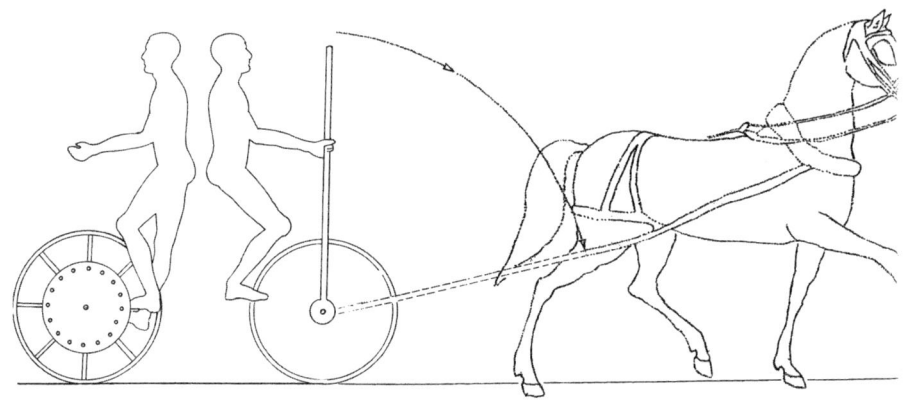

Eigentlich müßte ein Blick ins *Badische Magazin* weiterhelfen, und tatsächlich muß es in der Ausgabe vom 5. Januar 1814 einen Artikel darüber gegeben haben. Nur ist diese Ausgabe der Zeitung nirgends zu finden, also womöglich im 2. Weltkrieg verbrannt. Alle erhaltenen Bestände enden mit dem Jahr 1813, weil um diese Zeit herum das Blatt sein Erscheinen einstellte. Dem Karlsruher Gymnasialprofessor Adolf Kistner, der in den 1930ern über Drais schrieb, lag diese aber vor und er zitiert daraus: *ein Wagen auf vier Rädern, der ohne Pferde läuft, zwei bis vier Personen fortbringt, keines aufziehenden Uhrwerks mit Zeitverlust und Gebrechlichkeit bedarf, sondern durch den leichten Druck des Fußes (oder wenn man es dazu einrichten will, der Hand) eines insitzenden Menschen vermöge des einfachen und desto dauerhafteren Maschinenwerks vor- und rückwärts sich mit Pferdesschnelle treiben, seitwärts aber noch leichter als ein Gespann wegen seiner mehrern Kürze sich lenken und wenden läßt. Der auch mäßige Hügel im Hinauffahren bezwingt und ihm Hinabfahren von ihnen aufgehalten werden kann – ein solcher Wagen ist von dem Freiherrn von Drais erfunden worden. Nachdem er das Privileg erhalten habe, werde er den Mechanismus offenlegen: alsdann will er seinen streng-mathematischen Beweis, warum der Wagen gut und dauerhaft gehen muß, der öffentlichen Beurteilung unterwerfen (Kistner 1933).* Dieser Text stimmt weitgehend mit Passagen eines Artikels überein, der erst 1816 im *Neuen Magazin aller neuen Erfindungen, Entdeckungen und Verbesserungen* aus Leipzig erscheinen wird *(Drais 1816)*, aber bereits den verbesserten Prototyp beschreibt, die Fahrmaschine II. Den letzten Satz mit der Ankündigung des mathematischen Beweises läßt er dort allerdings weg. Die Geschwindigkeitsangabe in Drais' Gesuch *(in einer Stunde zwei Stunden Weg fahren)* läßt sich umrechen: 2 Stunden Wegs = 4 englische Meilen = 6,4 km pro Stunde sind ein realistischer Wert, etwas schneller als ein Fußgänger.

Daß diese Umrechnung stimmt, ist gesichert, da Drais sie an anderer Stelle einmal selbst so vorrechnet. Ansonsten ist Vorsicht am Platze, denn solche Maße verändern sich von Ort zu Ort. Die deutsche Meile betrug damals z.B. im metrischen System 7500 Meter, also mehr als das Vierfache der englischen Meile von 1609 Meter. Die Meile in Baden betrug 8900 Meter, in Preußen rund 7553 Meter, in Württemberg rund 7449 Meter und in Österreich rund 7587 Meter – ein schönes Verwirrspiel! 🐛

Rekonstruktionsversuch der 4rädrigen Fahrmaschine Eins: Der das Tret- oder Laufrad tretende Insasse schaut nach hinten; bei Bedarf werden die Lenkstangen abgelassen und dienen als Deichseln für ein Vorspannpferd. Raddurchmesser unbekannt, ebenso ob Sprossen oder Stufen im Laufrad. *(Graphik Lessing)*

Im folgendem Text (siehe nächste Seite) äußert Drais seine Kritik an bisherigen Muskelkraftwagen: *Zwar gab es schon früher Versuche, ein Fuhrwerk durch Maschinerie vorwärts zu bewegen; aber diese Maschinerie war schwerfällig in Überwältigung der Friktion (=Reibung), kompliziert und daher noch nie für einen merklichen praktischen Gebrauch tauglich.* In der Fahrmaschine I hat er deshalb die Kraftübertragung so direkt wie möglich gestaltet: das Tretrad ist starr mit den Hinterrädern verbunden!

Text.

I.

Ein Wagen, der ohne Pferde läuft, erfunden vom Freiherrn von Drais in Mannheim.

Ein Wagen auf vier Rädern, der ohne Pferde läuft, zwei bis vier Personen fortbringt, keines aufzuziehenden Uhrwerks mit Zeitverlust und Gebrechlichkeit bedarf, sondern durch den leichten Druck des Fußes, oder, wenn man ihn dazu einrichten will, der Hand eines darin sitzenden Menschen, vermöge des einfachen und desto dauerhaftern Maschinenwerks, vor- und rückwärts sich mit Pferdeschnelle treiben, seitwärts aber noch leichter als ein Gespann wegen seiner größern Kürze sich lenken und wenden läßt, der auch mäßige Hügel im Hinauffahren bezwingt, und, im Hinabfahren von ihnen, angehalten werden kann, ein solcher Wagen ist von dem Freiherrn von Drais erfunden worden. Zwar gab es schon frühere Versuche, ein Fuhrwerk durch Maschinerie vorwärts zu bewegen; aber diese Maschinerie war schwerfällig in Ueberwältigung der Friktion, komplicirt, und daher noch nie für einen merklichen praktischen Gebrauch tauglich. Der jetzige Erfinder eines solchen Wagens ist wirklich glücklicher gewesen, wenn er auch noch nicht alle Schwierigkeiten, welche die Auflösung des so schweren Problems begleiten, überwältiget haben sollte.

Die Nützlichkeit und Annehmlichkeit einer solchen Erfindung ergiebt sich schon aus folgenden Betrachtungen:

1) Wenn der Wagen auch nur so schnell als einer mit einem Pferde läuft, so können mit ihm wohlfeilere, auch weitere Reisen gemacht werden. Gesetzt, man kommt an steile Anhöhen, oder auf eine sonst zu schlimme Bahn, so nimmt man dort, wie es auch Fuhrleute thun, ein Pferd zum Vorspann auf ein Stück Weges, wo dann die Direktionsstangen, die der Fahrende gewöhnlich in den Händen hat, nur vorgeschlagen zu werden brauchen, um als Deichselgabel zu dienen.

2) Neben der ungemeinen Ersparniß hängt man nicht von dem Mangel oder der Unpäßlichkeit, vom Scheuwerden oder der Trägheit eines Pferdes, noch vom Unglück mit dem Thiere ab. Man hält sich unterwegs ungebundener, lange oder kurz, auf. Da auch der Mensch weniger als das Pferd müde wird, zumal wenn zwei Reisende im Tritt abwechseln können, so kommt man mit diesem Fuhrwerke weiter im Tage, als mit einem Pferde.

3) Sollte es dem Erfinder, wie er es wirklich hofft, gelingen, die Maschine noch so zu verstärken, daß sie sogar geschwinder, als ein angespanntes Pferd läuft, so wäre die Allgemeinheit des Gebrauchs nur noch mehr geborgen. Indessen auch ohne diese Aussicht wäre die Erfindung schon von der höchsten Wichtigkeit.

4) Zu Spazierfahrten auf der Ebene, im Sommer, ist der Wagen vorzüglich geeignet. Wohlhabende Städter, die ihn in Gestalt eines eleganten Kabriolets machen lassen, können z. B. eine oder zwei vorn sitzende Damen wie im Schlitten führen oder durch einen Be-

[handschriftlicher Text]

Transkription: *Die Schwierigkeiten, die der Erfinder noch nicht überwältigt hat, bestehen darin, daß man auf schlechten Wegen wie in Bergen sehr müde dabei wird. Auf guten Wegen, wie sie zur Zeit fast nur in England anzutreffen sein sollen, in unserem deutschen Vaterland aber noch selten sind, auf den besten Runden z.B. zwischen Mannheim und Heidelberg und auf dem Burgtor zu Wien ist der Erfinder, sowie seine Bedienten, schon viel schneller gefahren, als die besten Pferde in gestrecktem Trab laufen konnten.*

dienten alles treiben lassen. Dieselben haben kein Pferd vor dem Antlitze, das die Aussicht benähme, und haben nicht den Staub, den dasselbe gemacht hätte, zu schlucken. Sie sitzen tief genug, um nicht zu schwindeln, und überhaupt sehr behaglich, mit dem offenen Weltkreise vor ihren Augen.

5) Daß sich der Wagen bedecken, oder, so oft man will, ein Schirm aufziehen und auch einiger Kofferplatz sich anbringen läßt, versteht sich. Das erste noch rohe Muster, das der Erfinder in der Geschwindigkeit baute, sollte nur den Beweis der praktischen Ausführbarkeit seiner Hauptidee anschaulich machen.

6) Nicht nur Lohnkutscher, sondern auch Posthalter würden sich neben ihren Pferden bald einige solche Wagen anschaffen. Das Felleisen der Briefe z. B. bedürfte künftig auf ebenem Wege nicht leicht eines Pferdes mehr; und würde dagegen dem Postjungen noch ein Knecht an die Seite gesetzt, so würde das Publikum für den oft gewünschten und nun gewonnenen höhern Grad der Sicherung seiner Briefe danken.

7) In Kriegeszeiten, wo die Pferde und ihr Futter oft selten werden, könnte ein kleiner Vorrath solcher Wagen bei jedem Corps, zumal für kürzere Versendungen und für Kranke, wichtig seyn. Ob die stark rennende Kraft der Maschine noch zu irgend einem andern Kriegszweck sich künftig werde anwenden lassen, überläßt der Erfinder denen, welche weitere militärische Einsichten besitzen.

8) In der Sommerzeit, wo die Landpferde weit mehr auf dem Felde oder zu andern Unternehmungen gebraucht werden, läuft so ein Wägelchen gerade am leichtesten auf den meisten Wegen.

9) Nicht bloß für den Transport von Menschen ist die Erfindung berechnet, sondern auch kleine Lasten können, der Menge oder dem Taglohne nach, vortheilhafter als bisher durch das Tragen oder durch den Schubkarren, verführt werden. Läßt es sich in der Maschine einrichten, daß mehrere Menschen zugleich treten, so geht die Kraft und folglich auch der Transport in's Größere.

Das Werk hat das Glück gehabt, von Sr. Majestät dem Russischen Kaiser angesehen und mit vielem Beifall beehrt zu werden. Auch sein eigener Souverain hat dem Erfinder großes Wohlgefallen an der Erfindung geäußert. Schon hat der Erfinder in einigen Ländern Vorkehrungen für ausschließende Privilegien getroffen; und dem Redakteur unseres Magazins hat er die Hoffnung gemacht, für dasselbe nächstens eine ausführliche mit genauen Abbildungen begleitete Beschreibung zu liefern.

Indessen kann hier vorerst so viel von der Einrichtung der Maschine gesagt werden:

Die Menschen sitzen bequem zwischen gepolsterten mit Tuch überzogenen Rahmen auf einem gleichfalls gepolsterten in Riemen hängenden Reitsitze von Leder. Die Einfachheit des Triebwerks selbst aber ist so groß, daß die hintere Achse mit Einschluß der ganzen Maschinerie aus einem einzigen Stücke besteht. Die Achse selbst hat kurbelartige genau abgemessene Biegungen, welche getreten werden und dadurch sich und die ganze Achse mit den daran befestigten Rädern umdrehen. Die glatt polirte Achse läuft an gewissen Stellen in messingenen Büchsen. Die vordern Räder mit dem Gestelle werden durch die Hände vermöge eigner Leitstangen und Hebel gelenkt und gewendet.

Was die Gutachter sagen

Ein Architekt und ein Wasserbauingenieur begutachten die Fahrmaschine – sie lehnen die Idee des pferdelosen Muskelkraftwagens rundweg ab, auch weil ein bei vollen Bezügen freigestellter Fürstendiener keine Nebeneinnahmen erzielen soll.

Friedrich Weinbrenner, nach Wanderjahren, z.B. Akademie in Wien und in Rom, Gestalter des Karlsruher Stadtbilds

Invaliden-Fahrstuhl mit Handkurbeln aus Diderots Enzyklopädie

D ie Behörden werden erstmal kreativ, ob man die Sache nicht im Vorfeld abweisen kann. Irgend jemand hat sich in einer Sitzung offenbar erinnert, *daß vor etwa 25 bis 30 Jahren ein gewisser Maler Kisling von Durlach schon eine ähnliche Fahrmaschine erfunden habe und damit hierher nach Karlsruhe gefahren sei.* Doch es werden hierzu keine Akten gefunden, vermutlich weil Maler Kisling gar kein Privileg beantragt hat. Also werden zwei Gutachter am Ort beauftragt – der 43jährige Leiter des Ingenieur-Departements, Johann Gottfried Tulla und der 49jährige Oberbaudirektor, Friedrich Weinbrenner – beide mangels Ausbildungsmöglichkeiten in Baden strenggenommen Autodidakten. Ihr Gutachten zeigt den damaligen Stellenwert der Muskelkraft:

Gemeinschaftliches Gutachten des Oberbaudirektors Weinbrenner und des Majors Tulla die von dem Forstmeister von Drais nachgesuchte Erteilung eines Monopols für seine Fahrmaschine, und eines Vorschusses für deren Vervollkommnung betreffend.

Wir hatten schon öfters Gelegenheit, den Forstmeister von Drais als einen denkenden jungen Mann kennen zu lernen, der nach Erfindung strebt und deshalb nicht immer die Erfindung anderer so ganz unbedingt als ein vollendetes und nicht weiter zu verbesserndes Werk annimmt (Angriff!). *In diesem Sinn mag denn auch Forstmeister von Drais die Ausführung seiner Fahrmaschine unternommen haben, indem die Erfindung einer solchen Maschine, worin sich ein Mensch ohne Pferde oder andere Tiere von einem Ort zum andern bewegen kann, nicht neu, sondern schon älter ist; allein die Ausführung einer solchen Maschine wurde nie weiter als bis zu einem bloßen Spielwerk gebracht und daher auch bald wieder von den Personen, welche die Maschinenlehre in ihrer Bedrängung kannten, so wie die Erfindung des perpetuum mobile aufgegeben* (Killerargument!).

Insoweit wir die von Draisische Fahrmaschine kennen, so besteht dieselbe in einem 4rädrigen kleinen kabriolartigen Wagen, in dem ein Mensch, vermöge daß er mit den Füßen ein Rad herumtritt, das die Achse mit den hinteren Rädern in Bewegung setzt, von einem Orte zum andern fahren kann.

Wenn wir nun nach dem allgemeinen Begriff einer Maschine voraussetzen, daß uns dieselbe einen übergewöhnlichen Zweck, den wir ohne dieselbe nicht erreichen und hervorbringen können, leisten sollen, so möchte die v. Draisische Fahrmaschine wohl nicht von großer Erheblichkeit und Nutzen sein, indem sich die Menschen mit ihren Füßen eine weit bessere und vorteilhaftere Bewegung ohne dieselbe geben können. Zudem kommt dann auch, daß eine solche Maschine nur auf ebenen und gebahnten Wegen, die keine Anhöhen haben, zu gebrauchen ist und daß sie daher auch nicht so unbedingt für den

Gebrauch der Menschen angewendet werden kann.

In England sind dergleichen Maschinen sehr häufig, wo man sich zum Zeitvertreib in einem Garten oder Park selbst herumfahren kann, und dem Vernehmen nach soll auch zu des seligen Carl Theodors Zeiten im Schloßgarten zu Schwetzingen eine solche Fahrmaschine existiert haben, welche durch eine Person von hinten getreten, und durch das Treten mit einer vornen in derselben sitzenden zweiten Person fortgefahren werden konnte. Allein alle diese Maschinen, welche eine menschliche Kraft erheischen, die durch Tiere, Luft oder Federkraft besser erhalten werden kann, sind nicht die besten und daher umso mehr zu tadeln, wenn sie die natürliche Kraft und Bewegung der Menschen in eine unnatürliche umwandeln. (Neunzig Jahre später tun Millionen mit einem Lächeln eben dies!)

Wir können daher der von Draisischen Fahrmaschine gar keinen wesentlichen Zweck beilegen, weil jedermann, der Füße hat, dieselbe für seine Ortsveränderung weit besser auf eine natürliche Art gebrauchen kann, und wir glauben, daß eine solche Maschine auch nur alsdann von einigem Nutzen für das menschliche Geschlecht werden könnte, wenn sie für destruierte (behinderte) oder solche Personen, welche keine Füße haben, eingerichtet würde, alsdann müßte sie aber mit den Händen in Bewegung gesetzt werden können, damit ihnen diese Maschine die ihnen mangelnde Bewegungskraft ersetzte. (Schon, aber in den Beinen der Gesunden steckt dreimal mehr Kraft)

Was das von dem Forstmeister von Drais nachgesuchte Monopol wegen Erfindung seiner Fahrmaschine und die nachgesuchte Geldunterstützung zur schnellern Herstellung eines bessern und schönern Exemplares anbetrifft, so müssen wir für ihn den Nutzen eines solchen Monopols, und ebenso auch die weitere Vervollkommnung bei Unternehmung einer 2-ten Maschine, insofern diese nicht durch Hilfe anderer als menschlicher Kräfte betrieben werden sollen, bezweifeln; indem fürs erste der bei seinem Fahrwerke angebrachte Mechanismus kein Geheimnis ist und fürs andere eine solche Maschine, wenn sie durch menschliche Kräfte getrieben werden soll, keinen viel größern Nutzen, als höchstens ein jedes andere Fuhrwerk, das durch einen Menschen gezogen wird, haben kann. Wir müssen es daher einem höhern Ermessen gehorsamst anheimstellen, wie weit dem Forstmeister v. Drais sein untertänigstes Gesuch genehmigt und ob demselben nicht etwa ein regale (Hoheitsakt) von einer goldenen Medaille zu seiner zukünftigen Aufmunterung für seine Tätigkeit gnädigst bewilligt werden wolle.

Karlsruhe den 17ten Dezember 1813   Weinbrenner Tulla

Dieses vernichtende Plädoyer hat natürlich unausgesprochen zum Hintergrund, daß ein Staatsdiener gar kein Monopol bekommen soll. In jener Zeit, wo man sich ungern allen sichtbar für die eigene Fortbewegung abmüht – lieber läßt man sich von zwei Lakaien in einer Sänfte tragen - kennt man eigentlich nur zwei Nischen für die Anwendung von Muskelkraft
• Invaliden- und Krankenfahrstühle mit Handantrieb
• Garten-Phaetons für die sorgfältig geharkten Kieswege, um Pferdemist zu vermeiden.
Da Weinbrenner mit Drais-Vater bekannt ist – er hat ihm während dessen Zeit als Karlsruher Polizeidirektor das neue Armenhaus mit Rumford-Suppenküche gebaut – ringt man sich immerhin dazu durch, einen Trostpreis anzuregen. Doch das Gesuch und selbst der Trostpreis werden nach vier Monaten abgelehnt. ❧

Johann Gottfried Tulla, vom Herrscher zum Salineinspektor Langsdorff in Gerabronn zur Ausbildung gesandt, dann Reisen und Hofkarriere. Planer der Rheinkorrektur, die heute z.T. wieder rückgebaut wird

Genau solch ein Londoner Gartenphaeton fuhr der pfälzische Kurfürst Carl Theodor bis 1777 im Schwetzinger Schloßgarten – Karl Drais kann es dort nicht mehr gesehen haben. (Ginzroth 1817) Details und Drais' Kritik daran auf den nächsten Seiten.

So sah es aus: Das Schwetzinger
Gartenwäglein

Karl Drais' Kritik:
Zwar gab es schon früher Versuche, ein Fuhrwerk durch Maschinerie vorwärts zu bewegen; aber diese Maschinerie war schwerfällig in Überwältigung der Friktion, kompliziert und daher noch nie für einen merklichen praktischen Gebrauch tauglich.

Das Schwetzinger Gartenphaeton von 1765, heute im Deutschen Museum in München ausgestellt, ist ein gut dokumentiertes Beispiel *(Ginzroth 1817)*, auch wenn es Drais nicht kannte. Rückholfedern und jede Menge Reibung (Friktion) sorgen für Mehrarbeit!

Schwetzingen war damals Sommerresidenz des kurpfälzischen Herrschers Carl-Theodor. Er bestellte das Gartenphaeton 1765 in London und ließ dann die Gärten topfeben anlegen, wobei man einen vorzeitlichen Grabhügel aufdeckte. Als er 1778 Bayern erbte, wanderte auch das Gartenphaeton in die Münchner Wagenburg.

Dieses Wägelchen, welches ohngefähr vor 50 Jahren in *London* von einem Künstler, Namens *Jackmann*, verfertigt worden, und mit vieler Feinheit und Leichtigkeit ausgearbeitet ist, verdient vor andern selbstlaufenden Wägelchen besonders aufgezeichnet zu werden; da selbes noch wohl erhalten ist, so war es dem Verfasser ein leichtes, die äussere Gestalt genau nachzuzeichnen, und dabey den Maßstab zu 5 Schuh 6 französischer Zoll genau anzudeuten, woran man sich genau halten kann, wenn man ein ähnliches Wägelchen bauen wollte. —

Das offene Kästchen ist ganz nach angezeigter Form, und die vier unteren Ende desselben endigen sich in vier stählerne Federn von zwey Blättern wie die Tab. CXLII. Fig. 1. bezeichnet. Die innere Garnirung kann mit Tuch oder feinem Safian bezogen werden, die Tafeln um den Kasten sind von feinen Meerröhrchen geflochten, übrigens hat das Gestell keine Langwiede, statt der, die vier Stahlfedern den Kasten und Gestell zusammen halten. Die eiserne Stütze mit einem Griff Fig. 3. dient der im Kasten sitzenden Herrschaft, das Vordergestelle anstatt mit der Deichsel hin- und herwenden zu können.

Fig. 4. ist das hintere schwarze Küfferchen, worin die einfache Mechanik verschlossen ist, welche das ganze Wägelchen mittelst der Kraft des Treibers in Bewegung setzt. Die Farbe dieses Wägelchens ist grün, und die Leistchen vergoldet, die vier Räder sind sehr fleissig und ausnehmend leicht gearbeitet, und das hintere linke Rad steckt fest an der viereckigten Spindel der hinteren Achse. —

Fig. 5. stellt die zwey Tretthebel vor, worauf der Bediente hinter dem Chaisenkasten steigt, um ihn voran zu treiben, die zwey breiten Teller, worauf die Füsse ruhen, sind mit den grossen hölzernen Scheiben mittelst eines in der Furche laufenden Stricks oder ledernen Riemens verbunden, so, daß der Diener trachten muß, den einen Fuß immer an sich zu ziehen. so wie er den anderen ausdehnt; sobald als der Diener auf den hintern flachen Theilen des Wägels steht, so läuft dieses Fahrwerk schon voran, und wie er mit dem anderen Fuß auftritt, so dreht sich auch die zweyte Scheibe mit der nämlichen Wirkung, wie die ersten.

Fig. 2. zeigt die eine hölzerne Scheibe mit dem Fußtritt Nro. 2. an dem Strick oder Riemen, 4. 4. wie er an beyden Enden befestiget ist. Fig. 5. der lederne Riemen, der auf einer Stelle 6 auf beyden Scheiben hin und her, zwischen den doppelten Schienen Nro. 7. spielt.

Fig. 8. zeigt die eiserne Schiene, womit die Enden des Riemens Fig. 5. an die Scheibe befestigt sind; Fig. 9. ist die kleine Stahlfeder, welche auf den Einfallhacken Nro. 10. des mittleren Zahnrades aufdrückt, wie auf Fig. 11. bezeichnet ist; Fig. 3. ist der Bodenplan eben des erwähnten hintern Küstleins, welches nebst der Achse und den Rädern das nämliche enthält wie Fig. 2., nur von einer anderen Ansicht, nämlich im Vogelflug genommen, alle anderen Zahlen treffen aber vollkommen mit jenen von Fig. 2. ein.

Fig. 11. ist die Achse durchaus genommen, wovon das eine Ende auf der rechten Seite hinten eine rund gedrehte Spindel hat, und sich dieses rechte Rad vor und rückwärts dreht; die Spindel aber auf der linken Seite ist viereckigt, steckt fest in der Nabe, und dreht sich mit ihr.

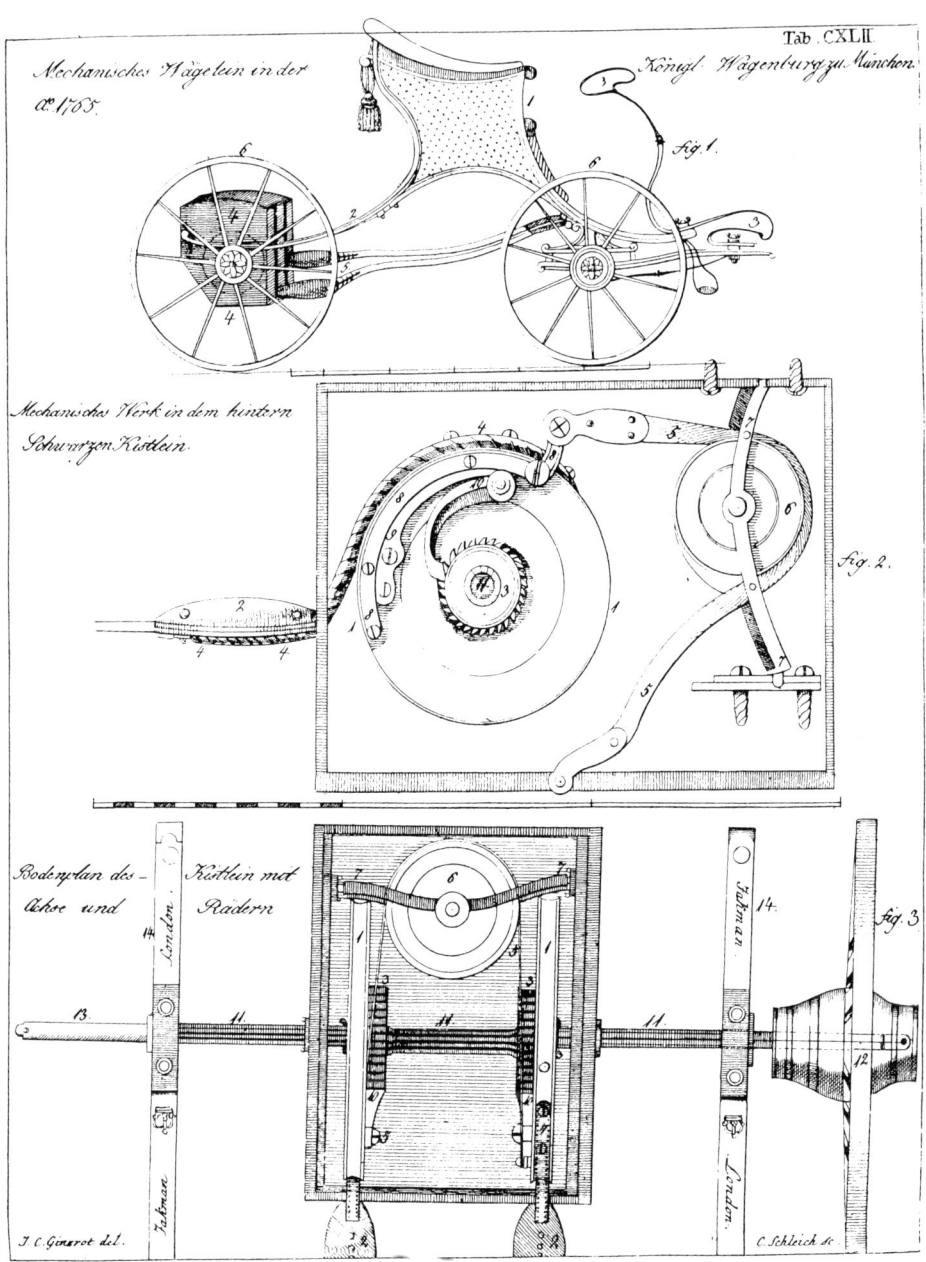

Tab. CXLII

Mechanisches Wägelein in der
Aᵒ 1785.

Königl. Wagenburg zu München.

fig. 1.

Mechanisches Werk in dem hintern
Schwarzen Kistlein.

fig. 2.

Bodenplan des   Kistlein mit
Achse und   Rädern

fig. 3.

J. C. Ginerot del.

C. Schleich sc.

1765

123

„C'est bien ingénieux!"

Während die Gutachter ihr Verdikt schon abgeliefert haben, führt Karl Drais die Fahrmaschine in Karlsruhe dem Zaren Alexander vor – im Garten von dessen Schwiegermutter Amalie. Er bekommt den Tip, sie beim kommenden Friedenskongreß in Wien den Fürsten vorzuführen, worauf Drais die Fahrmaschine II bauen läßt.

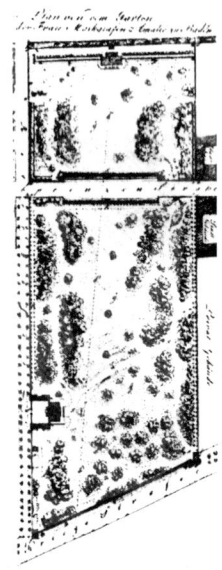

K arl Drais weiß noch nichts von der Ablehnung seines Gesuchs, die ihm erst im März des nächsten Jahres mitgeteilt wird, sondern führt weiter die Fahrmaschine in Karlsruhe vor. Großherzog Carl I. und die Großherzogin Stephanie haben diese bereits gesehen, jetzt entnehmen wir dem Badischen Magazin, daß er auch vor dem auf Besuch weilenden Zar Alexander I. eine Demo fahren läßt. In Frage kommt hierfür eigentlich nur die Gartenanlage der Markgräfin Amalie, dessen Schwiegermutter („Europas") und die Woche zwischen 3. und 4. Aventssonntag. Deren zweite Tochter Luise war 14jährig mit dem zwei Jahre älteren künftigen Zaren Alexander verheiratet worden. Nach Übertritt zum orthodoxen Glauben nannte sie sich Jelisavjeta Aleksejevna, gebar keinen Thronfolger, worauf der Zar sich andere Frauen

Technische Erfindung und Ehren-Auszeichnung.

Der Kammerjunker und Forstmeister Freyherr v. Drais hat seinen erfundenen Wagen, der ohne Pferde durch den auftretenden Menschen getrieben, leicht und schnell hinläuft — wie schon vorhin unserer Landesherrschaft — so jetzt Ihrer Majestät dem Kaiser von Rußland vorgeführt. Der Monarch hatte daran Wohlgefallen, verlangte am folgenden Tage die nochmalige Vorzeigung; äußerte « c'est bien ingénieux » und sandte dem Erfinder einen brillantenen Ring „für das Vergnügen, welches „Ihrer Kaiserl. Majestät damit gemacht worden sey."

suchte. Während sein Vater, mit einer württembergischen Prinzessin verheiratet, Württembergs Gebietsansprüche unterstützte, fördert der Sohn jetzt diejenigen Badens.

Die Aussicht auf den Wiener Kongreß beflügelt Karl Drais, den verbesserten Prototypen herzustellen. Diese Fahrmaschine II unterscheidet sich von der Fahrmaschine I vor allem darin, daß die Hinterachse zur Kurbelwelle geschmiedet ist, in die der zweite Insasse direkt mit den Füßen tritt. Dadurch kann er ebenfalls in Fahrtrichtung blicken, wogegen er in der Fahrmaschine I nach hinten schauen mußte. *Die glatt polierte Achse läuft an gewissen Stellen in messingenen Büchsen.* Solche präzise Schmiedearbeit, die mehrfach in Messing gelagert läuft, war wohl nur bei der Schlaffschen Wagenfabrik in Rastatt zu bewerkstelligen. Drais' Beschreibung der Fahrmaschine II erscheint dann wegen der unregelmäßigen Erscheinungsweise mit langem Vorlauf erst 1816 im Neuen Magazin aller neuen Erfindungen, Entdeckungen und Verbesserungen, aber geschrieben hat er dies sicher vor seiner langwierigen Reise nach Wien, immerhin 1600 km hin und zurück, sonst hätte er die Zeitungsberichte von dort sogleich angeführt. Wie seine heutigen Kollegen läßt er sich dann in Mannheim von diesem Artikel einen Sonderdruck anfertigen, in der Druckerei des karitativen Bürgerhospitals, und hier trägt er nun einen Hinweis auf das *Morgenblatt für die gebildeten Stände* handschriftlich nach (siehe dort).

Da der direkte Kurbelantrieb mit dem der heutigen Fahrräder vergleichbar ist, können wir im nachhinein angeben, wie groß die Räder hätten sein müssen, um mit dem leichten Tritt des modernen Fahrrads gleichzuziehen. Diese Frage der richtig dimensionierten Abwicklung - 7 Meter pro Kurbeldrehung - hat mehr als fünfzig Jahre zu ihrer Beantwortung gebraucht- dazu hätten die Räder mehr als 2 Meter Durchmesser haben müssen. Drais nennt die Fahrmaschine später einmal „seinen großen Wagen", aber daraus lassen sich übermannshohe Räder nicht zwingend ableiten. Vielleicht aber hat ihn die Beobachtung, daß sich die Fahrmaschine leichter schieben als treten ließ, ein Stück weiter gebracht. ❧

Zar Alexander I. *(Archiv Lessing)*

Unten:
Titelseite von Drais' Sonderdruck über Fahrmaschine II mit Fußkurbelantrieb.
(Institut für Stadtgeschichte Frankfurt)

Wörtlicher Auszug
aus dem
Neuen Magazin
aller neuen
Erfindungen, Entdeckungen
und
Verbesserungen,

herausgegeben von

dem Königlich Preußischen Herrn Geheimen Rath
D. Sigismund Friederich Hermbstädt,
dem Herr Professor der Therophie zu Leipzig ꝛc. ꝛc.
D. Carl Gottlob Kühn,
dem Herrn Professor der Mathematik ꝛc. ꝛc. zu Frankfurt,
D. Johann Heinrich Moritz Poppe,
und
dem Herrn Director einer Buchhandlung zu Leipzig,
D. Friederich Gotthelf Baumgärtner.

Dritter Band.
Drittes Stück.

Mannheim,
gedruckt mit Burgerhospitals-Schriften.

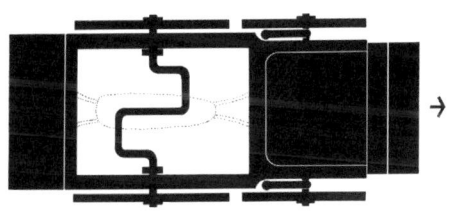

Rekonstruktionsversuch der Fahrmaschine II (Draufsicht)

Nach Wien zum Kongreß

Während die Fürsten um Napoleons Hinterlassenschaft schachern, führt Drais seine Fahrmaschine II vor und kommt in die Zeitung. Doch der Riesenaufwand für die Reise war umsonst, denn die Fürsten hatten ihre sachkundigen Feldzeugmeister zuhause gelassen.

In Ulm werden die Zillen mit Blockhaus für die Einwegfahrt nach Wien zusammengebaut
(Archiv Lessing)

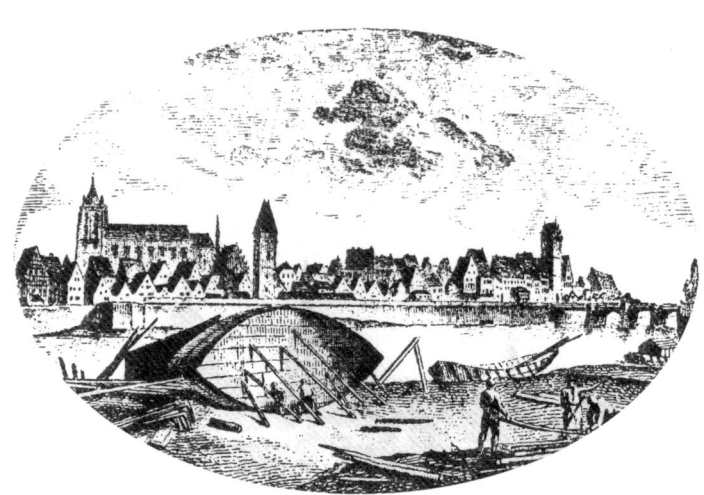

Im März 1814 erhielt Drais schließlich die Ablehnung seines Gesuchs vom Neckarkreisdirektorium mitgeteilt – das Wort Privileg kommt dabei gar nicht vor: Indiz für die Unverträglichkeit des Ansinnens mit seinem Status. Also Unterstützung bei Hofe verloren, aber einen sachverständigen Freund gewonnen, den studierten Technologen Johann Heinrich Moritz Poppe (1776-1854), der damals Gymnasialprofessor in Frankfurt war und dort die Gesellschaft zur Förderung der nützlichen Künste gründete. Als Redakteur fürs Leipziger *Neue Magazin* hatte er den Artikel über die Fahrmaschine aufgenommen – lange genug hat's ja gedauert. Zu der *ausführlichen, mit genauen Abbildungen begleiteten Beschreibung* wird es allerdings nicht mehr kommen, weil sich Drais' Innovationstempo überstürzt. Aber erstmal will er zum Wiener Kongreß reisen und braucht dazu Beurlaubung vom Dienstherrn, die ihm gewährt wird.

Die Reise nach Wien im Juli 1814 erfolgte vermutlich ab Ulm auf der Donau per *Ulmer Schachtel*, einem Holzfloß, das am Zielort zerlegt und als Baumaterial verkauft wurde. Viele Kongreßteilnehmer schifften sich auch wei-

ter flußabwärts in Günzburg ein. In Wien wurde er vermutlich beim kaiserlichen Feldzeugmeister Baron Nicolaus Vay von Vaja gastlich aufgenommen, einem Bekannten von Drais-Vater aus dessen Referendarszeit am dortigen Reichgericht (Drais-Vater hatte Frau Vay von Vaja an- und sie zurückgedichtet, *W. Drais 1811*).

Die Vorführungen dort trugen ihm eine Abmahnung seiner Vorgesetzten ein, denn Plakatanschläge kündigten an, daß er ein Eintrittsgeld verlangen wollte, und Beobachter berichteten nach Karlsruhe, daß er dabei in der Dienstuniform auftrat. Mit solcher Reaktion des Dienstherrn müßte auch heute noch etwa ein Polizeibeamter rechnen, der in Uniform Motorradvorführungen macht und ein Eintrittsgeld kassiert, das nicht einer wohltätigen Organisation zufließt. Der Tip von Zar Alexander stellte sich bald als ziemlich ungeeignet heraus, denn die Fürsten Europas kamen wegen der hohen Politik zum Wiener Kongreß und hatten ihre Feldzeugmeister, die über den Fuhrpark entscheiden, nicht mitgebracht – also von da keine Resonanz. Also bittet Karl Drais um Urlaubsverlängerung, wozu Drais-Vater klug noch ein günstiges Schreiben beilegt – natürlich vom kaiserlichen Feldzeugmeister an Karl Drais im September 1814: *Da ich die Erfindung einer Fahrmaschine von Euer Hochwohlgeboren mit besonderem Vergnügen gesehen habe und glaube, daß ein reeller Nutzen dadurch entstehen kann: so rate ich Ihnen die*

Ankunft unseres Allerhöchsten Monarchen hier abzuwarten, ja so lange hier zu verbleiben, bis Euer Hochwohlgeboren das Glück haben können, diese Maschine Seiner Majestät dem Kaiser zu produzieren (vorzuführen).

Ob es zur Vorführung vor Franz I. kam, ist nicht überliefert, wohl aber ein Tagebucheintrag des k.u.k. Rechnungsoffiziers Mathias Pereth am 30.10.1814: Vormittags kam ich heute zu einem imposanten, seltenen Spektakel. Ich befand mich auf dem Burgplatze, wo eben die Wachen ablösten. Auf einmal lief das Volk dem Schweizerhofe zu; ich folgte unwissend, was die Ursache sei. Plötzlich rollte ein schöner, vierrädriger offener Wagen ohne Bespannung zum Tore hinaus und fuhr mit außerordentlicher Schnelle über den Burg- und Michaeler Platz. Im selben saßen zwei Personen, welche den Wagen dirigierten. Ein hier anwesender Mechanikus hat denselben erfunden und hofft, in Wien einen Käufer zu finden. Nach seiner Ankündigung können denselben zwei Menschen durch Ebenen und Hügel nach Gefallen rechts und links fahren und umwenden. Vom Kohlenmarkte an fuhr der Wagen über den Graben, Stock im Eisen, Stephansplatz, Bischofsgasse und Roteturmstraße, bald sehr schnell, bald im Trabe, durch den Roten Turm, über die Schlagbrücke durch die ganze Jägerzeile nach dem Prater. Es gewährte auf jeden Fall einen ganz besonderen Anblick, einen Wagen, vor den keine Pferde gespannt sind, so schnell dahinrasseln zu sehen, und wäre vor fünfzig Jahren solch ein Wagen zu einem Dorf hineingefahren, die Bauern würden sich bekreuzigt haben und niemand hätte ihnen den Wahn benehmen können, daß diesen Wagen der Teufel regiere (Feldhaus 1910). Und immerhin ein Berichterstatter berichtet im Januar 1815 nach Hause seiner Zeitung:

Ist es heiter und freundlich, so geht man von 12 bis 2 Uhr auf die Bastey, wo sich die elegante und vornehme Welt vereinigt. Gewöhnlich erscheinen auch mehrere Souveraine, um sich im Freyen eine kleine Bewegung zu machen und frische Luft zu schöpfen; doch darf man den eignen Weg nicht über den Monarchen und schimmernden Damen vergessen, wenn man nicht in Gefahr seyn will, geädert zu werden, denn mit Blitzesschnelle kommt ein Wagen ohne Pferde und Deichsel von zwey Bedienten mit unglaublicher Leichtigkeit gelenkt, dahergefahren, und durchschneidet die Reihen der staunenden Menge. Horstig.

Die 800-km-Heimfahrt von Wien nach Mannheim mußte auf der Straße erfolgen, meist wohl mit Vorspannpferd. Das militärische Argument, in Kriegszeiten, wo die Pferde und ihr Futter oft selten werden, könnte ein kleiner Vorrat solcher Wagen bei jedem Corps wichtig sein, griff bei den Mächtigen noch nicht, die bisher darauf gebaut hatten, die Pferde-Fourage der Landbevölkerung abzupressen. Karl Drais und Drais-Vater waren nicht über die übliche militärische Laufbahn in Fürstendienste gelangt. Sie verfügten daher im Gegensatz zu Drais-Onkel und Drais-Vetter nicht über militärische Kompetenz. Aber die Mißernten waren real, und es sollte noch viel schlimmer kommen. ❦

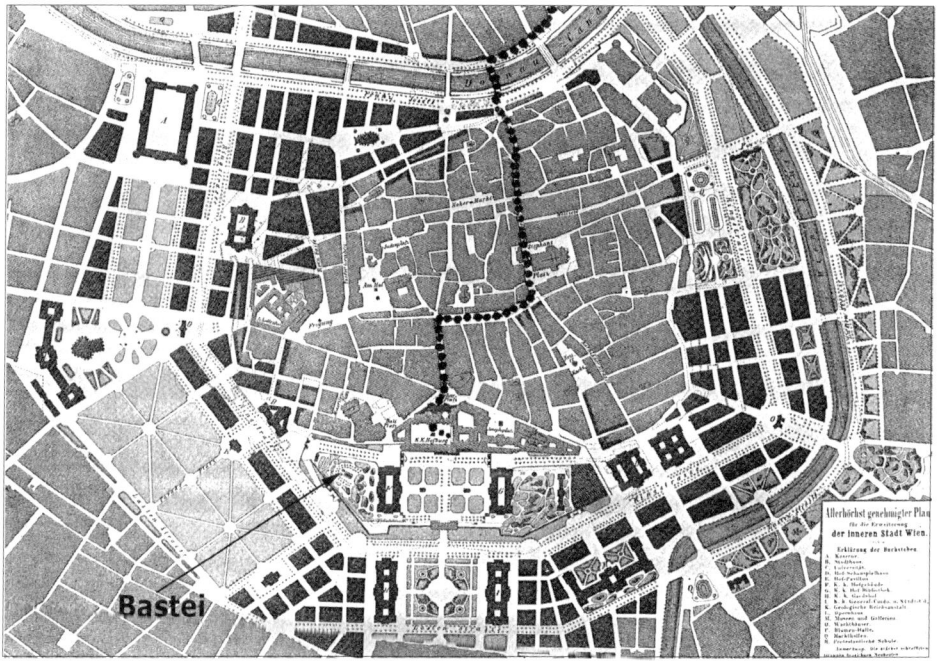

Bastei

1815

Schlimmer als Krakatau

Der GAU des Vulkanismus, die Stauberuptionen des Tambora auf den indonesischen Sunda-Inseln im Jahre 1815, brachte 50.000 Insulaner ums Leben und bescherte ein Jahr später der nördlichen Hemisphäre einen Schneesommer.

Vom Ausbruch des Tambora gibt es kein Bild; hier Vulkaninsel Ferdinandea im Mittelmeer 1831 *(Archiv Lessing)*

Die ersten Detonationen des Ausbruchs wurden auf Java am 5. April abends vernommen. Man schrieb dieselben im ersten Augenblick allgemein entfernten Kanonenschüssen zu und dies mit solcher Überzeugung, daß eine Truppenabteilung von Djakarta aufbrach, weil man befürchtete, ein benachbarter Militärposten wäre angegriffen worden. An verschiedenen Stellen wurden Schiffe ausgeschickt, um anderen, deren Notschüsse man gehört zu haben glaubte, Hilfe zu bringen. Ein schwacher Aschenregen, welcher am folgenden Morgen fiel, entfernte jedoch schnell alle Zweifel über die Ursache jener Detonationen. Wobei es merkwürdig bleibt, daß während der Dauer des Ausbruchs das erwähnte Getöse so sehr in der Nähe zu sein schien, daß man in jedem Bezirk es in der Nachbarschaft suchen zu müssen glaubte. Am 6ten fing die Sonne an, verdunkelt zu werden; sie hatte überall das Ansehen, als ob sie in dichten Nebel gehüllt wäre... Am Abend des 10ten wurden die Schläge lauter und häufiger; die Luft östlich von Cheribon wurde von der fallenden Asche ganz schwarz... In den mehr östlich gelegenen Teilen der Insel war das Getöse wahrhaft schreckenerregend, es wiederholte sich häufig den 11ten hindurch und zwar mit solcher Heftigkeit, daß die Gebäude sichtbar erschüttert wurden...Am 12ten mußte man zu Solo schon um 4 Uhr nachmittags Lichter anzünden; zu Mágelan in Kèdu konnte man in einer Entfernung von dreihundert Ellen keine Gegenstände mehr erkennen. Zu Grèsik und in anderen östlicher gelegenen Bezirken war es den größten Teil des Tages so dunkel wie bei Nacht.

Der britische Leutnant Owen-Phillips beschreibt die Folgen auf der Insel Sumbawa: *Es ist traurig anzusehen, in welchem Zustand des Elends die Bewohner derselben gebracht sind. Noch immer stieß man auf Leichen, die längs der Straße auf den Feldern lagen und auf Hügel, unter denen viele andere verscharrt waren. Die Dörfer zeigten sich ganz verlassen, die Häuser in Schutt verfallen, und die Menschen irrten umher, um sich Nahrung zu suchen. Der Radscha von Sang'ir kam, mir einen Besuch zu machen, nach Dompo. Er scheint nach seiner Erzählung, daß in seinem Bezirk die Not des Volks noch weit größer sein muß als in Dompo. Die Hungersnot war so groß, daß eine seiner eignen Töchter vor Hunger starb. Ich verehrte ihm drei Koyans Reis (10.000 holländische Pfund), worüber er sehr dankbar gerührt zu sein schien... Gegen sieben Uhr am Abend des zehnten Aprils – so erzählte der Radscha – brachen drei gesonderte Flammensäulen nahe bei dem Gipfel des Bergs Tambora hervor... jede derselben erhob sich für sich zu einer be-*

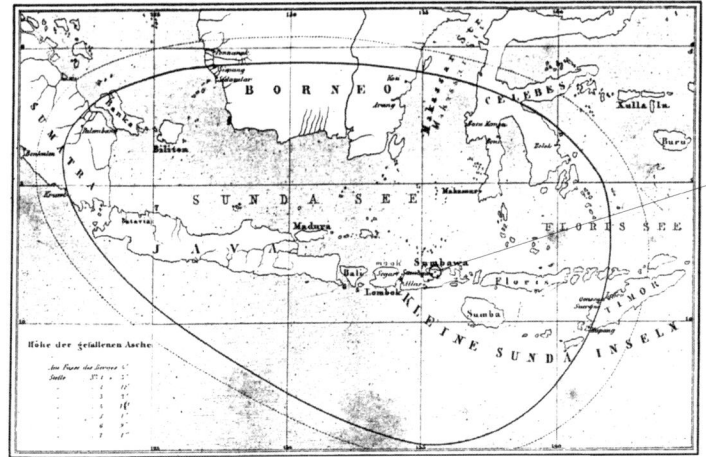

Ascheteppich des Tambora
(Junghuhn 1853)

**Tambora
auf Sumbawa**

trächtlichen Höhe, wo alsdann ihre Spitzen sich in der Luft vereinigten und auf eine unordentliche Weise zusammenflossen. Wenige Minuten nachher schien sich der Berg auf der Seite in eine Masse flüssigen Feuers zu verwandeln und nach allen Richtungen auszudehnen. Dieses Feuer und die Flammensäulen tobten mit ungeschwächter Wut, bis um acht Uhr die Glut von der Masse der ausgeworfenen Gegenstände ganz verfinstert wurde... Zwischen neun und zehn Uhr fing es an, Asche zu regnen, und zugleich erhob sich ein fürchterlicher Wirbelwind, welcher fast alle Wohnungen niederstürzte und die leichteren Teile mit sich davon führte. Nächst dem Tambora riß er die stärksten Bäume mit der Wurzel aus und führte sie, sowie Menschen, Pferde, Ochsen und was sonst in seine Gewalt kam, mit sich in den Lüften dahin. Dieser Umstand erklärt denn auch die unendliche Menge von Treibholz, womit das Meer bedeckt gesehen wurde. Das Meer stieg beinahe zwölf Schuh höher, als man jemals es hatte steigen gesehen hatte, entführte die Reispflanzen von den wenigen Feldern und schwemmte Häuser und alles, was die Flut erreichen konnte, hinweg. 12.000 Insulaner erlitten den Hitzetod, 44.000 starben in der durch Ernteausfall bedingten Hungersnot.

Der Geologe Stewart aus Edinburgh besuchte das Areal und berichtete: *Der Schlund des Kraters warf eine unermeßliche Menge eines braungefärbten Bimssteins aus. Große Felder von diesem Produkt, vermischt mit abgeschälten Baumstämmen und Ästen, trieben in dem benachbarten Meere und wurden bis an die Küsten von Bali, Java oder Celebes von den Wellen fortgetrieben. Diese Massen wurden sogar der Schiffahrt hinderlich, ja gefährlich. Das Postschiff geriet zwischen eine Menge dieser Bimsstein- und Holzfelder und war genötigt, die freie See zu suchen: einige der Baumstämme hatten einen Durchmesser von 6 Fuß und eine außerordentliche Länge (Raffles 1817).* Der Geologe Fritz Junghuhn ermittelte die von Asche bedeckte Umgebung als ein Areal von ein Viertel der Fläche Europas. Berechnungen des Vulkausausstoßes ergaben zwischen 100 und 300 Kubikkilometer – entsprechend einem Würfel von 6 km Kantenlänge! Schon ab Mitte Mai wurden in London purpurrote Sonnenuntergänge und helles Dämmerlicht für den Rest des Jahres beobachtet – erste Vorboten der Staubausbreitung in der nördlichen Hemisphäre. ☙

Eine Zwischenbilanz

Während der Vulkanstaub der in Europa unbeachteten Tambora-Eruption das Klima verschlechtert, druckt Drais-Förderer Poppe eine Würdigung von dessen bisheriger Erfindertätigkeit ab.

Rechts oben: Seite aus Poppes Gutachten vom Februar 1817 mit Prinzip des Periskops

Rechts unten: Drei Jahre später Inserat im *Badwochenblatt* vom 24.7.1820

Links unten: Aus dem *Neuesten Magazin* 1816

Johann Heinrich Moritz Poppe
(1776-1854) *(Stadtarchiv Frankfurt)*

XV.

Chronik neuer Erfindungen und Verbesserungen.

1. Der durch ein glückliches mechanisches Talent sich auszeichnende, auch als scharfsinniger Mathematiker bekannte Großherzogl. Badische Kammerjunker und Forstmeister Karl Freiherr von Drais in Mannheim hat seit einiger Zeit folgende nützliche Erfindungen gemacht, wovon die Fortsetzung unsers Magazins nach und nach ausführlichere Beschreibungen liefern wird.

a) Eine neue Methode viel schneller zu schreiben, als es bei der bis jetzt gewöhnlichen Art möglich war.

b) Eine sehr gute und schnell zu schreibende Geheimschrift.

c) Eine wohlfeile und zweckmäßige Tauchermaschine.

d) Eine Schießmaschine, welche weiter reicht, als alle bisherigen Maschinen dieser Art, welche die Körper scharf durchdringt, wegen der Höslichkeit des Pulvers, Metalls und Transports wohlfeil, und zugleich in der Wirkung schnell ist.

2. Schon vor 6 Jahren machte sich Herr von Drais durch eine allgemeine Auflösung aller möglichen Wurzeln der numerischen Gleichungen jedes Grades verdient, welche selbst nach dem Urtheile des berühmten Langsdorf die vollkommenste genannt werden darf, die man für numerische Gleichungen hat. Vor 3 Jahren erfand er auch eine neue Maschine, wodurch Phantasien auf dem Klavier sich zugleich in Noten aufschreiben. Diese Maschine hat vor den frühern Hoßfeldschen den Vorzug, daß sie ganze Musik-Kompositionen mit Takt, Forte und Piano so vollkommen und ohngefähr auf dieselbe Art aufschreibt, wie es die verbesserte Tonschriftsprache des Doctors Krause zu Dresden angiebt.

3. Vor 3 Jahren stellte Herr von Drais auch mit Vollständigkeit ein Dyadisches Rechensystem, oder eine solche Charakteristik auf, welche sehr einfach Alles durch zwei Zeichen ausdrückt. Er hat dieses System in einem eignen kleinen Werke beschrieben.

4. Der geschickte schon durch seine trefflichen Automaten bekannte Künstler Maillardet in Neuschatel hat ein Perpetuum Mobile erfunden haben. Es besteht aus einem Rade, an dessen Peripherie beweglich halb mit Quecksilber gefüllte Röhrchen angebracht sind, die sich oben centrifugal werfen, unten aber durch eine einfache Vorrichtung eine entgegengesetzte Richtung bekommen.

Wir wüßten nicht, wie es nach der Rückkehr aus Wien mit den Erfindungen von Karl Drais weiterging, wenn ihn nicht Johann Poppe als Redakteur mit einer Nachricht im *Neuen Magazin aller neuen Erfindungen, Entdeckungen und Verbesserungen* ausgezeichnet hätte, und zwar gleichzeitig mit dem um zwei Jahre verspäteten Beitrag über die Fahrmaschine II. Darin sind die Methode, schneller zu schreiben und die Geheimschrift wohl Zeichen für Drais' Verehrung durch Bürmann. Über seine Tauchermaschine und Schießmaschine ist nichts weiter bekanntgeworden – ersichtlich bezeichnet er alle Erfindungen als Maschine für einen bestimmten Zweck. Zu letzterer schreibt er später: *Diese wie andere Erfindungen für Krieg hat derselbe seit dem letzten Krieg in Deutschland von 1815 bei vollführten Experimenten noch als Geheimnis verwahrt und nur einem der Herren Mitverfasser des Magazins* (also Poppe) *als Geheimnis anvertraut (Drais 1838).* Offenbar hat er sich bei den Schießübungen der Landwehr, zu der er sich Ende 1813 gemeldet hatte, Gedanken gemacht, diese aber nicht an die große Glocke gehängt. War Drais am Ende eher pazifistisch eingestellt?

Ab Mitte 1816 versuchte Drais eine Erfindung für die Schiffahrt, nämlich *stromaufwärts zu schiffen, für stark strömende Flüsse,* an die Staaten Bayern und Österreich zu verkaufen. Todsicher war dies ein Nebenergebnis seiner Fahrt nach Wien, die er höchstwahrscheinlich auf der Donau zurücklegte, während die Rückfahrt auf dem Wasser gegen die Strömung nicht möglich war – und Bayern und Österreich waren die Anrainerstaaten. Wie das funktionierte ist nicht mehr festzustellen, da Drais mangels auch des rudimentärsten Urheberschutzes nicht riskieren wollte, die Erfindung offenzulegen. Das Paradoxe an der Situation der damaligen Erfinder zeigt sich daran, daß dann beide Staaten mangels Begutachtungsmöglichkeit das Gesuch ablehnten – was sie vermutlich auch getan hätten, wenn die Erfindung mitgeteilt worden wäre, z.B. um dann ein Landeskind damit glücklich werden zu lassen. Drais hatte einen Vertrag vorgeschlagen, wonach er auf seine Kosten ein Modell auf dem Rhein (also zuhause in Mannheim) erproben und bei Erfolg einen Staatsauftrag für einen Protoyp erhalten wollte *(Rauck 1983)*. Er erklärt immerhin: *Die erforderliche Hauptkraft wird durch das Herabfließen des Wassers selbst bewirkt, und man braucht daher statt vielen schweren Pferden höchstens nur 2 leichte, bloß zum Transport von Requisiten für die ganze Partie von Schiffen.* Die vorige Methode, auf die er sich bezieht, waren wohl Versuche *des deutschen Prinzen Rupert aus dem pfälzischen Hause, der auf der Themse Schiffe durch Schaufel- oder Ruderräder gegen den Strom antrieb, die er mittels Pferden, die auf seinen Schiffen waren, in Bewegung setzen ließ (Ginzroth 1830).* Möglicherweise ging es bei Drais um das später für Standseilbahnen realisierte Prinzip, das talfahrende Fahrzeug über Seil und Umlenkrolle in der Bergstation das bergfahrende hochziehen zu lassen – wobei für eine Folge von Schiffen bei Zwischenhalten das Rollensystem immer wieder versetzt werden müßte.

Ende 1816 richtet Drais ein Privilegiengesuch an den Senat der Stadt Frankfurt – von den badischen Behörden erwartet er wohl nichts Gutes mehr. Vielleicht spielte auch eine Rolle, daß hier Poppe als Gutachter infrage kam, der allerdings im Vorfeld schon abgewinkt hatte und dann den Senat bat, das Gutachten anonym liefern zu dürfen, um seinen Freund nicht zu vergrätzen. Drais sandte dies von Freiburg ab – war er wieder als Beilehrer an Drais-Onkels Forstlehrinstitut, jetzt in Freiburg, winterlich tätig? Wie auch immer, das Erhöhungsperspektiv, um vermöge zweier Spiegel über ein Hindernis hinwegzusehen, z.B. im Theater über den Sitzriesen vor sich, wurde abgelehnt. Drei Jahre später inseriert er dies in den *Mannheimer Tageblättern* und im *Badwochenblatt* der Stadt Baden-Baden. ❧

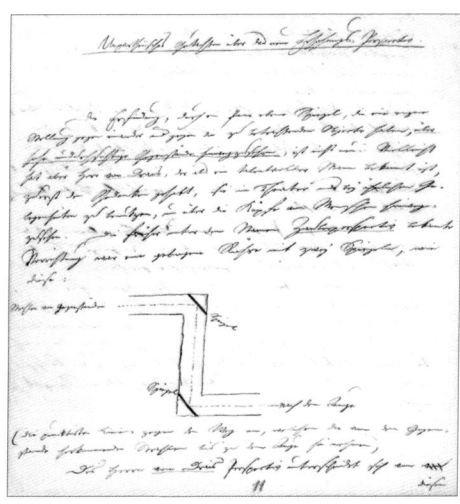

Erhöhungs=Perspectiv,
erfunden von Carl Freiherrn v. Drais, Erfinder der Draisine ꝛc. ꝛc.

(Character.) Mittel, durch verhältnißmäßig hohen und engen Raum, über Hindernisse weg, verhältnißmäßig der Entfernung der zu betrachtenden Gegenstände, viel weitern Raum zugleich übersehen zu können.

(Beyspiel.) Es ist schon ausgeführt ein Rohr in der Form eines Stockes, ohngefähr 1¼ Zoll dick und 3 Schuh hoch, durch welches man über dazwischen befindliche Hindernisse weg, nicht nur 2½ sondern 22½ Grad des ganzen Horizontes zugleich übersehen kann.

Der Erfinder behauptet, bey andern Rohren in dem Verhältniß noch mehr Raum zugleich übersehen zu können, wenn es verlangt wird, und ist geneigt, sich für die Lösung von Erfindungspatenten und größere Unternehmungen zu associren, wenn ihm annehmliche Anerbietungen dazu gemacht werden.

(Zwecke.) I. Für Volksversammlungen in Form eines Stockes, um auf ebenem Boden über die Leute selbst mit hohen Kopfbedeckungen wegzusehen.

II. Für Feldherren in viel größerem Maaßstab auf Wägen zu transportiren, um den Effekt der Augen viel höher zu bringen, als durch das Steigen auf eine doppelte Leiter ꝛc. ꝛc.

III. Für Schiffe in noch größerem Maaßstab, um unten in dem Schiffe so weit auf dem Meere herum sehen zu können, als ob man auf dem Gipfel des höchsten Mastbaumes säße.

IV. Für Häuser in sehr großem Maaßstab, um mittelst eines auch drehbaren Rohres durch die Höhe des Hauses in dem untersten Stock desselben fast ganz den nämlichen Effekt zu haben, als wenn man seine Augen weit über dem Haus erhaben hätte ꝛc. ꝛc.

Ebenfalls ins Jahr 1816 fällt die in einer vierseitigen Druckschrift veröffentlichte Verwandlungsmaschine von Karl Drais, ein Hilfsmittel für Feldmesser, von der nur das dem Frankfurter Gesuch beigelegte Exemplar bekannt ist: *Man kann durch diese kleine Maschine schnell ein Parallelogramm, wovon Grundlinie und Höhe gegeben sind, in ein Oblongum (Rechteck) verwandeln, wovon die eine Seite gegeben ist.* Hintergrund ist die Agrarreform, bei der wegen der zunehmenden Stallfütterung die Gemeindeweiden, die Allmende, unter die Bauern aufgeteilt wurden. Drais-Vater schreibt hierzu in seiner Geschichte Badens: *Der alte Rechtszweifel, ob, wenn Gemeinsglieder auf solch eine Allmend-Teilung klagen, die Größe der Portionen nach dem Güterbesitz oder nach der Zahl der Bürgerköpfe zu machen sei, wurde allmählich von den meisten deutschen Gerichten, und so auch von den badischen, bejahend für die letzte Meinung gelöst.* Die Idee gleichen Bürgerrechts für Arme wie Reiche hatte gesiegt. Also mußte nun eine Art Flurbereinigung stattfinden, Grundstücke nach Flächenmaß neu aufgeteilt werden.

Hierzu benutzt Drais den Höhensatz aus der Trigonometrie, der seit dem alten Griechen Euclid bekannt ist. Der Feldmesser kann auf dem Grundstücksplan mit zwei Zirkeln die Maße des zu verwandelnden Grundstücks abnehmen, dann noch die vorgegebene Seitenlänge des zu schaffenden flächengleichen neuen Grundstücks, und erhält ohne Rechnung die andere Seitenlänge des Grundstücks. Drais wird dies clevere Werkzeug bei seiner Englandreise in sechzehn Jahren im *English Mechanic* vom 23.6.1832 nochmals publizieren, und danach ist diese Methode am besten zu verstehen.

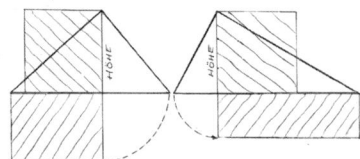

Der Höhensatz gilt nur für rechtwinklige Dreiecke, wobei die Seite gegenüber dem rechten Winkel Hypotenuse heißt, auf der wiederum die sog. Höhe senkrecht steht: *Das über der Höhe gezeichnete Quadrat ist flächengleich zum aus den Hypotenusen-Ab-*

schnitten gezeichneten Rechteck. Ein gleichhohes anderes derartiges Dreieck hat andere Hypotenusen-Abschnitte, aber das damit gezeichnete Rechteck ist ebenso flächengleich. Auf diesem Weg, über gleichhohe Dreiecke also, kann Drais Rechtecke (auch Parallelogramme oder selbst Dreiecke) flächengleich umwandeln. Das Instrument besteht aus nur drei Stücken von Holz oder Metall.

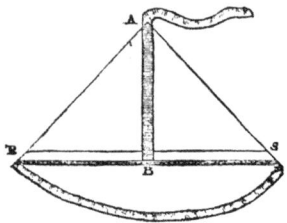

Ein rechtwinkliges, gleichschenkliges Dreieckbrett mit einer Nut AB senkrecht zur Hypotenuse und der Linie RS parallel zur Hypotenuse draufgemalt. An den Ecken sind Bänder zur Befestigung dieses unteren Dreieckbretts auf einem Tisch.

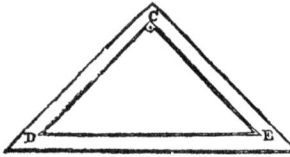

Ein oberes Dreieck derselben Größe gebildet aus drei Linealen, deren Flachkanten nach innen weisen. Die Seiten DC und CE haben als ihren Scheitelpunkt das   kleine Loch in C .

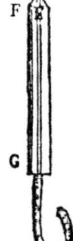

Ein Schieber, der genau in die Nut AB des unteren Dreieckbretts paßt. Wenn er in die Nut eingelegt wird, ist seine Oberfläche mit derjenigen des Dreieckbretts bündig. In seiner Mitte verläuft eine gerade Linie FG mit einem kleinen Loch bei F und einem bei G befestigten Band.

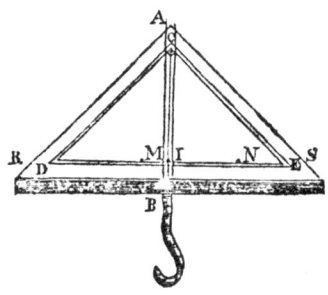

Oben das vollständige Instrument. Das obere Dreieck ist mit dem Schieber mittels eines Sifts durch die Löcher C und F verbunden, um welchen es sich drehen kann. Der Gebrauch geht folgendermaßen:

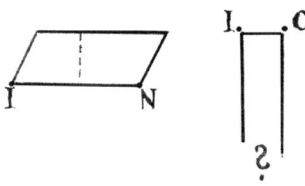

Die Höhe und die Basis des gezeichnet vorliegenden Parallelogramms, das in ein Rechteck mit vorgegebener Seitenlänge verwandelt werden soll, werden mittels zweier Zirkel abgegriffen. Dann wird die Spitze des einen Zirkels bei I aufgesetzt und die andere Spitze z.B. bei M eingestochen. Eine Spitze des anderen Zirkels wird ebenfalls bei I aufgesetzt und die andere Spitze z.B. bei N eingestochen.

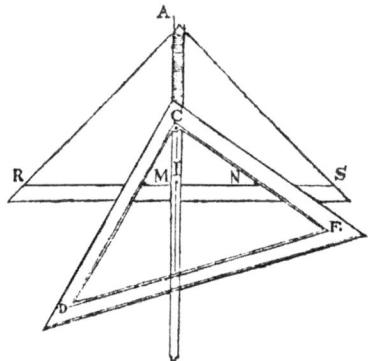

Jetzt werden die beiden Spitzen von I abgehoben und der Schieber mit dem oberen Dreieck herabgeschoben, bis dessen beide Innenseiten CD und DE die Zirkelspitzen in M und N berühren. Im Instrument gilt nun für die Strecken im so gebildeten Dreieck MNC:

$CI^2 = MI$ mal IN nach dem Höhensatz

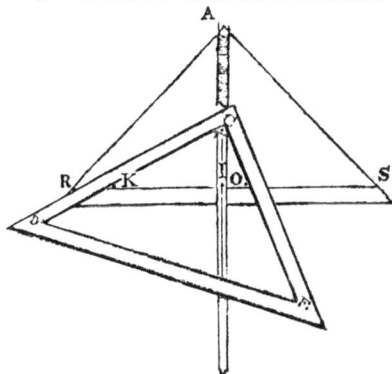

Wenn die vorgegebene Seitenlänge des neuen Rechtecks nun mit dem Zirkel von I aus als IO abgetragen wird und das obere Dreieck gedreht wird, bis dessen Innenseite CD durch den Punkt O läuft, schneidet die andere Innenseite die Linie RS z.B. im Punkt K, und dann muß KI die gesuchte Strecke sein, denn im so gebildeten Dreieck KOC gilt nach dem Höhensatz:

IO mal $KI = CI^2 = MI$ mal IN

Um die Hände frei zu haben, wird das untere Dreieck auf einem Tisch befestigt und das Schieberband am eigenen Körper, z.B. dem Gürtel, sodaß durch eine Körperbewegung der Schieber verschoben werden kann, ohne die Zirkel aus der Hand zu legen. Wenn die Dimensionen der Planvorlage zu groß sind, soll man diese in kleinere unterteilen, und auf einem Nebenpapier die Ergebnisse aufaddieren.

Den Herausgeber des *English Mechanic* wird dies Gerät 1832 überzeugen: *Wir empfehlen dieses Instrument der Aufmerksamkeit unserer Vermessungsfreunde (es ist von Mr. Cary erhältlich). Es scheint auf einem soliden Prinzip zu basieren und ist in der Praxis wohl von großem Nutzen.*

Manipulation.

A. Allgemeine Vormanipulation.

Man nehme, wo der Morgen Feld 160 Ruthen hat, nach dem verjüngten Maaßstab etwa 32° (nach Umständen auch 320° ꝛc.) in den Zirkel, trage diese von der Durchkreuzung der Schieberlinie mit der Linie a. b. auf dieser gegen eine Seite, etwa gegen a., und merke sich diesen Punct, mittelst einer kleinen Zuführungslinie für den Zirkel; danebst mache man auf ein Nebenpapier eine Parthie von Linien, welche gerade die Länge von 100° (nach Umständen 1000° ꝛc.) haben.

B. Manipulation der Verwandlung selbst.

Man nehme in jede Hand einen Zirkel, messe mit einem die Grundlinie, mit dem andern die Höhe eines Dreyecks, trage von c. dem Durchkreuzungspunct der Maschine eine Dimension gegen a., die andere gegen b., erhebe die Zirkel von dem Durchkreuzungspunct, und ziehe mit dem Leib den Schieber an, bis beyde Seiten des Rechtecks, an den beyden außern Zirkelspitzen — die bisher noch stehen geblieben sind — anliegen. Alsdann hebe man einen Zirkel ganz in die Höhe, rücke die noch aufstehende Spitze des andern, zu dem festen Punct der gerade etwa 32 Ruthen von dem Durchkreuzungspunct der Maschine entfernt ist, lege die betreffende Seite von neuem (aber ohne Verrückung des Schiebers) an diese Zirkelspitze an, messe alsdann mit dem andern Zirkel die Entfernung von der Durchkreuzung des andern Schenkels des Rechtecks mit der Grundlinie a. b. zu der Schieberlinie, oder den Hauptdurchkreuzungspunct der Maschine c., trage alsdann diese Entfernung auf den Anfang der ersten Linie des Nebenpapiers, setze die auf gleiche Art gefundene Linie des zweiten Dreyecks dazu, und fahre so fort, bis man am Ende der ersten Linie ist. In diesem Fall setze man die eine Zirkelspitze zuerst in den Endpunct ein, und darauf die andere gegen den Anfang, um, durch die Messung von diesem Punct, zu dem letzten des vorigen Dreyecks, um den Ueberrest zu bekommen, der auf die folgende Linie zu tragen ist, auf der man wie auf der vorigen, und noch vielleicht auf weitern Linien fortfährt, bis man mit allen Dreyecken des zu berechnenden ganzen Flächengehalts, auf diese Art fertig ist. Alsdann hat man nach dem vorgelegten Beispiel die ganze zu berechnende Figur in ein Oblongum verwandelt, dessen eine Seite gerade 16 Ruthen, (160°) ist, und dessen andere aus der Summe der abgestochenen Linien des Nebenpapiers besteht. So oft man auf diesem 10 Ruthen (1°) abgestochen hat, so oft hat man einen Morgen des Flächengehalts darauf angezeigt, also zeigt sich jede abgestochene Linie von 100 (1000) Ruthen, den Flächengehalt von 10 (1000) Morgen an, und das übrige Stück messe man auf dem Maasstab, um zu sehen, wie viel ganze (mal 10) zehntel (einzelne) und hundertel (zehntel) Morgen noch weiter dazu zu zählen sind.

NB. Wenn ein Dreieck zu groß für die Maschine ist, so vertheilt man es in kleinere.

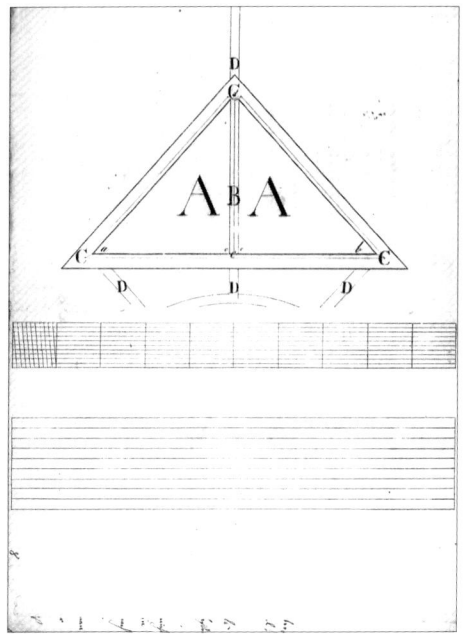

Verwandlungs-Maschine
zum
Ersatz des schnellsten Rechnens bey dem Feldmessen 2c.
Erfunden
von Karl Freiherr v. Drais.
Karlsruhe, 1816.

Beschreibung
nach beyliegender Zeichnung und dem Modell in dem Großherzogl.
mathematisch-physikalischen Cabinet.

A. ist ein ebenes Brett oder Platte.

B. ein gerader schmaler versenkter Schieber, der perpendicular auf eine andere Linie der Scheibe a, b, paßt.

C. ein Rechteck, welches sich in seiner Spitze um einen Punct der Mittellinie des Schiebers dreht, und auf dem Schieber wie auf der Platte eben aufliegt.

D. Bänder zur Befestigung der Platte an den Tisch und des Schiebers an den Leib, um mit diesem Jenen mit dem Dreyankel anziehen zu können, daß man, bey der Manipulation der Verwandlung selbst, die Zirkel nicht aus der Hand zu legen braucht, und also die Sache um so fruchtbarer wird.

Beweis.

Ein allgemeiner und bekannter Satz ist folgender.

„Wenn man aus dem Rechteck eines rechtwinklichten Dreiecks eine Perpendicular-
„Linie auf die entgegengesetzte Grundlinie fallen läßt, so ist das Product der 2 Theile
„in die, dadurch die Grundlinie getheilt wird, immer gleich dem Quadrat der Perpen-
„dicularlinie die dieses bewirkt.“

Wenn also bei der Maschine die Entfernung der Spitze des Rechtecks (d), von der Linie a b, durch das Anziehen an die Zirkelspitzen bestimmt ist, so mag man das Rechteck drehen wie man will, so ist immer das Product der Entfernung von der Hauptdurchkreuzung der Maschine (e), bis zu den Durchkreuzungen der Grundlinie mit den beiden Schenkellinien des Rechtecks, gleich dem Quadrat der Entfernung von d nach e, folglich auch unter sich selbst gleich.

Man kann also durch diese kleine Maschine schnell ein Parallelogram, wovon Grundlinie und Höhe gegeben sind, in ein Oblongum verwandeln, wovon die eine Seite gegeben ist.

Nach meiner vorgeschlagenen Methode werden die Parallelogramme der Dreiecke in Oblonge, die z. B. 3a Ruthen — oder das Dreieck so ist in solche verwandelt, die 16 Ruthen auf einer Seite haben, und die also gerade so viel Morgen enthalten als die andere Dimension 10 Ruthen hat, weil 10 × 16 = 160 ist 2c.

Nachtrag.

Schlüßlich bemerke ich noch weiter:

1) Man kann diese Maschine auch zu Zahlenrechnungen, nehmlich zu Multiplicationen, Divisionen, Quadrirungen und Quadratwurzelausziehungen, nach verschiedenen Systemen benutzen, am besten aber nach dem dyadischen, weil dabei keine zu schiefe Winkel vorkommen, welche in diesem Fall die Genauigkeit etwas mindern.

2) Auch für höhere Verwandlungen, z. B. alle cubische 2c. lassen sich ähnliche Maschinen angeben.

Gedruckt in der C. F. Müllerschen Hofbuchdruckerey zu Karlsruhe.

Eighteen hundred and froze to death

So nannte man in den Neu-England-Staaten Amerikas das Jahr 1816. Aber erst recht in Europa war der verschneite Sommer und die Mißernte Auslöser einer großen Hungersnot, sogar Kettenhunde und Pferde wurden verzehrt.

Während in den USA die Kältewelle in den Neuenglandstaaten viele Farmer veranlaßte, ihr Glück weiter im Westen zu suchen, führte die Hungersnot im deutschen Südwesten zu einer Auswanderungswelle. Aus Baden und Württemberg gab es 10.000 Auswanderer nach Amerika. Infolge der Mißernte 1816 stieg der Getreide- und Brotpreis auf das Vierfache. Die Ärmeren konnten sich das nicht mehr leisten. Auch in der Schweiz aßen die Armen alles, was sie bekommen konnten, auch Sauerampfer, Moos und Katzenfleisch. Die Behörden reagierten vielfach zu spät, um den Kornwucher einzudämmen. Getreidetransporte mußten bald mit Geleitschutz fahren und Bäcker vor Plünderungen geschützt werden. Großherzogin Stephanie gründete schließlich 1817 einen Wohltätigkeitsverein für die Notleidenden, in dessen Mannheimer Ortsverein sich Karls Schwester, Amalie von Drais, hervortat. Im Frühsommer 1817 wurde das Getreide rationiert, die Regierung kaufte Getreide auf, u.a. aus Rußland, und verteilte es zu Festpreisen. Und so lesen wir im *Mannheimer Intelligenzblatt* vom 24. Juni 1817, *daß durch die allerwärts eingetretene Getreidesperre die gewohnten und natürlichen Verkehrsverbindungen gänzlich zerrissen sind und nicht zu erwarten steht, daß sich unter gegenwärtigen Verhältnissen eine regelmäßige Zirkulation des vorrätigen Getreides im Innern des Landes bildet.* Wie das? Wenn das Getreide im Mannheimer Hafen ankam, wurde es gewöhnlich mit Pferdefuhrwerken weitertransportiert. Daß diese Verkehrsverbindungen zerrissen waren, konnte nur bedeuten - daß keine Pferde mehr vorhanden waren. Einzig denkbare Konsequenz: Sie waren entweder aus Futtermangel verendet oder notgeschlachtet und verzehrt worden. Die Hinweise darauf sind spärlich, man darf aber nicht vergessen, daß der Verzehr von Pferdefleisch einen Tabubruch bedeutete, worüber man ungern schrieb.

Der Volkswirtschaftler Joseph Alois Schumpeter hat sich an der Harvard-Universität auch mit Wirtschaftsgeschichte beschäftigt und die These aufgestellt, daß ein Bedarf Innovationen zeitige (da haben wir wieder die anonyme Kraft, die sich einen Erfinder sucht). In einer Zeit, in der es das Erfinden à la Edison (der schließlich auch zum Unternehmer mutiert war) gar nicht gab, bevorzugen wir die Sicht, daß ein Einzelner ein Motiv hatte: Karl Drais mit seiner idealistischen Erziehung verinnerlichte den moralischen Imperativ von Adam Smith – keine Pferde füttern, wenn Menschen verhungern - und sann auf Abhilfe. Statt zweier Ernährungsvorgänge nur noch einen, der des Menschen, der für seine Fortbewegung sorgen konnte und dazu kein Pferd mehr benötigen sollte. Wie die meisten Vertreter der technischen Intelligenz führte er kein Tagebuch – wir können alles nur aus den Zeitumständen und seinen Taten schließen. Denn ab Juni 1817 steht ein minimalistisches <u>zweirädriges</u> Fuhrwerk als *neueste Gattung seiner Fahrmaschine* in den Zeitungen.

Bild gegenüber: Von 1816/ 1817 gibt es kein Bild. Verendende Pferde 100 Jahre später im Antwerpener Hafen *(Archiv: Lessing)*

1916

🚲 139

12. Juni 1817, nicht Juli!

In den Mannheimer Zeitungen kommt die erste Zweiradfahrt der Geschichte nicht vor. Der harmlose Aktualisierungstrick der Karlsruher Zeitung, wegen der verspäteten Information das Ereignis einen Monat später zu datieren, findet sich auch in allen übernehmenden Zeitungen – und bis heute in allen Nachschlagewerken.

Der Forstmeister Freiherr Karl von Drais, wel=
cher, nach glaubwürdigen Zeugnissen, Donnerstag,
den 12. Jul. d. J. - mit der neuesten Gattung
seiner von ihm erfundenen Fahrmaschinen ohne Pferd
(sh. die großherzogl. bad. Staatszeitung 1813, No.
357 - den Freimüthigen 1814, No. 14 - das
Morgenblat 1815, No. 13 - das neue Magazin al=
ler neuen Erfindungen, Entdeckungen und Verbesserun=
gen, Band III.) von Mannheim bis an das Schwe=
zinger Relaishaus und wieder zurük, also gegen 4 Post=
stunden Weges in einer kleinen Stunde-Zeit gefahren ist,
hat mit der nämlichen Maschine den steilen, 2 Stunden
betragenden Gebirgsweg von Gernsbach nach Baden
in ungefähr einer Stunde zurükgelegt, und auch hier
mehrere Kunstliebhaber von der großen Schnelligkeit
dieser sehr interessanten Fahrmaschine überzeugt. Die

Dieses erstmalig in der Karlsruher Zeitung falsch abgedruckte Datum, ist ein Fehler, der sich bis heute fortgepflanzt hat.

Diese Nachricht der Karlsruher Zeitung vom 1.8.1817 wurde von allen Zeitungen bis nach England und in die Schweiz nachgedruckt – doch die Monatsangabe ist falsch! Tatsächlich stand die Nachricht schon im Badwochenblatt der Stadt Baden-Baden vom 29.7.1817, das als Wochentag der Erstfahrt einen Donnerstag nennt, und so kann der Hundertjährige Kalender entscheiden, ob das überall gehandelte Datum 12. Juli für die Erstfahrt stimmt oder der 12. Juni laut Badwochenblatt. Das Badwochenblatt hat natürlich recht, der 12. Juni war ein Donnerstag, wogegen der 12. Juli ein Samstag war. Also Brockhaus, Deutsches Museum, Encyclopedia Britannica, Encarta – bitte korrigieren!

Die Nachricht spricht von der neuesten Gattung seiner von ihm erfundenen Fahrmaschinen, tatsächlich aber von der ersten berichteten Zweiradfahrt überhaupt. Vermutlich fuhr hier Karl Drais ohne Ankündigung einfach von zuhause in M1, 8 los, wendete am Relaishaus auf halbem Wege vor Schwetzingen und fuhr die gleich wieder nach Hause zurück.

Besitzer von Hollandrädern mit der vertrauenerweckenden Masse von 20 Kilo und mehr aufgemerkt: 4 Poststunden Wegs in einer Stunde Zeit sind auch für sie – mit modernen Pneus und Kugellagern verwöhnt - eine achtbare Leistung! Nach Drais, eigener Rechnung sind dies 8 englische Meilen, also 14,4 km, und da die Zeitungsnachrichten dann von ungefähr einer Stunde oder einer kleinen Stunde Zeit schrieben, wird man dies aufrunden dürfen zu 15 km/h oder gar 16 km/h. Da muß sich der Hollandradfahrer von heute ranhalten, wenn er diesen Schnitt wieder einstellen will! Der Hollandradfahrer wurde deshalb zum Vergleich herangezogen, weil die Maschine in Holzleichtbau keine 50 Pfund wiegt. Da in Baden bereits das Pfund genau 500 Gramm beträgt, also keine 22, 5 Kilo, was man noch abrunden darf auf 22 kg oder gar 21 kg! Generationen von Motorjournalisten haben sich über Fahrradgeschichte ausschließlich an einer Passage von Ghostwriter

Volks Benz-Autobiographie kundig gemacht: *Wenn ich einkehrte und mein zent-nerschweres Rad an irgendeine Wirtshausecke lehnte..., so sammelte sich gern viel neu-gieriges Volk... um die plumpe Maschine.* Nur, dies war eines der Frontkurbel-velozipede der 1870er geschmiedet aus Volleisen, die zwar filigran aussa-hen, aber tatsächlich so schwer (50-70 kg!) wie ein Motorrad von heute waren. Wenn dann die Motorjournalisten über die 50 Jahre älteren Zweirä-der aus Holz schrieben, erlagen sie alle demselben Trugschluß: weil die Holzbauweise dickeres Material verwendet, müssen die Draisinen noch schwerer gewesen sein. Ganz falsch! Holz ist doch spezifisch leichter als Ei-sen. Nein, die ersten Zweiräder waren ein Wunder an Leichtbau in damali-gen Stellmachers-Augen, denn Karl Drais hatte den Wagner Frey in Mann-heim, der ihm wohl schon die Prototypen baute, dazu gebracht, bis an die Grenzen des Möglichen zu gehen. Der Urknall des mechanisierten Individualverkehrs zu Lande war eben zugleich auch der Beginn der Leicht-bauweise, die um die Jahrhundertwende dann die Eroberung des Luftraums mit dem Aeroplan möglich machen wird. Aus dem tonnenschweren Mas-senverkehrsmittel Eisenbahn hätte dies nicht entstehen können. ❧

Verlauf der Strecken der ersten Zweiradfahrt am 12. Juni 1817, die Karl Drais vom Mannheimer Wohnhaus zum Relaishaus und zurück führte *(Archiv Lessing)* Mannheims Festungswälle waren schon 1817 eingeebnet

Vogelschau auf Rhei
Detail links: Gebäud
84 Jahre später: Obstbäume statt P
heutigen Ortsteil Mannheim-Rheina
Kohlehydrierung zu Benzin (später L

1901

mit Hafen 1901
kelwirt

ee. Industrie und Hafen bilden den
belpreisträger Friedrich Bergius die
twickeln wird.

Die Strecke selbst war eine der besten Straßen Badens, eine
bereits 1740 für den pfälzischen Kurfürsten Carl-Philipp
zwischen seinem Residenzschloß Mannheim und der
Sommerresidenz Schwetzingen vom französischen
Wegebaumeister Régimont für bequeme Kutschfahrten
gebaute Kunststraße. Sie hatte also dieselbe Funktion wie der
Kurfürstendamm zwischen Stadtschloß Berlin und
Sommerschloß Potsdam, der denn auch alsbald von
Zweirädern befahren werden wird, wie wir vom Possenautor
Julius von Voß wissen. Damals gehörte das Gelände zur
Tabakbauern-Gemeinde Seckenheim und wies nur drei Bauten
auf: die Pferdewechselstation namens Relaishaus vor dem
Straßenanstieg (heute verschwunden), den Stengelhof
(renoviert als Altenheim) und den Kißlerhof (worin sich heute
die Gaststätte „Altes Relaishaus"befindet, denn der Kißlerhof
diente später ebenfalls dem Pferdewechsel). Es ist natürlich
ein Jammer, daß im Zuge der Erdarbeiten zu einer
Bundesstraßenerweiterung in den 1960ern der Nachfolger des
Relaishauses, die Gaststätte *Zum Stengelhof* vulgo *Buckelwirt*
von 1870, abgerissen wurde. Die Stelle markiert heute ein
Haselstrauch am Straßeneinschnitt südlich der Konrad-Duden-
Schule. Das ursprüngliche Relaishaus war schon 1795 beim
Angriff der Österreicher auf Mannheim bis auf eine Scheune
zerstört worden, danach wurde eine Försterwohnung
eingerichtet, wo Karl Drais von Schwetzingen oder Mannheim
aus öfters dienstlich zu tun gehabt haben könnte.

Locomotion und Dada

Die Nachricht über die ersten Zweiradfahrten steht in einem Blättchen, das im wesentlichen aus der Gästeliste des Kurorts Baden-Baden besteht. Karl Drais dürfte selbst dafür gesorgt haben. Noch bezeichnet er seinen jüngsten Protoyp als Fahrmaschine.

D ie Ortswahl der zweiten Demofahrt verrät einiges PR-Talent, denn in den Sommermonaten ist nicht nur tout Baden, sondern ganz Europa in dem Modebad mit Spielbank versammelt. Natürlich taucht auch Karl Drais selbst in den Gästelisten auf: in der letzten Maiwoche 1817 logierte er im Gasthof *Salmen*, jetzt aber, seit der dritten Juliwoche, bei Küfermeister Falk in der Langen Straße. Denn die zweite Fahrt eines Zweirads vom seit der Jugend vertrauten Gernsbach über den 382 m hohen Bergrücken nach Baden-Baden soll eine Werkstatt im Hintergrund haben. Zwei Stunden Wegs sind nach seiner Rechnung vier englische Meilen, also 6,4 km – und dies in einer Stunde: Am Berg kann die neue Maschine ihr Geschwindigkeitsplus kaum ausspielen.

Die Überschrift der Nachricht mit seiner Wortschöpfung LODA verrät Geschichtsbewußtsein und einen Schuß Selbstironie zugleich. Denn im alten Rom gab es einen Wagentyp namens *Rheda*, und *LODA* scheint aus dem französischen *la locomotion = Fortbewegung* und *le dada = Steckenpferd* (vgl. Dadaisten) zusammengezogen zu sein. Zu Staffetten sei die Maschine gut zu gebrauchen statt der reitenden Eilboten, denn die Pferde werden knapp.

Gegenüber: Karl Drais' Bergstrecke von Gernsbach nach Baden-Baden in Mittelbachs Deutscher Straßenprofilkarte von 1890 (Diese klappt die schraffierten Höhenprofile in die Kartenebene. Mit Unterstützung der Radverbände hatte der beim königlich-sächsischen Generalstab angestellte Topograph Robert Michelbach in Kötzschenbroda diesen Kartentyp herausgebracht)

— 185 —

Badwochenblatt

für die

Großherzogliche Stadt Baden.

Nᵒ· 24. Dienstag den 29. July 1817.

Verzeichniß

der vom 27. July bis heute dahier angekommenen Badgäste und anderer Fremden.

Im Badischen Hofe.

1961. Hr. Renouard, nebst Familie, aus Straßburg.
Hr. Schußenberger von da.
— Arnold, Professor von da.
Hr. und Madame Reguestn von Roßere von da.
— Bartholet, nebst Gattin, von da.
— v. Permon von da.
— Schmiedlin aus Stuttgardt.
— Dr. Mörge von da.
Se. Durchlaucht der Prinz v. Schönburg, königl. bayerscher Capitän, aus München.
Hr. Sommerschuh aus Karlsruhe.
— Peterson, Professor von da.

Bey Kiefermeister Falk.

Hr. Forstmeister v. Drais aus Offenburg.
— v. Boislandry, Lieutenant aus Straßburg.

144

1817

Bey Joseph Egner.

Hr. Hartmann, königl. bayerscher Rentbeamter, aus Dillingen.

Hr. Karth, Kaufmann aus Strasburg.

Im Großherzogl. Schlosse.

Demoiselle Bonasegla, Theater-Sängerin aus Karlsruhe. (2025)

LODA,
eine neuerfundene Fahrmaschine.

Der Freyherr Karl von Drais, welcher nach glaubwürdigen Zeugnissen, Donnerstag den 12ten Juny d. J. mit der neuesten Gattung der von ihm erfundenen Fahrmaschinen ohne Pferd *) von Mannheim bis an das Schwetzinger Rebenhaus und wieder zurück, also 4 Poststunden Wegs in einer Stunde Zeit gefahren ist, hat mit der nemlichen Maschine den steilen, zwey Stunden betragenden Gebirgsweg von Gernsbach hieher in ungefähr einer Stunde zurückgelegt, und auch hier mehrere Kunstliebhaber von der großen Schnelligkeit dieser sehr interessanten Fahrmaschine überzeugt.

*) Siehe die G.H. Bad. Staatszeitung 1813. Nro. 357 u.
— den Freymüthigen 1814. Nro. 14.
— das Morgenblatt 1815. Nro. 13.
— das Neue Magazin aller neuen Erfindungen, Entdeckungen und Verbesserungen, Band III.

Die Haupt-Idee der Erfindung ist von dem Schlittschuhfahren genommen und besteht in dem einfachen Gedanken,

einen Sitz auf Rädern mit den Füßen auf dem Boden fortzustoßen.

Die vorhandene Ausführung insbesondere besteht in einem Reitsitz auf nur 2 zweyschühigen, hintereinanderlaufenden Rädern, um auf allen Fußwegen der Landstraßen fahren zu können, da diese den ganzen Sommer durch fast immer sehr gut sind. Man hat dabei zur Erhaltung des Gleichgewichts ein kleines gepolstertes Brettchen vor sich, worauf die Arme aufgelegt werden, und vor welchem sich die kleine Leitstange befindet, die man in den Händen hält, um den Gang zu dirigiren.

Diese, zu Staffetten und zu großen Reisen so sehr gut zu gebrauchende Maschine wiegt keine 50 Pfund, und kann für höchstens 4 Carolin, mit Reise-Taschen und sonstiger Zugehör, dauerhaft und schön hergestellt werden.

Baden, am 28. July 1817.

Verbesserung

Im letzten Badwochenblatt Nro. 24, Seite 188, Zeile 13 von unten, lies Relais-Haus statt Rebenhaus.

Im August gewinnt Karl Drais aus dem Presse-echo den Eindruck, daß er diesmal wirklich das Ei des Columbus gefunden hat und schreibt noch in Karlsruhe an den ein Jahr jüngeren Großherzog Carl I., jedoch wieder um ein Privileg dafür. Möglicherweise hat er dies ohne juristische Beratung durch den Vater in Mannheim getan, der sicher die Klausel auf etwaigen Tod des Herrschers anders formuliert hätte, obwohl damit wegen dessen schlechtem Gesundheitszustand offenbar gerechnet werden mußte. Das Privileg zielt nicht auf Monopol oder Alleinverkauf, welche Nebentätigkeit einem Fürstendiener untersagt war, sondern eine Lizenzvergabe auf Benutzung wie schon beim Erhöhungsperspektiv.

Bitte des Freiherrn Karl Friedrich Ludwig Christian Drais von Sauerbronn um ein ausschließendes Privilegium für eine von ihm gemachte Erfindung.

Der Unterzeichnete bittet hierdurch gehorsamst bei Sr. königlichen Hoheit auf die höchste Verfügung gnädig anzutragen, daß während der Lebenszeit desselben, und im Fall derselbe früher sterben sollte, während der nächsten 10 Jahre die in beiliegender Carlsruher Zeitung vom 1. August d. J. enthaltene Erfindung einer Fahrmaschine ohne Pferd, niemand ohne die Erlaubnis des Erfinders oder dessen Erben benutzen darf.

Er würde in diesem Fall jedermann erlauben, die Maschine machen zu lassen, wo er will, und würde bloß bestimmen, daß jede Maschine, welche den Hauptcharakter der Erfindung hat und auf öffentlicher Straße gebraucht wird, ein gegen ein Honorar zu lösendes Zeichen von dem Erfinder haben soll. Rücksichtlich der Anerkennung der Nützlichkeit dieser Erfindung glaube ich mich auf das Zeugnis jedes gründlichen Mathematikers um so mehr berufen zu dürfen, als sich die Haupt-Theorie davon, ungefähr eben so rein demonstrieren läßt, als die des gewöhnlichen Wagens mit Pferden. So wie ein Pferd auf den Straßen in dem Durchschnitt die nämliche Last viel leichter zieht als trägt, so gut, oder noch besser, schiebt der Mensch seine eigene Last viel leichter auf verhältnismäßigen und gut gearbeiteten Rädern fort, als daß er sie selbst trägt Ich hoffe daher um so mehr auf die gnädige Gewährung meiner untertänigsten Bitte.
Karlsruhe, den 21. August 1817
Freih. v. Drais

Zur angewandten Mathematik rechnete man damals auch den Maschinenbau, verkörpert etwa durch den Heidelberger Professor Karl Christian Langsdorf, der sich vom Mathematiker immer mehr zum Maschinenbauer entwickelte. Bei ihm war übrigens, zuvor auf der Saline Gerabronn, Gutachter Tulla in Lehre.

Die erwähnte beigelegte Zeitungsnachricht der *Karlsruher Zeitung* vom 1.8.1817 ist im vorigen Kapitel faksimiliert. Der Antrag ist wohl zu knapp gehalten, um Aussicht auf Erfolg zu haben. Wenn Drais-Vater textete, waren immer längliche Demutsgesten eingebaut, ebenso alle denkbaren oder vielmehr die akzeptablen Bewilligungs-Alternativen, damit der damit befaßte Behördenmensch gemütlich abwägen konnte, ohne auf abwegige Gedanken zu kommen.

Der junge Drais ist aber kein geschulter Jurist, sondern ein Vertreter der technischen Intelligenz, ein Begriff, den es so damals noch nicht gab. Als Techniker oder Kunstfreund, wie man damals sagte, hat er die Einstellung, daß ein kurzer Brief eher der Klarheit dient als ein langer. Ganz falsch, sagt der Jurist, bei jeder menschlichen Transaktion oder Kommunikation gebe es Myriaden von Fallunterscheidungen, und indem man dem Gegenüber alle auflistet, gibt man ihm das Gefühl, man habe den Überblick und den vorliegenden Fall nach allen Richtungen durchleuchtet. Der Jurist spielt auf menschlichen Transaktionen, der Naturwissenschaftler oder Techniker mit der verläßlichen Natur. Ein erhellendes Beispiel ist die bekannte Anekdote von Einstein, der ein Päckchen an den Postschalter bringt. Der Postbeamte weist daraufhin, daß es zu schwer sei und daher noch weitere Briefmarken draufzukleben seien. „Dann wird es ja noch schwerer!", soll Einstein mit naturwissenschaftlicher Logik geantwortet haben.

Wieder zu Hause wird Drais-Vater die Hände über dem Kopf zusammenschlagen und sagen: *„Junge, so läuft das nicht! Laß mich mal ran."* Zumindest könnte so der Brief vom 11. November entstanden sein, der weiter hinten zu lesen ist. ❧

Chronologie
von Drais' Landverkehrs-Erfindungen

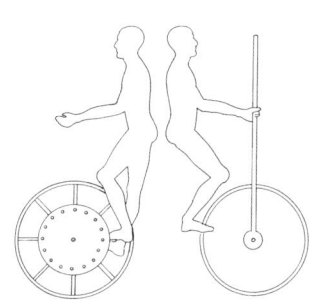

1812:	Erste von fünf schlechten Ernten
1813:	Bau von Fahrmaschine I
	Zweite schlechte Ernte
	Völkerschlacht bei Leipzig
	Badisches Privileg beantragt
1814:	Artikel im Badischen Magazin
	Privileg abgelehnt

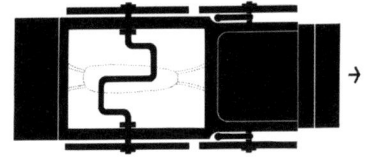

1814:	Bau von Fahrmaschine II
	Fahrt damit auf Donau zum Wiener Kongreß
	Dritte schlechte Ernte
1815:	Rückkehr damit auf Landweg von Wien
	Vierte schlechte Ernte
1816:	Artikel im Magazin der Erfindungen
	Katastrophale Ernte und Hungersnot

Sommer
1817:	Fahrten mit Fahrmaschine neuester Gattung

Wir sind hier

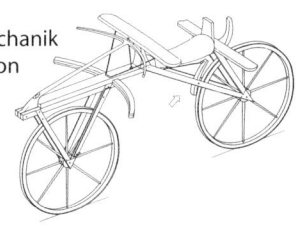

	oder LODA, Zweirad noch ohne Bremse
	Kupferstich an Interessenten versandt, Bestellungen treffen ein
	Drais schreibt Artikel, erscheint erst 1818
	Antrag auf badisches Privileg für Lizenzierung
	Meldungen und Nachbauten bundesweit

Herbst
1817:	Erste gute Ernte
	Antrag umformuliert auf „Erfindungspatent"
	Bauers Büchlein mit dreirädriger „Verbesserung"
	Drais' Beschreibung seiner Laufmaschine, Zweirad
	jetzt mit dosierbarer Klotzbremse + Ständer
	Antrag auf österreichisches Privileg
1818:	Badisches „Erfindungspatent" auf 10 Jahre
	Ernennung Drais' zum ghz. badischen Professor der Mechanik
	Umwandlung der Forstmeisterbezüge in Erfinderpension
	Vorführung durch Drais' Diener in Paris
	Französisches Import-Brevet auf 5 Jahre
	Draisinen-Vermietung in Mannheim und Paris
	Privileggesuch bei Stadt Frankfurt abgelehnt
	Zweite gute Ernte
	Vorführung in Nancy und Paris durch Drais selbst

1817

Baden auf zwei Rädern

Wie die Gebrüder Wright mit ihrem Aeroplan überhaupt erst mal das Fliegen lernen mußten, so Karl Drais die Beherrschung des in der Natur nicht vorkommenden Zweirads. Dabei steigert er sich von Mal zu Mal.

Anfrage.

Könnte man nicht baldigst durch diese Blätter erfahren, ob, wo und wie theuer man die kürzlich vom Forstmeister Freyhrn. Karl von Drais in Curlsruhe erfundene Fahrmaschine schon fertig erhalten, oder wenigstens den Riß oder ein Modell dazu gegen Vergütung bekommen könne?
B . . . s.

Nach der ersten Fahrt aus Mannheim zum Relaishaus und zurück und der zweiten von Gernsbach nach Baden-Baden sind die weiteren Bewegungsdaten nur lückenhaft zu rekonstruieren. Zum Glück schreibt Karl Drais jetzt einen Aufsatz, der aber erst im Jahr 1818 erscheinen wird. Vermutlich hat der Verleger des *Neuen Magazins* diesen zur Aufwertung seines prestigeträchtigen Sammelwerks *Museum des Neuesten und Wissenswürdigsten* mittels des immer noch *Fahrmaschine* genannten Zweirads aufgespart. Auslöser für Drais war ein Inserat im *Allgemeinen Anzeiger der Deutschen* vom 25. August 1817 gewesen, und unmittelbar danach wird er sich ans Schreibpult gestellt haben. Zwei neue Fahrten erwähnt er. Die dritte von 4 starken Stunden Wegs (rund 14 km) in rund 2 Stunden Zeit – und zwar teilweise im Regen. Dies könnte von zuhause in Mannheim bis zum Forstamt in Schwetzingen selbst gegangen sein. Die vierte Fahrt dürfte von Mannheim nach Rastatt erfolgt sein: 24 Poststunden Wegs (rund 78 km) in 12 Stunden – und danach sei er noch frisch genug gewesen, um die gleiche Strecke zurückzufahren!

Die Anzeige beweist natürlich das große Interesse an der Neuheit auf dem Hintergrund von Futtermangel und Pferdekeulungen, zeigt aber auch ungeniert den Wunsch, diese selbst nachzubauen, zumal offensichtlich ist, daß einem Forstmeister in Fürstendiensten die Einrichtung einer Manufaktur für ein neues Fuhrwerk verwehrt bleiben muß. Wieder einmal steht Drais vor dem unlösbaren Dilemma eines jeden Erfinders in einem Rechtssystem ohne technisches Urheberrecht: bekanntmachen oder verheimlichen, bis ein Unternehmer gefunden ist? Karl Drais entschließt sich fürs Bekanntmachen mit Hoffnung auf Fairneß oder *Zartgefühl*, wie man damals sagte. Die Hoffnung auf ein Forstamt (*veränderte Dienstverhältnisse*) hat er nicht aufgegeben, fühlt sich derzeit aber offenbar frei, Bestellungen und Geld anzunehmen, um die Zweiräder beim Mannheimer Wagner Frey bauen zu lassen – in den Augen des Dienstherrn sicher wieder ein Fauxpas für einen vom Fürstendienst bei vollen Bezügen Beurlaubten. Der käufliche Kupferstich ermöglicht jetzt, das Zweirad am Ort des Interessenten beim Wagner nachbauen zu lassen, allerdings sollte der faire Interessent dann auch eine Lizenzmarke erwerben und am Zweirad anbringen! Die nicht mehr nachprüfbare Frage ist, ob er im August 1817 schon die gesamte Palette der Fahrzeuge C bis E bereit hat. Es wäre auch denkbar, daß er diese nachreichte, nachdem klar war, daß der Artikel erst im Jahr 1818 im Druck erscheinen wird. In den Pressemeldungen bis Herbst ist immer nur vom Zweirad für Alleinfahrer die Rede, und der versandte Kupferstich zeigte nur das Zweirad.

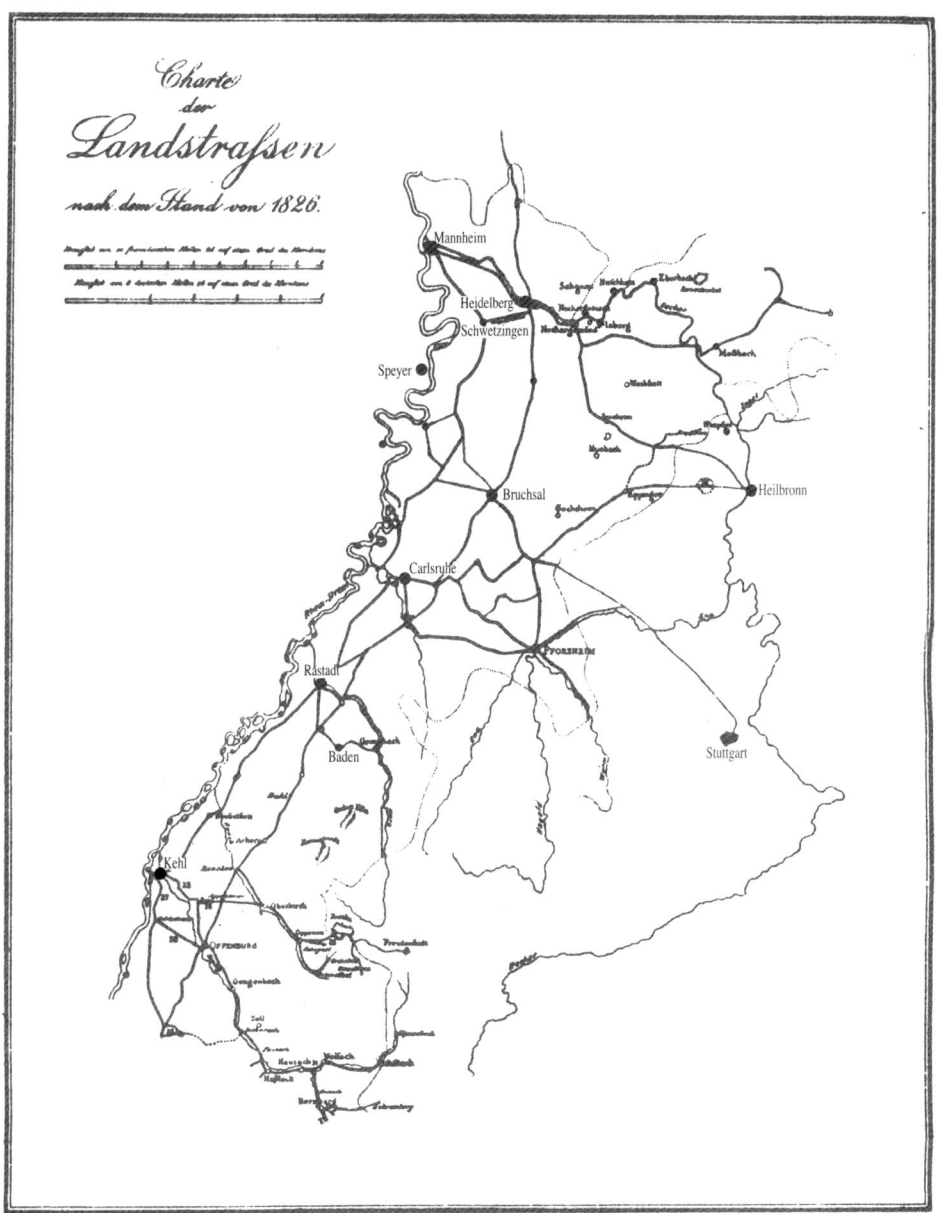

Ausschnitt aus Tullas Straßenkarte von 1826

Der Herausgeber Hermbstädt des *Neuen Magazin aller neuen Erfindungen*, wo 1816 über Drais' Fahrmaschine II geschrieben wurde, brachte auch 1818 ein 13bändiges Werk *Museum des Neuesten und Wissenswürdigsten* heraus, worin nun Drais' Artikel vom August 1817 viel zu spät erschien - eigentlich sollten dadurch die vielen Briefe an Drais rasch beantwortet werden, was im *Magazin* schneller hätte geschehen können. Ob Hermbstädt dies veranlaßte, um sein *Museum* aufzuwerten, oder Drais darum bat, weil gleichzeitig sein Antrag auf Patent lief, ist nicht mehr zu entscheiden.

(Hermbstädt 1818)

Museum
des
Neuesten und Wissenswürdigsten
aus
dem Gebiete der Naturwissenschaft, der Künste, der Fabriken, der Manufakturen, der technischen Gewerbe, der Landwirthschaft, der Produkten-Waaren- und Handelskunde, und der bürgerlichen Haushaltung;
für
gebildete Leser und Leserinnen aus allen Ständen.

Herausgegeben
von
Sigismund Friedrich Hermbstädt,
Königl. Preuß. Geheimen Rathe und Ritter des rothen Adler-Ordens dritter Klasse; der Weltweisheit Doktor und ordentl. öffentl. Lehrer bei der Königl. Universität, wie auch bei der K. M. C. Militair-Akademie zu Berlin; der Königl. Akademie der Wissenschaften und der Gesellschaft naturforschender Freunde zu Berlin ordentlichem, und mehrerer auswärtiger Akademien und gelehrten Societäten Mitgliede.

XXIII.

Die Fahrmaschine des Großherzogl. Badenschen Forstmeisters Herrn Freiherrn Karl von Drais in Mannheim.

Da ich seit meiner neuesten Erfindung einer möglichst einfachen Fahrmaschine ohne Pferd, oder eines Wagens zu Fuß, so viele Briefe mit weitern Nachfragen, theils mit Be=

Das Zweirad ist gemeint, einfacher ist nur das Einrad, aber kaum zu balancieren

forgungsersuchen, erhalten habe, daß mir neben der übernommenen Obsorge für die letztern die Beantwortung aller Briefe für jetzt zur Unmöglichkeit wird, so nehme ich mir die Freiheit, den verehrten und hochgeschätzten Verfassern derselben einstweilen meinen Dank und die schuldige Aufmerksamkeit dafür hier auszudrücken, indem ich das Wesentlichste Ihrer Fragen zugleich mit einer Anfrage (in dem Allgem. Anz. d. D. No. 226. S. 2523) zu beantworten die Ehre habe.

Die Bequemlichkeiten einer Chaise mit Pferden, in der man ja auch schlafen kann, hat meine Maschine nicht; denn rücksichtlich der Anstrengung ist das Fahren darauf mit dem Gehen zu Fuß oder mit dem Reiten zu vergleichen, und um auf gewöhnlichen Landstraßen vier Stunden Wegs und im Gebirge zwei in einer Stunde zurück zu legen, gehört ein gewisser Grad von Fertigkeit und Kraft dazu. — Auch ist bei tiefem Koth und Schnee dem Fußgänger nicht viele Kraft dadurch gespart.

Denjenigen aber, welche zweifeln, ob man mit mäßiger Schnelligkeit, bei bloß gewöhnlicher Sommernässe und bei trockener Witterung lange anhaltend fahren kann, ohne zu sehr zu ermüden, denen sey hierdurch gemeldet, daß ich diesen Sommer nach mehrtägigem, fast beständig anhaltendem starken Regenwetter, und zwar zum Theil noch während desselben, vier starke Stunden Wegs in ohngefähr zwei Stunden Zeit, und vor etlichen Tagen in zwölf Stunden gegen vier und zwanzig Poststunden zurück gelegt habe, und daß ich bei der letzten Station dieser Reise durch die Schnelligkeit des Fahrens gezeigt habe, daß ich ohne große Müdigkeit wahrscheinlich in den darauf folgenden zwölf Stunden den nämlichen Weg noch einmal hätte zurücklegen können, wenn es so lange Tag geblieben wäre.

Die Anonce siehe Kapitelanfang

Drais erweist sich hier als Realist

Die 1. Rundfahrt: Mannheim-Relaishaus.
Die 2. Fahrt: Gernsbach bis Baden-Baden

14-15 km, vermutlich Mannheim bis Forstamt Schwetzingen

78 km, vermutlich Mannheim bis Rastatt zur Schlaffschen Wagenfabrik

In theoretischer Hinsicht liegt der bekannte Mechanismus des Rades, auf die einfachste Art für das Laufen angewandt, zum Grunde. Die Erfindung ist daher in Absicht auf Ersparung der Kraft fast ganz mit der sehr alten der gewöhnlichen Wagen zu vergleichen. So gut ein Pferd auf den Landstraßen, im Durchschnitt, die auf einen verhältnißmäßig wohl gearbeiteten Wagen geladene Last viel leichter sammt den Wagen zieht, als ohne ihn die Ladung auf dem Rücken trägt, so gut schiebt ein Mensch sein eigenes Gewicht viel leichter auf einer Maschine fort, als er es selbst trägt. Dieses ist um so mehr der Fall, als man mit dem nur einzigen Geleis sich immer die besten Strecken der Landstraßen aussuchen kann.

Die Schnelligkeit der Maschine gleicht auf ebenen harten Wegen fast ganz der des Schlittschuhfahrens, indem die Grundgesetze übereinkommen. So schnell man nämlich im Stande ist, den Fuß einen Augenblick hinaus zu stoßen, so schnell geht es während dem Ausruhen fort. Bergab aber werden die besten Pferde auf langen Strecken übertroffen, und doch mit größerer Sicherheit gegen Unglücksfälle, da man mit den Füßen zum Anhalten beständig bereit ist.

Was nun eine Anfrage (in No. 226 des Allgem. Anz. d. D.): „Könnte man nicht bald möglichst erfahren, ob, wo und wie theuer man die (befragte) Fahrmaschine schon fertig erhalten, oder wenigstens den Riß, oder ein Modell dazu gegen Vergütung bekommen könne?" selbst betrifft, so muß ich bemerken, daß ich zur weitern Ausführung dieser und anderer Ideen Erfindungspatente für deren ausschließenden Gebrauch in meinem Vaterlande und in den andern Staaten suche.

Darüber soll aber das Gute und Angenehme der

Hinter dieser Aussage verbirgt sich die fundamentale Drais'sche Beobachtung.

Bis zum Herbst erfindet er eine innovative Schleifbremse. Vom 25. August 1817 verlegt ins Gotha. Vielleicht läßt sich dort der Inserent identifizieren.

Erste Verwendung des angelsächsischen *invention Patent*

Sache nicht aufgehalten werden. Ich nehme daher, meinem früheren offenen Benehmen in diesem Sommer gemäß, keinen Anstand, eine nähere Beschreibung der Maschine und Behandlung mit der nöthigen Abbildung, die gegenwärtig sammt der fahrenden Figur in Kupfer gestochen wird, im Oktober d. J. heraus zu geben. Mein weiteres Interesse soll in den zweiten Rang gestellt seyn, und ich hoffe, eben dadurch die willige Theilnahme des Publikums mir zu gewinnen. Aber so gut als ein Schriftsteller gegen den Nachdruck sich erklärt, will ich einstweilen mein Eigenthum der Sache gegen das Nachmachen ohne meine erworbene Einwilligung verwahren, jedoch biete ich zugleich einen Ausweg an, indem ich das Zartgefühl der Verkäufer und Käufer von solchen Maschinen, welche nach meiner Erfindung gearbeitet werden wollten, dafür anspreche, daß für jedes neu entstehende Exemplar mein Zeichen, bestehend in einem silbernen Plättchen mit meinem Wappen und der fortlaufenden Nummer rc. gegen einen vollwichtigen Carolin oder zwei Dukaten oder eilf Gulden Rheinisch, allenfalls in Wechsel auf Frankfurth am Main, als Honorar bei mir selbst eingelöst und sichtbar vorne an der Maschine durch Schrauben befestigt werde. Ich hoffe, daß mir von allen Gebildeten dieser Wunsch gewährt wird, um meine unaufgehaltene Mittheilung mit Edelmuth zu erwiedern. Ich verspreche dagegen, daß diese hier beschriebenen Zeichen für die Dauer meiner ganzen zu hoffenden Privilegienzeit gelten sollen, und erbiete mich, jedem eingelösten Zeichen mein gedrucktes Verzeichniß aller frühern Nummern ihrer ursprünglichen rechtmäßigen Eigenthümer unentgeltlich beizulegen.

Um indessen zu beweisen, daß diese Maschine nach dem Versprechen des Zeitungsartikels, und zwar mit Ein-

Heute haben Autoren automatisch Urheberecht, Techniker nicht!

heute: Fairneß

In den deutschen Fürstentümern war er auf das Wohlwollen des Interessenten angewiesen.

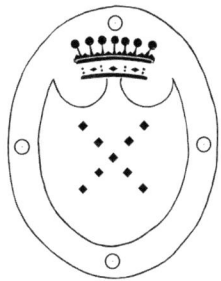

Nachzeichnung einer Drais'schen Lizenzmarke.

1817

schluß des Honorars für vier Carolin mit Reisetaschen und sonstiger Zubehör dauerhaft und schön hergestellt werden kann, mache ich mir ein Vergnügen daraus, denjenigen, welche mich und die Besorgung nebst übersandtem Wechsel, oder mit Geldvorschuß durch Abrede mit der Post schon ersucht haben, und denen, die es in den nächsten Monaten (denn späterhin könnten vielleicht bevorstehende veränderte Dienstverhältnisse mich abhalten) auf gleiche Art und mit Angabe der Spaltlänge ihrer Beine zur Bestimmung der Höhe des Sitzes noch thun, den Bau der Maschine unter meiner eigenen Leitung von geschickten Handwerksleuten machen zu lassen, und selbst für die genaue Arbeit zu sorgen, bis eine Fabrik so eingerichtet ist, daß sie meiner Hülfe nicht mehr bedarf. Dabei will ich auch sorgen, daß die Fertigungszeit der Maschine, mit Einschluß des Trocknens der Farben, in der Regel nur einen Monat dauert, und daß wenigstens für die in diesem Jahre noch eintreffenden Bestellungen folgende Pränumerationspreise nicht überschritten werden.

A, Eine Beschreibung mit Kupferstich auf dicken oder dünnerem Velinpapier, nach der Wahl des Empfängers 1 fl.; B, ein silbernes Honorarzeichen, um die Maschine dazu an einem andern Orte machen zu lassen, 11 fl.; C, eine einfache Maschine sammt diesem Zeichen, ganz wie es die Zeitung versprach, und dabei für jeden, der es will, auch mit einer Einrichtung, um einen Mantelsack hinten aufpacken zu können, 44 fl.; D, eine solche mit der Einrichtung, daß man den Sitz höher oder niedriger schrauben, folglich abwechslungsweise für mehrere Personen von etlichen Zollen verschiedener Größe gebrauchen kann, 50 fl.; E, eine Maschine mit zwei Sitzen hinter einander, auf der zwei zugleich fahren können,

Drais hofft noch, ein Forstamt zu erhalten

heute: Schritthöhe

Es fand sich kein Unternehmer, denn die Ernte 1817 wird gut

Heute: Subskriptionspreis

Dieses Bild ist nicht erhalten, aber rekonstruierbar: siehe drittnächste Seite

Zweirad nach Maß, Gepäckträger optional.

ergonomisch verstellbares Zweirad

Zweirad-Tandem

und nach hinlänglicher Uebung im Balanciren immer ei=
ner fast ganz ausruhen kann, mit zwei größern ledernen
Reisetaschen, und mit der Erhöhungseinrichtung für die
Sitze, 75 fl.; F, eine drei= oder vierrädrige, welche vorne
einen gewöhnlichen bequemen Sitz zwischen zwei Rädern,
und hinten einen Reitsitz mit der Einrichtung zur abwech=
selungsweisen Erhöhung und Niederstellung hat, gleich=
falls mit dem Honorarzeichen, schön gearbeitet, 100 fl.;
G, eine Kiste, um eine einsitzige Maschine zur Lieferung
auf den Postwagen oder sonst wohin gut einzupacken,
sammt Zubehör, 5 fl.; H, eine dergleichen für eine zwei=
sitzige, 8 fl. Die drei= oder vierräderigen Maschinen tau=
gen nicht so gut zum Reisen auf den jetzt gewöhnlichen
Straßen, haben aber auf ebenen ganz guten Spazier=
wegen von gewisser Breite die Annehmlichkeit, daß man
auch Damen schnell wie im Rennschlitten darauf fahren
kann. Diese haben dabei von keinem Pferde vor sich
her, und von keinem durch solches erregten Staube zu
leiden; sie sitzen tief genug, um nicht zu schwindeln, und
überhaupt sehr behaglich mit offenem Gesichtskreis vor
ihren Augen.

Noch größere Eleganz 2c. wie z. B. ein seideuer
Schirm gegen Sonne und Regen, so wie auch Vergol=
dungen 2c. sind besonders zu verbingen, und ob diese
Preise überhaupt für das andere Jahr etwas fallen oder
steigen, wird die Erfahrung zeigen.

Bei dieser Gelegenheit grüße ich alle meine Freunde
herzlich und reiche jedermann freundlich die Hand, der
unparteiisch sich bestrebt, die Wahrheit zu untersuchen,
um das Gute zu befördern.

Dreirad mit Damensitz,
Vierrad mit Damensitz
ob davon im August 1817 schon
Prototypen existierten, weiß
man nicht.

Rennschlitten hießen die
Schlitten für Vergnügungsfahr-
ten

Schirm optional, später kippbar
als Segel, Vergoldung optional

Die von Vater Drais
übernommene idealistische
Grußformel.

Die erste Zeichnung des Zweirads – wie sah sie aus?

Karl Drais hat offenbar – er schreibt: *meinem früheren offenen Benehmen in diesem Sommer gemäß* – anfangs eine Abbildung des Zweirads an Interessenten kostenlos geschickt, unter anderem an Mechanikus Bauer. Davon ist bislang keine aufgetaucht, aber wir können sie aus zwei veränderten Nachdrucken rekonstruieren. Da ist einmal die Tafel (Tab. 1) in Bauers Büchlein (siehe später), deren Bezeichnung einzelner Teile durch Buchstaben mit Drais` eigener Bezeichnung in seiner gedruckten Beschreibung, die im November herauskommt, zum Teil übereinstimmt – ein deutliches Indiz. Sogar die Lizenzmarke auf der Leitstange ist angedeutet. Zum anderen findet sich das Zweirad in Ginzroths Tafelband (Tab. CXL) von *Wagen und Fahrwerke,* der im Jahr 1817 herauskam. Hier gibt es viele Änderungen und Mißverständnisse des Nachzeichners: das Vorderrad ist kleiner, der Buchstabe c darüber mutierte zum Schrauben-

kopf, und die Hinterradstrebe geht bis zum Balancierbrett hoch.

Daß es sich nicht um eine Nachzeichnung der Drais'schen Beschreibung vom November handelt, erkennt man daran, daß bei beiden die Bremsschnur vom Balancierbrett bis zur Hinterradbremse fehlt. Das Zweirad vom Sommer hatte noch keine Bremse. Eine weitere Gemeinsamkeit ist, daß der Fahrer nach rechts blickt, bei Drais aber stets nach links: Folge des Durchpausens auf die Kupferplatte.

Um das verschollene Original wiederherzustellen, müssen wir die Seitenverkehrung des Nachdrucks rückgängig machen. Wir nehmen den Bauerschen Nachdruck, weil dort wohl am wenigsten verändert wurde, außer vermutlich die Kopfbedeckung. Da hier keine Entscheidung zwischen den Kopfbedeckungen bei Bauer oder Ginzroth möglich ist, werden sie weggelassen, ebenso die Buchstaben und der Maßstab.

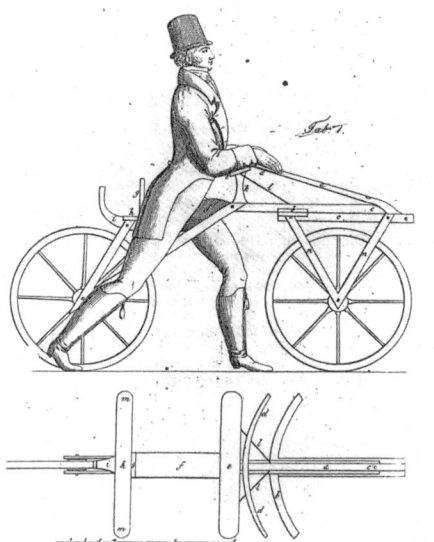 

Zeichner mißdeutete Konstruktion!
Veränderte Abdrucke des nicht erhaltenen ersten Kupferstichs des Zweirads, links aus *Bauer 1817*, rechts aus *Ginzroth 1817*

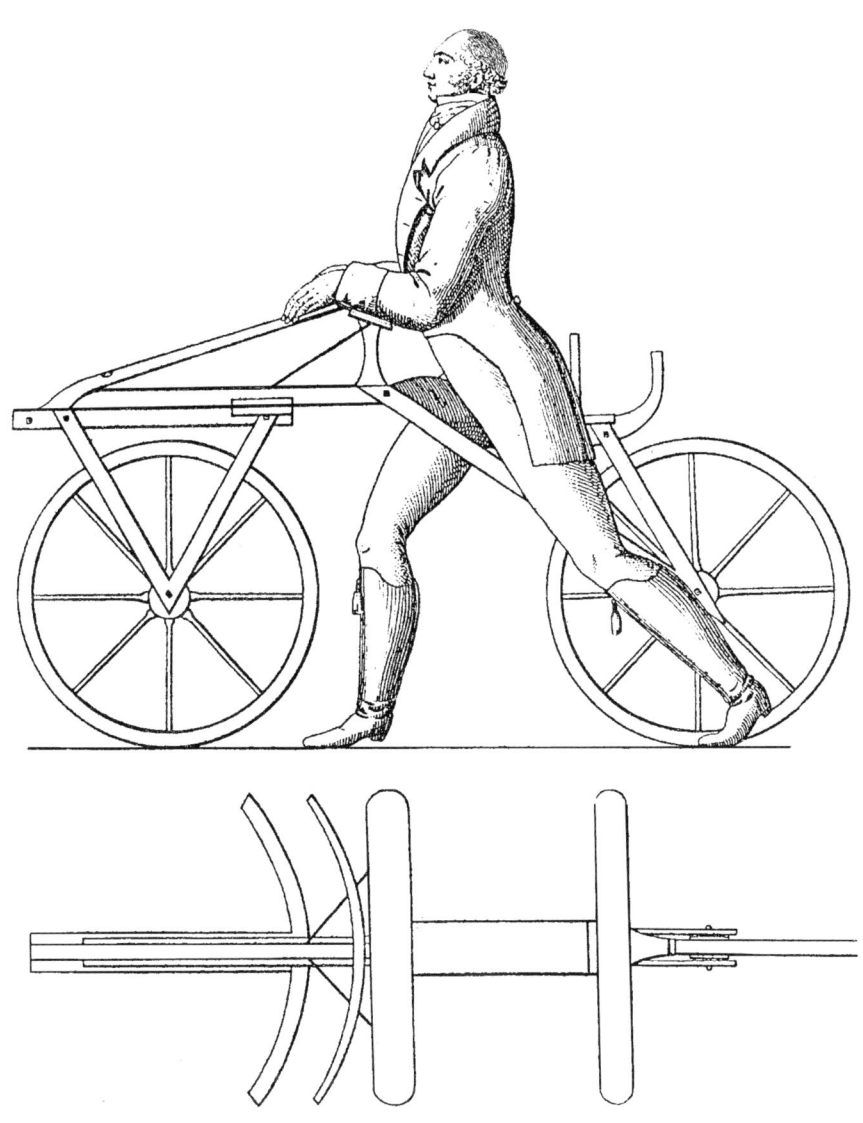

Rekonstruktion des ersten Kupferstichs des Zweirads noch ohne Bremse, den Karl Drais im Sommer 1817 versandte

1817

157

Eine Wette überzeugt

Wenn etwas zeitungstauglich ist, dann der Nachweis einer gewonnenen Wette. Karl Drais wettet, in vier Stunden von Karlsruhe nach Kehl zu gelangen, und gewinnt.

In der letzten Augustwoche fährt Karl Drais den 16 Poststunden (52 km) betragenden Weg von Karlsruhe nach Kehl (bei Straßburg) von 12.00 bis 16.00 Uhr und ist damit schneller als die reguläre Postkutsche – Individualverkehrsmittel schlägt Massenverkehrsmittel. Die Nachricht gelangt unter anderem nach Nürnberg, wo ein Mechanikus namens C. J. S. Bauer eine eigene Variante baut und schließlich ein Büchlein darüber verfaßt: *Eine der wichtigsten Erscheinungen in dem Gebiete der mechanischen Wissenschaften ist die v. Drais'sche Fahrmaschine (er meint das Zweirad), und beinahe halb Deutschland beschäftigt sich in diesem Augenblick mit der Entscheidung über deren Brauchbarkeit oder Unbrauchbarkeit. Die eigentliche Erfindungsepoche dieser Maschine ist mir zwar nicht genau bekannt, sondern nur einige praktische Versuche, welche durch öffentliche Blätter seit einigen Monaten erzählt wurden, worunter vorzüglich die Wettfahrt von Karlsruhe nach Kehl das mehrste Aufsehen erregte und zuerst meine Nachforschungen auf sich zog. Allein es scheint, als habe der Erfinder mit dem Entdecker von Amerika das gleiche Schicksal, indem diese Sache, wenn man sie gesehen hat, ebenso leicht ist, wie das Kunststück des Kolumbus, ein Ei mit der Spitze auf den Tisch zu stellen, und sich mancher wundert, es nicht schon lange erfunden zu sehen; ein neuer Beweis, daß der Mensch vom Einfachen sich schnell entfernt und am Ziele vorbeirennt (Bauer 1817).*

Die erste Nachricht dieser Wette findet sich in einer kurzlebigen Zeitungsgründung im schweizerischen Bern, der *Europäischen Zeitung* vom 4.9.1817. Deren deutscher Redakteur Friedrich Heldmann gefiel der zur Gebietsführerschaft aufgestiegenen Stadtverwaltung nicht lange, denn diese entdeckte: *Opposition der Schreibewelt gegen die Regenten und die Regierungen; Sammlung aller wirklichen oder vermeinten Klagen der Aufklärer gegen bestehende Ordnungen und Gesetze, Entgegenstellung alles dessen, was war und ist, gegen das was sein sollte und sein würde; Hindeutung auf den Zeitpunkt derjenigen Stufe menschlicher Vollkommenheit, wo die Regierungen als ein unnötiges Übel aus der Welt verschwinden werden.* Dabei hatte den Behörden ungefähr das Gegenteil vorgeschwebt, nämlich *ein Blatt, gewidmet der Aufrechthaltung der Grundsätze von Göttlichen und menschlichen Rechten, das Suum Cuique (jedem das Seine) von bürgerlicher Ordnung, nach welcher ein jeder in dem ihm angewiesenen Kreise zufrieden und glücklich leben kann (StA Bern).*

Die Zeitung ging Mitte 1818 wieder ein, im Gegensatz zum *Aargauer Tagblatt*, wo Pressefreiheit herrschte. Die Wiedererzählung, daß die erste Fahrt bis Schwetzingen selbst gegangen sei, ist natürlich inkorrekt, neu erfährt man aber eine Zeitungsente im Gefolge der Wettfahrt. Diese Täuschung ist Karl Drais natürlich peinlich, und so verwendet er später als Beleg aus der Europäischen Zeitung nur einen handschriftlichen Auszug ohne diese Geschichten.

Keine drei Wochen nach der Wettmeldung berichtet die *Europäische Zeitung* am 23. September diesmal aus Bern: Der Mechaniker Christian Schenk hatte sich vom Bauernjungen aus jenem Emmental der Eigenbrötler, Sektierer und Wiedertäufer zur eigenen Werkstatt in Bern emporgearbeitet - mit zeitweise bis zu 70 Handwerkern. Er belieferte Textilindustrie mit Maschinen, baute die erste Schweizer Dampfmaschine und experimentierte mit Gewitterelektrizität oder Gasbeleuchtung, aber auch zur Darstellung reinen Kaliums aus Pottasche mittels einer geschmiedeten Retorte - immer wieder von Krankheitsanfällen heimgesucht, denen er mit 53 Jahren erlag. Eine Nachfolgefirma seiner Feuerspritzenherstellung

existiert noch in der Nachkriegszeit. Daß in der Schweiz die Zweiraderfindung so schnellen Anklang gefunden hat, liegt auch daran, daß Hungersnot und Futtermangel dort ebenso verheerend waren wie im deutschen
Südwesten. Und Redakteur Heldmann kehrt ins Positive, was von den Zeitgenossen als Horror empfunden werden mußte, falls sie nicht zufällig geübte Schlittschuhläufer waren: *...um dem Körper die Fertigkeit zur Gleichgewichtshaltung zu verleihen, ist diese Maschine ganz vorzüglich zu empfehlen!*

Und tatsächlich wird Karl Drais in seiner nächsten Behördeneingabe auf
solch eine Anwendung verweisen können: *Auch zu Mannheim und der Gegend wird meine Erfindung schon häufig benutzt und ist in der dortigen Turnanstalt, sowie in dem K(öniglich) Baierischen Institut zu Frankenthal schon förmlich eingeführt (GLA
236/6735-40a).* Über diese Mannheimer Turnanstalt ist wenig bekannt, mehr
jedoch über das Institut zu Frankenthal auf der anderen Rheinseite, 10 Kilometer von Mannheim entfernt. Die linksrheinischhe Pfalz gehörte damals
noch zum Königreich Bayern und Frankenthal war das Oberzentrum, wogegen die Stadt Ludwigshafen (seit 1853) nur aus ein paar Häusern an der
Schiffsbrücke zu Mannheim bestand. In den Unterlagen des Stadtarchivs
ist aber leider kein weiterer Hinweis auf diese Aktivität zu finden. ❧

Christian Schenk (1781-1834)
auf dem Krankenbett, auf dem
er bis zum Tod weiterarbeitet
und experimentiert. *(Pfister
1956)*
Der Pionier baute die erste
schweizer Dampfmaschine und
das erste schweizer Zweirad.

Erste Veröffentlichung zur Wette: *Europäische Zeitung* vom 4. Sep. 1817

Heute ist klar: Mit 1 Milliarde gebauter Exemplare hat das Zweirad Epoche gemacht!

richtig: zum Relaishaus <u>vor</u> Schwetzingen

52 km

Schnitt: 13 km/h

Die Geschichte mit Herrn Haake erweist sich als Zeitungsente

Aus Straßburg, 4. September.

Daß der Baden'sche Forstmeister, Karl von Drais, die so nützliche Erfindung gemacht hat, vermittelst einer leichten Fahrmaschine ohne Pferd große Entfernungen in ohne Vergleich kürzerer Zeit zurückzulegen, als mit dem besten Wagen und den schnellsten Rossen, werden Sie bereits vernommen haben. Die Sache empfiehlt sich überdies durch ungemeine Wohlfeilheit und kann in ihrer Art Epoche machen. Die erste Probe mit seiner Maschine hatte Hr. von Drais bereits am 12. Jul. zu allgemeiner Befriedigung abgelegt. Er fuhr die Straße von Mannheim bis Schwetzingen und wieder zurück, wenigstens vier Poststunden in einer kleinen Stunde Zeit. Auch eine zweite Probe bestand Hr. v. Drais vortrefflich, indem er mit eben dieser Fahrmaschine den steilen, zwei Stunden betragenden Gebirgsweg von Gernsbach nach Baden in ungefähr einer Stunde zurückgelegt. Der Erfinder hat es bei diesen ersten Proben nicht bewenden lassen, er kam mit seinem Fuhrwerk in Carlsruhe an, und gieng eine bedeutende Wette ein, den weiten, 16 Poststunden betragenden Weg von Carlsruhe bis Kehl binnen vier Stunden zurückzulegen. Vorige Woche wurde diese Wette wirklich zu Aller Erstaunen von ihm gewonnen. Er reisete mit obrigkeitlichen Zeugnissen versehen, Punkt 12 Uhr von Carlsruhe ab, und um 4 Uhr Nachmittags war das Zeugniß seiner richtigen Ankunft in Kehl von dem dasigen Kommandanten bereits unterzeichnet. Sonntags kündigte hierauf ein Hr. Haake, im Straßburger Wochenblatte seine Ankunft auf der nämlichen Maschine ebenfalls um 4 Uhr Nachmittags im voraus an. Er wollte zu Mittagszeit von Carlsruhe abfahren, und zur gedachten Stunde im Gasthofe zu Kehl eintreffen. Er lud das Publikum ein, bei dieser Gelegenheit seine Maschine (die nämliche des Hrn. von Drais) in Augenschein zu nehmen, und ihn allenfalls bei seiner Rückreise mit Aufträgen zu beehren. Halb Straßburg eilte, um dieses sonderbare Schauspiel zu sehen, nach Kehl, selbst obrigkeitliche Personen und Polizeikommissaire; allein der mit so vieler Sehnsucht erwartete Reisende kam nicht. Am Ende kam es heraus, daß Hr. Haake ein blos vorgeblicher Name war, und ein Spaßvogel in Straßburg, vielleicht von den Wirthen in Kehl dazu aufgebeten, den Artikel in das Wochenblatt einrücken lassen.

Keine drei Wochen später
der Bericht über den ersten
schweizer Nachbau.
Veröffentlichung in:
Europäische Zeitung
vom 23. Sep. 1817

Bern, 22. September.

Der hiesige geschickte und Erfindungsreiche Mechaniker, Hr. Christian Schenk, hat die im Nro. 33. der Europäischen Zeitung angedeutete Fahrmaschine des Hrn. von Drais glücklich zu Stande gebracht, und sie ist bereits von einer Anzahl Personen, in dessen Werkstätte am Aarbergerthor in Augenschein genommen worden. Hr. Schenk hat dies Exemplar einstweilen nur ganz roh ins Werk gerichtet, lediglich um die Art und Weise des Mechanismus bei der Bewegung darzustellen. Es läßt sich bei der Maschine, wenn sie bei ihm in Bestellung gegeben wird, aber nicht blos äussere Eleganz, sondern auch Bequemlichkeit anbringen. Um mit dieser neuen Fahrmaschine schnell sich von der Stelle zu bewegen, und mit ausserordentlicher Geschwindigkeit weite Strecken zurückzulegen, gehört nicht einmal so viel Uebung als zur Erlernung des Schlittschuhlaufens erforderlich ist. Spazierfahrten und Reisen mit derselben müssen der Gesundheit zuträglicher sein, als das gewöhnliche Fahren und Reiten, indem die Bewegungen und Vortheile von beiden hier vereinigt sind. Zur Anwendung bei gymnastischen Uebungen und Turnanstalten, vornehmlich um dem Körper die Fertigkeit zur Gleichgewichtshaltung zu verleihen, ist diese Maschine ganz vorzüglich zu empfehlen, welche auch im praktischen Leben von großer Nützlichkeit sein könnte.

Gemeint ist das Zweirad

Erster Hinweis auf Gesundheitsaspekt

Gleichgewicht als Wert
an sich

Phobie gegen Balancieren

Der moderne Mensch, von Kindesbeinen auf Kufen und Rollen firm, blickt amüsiert auf die unsportlichen Erwachsenen der deutschen Fürstentümer. Aber noch beim Versuch, einem heutigen Erwachsenen das Radfahren beizubringen, wird sich dieser einem wie ein Ertrinkender an den Hals hängen.

Mechanische Artisten des Automatentheaters der Tendlers aus Eisenerz in der Steiermark. (30 bis 50 cm groß) *(Poppe, Wunder der Mechanik, 1824)*

Kaum zu glauben, aber Sport kam in den damaligen Zeitungen nicht vor, von einer eigenen Seite ganz zu schweigen. Der Export dieser britischen Idee auf den Kontinent wird erst später stattfinden. Natürlich gab es den Drill der Soldaten, und die Studenten lernten fechten, um sich duellieren zu können - aber bei zivilen Erwachsenen Fehlanzeige! Von anderer Seite her allerdings, von Modellschulen des philanthropischen Erziehungsideals, ging die Idee einer körperlichen Erziehung aus und faßte allmählich in den übrigen Schulen Fuß. In seinem Buch *Gymnastik für die Jugend* von 1796 widmet der Lehrer Johann Christoph Friedrich GutsMuths – schon der Name ist Programm – dem Balancieren ein eigenes Kapitel übergeschrieben *Die Haltung des Gleichgewichts oder das Gehen auf schmalen Flächen; der Eislauf, das Gehen auf Schneeschuhen und das Balanciren fremder Körper,* und vergleicht den ängstlichen Normalbürger *mit dem Manne, dem ein bloßer Draht durch Übung so breit als die Dresdener Brücke ist und der auf dem galoppierenden Pferde so fest steht, selbst verkehrt auf dem Kopfe so fest steht, als wäre er angenagelt: so möchte man jenem wohl ein wenig von der Fertigkeit und Gewandtheit des Letzteren wünschen.*

Und jetzt sollte man auf zwei Rädern *auf einem Faden,* also hintereinander, das Gleichgewicht halten, vor allem beim Weiterrollen im Schwung, wodurch sich erst die Länge eines Schritts vervielfachte! Eisläufer hatten damit keine Probleme, wohl aber die restlichen 99,9 Prozent ängstlicher Bürger! Im Herbst 1817 gibt Karl Drais eine knappe Bedienungsanleitung in seiner gedruckten Beschreibung des Zweirads. Man solle die Unterarme mit Ellenbogen auswärts auf das gepolsterte Balancierbrett auflegen *und suche sich dadurch mit der Maschine im Gleichgewicht zu erhalten, indem man immer da sanft hinunterdrückt, wo das Brettchen anfangen will, in die Höhe zusteigen.* Klar, kippt das Zweirad nach links, dann steigt das Brettchen rechts hoch, und man tut gut daran, sein Körpergewicht auf die rechte Seite zu verlagern. Drei Jahre später erweitert er diese Bedienungsanleitung, nämlich wenn man *aus Versehen die Balance etwas verloren hat, kann man sich gewöhnlich mit den Füßen helfen* (also abstützen) *oder durch das Leiten, wenn man ein bißchen gegen* (d.h. in) *die Richtung leitet, auf welche der Schwerpunkt des Ganzen* (Fahrer plus Maschine) *sich neigte.* Damit ist theoretisch alles gesagt, was man wissen muß, nur die Praxis kann es dann noch bringen. Aber an den atemlosen Aufzählungen in den Zeitungen, wie weit Drais schon wieder gerollt sei, ohne die Füße auf den Boden zu setzen, erkennt man, wie unerhört dies den Zeitgenossen erschienen sein muß. Kein Wunder, daß die nächsten fünfzig Jahre Drais und auch sonst niemand im Traum daran dachte, beim Zweirad die Füße auf Dauer vom rettenden Boden zu nehmen, etwa um sie auf Kurbeln wie bei Drais' Fahrmaschine II treten zu lassen. Sechzehn Jahre später wird er schreiben: *Fast überall schrieb man meine Leistungen auf diesem Instrument viel mehr meiner persönlichen Gewandtheit zu als der Erfindung selbst. Die Leute stellen sich die Manipulation darauf viel schwerer vor, als sie ist, indem sie mir gewöhnlich sagen: 'Ja, wenn jedermann die Fertigkeit der Benutzung hätte wie Sie, dann wäre die Sache gewiß sehr nützlich', wagen aber nicht, sich darauf zu setzen, obschon ich mehrere Personen in 4 Lektionen sehr gut unterrichtete!* (GLA 236/6735-57)

William John M. Rankine (1820-1872), Ingenieur und Physiker, veröffentlichte im Jahre 1870 erstmalig, daß das Fahrrad keine gerade Linie fährt

Als mehr als fünfzig Jahre später der Physiker William John Rankine über die dynamischen Bewegungsprinzipien des Zweirads in *The Engineer* schrieb, mußte er doch ein paar Worte mehr darüber verlieren als Karl Drais. In Frankreich erschien sofort die Übersetzung als Buch, herausgegeben von einem Abt. Es war hier zu erfahren, daß das Zweirad keine gerade Linie, sondern wegen der ständigen Lenkbewegungen zum Balancieren eine Schlangenlinie fährt! Wir lassen uns dies von einem noch späteren Autoren kompakt erklären – von Archibald Sharp, Dozent am Central Technical College in London und zudem Mitglied des Vereins Deutscher Ingenieure: *Ein Zweirad hat bloß zwei Berührungspunkte mit dem Boden, und das Lot vom gemeinsamen Schwerpunkt von Mensch plus Maschine muß auf die Verbindungsgerade dieser beiden Punkte treffen. Wenn Zweirad und Fahrer in Ruhe sind, ist diese Situation ein instabiles Gleichgewicht, und keine noch so gymnastische Perfektion vermag diese Situation für mehr als ein paar Sekunden aufrecht zu erhalten. Wenn der Schwerpunkt eine kleine seitliche Verschiebung erfährt, wird diese Verschiebung von selbst größer, und Maschine nebst Fahrer werden umkippen. Beim Fahren auf der Straße mit ziemlicher Geschwindigkeit erfährt der Schwerpunkt ständig solche Verschiebungen. Wenn der Fahrer sein Zweirad exakt auf gerader Linie steuert, wird jede Veschiebung immer größer und er mit seinem Zweirad umkippen, genau wie in Ruhe. Aber wie jeder Fahrschüler weiß, steuert der Fahrer, wenn er die Maschine nach links fallen spürt, sofort nach links – das heißt, er führt das Zweirad auf einen Kreisbogen, dessen Mittelpunkt irgenwo linksaußen liegt. Populär gesprochen wirkt nun die Zentrifugalkraft infolge der Kreisbewegung von Fahrer und Maschine der Kipptendenz der Maschine entgegen. Tatsächlich steuert der geübte Fahrer automatisch das Zweirad auf einen Kreis von solchem Durchmesser, daß die Zentrifugalkraft die Kipptendenz leicht übersteigt, damit die Maschine wieder in die vertikale Lage zurückkehrt. Für kurze Zeit steuert der Fahrer nun exakt auf gerader Linie. Doch wahrscheinlich schoß das Aufrichten etwas über die Vertikale hinaus, und die Maschine kippt nun leicht zur rechten Seite. Der Fahrer steuert nun intuitiv nach rechts, das heißt auf einen Kreis, der seinen Mittelpunkt rechtsaußen hat. Wenn man die Spuren des Zweirads betrachtet, erkennt man keine grade Linie, sondern eine langgezogene Sinuskurve* (Wellenlinie) (Sharp 1896).

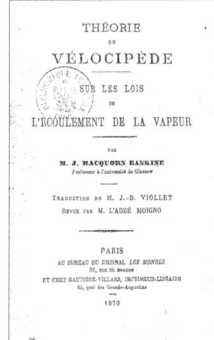

Mehr als 50 Jahre später: *Theorie du Vélocipède* (1870)

Spur eines Zweirads *(nach Rankine 1870)*

Die Verschlimmbesserer

Angesichts der Balancierangst der Leute sind zwei Räder denn doch zu wenig, dachten einige Mechaniker in den Städten. Laßt uns drei nehmen, dann sind die pferdelosen Fuhrwerke standsicher.

Reprint-Titel „Das erste Zweirad fuhr in Mannheim"
Bauers Werklein ist das erste Fahrradbuch der Geschichte und wurde 2001 als Reprint wieder aufgelegt.

In Nürnberg, immer noch einer Hochburg der Mechaniker-Zunft, wohnten in der Panierstraße Vater und Sohn Bauer, der jüngere bereits Ehrenmitglied der Gesellschaft für vaterländische Industrie. Er hat sich die Zeichnung des Zweirads von Drais schicken lassen (vom Kauf einer Lizenzmarke ist nicht die Rede). Nicht faul, wird er dann im Oktober das bereits zitierte Büchlein mit dem durchgepausten Bild herausbringen, worin zuerst die Drais'sche Idee verteidigt, dann aber eine eigene Verbesserung vorstellt wird, die allerdings selbst Zeitgenossen als Verschlimmbesserung empfanden. Wir lesen über das Drais'sche Zweirad unter anderem: *Die sehr einfache Bauart der Maschine ist ganz dem Zweck angemessen, und obgleich bis jetzt noch keine Beschreibung derselben erschienen ist, so wurde solche doch schon an mehreren Orten von Mechanikern und Wagnern erraten und mit verschiedenem Glück ausgeführt, woran sich auch mein erster Versuch reiht, zu welchem ein Blatt der Bayreuther Zeitung die erste Veranlassung gab und von dessen Übereinstimmung mit der v. Drais'schen Maschine ich mich nachher durch eine Zeichnung überzeugte, die der Erfinder, Herr Forstmeister von Drais, selbst die Güte hatte mir zu übersenden, wofür ich demselben hiermit öffentlich meinen Dank abzustatten mich verpflichtet fühle.* In der Technik ist Nachahmung bekanntlich die höchste Form der Schmeichelei. Und im Anhang bietet er das Drais'sche Zweirad für 33 Gulden an, sowie ein Modell im Maßstab 1:6 für 3 Gulden und 30 Kreuzer - also keinerlei Unrechtsbewußtsein damals bei unlizenziertem Nachbau!

Er jedenfalls will den Drais'schen Wagen gemeinnützig machen, falls dieser *bei den höheren Ständen den verdienten Beifall nicht gewinnen sollte,* d.h. nicht bloß zum persönlichen Fortkommen, sondern auch zum Lastentransport einrichten. *Um diesen Zweck zu erreichen ist es nötig, an dem v. Drais'schen Wagen hinten zwei nebeneinander laufende Räder anzubringen, welche jedoch nur 10 Pariser Zoll* (27 cm) *voneinander entfernt sein dürfen.* Das Bild zeigt hinten eine Ablage für Sack und Faß, zum Ausgleich solle der Fahrer auf dem Sattel weiter nach vorn rutschen. Dann solle ein zweiter Mann hinterhergehen und mittels eines Krückstocks von hinten schieben. Also Schnelligkeit wird hier nicht mitgedacht, das erkennt man auch an dem Handantrieb über sog. Jungnickelsche Hebel, die obendrein das Zurückrollen am Berg verhindern sollen. Die Füße stecken untätig in Steigbügeln. Tatsächlich wurde nach Erscheinen des Büchleins im Oktober auch das Bauer-Dreirad überall nachgebaut, selbst in Österreich von A.Burg & Sohn. Der Posthalter Maurenbrecher in Düsseldorf schrieb etwa über das Drais'sche Zweirad: *Schon mehrere haben Verbesserun-*

*) Auszugschreiben des Freihrn. Carl von Drais an Herrn Mechanicus Bauer, Ehrenmitglied der Gesellschaft für vaterländische Industrie zu Nürnberg.

Ich danke Ihnen herzlich für Ihr mir gemachtes Compliment in Dero sehr schönen und gründlichen Beschreibung meiner Laufmaschine, und übersende Ihnen hierdurch auch meine Beschreibung derselben. In der Hoffnung, daß Sie mit meinen sämmtlichen Aeußerungen darin zufrieden sind, wünsche auch ich sehr, in nähere Verbindung mit Ihnen zu kommen. Daß accurate Arbeit und Festigkeit Hauptsachen dieser Maschine sind, werden Sie selbst schon abstrahirt haben.

Was Ihre Abänderungen an meiner Ausführung betrifft, so nehme ich mir auf Dero eigenen Wunsch die Freiheit, Ihnen mein Urtheil darüber freundschaftlich vorzulegen.

1) Die Abänderung, die Maschine mit den Armen zu treiben, um die Füße ganz ausruhen zu lassen, ist eine wirkliche Verbesserung für Leute, welche kranke Füße haben, die Leute mit gesunden Füßen thun aber besser, sich mit diesen viel stärkeren Gliedmaßen fortzutreiben, da eine große Anstrengung der Arme fast nur Spielwerk für die Füße ist.

2) Daß die Maschine bei dem Bergauffahren nicht zurückrollen kann, ist auch ein anwendbarer Zusatz, der aber von einem Fußtreibenden durch einen Stock oder etwas Aehnliches ersetzt werden kann, welchen man in ein Rad steckt; ich habe aber dafür nie ein Bedürfniß gespürt, da man sich bei diesen so leichten Maschinen sehr gut widerstämmen, und bei lang anhaltenden Bergen halb herum schwingen kann, um querüber auszuruhen, nach dem, wie bei dem Umwenden auf der Ebene, mit einer Hand vorne unter den Sattel gegriffen und die Maschine mit sich aufgelüpft hat.

3) Die Abänderung, zwei schmal neben einander stehende Räder dabei anzubringen, ist auch anwendbar, wo die Wege der Quere nach eben sind, aber auf den jetzt noch gewöhnlichen Fußwegen der Landstraßen, welche der Quere nach etwas abhängig und zwar ungleich stark abhängig sind, so, daß die Maschine manchmal das Ueber-

gewicht bekommen würde. Wenn man aber die Fußwege der Landstraßen auf beiden Seiten, auf gleiche Schrägung richten würde, so könnte man den untern Rand des einen Rads etwas tiefer, als den des andern richten, und auf einer Seite hin und auf der andern zurück rollen. Die Balance lernt sich übrigens so, daß sie fast gar nicht beschwert.

4) Die Anbringung einer Last hinten ist abermals anwendbar, wenn zugleich auch meine, vorne an dem Platz meiner Reisetaschen angebracht ist, denn außerdem könnte die Maschine leicht das Uebergewicht hinter dem hintern Rad bekommen und vorne in die Höhe gehen.

Antwort.

Euer Hochwohlgeboren sehr Verehrliches, nebst Anlage, habe ich mit unendlichem Vergnügen erhalten. Die Urtheile und Einwürfe, gegen meine versuchten Verbesserungen, finde ich höchst gerecht und einsichtsvoll, und habe sie alle durch die Erfahrung bestätigt gefunden, und es freute mich ganz unendlich, daß ein so berühmter Gelehrter, wie Euer Hochwohlgeboren, auch nur das Mindeste meiner Gedanken Ihrer Bemerkungen werth halten, da ich im Gegentheile glauben mußte, mir Ihr Mißfallen zugezogen zu haben, dieß ist mir aber ein Beweis, daß Hochdieselben mit Feuereifer und gründlicher Gelehrsamkeit (was beides zu neuen Erfindungen nöthig ist), Humanität und Herzensgüte verbinden, und aus diesen Gründen wünsche ich nichts sehnlicher, als mit Ihnen in freundschaftliche nähere Berührung zu kommen, um meine übrigens ganz geringen Talente zur Beförderung des Guten ganz nach Ihren Befehlen anzuwenden, worüber ich Ihre Anordnungen bestimmt erwarte, indem ich von jetzt an nichts mehr ohne ausdrücklichen Befehl des wahren Erfinders unternehmen werde.

Drais' Meinung zu Bauers Buch!
aus: *Journal für Literatur, Kunst, Luxus und Mode, Junius 1820*

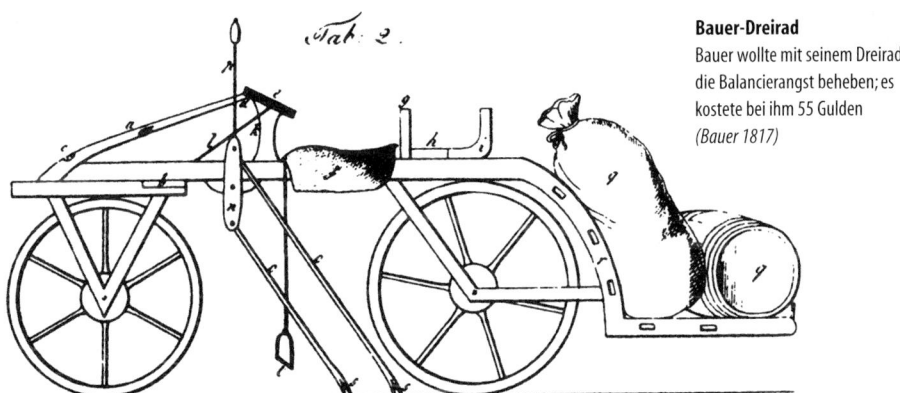

Bauer-Dreirad
Bauer wollte mit seinem Dreirad die Balancierangst beheben; es kostete bei ihm 55 Gulden
(*Bauer 1817*)

Marquard Wocher. Selbstbildnis, 1802

Dreirad des Basler Künstlers Marquard Wocher 1817 *(2x Öffentlich Kunstsammlung Basel)*

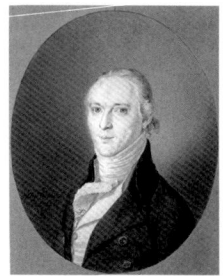

gen an dieser Maschine versucht, (auch) *ich selbst - bin aber jetzt ganz darauf zurückgekommen, daß sie so, wie sie in der Zeichnung angegeben, am besten und zweckmäßigsten ist - die von dem Herrn Bauer vorgeschlagene mit der Jungnickelschen Gabel ist in der Ausübung auch nicht viel wert und ermüdet bei weitem mehr - ich habe es versucht - da die Hände und Arme hier die Hauptarbeit haben.* Und die geringe Spurweite von 27 cm wird sich recht kippelig ausgewirkt haben, so ähnlich wie heute die überflüssigen Stützräder für Kinder. Eine britische Karikatur zeigt, daß dort 1819 Ähnliches versucht werden wird. Die eigene Korrespondenz mit Bauer wird Karl Drais in seinem 1820er Artikel als Riesenfußnote abdrucken. Natürlich hat er in allen Punkten recht, und Bauer gibt sich zerknirscht.

Auch der Basler Künstler Marquard Wocher (1760-1830) dürfte das Bauer-Werklein gesehen haben. Im Kupferstichkabinett Basel ist von ihm ein kolorierter Dreirad-Entwurf in vier Ansichten erhalten, datiert 1817. Die Fahrerfigur mit den Troddeln an den Stiefeln erinnert an den Fahrer von Drais' Kupferstich, wie bei Bauer abgebildet, und der Jungnickelsche Hebelantrieb natürlich an das Bauer-Dreirad selbst. Das Schweizer Sportmuseum hat 1980 einen Nachbau hergestellt und kam dabei zu dem Schluß, daß

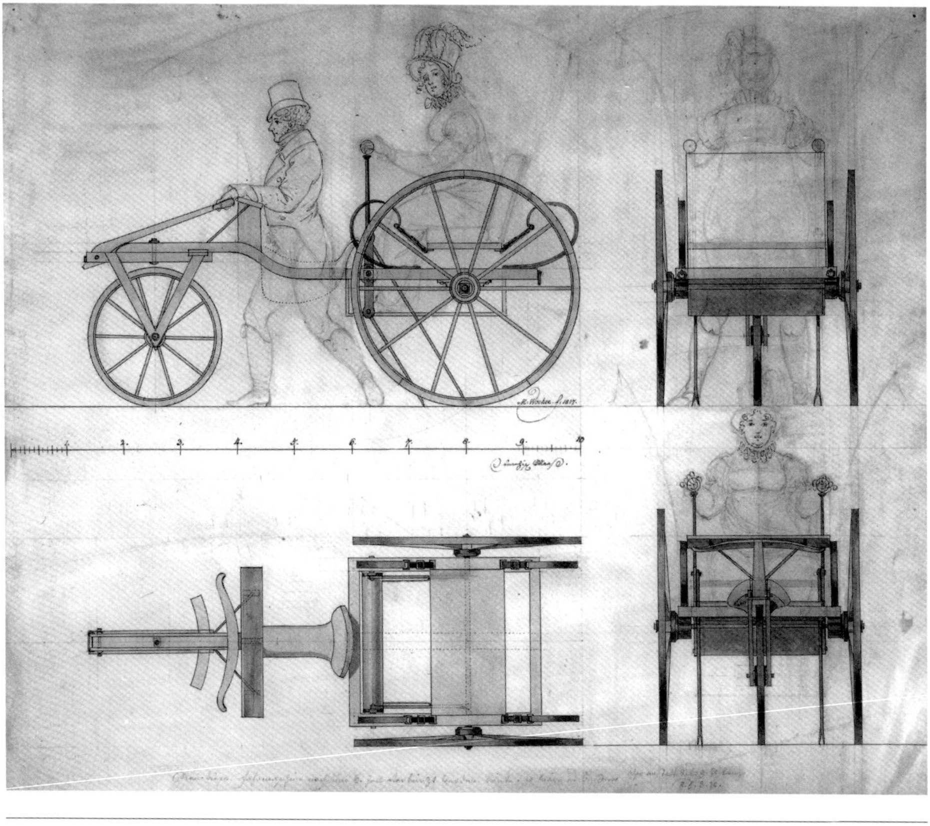

Nachbau 1980 des Wocher-Entwurfs *(Schweizerisches Sportmuseum Basel)*

Wocher das Fuhrwerk gezeichnet, aber nicht durchkonstruiert oder gar gebaut hat. So hat er beispielsweise die Drehachse der Lenkung lotrecht über die Vorderachse gelegt und damit auf die erleichternde Selbstjustierung der Vorderradlenkung à la Drais verzichtet. Bei Drais liegt der Drehpunkt weiter vorn, sodaß ein Nachlaufeffekt wie bei der Möbel- oder Klavierrolle, oder auch am Einkaufswagen entsteht. Diese Rollen waren seinerzeit schon bekannt, etwa von dem Gärthnerschen Krankenfahrstuhl von 1725. Lange Zeit glaubte man, daß Drais lediglich die Lenkung für ein vorher schon existierendes starres Zweirad erfunden habe. Das Märchen vom älteren starren Zweirad, das ja nicht balancierbar gewesen wäre, ist mittlerweile geplatzt (wie in einem späteren Kapitel geschildert). Dennoch ist es natürlich interessant, daß Drais von vornherein den Nachlaufeffekt bei der Lenkung richtig eingesetzt hat, wogegen Wocher nicht darauf achtete. 🖝

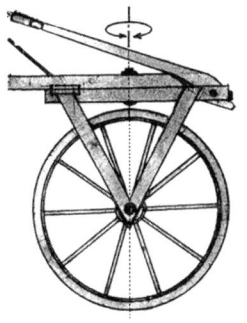

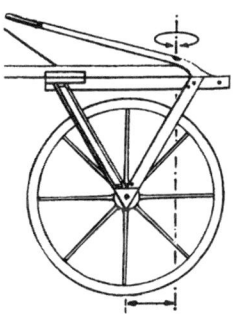

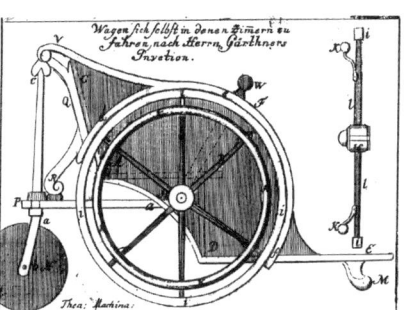

Wocher: null Nachlauf

Drais: 15 cm Nachlauf

Nachlaufrolle am Kranken-
fahrstuhl mit Handläufen
(Leupold 1725)

Die Drais'sche Beobachtung

Die drei- oder vierrädrigen Maschinen taugen nicht so gut zum Reisen auf den jetzt gewöhnlichen Landstraßen – hinter diesen dürren Worten verbirgt sich die fundamentale Beobachtung von Karl Drais, daß der Fahrwiderstand mit der Zahl der Räder zunimmt.

Die Drais'sche Beobachtung hilft heute Lastkraftwagen bei Leerfahrten Spritverbrauch und Reifenverschleiß zu senken – durch Hochziehen einer Achse.

Wie Karl Drais das Zweiradprinzip erfunden hat, wissen wir mangels Tagebuch-Aufzeichnungen nicht. Man kann spekulieren, daß er nach Wien die vierrädrige Tretkurbel-Fahrmaschine für Abstoßen mit den Füßen auf der Straße einrichtete, weil das bei den damaligen Radgrößen leichter ging. Dann sah er vielleicht nur ein mittiges Hinterrad oder Vorderrad vor, also ein Dreirad, um beim Laufen weiter ausgreifen zu können und nicht mit den Beinen an die Achse zu stoßen. Dann hob vielleicht in einer rasanten Kurvenfahrt ein Rad des Räderpaars vom Boden ab, sieh da, es ging eigentlich auch auf zwei Rädern, also weg mit dem dritten Rad! Und dazu begleitend eben die Erfahrung: das Dreirad ist leichter vorwärtszutreiben als das Vierrad, dann müßte per Schluß von n auf n+1, bzw. hier n-1, ein Zweirad noch leichter zu treiben sein als das Dreirad. Alles reine Spekulation – wir wissen es nicht.

Drais formuliert den Vorteil des Zweiradprinzips eher unspezifisch, daß *man mit dem nur einzigen Geleis sich immer die besten Strecken der Landstraßen aussuchen kann.* Es steckt mehr dahinter: das Zweirad minimiert den Fahrwiderstand! Drais hat dies empirisch erfahren, ohne die Theorie dazu angeben zu können. Damals gab es schon eine Theorie, allerdings für zwei Räder nebeneinander, denn 1797 hatte die Königlich Dänische Gesellschaft der Wissenschaften zu Kopenhagen die folgende Preisfrage in den *Göttingischen gelehrten Anzeigen* gestellt (Karl Drais war da zwölf Jahre alt):

Ex principiis mechanicis exponere rationem potentiae motricis ad onera, tum plaustri quatuor rotarum, tum carris, qui sunt binarum rotarum, promovenda; ita quidem, ut ad impedimenta motus, frictionem scilicet, ac reliqua, quae in viis occurrere solent, obstacula a vi motrice superanda simul respiciatur. Quo in universum pateat, num et quando hoc illudve genus vehiculi commode et prudenter adhiberi possit.

Dies lesen und sich auf die Lösung stürzen, war für den aus Basel gebürtigen Nicolaus Fuß, Schwiegersohn des großen Euler und Professor der höheren Mathematik in St. Petersburg, Befehl: *Die Gemeinnützigkeit der Frage bewog mich, den letzten Rest der ländlichen Muße, die mir eine zweimonatige Befreiung von meinen Berufsgeschäften im verwichenen Sommer verschafft hatte, zur Untersuchung dieses so praktisch nützlichen Gegenstands zu widmen.* Nicht umsonst, denn er erhielt den ersten Preis mit seiner Lösungsschrift: *Versuch einer Theorie des Widerstandes zwei- und vierrädriger Fuhrwerke auf Fahrwegen jeder Art; mit Bestimmung der Umstände, unter welchen die einen vor den andern den Vorzug verdienen,* Kopenhagen 1798.

Vorteile des Zweirads
(moderne Erklärung)

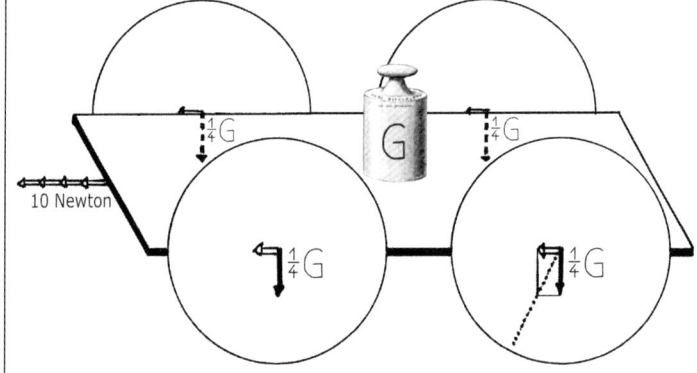

Nehmen wir einen vierrädrigen Wagen, beladen mit dem Gewichtstück G in der Mitte, so ist für jedes Rad die Radlast G/4. Mit der nur am Hinterrad gepunktet eingezeichneten Kennlinie à la Coulomb ermitteln wir den Rollwiderstand je Rad, hier 2,5 Newton. Für alle vier Räder zusammen also 10 Newton.

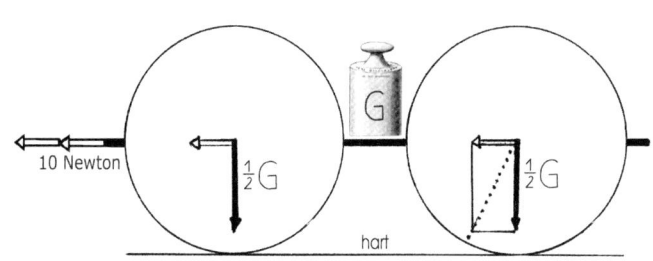

Beim Zweirad mit Gewichtstück G mittig beladen ist die Radlast jetzt jeweils G/2 und der Rollwiderstand jedes Rads, ermittelt mit der geraden Coulomb-Kennlinie, nun 5 Newton. Zweimal 5 Newton gibt wieder 10 Newton Fahrwiderstand. Fazit: Für Coulombsche Reibung bringt die Reduzierung der Räderzahl von vier auf zwei keinerlei Vorteil!

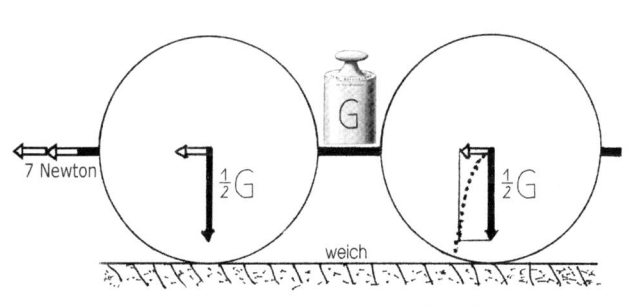

Ganz anders bei einer krummen Parabelkennlinie. Die Achslast von 5 Newton ergibt hier 3,5 Newton Rollwiderstand pro Rad. Bingo! Zwei Räder bedeuten nur noch 7 Newton Fahrwiderstand, während das Vierrad auch mit der Parabelkennlinie rund 10 Newton hat (In der Realität irgendwo zwischen 0,2% und 20% von G).

Nicolaus Fuß unterteilt die Wege in drei Klassen: feste und ebene – feste und unebene – lockere und ebene (letztere auch schlammig, morastig oder mit Kies bedeckt) und kommt je nach Radgrößen zum Schluß, daß meistens der vierrädrige dem zweirädrigen Karren (2 Räder auf 1 Achse!) vorzuziehen sei!!! Wenn Drais diese Arbeit kannte, dann hatte er gegen die akzeptierte Theorie seine empirischen Erfahrungen mit dem Zweirad durchgedrückt – vergleichbar mit Marconi, dessen Funkexperimente von den Theoretikern als unmöglich berechnet wurden und nur dank der Existenz der damals noch unbekannten Heaviside-Schicht der Ionosphäre doch funktionierten.

Konnte es Bauer junior erklären? Nicht im geringsten: er hatte ja mit seinem Vorschlag, der Balancierangst der Leute entgegenzukommen und drei Räder für Standfestigkeit zu nehmen, den Fahrwiderstand – ohne es zu ahnen – erhöht. Er sagt: *Der Gedanke der Ausführung selbst ist neu und gut, die Theorie aber uralt, denn sie ist die der gewöhnlichen Wagen, daß nämlich eine Last auf einer horizontalen Ebene auf Rädern leichter fortzubringen ist als durch irgendein anderes Mittel, weil sie so gegen den Boden drückend von diesem getragen wird und daher zur Fortbringung der Last keine größere Kraft erfordert wird, als zur Überwindung der Reibung in den Achsen nötig ist, welche bei einer mäßigen Last und einer zum Rad und zur* *Last in gutem Verhältnis stehenden und fleißig gearbeiteten Achse auf der Horizontalebene sehr gering ist.* Somit bezieht er sich auf den Erkenntnisstand von Lambert selig, der im Kapitel *Fahrphysik light* veranschaulicht wurde.

Bloß, die Abhängigkeit des Fahrwiderstands von der Zahl der Räder ist keinesfalls uralt – vielmehr ist ebendiese Fuhrwerktheorie damals im deutschen Sprachraum im Entstehen. Bis heute ist die Wechselwirkung zwischen Rad und Untergrund ein Phänomen, das sich einer physikalischen Theorie entzieht, geschweige denn mit einem einzigen empirischen Zusammenhang zu beschreiben wäre. Eine griffige Formel für den Fahrwiderstand, wo man nur die Räderzahl einzusetzen brauchte und dann für 2 den Niedrigwert fände, gibt es nicht. Der im früheren Kapitel *Fahrpyhsik light* unterstellte lineare Zusammenhang zwischen Reibkraft und Gewicht laut Coulomb gilt strenggenommen nur für ultraharte Diamantschneiden-Räder auf einem Diamant-Boden. Wenn aber der Boden weicher ist, kann man die Reibkraft bei einem anderen Gewicht nicht mehr nach dem Dreisatz ausrechnen! Jeder rechte Ingenieur versucht es dann mit empirischen Kennlinien, die aber auf neue unbekannte Situationen in der Regel nicht übertragbar sind. Eine neue Idee, das Problem anzupacken, brachte Franz von Gerstner (1756-1832), in seinen *Zwei*

Das Auf und Ab des Körperschwerpunkts beim Gehen
(Schmidt 1923)

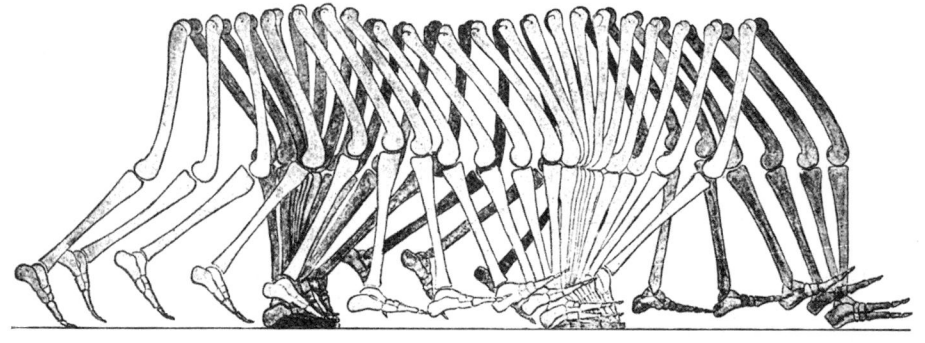

Abhandlungen über Frachtwägen und Straßen, Prag 1813. Er betrachtete das Einsinken des Rads, setzte die Rollarbeit gleich der Kompressionsarbeit im Untergrund und erhielt so als Kennlinie nicht mehr eine Gerade wie weiland Coulomb, sondern eine Parabel. Damit kann man die Drais'sche Beobachtung erklären:

Hundert Jahre später wurde die Frage starrer Räder auf weichem Boden für Landmaschinen wieder interessant, worauf in Deutschland und Rußland Gerstners Ansatz wieder aufgenommen und modifiziert wurde. Dabei erhielt man unter anderem, daß auf einer festen, sandigen Straße zwei starre Räder hintereinander nur 89% des Fahrwiderstands von zwei Rädern nebeneinander aufweisen *(Bekker 1956)*. Dieser Zusatzbonus wird allerdings durch das Schlangenlinienfahren des balancierten Zweirads zum Teil wieder zunichte.

Bleibt die Frage, warum es mit dem Zweirad leichter geht, als wenn man dieselbe Strecke im Laufen zurücklegt. Einen Kilometer laufend zurückzulegen bedeutet ja für die meisten Leute Erschöpfung, während man auf dem Fahrrad einen Kilometer mit wenig Anstrengung meistert. Dabei ist das Ergebnis dasselbe (die Körpermasse wurde verschoben) und auch die Energiequelle dieselbe (der menschliche Körper, vor allem die Beine). Das Fahrrad selbst verrichtet keine Arbeit, sondern addiert noch Masse dazu. Also könnte man meinen, die Arbeit mit Fahrrad sei größer. Irrtum! Arbeit gleich Kraft mal Weg gilt nur, wenn im Beispiel Gewichtskraft und Weg parallel gerichtet wären. Sind sie aber nicht, auf ebener Straße weist die Gewichtskraft senkrecht nach unten, hat also keinerlei Komponente in Straßenrichtung (Parallel wären beide beim Hochklettern einer vertikalen Leiter – 1 Kilometer, puh!).

Nein, die Arbeit entsteht nicht durch Verschieben der Masse um 1 km, sondern durch Überwindung von Rollwiderstand und Luftwiderstand. Für ein modernes Fahrrad mit Kugellagern und Luftreifen muß zur Überwindung der Lagerreibung 1 Newton und des Rollwiderstands etwa 2 Newton aufgebracht werden. Kommt noch bei 8 km/h ein Luftwiderstand von etwa 1 Newton dazu, sodaß die Gesamtkraft dann 4 Newton ist, und dies einen Kilometer lang ergibt den Arbeitsaufwand von 4.000 Joule. Der Luftwiderstand steigt quadratisch mit der Geschwindigkeit, bei doppelter Geschwindigkeit also vierfacher Luftwiderstand, 4 Newton, und 7.000 Joule Arbeitsaufwand. Bei dreifacher Geschwindigkeit, 24 km/h, sind es 12.000 Joule. *(Dilavore, Phys. Teacher 3/1981)*

Wie sieht es beim Laufen aus? Da muß man unterscheiden zwischen der horizontalen Verschiebung des Körpers, die mechanisch keine Energie kostet, und dem vertikalen Auf und Ab bei jeder Bewegung. Dies gibt es ja tatsächlich und man kann es sichtbar machen, wenn man mit einer angedrückten Kreide eine lange Wandtafel entlangläuft. Wenn ein 700 Newton schwerer Mensch (Körpermasse 70 kg) also 15 cm auf- und abfedert, bedeutet das bei jedem Schritt rund 100 Joule Arbeitsaufwand. Und „Federn" ist das falsche Wort: eine Stahlfeder würde diese Energie wieder zurückgeben, aber beim Jogger gehen die 100 Joule als Wärme und Schall verloren. Wer mit 950 Schritten einen Kilometer joggt, verliert also 95.000 Joule Energie durch die Tritte auf den Boden – immerhin achtmal soviel wie auf einem Fahrrad mit 24 km/h.

Doch dies ist bloß die halbe Wahrheit. Arbeitsphysiologen messen heute den Sauerstoffverbrauch als Indikator für den Energieaufwand und kommen so beim Laufen auf 260.000 Joule pro Kilometer. Den Unterschied zu den 95.000 Joule oben erklären sie als Überwindung „innerer Reibung" im Muskel selbst, die sich durch Wärmeabgabe und Schwitzen bemerkbar macht. Eine Messung bei 24 km/h am Tourenfahrer ergab rund 100.000 Joule pro Kilometer *(Whitt/Wilson 1982)*. Wegen der unvermeidlichen Verluste der Maschine Mensch reduziert sich also der mechanische achtfache Vorteil des Fahrrads auf einen knapp dreifachen arbeitsphysiologischen in unserem Beispiel – immer noch gut genug, um als enorme Erleichterung empfunden zu werden. Das gilt nun für ein modernes Fahrrad – wie aber war's bei Karl Drais' Zweirad? Eine echte Forschungslücke: Fahrradgruppe der Physik an der Uni Oldenburg, bitte messen! ⚘

Ernte gut – alles gut?

Die Einbringung der ersten ordentlichen Ernte seit 5 Jahren wird im Spätsommer 1817 überall gefeiert: Dankgottesdienste finden statt, und Devotionalien schmücken Kirchenwände. Mit dem Sinken des Haferpreises kehrt die Pferdewirtschaft zurück.

D er vulkanische Winter im Sommer 1816 hat die Pferde nicht völlig zum Aussterben gebracht wie vor Äonen der Meteoriteneinschlag die Dinosaurier. Die ersten Garbenwagen wurden von den übriggebliebenen Pferden geschmückt zur Kirche gezogen und mit Dankgottesdiensten bedacht. In der Rückschau hat die Hungersnot auch etwas Gutes bewirkt, nämlich die Wichtigkeit einer funktionierenden Landwirtschaft den Herrschern wieder einmal deutlich zu machen. Der junge württembergische König hat deshalb 1817 die *Königlich Württembergische Landwirtschaftliche Unterrichts- und Versuchsanstalt* gegründet, noch heute als landwirtschaftliche Universität in Hohenheim (zu Stuttgart eingemeindet), und ein jährliches Landwirtschaftsfest eingerichtet, das Cannstatter Volksfest. In Baden und Württemberg wurde ein modernes Fürsorgesystem aufgebaut. Und obendrein brachte diese Krise Karl Drais auf das Zweiradprinzip!

Karl Drais wird das Sinken des Haferpreises mit einem lachenden und

Die ersten Garbenwagen kommen im Spätsommer 1817 herein *(2x Napoleon-Katalog)*

1817

einem weinenden Auge betrachtet haben. Wie nach der Ölkrise 1956 der sinkende Ölpreis den Straßenverkehr auf die alte Stärke anschwellen ließ, kehrten nun die Pferde durch Nachzucht mit Macht zurück. Die Folge des Gefühls, noch einmal davongekommen zu sein, war dann, daß die Obrigkeit das Fahren mit dem Zweirad auf den einzig möglichen Pisten, den Seitenstreifen der Passanten, bei Strafe verbot!

Als Spätfolge der Klimakatastrophe wird dann die asiatische Cholera 1833 den Westen heimsuchen, deren Ausbruch mit langsamer Verbreitung nach Europa und den USA Medizinhistoriker bei der Hungersnot in Bengalen lokalisieren, die nach dem kalten Sommer von 1816 dort eintrat *(Stommel 1983)*. Sie war ursprünglich auf den Bereich der Hindu-Pilgerreisen beschränkt, gelangte dann durch britisch-indische Militäreinsätze nach Afghanistan und Nepal. Dadurch in die moslemischen Pilgerströme nach Mekka und Medina sowie die asiatische Handelsschiffahrt gelangt, reichte die Seuche schließlich von Marokko bis zu den Philippinen. Die 17 Jahre Verzug erklären sich dadurch, daß auf dem Landweg die Seuche sich mit weniger als Fußgängergeschwindigkeit ausbreitete, wogegen die Seereisen lange genug dauerten, daß Angesteckte vor Ankunft starben und seebestattet wurden. 1823 erreichte die Cholera das Schwarze Meer. Zar Alexander versuchte sie mit militärischer Quarantäne zu bekämpfen. Die Polen vermuteten einen biologischen Krieg Rußlands gegen sie. ❦

Ein berühmter Nachbauer

Während die Verschlimmbesserer das genial vereinfachte Zweirad in eine Kutsche rückverwandeln wollen, bauen kluge Leute das Zweirad erstmal für sich und probieren es aus, unter anderem Lankensperger in München.

Aus den Augen - aus dem Sinn! Wer kein Porträt an sicherer Stelle deponiert, kann davon ausgehen, daß er nach dem Tode vergessen wird, einerlei wie groß seine Leistung war.

Ein Beispiel dafür ist Georg Lankensperger (1779-1847), königlich-bayrischer Hofwagner, dessen Erfindung als *Ackermann-Lenkung* oder *A-steering* in angelsächsischen Nachschlagewerken steht. Wie das? Seine Erfindung der Achsschenkellenkung, heute in jedem Automobil benutzt, wurde von seinem Geschäftspartner Rudolph Ackermann in London als britisches Patent angemeldet. Der vom Kutschen-Dessinateur zum Londoner Kunsthändler avancierte Ackermann, aus Stollberg im Erzgebirge gebürtig, erhielt das Patent. Infolge notorischer Verwechslung von Patentinhaber und Erfinder blieb der Begriff *A-steering* in Erinnerung und der Erfinder Lankensperger geriet in Vergessenheit *(Eckermann 1998)*. Daß dann nach Wiederverwendung im französischen Tricycle *Olympia* und britischen Quadricycle *Rudge* Karl Benz noch 1893 ein Reichspatent dafür erhalten konnte, zeigt, daß das Kaiserliche Patentamt mit geistigem Eigentum oder Technikgeschichte nichts am Hut hatte, sondern lediglich so etwas wie Angelscheine für Unternehmer ausstellte.

Im *Wöchentlichen Anzeiger für Gewerbe im Königreich Bayern* vom 4.10.1817 ist nachzulesen, daß auch Lankensperger Drais' Zweirad nachbaute und auf der polytechnischen Versammlung in München vorführte, wie am 3. Dezember dann auch Bauer 1:6-Modelle seines Nachbaus und des Dreirads. ☙

Bericht über die polytechnische Versammlung zu München vom 1. Oktober 1817.

3) Auch eine von ihm verfertigte Geh-Maschine, nach der Erfindung des Herrn Drais, wurde von Hrn. Lankensperger übergeben, und von mehrern Anwesenden geprüft*).

*) Hr. Drais legte auf einen solchen Gehwagen, oder vielmehr Laufwagen, in Zeit einer Stunde einen Weg von 4 Stunden zurück. Hr. Mechanikus Bauer (älterer Sohn) in Nürnberg hat diese Maschine bedeutend verbessert, so daß man durch eine einfache Vorrichtung auch auf unebenen Wege ohne Bewegung der Füße mit großer Leichtigkeit schnell fortkommen kann.

Bericht über die vierte polytechnische Versammlung zu München.

4) Zwei Modelle des Draisischen Gehwagens vom Hrn. Mechanikus Bauer (älterm Sohn) zu Nürnberg. Das eine dieser Modelle stellte den vom Hrn. Bauer wesentlich verbesserten Gehwagen dar, womit man auch auf unebnem Wege, und ohne Bewegung der Füße schnell genug fortkommen kann. Der Erfinder dieses verbesserten Gehwagens hat darüber eine eigene Schrift mit Abbildungen in den Druck gegeben, worauf wir hier verweisen.

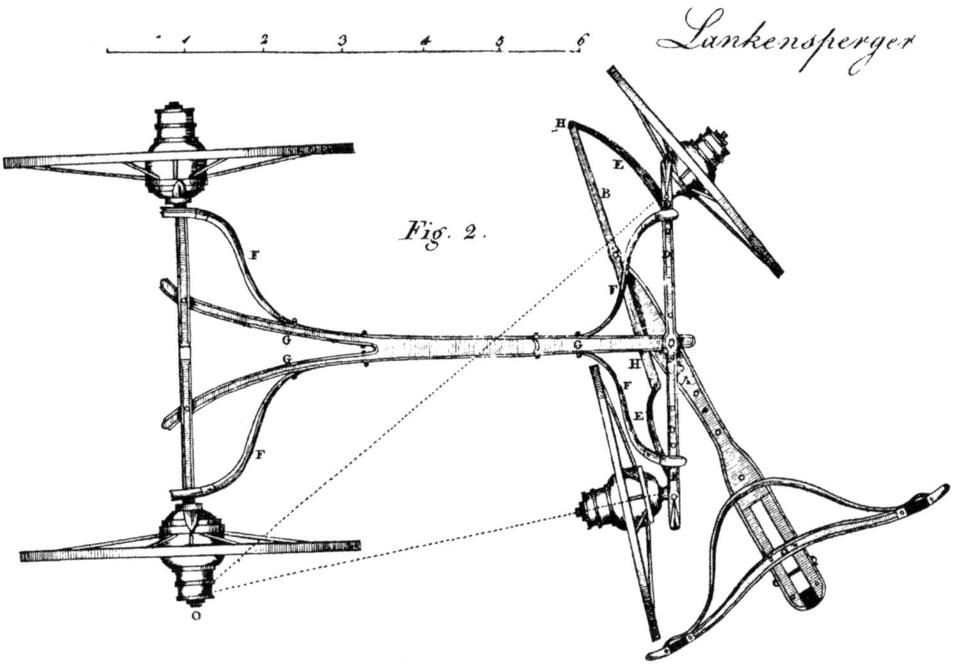

Fig. 2.

Bild oben: Lankenspergers Achsschenkelsteuerung und im Bild unten
die damit ausgerüstete Baroutsche *(Polyt. Journal 1820)*

70 Jahre später:
Quadricycle der Rudge Cycle Company, Coventry (Katalog 1889)

Fig. 3

The Quadricycle (Patented).

SINGLE MACHINE.

1816

Ein anonymer Nachbauer

Jenseits der Schlagbäume des Großherzogtums Baden nützt der schönste Privilegienantrag nichts: die Handwerker halten sich an kein Fairneßgebot und bauen die Laufmaschine ohne Skrupel nach.

G. Reichenbach

Georg Reichenbach hat die Feinmechanik in Bayern heimisch gemacht *(Archiv Lessing)*

Der aus dem badischen Durlach gebürtige Georg Reichenbach (1771-1826) hatte sich auf der Geschützbohrerei seines Vaters in Mannheim, an der Sternwarte und bei Studienreisen nach England enormes konstruktives Wissen angeeignet, das er in München in seinem Mathematisch-Mechanischen Institut einsetzte, zusammen mit Joseph Fraunhofer und dessen angegliederter Optischer Anstalt. In seinem Nachlaß befindet sich der Bericht einer Reise zur Frankfurter Messe, darin wird ein Laufmaschinen-Nachbau duch einen namentlich nicht genannten Mechanikus aus Mainz beschrieben:

Die Drasisische Reitmaschine

Die oben nach ungefährer Erinnerung im Profil abgezeichnete Reitmaschine wird in Frankfurt (Okt. 1817) von einem Mainzer Mechanikus, der sie für seine eigene Erfindung ausgibt, gezeigt und für 6 Louisd'or zum Verkaufe angeboten. Sie ist aber von dem Forstmeister v. Drais zu Schwetzingen(!) erfunden.

Ihr Wesen besteht darin, daß sie die Last des Körpers trägt und ihm sonach nur die Mühe der Fortbewegung überläßt. Diese Fortbewegung ist, im Verhältnis zu anderen rollenden Fuhrwerken durch die große Einfachheit der Maschine, durch die deshalb verminderte Reibung und durch ihr geringes Gewicht ausnehmend erleichtert; auch wirkt dazu ein mechanischer Vorteil, der die vertikal drückende Last zur fortbewegenden Kraft benutzt, mit. (physikalisch unglaubwürdig)

Der Reitende oder eigentlich Fahrende sitzt mit etwas vorwärts gerichteten Beinen auf dem oben an der Maschine in drei Riemen händenden Sattel, über und zwischen den beiden hintereinander stehenden Rädern, jedoch mit der Hauptlast des Körpers mehr nach hinten als vorn, sodaß die Ballen seiner beiden Füße zu beiden Seiten den Boden berühren. Hierdurch hält er die stillstehende Maschine im Gleichgewicht, da sie außerdem ohne dritten Unterstützungspunkt nicht stehen könnte. Vor sich hält er mit beiden mäßig ausgestreckten Händen das Querholz ab, vermittelst dessen er das damit zuerst durch einen hölzernen (allenfalls beschlagenen) Zylinder und weiter unten von c an durch eine eiserne Gabel, welche zu beiden Seiten an der Achse ausläuft und befestigt ist, in Verbindung stehende Vorderrad drehen und dadurch seine Richtung ändern kann. Vor sich hat er ein horizontal liegendes Brett d, welches rund ausgeschnitten und in der Rundung ausgepolstert ist, sodaß er sich bei dem ersten Anfahren mit dem Unterleib dagegen anlehnen und desto leichter in Bewegung setzen kann. Unter ihm befindet sich ein hölzerner Schwanenhals, der sich hinten teilt, sowohl um dem Hinterrad Raum zu geben, als auch um für jede Seite eine von den beiden Federn e, welche hinten den Sattel tragen, zu unterstützen. Unten in der Mitte des Sattels ist ein eiserner Stab oder Stift f angebracht, wel-

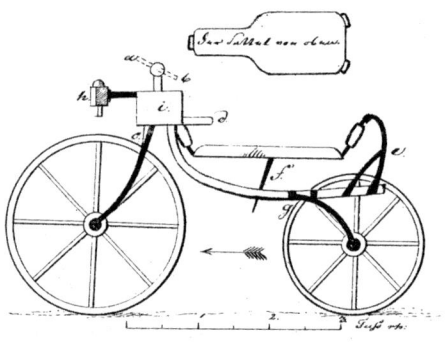

Die Draisische Reitmaschine

Die oben nach ohngefährem Einsendung im Profil abgezeichnete Reitmaschine wird in Frankfurt (im 1817.) von einem Mainzer Mechanikus, der sie für seine eigene Erfindung ausgibt, gezeigt und für 6 Louis d'or zum Verkaufe angeboten. Sie ist von dem Forstmeister v. Drais zu Schwetzingen erfunden.

Ihr Wesen besteht darin, daß zu der Last des Körpers größtentheils trägt, und ihn doch und die Mühe der Fortbewegung überhebt. Diese Fortbewegung ist, im Verhältniß zu anderen solchen Fuhrwerken, durch die große Einfachheit der Maschine, durch die Schnelle anwindende der Reitung, und durch ihr geringes Gewicht außerordentlich erleichtert; auch erhält dazu ein mechanisches Vortheil, daß die unnütliche ruhende Last zur fortbringenden Kraft benutzt wird.

Der Reitende, oder eigentlich Laufende geht mit seiner vorwärts gerichteten Beinen auf dem oben an der Maschine

cher durch einen Spalt in dem Schwanenhals durchgeht und das zu große Schwanken des Sattels hindert. Von den beiden hinteren Enden des Schwanenhalses gehen in g eiserne Schienen aus, welche zu beiden Seiten (so wie die oben erwähnte Gabel an der Achse des Vorderrads) an der des Hinterrads, die mit einer Schraubenmutter auf der einen Seite versehen ist und herausgenommen werden kann, befestigt sind. Vorn ist eine Laterne so angebracht zu Nachtfahrten; i ist weiter nichts als ein viereckiger hölzerner Kasten oben und unten mit Öffnungen, worin sich das Holz dreht, welches das Vorderrad regiert.

Die Füße des Fahrenden sind vorn nicht gar bis zur Hälfte mit einer Art Überschuhen bedeckt, welche mit Riemen befestigt und deren Sohlen mit einer Art Eissporn bewaffnet sind. Beim ersten Anfahren setzt er sich mit beiden Füßen erst anziehend und dann nachschiebend in Bewegung, späterhin erhält er sich in derselben und beschleunigt sie durch den Fuß, auf den ihn das fehlende Gleichgewicht eben fallen läßt, also meistens abwechselnd.

Die Fahrt soll auf ebenem Wege sehr schnell vonstatten gehen. Der Besitzer der hier beschriebenen Maschine verspricht, in 45 Minuten 1 1/2 Stunden Weges zurückzulegen (6,4 km/h), andere wollen ein Mehreres behaupten. Die Anstrengungen und Ermüdungen sollen geringer als bei dem Schlittschuhlaufen sein. (Deutsches Museum, Handschriften-Sammlung Nr. 8290)

Zum Schluß gibt sich Reichenbach skeptisch, ob das Reiten auf Pferden dadurch abgelöst wird (nach 185 Jahren ist es unübersehbar so eingetreten), räumt aber immerhin ein, daß für Fußgänger ein Gewinn an Bequemlichkeit gegeben ist. Die skizzierte Maschine weicht - nicht immer vorteilhaft - in konstruktiven Details von Karl Drais' Original ab:

+ Die Reibscheit-Lenkung der Stellmacher wird aufgegeben
- Statt des selbststabilisierenden Nachlaufs hat das Vorderrad instabilen Vorlauf!
- Geschmiedete Eisenteile statt Holz erhöhen das Gewicht!
+ Der Schwingsattel in Riemenaufhänge dämpft Fahrbahnstöße
+ Schuhsohlenverschleiß wird durch Spornkappen zu verhindern versucht

Drais wird in seinem Artikel von 1820 *die französische Krümmung der Stützen* als unnütz tadeln, also die Verwendung gebogener eiserner Streben wie hier. Sein Antrag auf Privilegierung der Laufmaschine in der Stadt Frankfurt wird 1818 abgelehnt werden, um das einheimische Handwerk ungestört nachbauen zu lassen, wovon noch zu berichten sein wird. ❦

Auswahl erhaltener Museumsstücke

(meist nicht datierbar und unbekannter Herkunft; aus Plath 1978)

Augustusburg i. Sachsen	Hannover Hist. Museum	Überlingen/ Bodensee Heimatmuseum
Erfurt, Angermuseum	München, Dt. Museum	Graz, Landesmuseum Janneum
Heidelberg, Kurpfälzisches Museum	Mannheim, Städt. Museum	Wien, Techn. Museum
Basel, Schweizerisches Turn- u. Sportmuseum	Schwerin, Staatl. Museum	Wien, Techn. Museum

Fladungen, Rhön-Museum

Berlin, Märkisches Museum

Wien, Techn. Museum

1817+

179

Laufmaschine
via Buchhandel

Drais' Beschreibung des Zweirads mit Kupferstich ist Ende Oktober fertiggestellt und erscheint in der Mannheimer Buchhandlung Schwan & Götz. Er nennt es statt LODA nun Laufmaschine zur Unterscheidung von seinen vierrädrigen Fahrmaschinen.

Von Vater Siegrist illustriertes Frontispiz, Erscheinungsort ist tatsächlich Mannheim und nicht Paris. *(2x Revolutions-Katalog)*

Amalie von Struve wird nach der Badischen Revolution 1849 mit ihrem Mann nach USA fliehen

Seit Ende August versuchte Karl Drais seine Beschreibung des Zweirads mit Kupferstich herauszubringen, und wir wissen aus seinem erhaltenen Schreiben, daß er es zuerst in Karlsruhe beim Hofbuchhändler Christian Friedrich Müller probiert hatte, der bereits eine Schrift von Drais-Vater über fürstlichen Zugriff auf die Beamtenbesoldungen verlegte. Jetzt ist er bei Buchhändler Götz in Mannheim gelandet, Inhaber der seit Schillers Zeit bestehenden Buchhandlung Schwan & Götz mit Lesekabinett, der nun die dreiseitige Beschreibung des Zweirads als gefaltetes Doppelblatt verlegt, dessen 4. Seite leer bleibt. Eingelegt sind je nach Kaufpreis der einfarbige oder der handkolorierte Kupferstich – oder später auch beide zusammen, wenn man *Meusels Nekrolog* glauben darf, der allerdings wieder mal die letzten vier von Drais rettungslos durcheinanderbringt.

Die beiden Abbildungen fertigt der Kupferstecher Wilhelm Siegrist (1797-1843?) an, von dem wenig bekannt (zog 1824 nach München) und kein Porträt erhalten ist. Sein Vater illustrierte 1797 bereits den Titel zweibändiger *Freiheits-Gedichte*

> **Bücher-Anzeige.**
> In der Schwan- und Gözischen Buchhandlung ist zu haben: die Zeichnung der von Hrn. Forstmeister Frhrn. v. Drais neuerfundenen Laufmaschiene, ein Abdruk mit Text in 4to schwarz kostet 1 fl., ein dergl. fein kolorirt 2 fl. 42 kr.

und seine Nichte Amalie Siegrist wird den Advokaten und Redakteur vom *Mannheimer Journal*, Gustav von Struve heiraten, der seinen Kampf um die Pressefreiheit öffentlich macht, worauf militärische Machtdemonstrationen zur Durchsetzung der Zensur 1845 das Wort vom *„Vorabend der Revolution"* kursieren lassen werden. Der kolorierte Kupferstich zeigt einen Uniformierten, einen Stabsguiden, der beim Armeestab Meldedienst tut (Mitteilung Dr. Gerhard Söllner) und das Zweirad in den badischen Farben rot-gelb – in heutiger Terminologie: im patriotischen Design.

Der Text der Beschreibung ist gegenüber Drais' Artikel vom August formeller geworden. Ungenaue Autoren bezeichnen diese Beschreibung fälschlicherweise als *„Patentschrift"*. Patentschriften wird es in Deutschland jedoch erst ab 1877 geben. Neu hinzugekommen ist eine *Gradationssperre* (=dosierbare Bremse) *für größere Sicherheit gegen Unglücksfälle, da man nebst* (=mittels) *einer kleinen Schleifsperre, die man während des Laufes mit einem Finger gradationsweise dirigieren kann,*

Drais-Freund Baumbach war
großherzoglich-badischer
Obrisk

Hochgeehrter Herr Müller
Obschon Sie meinen Vorschlag zu dem Verlag meiner Laufmaschinen-
Beschreibung (den ich Ihnen durch Hrn. Baumbach zusandte) nicht
anzunehmen Lust hatten, werde ich mich seinerzeit doch erinnern,
daß ich Dank schuldig bin, und habe indessen die Ehre, Ihnen mit
beiliegender Beschreibung aufzuwarten. Hochachtungsvoll
Mannheim, den 2ten Dez. 1817 Freihr. v. Drais

... zum Anhalten beständig bereit ist. Die Bremse selbst hat Drais auf den Bildern hinter dem Bein des Fahrers so gut verstecken lassen, daß die englischen Nach-bauten keine Bremse haben werden – lediglich die am Balancierbrett ein-gehängte Bremsschnur ist zu erkennen, die man mit einem Finger spannen oder ziehen konnte. Dies ist das erste Beispiel, wie die Selbsterfahrung auf zwei Rädern eine Innovation herbeiführt. Denn die Fuhrwerke wurden da-mals allein von den Pferden gebremst, oder man blockierte mittels Brems-schuhen (wie später bei der Eisenbahn) die Räder. Im Lauf des Sommers muß Drais erkannt haben, daß man eine gefühlige Bremse braucht. 🚲

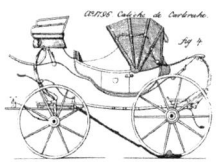

Nicht dosierbar: Bremsschuh an
Kalesche *(Ginzroth 1817)*

 181

DIE
LAUFMASCHINE
DES
FREIHERRN KARL VON DRAIS.

EIGENSCHAFTEN.

1.) Berg auf geht die Maschine, auf guten Landstrafsen, so schnell, als ein Mensch in starkem Schritt.

2.) Auf der Ebene, selbst sogleich nach einem starken Gewitterregen, wie die Staffetten der Posten, in einer Stunde 2.

3.) Auf der Ebene, bei trockenen Fufswegen, wie ein Pferd im Galopp, in einer Stunde gegen 4.

4.) Berg ab, schneller als ein Pferd in Carrière.

Beispiele davon in der Carlsruher Zeitung No. 211., in der Allgemeinen No. 204. und in vielen andern Blättern.

In theoretischer Hinsicht liegt der bekannte Mechanismus des Rades, auf die einfachste Art für das Laufen angewandt, zum Grunde. Die Erfindung ist daher, in Hinsicht auf die Ersparung der Kraft, fast ganz mit der sehr alten der gewöhnlichen Wägen zu vergleichen. So gut ein Pferd auf den Landstrafsen im Durchschnitt die, auf einen verhältnifsmäfsigen wohl gearbeiteten Wagen geladene Last, viel leichter sammt dem Wagen zieht, als ohne ihn die Ladung auf dem Rücken trägt; so gut schiebt ein Mensch sein eignes Gewicht viel leichter auf meiner Maschine, (mit dünn gedrehten Achsen und Büchsen) fort, als er es selbst trägt. — Dieses ist um so mehr der Fall, als man mit dem einzigen Geleis sich fast immer die besten Strecken der Landstrafsen heraussuchen kann.

Die Schnelligkeit der Maschine gleicht auf ebenen festen Wegen fast ganz der des Schlittschuhlaufens, indem die Grundgesetze überein kommen. So schnell man nämlich im Stande ist, den Fufs einen Augenblick hinaus zu stofsen, so schnell geht es während dem Ausruhen fort; Berg ab aber werden die besten Pferde auf langen Strecken übertroffen — und doch mit gröfserer Sicherheit gegen Unglücksfälle, da man, nebst einer kleinen Schleifsperre, die man während des Laufes mit einem Finger gradationsweise dirigiren kann, auch mit den Füfsen zum Anhalten beständig bereit ist.

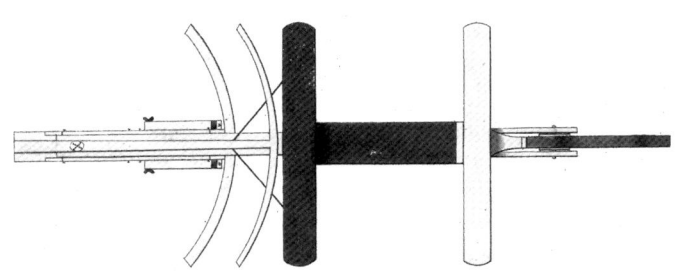

DIE LAUFMASCHINE DES
Freiherrn Carl von Drais.

ERKLÄRUNG
von Theilen der Maschine.

a) Ist die Leitstange, b) sind die Fassungen der Räder, c) die Knöpfe zur Befestigung der Reisetaschen, d) ist der Wappenschild des Erfinders, über dem Reihnagel, e) das Reihscheit, f) 2 Stützen, um die Maschine auch im Freien stellen zu können, g) das Balancirbrett, h) der Sitz, i) die Fassung für einen Mantelsack, k) die Unterlage für denselben, l) sind die Räder, m) die Naben derselben, n) ist die Schnur, wodurch die Gradationssperre dirigirt wird.

MANIPULATION.

Nachdem man sich auf die Maschine ohngefähr so gesetzt hat, wie es die anliegende Figur zeigt, lege man mit etwas vorgerichtetem Körper die Arme, mit weit von einander entfernten Ellenbogen, fest auf das Balancirbrett auf, und suche sich dadurch mit der Maschine im Gleichgewicht zu erhalten, indem man immer da sanft hinunterdrückt, wo das Brettchen anfangen will, in die Höhe zu steigen. Mit den Händen halte man die sehr leicht in Bewegung zu setzende Leitstange, um den Gang nach Gefallen zu dirigiren, doch so, dafs das Rad wo möglich auf einer festen Linie der Strafse gehe. Dieses mufs aber für gewöhnlich fast blos mit den Händen geschehen, da die Vorderarme in der Nähe der Ellenbogen fest aufgelegt bleiben müssen, und man sich mit diesen für das Balanciren, so wie mit den Händen für das Leiten, ein sicheres Gefühl und Achtsamkeit angewöhnen mufs. Alsdann mache man, mittelst leichten Aufsetzens der Füfse, grofse aber anfangs langsame Schritte in paralleler Richtung mit den Rädern, und halte die Absätze dabei nicht einwärts, dafs man nicht mit denselben unter das hintere Rad komme. — Um eine der erforderlichen Fertigkeiten nach der andern zu erlernen, mache man die ersten Proben auf ganz guten Wegen oder Plätzen von gewisser Breite, etwa in dem Hause. — Erst nach hinlänglicher Fertigkeit im Balanciren und Dirigiren schiebe man sich schneller, und halte meistens beide Füfse zugleich in der Höhe, um auszuruhen, während man in voller Schnelligkeit fortrollt.

Bei dieser Gelegenheit grüfse ich meine Freunde herzlich, und reiche Jedermann freundlich die Hand, der unpartheiisch sich bestrebt, die Wahrheit zu untersuchen und das Gute zu befördern.

Mannheim im Jahr 1817.

KARL FREIHERR VON DRAIS,
Grofsh. Bad. Forstmeister,
Mitglied gelehrter Gesellschaften.

1817

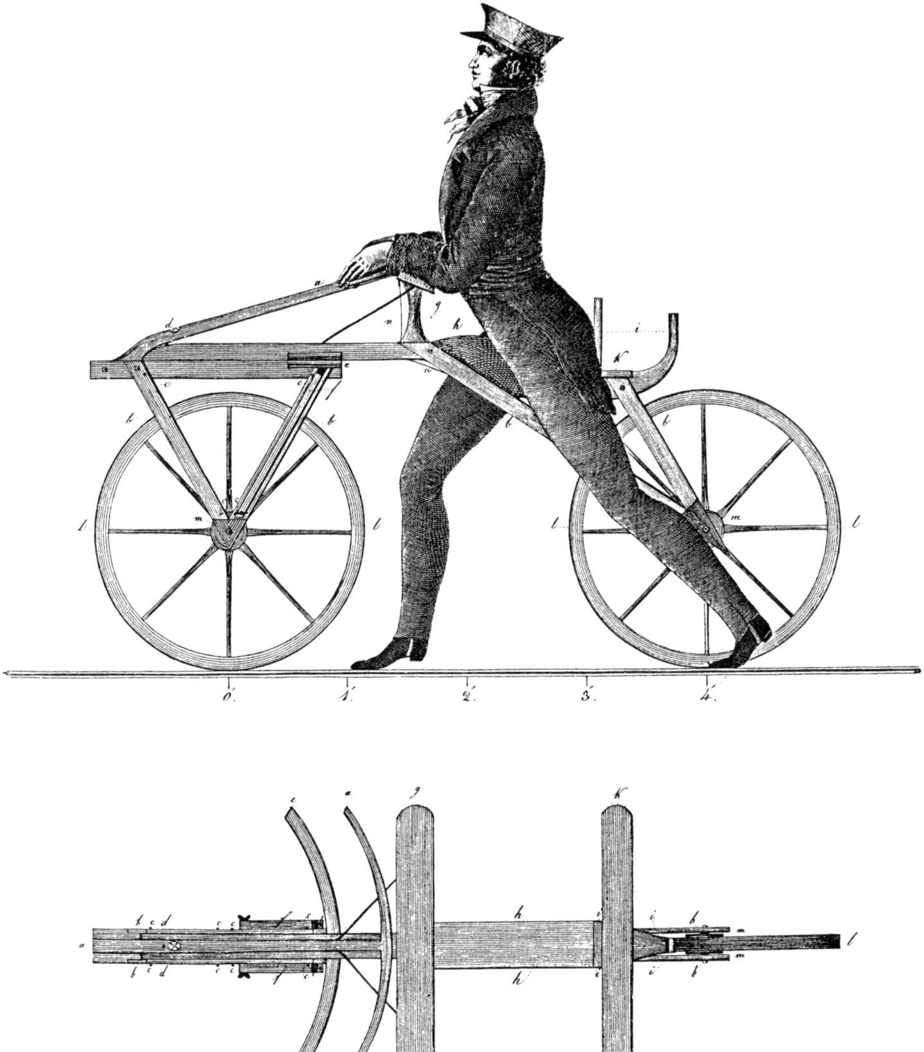

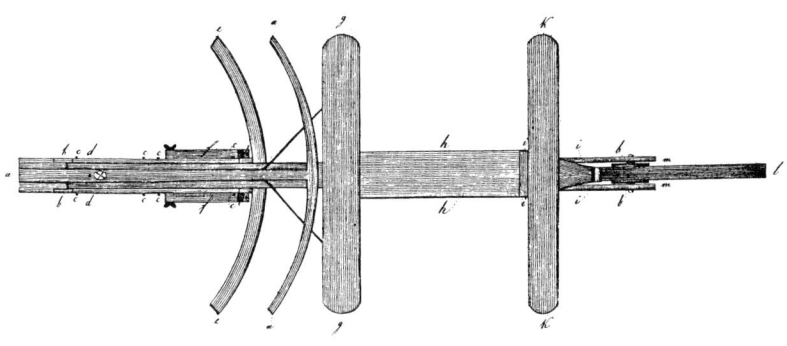

1817

ANSCHAFFUNGS - GELEGENHEIT.

In dieser Hinsicht muſs ich bemerken, daſs ich, hauptsächlich zu weitern Ausführungen dieser und anderer Ideen, Erfindungspatente für ausschlieſsenden Gebrauch in meinem Vaterland und in andern Staaten suche etc. Darüber soll aber das Gute und Angenehme der Sache nicht aufgehalten werden, und ich nehme daher, meinem frühern offenen Benehmen in dem Sommer dieses Jahrs gemäſs, keinen Anstand, diese Beschreibung heraus zu geben. Mein weiteres Interesse soll in den zweiten Rang gestellt seyn, und ich hoffe, eben dadurch die willige Theilnahme des verehrten Publicums mir zu gewinnen. Aber so gut als ein Autor gegen den Nachdruck sich erklärt, will ich einstweilen mein Eigenthum der Sache gegen das Nachmachen ohne meine erworbene Einwilligung, verwahren; jedoch biete ich zugleich einen Ausweg an, indem ich das Zartgefühl der Herrn Verkäufer und Käufer von solchen Maschinen, welche nach meiner Erfindung gearbeitet werden wollten, dafür anspreche, daſs für jedes neu entstehende Exemplar mein Zeichen, bestehend in einem silbernen Plättchen mit meinem Wappen und der fortlaufenden Nummer etc. etc. gegen eine vollwichtige Carolin, oder zwei Ducaten, oder 11 fl. rheinisch, allenfalls in Wechsel auf Frankfurt a. M., als Honorar bei mir selbst eingelöst und sichtbar vorn an der Maschine durch Schrauben befestiget werde. Ich hoffe, daſs mir von allen Gebildeten dieser Wunsch gewährt wird, um meine unaufgehaltene Mittheilung mit gleicher Loyalität zu erwiedern. Ich verspreche dagegen, daſs diese hier beschriebenen Zeichen für die Dauer meiner ganzen zu hoffenden Privilegienzeiten gelten sollen, und erbiete mich, jedem eingelösten Zeichen mein gedrucktes Verzeichniſs der frühern Nummern des laufenden Jahrs mit den Namen ihrer ursprünglichen rechtmäſsigen Eigenthümer unentgeltlich beizulegen, wo es gewünscht wird.

Denjenigen, welche, gleich Mehreren, die mich um die alsbaldige Besorgung solch einer Laufmaschine, unter Anlegung eines Wechsels ersucht haben, ein gleiches nicht zu thun vorhätten, habe ich die Ehre zu bemerken, daſs ich nicht weiſs, ob nicht im künftigen Jahre etwa veränderte Dienstverhältnisse mir selbst die Besorgungen unmöglich machen, und daſs ich überhaupt darauf bedacht bin, dieselbe an eine unternehmende Fabrik zu überweisen. Ehe aber eine solche befriedigend in Gang gesetzt ist, und allemal wenigstens bis zu Ende des Jahrs, will ich mit Vergnügen mich der Detailbesorgung unterziehen, und selbst auf die genaue Arbeit sehen, ersuche aber diejenigen, welche hierauf noch weitere Wechsel senden wollen, mir zugleich die Spaltlänge von ihren Beinen anzugeben, um die Höhe des Sitzes zu bestimmen. Die Fertigung kann in der Regel, mit Einschluſs des Trocknens der Farben, in einem Monat geschehen, die Einhaltung der nachstehenden Preise hingegen garantire ich nur für die in diesem Jahre noch dahier eintreffenden Bestellungen. Ob dieselben in der Folge aber etwas fallen oder steigen, wird von den Umständen einer Fabrike etc. abhängen.

Diese Preise sind: a) Ein silbernes Honorarzeichen, falls die Maschine an einem andern Orte gemacht wird, die obenerwähnte Carolin. b) Ein solches für diejenigen, welche mir schreiben, daſs ihnen der Aufwand einer ganzen Carolin dafür beschwerlich falle, [die Hälfte. c) Eine einfache Maschine, sammt diesem Honorarzeichen, ganz wie es die Zeitung versprach, und dabei für Jeden, der es will, auch eine Einrichtung, um einen Mantelsack mitnehmen zu können, eine Schleifsperre, und 2 Stützen, um die Maschine auch auf freien Plätzen stellen zu können, 4 vollwichtige Carolin. d) Eine solche mit der Einrichtung, daſs man den Sitz höher und niederer schrauben, folglich abwechslungsweise für mehrere Personen von etlichen Zollen verschiedener Gröſse brauchen kann, 50 fl. e) Eine Maschine mit 2 Sitzen hintereinander, auf der 2 Personen zugleich fahren können, und auf der, nach hinlänglicher Uebung im Balanciren, immer einer fast ganz ausruhen kann, mit 2 gröſsern Reisetaschen und mit der Erhöhungseinrichtung für die Sitze 75 fl. f) Eine 3 oder 4 räderige Maschine, welche vornen einen gewöhnlichen bequemen Sitz zwischen 2 Rädern, und hinten einen Reitsitz mit der Einrichtung zur abwechselnweisen Erhöhung und Niederstellung hat, elegant, 100 fl. g) Eine Kiste, um eine einsitzige Maschine zur Lieferung auf dem Postwagen oder sonst wohin gut einzupacken, 5 fl. h) Eine dergleichen für eine zweisitzige, 8 fl. Die 3 oder 4 räderigen Maschinen taugen nicht so gut zum Reisen auf den jezt gewöhnlichen Landstrafsen, haben aber auf ebenen ganz guten Spazierwegen von gewisser Breite die Annehmlichkeit, daſs man auch Damen schnell wie im Rennschlitten darauf fahren kann. Diese haben dabei von keinem Pferd vor sich her und von keinem durch solches erregten Staub zu leiden; sie sitzen tief genug, um nicht zu schwindeln, und überhaupt sehr behaglich mit dem offenen Weltkreis vor ihren Augen.

Noch gröſsere Eleganz und weitere Bequemlichkeiten, z. B. ein seidner Schirm gegen Sonne und Regen, ein Windfang, um günstigen Wind zu benutzen, eine Laterne und Vergoldungen etc. etc. wären besonders zu accordiren. Eine weitere Anweisung für gute Fabrikation steht jedem Hrn. Fabrikdirector und Käufer meines Zeichens und dieser Beschreibung, auf Verlangen unentgeltlich zu Diensten.

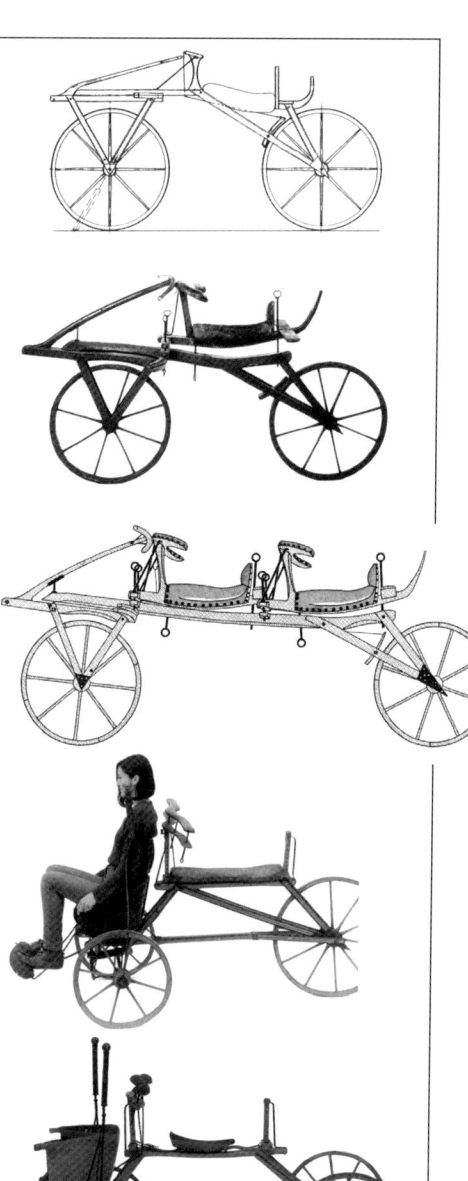

*Eine einfache Maschine, samt diesem Hono-
rarzeichen,...und dabei für Jeden, der es will, eine
Einrichtung um einen Mantelsack mitnehmen zu
können, eine Schleifsperre und zwei Stützen um die
Maschine auch auf freien Plätzen stellen zu können...*
(originales Exemplar nicht erhalten)

*Eine solche mit der Einrichtung, daß man den Sitz
höher oder niederer schrauben kann ...*
(von Drais selbst besorgtes Exemplar; Deutsches
Museum München)

*Eine Maschine mit Sitzen hintereinander, auf der 2
Personen zugleich fahren können,...mit der
Erhöhungseinrichtung für die Sitze...*
(Rekonstruktionsversuch: FAZ)

*Eine 3 oder 4rädrige Maschine, welche vornen einen
gewöhnlichen bequemen Sitz zwischen zwei Rädern
und hinten einen Reitsitz mit der Einrichtung zur
abwechslungsweisen Erhöhung oder Niederstellung hat...*
(Beide Maschinen einzig bekannte Exemplare;
Fürstenberg-Sammlungen, Donaueschingen)

Drais'
Laufmaschinen -
Palette 1817

Exkurs zum Hollandrad

Die Laufmaschine ist in Ergonomie und Leichtbau schon erstaunlich nah am Hollandrad. Hundert Jahre wurde das Konzept variiert und kehrte doch zu Drais' Dimensionen zurück. Aber die Fertigungstechnik hat sich rasant verändert.

Unser von der edlen Stahlrohroptik des modernen Fahrrads verwöhnter Blick sieht die originale Laufmaschine als schwerer an als das Hollandrad. Doch wenn man beide nacheinander hochhebt, stellt man fest, daß beide 20 Kilogramm wiegen! Eine französische Holzdraisine sogar nur 15 Kilo! Die Dicke der Holzstreben täuscht, denn Holz ist spezifisch leichter ist als Stahl. Auch sonst gibt es viele Übereinstimmungen, bis auf den kürzeren Radstand beim Hollandrad, der durch das Höherpositionieren des Fahrers oberhalb der Tretkurbel möglich wurde:

Laufmaschine	Hollandrad
Räder 27 Zoll	Räder 28 Zoll
Messing-Gleitlager	Kugellager
Zwei Stützen vorn	Zweibeinständer hinten
Handbremse hinten	Handbremse vorn
Fassung für Mantelsack	Gepäckträger
Lizenzmarke vorn	Markenplakette vorn

Wenn man nachschaut, wann dieser Vorwurf der Plumpheit zuerst erhoben wurde, landet man bei den badischen Monarchisten, die ihre Hetze gegen den verstorbenen Demokraten Drais mit diesem Lügenmärchen garnierten, siehe vorletztes Kapitel *Verleumder waren Monarchisten*. Da konnte die Laufmaschine nicht plump oder schweißtreibend genug sein, weshalb niemand dieses ganz unsinnige Gefährt habe haben wollen. Wir wissen es besser, aber es fanden sich natürlich immer unkritische Skribler, die buchstabengläubig oder boshaft diese Mär weiterverbreiteten. Auch nach Ende der Monarchie in Deutschland 1918 hörte dies nicht auf, denn nach dem Ersten Weltkrieg gab es keine „Entmonarchisierung" wie die Entnazifizierung mittels Spruchkammern nach dem Zweiten. Monarchistisches Gedankengut florierte weiter, und so finden wir die Plumpheit und Eigenartigkeit der Zweiräder wieder bei Karl Benz' Ghostwriter, dem Schwiegersohn und deutschnationalen Geografielehrer Karl Volk in Überlingen, siehe früheres Kapitel *Der aufhaltsame Aufstieg der individuellen Mobilität*. Allerdings bezog er sich da auf die schweren Kurbelvelozipede von 1869, so schwer wie ein Motorrad heute, doch die Motorjournalisten la-

Rechte Seite unten:
Laufmaschine nach Maß
Grafik: Joachim Lessing †;
Taschenform Rekonstruktionsversuch!

sen aus dieser Stelle der 1928er Autobiographie erst recht Plumpheit der Laufmaschinen von 1817 heraus, die doch so leicht wie Hollandräder waren. ❧

Zeichnungen: Elspeth Kinneir (mit Genehmigung von DM)

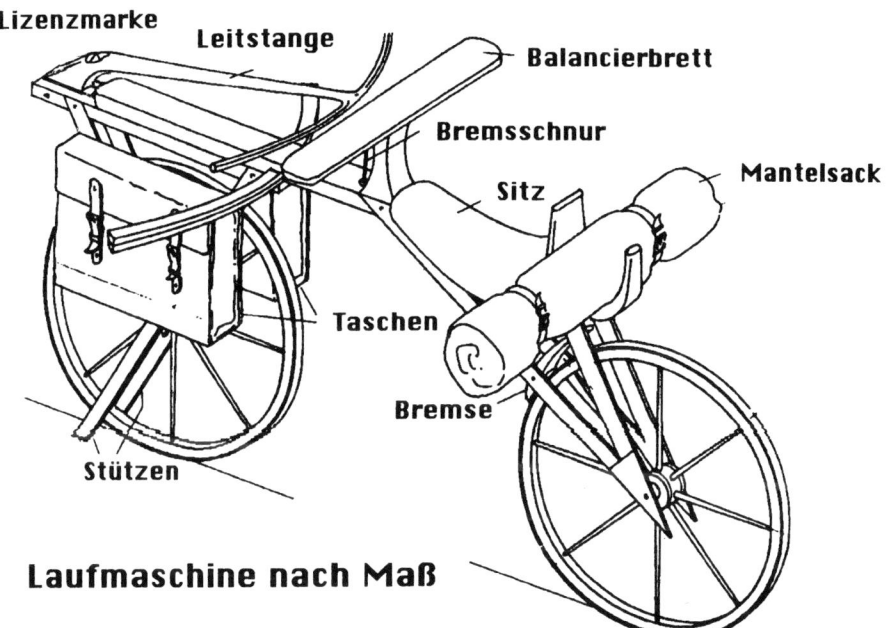

Abschrift

der Drais'schen Beschreibung

Abschrift der Drais'schen Beschreibung durch einen Interessenten, offenbar in einem westfälischem Haus gefunden *(SACHS GmbH Nürnberg)*. Früher mal als Drais' Entwurf, mal als „Testbericht" hingestellt.

190   1817

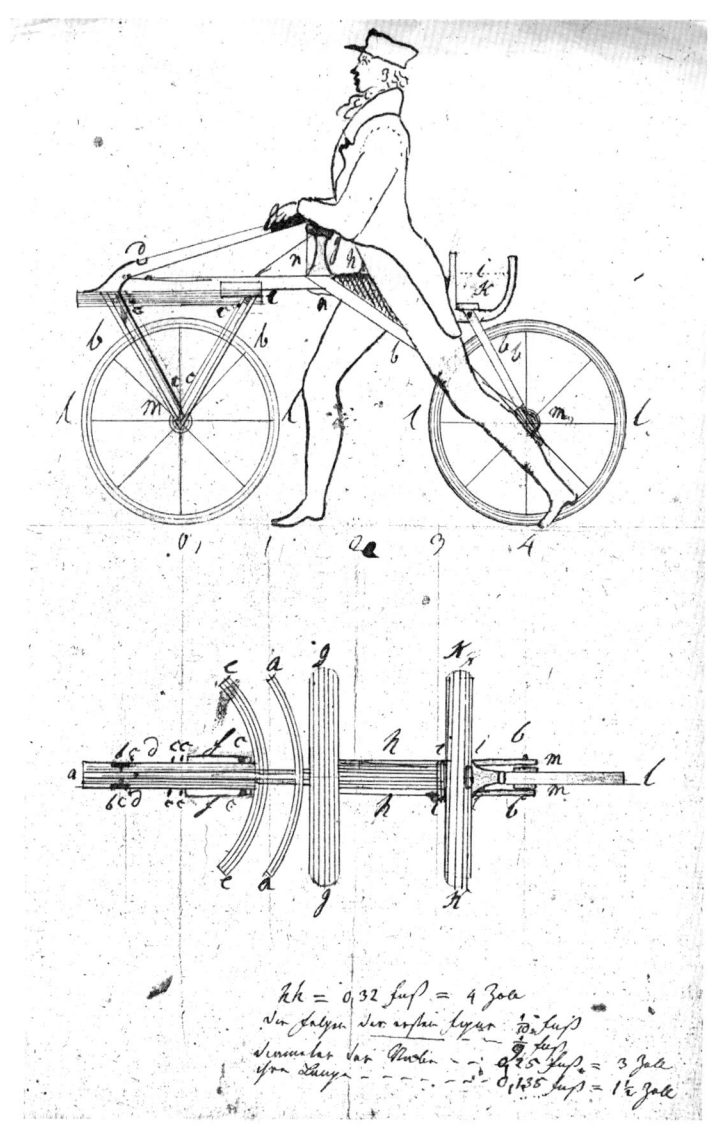

191

Zu Braut und Predigt

Studenten und junge Adlige beschaffen sich die Laufmaschine, darunter der Theologiestudent Ján Kollár an der Universität Jena, wohl nicht direkt von Drais in Mannheim. Damit fährt er sonntags zum Predigen beim Pfarrer von Lobeda, dessen Tochter er - zum slowakischen Dichter geworden - heiratet.

„SLÁVY DCERA“.

Zpěv I., znělka 40.

Abych pak běh zrychlil kroku svého
a si času při tom uspořil,
koupil jsem stroj, který utvořil
v Manheimě Drais roku přítomného.

Jest to vůz, kůň, pěchour spolu; trého
prospěch vtip tu v jedno zatvořil,
aby člověk i noh nemořil
i se vyhnul smrti pádu zlého.

Dräsina se volá od nálezce;
za půl hodiny lze přijeti
z Jeny k Lobdě v přípravě té hezce.

Ona nejen lásce krátí dráhu,
než jak tělo učí držeti
tak i ducha vždycky rovnováhu.

JAN KOLLÁR,

pěvec „Slávy Dcery“,

první český velocipedista.

Der slowakische Klassiker Ján Kollár (1793-1852), der zuhause Verehrung wie Goethe genießt, vereinigt gleich mehrere Firsts im Laufmaschinengebrauch auf sich (zumindest gibt es keine anderen früheren Nachrichten):
- erste pastorale Nutzung
- erste Zweirad-Liebe
- erstes Zweirad-Gedicht

Damit mein Schritt recht rasch und ungebunden
Und ich mir soviel Zeit erspare
Kauft ein Gefährt ich, das in jenem Jahre
Herr Drais in Mannheim hat erfunden.

Es ist mir Mähre, Wagen, Tretrad gleichermaßen
Und daher nützlich so geschaffen,
daß eines Menschen Füße nicht erschlaffen
und er den Tod nicht findet auf den Straßen.

Draisine heißt es nach des Meisters Mund.
Von Jena kommt nach Lobeda man gut
Auf ihm in einer halben Stund.

Zu meiner Liebe kürzt den Weg es mir
Und hält die Seele wie des Körpers Blut
In vollem Gleichgewichte nach Gebühr.

Allerdings hätten wir ohne das europaweite Fahrradinteresse nach der Ölkrise nie davon erfahren, denn die Zweirad-Reime stehen zwar in seinem tschechichen Sonettenzyklus *Slávy dcera* von 1824 bzw. 1832, nicht aber in der auszugsweisen deutschen Übersetzung *Die Tochter der Slawa*, erschienen in Joseph Wenzig (Hg): *Kränze aus dem böhmischen Dichtergarten*, Leipzig 1856. Der tschechische Zweiradhistoriker Jan Králik brachte das Gedicht wieder in Umlauf *(Ulreich 1994)*, wie es in einer böhmischen Fahrradzeitschrift in den 1890ern abgedruckt war. Für die moderne Übersetzung danke ich Dr. Gregor Schwirtz (Jena).

Kollár muß also im Jahr 1817 eine Laufmaschine bei Karl Drais bestellt und möglicherweise schon benutzt haben. Die Strecke von Jenas Stadtmitte führte neben der Saale hinauf bis Burgau und dort über eine Steinbogenbrücke (von der SS bei Kriegsende gesprengt, soll wieder aufgebaut werden) bis Lobeda zum Pfarrhaus, das noch steht und einen Gedenkstein für Kollár trägt. Die Strecke beträgt 6 Kilometer – Kollars Schnitt war also 12 km/h. Heute benötigt man per Rad eine Viertelstunde. Kollár, der in der evangelischen Kirche aushilfsweise predigte, verliebte sich in die Pfarrerstochter Friederike Schmidt. Als er 1819 die Universität Jena verließ, um in die Slowakei zu ziehen und dann die Pfarrersstelle einer slowakischen Gemeinde im ungarischen Pest anzutreten, erlaubte Pfarrfrau Schmidt ihrer Friederike nicht mitzugehen, weil es dort *Wölfe und Bären gäbe und die Leute nicht einmal lesen und schreiben könnten,* wie den Aufzeichnungen einer Enkelin zu entnehmen ist. Das Paar konnte erst nach 16jähriger Trennung in der Weimarer Herderkirche heiraten. Als Kollár 59jährig als Professor für slawische Archäologie in Wien starb, zog Friederike noch zurück nach Weimar. Die zentrale weibliche Gestalt in seiner Hauptdichtung *Tochter der Ehre* soll Wesenszüge seiner bei Niederschrift noch abwesenden Thüringer Geliebten tragen.

Kollár traf auch Goethe im November 1817, der ihn nach der Herkunft fragte und als Ungarn einstufte – ethnische Differenzierung war ihm fremd oder uninteressant. Kollár konterte: Herr, ich bin Slowake oder, wenn Sie wollen, ein Slawe! Goethe soll hierauf gelacht haben, sich aber nach slowakischer Volksdichtung erkundet haben, die ihm Kollár übersetzte, sodaß sie in der von Goethe herausgegebenen Zeitschrift *Kunst und Altertum* erscheinen konnte *(Pfeil 1994)*. In seinem romanti-

16 Jahre verlobt:
Friederike Schmidt und Ján Kollár als Jenaer Student 1817

schen Panslawismus ist Kollár manchmal auch etwas übers Ziel hinausgeschossen, etwa wenn er den römischen Kaiser Justinian zum Slawen machte.

Jena muß tatsächlich eine Hochburg der Laufmaschinen fahrenden Studenten gewesen sein. Goethe hatte dort dienstlich zu tun und schrieb im Januar 1818, also mitten im Winter, ins Tagebuch: *Spazieren gegangen. Im Paradies fuhren die Studenten auf den Laufrädern.*

Dies war pejorativ gemeint – wenn er sein literarisches Ich abschaltete, war der 69jährige Geheimrat eher mürrisch - à la: *fuhren auf den Tretmühlen.* Denn Laufrad war damals das von Fußarbeitern betriebene Tretrad zum Antrieb von Maschinen und Kranen. Noch bis in die 1990er Jahre schrieb also der DUDEN: *Laufrad svw. Laufmaschine,* und hat erst jüngst den Irrtum korrigiert. Das Paradies war eine belebte Allee am linken Saaleufer, deren Eingang mit Holzbalken gegen die Durchfahrt von Kutschen versperrt war. An sich hätte Goethe ja noch mehr Bezüge herstellen können, etwa zu seinem Herrscher Karl-August, der 60jährig bei Drais eine Laufmaschine bestellte, oder zu Drais-Vater, dem Kollegen, den er einmal in Mannheim besuchte und dort ein Madonnenbild bewunderte. Aber wie gesagt, wenn es um Technik ging, wurde der Alte apathisch, auch wenn er jemand schrieb: *Es ist mir sehr viel daran gelegen, nicht retardiert zu werden, denn das Leben läuft doch schneller unter uns weg als das neu erfundene Räderwerk unter dem Hintern der Studenten (Lessing 1995).* ❧

Studenten fordern Wiedervereinigung

Von den Befreiungskriegen heimgekehrt drängen die Studenten-Organisationen auf Wiederherstellung des von Napoleon geteilten Reiches. Das Wartburgfest von rund 500 Studenten alarmiert die um ihren Besitzstand fürchtenden Fürsten.

Die Studenten aus den Fürstentümern ziehen zur Wartburg *(Archiv Lessing)*

Nach ihrer Neuorganisation rufen die Jenaer Studenten zu einem gemeinsamen *National-fest* am 18. Oktober auf der Wartburg zusammen, um an die religiöse Befreiung durch Luthers Reformation, sowie an die Beendigung von Napoleons Herrschaft durch die Völkerschlacht bei Leipzig zu erinnern.

Es kamen 500 Studenten aus 13 Universitäten, überwiegend für den Staats- oder Kirchendienst Studierende, die ihrerseits zur Hälfte schon aus Beamtenfamilien stammten. Neben dieser liberal-protestantischen Mehrheit gab es jedoch kleine Gruppen zur Revolution entschlossener Aktivisten um Karl Follen, erst in Gießen und dann in Jena, darunter der Theologiestudent Karl Sand, von dem noch zu hören sein wird. Follens Kampfrhetorik verfehlte bei Sand und anderen ihre Wirkung nicht: wenn sich die Fürsten dem Willen der Nation nicht beugten, dann dürfe auch der Tyrannenmord nicht ausgeschlossen bleiben. Überall, wo eine sittliche Notwendigkeit vorliege, seien für den von seiner Sache Überzeugten alle Mittel erlaubt!

Doch lesen wir, was Draisinenreiter Jan Kollár über das Wartburgfest berichtet, eher ein Ventil für die Enttäuschung der studentischen Erwartungen als ein Fanal. Herrscher Karl August hatte gar die Bürger Eisenachs aufgerufen, die Studenten gastlich aufzunehmen. *Von uns gingen sechs Ungarn hin… auch die Professoren erhöhten durch ihre Anwesenheit das Fest, und zwar Fries, Oken, Schweitzer und Kieser… Als sich alle in einem mit Herbstblumen, Bildern, Wappen, Säulen und Bogen schön geschmückten Saal ordnungsmäßig versammelt hatten, wurde der Gottesdienst mit warmer Frömmigkeit abgehalten, wobei das bekannte erhabene Lied Luthers „Ein feste Burg ist unser Gott" gesungen und einige ergreifende Reden von Studenten gehalten wurden, denen sich auch Professor Fries mit einer zwar kurzen, aber kernigen anschloß.*

(Auf der Wartburg) zog sich ein kleiner Teil der Jünglinge irgendwohin auf die Seite zurück, wo er Feuer machte und einige dem allgemeinen Wohle schädliche Schriften hin-

einwarf und verbrannte (von Haller, Kotzebue, Kamptz, Schmalz, Wadzeck und anderen, zudem als Symbole der verhaßten Knechtung einen hessischen Militärzopf, einen preußischen Ulanen-Schnürleib und einen österreichischen Korporalsstock).*Hier war jedoch kein Professor zu sehen, und es ist nicht wahr, was einige von einer solchen Anwesenheit ausposaunt hatten, ja nicht einmal die Urheber dieser Verwegenheit waren, wie es sich herausstellte, Studierende* (sondern Turner des demagogischen Jahn).*So sehr auch diese Tat ausgeschrien worden ist, so schien sie im ersten Moment doch kein Ärgernis zu geben und keine verdächtige Absicht zu verraten: das Glück des Vaterlands, die Reinheit der Sitten und Ausrottung häßlichen Aberglaubens gaben, wie sie selbst vorschützten, dazu den Anlaß.* Hatte doch der Berliner Polizeichef Kamptz das Mittel der Bücherverbrennung gegen mißliebige Professoren selbst schon vorgeschlagen.

Doch quod licet Iovi, non licet bovi – was die Obrigkeit darf, darf der Untertan noch lange nicht.*Für lange Zeit blieb alles in tiefer Ruhe, sodaß niemand an die künftigen Folgen dachte. Auf einmal beginnt man etwas heimlich zu flüstern; die Zeitungsschreiber verliehen sofort der Fama bereitwillig Flügel, ja diejenigen, denen genügende Beweise fehlten, nahmen keinen Anstand, allerlei Meinungen, schlechte Auslegungen usw. hinzuzufügen. Mit einem Worte, es wurde soviel Lärm geschlagen, daß zuletzt sogar die Regierungen ihre Aufmerksamkeit darauf lenkten. Der österreichische Gesandte beim preußischen Hofe, Seine Exzellenz Graf Zichy, kam in der Tat zur Untersuchung dieser Angelegenheit nach Weimar, dann nach Jena, fand aber seine Landsleute aus Ungarn unschuldig (Festgabe 1952).* In der Donaumonarchie galten alle Nichtösterreicher als Ungarn. In der Folge wurde preussischen, österreichischen und russischen Landessöhnen verboten, in Jena zu studieren.

Wer aber war der Autor Kotzebue, dessen Schriften dort verbrannt wurden, wie von Goethe ausdrücklich gebilligt? August Kotzebue war ursprünglich Advokat in Weimar gewesen, dann in russischen Diensten als Gouvernements-Präsident in Estland geadelt, dann Theaterdichter in Wien, zurück in Rußland wegen einem seiner Dramen verhaftet und nach Sibirien verbannt, wieder rehabilitiert und zum Direktor des Deutschen Theaters in Petersburg berufen – ein literarisches und kosmopolitisches Perpetuum Mobile! Als persönlicher Berichterstatter des Zaren Alexanders I. zog er zunächst nach Weimar, um über deutsche Errungenschaften zu berichten, was ihm den Ruf eines russischen Spions eintrug. Er war der produktivste und erfolgreichste Bühnenautor der deutschen Literatur: am Mannheimer Nationaltheater z.B. standen von 1782 bis 1839 nur 276 Schiller-Aufführungen 1487 Kotzebue-Aufführungen gegenüber! Der Kotzebue-Sund bei Alaska ist nach seinem forschungsreisenden Sohn benannt.

Politisch betätigte er sich in seinem *Literarischen Wochenblatt,* worin er sich als Konservativer zeigte, der die liberalen Bestrebungen und die akademische Freiheit mit Spott übergoß: *Wahrlich jeder Vater muß jetzt zittern, wenn der junge Mann lebhaft und geistreich ist, denn die Korallenklippe der Landsmannschaften und Burschenschaften, der Turnkunst, ja sogar die Hörsäle, wo unverständige Professoren ihm sagen, daß er berufen ist, sein Vaterland zu reformieren, lauert überall auf ihn.* Nach dem Wartburgfest intensivierte er seine Angriffe, worauf der Boden in Weimar ihm zu heiß wurde, weshalb er nach Mannheim umzog. 🎺

August von Kotzebue machte sich bei den Studenten verhaßt (Reiss-Engelhorn-Museen Mannheim)

Wen die Jenaer Studenten in noch stärkerem Maße auszeichnen und feiern wollen, dem zu Ehren pflanzen sie vor seinem Hause, auf irgend einem kleinen Platz oder einer anderen geeigneten Stelle ein Bäumchen, vor allem einen Eichbaum, der der Erinnerung des betreffenden Mannes geweiht wird... Zu meiner Zeit wurden damit Oken und Fries geehrt, weil sie auf der Wartburg gewesen sind (aus Ján Kollárs Erinnerungen)

Drais-Vater legt nach

Während in den deutschen Fürstentümern Raubkopien des Zweirads gebaut werden, schmort Karl Drais' erster Antrag beim Großherzog ein Vierteljahr. Seine weiteren Aktivitäten lassen die Unterstützung und juristische Beratung durch den Vater erkennen.

Großherzog Carl I., 1810 noch als Erbprinz vor dem Karlsruher Schloß *(Stephanie-Katalog)*

Zurück in Mannheim überlegt Karl Drais mit seinem Vater, dem Oberhofrichter, wie man den beim Großherzog Carl I. offenbar liegengebliebenen Antrag vom 22. August wieder flottbekommen könnte. Die Nachricht davon könnte von Drais-Vetter gekommen sein, der seit 1814 Dienst bei dessen Leibgarde tut. Offenbar kommen sie zu dem Schluß, daß die nochmalige Wortwahl Privileg (eigentlich die Gnade, eine Sache allein zu verkaufen) für einen bei vollen Bezügen beurlaubten Fürstendiener wegen des Nebentätigkeitsverbots keine gute Idee war. Ergo wählen sie etwas Unverfänglicheres, aber dem Innenministerium völlig Ungewohntes, die deutsche Übersetzung des amerikanischen *invention patent,* also ein Erfindungspatent. Außerdem empfiehlt wohl der Vater, das Innenministerium nur knapp zu erinnern, aber den Großherzog Carl I. parallel anzuschreiben und beides mit Belegen der enormen Resonanz auf die Erfindung zu untermauern. Und sicherheitshalber formuliert der Vater den Wortlaut des Erfindungpatents gleich vor, damit die Behörde nicht auf falsche Ideen kommt. Anders als Karl Drais' erstes Schreiben aus Karlsruhe zeigt der jetzige Brief an den ein Jahr jüngeren Großherzog Carl I. die Kunst der Formulierung, natürlich devotest, von Drais-Vater:

Durchlauchtigster Großherzog, Gnädigster Souverän!
Der Kammerjunker und Forstmeister von Drais legt seine erfundene Laufmaschine vor und wiederholt die untertänigste Bitte um ein Erfindungspatent. Ich unterstehe mich, Eurer Königlichen Hoheit in den Beilagen
A) die Beschreibung und doppelte Abbildung meiner neuen Laufmaschine
B) einen Auszug aus öffentlichen Urteilen über ihre öffentliche Nützlichkeit und aus Notizen von der Aufmerksamkeit, die sie bereits erregt

C) ein Verzeichnis einiger der vielen Männer verschiedener Länder, welche mir darüber geschrieben haben

D) Abschrift der Diplome und Beischreiben zweier gelehrten Gesellschaften, die mich wegen verschiedener Versuche in der Mathematik und ihren mechanischen Anwendungen zu ihrem wirklichen Mitgliede aufgenommen haben alleruntertänigst zu überreichen. Möchte ich so glücklich sein, den Beifall meines gnädigsten Herrn und die Überzeugung zu erwirken, daß ich von Eifer erfüllt bin, Höchstdemselben und dem Vaterlande nützlich und einer gnädigsten Beschützung nicht unwert zu sein. – In diesen Nebenbeschäftigungen sowohl, als im Forstfach, dem ich noch immer zunächst mich widme und sehnlich wünsche, darin in angemessener Laufbahn durch Höchstdero Gnade meine baldige Versorgung zu finden. Ich habe deswegen mit derjenigen Vorsicht, die auf der dritten Seite der gedruckten Beschreibung bemerkt ist, die dermalige Beschäftigung mit mathematischen Versuchen nur für ein Interim, das ich demnächst an eine Fabrik überlassen werde, erklärt.

Indessen wird es mir zu eben diesem Zweck und überhaupt zu einem wesentlichen Vorteil gereichen, wenn Eure Königliche Hoheit, wie ich andurch ehrerbietigst bitte, geruhen wollen, mir ein Erfindungs-Patent – wäre es auch auf 10 Jahre beschränkt – in dem Maße ausfertigen zu lassen, daß niemand diese von mir erfundene Laufmaschine in Höchstdero Staaten nachmachen und auf öffentlichen Straßen und Plätzen gebrauchen soll, ohne sich erst mit mir darüber abgefunden und ein Zeichen dafür eingelöst zu haben – unter den gewöhnlichen, den Erfinder schützenden Nebenbedingungen.

Ich habe die größte Hoffnung, auch in anderen, zumal nachbarlichen Staaten ein solches Patent auszuwirken, wenn ich würde anführen können, daß ich es in meinem (auf)geklärten Vaterland durch Euer Königlichen Hoheit Aufmerksamkeit auf alles Nützliche und Interessante bereits empfangen hätte. Ich darf deswegen auch um Beschleunigung der allergnädigsten Resolution in der allertiefsten Ehrfurcht bitten, in der ich ersterbe. Euer Königlichen Hoheit untertänigst treu gehorsamer Diener

Mannheim, den 1ten November 1817

Frhr. v. Drais

Drais versucht das Ausmaß seiner Nebentätigkeit herunterzuspielen. Er ist ja bei vollen Bezügen vom Dienst beurlaubt!

• Nürnberg, 30. Sept. Vorgestern wurden dahier vom Hrn. Mechanikus Bauer (älterer Sohn) mit der Draisischen Fahr - oder besser Laufmaschine, Versuche angestellt, die trotz des schlechten Wetters bewiesen, daß sie allerdings bei einiger Uebung sehr brauchbar ist, für Ungeübte aber sehr ebenen Weg erfordert und auch sehr ermüden mag. Hr. Bauer hat daher seine Bemühungen dahin gerichtet, diesem Uebel abzuhelfen, und war auch so glücklich, für dieses sehr einfache Fuhrwerk eine eben so einfache Vorrichtung zu finden, um es auch auf unebenern Wegen ohne Bewegung der Füße mit großer Leichtigkeit schnell fortzutreiben.

In Abschrift beigelegt: Correspondent von und für Deutschland 31.9.1817 Vermutlich von hier hat Drais die Wortschöpfung *Laufmaschine* übernommen.

Bauers Verschlimmbesserung!

Aarauer Zeitung 4.10.1817
Correspondent von und für
Deutschland 31.9.1817
(Hiervon legte Drais eine
Abschrift bei)

In Bern hat der Mechaniker Hr. Christian Schenk die bereits aus öffentlichen Blättern bekannte Fahrmaschine des Hrn. von Drais in Karlsruhe mit Erfolg nachgeahmt. Um mit dieser neuen Fahrmaschine (drückt sich die Europäische Zeitung in Bern aus) sich von der Stelle zu bewegen und mit außerordentlicher Geschwindigkeit weite Strecken zurückzulegen, gehört nicht einmal so viel Uebung, als zur Erlernung des Schlittschublaufens erforderlich ist. Spazierfahrten und Reisen mit derselben müssen der Gesundheit zuträglicher sein, als das gewöhnliche Fahren und Reiten, indem die Bewegungen und Vortheile von beiden hier vereinigt sind. Zur Anwendung bei gymnastischen Uebungen und Turnanstalten, vornämlich um dem Körper die Fertigkeit zur Gleichgewichtshaltung zu verleihen, ist diese Maschine ganz vorzüglich zu empfehlen, welche auch im praktischen Leben von großer Nützlichkeit sein könnte.

Ein anderes Berner Blatt fügt hinzu: Die Zusammensetzung der Maschine ist äußerst einfach und ihr Gebrauch zeigt eine ähnliche schaukelnde Bewegung, wie bei dem Schrittschublaufen auf dem Eise, weswegen es auch einige Uebung erfordert, um sich derselben ohne Gefahr des Umwerfens zu bedienen. Jedoch dürfte die Vorrichtung kaum für anhaltende Reisen oder ein unebenes Land dienlich sein, da sie eine nicht geringe körperliche Anstrengung erfordert.

Die wichtigste Anlage ist seine Beschreibung der Laufmaschine mit dem kolorierten Kupferstich (vgl. früher). Es folgen die Beilagen in Abschrift zu B, aus der Europäischen Zeitung vom 4.9.1817, die wir schon kennen, und aus der *Aarauer Zeitung* vom 4.10.1817, worin über den schweizer Nachbau des Mechanikus Schenk berichtet wird, sowie aus dem *Correspondenten von und für Deutschland* vom 31.10.1817 eine Kurznachricht sogar über Bauers Verschlimmbesserung. Bauers Büchlein liegt nicht bei, vermutlich war es noch nicht bis nach Mannheim gedrungen. Dann folgt eine kurze Auswahl adeliger Briefschreiber und Besteller:

C. Verzeichnis einiger der vielen Männer, welche mich um Übersendung solcher Maschinen ersucht haben
1. S. Excellenz der Königl. Preußische Herr General Lieutenant Graf v. Lindenau, Inspecteur zu Frankfurt an der Oder
2. Der Kaiser-Königliche Österr. H. Kammerherr Xaver Graf Starsensky zu Lemberg bei S. Magdalena in Galizien
3. Der Kaiser-Königl. Hr. Kammerherr von Reuttnerweyl zu Achstetten bei Ulm
4. Der Königl. Preuß. Herr General von Pelet zu Grünau in Westpreußen. Auszug aus diesem Brief: „Ich bin ganz erstaunt, daß diese Erfindung von vielem Nutzen ist."

Johann Paul Harl, Kamerlist an der Universität Erlangen, gab eine Zeitschrift heraus, in der Drais-Vater publizierte

Auszug aus anderen Briefen: „Auch hier hat Ihre Erfindung großen Eindruck gemacht, welche der deutschen Nation zur Ehre gereicht, p. p. (perge, perge=und so fort)."

Und dann folgen die Trümpfe, die Aufnahme in zwei wissenschaftliche Gesellschaften, wovon die eine Karl Drais selbst über Poppe erlangt hat, während die andere sicher von Drais-Vater über seinen Bekannten Dr. Johann Paul Harl in Erlangen, in dessen Neuem Archiv seine staatswissenschaftlichen Aufsätze erscheinen und dann in acht Jahren die Briefe seines Sohns aus Brasilien abgedruckt werden.

Johann Heinrich Moritz Poppe, proponierender Sekretär der Gesellschaft, erhielt 1818 den ersten deutschen Technologie-Lehrstuhl in Tübingen

D. Die Schreiben und Diplome zweier gelehrter Gesellschaften, die mich wegen verschiedenen Versuchen in der Mathematik und ihren mechanischen Anwendungen zu ihrem ordentlichen Mitglied aufgenommen haben

Die Allgemeine Kameralistisch-Ökonomische Sozietät
Erlangen, den 18. Aug. 1817
An den Hochgeborenen Herrn Grosh. Badischen Forstmeister
Freiherrn Karl von Drais in Mannheim
Euer Hochgeboren sind wegen Ihrer berühmten Talente, Kenntnisse und Verdienste von der Allg. Kameralistisch-Ökonomischen Sozietät als ordentliches Mitglied aufgenommen und ist darüber das anliegende taxfreie Diplom angefertigt worden. Euer Hochgeboren wichtige und gemeinnützige neue Erfindung einer Fahrmaschine ohne Pferd, deren große Schnelligkeit ebenso auffallend als nützlich ist, hat die Bewunderung der Allg. Kameral. Ök. Sozietät in hohem Maße erregt, die noch durch die wohlfeile Herstellung derselben vergrößert wurde. Die Sozietät würde sich sehr glücklich schätzen, wenn es Hochdemselben gefallen sollte, dieselbe von dieser hochmerkwürdigen neuen Erfindung, insofern es ohne Nachteil des Erfinders geschehen könnte, auf eine baldige Art in nähere Kenntnis setzen. Unterdeß schmeichelt sich die Sozietät mit der angenehmen Hoffnung, daß Euer Hochgeboren diese freie und ungeheuchelte Huldigung Hochdero ausgezeichneten Verdienste genehmigen und sich für diesselben interessieren werden. Mit der größten Verehrung Euer Hochgeboren Die Direktion der Allg. Kameralistisch-Ökonomischen Sozietät
Karl Drais' Aufnahmediplom *wegen seiner bewährten und rühmlichst bekannten Kenntnisse* hat als Direktor der Kameralist Dr. Harl unterzeichnet.

Hochwohlgeboren Hochverehrtester Herr Baron!
Frankfurt, 4ten Sept. 1817
Euer Hochwohlgeboren habe ich die Ehre, das Diplom der Frankfurtischen Gesellschaft zur Beförderung der nützlichen Künste und ihrer Hilfswissenschaften zu übersenden, wodurch die Gesellschaft Sie zu ihrem ordentlichen Mitglied ernannt hat. Haben Euer Hochwohlgebohren Briefe, Abhandlungen oder andere Gegenstände an die Gesellschaft zu übersenden, so bitte ich Sie gehorsamst, auf der Adresse an mich gefälligst (=möglichst) zu bemerken: Für die Frankfurtische Gesellschaft zur Beförderung der nützlichen Künste. Mit der größten Hochachtung habe ich die Ehre zu sein Euer Hochwohlgeboren gehorsamster Diener D. J. H. M. Poppe 🦅

Am selben Tag wurde übrigens Goethe aufgenommen - weil fußläufig wohl per Hausbesuch. Ein Auszug aus den Statuten dieser Gesellschaft statuiert, daß zu korrespondierenden, also auswärtigen Mitgliedern nur solche Personen aufgenommen werden, *deren bekannte Ausbildung und Tätigkeit in den mit dem Zwecke der Gesellschaft in Bezug stehenden Fächern lebhafte Teilnahme an denselben und ihrem Fortgange erwarten lassen.* Die Gesellschaft existiert noch heute in Frankfurt als *Polytechnische Gesellschaft* für Blindenfürsorge.

Höhenverstellbare Laufmaschine

Die ersten Laufmaschinen wurden nach der Schrittlänge des Draisinenreiters maßgefertigt. Von der höhenverstellbaren Version gibt es keine Zeichnung, aber im Deutschen Museum München ein von Drais selbst beim Mannheimer Wagnermeister Frey besorgtes Exemplar.

Die ergomonisch verstellbare Laufmaschine der Grafen Reuttner zu Weyl aus Achstetten *(Foto Deutsches Museum München)*

1817

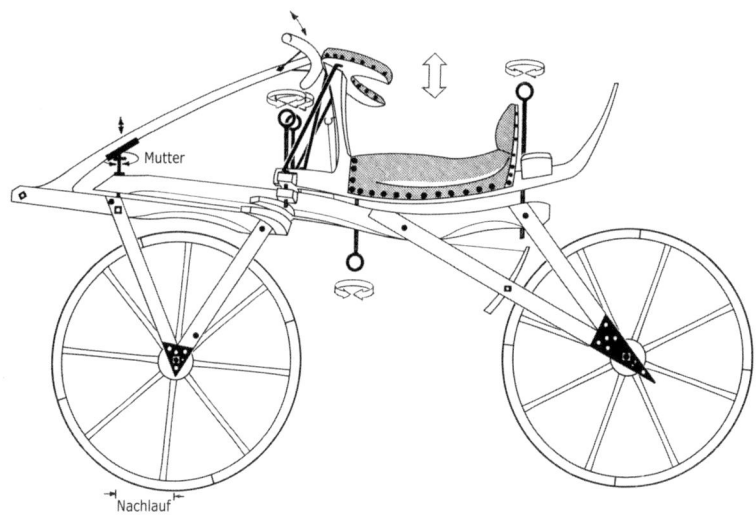

Mutter

Nachlauf

Verstellmechanismen von Drais' Laufmaschine. *(Archiv Lessing)*

I
m vorigen Kapitel war es zu lesen, in Drais' *Verzeichnis einiger der vielen Männer, welche mich um Übersendung solcher Maschinen ersucht haben.* Da steht an dritter Stelle der Kaiser-Königliche Kammerherr Reuttner von Weyl zu Achstetten bei Ulm. Und diese Maschine von 1817 blieb wundersamerweise erhalten, weil sie 1884 der Enkel dem Germanischen Nationalmuseum zu Nürnberg schenkte, das diese wiederum dem Deutschen Museum in München als Dauerleihgabe überließ. Dies ist also das früheste bekannte und eindeutig datierbare Exemplar, das Drais selbst besorgte. Das ist wichtig, weil es für diese höhenverstellbare Version des ersten Jahres keine Originalzeichnung gibt bzw. keine erhalten ist. Erst in seinem 1820er Artikel wird Drais dann eine solche publizieren, allerdings für eine modifizierte Laufmaschine der 2. Generation. Aus seiner gedruckten Beschreibung wissen wir, daß Drais jedem Käufer einer Lizenzmarke eine Liste der rechtmäßigen Lizenznehmer dazugibt. Leider ist keine davon bisher aufgetaucht, sonst könnte man europaweit eine Suche nach weiteren Laufmaschinen auf den Speichern der Höfe starten.

Der Besteller ist der 52jährige Julius Cäsar Reuttner von Weyl, der zwei Jahre später in den württembergischen Grafenstand erhoben wird

Links: Draisinenreiter Graf Julius Cäsar Reuttner von Weyl, der Besteller. Darunter Draisinenreiter Graf Karl Viktor Reuttner von Weyl, der Sohn. Und ganz unten rechts Draisinen-Stifter Graf Camill Reuttner von Weyl, der Enkel. *(3x Achstetten 1994)*

Tandam mit 2. Pferd.

1817 begann auch die Mode der Tandems oder Tandams in England *(Ginzroth 1817)*

Drais' Laufmaschine mit 2 Sitzen hintereinander (Rekonstruktionsversuch *Frankfurter Allgemeie Zeitung)*

und ein Jahr danach stirbt. Sein Sohn Karl Viktor ist 16 Jahre alt und dürfte länger als Draisinenreiter unterwegs gewesen sein. Daß die höhenverstellbare Maschine geordert wurde und keine nach Maß, ist aber ein Indiz, daß beide damit fahren wollten. Enkel Camill wird mit 44 die Laufmaschine dem Museum stiften und schreiben, daß der Erfinder der Draisine durch seine Mutter, eine Freiin von Falkenstein, mit dem Großvater verwandt gewesen sei *(Feldhaus 1903)*. Technikhistoriker Feldhaus stellt richtig, daß Drais' Mutter eine geborene v. Kaltenthal war, und weist auf den Bestellvorgang hin. Allerdings wird 1828 eine Mathilde v. Falkenstein die Frau von Drais-Vetter werden – also war wieder mal die notorische Verwechslung aller Draisens am Werk.

Diese verstellbare Laufmaschine ist mit 22 kg relativ schwer *(Kobayashi 1993)*, und zwar wegen der zusätzlichen vier großen Ringschrauben aus Eisen, mit denen die Einheit von Sitz und Balancierbrett höher- oder tiefergestellt werden kann. Auch die Leitstange kann entsprechend höhen-

1817

verstellt werden, mittels einer Mutter auf der als Schraube verlängerten Drehachse des Vorderrad-Drehschemels. Damit sich die Mutter nicht ins Holz der Leitstange gräbt, ist diese mit einem Eisenblech beschlagen, das dann auf der Mutter aufliegt. Zudem kann die Leitstange nach vorn umgeklappt werden, um die Laufmaschine bergan wie einen Bollerwagen zu ziehen. In der Laufmaschine der 2. Generation in seinem 1820er Artikel wird er diese Möglichkeit weglassen, weil die Laufmaschine bergan einfacher am Balancierbrett zu schieben ist.

Die Laufmaschine mit Sitzen hintereinander, von der kein Exemplar erhalten ist, kann man sich als Verdoppelung der einfachen vorstellen, wie die FAZ-Rekonstruktion zeigt. Daß Drais sie nicht Tandem genannt hat, liegt daran, daß dieser Begriff erst 1817 in England entsteht, und zwar daraus, daß man einem einspännigen Jagdwagen (mit den Hunden unterm Sitz) das mitzunehmende Jagdpferd vorspannte. Am Revier angekommen, wird das Zugpferd mit Wagen an einen Baum angebunden. Dann sattelt und besteigt man sein Reitpferd und läßt die Hunde heraus. Die gängige Erklärung, warum dies Tandem genannt wird (lateinisch = endlich), besteht darin, daß im Englischen endlich oder schließlich „at length" heißt, was doppeldeutig auch „der Länge nach" bedeuten kann. Ein anderer Erklärungsversuch geht von tantum = lat. gleichgut (wie nebeneinander) aus, das dann englisch zu „Tandam" oder „Tandem" verschliffen wurde – allerdings fehlen handfeste Nachweise hierfür. Leider wurde bis jetzt kein zeitgenössischer Beleg für einne solche zweirädrige und zweisitzige Laufmaschine gefunden. Erlernbar dürfte das Fahren sein, wie das Standfoto aus einem Dreißiger-Jahre-Film belegt. 🍎

Gutachter überfordert

Erledigen durch Liegenlassen – diese Maxime des jungen Groß-
herzogs Carl I. hat es geschafft, daß ausgerechnet wieder in der
Weihnachtszeit Gutachter Tulla ran muß, der gerade mit der
Rheinkorrektur vollbeschäftigt ist.

Großherzogin Stephanie
protegiert die Laufmaschine.
Kolorierter Kupferstich 1815
(Stephanie-Katalog)

Beim Gutachten für die vierrädrige Fahrmaschine war auch noch Archi-
tekt Weinbrenner mit von der Partie gewesen, der aber jetzt zum Innen-
ausbau des Theaters in Leipzig weilt. Also bleibt der Gutachten-Auftrag an
Tulla allein hängen. Eine Woche nach dem Brief an Großherzog Carl I. schreibt
Karl Drais auch noch an Großherzogin Stephanie – möglicherweise hat der
Vetter in der Leibgarde signalisiert, daß dies nicht schaden könne:

Madame
J'ose présenter à Votre Altesse Royale la description d'une invention que j'ai faite depuis
peu et dont je me flatte d'autant plus qu'elle aura l'approbation de l'auguste protectrice
de tour ce qui influe sur le bonheur de Ses sujets puis ce que les affiches publiques en
Allemagne et les lettres qui me viennent de la France et autres pays reconnaissent déjà
l'utilité de cette machine à courrir.
Veuillez Madame me protéger près de mon Souverain lequel je viens de supplier de
m'accorder un patent pour l'usage exclusif de mes machines sur les rues publiques.
J'ose rappeller encore au souvenir de Votre Altesse Royale qu'Elle a bien voulu s'interesser
déjà pour ma grande voiture qui marchait sans cheveaux - mais voilà un ouvrage plus
simple, plus soutenu de la nature meme et plus achevé dont je met le dessin à Ses pieds;
c'est donc avec confiance entière que je puis esperer qu'Elle voudra contribuer au bon-
heur de l'un de Ses sujets.
Je suis avec le respect et la soumission la plus profonde de Votre Altesse Royale plus humble
et plus soumis
Mannheim le 8me Nov. 1817   Charles Baron de Drais

Und tatsächlich liegt dieser Brief mit dem Vermerk „*Von Ihrer Königlichen
Hoheit der Großherzogin empfohlen*" bei den Akten. Drais erinnert im Brief an die
Vorführung seines *großen Wagens* (der Fahrmaschine 1813), wo Stephanie
offenbar dabei war. Er nennt hier seine Laufmaschine *machine à courrir* und
erwähnt erste Karikaturen in Deutschland. 1818 wird er sie für Frankreich
vélocipède nennen, offenbar nach der deutschen Redensart „einen Schnell-
fuß machen", was soviel wie „*ausreißen*" bedeutete.

Dann schreibt Karl Drais auch noch an den kommenden jungen Mann,
den Markgrafen Leopold (1790-1852), den Ältesten der Hochberger Linie (aus
2. Ehe) und späteren Großherzog. Am badischen Hausgesetz, das seine Thronfolge sicherte, hat Drais-Vater mitgewirkt. Und dies hatte der regierende Großherzog Carl I. (aus 1. Ehe) soeben unterzeichnet *(Stadtarchiv Mannheim):*

<u>Durchlauchtigster Markgraf!</u>
Euer Hoheit unterstehe ich ich mich, hiedurch eine Beschreibung meiner Laufmaschine untertänigst zu Füßen zu legen und mich zu Gnaden zu empfehlen. Daher ergreife ich diese Gelegenheit, Höchst Demselben zu Dero hohen Bestimmung Glück zu wünschen.
Respektvoll Euer Hoheit untertänigster Diener
Mannheim, den 9ten Nov. 1817
Karl Frhr. v. Drais

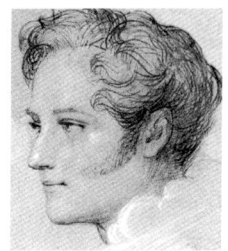

Rühmt Karl Drais: Leopold, 1822
(Stephanie-Katalog)

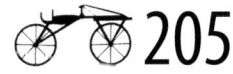

Das Antwortschreiben an Karl Drais ist in Berlin erhalten *(Feldhaus-Archiv)*:

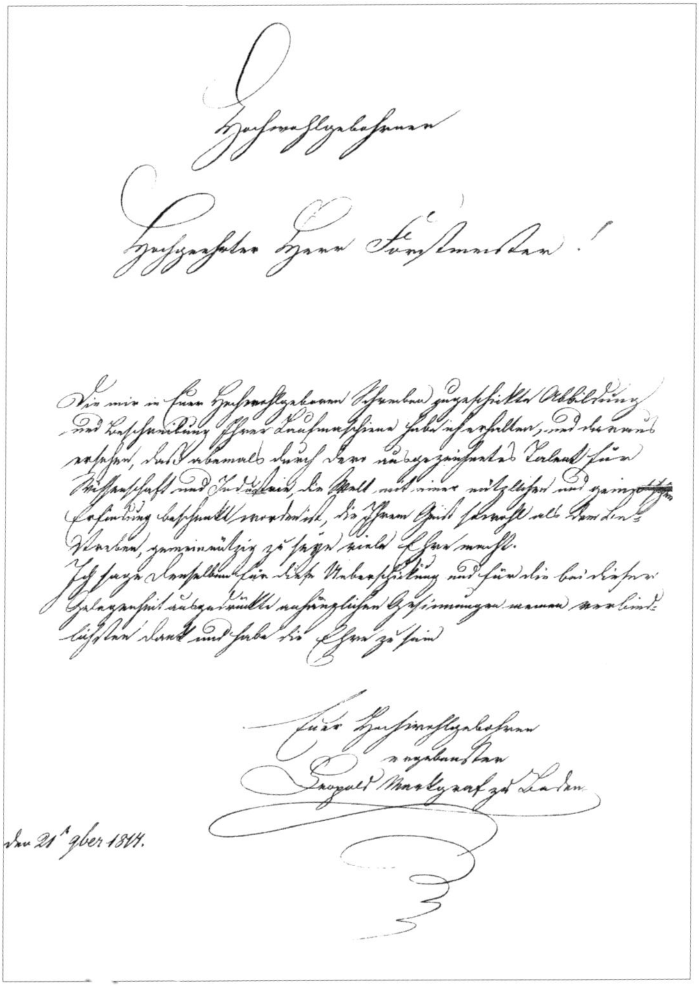
Hochwohlgeborner
Hochgeehrter Herr Forstmeister!
Die mir in Euer Hochwohlgeboren Schreiben zugeschickte Abbildung und Beschreibung Ihrer Laufmaschine habe ich erhalten und daraus ersehen, daß abermals durch Dero ausgezeichnetes Talent für Wissenschaft und Industrie die Welt mit einer nützlichen und genialischen Erfindung beschenkt worden ist, die Ihrem Geist sowohl als dem Bestreben, gemeinnützig zu sein, viele Ehre macht.
Ich sage demselben für diese Ueberschickung und für die bei dieser Gelegenheit ausgedrückten anhänglichen Gesinnungen meinen verbindlichsten Dank und habe die Ehre zu sein
Euer Hochwohlgeboren
ergebenster
Leopold Markgraf zu Baden
den 21t 9ber 1817.

Leopolds Schreiben an Drais
(Feldhaus-Archiv)

<u>Hochwohlgeborner Hochgeehrter Herr Forstmeister!</u>
Die mir in Euer Hochwohlgeboren Schreiben zugeschickte Abbildung und Beschreibung Ihrer Laufmaschine habe ich erhalten und daraus ersehen, daß abermals durch Dero ausgezeichnetes Talent für Wissenschaft und Industrie die Welt mit einer nützlichen und genialischen Erfindung beschenkt worden ist, die Ihrem Geist sowohl, als dem Bestreben, gemeinnützig zu sein, viele Ehre macht. Ich sage demselben für die Überschickung und für die bei dieser Gelegenheit ausgedrückten anhänglichen Gesinnungen meinen verbindlichsten Dank und habe die Ehre zu sein Euer Hochwohlgebornen ergebenster
Leopold Markgraf zu Baden
den 21. November 1817.

Also nützlich - genialisch - gemeinnützig! Die Zeitgenossen verstanden eben richtig, daß angesichts der Keulung von Pferden hier eine Lösung des Verkehrsproblems geboten wurde. Leopolds Schwester, Prinzessin Amalie von Baden-Hochberg (1795-1869) heiratete 1818 den Fürsten Karl Egon von Fürstenberg (1796-1854), und das junge Paar hat in Donaueschingen sechs Draisinen bauen lassen, darunter ein drei- und ein vierrädriges Damenmodell, zum Teil mit den Lizenzmarken versehen und noch heute erhalten. Die Hochberger waren eindeutig pro Drais. Das kann man von Gutachter Tulla, der am Tag vor Silvester sein Gutachten abliefert, nicht behaupten:

Gehorsamster Bericht des Oberwasser- und Straßenbau-Direktor ObristLieutenant Tulla
Karlsruhe den 30ten Dezemher 1817
Dem unter No 9884-85 vom 14. v. M. erhaltenen hohen Auftrag in Betreff der von dem Freiherrn Karl Friedrich Ludwig Christian Drais von Sauerbronn gemachten Erfindung einer Laufmaschine zur Folge, ermangle ich nicht, meine Ansichten über die Nützlichkeit und Ausführbarkeit gedachter Maschine, Einem Hochpreislichen Ministerium des Innern in nachfolgendem gehorsamst vorzulegen.
Die Laufmaschine des Freiherrn von Drais ist einfach, ihr Effekt kann aber durch mathematische Berechnungen nicht bestimmt werden, da derselbe von der Übung derjenigen, welche solche gebrauchen, abhängt. Der Beweis der Brauchbarkeit und des Effekts ist daher durch Erfahrungen zu bestimmen, bei welchen nicht allein die Länge des in einer bestimmten Zeit zurückgelegten Wegs, sondern auch die Anstrengung derjenigen, welche den Weg mit der Laufmaschine zurücklegen, in Berücksichtigung zu ziehen ist. (richtig!)
Nach meinem Dafürhalten kann die Draisische Laufmaschine weder mit einem Wagen oder Karren, der gezogen oder geschoben wird, noch mit dem Schlittschuhlaufen verglichen werden, weil der Mensch oder das Tier beim Ziehen oder Schieben mit dem ganzen Gewicht seines Körpers auf seinen Füßen ruht, bei der von Draisischen Maschine aber der mit dieser Maschine Laufende mit dem größten Teil seines Gewichts auf der Maschine selbst ruht. (eben!)
Dadurch daß die Laufmaschine den Körper trägt, soll dieselbe von einem besonderen Nutzen sein, und dieses ist aber auch der Fall bei dem Wagen des Freiherrn von Drais, welcher durch das Treten des Fahrenden getrieben wird, und desungeachtet wird der Fahrende sehr ermüdet. Gegen die Draisische Laufmaschine dürfte sich einwenden lassen.
1. daß der Laufende außer seinem Gewicht auch das der Laufmaschine fortbringen muß, (macht hier nichts!)
2. daß die Kraftäußerung der Füße, dadurch daß solche nicht fest, sowie auch dadurch, daß sie wegen des Sitzens nur auseinandergesperrt aufgestellt werden können, geschwächt wird. (was für's Stehen gilt, gilt nicht für's Laufen)
3. daß die Maschine auf rauhem, auf weichem und auf sandigem Boden und zur Winterszeit im gefallenen Schnee vielen Widerstand findet - und gerade in diesen Fällen die Kraftäußerung der Füße schwieriger wird. (Ausnahmesituationen!)
Was die erste Einwendung anbetrifft, so ist aus der Mechanik bekannt, daß zur Bewegung einer größeren Masse auch eine größere Kraft im Verhältnis der größeren Masse bei gleicher Geschwindigkeit erfordert wird. Wird nun vorangesetzt, daß die menschliche Maschine einen hohen Grad von Vollkommenheit hat, so kann man unterstellen, daß eine Maschine durch die Kraft eines Menschen betrieben keinen Gewinst für die Bewegung des Menschen hervorbringen könne, selbst dann nicht, wenn Hände und Füße zugleich gebraucht würden, weil in

diesem Fall, die Gesamtkraft zu sehr in Anspruch genommen würde. (Fünf! Setzen! Kraft gleich Masse mal Beschleunigung, nicht mal Geschwindigkeit)

Ich will nicht in Zweifel ziehen, daß mit der von Draisischen Laufmaschine ein nicht sehr großer Weg weit schneller zurückgelegt werden kann, als solchen ein gewöhnlicher Fußgänger zurücklegen würde, aber dieses kann offenbar nur durch einen geschehen, welcher im Laufen mit der Laufmaschine sehr geübt ist. Es entsteht aber nun hierbei die Frage, ob ein im Schnell-Laufen geübter Fußgänger und ein Läufer von Profession nicht in eben der Zeit mit weniger Kraftäußerung dasselbe leisten kann (nein!)

Hierüber könnten Versuche einigermaßen entscheiden, ich sage einigermaßen, weil der Grad der Abmattung nicht gemessen werden kann.

Rücksichtlich der zweiten Einwendung geben die Erfahrungen an die Hand, daß zu einer großen Kraftäußerung ein fester Stand der Füße erfordert wird. Pferde können stärker ziehen, wenn sie etwas belastet werden, daher sitzen Fuhrleute auf, wenn sie eine schwierige Stelle zu passieren haben, besonders bei Pferden, welche in der Schere eines Karrens gehen. Wenn dadurch, daß der Körper getragen wird, ein Gewicht für das ziehende Pferd erhalten würde - so würde notwendig folgen, daß ein Karren so geladen werden müsse, daß das Pferd geschoben werde, aber dieses widerspricht der Erfahrung, indem allgemein bekannt ist, daß der Karren so geladen werden muß, daß die Lannen das Pferd noch ziemlich stark drücken. (Fuhrmannslatein!)

Die durch das Sitzen auf einem Sattel notwendige Auseinandersperrung der Füße dürfte eine baldige Ermüdung zur Folge haben, und da diese Auseinandersperrung beim Gehen widernatürlich ist, so wird ihr Nachteil auch durch die Übung nicht ganz gehoben werden können.

Aus den angeführten Gründen muß ich den großen praktischen Nutzen der Laufmaschine des Freiherrn v. Drais in Zweifel ziehen, da derselbe aber vom Gegenteil überzeugt zu sein glaubt, um mir wegen sehr überhäufter Geschäfte und meiner auf den 2ten Jänner festgesetzten Anreise nach Basel die erforderliche Zeit zu Versuchen mangelt, so sehe ich mich veranlaßt, Sie Hochpreisliches Ministerium des Innern gehorsamst zu bitten, auch andere, allenfalls den Geheimen Hofrat Langsdorf zu Heidelberg und den Hauptmann Bodmer zu Albbrük, welch letzterer die Maschine genau kennt, zu Bericht aufzufordern, indem ich wünsche, daß die Willfahrung oder Nichtwillfahrung der Bitte des Freiherrn von Drais nicht von meinem Urteil allein abhänge.

Ich remittiere die Kommunikate gehorsamst.   Tulla

Claus Kroencke (1771- 1843), großherzoglich-hessischer Rheininspektor, hätte seinen badischen Kollegen Tulla aufklären können (Archiv Lessing)

Die Theorie des Fuhrwerks ist seit sechs Jahren verfügbar.

Soso, widernatürlich also! Daß der Mensch 70 Jahre später mit dem Fahrrad das ganze Tierreich an Fortbewegungseffizienz überflügeln wird, war ja wirklich nicht schwer abzusehen. Der Tenor des Gutachtens zeigt auch, daß Tulla seit dem letzten Gutachten 1814 für die Fahrmaschine kaum positiver eingestellt ist. Immerhin räumt er ein, ohne Experimente nichts aussagen zu können. Seine Fuhrleute-Erfahrungsätze sind schwer nachvollziehbar. Bei der Anwendung des Newtonschen Bewegungsgesetzes unterläuft ihm auch noch ein elementarer Schnitzer: Die zusätzliche Masse der Laufmaschine kostet Kraft doch nur bei Beschleunigung oder Verzögerung. Bei konstanter Geschwindigkeit ist dagegen nur der geringe Rollwiderstand zu überwinden - Vorteil aller Wägen, aber beim Zweirad besonders klein. Tulla hätte da besser seinen kompetenten Kollegen Claus Kroencke in Darmstadt konsultiert, mit dem er wegen der Rheinregulierung in Verbindung stand. ☙

Ein Leipziger Nachbau

Die Laufmaschine erobert jetzt die Farbbeilagen der Zeitungen, möglich gemacht durch die neue Lithographie Senefelders. Die Leipziger Moden-Zeitung macht Ende November den Anfang, der Bremer Bürgerfreund druckt es im Dezember unverändert nach.

Unbekannte Laufmaschine wohl aus Leipzig – ohne Reibscheit-Lenkung, aber mit zwei Gepäckkörben. Der Fahrer ist Student, erkenntlich an der sog. altdeutschen Tracht *(Allg. Moden-Zeitung Nov. 1817)*

Die sperrige Reibscheit-Lenkung, ein Zugeständnis an die Stellmacher, hat also nicht erst Denis Johnson aufgegeben.

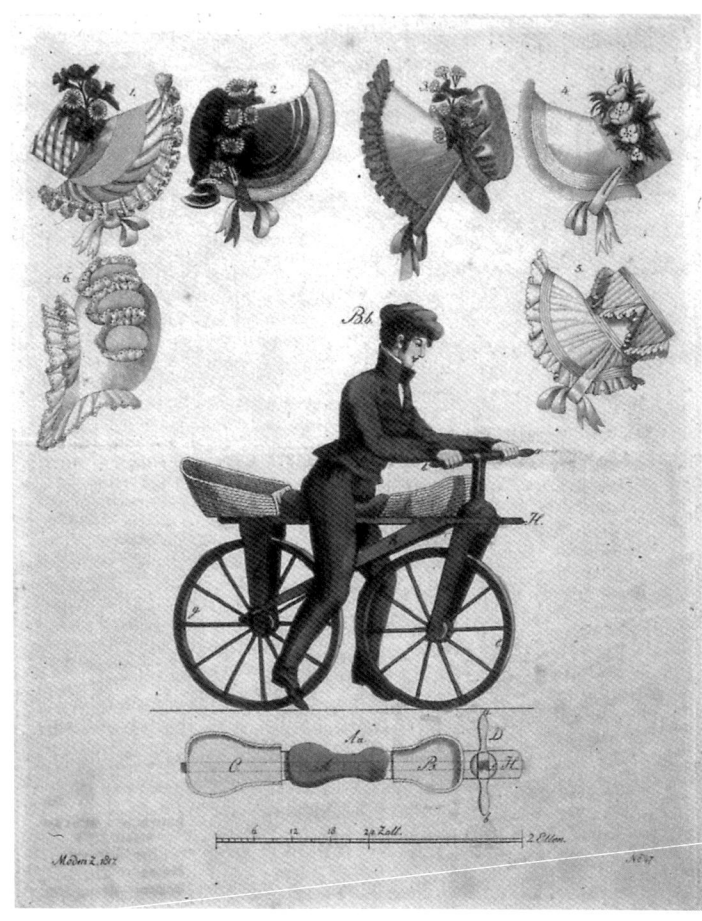

Erklärung des Modenkupfers No. 47.

Wir liefern hier einige neue Kopfputzarten.

No. 1 ist ein Hut von Tulle und Gaze.

No. 2 — — — — Gros de Naples,

No. 3 — — Crepphut.

No. 4 — ebenfalls ein Crepphut.

No. 5 — ein Percalhut.

No. 6 — eine Cornette von Percal.

Die Zeichnung stellt die neue Art von Wagen vor, welche der Forstmeister, Herr von Drais, in Mannheim erfunden und welche man auch hier in Leipzig gesehen hat.

Diese Zeichnung stellt eine Maschine dar, welche jetzt folgenden Namen führt: Schnell= oder Geschwindwagen, Räderpferd, auch Fahrmaschine. Man bedient sich dergleichen Maschinen zu ansehnlichen Fußreisen, indem man mehreres Gepäcke sehr bequem mit sich nehmen kann. Damit man sich nun von der ganzen Bauart dieser Maschine einen deutlichen Begriff machen kann, sind hier die Bestandtheile davon genau angegeben und der Gebrauch erklärt.

Fig. Aa. Grundriß.

Die Bestandtheile dieser Maschine sind, ein $\frac{3}{4}$ langes, 7 Zoll breites und 2 Zoll starkes Bret H, welches das Rück= oder Sitzbret genannt wird; auf diesem ist eine Art von Polster oder Sattel A. mit Schrauben zum Hoch= und Niedrigstellen fest gemacht, vorne und hinter diesem Sattel sind Körbe B. C. befestigt, in welche man die bei sich habenden Sachen packen kann, D ist der Lenker, welcher aus einer Halbkugel 6 Zoll im Durchmesser besteht und aus dessen Mitte eine runde $2\frac{1}{4}$ Zoll starke Säule, mit der Halbkugel 12 Zoll lang, in die Höhe geht, auf welcher ein Querstück a. b. als Lenkhebel befestigt ist. An diesem kann man sich

anhalten und lenken. Die $2\frac{3}{4}$ Zoll starke Säule geht durch die Halbkugel vierkantig durch; erhält dann einen runden Zapfen, so lang als das Rückbret stark ist und verbindet sich unter dem Brete vierkantig mit einem andern Stück Holz a, welches viereckig, 6 Zoll lang, 5 Zoll breit und 3 Zoll stark ist und zwar so, daß nun dieses Ganze in dem Rückbret herum gedreht werden kann. An dieses untere Stück sind an den beiden langen Seiten zwei Schenkel in schiefer Richtung, wie Fig. B b in d zeigt, durch Schrauben fest gemacht und in diesen Schenkeln läuft ein Rad e von 24 Zoll Durchmesser in der Form eines Schubkarnrades. Da nun das Ganze, Lenker und Rad, mit einander verbunden sind, so kann das Rad durch den Lenker nach allen Richtungen gedreht werden, wohin die Maschine laufen soll. An dem hintern Theile des Sitz= oder Rückbretes sind ebenfalls zwei Schenkel f, aber im rechten Winkel, angebracht und durch Schrauben befestigt, in welchem ein Rad g von 26 Zoll im Durchmesser in einer geraden Linie mit dem vordern Rade läuft; diese zwei Schenkel sind noch besonders durch schief liegende Latten h, wie Sträube=Bänder mit dem Rückbret verbunden und dadurch dem Ganzen eine Festigkeit geben. Nach dieser Angabe der einzelnen Theile, sieht man in Fig. B b. den ganzen Schnellwagen mit einem Fahrenden, welcher den Lenker mit den Händen regiert und mit dem rechten Fuß auf dem Boden sich die Kraft zum Fahren giebt. Jeder Fahrende muß es gelernt haben und gut balanciren können, dann braucht er nur, wenn die Maschine im Gange ist, von 10 bis 20 Schritten die Erde bald mit dem rechten, bald mit dem linken Fuß zu berühren, wo der Wagen so schnell läuft, daß man in 20 Minuten eine Stunde weit fahren kann.

Im Bremer Bürgerfreund nachgedruckt

Wegen Durchpausen auf den Stein seitenverkehrte Abzeichnung des Studenten auf Laufmaschine aus der *Moden-Zeitung (Der Bürgerfreund Dez. 1817)*

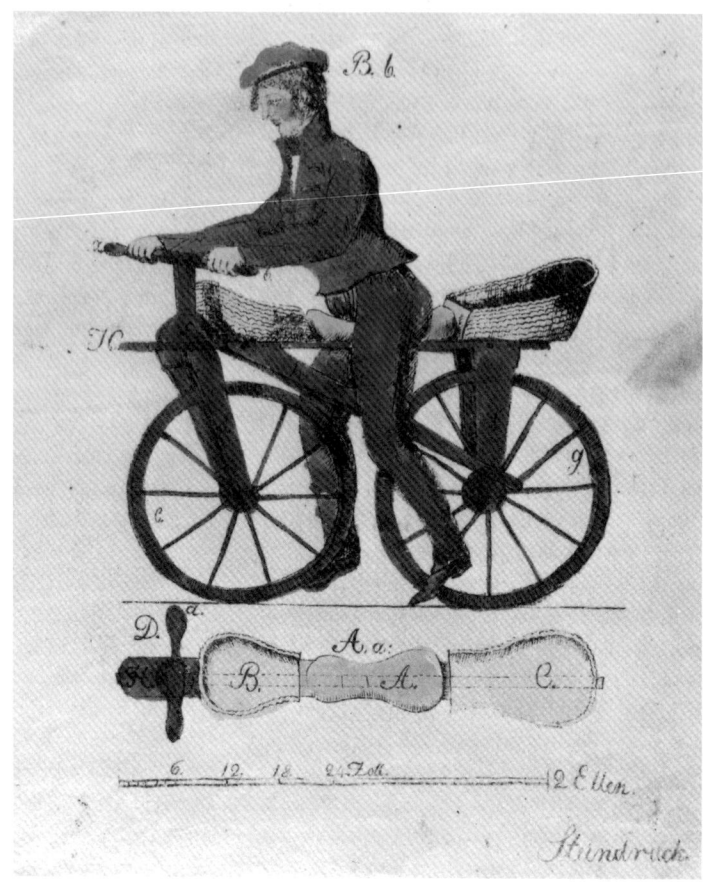

Lithographische Sternpresse *(Buch der Erfindungen 1, 1872)*

Erklärung des beifolgenden Kupfers.

Die Zeichnung ist auf Stein gemacht und mit der neuen Steindruck-Presse des Herausge- bers abgedruckt.

Sie stellt die neue Art von Wagen vor, welche der Forstmeister, Herr von Drais, in

Mannheim erfunden hat und welche jetzt schon häufig in Sachsen gebraucht wird.

Diese Zeichnung stellt eine Maschine dar, welche jetzt folgenden Namen führt: Schnell- oder Geschwindwagen, Räderpferd, auch Fahrmaschine. Man bedient sich dergleichen Maschinen zu ansehnlichen Fußreisen, indem man mehreres Gepäcke sehr bequem mit sich nehmen kann. Damit man sich nun von der ganzen Bauart dieser Maschine einen deutlichen Begriff machen kann, sind hier die Bestandtheile davon genau angegeben und der Gebrauch erklärt.

Fig. A a. Grundriß.

Die Bestandtheile dieser Maschine sind, ein ¾ langes, 7 Zoll breites und 2 Zoll starkes Bret H, welches das Rück- oder Sitzbret genannt wird; auf diesem ist eine Art Polster oder Sattel A. mit Schrauben zum Hoch- und Niedrigstellen fest gemacht, vorne und hinter diesem Sattel sind Körbe B. C. befestigt, in welche man die bei sich habenden Sachen packen kann, D ist der Lenker, welcher aus einer Halbkugel 6 Zoll im Durchmesser besteht und aus dessen Mitte eine runde 2½ Zoll starke Säule, mit der Halbkugel 12 Zoll lang, in die Höhe geht, auf welcher ein Querstück a. b. als Lenkhebel befestigt ist. An diesem kann man sich anhalten und lenken. Die 2½ Zoll starke Säule geht durch die Halbkugel vierkantig durch; erhält dann einen runden Zapfen, so lang als das Rückbret stark ist und verbindet sich unter dem Brete vierkantig mit einem andern Stück Holz a, welches viereckig, 6 Zoll lang, 5 Zoll breit und 3 Zoll stark ist und zwar so, daß nun dieses Ganze in dem Rückbret herum gedreht werden kann.

An dieses untere Stück sind an den beiden langen Seiten zwei Schenkel in schiefer Richtung, wie Fig. B b in d zeigt, durch Schrauben fest gemacht und in diesen Schenkeln läuft ein Rad e von 24 Zoll Durchmesser in der Form eines Schubkarrenrades. Da nun das Ganze, Lenker und Rad, mit einander verbunden sind, so kann das Rad durch den Lenker nach allen Richtungen gedreht werden, wohin die Maschine laufen soll. Am dem hintern Theile des Sitz oder Rückbretes sind ebenfalls zwei Schenkel f, aber im rechten Winkel, angebracht und durch Schrauben befestigt, in welchem ein Rad g von 26 Zoll im Durchmesser in einer geraden Linie mit dem vordern Rade läuft; diese zwei Schenkel sind noch besonders durch schief liegende Latten h, wie Sträube Bänder mit dem Rückbrete verbunden die dadurch dem Ganzen eine Festigkeit geben. Nach dieser Angabe der einzelnen Theile, sieht man in Fig. B b. den ganzen Schnellwagen mit einem Fahrenden, welcher den Lenker mit den Händen regiert und mit dem rechten Fuß auf dem Boden sich die Kraft zum Fahren giebt. Jeder Fahrende muß es gelernt haben und gut balanciren können, dann braucht er nur, wenn die Maschine im Gange ist, von 10 bis 20 Schritten die Erde bald mit dem rechten, bald mit den linken Fuß zu berühren, wo der Wagen so schnell läuft, daß man in 20 Minuten eine Stunde weit fahren kann.

Auflösung der Charade in Nro. 77:

Elfenbein.

(hiebei ein Kupfer.)

Brennpunkt Dresden

Während aus anderen Städten maximal ein Nachbauer berichtet wird, dürfte Dresden mit acht nachbauenden Handwerkern damals das Zentrum des Laufmaschinen-Baus gewesen zu sein. Karl Drais erfährt darüber aus der Zeitung.

Karl Drais kennt den nachfolgenden Artikel aus den in Dresden erscheinenden Miscellen zur Belehrung und Unterhaltung vom 28.11.1817, denn er wird den allerersten Absatz in seinen Promemoria vom 5.1.1818 zitieren (siehe späteres Kapitel): *„Unter die nützlichsten Erfindungen der neuesten Zeit gehört unstreitig die von ... Drais zu Mann-* *heim jüngst erfundenen Maschine"* - so deutlich hat es noch kein Redakteur gesagt! Und hier nimmt mal einer endlich Bezug auf den schwindelnd hohen Haferpreis: *„Da durch die Draisine manches in der Anschaffung und Unterhaltung so kostspielige Reitpferd als entbehrlich abgeschafft werden kann, so stehet zu hoffen, daß der Hafer in Zukunft im Preise fallen werde."*

Draisinen Wettrennen

Viel später, 1820, wird Drais im damaligen Lifestyle-Blatt auch von dem großen Draisinen-reiter zu Dresden schreiben, welcher nach mehreren Zeitungen usw. von dort bis Leipzig 27 1/2 Stunden weniger guten Weges in 7 Stunden Zeit zurückgelegt hat – also 88 km mit flotten 13 km/h Schnitt. Ob das nun Schwalbach war oder einer der anderen Laufmaschinen-Bauer, konnte bislang nicht festgestellt werden. Immerhin kann anhand der beigefügten Abbildung ein Kupferstich im Germanischen Museum Nürnberg als unten abgeschnittenes Werbeblatt von und für Schwalbach identifiziert werden. Dessen Maschine hat keine sperrige Reibscheit-Lenkung mehr - was bisher immer dem britischen Nachbauer Denis Johnson 1818 zugerechnet wurde. Drais hat diese Konstruktion ursprünglich beibehalten, mit Rücksicht auf den lokalen Wagner, welcher dem den Plan erworben habenden Interessenten die Laufmaschine bauen sollte. Da die Dresdener Handwerker nur direkt verkaufen wollten, konnten sie auf solche Rücksichtnahme verzichten.

Beschreibung und praktische Bemerkungen über die Draisine oder Reisemaschine, nebst Abbildung derselben.

(Fig. 1. von der Seite, Fig. 2. von vorne, Fig. 3. von oben.)

Unter die nützlichsten Erfindungen der neueren Zeit gehört unstreitig die vom Forstmeister Frhrn. Carl v. Drais zu Mannheim jüngst erfundene und in den Leipziger Zeitungen vor einiger Zeit beschriebene Maschine, womit eine Person, balancirend auf einem Reitsitze zwischen zwei hinter einander laufenden Rädern, welche, wie beim Schlittschuhfahren, vermittelst der Füße auf dem Erdboden fortgestoßen werden, mit der Geschwindigkeit eines austrabenden Pferdes von einem Orte zum andern reisen kann.

Diese Erfindung, welche in der Mannheimer Gegend durch dargelegte Proben sich bewährt und

daselbst nicht wenig Aufsehen erregt hatte, wurde auch hier mit aller Aufmerksamkeit beachtet und nach jener, in den Leipziger Zeitungen nur kurz angegebenen Beschreibung, zum Theil auch nur nach Hörensagen, verfertigten mehrere hiesige Herren Technologen, von welchen wir z. B. der Mechanikus Bertoldi, Hoffattler Eule, Mauermeister Spieß, die musikalischen Instrumentmacher Stange und Schreiber, ingleichen der Wagner Kräger und der Sattler Lange bekannt werden sind, mit mehr oder weniger günstigem Erfolge, ähnliche Maschinen und machten zum Theil damit Reisen von mehreren Stunden.

Insonderheit aber fand sich, daß die Fahrmaschine des Wagners Schwalbach hier in der Pirnaischen Vorstadt auf der Neuengasse No. 246. vorzüglich gut gerathen war, ungeachtet er jenen Aufsatz über des Frhrn. v. Drais Erfindung nicht selbst gelesen hatte.

Er machte mit seinem Kunstprodukte in der Nähe der Stadt und nach entferntern Gegenden, als Tharand, Pirna, Zehist, Bühle u. f. w. hin, mehrere Proben und fuhr damit auf ebenen Chausseen schneller, als die trabenden Rosse der vorüberfahrenden Equipagen, welche er vor den Augen vieler Zuschauer alsbald überholte.

Da der kurze Aufsatz über Drais Maschine in Abschrift genommen worden war, so konnte man ihm an seinem Werke noch einige Mängel bemerkbar machen und Verbesserungen angeben, welche theils die Haltung des Gleichgewichts, theils die verminderte Anstrengung im Fahren betrafen, und so wurde darauf sogleich ein solcher Wagen von ihm gebauet, welcher nun den Wünschen besser entspricht und mit Hülfe dessen man mit Leichtigkeit von einem Orte zum andern reisen kann, ohne sich der Umständlichkeit des Fuhrwesens, oder der heftigen Erschütterung und Gefahr beim Reiten auszusetzen; ausgenommen bei sehr üblen Wegen, wo das Fortkommen mit Pferden den Vorzug behält.

Diese Maschine wiegt nicht mehr als 36 Pfund

und besteht, wie oben bemerkt worden, aus zwei hinter einander laufenden, äußerst leichten *) Rädern (a) und (b), deren Felgen nicht über 1½ Zoll breit und mit eisernen Reisen beschlagen sind. Da bei der ungemeinen Leichtigkeit der Räder und der Maschine überhaupt die Frage entstand, ob selbige auch dauerhaft seyn würde, so ließ man zum Versuch einen starken erwachsenen Mann darauf setzen und belastete zugleich annoch den Wagen mit einer Last von 82 Pfunden und fuhr ihn so herum. Allein man bemerkte dabei nicht die mindeste Veränderung daran und man hätte ihm eine noch größere Last zumuthen können.

Das Vorderrad (a), welches vermittelst einer anderthalbelligen, einen Zoll dicken Hebelstange (h), die, wie bei der Winde, queer durch eine über dem Rade befindliche Welle (i) geht, rechts und links mit beiden Händen gelenkt wird, beträgt im Durchmesser 1 Elle 4 Zolle. Das Hinterrad (b) aber, über welchem sich, um das Kothspritzen abzuhalten, eine gewöhnliche Kappe von ausgespanntem Leder (k) befindet, an welchem die Reisetaschen (o) auf beiden Seiten befestiget sind, beträgt im Durchmesser 1 Elle 9 Zolle.

Durch die 4zollige Nabe (m) geht eine eiserne Achse von einem halben Zoll im Durchmesser, welche sich auf messingenem Futter umdrehet.

Beide Räder werden von hölzernen, durch Eisen befestigte Stützen (c) (c) gabelförmig umfaßt und sind mit solchen an einem eingebogenen leichten Langbaume (e) befestiget, auf welchem der gutgepolsterte Sattel (f) dergestalt ruhet, daß er sich durch eiserne Schrauben höher und niedriger stellen läßt. Vor dem Sattel, nehmlich zwischen ihm und dem oben beschriebenen Kurbel (h. i) befindet sich ein schmales, halbmondförmiges, oder zweiflügeligtes, gepolstertes Bretchen oder Armlehne (g), welche sich durch unten eingefalzte Riegel in der Scheide (l) auf und nieder schieben läßt und durch Seitenschrauben beliebig fixirt wird. Auf diese Lehne (g), von etwa 1¼ Elle Länge, werden beim Fahren die Unterärme gelegt, wodurch theils das Gleichgewicht erhalten, theils die Lenkung des Vorderrades erleichtert, theils die Maschine vorwärts geschoben wird, indem der Vorderkörper des Fahrenden darinnen wie an einem ausgeschnittenen Schreibetische sitzt.

Auf diese Art construirt leistet nun diese Maschine mehr, als man davon erwarten sollte.

Auf sehr sandigen Wegen, so wie in grundlosem Moraste geht sie zwar nur langsam und natürlich nicht geschwinder, als ein Fußgänger; dasselbe gilt von steilen Bergen und steinigten Hohlwegen, wo man am besten thut, abzusteigen und das leichte Fahrzeug an der Lenkstange neben sich zu führen.

Auf dem Steinpflaster läuft sie ebenfalls weniger gut und wer sie zu diesem Behufe anwenden will, muß für sehr elastische Polsterung des Sattels Sorge tragen.

Sanft anlaufende Berge (z. B. in der hiesigen Gegend hinter dem wilden Manne und beim Mordgrunde) werden aber mit Leichtigkeit und geschwinder als von Fußgängern damit erstiegen; selbst kothige Wege legen, sobald der Grund nur fest ist, dem Fortrollen derselben kein sonderliches Hinderniß entgegen.

Stets, und besonders bei schlechten Wegen, ist aber anzurathen, den Fußsteig zu suchen, welcher auch durch dieses leichte Fuhrwerk nicht im geringsten für andere Fußgänger verdorbt wird. Selbst die schmälsten Fußsteige kann der Geübte damit ohne Bedenken befahren.

Am besten aber rollt man auf harten und ebenen Chausseewegen hin und man kann hier mit Gemächlichkeit und ohne Anstrengung recht füglich in einer Stunde die Distanz von 3 Poststunden durchlaufen.

Bergab, wo man mit dem Reitpferde sehr vor-

---

*) Das Vorderrad wiegt ohne Beschläge 3½, das Hinterrad aber 4 Pfund.

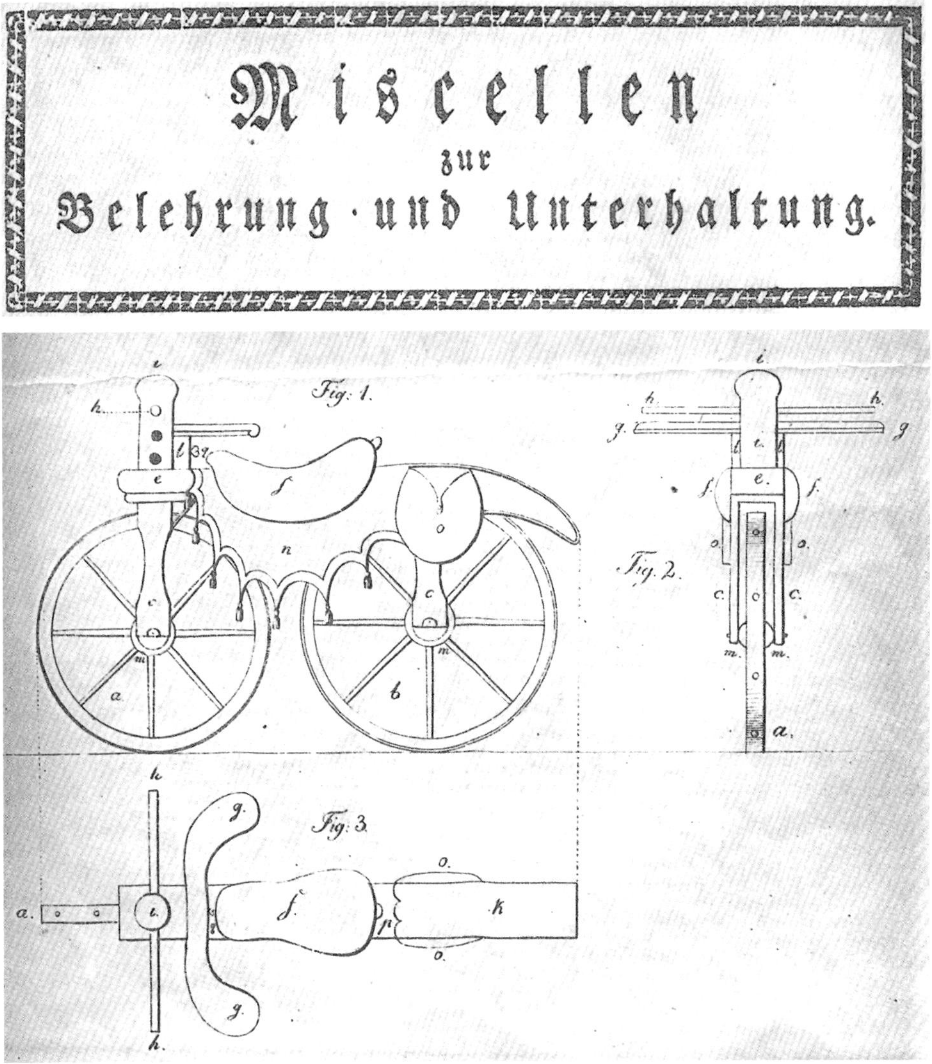

Miscellen
zur
Belehrung · und Unterhaltung.

Zur Abbildung: Die Dresdner Reisemaschine des Wagners Schwalbach hat die Räder in eisenbewehrten Gabeln c statt der Holzdreiecke der Draisine. Das Balancierbrett ist bis unter die Ellenbogen verlängert. Die gerade Lenkstange h kann in eine von 3 Bohrungen unterschiedlicher Höhe eingesetzt werden. Hübsche Satteltasche o.

sichtig den Schritt verlangsamen muß, kann man mit der Draisine schnell fahren, denn man kann nach Belieben mit den Füßen ihren Lauf mäßigen und hemmen. Bei dieser Gelegenheit sowohl, als auf ebnem Wege, spielen die Füße nur ganz leicht auf dem Erdboden hin und man bedarf dabei wenig Kraft zum Fortstoßen.

Zu Erlernung dieser Art zu fahren gehört einige Uebung, jedoch nur von wenigen Tagen; geübte Schlittschuhfahrer sind diese Kunst in einigen Stunden zu erlernen im Stande.

Das Fortstoßen der Maschine geschieht mit einem Fuße um den andern, jedoch kann man es auch mit beiden Füßen zugleich, welches aber in der Dauer mehr ermüdet. Die ersten Schritte müssen klein und kurz gefaßt, auch langsam gemacht werden, in der Folge bei mehrerer Uebung aber macht man auf ebenem Wege Schritte von 10 bis 20 Ellen, bevor man mit den Füßen den Erdboden wieder berührt.

Noch ist zu bemerken, daß diejenigen, welche besser zu thun glauben, statt e i n e s Rades hinten 2 Räder neben einander anzubringen, um des Balancirens überhoben zu seyn, sich gar sehr irren, denn wegen des dadurch entstehenden 3fachen Gleises, statt eines einfachen, und mithin vermehrter Friction, geht die Maschine dann natürlich weit schwerer und verwickelt sich dabei die Füße leicht mit den Hinterrädern.

Noch weniger befriediget aber sahen sich diejenigen, welche selbsterfundne ähnliche Fahrmaschinen mit den Händen durch Stachelstöcke oder Kurbeln fortzubewegen suchten. Die Kraft der Arme steht hierbei mit der Last des fortzubewegenden Körpers in keinem Verhältnisse. Eine dergleichen dreiräderige Fahrmaschine, welche durch Hebelstangen an einer Winde mit den Händen langsam fortbewegt wird, ist bei obengenannten Wagnermeister Krüger zu sehen.

Dank dem Erfinder, aus dessen Genie jene herrliche Idee zu unsrer Reisemaschine entsprang, die, außer andern nicht zu berechnenden wichtigen

Folgen in der Staats-Oeconomie, auch den Aerzten Gelegenheit verschafft, den nach Hülfe sehmachtenden, entfernten Kranken solche weit schneller und mit weit weniger Umständen, als bisher, zu gewähren.

Da durch die Draisine manches, in der Anschaffung und Unterhaltung so kostspielige Reitpferd als entbehrlich dürfte abgeschafft werden, so stehet zu hoffen, daß der Hafer in Zukunft im Preise fallen werde.

Eine dergleichen Maschine kostet übrigens, gehörig decorirt, bei gedachtem Wagner Schwalbach nicht mehr als 15 bis 22 Thaler, auch liefert Hr. Mechanikus Bertoldi ähnliche Kunstproducte um billige Preise.

Hoffentlich werden in Zukunft auch Frauenzimmer sich dieser Art des schnellen Fortkommens bedienen, indem sie dabei allen Gefahren und Unglücksfällen, welche durch Pferde so oft veranlaßt werden, ausweichen.

Nur werden die Damen dann als Amazonen ihre Kleidung darauf einrichten müssen, welches ihrem erfinderischen Geiste nicht schwer fallen dürfte.

Was den Winter anbetrifft, so kann diese Maschine sogleich in einen leichten Schlitten, auf welchem man sich selbst fährt, verwandelt werden, indem unter jedem Rade an Art der Hemmschuhe eine leichte Kuffe angebracht wird, welche man nach Belieben wegnehmen kann und wovon die vordere gelenkt wird. Um aber das Schleudern zur Seite zu verhüten, müssen die Kuffen, wie bei den Schlittschuheisen hinterwärts ausgehöhlt seyn, welche Einrichtung überhaupt bei jedem Schlitten statt haben sollte; es könnte dadurch manchem, durch das Schleudern verursachten Unglücke vorgebeugt werden. Bei großer Glätte würden die Fahrenden auf der Reisemaschine dann die Sohlen mit einen kurzen Eisstachel bewaffnen, um das Ausgleiten zu verhüten.

Abgesehen davon, daß Drais Erfindung außer der Abkürzung und Erleichterung der Geschäftsreisen auch eine neue Quelle ländlicher Freuden eröffnen und öftere Besuche entfernter Gegenden, gesellschaftliches Wettrennen u. s. w. veranlaßt wird, so ist auch nicht zu übersehen, daß diese neue Art körperlicher Bewegung sehr vortheilhaft für die Gesundheit und denen besonders zu empfehlen ist, welche eine sitzende Lebensart führen oder an Hypochondrie und Beschwerden des Unterleibes leiden, indem eine so angenehme und sanfte Bewegung des Körpers der heftigern Erschütterung, welche man beim Traben und Galoppiren eines Reitpferdes aushalten muß, und dessen sich die, so mit Brüchen behaftet sind, der Vorsicht gemäß, enthalten müssen, weit vorzuziehen ist.

Um übrigens auch in der Nacht sicher reisen zu können, kann man vorn auf dem Kopfe der Welle (i) über dem Vorderrade eine Laterne anbringen, ingleichen auch einen Mantelsack vor oder hinter dem Sattel mit einem Riemen an einem Oehre (p) befestigen.

Ungeübte und Anfänger im Fahren auf der Reisemaschine haben bemerkt, daß sie durch diese Bewegung stark erhitzt worden sind. Dieses rührt aber größtentheils von der Furcht, das Gleichgewicht zu verlieren, und von der Kraftverwendung, sich immer wieder ins Gleichgewicht zu bringen, her; den geübten Fahrer greift diese Bewegung weit weniger an und im Gegentheil die stete Einförmigkeit beim gewöhnlichen anhaltenden Gehen zu Fuße, wobei die Last des Körpers stets auf den Füßen ruhet und dadurch ermüdet, fällt bei der Reisemaschine ganz weg, denn man sitzt hier immerwährend theils gerade, theils kann man sich vorwärts auf die Lehne legen, theils legt man sich auch beim Bergabfahren rückwärts mit dem Körper, und hält man an, so ruhet man wie auf einem Stuhle. Selbst das Führen der Maschine auf schlechten Wegen ermüdet nicht mehr, als das Wandeln zu Fuße, weil man sich dabei mit den Händen auf sie stützen kann und die fortzustoßende Last sehr unbedeutend ist. Nur

muß man dabei, um die richtige Direction zu erhalten, die Maschine eben so mit beiden Händen bei der Lenkstange führen, als wenn man darauf säße.

Es steht zu erwarten, daß diese wichtige Erfindung sich mit der Zeit immer mehr vervollkommnen werde, wenn der erfinderische Geist ferner über die etwa noch vorkommenden Schwierigkeiten reiflich nachdenkt und ihnen mit Besonnenheit abzuhelfen sucht.

Besonders wesentlich ist der Umstand, daß man sowohl den Sattel, als auch die Armlehne zum Hoch- und Niedrigstellen einrichtet, damit Personen von jeder Größe darauf fahren können. Ingleichen muß die Lenkstange nicht zu kurz seyn, indem sonst das Lenken des Vorderrades mit Anstrengung verbunden seyn würde. Die Länge von $1\frac{1}{2}$ Elle dürfte hinreichend seyn. Noch vortheilhafter aber ist es, 2 parallel laufende Lenkstangen über einander anzubringen, welche etwa fünf Zoll von einander entfernt sind, man kann davon nach Belieben bald die obere kürzere, bald die untere ergreifen, durch welche Abwechselung der Ermüdung der Arme durch einerlei Stellung am besten abgeholfen wird. Geht der Weg bergan, so faßt man die untere, geht es aber bergab, die obere Stange. Auf der Ebene ist es willkührlich.

Ingleichen muß auch der Sattel möglichst schmal, besonders vorn nicht über 4 Zoll breit und auf den Kanten vorzüglich gut gepolstert und mit glattem Leder überzogen seyn.

Hörte man bisweilen absprechende Urtheile über die Fahrmaschine, so lag es besonders daran, daß man Exemplare probirt hatte, an welchen diese Vortheile nicht gehörig beobachtet worden waren, anderer Mängel nicht zu gedenken.

Darum prüfe man erst sorgfältig, ehe man ein übereiltes Urtheil fällt, so wird man der Beschämung in der Folge überhoben seyn.

Zeitungs- Fehde

Nummer 295.

Montag,   8. December 1817.

Epistel des Stadtschreibers Policarp Schurz-
fleisch zu Krähwinkel, an den Stadtschreiber
Flavius Heineccius zu Schöppenstädt.*)
Freund von altem Schrot und Korn!

Ich muß dem gepreßten Herzen Luft machen, sonst
ergeht es ihm noch, wie einer überfüllten Dampfmaschine. Nach welcher Weltgegend hin könnte ich
aber wohl lieber ein Ventil öffnen, als nach dorthin, wo Du, ehrliche Haut! wohnst, der Du mit
mir gleiche Bürde und Würde — gleiche An- und
Einsichten hast und dermalen von gleicher Angst
und Sorge bedroht wirst.

---

*) Dem ernsten Leben dann und wann eine fröhliche Seite
abzugewinnen, ist ja wohl eher lobens- als tadelns-
werth und gehört mit zu den schönsten Pflichten und
Bestrebungen des Dichters. Darum, hoffe ich, wird
man obige Scherzepistel nicht mißverstehen — noch weniger aber dem Verfasser die lieblose Absicht zutrauen,
einer Erfindung zu nahe treten zu wollen, die ihrem
Erfinder sowohl, als den wackern Männern, welche sie
kultiviren, Ehre bringt und schon als Wiegenkind so
herrliche Anlagen verheißt, daß — wie unvollkommen sie sich auch jetzt noch gestalte — sie
doch zu den besten Hoffnungen berechtigt, der bedeu-
tendsten Verbesserungen fähig ist und einst dem häuslichen, wie dem bürgerlichen Leben gewiß recht nützliche
Dienste leisten kann. Also, genialer Vater! —
verehrliche Pfleger jener Erfindung! nichts für ungut
und damit die Scherzepistel Allen befohlen, die dann
und wann gern ein Lachgewicht legen in die düstre
Wagschale des Lebens.

Richard Roos.

So höre denn! — erschrick! und — ärgere Dich!

Ja, wenn es damit abgethan wäre — aber, der
Beutel, Brüderchen! der Beutel und — die
ganze häusliche Ruhe stehn auf dem Spiele. —
Die Zukunft, Freund! geht mit Dingen schwaa-
ger — hochschwanger, sag ich Dir, vor deren Entbindung — trüg ich nicht eine Perücke — mir alle
Haare zu Berge stehen würden.

Ach! wenn es nur keine Zukunft in der Welt
gäbe, dann könnten alle die Teufels-erfindungen, womit jetzt soviel müssige Köpfe sich beschäftigen, nicht
vervollkommnet werden. Es blieb bei der ersten
rohen Idee und so mancher ehrliche Mann in seiner
Ruhe. Doch ad arma! Mache Dich auf einen
langen sehr langen Brief gefaßt. Der Gegenstand ist zu wichtig.

Daß ich mit ganzer Seele an der Literatur
hänge, weißt Du. Mit welchem Heißhunger ich
daher allemal der Dresdner Abend-Zeitung und
dem dito Anzeiger mit seiner Beipost, den Miszel-
len zur Belehrung und Unterhaltung, entgegen
schmachte, kannst Du denken. Und wenn auch der
Rathsbote, der die Blätter mitbringt, nach dem
Wächterrufe erst eintrifft, wo doch in der Regel alle
Häuser der guten Stadt Krähwinkel längst schon wie
Austern geschlossen sind, meine Haus- und Herzens-
thüre bleibt offen, und sollte ich darüber die halbe
Nacht mir verpuschen.

Das weiß auch schon meine Familie, darum
denkt an Botentagen kein Mensch ans Bette, so
lange jene Blätter noch ermangeln.

Nie aber, seit ich sie lese war ich gespannter darauf, als seit dem 31. October. Warum? — hm! Das Säkularfest der Reformation — die gute Stadt Krähwinkel hat es sich schweres Geld kosten lassen, es würdig zu feiern. Nun will man doch aber auch gern wissen, wie es an jenen festlichen Tagen in der Residenz hergegangen. — Daß aber obengenannte Blätter davon nicht schweigen würden, ließ sich denken.

Vorgestern Abend gegen 11 Uhr trafen endlich die Stücke mit den erwarteten Nachrichten ein.

Dies wirkte mit Auferweckungskräften in meiner Familie und gab Leben den Entschlafenen — denn, ich will es Dir nur gestehen, Frau und Kinder waren über mein deklamirendes Vorlesen des weltberühmten Nibelungenliedes sanft und selig entschlummert. — Marthe saß am Ofen, wie eine verwelkte Bethonie — die Mädel hingen die Köpfe, gleich geknickten Lilien und mein halbes Dutzend Jungen gab das Bild eines Schlachtfeldes, wo alles niedergehauen ist.

So wie ich aber die Donnerworte: Holla! die Abendzeitung! — der Anzeiger! — erschallen ließ, da erhoben sich blitzschnell die gesenkten Häupter, und binnen drei Minuten war auch schon ein Krieg ausgebrochen, darüber, ob die Abendzeitung oder der Anzeiger zuerst gelesen werden sollte.

Das Alter hat die Ehre — damit griff ich nach dem Anzeiger — und las nun daraus — Du kennst mein Organ — so vor, daß sämmtliche 22 alte und junge Ohren meiner lieben Familie nur ein Ohr zu seyn schienen und endlich Alles ordentlich zusammenfuhr bei den niederschlagenden Worten: Der Beschluß folgt. — —

Mir selbst war damit die halbe Freude und das ganze Urtheil verdorben — denn letzteres mußte ich doch natürlich einstweilen, bis zur Vollendung des Aufsatzes, dahin gestellt seyn lassen. Soviel konnte ich mir aus demselben indeß wohl abnehmen, daß es in unsrer guten Stadt an jenen hehren Tagen weit festlicher zugegangen sey, als in der Residenz; denn, nicht einen Schuß hat man dort gethan — und — wie ist dagegen bei uns geschützt und geböllert worden!

Doch dieß bei Seite.

Ich lese weiter: Ueber den Zeitgeist — ach! wir haben hier keinen Zeit — wir haben Stadt — wir haben Magistrats-Geld — damit geht ich in der Lektüre fort.

Beschreibung und practische Bemerkungen über die Draisine oder Reisemaschine, nebst Abbildung derselben. —

Kinder! — sagt ich, indem ich mir so obiter das Kupfer besah — Kinder! nun wollen wir zu Reste — denn solch mechanisch-mathematisches Zeug ließ man doch nicht. — Schade ums Papier, das damit bedruckt wird — Reisemaschine — Reisemaschine. — Haben wir doch schon genug Woll- und Flachs- und Schreibe- und Sprech- und Kunst- und Pflichtmaschinen — nun gar eine Reisemaschine. — wie weit wird man's aber auch noch treiben mit dem heillosen Maschinenwesen; — Je so bleibt doch bei euern Thee- und Kaffeemaschinen, die machen keinen Menschen brodlos und geben herrliche Gelegenheit zur Unterhaltung — denn, wo so ein goldnes Thürmchen der Geselligkeit blinkt, da ist's, als wenn die Jungen, absonderlich die weiblichen, gar nicht angewachsen wären. —

Der verwünschte englische Perückenmacher — ich glaube, der Mensch hieß Arkwright, durch den das Maschinenwesen so in Gang gekommen ist! — ich dächte, dem ließen die Seufzer der Menschen, die seine Künste brodlos gemacht haben, in der Erde nicht Ruhe — Draisine — Reisemaschine — Reisemaschine — Draisine. — Was soll ich mir aber dabei denken! — nichts, gar nichts — und soviel wird's wohl auch mit der ganzen Erfindung seyn. — Das Reisen in eine Maschine zu bringen — ha, ha, ha, ha — über die Einfälle — Paule! Du rafest —

Damit warf ich das Blatt auf den Aktentisch, kommandirte: zu Bette — und ging selbst mit gutem Beispiele voran.

Doch, so ermüdet ich auch war von den Bürden des Tages, (wir hatten eine unsrer Jungfrauen aus Helleisen schließen lassen) konnte ich doch nicht einschlafen über die heillose Draisine. —

Das Wort hatte mir so etwas traurig Ominöses, das ich mir durchaus nicht zu erklären wußte. —

Damit aufs Reine zu kommen — denn ich bin nun einmal kein Freund dunkler Ideen — greife ich, arme, abgematterte Aktenmaschine, nach der Lichtzündmaschine, bringe die Erleuchtungsmaschine, meine Studirlampe, wieder zum Brennen und hole nun meine große und kleine Worterklärungs- und Verdeutschungsmaschine, den alten ehrlichen Adelung und den nagelneuen Petri herbei, suche mich darin bald blind, finde aber auch nicht die leiseste Spur weder von einer R e i s e m a s c h i n e, noch von einer D r a i s i n e.

Das macht mich stutzig — ich fange den Aufsatz an zu kosten, wie man so ein Stück Kuchen anbeißt, um zu merken, ob er Salz und Schmalz habe und — traue meinen Augen kaum, als ich lese:

„Unter die nützlichsten Erfindungen der neuern Zeit gehört unstreitig die vom Forstmeister Freih. Carl von Drais zu Mannheim längst erfundne und in den Leipziger Zeitungen vor einiger Zeit beschriebene Maschine, womit eine Person, balancirend auf einem Reitsitze zwischen zwei hinter einander laufenden Rädern, welche, wie beim Schlittschuhfahren, vermittelst der Füße auf dem Erdboden fortgestoßen werden, mit der Geschwindigkeit eines austrabenden Pferdes von einem Orte zum andern reisen kann."

Nützliche Erfindung — eine Maschine also, den Leuten in ihren vier Pfählen aller Minuten einmal ... den Hals zu kommen — nun, daran hat es nur noch gefehlt, um einem vollends das bischen Leben zu verbittern und den letzten Heller aus dem Beutel zu locken. —

Damit zog ich mein bereits schnarchendes Weib bei der Nase — eine erprobte Art zu wecken, die ich fast Weckmaschine nennen möchte — und welche ich, beiläufig, Jedem anrathen will, der eine schlaftrunkene Ehehälfte hat. —

Marthe — im Augenblick munter, wie ein Fisch, denn ich hatte etwas ... am Sonnenzeiger ihres holden Antlitz ... — fragte ziemlich lebendig, was es gäbe?

Ohne zu antworten, lese ich ihr den ganzen Aufsatz mit Eifer und Glut vor, — denkend, sie wird gleich mir außer sich seyn, ob der entsetzlichen Zukunft, die in der Draisine, wie ein Schreckensbild, vor mir lag, und, als ich um ihre Meinung sie befrage, ist sie schon halb wieder im Hinbrüten, brummend, daß sie nichts verstehe von den Hebelstangen und Raben, und Langbäumen und Kurbeln und mich zur Ruhe ermahnend mit so einer Art von ... ..., daß je so viel erfunden worden sey, wovon man erst groß Wesen gemacht und nachher nichts wieder erfahren.

Obschon nun in der Regel Halbrost so wenig beruhigen, als Halbbier berauschen kann, fand ich mich doch durch erstern so halb und halb erquickt, löschte die Lampe aus, empfahl mich dem Schutze des Himmels, die Draisine aber dem Meer der Vergessenheit und schlief endlich ein, ... wirklich nicht ohne den bittersten Groll, gegen den Oberforstmeister v. Drais zu Mannheim, den ich auch die ganze Nacht im Traume auf seiner zeitlosen Maschine balanciren sah.)

(Die Fortsetzung folgt.)

Die *Miscellen zur Belehrung und Unterhaltung* waren eine Beilage des *Dresdener Anzeiger* und hatten soeben die lokalen Draisinenbauer-Aktivitäten mit einem freundlichen Artikel bedacht. Dies ließ nun dem Redakteur vom *Abendblatt*, Richard Roos, keine Ruhe, weshalb er über mehrere Ausgaben die Konkurrenz mit Ironie überzog. Daß seine frühe Ökonomiefolgen-Abschätzung eher auf den Kollegen zielte als auf Drais, bezeugt seine entschuldigende Fußnote. Doch letztlich ist alles so gekommen, wie hier im Spaß vermutet. Dem später vollends im schöngeistigen Fach schreibenden Roos macht es für diese Glosse nichts aus, den Biedermeier zu geben, der nichts Schlimmeres fürchtet als das Eintreffen zu bewirtender Gäste. Und doch müssen wir zugeben, daß mit der heutigen Mobilität die alte, ganz selbstverständlich bewirtende Gastfreundschaft verloren ging – nach dem Motto: können doch schnell nach Hause fahren und zuhause essen!

Epistel des Stadtschreibers Policarp Schurzfleisch zu Krähwinkel &c.

(Fortsetzung.)

Beim Erwachen war letztere natürlich mein erster Gedanke, beim Frühstück mein erstes Wort. Ich las den Aufsatz nochmals bedächtig und langsam, Wort für Wort, meiner Familie vor, überzeugte mich, absonderlich mit Hülfe des Kupfers, immer mehr von der Trefflichkeit der Idee, und gerieth ordentlich in Harnisch, wenn mir Eins auch nur ein Wort zum Troste sagte.

Eben wollte ich die ärgerliche Kaffeesitzung aufheben, um in meinen lieben Acten-Alpen die

Ruhe wieder zu finden, die ich in den Ebenen des Dresdner Anzeigers verloren hatte — da stürzte Gottlieb, mein Jüngster, odemlos zur Thüre herein, mit den Worten: Vater! ein Mensch auf einem Heupferde!

Frau und Kinder belagerten die Fenster — ich gehe endlich mit einem: Dummer Junge — Menschen auf Heupferden — vor die Hausthüre, und — was erblicken meine Augen — den Secretarium Stern auf einer Draisine. —

Ich denke, ich soll in die Erde sinken — Ehe diese aber sich öffnet, den Sinkenden in ihren friedlichen Schoos aufzunehmen, ist der Draisinenritter indeß abgestiegen und fällt mir um den Hals mit einem: Herzensbrüderchen! da bin ich endlich — lange nicht gesehen — aber künftig wollen wir einander schon besser genießen — Sieh da, das schönste Bindemittel der Freundschaft — eine Draisine — wirst wohl von dem herrlichen Dinge gelesen haben — Ja, so wahr ich bin — da hast Du schon die Beschreibung in den Händen — Nun sieh, Brüderchen! auf so einem Flederwisch von Wagen legt man einen Weg von drei Stunden spielend in einer zurück. Nicht wahr, von Dresden bis hieher rechnet man neun Stunden — nun — was meinst Du dazu — die bin ich in 2 3/4 gefahren — habe ich aber die Sache nur erst mehr in Uebung, dann getrau ich mir, wenn ich so Abends 6 Uhr, nach der Kanzlei, absegle, Euch Lieben — nicht wahr, Ihr speiset um 8 Uhr? — noch bei der Abendtafel zu überraschen. — Seit sieben Jahren hab' ich Euch, Kinderchen! nicht besucht, immer das heillose Fahren scheuend, theils, weil es Geld kostet — theils, weil ich es nun einmal für Thorheit halte, vernünftige Wesen unvernünftigen Bestien anzuvertrauen — aber, künftig, Herr Bruder, siehst Du mich wenigstens alle Sonnabende, und — vor den Kanzleiherrn, die Du so freundschaftlich zu Dir einludest, als Du neulich mit ihnen bei mir speis'test, bist Du, weis Gott! keine Stunde sicher.

Schöner Trost — dacht' ich in meinem Herzen — machte aber doch zu bösem Spiel gute Miene und wollte mir nun das köstliche Bindemittel der Freundschaft besehen, da schreien meine Jungens aus dem Fenster laut auf: Vater! eine ganze Wolke solcher Heupferde — und — so wahr ich bin! — zum Galgenthore herein schnellen so ein halbes Dutzend fahrende Reiter oder reitende Fahrer, wie ich sie nennen soll, geradewegs vor meine Haustüre, daß mir Hören und Sehen vergeht, springen ab und vor mir stehen die ganzen — nicht weniger als sechs — Kanzleiherren, womit der Secretarius — ich denke nicht, daß es Ernst seyn wird — vorhin mich bedroht hatte.

Wie mir zu Muthe war, will ich beschweigen — Indeß ließen mich die Menschen, vor lauter Rühmen und Preisen und Zeigen und Anatomiren ihrer Draisinen nicht zu mir selbst kommen, sonst weis der Himmel, wie unwirsch ich mich dabei benommen haben würde.

Indeß hatten sich Frau und Kinder auch vor der Thüre eingefunden, und unsre guten Einwohner ermangelten natürlich nicht, wie Schloßenwolken auf die Draisinen loszustürmen, ob welcher die Kinder lachten, die Gesetztern verplüfft waren und das liebe Alter die Hände über dem Kopfe zusammenschlug.

Mir war bei all' dem Spektakel nur leid vor den finstern Gesichtern meiner Marthe, welche die Gastfreundschaft, wenn sie nicht eine uralte Erfindung wäre, wohl schwerlich erfinden würde — und doch besah sich das liebe Weibchen die lieben Draisinen mit so viel Gemüthlichkeit, daß sie mir ordentlich vorkam, wie eine Charade ohne Schlüssel. Wahrscheinlich aber spekulirte sie schon auf Draisinenreisen in die Residenz.

Zum Glück blieben die gastlichen Herren nicht lange da, versprachen mir — dagegen — und zwar ungebeten — bald wieder also einzusprechen — quod Deus avertat!!

Drei Kreuze machte ich hinter den bösen Sieben, nannte den superklugen Herrn von Drais in Mannheim, dem ich doch eigentlich den theuern Besuch verdankte, im Herzen einen Störenfried aller häuslichen Ruhe, las meiner Frau tüchtig das Kapitel über ihre unzeitige Gastfreiheit, und setzte mich dann an's Pult, Dir, Seelenbrüderchen! das volle Herz auszuschütten.

Damit Du in Sachen der Draisinen selbst sehen mögest, lege ich Dir das fatale Blatt der Dresdner Anzeigen, nebst dem noch fatalern Kupfer bei, und frage Dich nun, Freund! ob ich etwa Gespenster sehe, wo keine sind? —

Die Herren Bertholdi, Eule, Schwalbach und wie die Tausendkünstler alle heißen, welche den unheilbringenden Maschinenbau betrieben, scheeren sich den Teufel um die Folgen, welche aus ihren Köpfen und Händen, gleich Uebeln aus Pandorens Büchse, hervorgehen. Sollten sie aber nur in unsereines Haut stecken, da würden sie ihre mechanischen Anstrengungen gewiß auf nützlichere Dinge wenden.

Schwatzen doch die Menschen von unzuberechnenden Folgen ihrer Maschinen für die Staats-Oekonomie — Ja, ja — die werden sie wohl haben, aber traurige, sage ich Dir, höchst traurige — Denn, nächst dieser Er-findung, die als Wiegenkind schon ein Riesenkind ist, so fort, dann stehet allen Staatseinrichtungen, besonders den finanziellen und kameralistischen, ein totaler Umsturz bevor. Wenn nehmlich eine Draisine, jetzt schon, da sie kaum das Licht der mechanischen Welt erblickt hat, die Stunde in 20 Minuten zurück legt, wie bald wird man es dahin bringen, daß man durch sie zu einer guten Poststunde nur 10 — ja endlich — wohl gar nur 5 Minuten braucht — Wenn jetzt schon eine solche Maschine für 15 bis 20 Thaler zu haben ist, wie bald wird man sie zu dem billigen Preise von 5 und 6 Thaler bauen — Natürlich schafft dann jeder Lump so eine Equipage sich an — und reiche Leute — nun die werden sie, wie Sophas und Stühle, für sich und die Ihrigen halten.

(Die Fortsetzung folgt.)

Epistel des Stadtschreibers Policarp Schurzfleisch zu Krähwinkel ꝛc.
(Fortsetzung.)

Was aber — ich bitte Dich doch um Gottes Willen, Brüderchen, was soll denn aus dem Post-, besonders aus dem Extrapost-, Kourier- und Staffettenwesen werden! — Jede Familie, die nur einigermaßen Correspondenz zu führen hat, wird sie, wenn die Entfernung nicht zu groß ist, durch Hülfe ihrer Draisinen besorgen lassen — und die Chausseen werden Tag und Nacht von diesfallsigen Handelsdienern, Bedienten, ja wohl Lehrburschen und Markthelfern wimmeln. Reisen, die man sonst auf Diligencen, in Extrapost- und Courierchaisen machte, werden künftig in Draisinen geschehen — den eigentlichen Posten wird nichts bleiben, als Chausseen ruinirendes Frachtgut, und die mit ungeheuern Kosten gebauten Hoch-Straßen werden durch die ewigen Draisinen ruinirt werden, ohne daß die betreffenden Cassen verhältnißmäßige Entschädigung erhalten — denn was will man solchen Heupferden, für Chausseegeld abfordern — welcher Einnehmer wird schnellfüßig genug seyn, so ein Ding im Vorbeirasen einzuholen, wenn der Inhaber mit dem Chausseegelde zum Teufel fährt. — Wird es am Ende nicht Noth thun, den Einnehmern selbst Draisinen zu schaffen, um solchen Defraudanten nachzujagen. — Wie oft aber wird man die Chausseen umfahren, da man mit einer Draisine auf jedem Feldwege fortkommt. — — Ich schweige von der totalen Revolution, womit dieses böse Werkzeug das Accise-System bedroht — denn — um nur ein Beispiel anzuführen — wird nicht künftig jeder Hausvater sich seine Paar Pfund Kaffee und Zucker selbst von Leipzig oder Magdeburg holen — und welche Heere von Güterbeschauern müßten auf den Beinen seyn, wenn sie allen dergleichen auf Draisinen reisenden Hausvätern die Taschen untersuchen sollten.

Außer den ungeheuern Summen aber, welche der Landesherr auf diese Art an seinen besten Regalien einbüßen muß, wieviel wird er dagegen auf so manche neue kostspielige Einrichtung, bloß der Draisinen wegen, zu wenden haben. — Wie man z. B. ehedem Kanzlei- und Rathsdiener beritten machte, um schneller bedient zu seyn, so wird man sie künftig befahren machen müssen. — Das alte ehrwürdige und wohlfeile Straßenpflaster in den Städten wird dem neumodischen, theuern Chausseebau weichen, denn daß die bisherigen Pflasterer nicht ruhen werden, bis die Straßen für das Draisinenwesen vorgerichtet sind — wer mag daran zweifeln. — Ist dies aber nur erst der Fall, dann jagen gewiß alle Staatsdiener auf Draisinen in Amt und Pflicht, und so gut wie man vor nicht gar langer Zeit erst in den Kanzleizimmern die kostspieligsten Vorrichtungen zur Steinkohlenfeuerung treffen mußte, wird man dann in den Kanzleihöfen ungeheure Schuppen für die Draisinen der Officianten zu bauen — ja vielleicht gar Wachen da-

vor zu stellen haben — denn mit so einer Equipage
kann man bald zum Teufel fahren. —

Daß übrigens diese Maschine dem Desertions-
und Auswanderungswesen gleichsam Thor und Thüre
öffne — daß der Banqueroutirer und Wechselschuld-
ner künftig nicht austreten, sondern ausfah-
ren werde — daß die Pferdezucht sinken — ganze
Schaaren von Gastwirthen und Lohnkutschern, Brief-
trägern, Post- und Hausknechten brodlos werden
und dadurch dem Staate zur Last fallen müssen —
diese und tausend andre Nachtheile des Reisema-
schinenwesens für den Staat will ich weiter nicht
in Anschlag bringen, denn was geht unsrer guten Stadt Krähwinkel der Staat an. —
Daß es aber, wenn die Draisinen allgemein
werden, um häusliche Ruhe und Sparsam-
keit geschehen ist — da liegt der Hund begraben. —

Denn, Brüderchen! ich bitte Dich doch um
Gotteswillen, was soll aus unsern Geldbeuteln —
was in specie aus unsern Küchen und Kellern werden, wenn die Draisinenreiterei immer
mehr um sich greift. — Welche Heere von Besuchern werden einen dann auf den Hals kommen —
wie wird man täglich und stündlich in Angst seyn
müssen, jeden Kuchen und Braten, den man gern
mit den Seinigen im Stillen verzehrte — jede Bou-
teille Wein, die man gern auf dem Winkel getrunken hätte, mit gastlichen Draisinenreutern
zu theilen — wie wird man immer und ewig, ja bis
spät in die Nacht nett angezogen bleiben, Gastzim-
mer und Gastbetten bereit halten müssen, weil man
— Draisinen zu erwarten hat. — Nun wahrhaftig Bänder — eiserne Bänder möchte man künftig im geselligen Leben der Zunge anlegen, daß sie
nicht Freunde einlade, die von der Draisine ge-
lockt, aus leeren Worten Ernst machen. —

Wird die verdammte Maschine, in der vorhin
bemerkten Maße, an Schnellkraft verbessert
und im Preise herabgesetzt, weiß es Gott!
dann wird das Vaterhaus zum Gasthof und der Hausvater zum Gastwirth, der nur immer, das Mützchen
unterm Arme, an der Thüre stehen muß, gastli-
che Draisinenreiter zu empfangen — dann geschieht das in praxi, was der Gastfreundschaft ge-
müthlicher Herod, Herr Zeune in Berlin, vor
einiger Zeit in thesi vortrug, und wogegen der edle
Mag. Hofpitius am Klepperstalle zu Dresden, in
dortiger Abendzeitung so lebhaft sich setzte, daß ich
— wäre ich ein großer Herr — ihm für seinen Auf-

satz gern den besten Klepper aus meinem Stalle
gesandt hätte. —

Was gilts! binnen Jahr und Tag, haben es
die Draisinen-Macher soweit gebracht, daß man einander in Dresden und Leipzig Nachmittags auf
eine Tasse Kaffe besucht, auch wohl noch ein Ves-
perbrot einnimmt und doch mit dem Zapfenstreich
wieder zu Hause ist — oder daß man, in den längsten Tagen, früh so um drei oder vier Uhr auf der
Berliner Straße abfährt, in Dahme oder Ba-
ruth frühstückt, in Berlin zu Mittage speißt, in
Potsdam Kaffee trinkt, in Wittenberg ves-
pert, in Großenhain sein Abendbrot genießt und
doch mit dem Nachtwächter wieder in seinen vier
Pfählen eintrifft. — Wehe dann aber den Gastfreun-
den, die in jenen Städten oder in der Nähe solcher
Straßen wohnen — denn ein Abstecher von ein Paar
Meilen — was ist das für eine Draisine? —

Zeither, wenn es ja einem entfernten Jemand
in den Sinn kam, uns einen in seinem bene
qui latet, bene vivit-Winkel zu überraschen, da gab es, Gott sey Dank! tausend Schwierigkeiten — langer Weg — theure Fuhre — schwere
Zehrung &c. — und so legte sich die Reisesucht nicht
selten im Entstehen. Jetzt aber — ja wahrhaftig
ganze Familien — die Mama mit dem Wiegenkind-
lein nicht ausgenommen — machen sich, Kraft ihrer Draisinen auf den Weg — frühstücken zu Hause,
essen unterwegs eine Butterschnitte aus der Tasche,
erbitten auf jeder Station höchstens warmes
Wasser zum Breipeintauchen für das jüngste Reiseglied-
chen und — halten vor der Thüre des Gastfreundes,
ohne einen Groschen unterwegs verzehrt zu haben.

Zeither, wenn man ja einmal von entfernten
Verwandten oder Bekannten heimgesucht ward,
konnte man doch auf Abreise bei guter Tages-
zeit rechnen und, hatte man die Leute Mittags gehörig abgefüttert, war das Abendbrot füglich zu ersparen. — Künftig aber, bleibt eine solche Schna-
belirgarde bis gegen Sonnenuntergang auf dem Halse — denn wie schnell kann sie nach Hause seyn und
was erfährt sie sich denn im Finstern für Gefahr mit
Wagen, auf welchen man wie eine Papierscheere
sitzt und sich jedes gefahrvolle Fleckchen nach Belieben wegschneidet.

Zeither wirkte die bloße Entfernung wie ein
Blitzableiter gegen Gevatterbriefe — und andre
dergleichen theure Ehrenbezeigungen, künftig wird
der Kindtaufvater, auf seiner Draisine, wie auf
Fittigen des Windes, vorfahren und — wer mag

denn sagen, daß man sich nicht wohl einstellen könne, wenn se ein Mensch kurz und gut spricht: Ich borge Ihnen meine Draisine — oder: Sie werden ja wohl eine Draisine im Hause haben! —

So aber wird es mit Hochzeiten, wo man jeden Bissen versilbern muß, so wird es mit Borgsgeschichten und mit tausenderlei andern Zudringlichkeiten gehen, die mir nur nicht alle gleich beifallen. —

Ein Glück, daß die Maschine bei schlechtem Wetter nicht wohl anwendbar ist, so hat man doch wenigstens darin eine Art von Draisinen Ableiter. Ei, wie wird künftig, besonders um die Zeit der Oster- und Pfingstfladen, der Martinsgänse und Weihnachtsstollen, der kluge Hausvater auf einen guten Barometer, die sparsame Hausmutter auf einen tüchtigen Laubfrosch halten — wie wird man, wenn ersterer fällt und letzter quackt, gemüthlich sich gratuliren, zu baldiger Ruhe vor Draisinenbesuchen — wie wird man, wenn alle Indicia eines Landregens sich zeigen, jubelnd der lieben Familie zurufen: Kinder! der Himmel umzieht sich — nun können wir ungestört Kuchen backen.

Doch abgesehen vom Geldbeutel, den die Draisine zerfährt, kommt auch der Herzbeutel dabei noch ganz besonders in die Klemme. Wem der Himmel z. B. ein Weib so nach der jetzigen Mode bescheert hat — das meinige schillert auch etwas darnach — welche Gelegenheit bietet die verdammte Draisine, dem Hause und der Pflicht zu entschlüpfen oder vielmehr zu entfahren. — Nun nahrlich! wenn man künftig in Arbeiten vergraben, seine Hausehre rufen wird, so wird es heißen: Sie ist auf ein Paar Stunden in die Residenz oder nach Leipzig gefahren und — was kann dort in den Paar Stunden geschehen gegen Sittlichkeit und Kasse.

(D r Beschluß folgt.)

uns, daß Frauen damals wegen der Gefahr des unsittlichen Hinfallens nicht einmal Schlittschuhfahren durften, geschweige denn rittlings auf einem Pferd oder hölzernen Zweirad sitzen! Absolut undenkbar und deshalb tauglich zur Satire!

Der *Anzeiger* ließ mit seiner Entgegnung nicht lange auf sich warten, in seiner Beilage *Miscellen* vom 2. Januar 1818 verteidigt er die Draisinen gegen den Spott der Konkurrenz. Nur ist diese Ausgabe nirgends erhalten, und so würden wir den Text nicht kennen, wenn nicht eine Art damaliger *Reader's Digest*, nämlich Andrés *National-Calender für die Gesamte Österreichische Monarchie auf das Jahr 1819* beide Miscellen-Texte unverändert nachgedruckt hätte.

Ihr Text hält wacker dagegen, daß diese Erfindung wegen ihrer Gemeinnützigkeit nie untergehen werde – damit hat er bislang Recht behalten! Angesichts der Zähigkeit, mit welcher die historischen Karikaturen heute noch gern von Fahrradfeinden verwendet werden, erscheint die Argumentationsfigur, daß man den Karikaturisten für ihre Fröhlichkeit zu danken habe, weniger überzeugend. Interessant ist der Hinweise, daß es viele *verbuttete* (verkorkste) Nachbauten der Draisine gebe. Der Text geht im weiteren gar nicht auf die Visionen der Abendzeitung ein, sondern zählt die Hauptmängel der Nachbauten auf und gibt Tips zur Abhilfe (siehe 2 Seiten weiter).

Epistel des Stadtschreibers Policarp Schurzfleisch zu Krähwinkel ꝛc.
(Beschluß.)

Welch ungeheurer Spielraum vollends für die sogenannten Hausfreunde durch die Draisinen eröffnet, daran darf ich gar nicht denken — Kurz, wenn die Draisine so allgemein wird, wie ich, kraft des vor mir liegenden Kupfers, gewiß nicht ohne Grund fürchte, dann fahren wir über kurz oder lang unsre ganze Moralität zum Henker!

Das ist doch einmal so eine rechte Erfindung für die unbesonnene Jugend, die ohnedem in jeder Hinsicht in's Zeug hinein zu fahren pflegt — denn — dafür glaube ich, stehen zu können — Leute von meinen Jahren setzen sich auf keine Draisine. —

Gegen Ende läßt Roos endlich nach all dem betulichen Kuchen-backen-wenn-keine-Gäste-drohen die Katze aus dem Sack: Die Mobilität der Ehefrauen wäre ihm ein Greuel! Er fürchtet um die Sittlichkeit. Sie könnte in die Residenz fahren, einem von ihm unkontrollierten Kaufrausch erliegen oder ein Schäferstündchen haben! Dies greift nun aber weit in die Zukunft voraus. Wir erinnern

Ueberhaupt fürchte ich von dieser Erfindung für alle Verhältnisse des Lebens das Einreißen eines unbegränzten Leichtsinnes — denn bringt die Draisine nicht Zeit und Raum — die Grundpfeiler und Bedingungen alles Seyns, — durch ihre entsetzliche Schnelligkeit ganz aus dem Gleichgewicht — und was soll — was wird daraus werden — Leichtes Fuhrwerk — leichter Sinn — so wird's gehen — ich schaudre, wenn ich an die Zukunft denke. —

Nun gebe ich zwar, als unpartheiischer Mann, gern zu, daß die Draisine, gleich einem lockern Zeisig, auch ihre guten Seiten habe — Man kann z. B., wenn man verreiset ist, sein liebes Weibchen schnell überraschen, man kann dem lieben Töchterchen in der Residenz, dem Herrn Sohn auf der Universität, dem untreuen Verwalter, dem bösen Schuldner schnell auf den Hals fahren, man kann, wenn etwa Krönungen, militärische Manöver, Hinrichtungen in der Ferne vorgehen sollen, seine Neugier auf eine recht leichte Art befriedigen — Doch alle diese kleinen Vortheile verhalten sich zu den Nachtheilen der verwünschten Maschine immer nur wie Kartoffelzucker zum Indischen — wie Erbsenkaffee zum Levantischen.

Wie man aber und mit welchem Erfolg man auch streben möge, das mechanische Riesenkind zum Riesen zu erziehen, blüht doch in meinem Herzen noch eine wahre Sonnenblume des Trostes. Die Reisemaschine — darauf lasse ich mich todt schlagen — kann nie allgemein werden. —

Denn zuerst soll — wie der Dresdner Anzeiger sagt — zum Gebrauch der Draisine eine gewisse Balancirkunst gehören — nun, und wie wenig Menschen sich im Gleichgewicht zu halten wissen, davon haben wir endlich Exempel die Hülle und die Fülle — das Beste an dem Eremiten auf St. Helena — Wie kräftig und alles zerrädernd würde der Mann noch jetzt durch Europa fahren, wenn — er sich im Gleichgewichte zu halten gewußt hätte. —

Dann — die Draisine ist einzig zum Vortheil der Männer — Das lassen sich aber die Frauen nun und nimmermehr gefallen. Was sollte auch aus dem häuslichen Gleichgewichte werden, wenn der eine Theil durchs Leben jagte, indeß der andre durch kröche — wenn der Mann auf seiner lieben Draisine der Censur und Controle seiner lieben Ehehälfte, wie ein Aal entschlüpfen könnte, indeß letztere ewig, wie eine Auster, am Felsen der Wirthschaft kleben müßte? — — Daß nun wohl manche wilde Hummeln in Amazonenkleidung auf solchen Balancirsätteln erscheinen werden, will ich gern glauben — ehrbare Frauen und Jungfrauen aber gewiß nie. —

Endlich, Brüderchen! — ein Hauptpunkt — Die Draisine ist in gebirgigen, steinigen, sandigen und sumpfigen Gegenden nicht anwendbar — Nun, und an solchen Festungen, wohin gesetzte Männer vor jenem Feind aller Häuslichkeit und Ruhe sich zurück ziehen können, fehlt es wenigstens in unserm lieben Vaterlande nicht.

Darum Freund! — denn ich weiß, auch Du huldigst dem köstlichen: Bene qui latet. — so wie wir merken, daß die Draisinensucht zunimmt — den Augenblick ein Memorial ad Serenissimum gemacht und alle Kanäle eröffnet, alle Register gezogen, eine Versorgung in der sächsischen Schweiz oder im obern Erzgebirge, so in der Gegend des Prebischthors oder bei Johann-Georgenstadt zu erhalten und — den Hausfreund will ich sehen, der dort — kraft so einer Höllenmaschine — unsre Weiber verführen — unsre Töchter entführen — unsre Kassen unterminiren — unsre Speicher und Keller evacuiren und unsre himmlische Ruhe turbiren soll —

Doch eben sehe ich, wie entsetzlich groß mein Brief über einen kleinen Gegenstand geworden ist — Verzeihe den ferverem scribendi — das Herz war mir zu voll.

Der Himmel nehme Dich in seinen heiligen Schutz gegen alle Draisinenritter. —

Nicht wahr, Du wünschest ein Gleiches Deinem, ob jener Maschine tief bekümmerten,
Polykarp Schurzfleisch.

P.S. So eben tritt der Versucher in Weibsgestalt — ich meine Marthen — zu mir, horcht mich aus, was ich von den Draisinen denk' — fragt um's Räuchern herum: was wohl so ein niedlich Dingelchen koste — und stellt es einstweilen — denn sie wird schon derber kommen — meinem Gutdünken anheim: ob es nicht gerathen sey, sich künftig auch so ein leichtes Wägelchen anzuschaffen?

Vor der Hand — denn ich hatte gerade nicht Lust, hitzig zu sprechen, da ich bereits hitzig geschrieben hatte — gab ich ihr blos halbe Antworten — Kommt sie mir aber nur wieder mit ihrer Draisine, da will ich sie schon bedraisinen. —

Der Anzeiger kontert in der Abend-
zeitung seinen Miscellen

Weitere Bemerkungen zur Verbesserung der Draisinen, Fahr-, Lauf- oder Reisemaschinen.

Die täglich allgemeiner werdende Verbreitung der Fahrmaschinen scheint doch die Prophezeihung des alten Stadtschreibers zu Krähwinkel in der Abendzeitung, daß sie nur zu den bald vorübergehenden Erfindungen gehören möge, nicht bestätigen zu wollen.

Im Gegentheil sieht man voraus, daß diese Erfindung ihrer Gemeinnützigkeit wegen nie untergehen werde. Mögen immer Dichter und Karikaturmahler daran ihren Witz üben. Statt der guten Sache dadurch zu schaden, dient vielmehr ihr Scherz dazu, die Sache auf eine interessante Art allgemeiner bekannt zu machen.

Jenen Dichtern und Mahlern muß man aber nicht bloß etwa verzeihen wollen, weil beim Verfalle der schönen Künste überhaupt, die Priester der Kunst von jeder Speculation zu profitiren suchen müssen, sondern wir sind ihnen im Gegentheile dafür vielen Dank schuldig, indem sie das Herz zur Lust und Fröhlichkeit stimmen. Nun ist es aber eine bekannte Sache, daß alles, was man mit Lust thut, leicht von statten geht, und so dürfte man jene launige Lectüre in der Abendzeitung und jene Mannheimer Karikaturen denen besonders empfehlen, welche es schwer und anstrengend finden, auf der Draisine zu fahren.

Eigentlich fehlt es unter den Schriftstellern über diesen Gegenstand immer noch an den rechten wahren Beförderern dieser Kunst; dieses sind die Sceptiker und Kritiker, welche geradezu dawider schreiben sollten, denn die Geschichte aller Erfindungen und Entdeckungen, z. B. des Planetensystems, der Kuhpocken rc., und selbst die Geschichte aller großen Männer, wie einst des Columbus und Luthers rc., lehret, daß ihr Ruf in demselben Verhältniße wuchs, und sich weiter ausbreitete, als ihnen entgegengewirkt und widersprochen wurde.

Es dürfte den Gegnern auch gar nicht schwer fallen, wider die Fahrmaschinen zu schreiben, wenn sie nur z. B. davon den Stoff hernehmen wollten, daß man die Draisine nicht auch als Pflugschaar brauchen kann, oder mit andern Worten ausgedrückt, daß man auf morastigen und sandigen Straßen, wo die Räder einschneiden, nicht gut damit fortkommt. Glücklicherweise sind jedoch den größten Theil des Jahres hindurch die Wege hart und trocken.

Daß aber diese Erfindung noch in der Kindheit seyn solle, wie der Dichter in der Abendzeitung wähnt, ist nicht allgemein gültig, denn da schon viele Personen damit entfernte Geschäftsreisen unternehmen, und in einer Stunde die Distanz von 3 Stunden durchlaufen, so kann man wohl sagen, die Erfindung habe bereits das kräftige Jünglingsalter erreicht.

Freilich giebt es hier unter den Draisinen immer noch eine Menge verbutteter Kinder, denen mitunter sogar Gliedmaßen fehlen, oder die deren zu viel haben. Wir meinen damit diejenigen Maschinen, deren Verfertiger klüger als der Erfinder seyn, und Verbesserungen an ihren Kunstwerken anbringen wollen, welche sich beim Gebrauche als wahre Gebrechen zeigen. Dahin gehört:

1) Eine hohe Brustlehne, an welche sich der Reisende beim Fahren mit der Brust festlegt, um das Gleichgewicht dadurch herauszubringen. Wie nachtheilig dieses für die Gesundheit seyn müße, fühlt man schon, wenn man nur eine Viertelstunde auf einem Wagen gefahren ist; man wird dabei doppelt erhitzt, und fühlt Beklemmung und Brustschmerzen. Zu dem ist diese Vorrichtung beim Berganfahren äußerst hinderlich.

2) Mangel der Armlehne, wodurch verursacht wird, daß die Last des Oberkörpers auf den Händen ruhet; oder zu kurze Armlehne. — Sie muß, wie unsre Abbildung zeigt, halbmondförmig und lang genug seyn, damit die Ellenbogengelenke darauf beim Fahren bequem ruhen.

3) Eine zu kurze Lenkstange. Man mache sie lieber zu lang, als zu kurz, denn je entfernter von der Welle, als dem Drehpunkte, die Hand am Ende des Hebels wirkt, desto leichter ist natürlich die Umdrehung derselben und die Lenkung des daran befestigten Rades. Erschwerte Lenkung kann beim Fahren an Gräben und Abhängen selbst gefährlich werden.

4) Ist es nicht gut, das Vorderrad zu nahe unter dem Sitze anzubringen, theils kömmt es dann beim Lenken dem Knie zu nahe, theils kann sich beim Bergabfahren der Wagen leicht überschlagen, theils fühlt man jeden Stoß der Steine dadurch stärker. Im Gegentheil muß die Achse des Vorderrades wenigstens eine halbe Elle vor dem Sattel durch schief gehende Stützen befestiget seyn.

5) Lasse man den Reitsitz von Täschnern, welche sich auf weiche Polsterung mit Roßhaaren am besten verstehen, polstern, und wenn der Sattel zu schmal ist, noch durch ein willkührlich darüber zu legendes und beliebig nach vorn in die Höhe zu schlagendes Kissen vervollkommnen.

Ein schmaler Sattel eignet sich zum Schnellfahren sehr gut, aber um es in der Dauer darauf auszuhalten, muß man ihn durch ein darübergelegtes, vorn und hinten angeschnalltes dickeres Kissen breiter zu machen suchen.

Daß das Polster mit glattem Leder allemal überzogen seyn müße, und keine hervorstehenden Kanten haben dürfe, versteht sich von selbst.

6) Taugt auch die Einrichtung nichts, wo man den Sattel in Stahlfedern hängt, denn theils helfen sie wenig gegen die Stöße auf steinichtem Boden, theils machen sie den Wagen schwer, theils bilden sie hinter dem Sattel einen hohen Bogen, welcher das Auf- und Absteigen erschwert.

Sehr bequem eingerichtet ist der Sitz bei den Fahrmaschinen des Dresdner musikalischen Instrumentmachers Stange, wobei das Kissen auf ausgespannten Gurtbändern ruhet. Auch empfiehlt sich seine, so wie des Wagner Krügers neueste Maschinerie, besonders durch ausgezeichnete Leichtigkeit, und ähnelt der des Erfinders ganz vorzüglich.

7, Sind die übertrieben großen Räder zweckwidrig; denn was die Maschine dadurch an leichterer Fortschiebung vermittelst verlängerter Hebel, nämlich der längern Radspeichen, gewinnt, das verliert sie von der andern Seite durch Schwerfälligkeit, Unbehülflichkeit beim Lenken und Balanciren. Die Räder des Erfinders, welcher uns immer zum Muster dienen sollte, weil er mit seinen Maschinen auf ebenen Wegen in einer Stunde die Distanz von vier Stunden durchläuft, haben nur eine Elle und wenige Zolle im Durchmesser. Angestellte Gegenversuche bewiesen auch, daß die hochräderigen Maschinen weder schneller, noch leichter, als die andern liefen.

Wir müssen es dem Erfinder, Baron v. Drais, vielen Dank wissen, daß er seine Erfindung durch eine ausführliche Beschreibung mit beigefügter Kupferplatte im Drucke bekannt gemacht hat, und dieses Blatt jedermann zusendet, wer ihn darum ersuchet.

Wir ersehen daraus, daß seine Maschine von unserer hier abgebildeten zwar durch Kleinheit der Räder und künstlicher eingerichtete Lenkstange, angebrachtes Lenkscheit u. s. w. etwas, jedoch nicht im Wesentlichen verschieden ist. Indessen da wir mit derselben dieselbe Wirkung und Geschwindigkeit im Fahren hervorbringen, so dürften unsere Reisemaschinen denen in Mannheim unter des Erfinders Aufsicht gefertigten, wenigstens nicht nachstehen.

Bei dieser Gelegenheit müssen wir auch erwähnen, daß es zu verwundern ist, wie man bisher eins der besten und einfachsten Erleichterungsmittel zum schnellen und sichern Fortkommen zu Fuße hat übersehen können, wobei die Füße von der Last des Oberkörpers fast ganz entlediget und das schnellere Fortschreiten derselben ungemein befördert wird. — Wir meinen damit das Gehen an zwei Stöcken, worauf uns die Schnelligkeit aller vierfüßigen Thiere schon leiten sollte. Die Erfahrung hat uns aber gelehrt, daß zwei Stöcke (am besten Schwarzdorn) von gleicher Länge (mit Stockbändern und runden Knöpfen), in jede Hand einen genommen, bei weiten Touren das Gehen ungemein beschleunigten, aller Ermüdung vorbeugten, das Bergklettern erleichterten, in sandigem Boden das Rückfahren der Sohlen verminderten, auf nassen, thonichten, eisichten und kothigen Wegen aber das Ausgleiten verhütheten, und den Gang sicherten.

Diese Methode wäre also den Landbewohnern insonderheit zu empfehlen.

Dabei wird auch der linke Arm, welcher beim Gehen gewöhnlich ganz müßig ist, und nur die Totallast vermehrt, auf eine sehr vortheilhafte Weise zur Unterstützung des Körpers in Thätigkeit gesetzt.

In Dresden ist also ergonomischer Sachverstand gewachsen:
- Brustlehnen sind unnütz
- zu kurze Armlehnen ebenso
- dito zu kurze Lenkstangen

Bild rechts:
Der *Österreichische Nationalkalender* druckte die *Miscellen* und die Schwalbach-Maschine unverändert ab. Glücklicherweise ist dadurch die Antwort auf dieser Doppelseite erhalten geblieben, wogegen keine Originalausgabe der *Miscellen* mehr erhalten ist. Die Stelzen-Ergänzung ist wohl vom *Österreichischen Nationalkalender* selbst. ❦

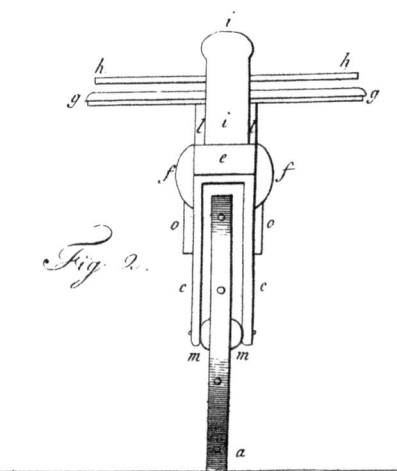

Fig. 2.

Zum National Calender von André, für 1810. Seite 123.

Karl Drais wehrt sich mit Erfolg

Getragen von der enormen Resonanz und unterstützt vom Vater läßt Karl Drais sich diesmal nicht kleinkriegen. Doch er verhält sich diplomatisch, denn er muß Tulla sein Gesicht wahren lassen.

Karl Drais fährt nach Karlsruhe zum Innenministerium, um sich nach dem Stand der Dinge zu erkundigen, wo er von einem Referendar die Einwände Tullas erfährt. Am Dreikönigstag schickt er seine Entgegnung an Tulla los und legt einen handschriftlichen Auszug aus Bauers Büchlein bei:

Hochwohlerfahrener Freiherr! Hochzuverehrender Herr Kammerherr!
Ich habe die Beilage sehr in Eile gemacht und wünsche daher sehnlich, zu mündlichem Vortrag auf eine halbe Stunde vorgelassen zu werden. Hochachtungsvoll
K(arlsruhe) 6. Jan. 1818   Frh. v. Drais

Promemoria *des Frh. Karl v. Drais*
Auf die ihm durch Herrn Geheimen Referendär Frh. v. Launa vorgestellten Einwendungen
1) Daß der Laufende außer seinem Gewicht auch das der Laufmaschine fortbringen müsse
2) daß die Kraftäußerung der Füße, dadurch daß solche nicht fest aufgestellt werden können, geschwächt würde
3) daß die Kraftäußerung auch dadurch geschwächt würde, daß sie wegen des Sitzens nur auseinander gesperrt aufgestellt werden können
4) daß die Maschine auf rauhem, auf weichem und auf sandigem Boden, und zur Winterszeit in gefallenem Schnee vielen Widerstand fände und gerade in diesen Fällen die Kraftäußerung der Füße schwieriger würde

Großherzog Friedrich IV. von Sachsen-Gotha bestellte am 4. 1.1818 via Brief seine Laufmaschine bei Drais (siehe Seite 229)

ad 1) Ist es richtig, daß das gesamte Gewicht gegen 1/3 vermehrt wird. Aus meiner gedruckten Beschreibung und aus beiliegendem Aufsatz des Mechanikus Bauer zu Nürnberg aber ist sehr deutlich zu ersehen, daß auf anderer Seite noch viel mehr durch den bekannten Mechanismus des Rades gewonnen wird.
ad 2) Dies ist bloß ein Beweis, daß keine große Kraftanwendung nötig ist, und deswegen konnte ich ohne Ermüdung in 12 Stunden Zeit 24 Poststunden Wegs zurücklegen (Mannheim-Rastatt 78 km)
ad 3) Dieses macht bei der geringen Schrägung fast gar nichts aus
ad 4) Bei meiner Behauptung für die Nützlichkeit zu großen Reisen habe ich den Winter ausgeschlossen, da bloß im Sommer in hiesiger Gegend die Fußwege der Landstraßen fast immer sehr gut sind und ich in dieser Jahreszeit gleich nach mehrtägigem Regen, und zwar noch während desselben, von Rastatt hieher gerollt bin und dabei in ungefähr 2 Stunden Zeit 4 starke Stunden Wegs zurückgelegt habe. (rund 21 km)
Die Beschränkung des Nutzens im Winter hebt um so weniger die Nützlichkeit der Sache im ganzen auf, als in dem Sommer die meisten Pferde auf dem Felde gebraucht werden und die Reiselust am größten ist.

Aber auch im Winter kann man bei gefrorenem Wetter sehr gut rollen, und selbst bei tiefem Winterfrost bin ich etliche Tage vor Weihnachten mit Bedienten auf beladen gewesener Maschine bei der fatalsten Witterung von Mannheim hieher gereist (56 km).
Ich schließe mit dem geziemenden Bemerken, daß ich hoffe, jeden Einwand gegen die Nützlichkeit meiner Erfindung im allgemeinen theoretisch und praktisch mit meinen jetzt bei mir habenden Leuten widerlegen zu können.
Karlsruhe, d. 5. Januar 1818   Karl Frh. v. Drais

Keine Angst vorm Balancieren:
Großherzog Karl August von Sachsen-Weimar (1757-1828) bestellte 60jährig eine Laufmaschine bei Drais. Für ihn arbeiteten Goethe, Schiller und Herder. Gemälde 1817 *(Wahl 1925).* Seine Geheime Kanzlei verzeichnet unter TT Nr. 54 *das Gesuch des Herrn Forstmeisters Freiherrn von Drais zu Mannheim um Erteilung eines Patents auf die von ihm erfundene Laufmaschine 1818. Die Akte wurde leider cassiert (dh. ausgeschieden).* (Th.StA Gotha)

Da blitzt Selbstbewußtsein auf – möglicherweise war auch Drais-Vater zur Unterstützung mitgereist, auch wenn die Gegenrede ad 1) weniger schwammig hätte ausfallen können, aber wie gesagt man mußte Tulla das Gesicht wahren lassen. Außer dem Auszug aus Bauers Büchlein legt er noch weitere Belege bei (aus den *Miscellen* und 2 unbekannten Zeitungen):

Auszug aus öffentlichen Blättern
Unter die nützlichen Erfindungen der neueren Zeit gehört unstreitig die vom Forstmeister Freih. Karl von Drais zu Mannheim jüngst erfundene und in den leipziger Zeitungen vor einiger Zeit beschriebene Maschine, worin eine Person, balancierend auf einem Reitsitze zwischen zwei hintereinander laufenden Rädern, welche wie beim Schlittschuhfahren vermittelst der Füße auf dem Erdboden fortgestoßen werden, mit der Geschwindigkeit eines austrabenden Pferdes von einem Ort zum andern reisen kann.
In Dresden haben zwei Liebhaber der Mechanik Drais'sche Fahrmaschinen (Zweiräder) *nachgemacht und fahren schon mit Courieren um die Wette.*
Zu Dresden sind die Drais'schen Fahrmaschinen (Zweiräder) *schon allgemein, und auch zu Leipzig ist bereits eine beträchtliche Anzahl vorhanden.*

Noch weitere Data
Auch zu Mannheim und der Gegend wird meine Erfindung schon häufig benutzt und ist in der dortigen Turnanstalt sowie in dem K(öniglich) Baierischen Institut zu Frankenthal schon förmlich eingeführt.
Gestern früh wurde ich durch einen Brief von Seiner Hoheit, dem Großherzog von Gotha ersucht, Höchstdemselben auch eine Laufmaschine fertigen zu lassen und zu senden, und gestern abend wurde mir der hohe Auftrag von Ihro Königl. Hoheit der Frau Markgräfin dahier zuteil, gleichfalls eine solche Maschine für Höchst Ihren Herrn Schwager, den Herrn Großherzog von Sachsenweimar zu besorgen.
Karlsruhe, den 5ten Januar 1818   Karl Frhr. v. Drais

Markgräfin Amalie von Baden die Schwiegermutter Europas und Schwägerin des Großherzogs von Sachsen-Weimar.
(Leopold-Katalog 1987)

Es gibt keinen Beleg dafür, daß der 47jährige Tulla den fünfzehn Jahre jüngeren Karl Drais empfangen hat. Vielmehr existiert in den Akten lediglich ein Beschluß des Innenministeriums, aus dem hervorgeht, daß Karl Drais nochmals dort hingeht und ein anerkennendes Schreiben des Preußenkönigs vorlegt, das vermutlich der Vater mit seinen guten Verbindungen nach Berlin bewirkt hat. Friedrich Wilhelm III. (1770-1840), so alt wie Tulla, hatte sogar 8 Friedrichsd'or als Anerkennung mitgeschickt. Das Schreiben liegt leider nicht mehr bei den Akten, weil Drais es zurückhaben wollte.

Ministerium des Innern   *Karlsruhe, den 6ten Januar 1818*
pressant abg(egangen) 8. Jan.
Bericht des Wasser- und Oberstraßenbau-Direktors, Oberst-Lieutenants Tulla vom 30. Dezember v(origen) J(ahres) in Betreff der näheren Würdigung der von dem Forstmeister von Drais erfundenen Lauf-Maschine
Beschluß
S(eine)r Königlichen Hoheit nunmehro unter Anschluß der Akten ehrerbietigst vorzutragen: Der zur Expertise und Gutachten aufgeforderte Oberstlieutenant Tulla hegt nach seiner vorliegenden Äußerung nicht die beste Meinung von dem Nutzen und der Zweckmäßigkeit dieser Maschine und trägt darauf an, hierüber von einigen anderen Sachverständigen weitere Gutachten einzuziehen, damit der Erfinder von seinem Urteil nicht allein abhänge.

Er kannte Drais-Vater seit dem Rastatter Kongreß: Preußenkönig Friedrich Wilhelm III (1770-1840) *(Archiv Lessing)*

Und dann wird ein angefangener Satz durchgestrichen, weil vermutlich just Karl Drais mit dem Preußenkönig-Brief zu Tür hereinkommt, ~~obgleich der gedachten Geh-, Lauf- und Fahrmaschine nicht aller Wert abzusprechen ist, so eignet sich solche doch wohl auch nicht zu einem ausschließlichen...~~
und es geht freundlicher weiter:
*Ohne diesen etwas langwierigen Weg einschlagen zu wollen, besonders da Forstmeister v. Drais sein nachgesuchtes Privilegium dringend sollicitiert (=*begehrt*), unterlegen wir Euer Königlichen Hoheit die Bitte zur Höchst gnädigsten eigenen Würdigung und etwaigen Erteilung des nachgesuchten ausschließenden Privilegs auf 10 Jahre in den großherzoglichen Landen.*
*Auch diese Erfindung teilt mit allen jenen, die wir gegenwärtig unter die nützlichsten rechnen, das Schicksal, daß sie von Anfang unvollkommen und ihrem Zweck vielleicht nicht entsprechend war. Es scheint uns unter diesen Umständen, daß nur die Erfahrung über dieselbe der kompetente Richter sei: allein bis dies geschieht, entgeht dem Erfinder der Vorteil, den er zu ziehen hoffte, was man ihm billiger (=*gerechter*) Weise nicht verdenken kann.*
Man ist indessen doch auf die Sache allgemein aufmerksam, was die vielen Briefe beweisen, die der Erfinder von achtenswerten Behörden und Männern erhalten hat. So ist derselbe auch als Mitglied einiger gelehrter Gesellschaften namentlich
der Kameralistisch-Ökonomischen Sozietät zu Erlangen
der Frankfurtischen Gesellschaft zur Beförderung der nützlichen Künste
aufgenommen worden. Es hat derselbe auch während der Abfassung dieses ein Schreiben vorgelegt, welches er von S(eine)r Majestät dem König von Preußen nebst 8 Friedrichsd'or erhalten hat. Dieses Schreiben legen wir hier an, erbitten uns aber solches zum Zweck der Herausgabe an den Frh. v. Drais zurück.

Und jetzt geht alles wie geschmiert: Vier Tage später geht ein Schreiben - eine Resolution - ans Innenministerium *„Auf Befehl von Seiner königlichen Hoheit"* und vom Schreiber unterzeichnet: es enthält den vorformulierten Text beginnend mit: *Wir, Carl, von Gottes Gnaden Großherzog zu Baden, Herzog zu Zähringen, Landgraf zu Nollenburg, Graf zu Hanau pp bewilligen dem Kammerjunker Frhr. von Drais ein Erfindungspatent auf 10 Jahre lang für die von ihm erfundene Laufmaschine* Das Innenministerium faßt dann am 30. Januar 1818 den Beschluß, das handschriftliche Privilegium dem Kammerjunker Drais *pressant*, d.h. eilig, zuzustellen zusammen mit den Beilagen seiner Anträge, also insbesondere dem Brief des Preußenkönigs. Das neumodische Wort *Erfindungspatent* nehmen die Beamten nicht in den Mund, sie sagen Privilegium. Doch in der Resolution des Großherzogs steht eindeutig *Erfindungspatent*, wie von Drais vorformuliert. Doch Baden hat gar kein Patentgesetz, und eine normierte Patentschrift wird es erst in 60 Jahren im Deutschen Reich geben. Also besteht das Patent aus einem Handschreiben, das nun dem Staats- und Regierungsblatt für das Großherzogtum Baden, das aus unerfindlichen Gründen die Strafandrohung wegkürzte, und der Karlsruher Zeitung 9.2.1818 zum Abdruck gegeben wird:

Karlsruher Zeitung vom 9.2.1818

Se. königl. Hoh. der Großherzog haben unterm 30. v. M. gnädigst geruht, dem Freihrn. Karl v. Drais ein Erfindungs-Patent auf 10 Jahre für die von demselben erfundene Laufmaschine dergestalt zu bewilligen, daß Niemand dieselbe in den diesseitigen großherzoglichen Landen nachmachen, oder nachmachen lassen, oder auf öffentlichen Straßen und Plätzen gebrauchen soll, ohne sich zuerst mit dem Erfinder darüber abgefunden, und ein Zeichen von ihm dafür gelöst zu haben. Die dagegen Handelnden sollen in eine Strafe von 10 Reichsthalern und in die Konfiskation der nachgemachten Laufmaschine verfällt werden.

D amit erkennt der Souverän die Erfindung der Laufmaschine am 30.1.1818 an und übernimmt das vorgeschlagene Lizenzverfahren. In der Rückschau handelt es sich aber um mehr: Bei der Laufmaschine geht es ja um das erste Auftreten des Zweiradprinzips, das zuvor völlig unbekannt war, worauf am Ende des Buches noch näher eingegangen wird. Es war nicht einmal der Natur abzulauschen, wie der Tragschrauber vom Ahornsamen oder der Fallschirm vom Löwenzahnsamen. Nein, diese Erfindung, welche die Welt verändern sollte, hatte keinen Vorgänger – das badische Innenministerium hätte dies allerdings gar nicht nachprüfen können. Diesem genügte eigentlich, wenn innerhalb der Grenzen niemand anderes die fürstliche Gnade besaß, dasselbe unter die Leute zu bringen.

Ob die drakonischen Sanktionen dieser Amtsblatts-Notiz auch wirklich konsequent in die Tat umgesetzt wurden, ist nicht bekannt. 🌢

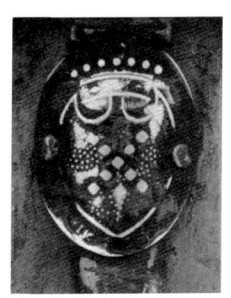

Lizenzmarke mit Drais-Wappen
(Archiv Lessing)

Das französische Brevet

Der Zentralstaat Frankreich hat ein einheitliches Patentier-verfahren, denn seit der Französischen Revolution ist Erfinden dort ein Menschenrecht. Tatsächlich erhält ein Dineur ein Import-Brevet auf 5 Jahre, womöglich war dies kein anderer als Drais' Diener!

Joseph Louis Gay-Lussac (1778-1850) wirkte als Physiker und Chemiker und war mit Liebig befreundet. Seinen Namen bewahrt sein Gasgesetz: Druck mal Volumen bleibt unverändert bei fester Temperatur oder p·V=konstant. Als Berater des Ministeriums in Patentfragen befürwortet er die Lauf-maschine. Der Neuheit Abträgliches war ihm nicht bekannt.

D as Institut National de la Propriété Industrielle, kurz INPI, in Paris bewahrt unter dem Stichwort Dineur den Vorgang des damaligen Ministère de l'Interieur auf, des Innenministeriums also. Er enthält einen Schriftsatz *Description d'une machine appelée Vélocipède suivie de quelques observations* in einer Handschrift, die nicht mit derjenigen von Drais iden-tisch ist. Zusätzlich gibt es eine besser leserliche Abschrift desjenigen Schrei-bers, der auch überall die Aktenvermerke draufschrieb. Darin liegt auch der unkolorierte Kupferstich der Laufmaschine in Grund- und Aufriß von Wil-helm Siegrist, wie in Drais' Beschreibung von 1817. Auf allem steht in der Schreiber-Handschrift das Datum 19. Januar 1818 und der Name Dineur, vom Schreiber mit schwungvoller Ellipse umrandet. Na klar, Dineur muß der Patentanwalt gewesen sein, schlossen naive Chronisten kurzschlüssig, ohne sich zu fragen, ob es dieses Berufsbild damals überhaupt gab. Mehr Auskunft gibt das Patentverzeichnis *Catalogue des brevets d'invention 1791-1827* mit dem einschlägigen Eintrag auf Seite 255: *„brevet d'importation de 5 ans pour une machine appelée vélocipède par Louis-Joseph Dineur, quai de l'Horloge no. 47, à Paris, pour et au nom de M. le baron de Drais, domicilé à Mannheim"* – also ein Importbrevet auf 5 Jahre für eine Maschine genannt Veloziped durch Lou-is-Joseph Dineur für und im Namen des Freiherrn von Drais zu Mannheim. Ist demnach nun Dineur zu Paris der Importeur oder Karl Drais? In Pariser Verzeichnissen ist ein Dineur nicht zu finden, weder im quai de l'Horloge noch sonstwo (persönliche Mitteilung von Keizo Kobayashi).

Wir erinnern uns: Drais hatte den Schutz seiner Erfindung im vergange-nen August in Karlsruhe, im November in Wien und im Dezember in Berlin beantragt. Im Januar also hat er nun durch einen Mittelsmann in Paris die Brevettierung eingeleitet – er selbst konnte wegen der bevorstehenden Entscheidungen in Karlsruhe unmöglich weg. Es sieht ganz so aus, als ob jemand den Schriftsatz plus Kupferstich in Paris ins Innenministerium ge-tragen hat, wobei der dortige Schreiber dann überall das Datum 19. Ja-nuar 1818 und „Dineur" draufschrieb. Der französische Fahrradforscher Jacques Seray, dem wir weiter hinten noch im Zusammenhang mit der Aufdeckung der Comte-de-Sivrac-Prioritätslegende begegnen werden, sieht hierin eine der in der Frühgeschichte des Fahrrads häufigen Ver-ballhornungen. Drais habe seinen Bediensteten (Vorname: Ludwig, Nach-name: Thomas, wie wir aus einer Fußnote seines 1820er Artikels wissen)

Ministère de l'Intérieur.

Comité Consultatif
des arts & Manufactures
en
Séance du 5 février 1818.

Le Sr. Dineur demande
un brevet d'importation de 5 ans,
pour une machine appelée
Vélocipède. Après avoir pris
connaissance de la description et
des dessins joints à sa pétition,
nous pensons que ce brevet peut
être délivré.

Bardet
Gay-Lussac
M. Mourd   Brenard
Guillard Senainville
fils

Das letzte INPI-Aktenstück:

MINSTERIUM DES INNERN
Beratende Kommission für
Künste und Gewerbe
Sitzung vom 5. Februar 1818

Der Herr Diener(?) ersucht ein
Import-Privileg von 5 Jahren
auf eine Maschine namens
Veloziped. Nach Kenntnisnah-
me der Beschreibung und der
Zeichnungen beim Gesuch
meinen wir, daß dieses Brevet
bewilligt werden kann.
Bardet
Gay-Lussac
Milhaud(?)
Tournus(?)
Guillard.??????

1818

🚲🚲 233

mit dem Schriftsatz nach Paris geschickt, der des Französischen praktisch unkundig so lange radebrechte, er sei nur der <u>Diener</u>, daß der Schreiber schließlich entnervt und phonetisch „<u>Dineur</u>" auf die Dokumente schrieb. Der quai de l'Horloge no. 47 wäre demnach die Absteige des Bediensteten gewesen, dessen beide Namen der Schreiber als Vornamen gedeutet und sich beim zweiten vertan habe: Louis-Joseph statt Louis-Thomas! So irrwitzig es klingt, es hat etwas für sich! Im folgenden die Übersetzung des eingereichten Schriftsatzes (die gedruckte französische Beschreibung der Reiss-Engelhorn-Museen Mannheim liegt <u>nicht</u> bei diesen Akten, siehe später) :

Beschreibung einer Maschine namens Veloziped gefolgt von einigen Betrachtungen

Beschaffenheit und Eigenschaften

Das Veloziped ist eine Maschine, erfunden in der Absicht, eine Person mit großer Geschwindigkeit laufen zu lassen, indem man den Lauf dank eines Sitzes sehr leicht und wenig ermüdend macht, der das Körpergewicht trägt und auf zwei Rädern befestigt ist, die den Bewegungen der Beine mit Leichtigkeit nachgeben.

Das Veloziped bewegt sich je nach Wegbeschaffenheit mit nachfolgender Schnelligkeit:

1. *Auf einer gutunterhaltenen Großstraße gleicht sie bei einer Steigung dem Tempo eines Mannes mit großen Schritten*
2. *In der Ebene nach einem starken Regen eilt sie zwei Meilen in einer Stunde, folglich ebenso schnell wie eine Stafette.*
3. *Und wenn die Wege trocken sind, eilt sie ungefähr vier Meilen in einer Stunde, wie ein Pferd im Galopp.*
4. *Bergab distanziert sie ein Pferd in vollem Galopp.*

Zugrunde liegt die Mechanik des Rades: auf dem Kupferstich erkennt man, daß diese in einfachster Weise auf den Gang des Menschen angewandt wurde. Die Kraftersparung durch diese Erfindung kann mit derjenigen der Wägen verglichen werden, das heißt wenn das Pferd mit Leichtigkeit eine Last ziehen kann, die es nur schwer oder unmöglich tragen kann, vermag der Mensch eben-

so viel leichter seinen Lauf dirigieren, wenn seine Beine nicht mehr sein gesamtes Körpergewicht tragen müssen. Das Veloziped bietet auch noch den Vorteil, sich die besten Strecken des Wegs auszusuchen: es verfolgt nur eine einzige Spur.

Beschreibung der Teile des Velozipeds (Abb. gegenüber)

A. *Le timon conductant*
B. *L'enchâssure des Roues*
C. *Boutons pour assujettir les saccoches*
D. *Les armes de l'inventeur**
E. *Rond de la sellette*
F. *Deux étaies pour soutenir le vélocipède*
G. *Planche servant de balancier*
H. *Le Siège*
I. *et K. L'enchâssure et le support pour placer un porte-manteau*
L. *Les Roues*
M. *Les moyeux*
N. *La corde pour diriger l'enrayure*

*Mr. Le Baron de Drais à Mannheim, Maître des Forêts de S. A. R. Le Grand Duc de Bade – Membre de plusieurs sociétés littéraires

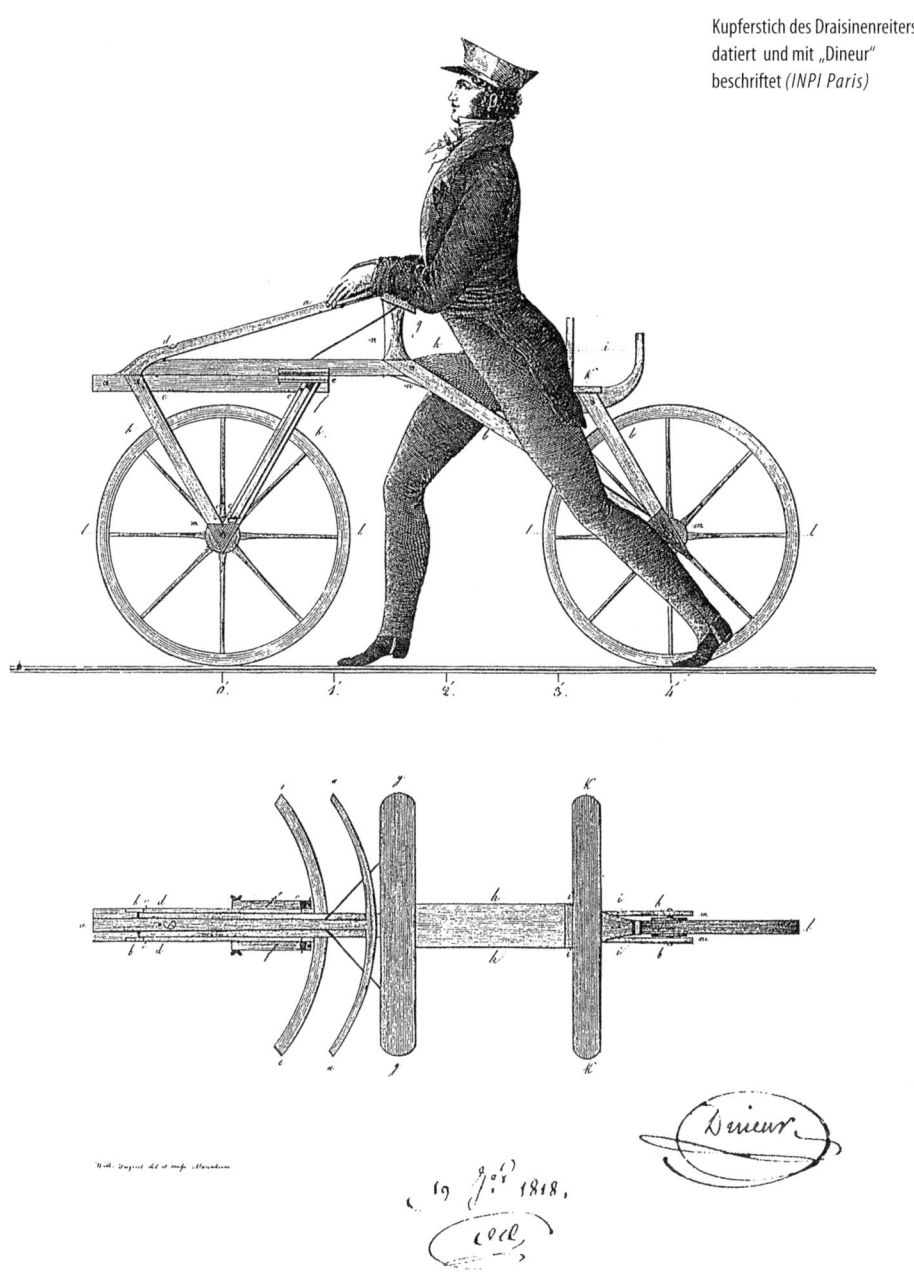

1818

235

rsichtlich folgt die Übersetzung ziemlich genau der Drais'schen Beschreibung von 1817, daher nur noch der Schluß:

Betrachtungen

Es ist alles vorgesehen, was man sich nur wünschen kann, hinsichtlich Solidität und Leichtigkeit oder Bequemheit und Eleganz. Auf Wunsch der Kunstfreunde gibt es eine Schrauben-Mechanik dazu, um den Sitz je nach Größe der benutzenden Personen höher oder tiefer zu stellen. Es gibt desgleichen Velozipede mit zwei Sitzen, einen vor dem anderen, mit zwei Reisetaschen und Schrauben-Mechaniken für zwei Personen, die dieselbe Geschicklichkeit im Gebrauch erworben haben: dann können sie sich abwechselnd ausruhen. Schließlich hat man welche mit 3 oder 4 Rädern gebaut mit einem Sitz zwischen den Vorderrädern und einem weiteren dahinter, auf welchen man sich wie zu Pferd setzt. Der erstere ist nicht so bequem oder nützlich, hat aber den Vorteil, bei der Benutzung auf öffentlichen Plätzen oder Straßen die Damen wie auf Schlittenpartien zu führen, dabei überhaupt nicht durch Staub von Pferden belästigt zu werden und sich eines kompletten Rundblicks zu erfreuen (statt auf den Pferdehintern).

Desgleichen kann man dem Veloziped unterschiedliche Formen geben, um seine Struktur oder die Steuerbewegungen zu verbergen, oder noch weitere Verschönerungen oder Utensilien hinzufügen, je nach Geschmack oder Phantasie der Kunstfreunde.

Dineur (vom Ministeriums-Schreiber druntergesetzt, damit alles seine Ordnung hat).

Dies hat offensichtlich nicht Drais selbst übersetzt, denn der Schriftsatz zeigt eine distanziertere Betrachtungsweise und neue Formulierungen. Als Übersetzer denkbar ist der aus Basel gebürtige Beat Rudolph Ludwig Neuhausen alias Newhouse, privilegierter Tabak- und Kölnischwasser-Fabrikant in Mannheim, der damals Drais-Vaters Schrift für die Erbfolge der Söhne aus des verblichenen Großherzogs Carl-Friedrichs zweiter unebenbürtiger Ehe, kurz der Hochberger eben, ins Französische übersetzte: *Les droits du Bade à la possession du Palatinat et du Brisgau (Mannheim 1818).* Dies geschah vermutlich zur Wappnung des nur französisch sprechenden Zaren Alexander I. mit Argumenten pro Baden und brachte Newhouse später die Ernennung zum Kommerzienrat ein.

Karl Drais erinnert später in einem Schreiben an den Hochberger Leopold als Herrscher, jenen der ihn zur *genialischen und nützlichen Erfindung* beglückwünscht hatte, an diese Schrift seines Vaters: nämlich *der von Sr. Majestät dem Kaiser von Rußland 1818 gelesenen zusammengestellten gerechten Thronansprüche Euer Königlichen Hoheit, worauf der Minister Freiherr von Berstett von Aachen aus an meinen Vater schrieb, diese kurze und bündige Abhandlung habe ihm zu seinem dortigen wichtigen Zweck viel bessere Dienste getan als alle anderen mitgenommenen, viel größeren Schriften zusammen (GLA 236/6735-53a).*

Drais oder vielmehr Newhouse macht hier auf eine unausrottbare Grundgegebenheit aufmerksam: es gilt als unterprivilegiert, wenn man öffentlich sichtbar für die eigene Fortbewegung Muskelarbeit leisten muß! Dies Vorurteil muß damals viel gravierender gewesen sein als heute, wo noch finnische Stewardessen Glacéhandschuhe tragen zum Zeichen, daß sie Damen seien, die keine Handarbeit zu leisten haben (dem spricht ihre Serviertätigkeit natürlich Hohn)! Auch Richard Roos in seiner Abendzeitung richtete ja mit seiner Bezeichnung Heupferde (Heuschrecken) die Aufmerksamkeit auf die Art der Beinbewegung! Also wird 1818 bereits darüber nachgedacht, die Steuerbewegungen, sprich: Beinbewegungen, zu verbergen. Das Verbergen der Konstruktion könnte dagegen auf die Ausschmückung mit Pferde- oder anderen Tierköpfen anspielen.

Das letzte Schriftstück in der INPI-Akte Dineur ist dann der Beschluß auf Briefbogen des *Ministère de l'Intérieur* vom 5. Februar 1818:

Comité Consultatif des Arts & Manufactures
Séance du 5 février 1818
Le Sr. Dineur demande un brevet d'importation de 5 ans pour une machine appelé Vélocipède. Après avoir pris connaissance de la description es des dessins joints à sa pétition nous pensons que ce brevet peut être délivrée.

Unterschrieben von 6 Personen, darunter Gay-Lussac und – kaum entzifferbar – Tournus.

Kein Gutachten, keine Kritik – die Brevettierung lief demnach ziemlich locker. Doch die Ausstellung des Brevets für die Laufmaschine dauert in Frankreich noch bis 17. Juli 1818 *(Seray 1982).* Der

Name Tournus taucht erst ein Jahr später wieder auf. *Le Moniteur Universel* schreibt am 4.10.1819:

> *Herr Baron von Drais, brevettierter Erfinder der Velozipede oder Draisinen, möchte sein Privileg an alle konzessionieren, die ähnliche Maschinen in Frankreich bauen wollen. Man wird dies Recht während des Jahres 1820 erhalten durch Erwerb einer Lizenzplakette, die in Höhe von 25 Francs zur Anbringung auf jedem Veloziped zu bezahlen ist; eine Doppelplakette wird benötigt für Draisinen, die einen Damensitz tragen.*
>
> *Man wende sich für weitere Informationen an Monsieur Tournus, der in Paris den Herrn Baron von Drais repräsentiert und autorisiert ist, günstigere Bedingungen für die Fertigung einer gewissen Anzahl von Velozipeden zu gewähren. Er wohnt rue de la Paix, n° 22, Hotel de Bourbon (Kobayashi 1993).*

Doch jetzt, im Jahr 1818 taucht ein anderer Name auf. *La Petite Chronique de Paris*, ein satirischer Almanach zum Ende das Jahres 1818, wird ihn erwähnen:

> *Bitte beachten Sie, daß alle Angaben offiziell sind: wir haben sie von Monsieur Garcin, dem einzigen Vertreter für den Verkauf von Velozipeden, rue de la Glaciere N° 3. Beglückwünschen wir den deutschen Baron und den französischen Vertreter: in einem Land, wo man gern seinen Weg schnellstmöglich zurücklegt, sollten ihre Fuhrwerke unfehlbar auf denjenigen zum Reichtum führen (Seray 1982).*

An derselben Adresse wohnt aber ein Jean Garcin, der ein Buch über den Eislauf geschrieben hat: *Le Vrai Patineur ou principes sur l'art de patiner avec grâce (Paris 1813)*. Mit an Sicherheit grenzender Wahrscheinlichkeit ist dieser Avantgardist der Mobilität mit der Person des Vertreters von Karl Drais identisch. Wenn alle Welt das Draisinenreiten als Schlittschlaufen auf der

Wo bleiben die Frauen? Die Eisschlitten mit schlittschuhfahrenden Studenten warten 1830 in Jena *(Gemälde Friedrich Preller).*

⬡⬡ 237

Straße bezeichnete, war dies sein neues Ding! Das Schlittschuhlaufen hatte sich in Frankreich zu einem Kult entwickelt, mit eigener Kleiderordnung – vermutlich ein Ventil für den von Napoleon brüsk gestoppten Schwung der französischen Revolutionäre: *Die Meister des Eislaufs, gewöhnlich gilets-rouges* (Rotjacken) *genannt, können als einzige sich ein auffälliges Kostüm erlauben, um sich inmitten der Menge bemerkbar zu machen (Nieswizski 1991).* Jean Garcin, später auch als Mechaniker bezeichnet, war mit Sicherheit ein *gilet-rouge*. Lesen wir noch einen deutschen Bericht aus Paris, allerdings sechs Jahre später als 1818:

Das Kostüm der Schrittschuhläufer zu Paris besteht für diesen Winter in einer scharlachroten Jacke und weiten dunkelblauen Beinkleidern. – Diese Jacken sind von dreierlei Art. Die einen sind mit dem nämlichen Zeug gefüttert, haben hinten Amazonenschößchen, und der Kragen ist wie bei einem Frack umgeschlagen. Andere sind ganz rund und haben Kragen und aufschläge von schwaarzem Astrakan. Die letzten endlich sind mit silbergrauem Astrakan gefüttert, den man an Kragen und Aufschlägen wahrnimmt. Auf der Brust sind zwei kleine Taschen. Die

Bild oben:
Rotjacke beim Eislauf im Becken von La Villette in Paris, Lithographie 1813 *(Nieswizski 1991)*

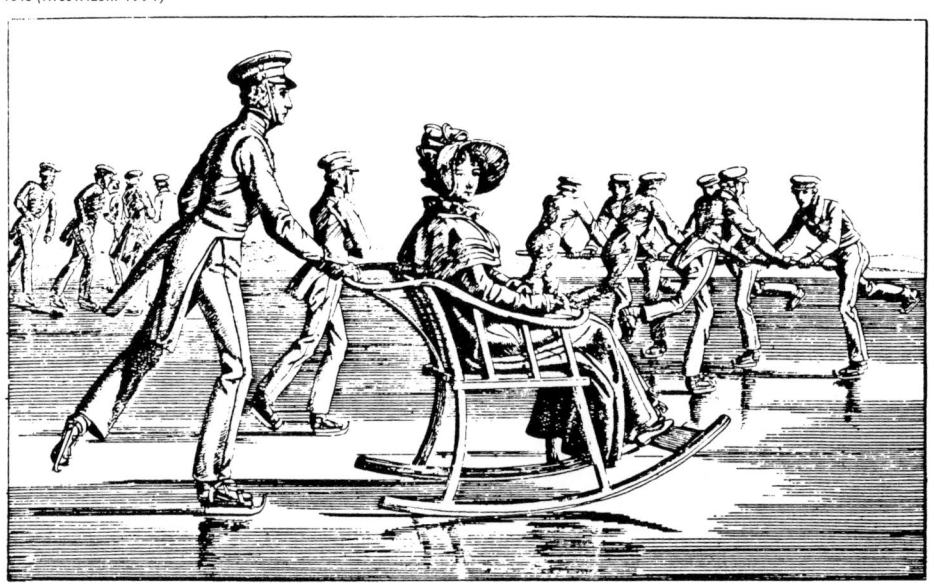

Pantalons werden mit einer Stahlschnalle befestigt, welche die Jacke nicht verbirgt. Hiezu gehören Halbstiefel mit dünnen Sohlen ohne Absätze und ein hoher Hut; ein Espagnol (Carbonari-Mantel) mit goldenen Quasten wird beim Weggehen mit graziösem Faltenwurf über die Schulter gehängt.

Die Toilette der Damen, welche sich in Schlitten fahren lassen, besteht meistens in blausamtenen kurzen Überröcken mit Palatinen versehen, welche hinten eine Pelerine bilden und deren Enden vorne bis auf die Kniee herunter fallen; samtene polnische Hüte mit goldenen Schleifen und Schnüren, Schleier von Gaze und eine Reiherfeder, rote und gelbe Schnürstiefel mit Pelz ausgeschlagen. Oft hängt über dem ganzen Anzug noch ein weiblicher Carbonari-Mantel von weißem oder karmesinrotem Samt mit goldenen Quasten.

Jetzt kommt ein Schrittschuhläufer in großem Kostüm mit einem eleganten Stuhlschlitten von Mahagoni und vergoldeter Bronze-Arbeit, mit samtenem Kissen und goldenen Fransen daran. Er ladet die Dame zum Einsteigen ein. Man akzeptiert, es geht wie ein Pfeil davon, doch keine hundert Schritte sind gemacht, und ein anderer Schlitten karamboliert fürchterlich mit dem unseres Elegants, beide Damen fallen auf die Nase, die umgestürzten Schlitten sind zerbrochen, einige Schrittschuhläufer fallen ebenfalls darüber hinaus; in einem Nu ist eine gaffende Masse versammelt, die jeden Augenblick größer wird, und ganz verschämt lassen sich die zierlichen Pariser Damen nicht ohne Mühe durch das Gedränge bringen – en jurant que c'était pour la dernière fois, qu'elles se sont laissées trainer - und eine Viertelstunde darauf segeln sie abermals vorbei, denn man hat ihnen versprochen, sie gewiß nicht mehr umzuwerfen, aber in der andern Viertelstunde liegen sie wieder auf dem Eise – mais ça ne fait rien, on s'accoutume à tout (Zindel 1825).

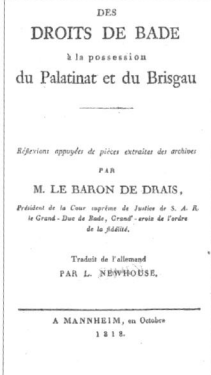

DES
DROITS DE BADE
à la possession
du Palatinat et du Brisgau

Eclaircies appuyées de pièces extraites des archives

PAR

M. LE BARON DE DRAIS,

*Président de la Cour suprême de Justice de S. A. R.
le Grand-Duc de Bade, Grand'-croix de l'ordre
de la fidélité.*

Traduit de l'allemand
PAR L. NEWHOUSE.

A MANNHEIM, en Octobre
1818.

Hat schon für Drais-Vater
übersetzt: Kaufmann Newhouse

Abbildung linke Seite:
Der Eisschlitten *(Zindel 1825)*

Abbildung rechte Seite:
3rädrige Damen-Draisine
*(Fürstenberg-Sammlungen
Donaueschingen)*

1818

 239

Großherzoglich-badischer Professor

Zeitgleich mit der Privilegierung der Laufmaschine beendet der ein Jahr jüngere Großherzog Carl I. auch den beruflichen Schwebezustand des Erfinders. Er ernennt Karl Drais zum Professor der Mechanik bei Verlust seiner Forstkarriere.

Karl Drais war irgendwann im Januar bei Carl I. in Audienz gewesen und hatte nicht nur auf baldige Privilegierung gedrängt, sondern auch seine ungeklärte dienstliche Situation geschildert und um eine Lösung gebeten, wie aus einem im nächsten Kapitel abgedruckten Schreiben hervorgeht. Wir erinnern uns: Karl Drais war seit 1811 in der vielbeneideten Lage, vom Forstdienst bei vollen Bezügen beurlaubt und als Erfinder mit weißem Kragen tätig zu sein, letzteres ein Status, der im damaligen Zunftsystem der Handwerker überhaupt nicht vorgesehen war. Die Mittel zum Bau der vierrädrigen Prototypen hatte Vater Drais vorgestreckt und war dabei wegen des Hauskaufs

sogar in finanzielle Schwierigkeiten geraten. Nach sieben Jahren Abwesenheit vom Forstdienst und ohne Meriten in der Armee war beim notorischen Bewerberandrang unübersehbar, daß Karl Drais den Forstdienst „geschmissen" hatte: es sollte ihm nicht mehr gelingen, wieder reinzukommen.

Das Gegenbeispiel ist der 13 Jahre jüngere Vetter Drais, der wie Drais-Onkel – und zwar 16jährig - die Militärlaufbahn eingeschlagen hatte, jetzt in der Leibgarde des Großherzogs dient, dann in zehn Jahren ein Forstamt bekommen und schließlich Oberforstmeister werden wird. Mit Militärdienst und langem Atem klappt es also. Drais-Vater und sein Sohn haben jedoch keine militärische Vergangenheit.

Der wegen der politischen Verheiratung mit Stephanie ins Amt gekommene Carl I., der Enkel von Carl Friedrich (zu dem Drais-Vater noch die besten Beziehungen hatte), hatte sich nach dem Tod seines ersten Sohnes kurz nach der Geburt 1812 mit Gemahlin Stephanie arrangiert. Jetzt war im vergangenen Mai der zweite Sohn knapp einjährig gestorben. Er selbst glaubte seit seiner Erkrankung während des Wiener Kongresses, vergiftet worden zu sein, als er ein Glas Zuckerwasser trank. Eigenartigerweise hatte sich sein Kammerdiener am Tag darauf das Leben genommen. Sein Gesundheitszustand verschlechterte sich zusehends, und er erhob immer wieder diese Behauptung. Hatte er zu Lebzeiten seines Großvaters noch verhindert, daß die Reichsgräfin von Hochberg ihren senilen Gemahl ein Dokument unterschreiben ließ, daß der Staat ihre hohen Schulden übernehme und ihre Söhne in die Erbfolge eingesetzt würden, wird Carl angesichts des nahenden Todes das badische Hausgesetz unterzeichnen, das genau diese Erbfolge sichert. Carl I. ist jetzt mit den wenig jüngeren Hochbergern, darunter der junge Leopold, befreundet.

Die Information eines Ministers, daß Drais mit 2000 Gulden rechnen könne, wenn er auf die Hofuniform umsteige, erweist sich bald als Gerücht. Nach der Audienz werden die Prioritäten des Hofs erkennbar, dem es primär um die Beendigung von Drais' Sonderstatus geht. Denn es erfolgt zuerst der Beschluß zur Ernennung zum Professor und einen Tag später derjenige zur Regelung des Dienstverhältnisses (GLA 76/1673-19), erst danach handelt man die Privilegierung ab:

Großherzogl. Geheimes Cabinet
Carlsruhe, den 26. Jenner 1818
Ich habe dem Kammerjunker C. L. F. Ch. von Drais in Bezug auf das ihm gegebene Privilegium für seine Fahrmaschine (gemeint ist das Zweirad), *den Charakter eines Professors der Mechanik erteilt und beauftrage andurch das Ministerium des Innern das desfalls weiter Nötige zu besorgen.*

An den Staatsrath von Sensburg
abg. den 27ten Jenner
Ich habe dem Kammerjunker C. L. F. Ch. von Drais, unter Enthebung von seinen bisherigen Verhältnissen zum Forst- und Jagdwesen, den Charakter eines Professors der Mechanik erteilt und benachrichtige hievon das Finanzministerium.

Und nun tickt diese Entscheidung des Herrschers (oder wohl eher des alten Drais-Feinds Sigismund von Reitzenstein im Kabinett) durch den Regierungsapparat, der dies später als Quiescierung = Pensionierung interpretiert, bis hinunter zum Domänenverwalter Abele in Offenburg, der schon einmal Schwierigkeiten gemacht hatte und prompt die Gehaltszahlung später verweigert. Aber ist diese Entscheidung überhaupt gut gelaufen? Der Professorentitel von Staats wegen war ja schön, aber dafür wird Drais nun mit 33 Jahren Frühpensionär. Das heißt, sein Gehalt bleibt auf dem derzeitigen Stand eingefroren, wird sogar um 16% reduziert. Außerdem fallen die regelmäßigen Steigerungen mit dem Dienstalter weg, und Beförderungen kann es auch keine mehr geben! Damit ist z. B. eine standesgemäße Familiengründung nicht mehr mög-

lich. Möglicherweise haben die Herren im Kabinett das Ehehindernis der erblichen Epilepsie bereits zynisch mit ins Kalkül gezogen!

Staatsprofessuren verleihen kostet nichts (noch heute verleihen Ministerpräsidenten diese etwa an Fernsehintendanten oder Museumsleiter als Teil der Einstellungsverhandlungen), aber wenn es ans Eingemachte geht, regiert der Rechenstift. Das Finanzministerium rechnet sein Gehalt aus, Stand 5. Juli 1808; es besteht in:

a) *Geld:* Vierhundert Gulden
b) *Korn:* Zehn Malter
c) *Dinkel:* Zwanzig Malter, oder wenn es daran fehlt, die Hälfte an Kernen oder Weizen
d) *Wein:* Ein und einhalb Fuder 2ter Klasse
e) *Freier Wohnung oder billigmäßigem Hauszins* (dies nahm er nicht in Anspruch)
f) *Brennholz:* Zehn Klafter Buchen
g) *Auf ein Dienstpferd*
   Geld: Siebenzig Fünf Gulden, fünfzehn Malter Haber, sechsunddreißig Zentner Heu und hundert Gebund Stroh

Daß ihm als Frühpensionär nicht die Aufwendungen für ein Dienstpferd gestrichen werden, gilt als besondere Gnade, an der die Behörde alsbald herumhebelt, die aber vom nachfolgenden Großherzog Ludwig I. gnädigst bestätigt wird. Das Gezerre um die Höhe der Pension zieht sich noch jahrelang hin, und man kann sich des Eindrucks nicht erwehren, daß die unklare Entscheidung von Reitzenstein so angelegt wurde, daß die Behörden immer wieder sich daran festbeißen und dem ungeliebten Drais-Abkömmling das Leben schwer machen sollten. 🚲

Anerkennung gewonnen, Staatskarriere verloren

Auf den Tip von Carl I. hin, die Laufmaschinen in Paris vorzustellen, bittet Karl Drais postwendend um einen Gehaltsvorschuß. Zurück in Mannheim erkennt er das Ausmaß des Verhängnisses und versucht mithilfe des Vaters die vollendeten Tatsachen rückgängig zu machen.

Dienerakte von Karl Drais Inhalt: Dessen *Forstwissenschaftl. Prüfung, Dienstleistungen u. Besoldung.* Deckblatt schon Großherzogtum Baden (ab 1806) *(Generallandesarchiv Karlsruhe)*

Noch in Karlsruhe und euphorisch schreibt Karl Drais an den Großherrzog um einen Gehaltsvorschuß für die Parisreise, eine heute noch im Beamtenrecht verankerte Möglichkeit. Und um Ernennung zum Kammerherrn, weil Kammerjunker nicht mehr zum Professorentitel paßt. Der Brief ist wieder so knapp, daß Drais-Vater sicher nicht mitgewirkt haben kann:

Durchlauchtigster Großherzog, gnädigster Souverain.
Die untertänigste Bitte des Kammerjunkers Freiherr v. Drais um die Ernennung zum Kammerherrn und um einen Geldvorschuß auf seine Besoldung oder sonstige Einnahmen, zur schnellern Verbreitung seiner Erfindung.
In Bezug auf meine allgemeine Vorstellung um die Erhaltung meiner Dienstkarriere und auf den mündlichen gnädigsten Rat von Euer Königlichen Hoheit, bald eine Reise nach Paris zu machen und eine Partie von Laufmaschinen nach meiner Erfindung bei mir zu haben, bitte ich einstweilen untertänigst
  1)   mich zu Höchstdero Kammerherrn zu ernennen
  2)   mir gnädigst viertausend Gulden vorzuschießen und mir solange einen Drittteil meiner Besoldung abzuziehen, bis sie zurückbezahlt sind, oder von meinen anderen Einnahmen zu empfangen
In tiefster Verehrung Euer königlichen Hoheit untertänigst treu gehorsamster
Karlsruhe, den 19ten Februar 1818   *Frhr. v. Drais*

Wieder zuhause in Mannheim findet er die Nachricht vom Finanzministerium mit der Enthebung vom Forstdienst vor und ist ernüchtert, denn der Verlust aller Perspektiven im Forstdienst ist ihm erst jetzt klargeworden. Mit einem weiteren Schreiben, in dem die väterliche Formulierkunst unübersehbar ist, versucht er sein Verbleiben im Forstdienst noch zu retten:

Durchlauchtigster Großherzog, gnädigster Souverän!
Eure königliche Hoheit haben bei meiner mündlichen Sollicitatur (Bitte) um Berücksichtigung und Besserung meiner beengten Dienstlage mich mit soviel auszeichnender Gnade

angehört und eine milde Resolution zu meiner Beruhigung zu fassen sich so geneigt bezeugt: daß ich mich unterstehen darf, zu den bereits überreichten generellen Betrachtungen und Ansuchungen, jetzt da ich die höchste Intention (**Absicht**) *näher habe wahrnehmen können, eine speziellere Darlegung meiner gerechten Sorgen und meiner gemäßigten, aber mir naheliegenden Bitten, <u>wovon die letzte eilig ist</u>, ehrerbietigst nachzutragen.*

1) Da Eure königliche Hoheit mit Huld geäußert haben, gern zu sehen, daß ich statt der Jagduniform mich mit der Hofuniform equippiere (**ausstatte**)*, so geschieht es anjetzt, wie schwer es auch meinem Beutel ankommt. Aber damit ist*

Drais hebt auf Besitzstandswahrung ab.

2) wie ich noch hoffe, nicht notwendig verbunden, daß ich aus einer Dienstkarriere, in der ich nach aktenmäßig guterstandenem Examen seit 13 Jahren zu stehen die Gnade habe, gänzlich ausgesperrt sein sollte. Ich bin durch die Großherzogliche Oberforstkommission benachrichtigt, daß ein höchstes Reskript (**Erlaß**) *vom 26. Januar des Jahres die <u>Enthebung von meinen bisherigen Forst- und Jagdverhältnissen</u> ausspricht. Noch wäre es an der Zeit, wenn Höchstdieselben geruhen wollten, die erläuternde Deutung zu befehlen:*

daß meine Forstverhältnisse, nur während ich anderen Geschäften obliege, suspendiert seien und daß es gnädigst für die Zukunft nach Umständen vorbehalten werde, ob ich in diesem oder jenem andern Fach, bei anwachsenden Jahren und bei Verdienst, die Besserstellung und überhaupt den gehabten Besitz einer Karriere im Staatsdienst, welchen Eure königliche Hoheit mir nicht zu entziehen geneigt seien, behalten soll.

3) Wenn mittlerweilen, wie es im Werk sein soll, meine in Offenburg als dem Ort meiner bisherigen Anstellung angewiesene Besoldung und Alimente (**Lebensmittel**)*, woandershin und etwa nach Mannheim transferiert werden sollen: so hoffe ich zur höchsten Gnade, daß ich nicht mit dem Kammertax meiner Naturalien zurückgestellt, sondern vielmehr soweit verbessert werden möge, um darin eine Gnade Eurer Königlichen Hoheit und einigen Ersatz für die in anderer Beziehung für mich harte Veränderung zu erkennen. Der Rechnungsrat Hahn in Offenburg – welcher auf Ansuchen meines Vaters derzeit die Gefälligkeit gehabt, meine verschiedenen Besoldungsstücke einzuziehen – wird erforderlichenfalls bezeugen: daß er mir in den letzten teuren Zeiten über 500 f.* (**Gulden**) *zuzusenden gehabt hat. Geruhen Höchstdieselben eine gnädigst gefällige runde Summe <u>selbst und mit Gnade</u> zu fixieren!*

Im nächsten Jahr nennt Drais 2000 Gulden.

4) Zu einem Trost für meine Ehre haben Eure königliche Hoheit mich mündlich versichert, daß ich bei einer nächsten Hofpromotion zum Kammerherrn gnädigst würde ernannt werden. Ich bescheide mich für den Augenblick nur um dieselbe Zusicherung im Schriftlichen, damit ich schon dadurch als geehrt bei Andern anerkannt sei, untertänigst zu bitten.

5) Endlich habe ich, weil Höchstdieselben mir erlaubt hatten, meine Wünsche vorzuschlagen und weil teils meine neue Equippierung (**Einkleidung**)*, teils auswärtige Rechnungen und andere erste Auslagen meiner gemeinnützigen Kunstunternehmung Geld fordern – um einen Vorschuß von 4000 f. gebeten. Oder wenn es bequemer fallen sollte, mir nur 3000 f. in der nachstehenden Art zu bewilligen: so würde ich (da ich 1000 f. von meinem Vater erhalten, aber auch schon verwendet habe) mich zu behelfen suchen und in dem Fall bestehen können, wenn mir neben mäßigen gnädigst zu bestimmenden Zinsen nicht mehr als 200 f. für jährlichen Kapitalabschlag – oder wenn aus Huld von Zinsen abstrahiert* (**abgesehen**) *würde, jährliche 300f. an Kapital – von der Besoldung abgezogen werden wollten.*

Da Behörden nie genau das Beantragte bewilligen, müssen Alternativen angeboten werden.

Wenn ich gnädigste Unterstützung ohne Ersatz, wie es sonst oft für Wissenschaften

---

und Künste verwilligt wird, gebeten hätte, vielleicht würden Eure königliche Hoheit es nicht verweigert haben; aber ich hielt es für bescheidener, nur um Vorschuß anzustehen.

Höchstdieselben haben mich der eigenen Erteilung des Rats gewürdigt, daß ich trachten sollte, am Karfreitag als einem Tag großer Promenade in Paris bereits zu produzieren (vorzuführen); ich müßte dazu 8 Tage vorher schon dort sein, und heute über drei Wochen ist der Karfreitag. Ich erwarte nächstens von dorther Briefe, ob und wiefern meine persönliche Anwesenheit ratsam und erwartet sei. Aber in diesem Fall müßte ich den günstigen Moment versäumen, wenn ich nicht in den nächsten Tagen dahier noch die höchste Resolution schon ausgefertigt empfinge, daß mir der Vorschuß wirklich verwilligt und an welcher Staatskasse das Geld ohne Aufenthalt des Reisenden zu erheben sei. Ohne diese zeitige Gewißheit könnte ich mit der Rechnung des ehrlichen Mannes unmöglich die Reise anfangen, die zudem noch andere Vorbereitungen, hauptsächlich im Maschinenbau, erfordert.

Wegen der Kürze der Zeit *darf ich hoffen, daß Höchstdieselben mir die Bitte um* schleunige Entschließung *über den letzten erwähnten Punkt zu Gnade halten.*

Mein ganzes Schicksal lege ich in die Hand meines Souveräns und ersterbe in tiefster Ehrfurcht Euer königlichen Hoheit untertänigster treu gehorsamster

Mannheim 27. Februar 1818   *C. Frhr. v. Drais*

Zu Punkt 5 gibt es eine Randbemerkung *„Aufgegeben"*, sodaß er den Vorschuß wohl erhalten hat. Ansonsten war an der Entscheidung nicht mehr zu rütteln, zumal Carl I. im Dezember starb. Drais versucht es im nächsten Jahr noch zweimal und schreibt, daß der verstorbene Carl I. ihm mündlich 1200 Gulden zugesprochen habe, was der Staatsminister Freiherr von Berstett bestätigen könne – umsonst! Und die Ernennung zum Kammerherrn läßt noch drei Jahre auf sich warten. Da aber Drais noch hofft, wieder in die Forstlaufbahn zurückkehren zu können, kann er weiterhin nicht selbst als Unternehmer tätig werden, sondern hofft auf einen interessierten *„Gewerbsmann".* 🐝

Was Karl Drais als 40jähriger Oberforstmeister hätte verdienen können, ist an dem Gehalt von Drais-Onkel während seiner Pforzheimer Zeit abzulesen (Scheiffele 2000):

1000 Gulden Gehalt	200 Gulden jährlich für Hauszins
20 Gulden für Schreibmaterialien	4 Gulden jährlich für den Garten
12 Malter Korn	15 Gulden jährlich Jägerrecht & Pelzwerk
2 Malter Korn für die Hunde	Schußgeld und Diäten
24 Malter Dinkel	1 Deputat Wildbret:
15 Ohm Wein I. Klasse = 2.400 Liter	• 1 Alttier (Rotwild)
15 Ohm Wein II. Klasse = 2,5 Fuder	• 1 Schwarzwild <4jährig
60 Malter Haber	• 3 Rehböcke
144 Zentner Heu	• 15 Hasen
400 Bund Stroh	• 15 Feldhühner
30 Klafter Brennholz	

Nachdem Se. Kön. Hoheit der Großherzog die Gnade gehabt haben, mir für meine Erfindung der Laufmaschine das ausschließende Privilegium auf 10 Jahre zu bewilligen, — wie es theils im Regierungsblatt No. 4, theils in der Carlsruher Zeitung No. 40 enthalten ist — so will ich, bis auf gutfindende Aenderung, Niemand hindern, Laufmaschinen zu machen, oder wo es gefällig ist, machen zu lassen; bedinge mir aber, daß vor dem Gebrauch und selbst vor den Proben irgend eines Exemplars auf öffentlichen Straßen und Plätzen, ein Honorar=Zeichen von mir, bestehend in einem silbernen Plättchen mit meinem Namen und einer Nummer, gelöst, und sichtbar vornen an der Maschine befestigt werde, und welches ˈbermalen das Stück für einen Carolin zu haben ist und für die ganze Zeit des Privilegiums gelten soll. Wer aber nur solche Zeichen wünscht, welche bis zum Schluß des Jahres 1821. gelten sollen, der kann das Stück für eine halbe Carolin oder 2 große Thaler erhalten und wer 10 Zeichen miteinander nimmt, bekommt das 11te umsonst.

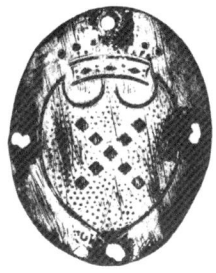

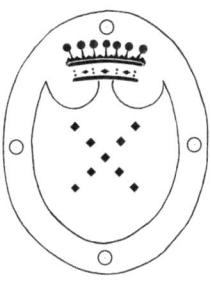

Drais'sche Lizenzmarke

Obiges schließt jedoch nicht aus, daß, wenn ein oder anderer Gewerbsmann mir eine Neigung äußert, und die Fähigkeit hat, sich der Fertigung solcher Maschinen vorzüglich zu unterziehen, ich ihm diejenige, die noch immer durch Corespondenz um Maschinen sich an mich wenden, zuweisen, und nach Befund noch weiter begünstigen kann.

Karl Freiherr von Drais.

Ein Pfälzer in Wien

In der kaiserlich-königlichen Donaumonarchie hatte Drais ein Privileg für die Laufmaschine beantragt. Dort gab es in der Landmaschinenfabrik Anton Burg & Sohn bereits einen interessierten Fabrikanten. Trotz Befürwortung durch Professor Arzberger wird die Privilegierung abgelehnt.

Anton Burgs Sohn Adam Freiherr von Burg, Professor der Elementar-Mathematik, nach Arzberges Tod Professor für Maschinenlehre, schließlich Leiter des Polytechnischen Instituts *(2x Fabrikprodukten-Katalog 1995)*

Johann Arzberger, aus dem oberfränkischen Arzberg gebürtig, Professor der Maschinenlehre am Polytechnischen Institut

A nton Burg, aus Sobernheim (heute: Bad) im Nahe-Tal bei Bad Kreuznach gebürtiger Tischler, hatte sich 1790 in Wien niedergelassen und einen Betrieb für landwirtschaftliche Maschinen aufgebaut. 1798 entstand daraus die erste derartige Fabrik in Österreich, ab 1811 durfte er sich als *K.K. Hofackerwerkzeug- und Maschinenfabrikant* bezeichnen. In neuem Haus in der Favoritenstraße 73 wirbt die Firma 1818 für *Maschinen (Ökonomische) und Ackerbau-Werkzeugmaschinen*. Von allen Produkten gab es Modelle für Lehrzwecke, die im Technischen Museum noch erhalten sind, darunter ein Draisinen-Modell *(Ulreich 1992)*.

Das Privilegiengesuch hatte Drais im November 1817 an den österreichischen Kaiser gerichtet. Es blieb ein Vierteljahr liegen, bevor es die K.K. Stadthauptmannschaft an das Polytechnische Institut (heute Technische Universität) zur Begutachtung durch Professor Arzberger weitersandte. Mit dem sieben Jahre älteren Arzberger urteilt endlich mal ein kompetenter Gutachter, wenngleich auch etwas mäkelig:

Gutachten über des Herrn Karl Freiherrn von Drais neu erfundene Laufmaschine

Die Einrichtung und der Gebrauch dieser Maschine sind aus der von dem Erfinder eingesandten und den Akten beiliegenden Beschreibung und Zeichnung dieser Maschine hinreichend zu erkennen. Der Unterzeichnete ist der Meinung, daß ein Mensch auf dieser Maschine mit noch einigem Gepäcke auf ebenem Wege allerdings mit weniger Kraftanstrengung, und zwar mit bedeutend größerer Geschwindigkeit als zu Fuße, mit demselben Gewichte auf den Rädern fortkommen wird, indem er bei dem Gebrauch dieser Maschine durch seine Muskelkraft nur die geringe Reibung an den sehr schwachen (=dünnen) Radzapfen und den auf ebenem Weg sehr unbedeutenden Wälzungswiderstand der Räder zu überwinden hat, wohingegen bei dem Fortschreiten des Fußgängers sowohl sein eigenes Gewicht, als auch das des Gepäckes auf den Beinen ruht und wegen der im Gange notwendigen abwechselnd schiefen Lage der letzteren eine bedeutende Erschöpfung der Muskelkraft zur Folge haben muß. Soll die Maschine bergan gehen, so fällt der bewegenden Kraft außer den oben erwähnten Hindernissen noch das zusätzliche Gewicht der Maschine, des darauf reitenden Menschen und des Gepäckes zur Last. Wie groß die Belastung sein

Die Burgsche Fahrschule aus den Wiener *Eipeldauer Briefen* vom Juni 1818. Man beachte die Bruststütze *(Wiener Museen)*

darf, bis der obenerwähnte Vorteil derselben, den der Gebrauch der Laufmaschine gegen das Zu-Fuße-Gehen gewährt, erschöpft wird, kann nur durch die Erfahrung ausgemittelt werden; nach des Herrn Erfinders Aussage in der beiliegenden Beschreibung kann man mit Gebrauch dieser Maschine auf guten Landstraßen bequem so schnell fortkommen, als ein Mensch in starkem Schritt gehet. Wie groß aber hierzu die Anstrengung sein kann, ist nicht angegeben. Ist sie die größte, welche gut angelegte Landstraßen nicht überschreiten sollen, so würde der Gebrauch dieser Maschine für das Fortbringen von kleinen Lasten von großem Vorteil sein. Aber auch dann, wenn man mit dieser Maschine die größte Steigung, welche eine Landstraße gibt, bergan nur so schnell fortkommen kann, als ein Mensch gegen ebendiese Erhöhung fortschreiten würde, würde diese Maschine durch die Vorteile, welche sie auf den ebenen Strecken des Wegs und bergab gewährt (wo unter letzterem wohl auch keine größere Neigung vorhanden sein könnte, als gutangelegte Landstraßen haben könnten) von einigem Nutzen sein. Da übrigens diese Maschine außer ihrer Nützlichkeit auch neu ist, so ist der Unterzeichnete der Meinung, daß dem Erfinder derselben ein ausschließendes Privilegium auf deren Verbreitung, jedoch wegen des beschränkten Nutzens nur auf eine Zeit von 6 Jahren, zugestanden werden dürfte.
No. 128   Johannes Arzberger

Neu ist das Zweiradprinzip – das wird hier endlich mal ausgesprochen! Das Gutachten wandert zur k. k. Kommerzhofkommission, die jedoch im April abschlägig entscheidet, wobei sie bemerkt, *daß die Absicht des Bittstellers keineswegs dahin gehe, sein Etablissement hier* (d.h. in Wien) *zu begründen, sondern daß er nur Associés suche, und daß es schwer sein werde, ihn in seinem Alleinrechte zu schützen, da die von ihm gesetzte Bedingung, daß jeder, der sich einer solchen Laufmaschine bedient, von ihm ein eigenes Zeichen lösen müßte, sich nicht leicht handhaben ließe. Überdies sei seine Maschine durch die vorhandene Zeichnung und Beschreibung schon zu bekannt, als daß dieselbe noch auf Neuheit Anspruch machen könnte, und auch der Gesundheit könnte dieselbe gefährlich werden* (Ulreich 1992). Noch im April geht über die k.k. Hof- und Staatskanzlei die Ablehnung zur k.k. Gesandschaft am badischen Hof, die Drais davon benachrichtigt.

Die Argumente wirken vorgeschoben, vermutlich hatte der einheimische Burg schon eigene Absichten angemeldet. Schon im Juni erfährt man von seiner Fahrschule in der Favoritenstraße, und zwar im Mundart-Blatt des Franz Xaver Gewey, den sogenannten *Eipeldauer Briefen: ...In der Mitt'n had's an austapezirts Sitzl, da reit' m'r drauf, und vorn had's a no aso a Bredl über Zwerch, da is der Hauptvortl, daß m'r d'Arm recht fest einsetzt, dami m'r s'Gleichgweicht nid verliard...* Demnach hatten die Burgschen Nachbauten ein Balancierbrett zum Aufstützen der Unterarme, während auf eine Bauchstütze zunächst nur indirekt geschlossen werden kann *(austapezirt)*. Der Kupferstich im nächsten Heft zeigt Maschinen mit der gepolsterten Bauch- oder Bruststütze (jedoch ohne Armstütze drauf – wohl ein Fehler des Zeichners). Dies ist eine Übernahme vom Reitbock vor dem Stehpult der Schreibenden, der ebenfalls eine solche gepolsterte Stütze besaß. Der Reitbock von Goethe mit solcher Stütze ist in Weimar erhalten. Drais wird dies 1820 in einem Artikel kritisieren: *...dieses habe ich nicht geraten, so wenig als das – selbst am Schreibtisch – schädliche Auflegen der Brust.* Weiteres zu Burg wissen wir aus dem *National-Calender für die gesamte österreichische Monarchie für das Jahr 1819*, der natürlich schon 1818 gedruckt und verkauft wurde. Neben einem unveränderten Abdruck aus den Dresdener *Miscellen* mit der Dreiseitenansicht der Schwalbach-Laufmaschine schreibt der Redakteur auch folgendes:

Goethes Reitbock mit Bruststütze in Weimar

Eben als dieser Aufsatz dem Drucker und Kupferstecher übergeben werden soll, erhalte ich die Nachricht, daß auch der Maschinen-Fabrikant Burg in Wien (Wieden Nr.73) nicht nur solche Laufmaschinen verfertigt, sondern auch gestattet, daß man sich bei ihm (gegen Erlegung von 20 Kreuzer Wiener Währung für die Viertelstunde – 36 kr. für eine halbe und 1 Gulden für eine ganze Stunde) in der Regierung (= Beherrschung) derselben einüben kann. Er verfertigt das Stück für 66 – 100 Gulden Wiener Währung, auch solche, welche 3 Räder haben und welche (da man in Steigbügeln sitzt) nicht mit den Füßen, sondern mit eignen Steuerrudern bewegt werden. Bei letzterem dürfte es sich um einen Nachbau des Bauerschen Dreirads handeln. Für eine Draisine hätte ein Taglöhner zwei Jahre arbeiten müssen! *(Ulreich 1992)*

Das Technische Museum in Wien hat vier Laufmaschinen, darunter zwei Kinderdraisinen und ein maßstäbliches Modell, die mit an Sicherheit grenzender Wahrscheinlichkeit von Anton Burg & Sohn stammen. Auch Burg ließ die sperrige Reibscheitlenkung weg und hat – wie der Kupferstich zeigt - als Langwied einfach eine gerade Bohle genommen. Das Vorderrad läuft

Kinderdraisine des Technischen
Museums Wien *(Foto Walter
Ulreich, Hinterbrühl)*
Rechts: Kinderdraisine aus dem
1857er Katalog von Anton Burg
& Sohn

in einer schmiedeeisernen Gabel, das Hinterrad läuft in einem Dreieck aus
hölzernen geschwungenen Streben. Bei dem jüngst in Oberösterreich aufgetauchten Exemplar werden auch hierfür gerade Leisten verwendet. Dies
bedeutete eine erhebliche Vereinfachung der Herstellung. Offensichtlich
war die Obrigkeit in Österreich nicht so restriktiv, sodaß Burg & Sohn noch
1824 ein Privileg für dreirädrige Draisinen nehmen und noch im Katalog
von 1857 Kinderdraisinen anbieten wird.

Im selben Jahr 1818 sagt die Dresdener Abendzeitung No.156 in ihrem
Tagebuch aus Wien:
*Am 24sten Mai. Die Draisinen (Laufmaschinen) gewinnen sich durch die Lektionen,
welche ein Hr. Klug in der Fertigkeit sie zu gebrauchen gibt, immer mehr Freunde; und
wirklich erblickt man hier und da auf dem Lande schon mehrere solche Schnellfüßler, welche wie der Wind vorübersausen. Ein verabschiedeter Major soll jüngst 2 Posten in 3/4
Stunden zurückgelegt haben. – Ob der Gebrauch nicht zu sehr ermatte und daher der Gesundheit schade, steht zu erörtern. Wenn nicht, so wäre das Ding nicht übel.*
Ob dieser Herr Klug bei der Fahrschule von Anton Burg & Sohn unterrichtete oder unabhängig davon, ist noch offen. Der pensionierte Major jedenfalls machte einen Schnitt von rund 9 km/h, falls in Wien 2 Posten so viel
wie 2 Poststunden à zwei englische Meilen bedeuteten. Die Bezeichnung
Schnellfüßler könnte bereits eine Rückübersetzung von *Veloziped* sein.
Und daß man in Wien mehrere herrliche Balletts mit Draisinen tanzte –
vermutlich schon 1818 – wird dann Johann Gottlieb Dingler 1821 in seinem *Polytechnischem Journal* schreiben. Wahrscheinlich waren es irgendwelche Wintermärchen, wo das Schlittschuhfahren durch Rollschuhe simuliert
wurde – die Aufführungen sind unbekannt.

Von Erzherzog Johann bestellte Laufmaschine mit Seeschlangen-Anmutung im Johanneum Graz *(Foto Walter Ulreich, Hinterbrühl)*

In Diessen am Ammersee fand sich 2001 dieser „Zwilling" (Bild auf gegenüberliegender Seite) zur Erzherzog-Johann-Laufmaschine. Lediglich der Tierkopf fehlt. *(Museum Industriekultur Nürnberg)*

Die österreichische Draisinenszene bietet einen Einblick in den Wandel der Draisinenfertigung. Da ist Burg & Sohn einmal mit aufwendigen Einzelstücken, deren Langwied und Streben aus dem Vollen geformt und gehobelt werden – so auch das Exemplar für Erzherzog Johann, dessen Herkunft von Burg nicht gesichert ist. Zum andern ihre Vereinfachung in Richtung weniger aufwendiger Fertigung bei den Drasinen aus Brettern. Die Langwied ist nun ein Brett ohne Schnitzarbeit, das mit den Brettern für die Hinterrad-Aufhängung recht steife Dreiecke bildet. Anstelle der Schnitzarbeit gibt es hier ornamentale Bemalung.

Burg-Laufmaschine des Oberösterreichischen Landesmuseums Linz und seine bemalte Langwied. Höhenverstellbar duch drei Gabelbohrungen für die Achse. *(Fotos Walter Ulreich, Hinterbrühl)*

1818

Erzherzog Johann (1782-1859) wird in zehn Jahren eine Bürgerliche heiraten und 1848 von der Frankfurter Nationalversammlung zum Reichsverweser gewählt werden, tritt aber nach einem Jahr zurück. Der liberale Onkel des regierenden Leopold II. stiftete 1811 seine naturwissenschaftlich-technischen Sammlungen als *Johanneum*.

In diese Gruppe fügt sich die Laufmaschine der Reiss-Engelhorn-Museen zu Mannheim ein. Über ihre Herkunft ist nichts bekannt. Weshalb fixe Patrioten sie sogleich zu Karl Drais' erstem Prototyp erklärten. Diese Maschine ist mit 62 cm Sitzhöhe für normalgroße Erwachsene viel zu niedrig. Dennoch hatten Mannheimer Sportvereine sie zur Vorlage genommen, für Erwachsene maßstäblich vergrößert und dann auf solchen Repliken mit einem Zylinderhut vom Flohmarkt „historische" Umzüge bestritten – ein leider ziemlich jämmerlicher Anblick! ❦

Undatierte Kinderlaufmaschine
(Reiss-Engelhorn-Museen, Mannheim)

Brief eines Laufmaschinen-Fans

Über den Buchhandel gelangt Bauers Büchlein zur Laufmaschine bis nach Düsseldorf. Wie von Drais vorausgesehen, interessieren sich für seine Erfindung auch Posthalter, so der dortige namens Peter Maurenbrecher.

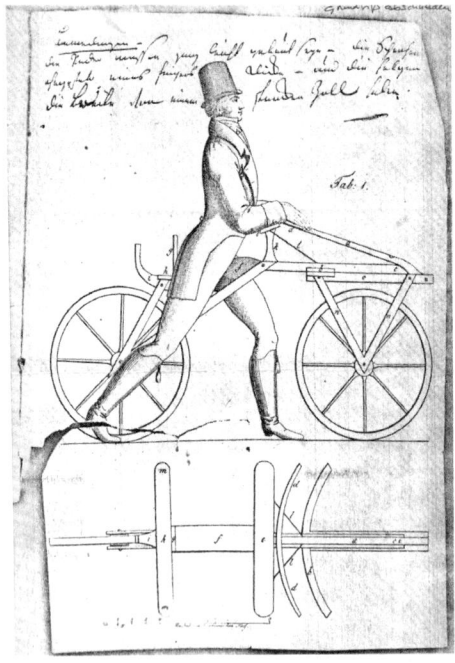

Handschrift auf dem Kupferstich im Bauer-Büchlein: *Die Räder müssen ganz leichtgehend sein - die Speichen ungefähr eines Fingers Dicke - und die Felgen die Breite von einem starken Zoll haben.*

Von den wohl fünf erhaltenen Exemplaren des 1817er Zweirad-Büchleins von Mechanikus Johann Carl Siegesmund Bauer aus Nürnberg liegt eines in der Herzog-August-Bibliothek zu Wolfenbüttel. Das Besondere daran ist ein miteingebundener Brief an einen Unbekannten, der mit Wohlgeboren angeredet wird – demnach kann er nicht an den Großherzog von Braunschweig selbst adressiert gewesen sein, der anders angeredet worden wäre. Wie auch immer, dies ist der älteste bekannte Brief eines Draisinenreiters über seine Maschine bzw. Maschinen, denn wir werden gleich lesen, daß er mit verschiedenen Raddurchmessern und auch einem Nachbau des Bauerschen Dreirads experimentiert. Der aus Ddorf, den 6. März 1818 datierte Brief ist unterzeichnet von einem gewissen Maurenbrecher. Nachfrage im Düsseldorfer Stadtarchiv ergab, daß es sich mit an Sicherheit grenzender Wahrscheinlichkeit um den Geheimen Hofrat und Postdirektor Peter Maurenbrecher (1777-1861) handelt. Sein Haus steht noch in der Zollstraße 7 der Düsseldorfer Altstadt und beherbergt heute das Gasthaus *En de Kanon*. Und – oh Wunder – im Stadtmuseum fand sich schließlich noch ein Bild des 41jährigen Absenders hoch zu Pferde. 🐎

Maurenbrechers Bemerkungen auf Bauers Tab. 2
(Herzog-August-Bibliothek Wolfenbüttel)

Peter Maurenbrecher zu Pferde
(Stadtmuseum Düsseldorf)

Gaststätte *En de Kanon* in
Düsseldorf, Zollstraße 7, ehem.
Maurenbrechers Wohnhaus
(Stadtarchiv Düsseldorf)

1818 253

Herrn Walzenbachen

[...]

Mit aller [...]

[...] März 1818

Euer Wohlgeboren

sende ich anliegend nicht nur eine Zeichnung der v. Drais-schen Laufmaschine, sondern ein ganzes Werkgen, was die genaue Beschreibung und Anleitung zum Gebrauch derselben enthält.

Die Erfahrung hat mich bereits gelehrt, daß je einfacher die Maschine ist, desto besser und leichter in der Anwendung - Das hintere hohe Rad würde nicht nur die Maschine erschweren, sondern auch noch eine ganz entgegengesetzte Wirkung zustande bringen, da die vorzüglichste Last nicht auf demselben, sondern dem vorderen ruht, und also dort auch von hinten hindern, indem sie beim Niedersetzen der Füße - oder die Maschine müßte sehr lang sein - dagegen anstoßen würden.
Schon mehrere haben Verbesserungen an dieser Maschine versucht und ich selbst bin aber jetzt ganz darauf zurückgekommen, daß sie, so wie sie in der Zeichnung angegeben, am besten und zweckmäßigsten ist - die von dem Herrn Bauer vorgeschlagene mit der Jungnickelschen Gabel ist in der Ausübung auch nicht viel wert und ermüdet bei weitem mehr - ich habe es versucht - da die Hände und Arme hier die Hauptarbeit haben - aber die Drais-sche Maschine eben die Fußbewegung, (als) die natürlichste, weil sie uns angeboren ist.
Zur mehreren Bequemlichkeit kann der Sitz in Federn hängen, und ich habe selbst wohl eine solche, und wenn das vordere Rad einen halben Fuß höher als das hintere ist - mit diesen läuft sich sehr leicht, da wie gesagt das vordere und nicht das hintere Rad, wie Ihnen beim Gebrauch die Erfahrung lehren wird - die Hauptlast zu bewegen hat. Auch darf die Maschine nicht kürzer sein - das heißt, die Räder müssen nicht näher zusammengebracht werden - die Maschine läuft dann nicht so leicht, wie ich auch die Erfahrung gemacht habe.

Mit aller Hochachtung Euer Wohlgeboren ergebenster

D(üssel)dorf, den 6. März 1818
Maurenbrecher

Maurenbrecher experimentiert selbst mit dem Bauer-Dreirad, mit Radgrößen und mit Federsitz.

Nichtauthentisches gefedertes Velociped, denn Spiralfedern sind im Wagenbau damals unbekannt. Lanciert in einer Geschichte des britischen Touring-Club von 1928 um die britische Priorität zu beweisen. („*aus einem verschollenen Tagebuch von 1815"!*) (Roberts 1991)

1818

255

Draisine gut für Karriere

Im Großherzogtum Mecklenburg schenkt ein aufstrebender Landrat dem Großherzog Franz I. die neumodische Laufmaschine als Angebinde. Der Landrat bringt es danach bis zum Innenminister.

Vier Augen sehen mehr als zwei, weshalb Matthias Kielwein dankenswerterweise in den *Jahrbüchern des Vereins für mecklenburgische Geschichte und Altertumskunde* von 1891 einen weiteren Drasinenreiterbrief voll guter Ratschläge abgedruckt fand. Hier ist er:

Roggow, den 13. März 1818

Allerdurchlauchtigster Großherzog!
Gnädigster Fürst und Herr!

Ew. Königlichen Hoheit haben eine nach der Erfindung des Herrn Forstmeister v. Drais nachgemachte Fahrmaschine zu haben begehret, und es gewährt mir ein ganz besonderes Vergnügen, damit untertänigst aufzuwarten. Nehmen Ew. Königlichen Hoheit dieses unbedeutende kleine Angebinde wie einen Beweis meines guten Willen mit gewohnter Huld und Gnade an und erinnern sich dabei meiner.

Man muß von dieser Maschine nur das begehren, was sie nur leisten soll, nämlich dem Fußgänger auf großen Touren und festen Wegen ein schnelleres Fortkommen und Erleichterung zu gewähren, und nicht glauben, daß diese Maschine, wenn ein Mensch damit läuft, einem Pferd damit vorbeieilen könnte. Soviel ist gewiß, daß ein geübter Läufer auf dieser Maschine einem jeden Fußgänger, der noch so stark läuft, vorbeieilen wird. Übung ist zu einer jeden Sache erforderlich, und man muß beim ersten Versuch nicht gleich davon abstehen und auch dies für eine angreifende unnütze Erfindung halten,

da man genötigt sei, die Füße wie beim Gehen zu gebrauchen. Man wird in der Folge erfahren, daß die Körperlast durch den Wagen getragen (wird) und man nur ab und an die Füße anzusetzen braucht – und der Wagen, wenn er im graden Lauf ist und man nur erst Balance zu halten gelernt hat, von selbst mit einer Leichtigkeit sich ohne große Anstrengung fortbewegen wird – und darüber erstaunen, wie bald man es durch fortgesetzte Übung zu einer Vollkommenheit hierin erlangen wird. Nur muß man im Anfang nur ganz langsam damit fortschreiten und durchaus nicht gleich schnell laufen wollen. Dies wird von selbst schnell genug gehen, auch wenn ein nebenher gehender Fußgänger dem ungeübten Reiter der Fahrmaschine zuerst vorkommen sollte, so wird dieser baldigst zurückbleiben, wenn dieser nur erst seinen Körper grade auf der Maschine in Balance erhalten lernet.

Ehe man abfährt, muß man den Sattel grade so hoch schrauben, daß die Füße an die Erde stehen, und dann sich grade setzen, den Stock vor sich mit beiden Händen anfassen und dahin trachten, daß beide Räder in einer Linie stehen. Dann ganz langsam zuerst die Maschine durch abwechselnde Ansetzung der Füße in Bewegung setzen und dann diesen graden Gang der Räder zu erhalten bemühet sein. Und immer schneller und besser wird der Lauf gehen, besonders bergab. Und wenn man einem Berg entgegen muß, wird diese Anstrengung nicht stärker Beschwerde verursachen, als wenn man einen Berg zu Fuße hinaufsteigen muß. Zum Höherschrauben des Sattels habe ich einen Schlüssel ferti-

gen lassen, damit große und kleinere Leute sich dieser Fahrmaschinen bedienen können.

Der kleine Sattel muß aber viel besser mit guten Krulhaaren - wie solches bis jetzt geschehen – ausgestopft werden. Ich würde dies haben fertigen lassen, doch auf dem Lande hat man dazu keine Gelegenheit, dieses schnell in Ausführung zu setzen. Ew. Königliche Hoheit können dies in Ludwigslust in einer Stunde gefertigt erhalten. Ich habe die Absendung darnach nicht aufhalten mögen. Es ist dies aber durchaus notwendig, weil einen sonst die Lenden schmerzen werden. Besonders muß die Polsterung seitwärts vorzüglich geschehen, und ich würde noch anraten, ein Schaffell darüber befestigen zu lassen, wie die Lanziers oder Husaren sich dieses auf ihren Sätteln bedienen. Denn zu weich kann dieses auf keinen Fall sein.

Auch muß der Lenker unten mit weißer Seife bestrichen werden, damit es sich nicht klemmt. Bei den Wendungen im Lauf muß man vorsichtig sein, weil die Räder wegen der Kürze der Maschine einem sonst leicht an die Füße stoßen und man es schon zu einer großen Übung gebracht haben muß, um dies zu vermeiden. Die Räder, worin messingsche Buchsen, müssen mit gutes Baumöle geschmiert werden, auch dort wo das Eisen durch Glanz sich zeigt, daß es scheuert.

Gefällt dieser Wagen, so können sich Ew. Königliche Hoheit von Ludwigsluster Künstlern daran annoch eine Besseren machen lassen, wo ich dann anraten würde, das Gestelle des Wagens etwas länger machen zu lassen und das Hinterrad etwas höher. Dann wird der Druck und die Schnellkraft noch stärker und die Wendungen nicht so beschwerlich sein. Nach meiner Ansicht würde der Fußweg vom Schloß nach dem Schweizerhause sich zur ersten Probe am besten qualifizieren. Man muß diese Erfindung nicht verwerfen und es so ansehen wie Schrittschuhe, die man nur auf dem Eise brauchen kann. Also wird diese Fahrmaschine auch nicht in ganz tiefen Wegen am Sande mit Nutzen anzuwenden sein. Macht ein Fahrlustiger eine große Tour damit, wo es nicht fehlen wird, daß er in unserem Vaterlande leider schlimme Stellen vorfindet, so wird er genötigt sein, seinen Laufwagen an der Hand seitwärts zu nehmen und ihn neben sich fortzuschieben, bis er wieder einen festen Fußsteig oder festen Weg vorfindet.

Ehe also die Probe angestellt wird, wiederhole ich: die Polsterung des Sattels – das Schmieren der Räder mit reines Baumöle, das Schmieren des Lenker, wo Holz an Holz kömmt, mit Seife über das Vorderrad – die Aufschraubung des kleinen Sattels zur Höhe desjenigen anpassend, der die

Fahrmaschine besteigen will – und dann beim Anfang ganz langsam die Maschine in Bewegung gesetzt – und nicht gleich im Laufen davonzueilen – dies wird schon von selbst kommen.

Auf jeden Fall wird die Maschine für einen nicht zum Gehen geübten Mann ermüdend werden, und ein gewisser J.C.S. Bauer in Nürnberg hat die v.Drais'sche Maschine zu verbessern gesucht, sodaß diese mit 3 Rädern (nämlich 2 hinten und 1 vorne) versehen sind, sodaß man nicht die Balance zu halten nötig hat, und durch Maschinerie der Wagen fortbewegt werde. Ich habe auch eine solche in Rostock bei einem geschickten Künstler bestellt. Man sitzt wie auf dem Pferde in Steigbügeln, und durch eine leichte Bewegung der Hand soll die Maschine durch einen Hebel fortbeweget werden. Ob nun dieses brauchbar werden wird, muß die Zeit lehren. Ich hoffe, diese in der kommenden Woche zu erhalten, und ich werde sehen, ob die Ausführung sich durch den Erfolg bewahrheiten wird. Und wenn Ew. Königliche Hoheit diese befehlen, werde ich solche sofort zu übersenden die Ehre haben und meine Auslagen dafür Ew. Königlichen Hoheit in Ansatz bringen. Doch sollte die Maschine nicht den beabsichtigen Zweck erreichen, so übersende ich diese nicht, denn mein Künstler muß dann diese wieder unentgeltlich zurücknehmen. Recht viel Zutrauen habe ich zu den kombinierten Wesen nicht. Die Einfachheit dieser Laufmaschine, wo man durch eigene Füße die Fortbewegung befördert, ist gewiß anwendlicher, sich schnell damit von der Stelle zu bewegen. Doch muß man dergleichen Erfindungen nicht verwerfen, sonst würde nichts Besseres erfunden. Und das vollkommene Schiff wäre wohl nicht dahin gediehen, wenn man nicht mit einem ausgehöhlten Baum den Anfang gemacht hätte.

Entschuldigen Ew. Königliche Hoheit dieses langen und gedehnten Vortrages. Ich habe es aber für nötig gehalten, damit diese Maschine nicht gleich beiseite gesetzt werde, wenn es im Anfang auch nicht dann glücken wird. Aus Erfahrung weiß ich, daß diese brauchbar und anwendlich ist. Und wenn ich das Glück haben werde, Ew. Königlichen Hoheit in Doberan meine Verehrung zu betätigen, werde ich einen Laufenden damit hinsenden, der es zu einer besonderen Fertigkeit darin gebracht hat.

Die Untertänigkeit und wahre Anhänglichkeit versichert Ew. Königlichen Hoheit
untertänigster Oertzen von Roggow.

Nach Paris,
der Metropole Europas

Wohl wissend, daß das Großherzogtum Baden nicht den Nabel der Welt bedeutet, plant Drais die Vorstellung seiner Zweiräder in Paris. Im Jardin du Luxembourg findet eine Vorführung ohne ihn statt, die den Blätterwald rauschen läßt.

D a hatte also der ein Jahr jüngere Großherzog Carl I. seinem Untertanen Karl Drais aus dem Erfahrungsschatz seiner politisch erzwungenen Brautschau in Paris mitgeteilt, daß am Karfreitag (20. März 1818) dort immer *große Promenade* sei, sprich: viel Bürger auf den Straßen spazierengehen. Dort will Karl Drais hin, um im Zentrum der Alten Welt seine Laufmaschinen vorzuführen oder zu *produzieren*, wie man damals sagt. Noch unter dem Eindruck der Audienz hat er schnell um einen Gehaltsvorschuß gebeten, um diese Aktion durchführen zu können, und wohl auch erhalten.

Die nächste Nachricht hierzu ist dem *Courrier du département du Bas-Rhin/ Niederrheinischen Kurier* vom 17. März 1818 zu entnehmen:

> *Es hat den Anschein, daß die Draisinen, so benannt nach ihrem Erfinder Herrn Baron von Drais zu Karlsruhe, bald in Frankreich benutzt werden dürften. Vor kurzem sind mehrere davon hier auf dem Weg über Straßburg nach Paris vorbeigekommen. Wir haben bereits eine Beschreibung dieser Maschine geliefert, die extrem einfach ist und im Sommer die Schlittschuhe ersetzt. Aus Dresden wird gemeldet, daß man sie dort auf allen Spazierwegen sieht. Es ist ein sehr angenehmes Vergnügen für junge Leute und selbst für Ältere, für Frauen wie Männer. Ein Herr Bertholdi aus Dresden läuft in fünf Viertelstunden von Dresden nach Pirna, das vier Meilen entfernt liegt. Man nimmt an, daß man bei schönem Wetter in vier bis fünf Stunden von Colmar nach Straßburg fahren kann. Die Maschine ist leicht und stabil.*

Dresden-Pirna sind 21 km!
Colmar-Strasbourg 68 km.

H ierbei muß es sich um den Konvoi von Laufmaschinen für die Vorführung in Paris handeln, der vermutlich die ganze Strecke bis Paris (450 km) auf eigenen zwei oder drei Rädern zurücklegt. Karl Drais ist nicht dabei, denn die *Frankfurtische Gesellschaft zur Beförderung der nützlichen Künste* hat ihr ordentliches Mitglied Drais ausgerechnet zum 8. April zum Vortrag eingeladen, den er schlecht absagen kann, zumal er dort auch ein Privileg beantragen möchte. Der Konvoi scheint auch tatsächlich am Karfreitag 20. März in Paris angekommen zu sein, denn im *Journal Général de France* vom 21. März kündigt nicht Monsieur Tournus, sondern Monsieur Garcin eine Vorführung nach Ostern an, und am Ostersonntag den 22. März bringt es auch *Le Moniteur Universel* (übersetzt):

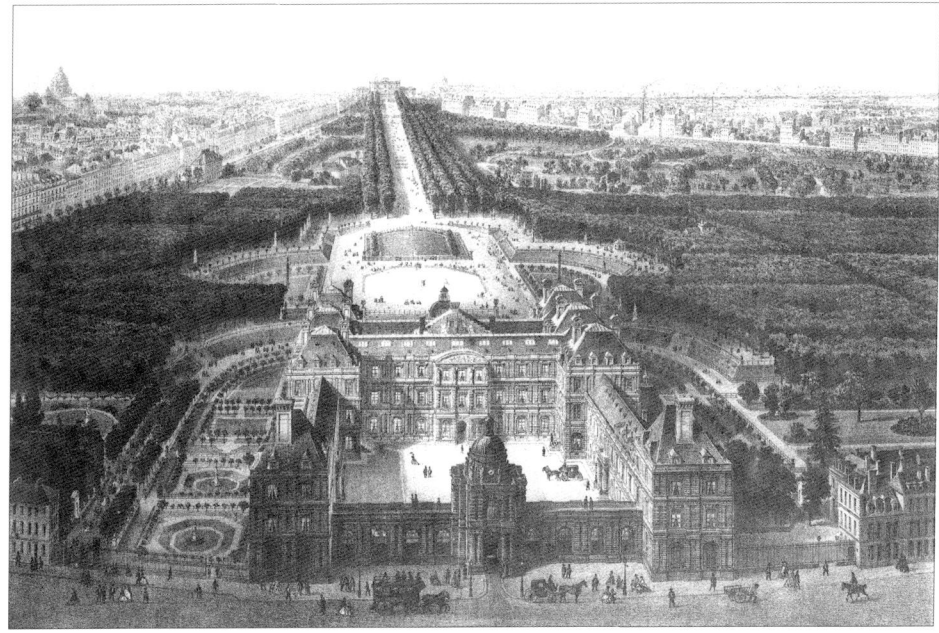

Die kleinen deutschen Fuhrwerke, von denen einige in Paris angekommen sind, nennen sich Draisinen nach dem Namen des Erfinders, des Baron von Drais zu Karlsruhe. Diese genialen Maschinen, die sich ohne Zuhilfenahme von Pferden bewegen, fangen in Deutschland an sich auszubreiten. Man schreibt aus Dresden, daß man sie dort auf allen Spazierwegen sieht (und so fort, alles vom Niederrheinischen Kurier abgeschrieben).

So richtig warm läuft die Presse erst nach Ostern, so Le Journal de Paris am 25. März, das Drais' Namen nicht richtig mitbekommen hat:

Hoch lebe der ehrenhafte Baron von Dresden (!), dem wir jetzt neue Vergnügungen verdanken. Wir hatten seine Fuhrwerke ohne Pferde „Draisinen" genannt, aber das ist dort nur ihre Alltagsbezeichnung. Das Import-Brevet, das sie erhielten, bezeichnet sie weiser und treffsicherer zugleich als „Velozipede". Welch angenehme Übung, auf dem Fuhrwerk zu marschieren und zwei, drei oder gar vier Meilen pro Stunde zu machen je nach Art des Geländes! Die Gesundheit wird dadurch nicht weniger gewinnen wie das Vergnügen und die Landwägen werden – wie ich hoffe – Doktoren finden, die sie verschreiben werden wie die Luftwägen.

Schneidet schnell eure Federn zu, ihr Gelegenheitsschreiber: in wenigen Tagen werden die Läufe beginnen. Dies wird ein neues Longchamps (Pferderennbahn) ergeben, und urteilen sie selbst, wie unsere Damen für die Velozipede schwärmen werden, wenn sie erfahren, daß ein Kavalier darauf ohne Mühe eine Dame mitnehmen kann wie auf einer Schlittenpartie. Jedoch erfordert das Ingangsetzen der Maschine ein bißchen Bewegung, und fürs erste müssen unsere Schönen wohl zustimmen, sich von ihren Ehemännern fahren zu lassen: so wird es keine Folgen haben.

Vogelschau 1862 über das Palais zum Jardin du Luxembourg. Die Draisinen fuhren in der großen Allée de l'Observatoire, die zum Hintergrund läuft – heute gegen Ende und inmitten von 2 Fahrbahnen begrünt (Archiv Lessing).

Bilder siehe früheres Kapitel Das französische Brevet

All diese Details sind offiziell, wohlgemerkt: wir haben sie von Monsieur Garcin, dem einzigen Vertreter für den Verkauf der Velozipede, rue de la Glacière N°3. Beglückwünschen wir den deutschen Baron und den französischen Vertreter: in einem Land, wo man gern schnellstmöglich seinen Weg macht, sollten ihre Fuhrwerke sie unfehlbar auf den Weg zu Reichtum führen (übersetzt nach Seray 1976).

Die erste Vorführung fand dann in einem Stadtpark statt, dem noch vorhandenen Jardin du Luxembourg hinter dem Palais du Luxembourg, heute Regierungssitz, nahe dem Odeonsplatz, und zwar am zweiten Sonntag nach Ostern, dem 5. April 1818. Jean Garcin hatte die Hälfte der Einnahmen, wo pro Mann 1 Franc 50 Centimes, pro Dame 1 Franc und 50 Centimes pro Kind verlangt wurde, für wohltätige Zwecke vorgesehen: für die Opfer der Feuersbrunst im Odéon-Theater vom 20. März. Dies ergab dann 1800 Francs an Einnahmen also 3600 Francs entsprechend 3000 bis 4000 zahlenden Zuschauern *(Kobayashi 1990)*. Tags darauf berichtet der *Moniteur Universel*:

Ein immenser Auflauf von Schaulustigen hat sich heute Mittag inmitten des Jardin du Luxembourg ereignet, um dort bei den Vorführungen der Draisinen dabeizusein. Der Zustrom war so stark, daß die Vorführungen nur unvollkommen gelingen konnten. Das Publikum drängte sich vor die Läufer und hinderte sie, ihren Bewegungen die volle Schnelligkeit zu geben, derer sie fähig waren. Dagegen liefen die Maschinen sehr viel schneller als ein Mensch beim Wettlauf. Die Wagenführer schienen überhaupt nicht müde zu sein. Gegen drei Uhr erschien eine Dame in einer Draisine sitzend, die vom Jäger des Herrn Baron von Drais gesteuert wurde. Sie machte inmitten der Menge der Neugierigen mit der größten Leichtigkeit mehrere Runden durch die Alleen. Die Maschine hatte, wiewohl mit der doppelten Last beladen, dieselbe Schnelligkeit, und der Wagenführer schien keine größere Mühe zu haben. Die Maschine fährt mit Leichtigkeit die Steigungen hinan, die an einigen Stellen des Parks vorkommen. Obwohl man ihre wahre Geschwindigkeit nicht einschätzen konnte, erschienen die Draisinen als bequemes Instrument für die Ländlichkeit und für kurze Reisen auf guten Wegen. Vier Tage später erscheint der Text übersetzt im Londoner *Morning Chronicle* – die Ausstrahlung von Paris hat sich einmal mehr bewahrheitet.

Wie in Dresden spaltet sich die Meinung der Zeitungen: das *Journal de Paris* vom 6. April berichtet weit bissiger, unter anderem: *Die leichtgläubigen und unvorsichtigen Pariser lassen sich fast immer darüber täuschen, was man ihnen verspricht, und können nie davon lassen. Jeder Scharlatan, der sich den Müßiggängern vorstellt, kann sichergehen, daß er die Menge mindestens noch ein zweites Mal anzieht. 1769 sah man eine Maschine, befestigt an einem Fuhrwerk, die eine Strecke von zwei Meilen in einer Stunde zurücklegen sollte. Der Versuch mißlang. Was den Celerifer (die Schnellkutsche) des Herrn Drais angeht, die gestern vorgeführt wurde, so sollte sie 300 Toisen* (rund 600 m) *in weniger als drei Minuten zurücklegen. Der Versuch verlief nicht glücklicher als der frühere. Der Reiter wurde nämlich die ganze Zeit mühelos von Kindern begleitet. Also dürfte diese Maschine nicht von wirklichem Nutzen sein. Höchstens für Alleen in einem gutgepflegten Park kann man sie benutzen oder für Kinder, um im Park damit zu spielen. Das kleinste Loch oder die schmalste Spurrille zwingt den Reiter, die Füße auf den Boden zu stellen und die Maschine über die Schulter zu nehmen, um das Hindernis zu überwinden. Das Veloziped ist vor allem dafür gut, Kinder im Garten spielen zu lassen.*

Die Ankündigung dieses Experiments zog eine große Menge in den Luxembourg, und wenn die zahlreichen Schaulustigen mit dem Ergebnis nicht zufrieden waren, so wurden die Neugierigen doch durch eine Anzahl hübscher Frauen in brillanten Kleidern belohnt. Nach Aufforderung, eine der beiden vorhandenen Maschinen auszuprobieren, erlitt ein Zuschauer einen bösen Sturz, was die Herumstehenden mächtig erheiterte. Da eine Radmutter verloren gegangen war, konnte man die Maschine nicht weiter benutzen, die in Wirklichkeit nur einen „Querbalken auf Rädern" darstellte, auf dem der Reiter sitzt, ohne je mit seinen Füßen den Boden zu verlassen. Und nur durch sehr schnelles Laufen kann man das „Steckenpferd" (dada) weiterrollen lassen. Dies ist das ganze Geheimnis! Jedermann ging ganz zufrieden davon im Bewußtsein, daß der halbe Eintritt für wohltätige Zwecke reserviert ist.

Zur Ehrenrettung kommt eine Stimme aus der Vorstadt, die *Gazette d'Auteuil* weist das *Journal de Paris* zurecht: *Dieser Herr, der die Pariser für Dummköpfe hält, sollte mehr Schamgefühl zeigen. Er stand sicher in den Reihen derer, die sich am 5. April im Parc du Luxembourg durch ihre spöttischen Mienen und die Idiotie ihrer Bemerkungen zu Herrn von Drais hervorgetan haben. Ob es den Laffen oder Spielverderbern gefällt oder nicht: der Velocifer* (wieder die Schnellkutsche!) *wird*

es fortan dem Menschen erlauben, sich ohne Zuhilfenahme tierischer Zugkraft überallhin zu bewegen, wo er nur will! Großen Dank, Herr von Drais! (zitiert nach Ebeling 1985). Drais war aber gar nicht da!

Eine weitere negative Besprechung erschien von einem 65jährigen adligen Journalisten, Louis-Philippe Comte de Ségur, der in französischen Lexika als Diplomat und Historiker gehandelt wird, wieder im *Journal de Paris* vom 14.4:

Les Draisiennes

Ich habe stets wie ein guter Pariser die Neuheit, die in der Mode oder beim Vergnügen geschieht, geliebt; sie gefällt allen, ohne persönlich zu langweilen: nur in der Gesetzgebung fürchte ich sie. Bei meinen Vergnügungen möchte ich Vielfalt und bei meinen Interessen Beständigkeit. Ich sehe gern jeden Monat, wie unsere hübschen Frauen die Form ihrer Kleider und Hüte wechseln, und erinnere bloß an die Zeit, als wir unsere Gesetze öfter als die Kleider wechselten (...nach 6000 Anschlägen endlich zum Thema:)

Auf einmal endet meine Verlegenheit; ein großer Lärm breitet sich aus, und ich sehe die berühmten Draisinen herbeilaufen, jene bereits weltbekannte Erfindung, von der noch niemand weiß, ob sie nützlich ist und die doch übermäßig gepriesen wird, weil sie neu war. Der Wunsch, diese merkwürdigen Fuhrwerke zu sehen, die den Luxus von Pferden abzuschaffen und den Hafer- und Heupreis zu senken gedacht sind, war das einzige Motiv meines langen Spaziergangs.

Vermutlich die Vorführung im Luxembourg: Garcin mit französischem Zweispitz, gefolgt von Drais' Bedienstetem. Skizze von Graf von Walderdorff - ob Vater oder Sohn in Paris waren, ist noch nicht ermittelt *(Archiv Graf von Walderdorff)*

Der hohe Haferpreis ist ein Hinweis auf die Mißernten, die in Frankreich womöglich nicht so katastrophal waren.

Ich betrachte also begierig diesen eleganten Wagen: zu meiner großen Überraschung sehe ich einen Mann rittlings auf einem Sattel, den zwei Räder tragen, und der nur dadurch sie bewegt und rollen läßt, daß er sich unaufhörlich regt und die Füße auf den Boden klopfen läßt, wogegen seine Hand in wiederholtem Bemühen mittels einer leichten Deichsel seine fragile Maschine zu steuern sucht (...)

Inmitten des Tumults schreit in unserer Nähe ein Gascogner: „Cap de Bious, meine Herren, dies ist eine Verspottung, uns Geld für solch einen Mumpitz abzunehmen; schließlich will ich nicht einen Wagen nehmen, um zu Fuß zu gehen! Dieser abgemattete Wagenfüh-

1818

rer, der sich zum Rollenlassen seiner Räder seiner Beine bedient, erinnert mich – meiner Treu – an jene Doktoren, von denen ich derzeit höre und die Blut und Wasser schwitzen, um das Rad der Regierung nach ihren Phantasien umzutreiben. Ohne deren schöne Erfindungen würde es bei uns besser laufen. Glaubt mir, weniger Erfindungen bei Gesetz oder Wagen – und laßt uns die Velozipede meiden!" Ich lache über den Zorn des Gascogners und sehe mich umdrehend, daß meine drei Nachbarn aus Furcht vor der Anwendung seiner Parolen verschwunden sind, schneller als die Draisinen. Da diese Episode so paßgenau den Einstieg illustriert, hat man ein Indiz dafür, daß sie von de Ségur passend erfunden wurde – nach einer Woche! Vermutlich war er gar nicht dort.

Da war bereits eine Flut von Karikaturen erschienen, deren erste und zahmste hier abgebildet wird, weil sie immerhin ergonomisch korrekt ist (Karikaturen mußten beim Depot des Estampes registriert werden; diese am 9. April 1818). Wenig später taucht dasselbe Motiv nochmals auf, aber konstruktiv verändert, wie übrigens bei allen anderen Karikaturen: Eisengabeln statt Holzgabeln. Hierbei dürfte es sich um die von französischen Wagnern hergestellte Lizenzversion der Drasine handeln, wie von Garcin verkauft. ❧

Linke Seite oben: Vier Tage nach der Vorführung: die erste Karikatur - wenigstens ergonomisch korrekt (Bibliothèque Nationale Paris)

Linke Seite unten: Der undatierte Holzschnitt nach obigem Vorbild zeigt bereits die französische Bauart der Draisine mit schmiedeeisernen Gabeln für Vorder- und Hinterrad (Archiv Lessing)

Ergonomisch höhenverstellbare Draisine in französischer Bauart mit Eisengabeln. Karl Drais wird 1820 diese französische Krümmung der Stützen als unnütz tadeln (Smithsonian Institution Washington)

Zum Vortrag nach Frankfurt

Während in Paris die Vorführung ohne Drais abläuft, reist er von Mannheim nach Frankfurt zum Vortrag – natürlich mit der Laufmaschine. Sein ungewöhnliches Patentgesuch lehnt der Frankfurter Senat ab, denn ein Bürger betätigt sich bereits als Raubkopierer.

aus: Frankfurter Ober-Postamts-Zeitung vom 12.4.1818

Darmstadt bis Frankfurt in 2 Stunden entspricht ungefähr einer Geschwindigkeit von 10 km/h

Sensation:
20 Meter ohne Bodenkontakt

Frankfurt, vom 11. April.
Vor einigen Tagen kamen hier Herr Baron von Drais aus Mannheim und sein Diener, auf Laufmaschinen an. Beide hatten den Weg von Darmstadt bis Frankfurt (6 Stunden) ohngefähr in 2 Stunden zurückgelegt. Noch ein Paar Maschinen wurden auf einem Wagen nachgeführt. Den 8. April zeigte Herr v. Drais seine Maschinen der Frankfurtischen Gesellschaft zur Beförderung der nützlichen Künste, und machte vor dem Hörsaale der Gesellschaft auf dem Walle, unter den Augen der meisten Mitglieder und vieler anderer Zuschauer, Lauf-Versuche mit seinen Maschinen, welche die Erwartung einiger Zuschauer übertrafen. Mit großer Gewandtheit und Schnelligkeit geschah das Laufen. Hauptsächlich bewunderte man die Fertigkeit des Hrn v. Drais und seines Dieners im Balanciren; man überzeugte sich, daß die Maschine auf horizontalem Boden wohl über 60 Fuß weit von selbst lief, ohne daß der Renner einen Fuß auf die Erde zu setzen brauchte.

Die Einladung nach Frankfurt hat sicher noch Drais' Freund Poppe bewirkt, die Seele der Frankfurtischen *Gesellschaft zur Förderung der nützlichen Künste*, deren auswärtiges Mitglied Karl Drais seit vergangenem Jahr ja ist. Poppe erhält dank seiner technologischen Schriften im selben Jahr einen Ruf nach Prag, den er ausschlägt, und einen an die Universität Tübingen, den er annimmt. Die eisige Ablehnung Poppes dort ist eine Reaktion auf den Oktroi seitens des jungen württembergischen Königs, der diese Besetzung ohne Rücksicht auf die akademische Selbstverwaltung betreibt – Teil seines Eilprogramms infolge des Hungerjahres 1816/17. Immerhin ist dies der erste Lehrstuhl für Technologie in den deutschen Fürstentümern. Poppe kündigt im *Frankfurter Intelligenzblatt* tags zuvor an:

264

1818

An die Herren Mitglieder der reformierten Frankfurtischen Gesellschaft zur Beförderung der nützlichen Künste etc. In der nächsten Generalversammlung, künftigen Mittwoch den 8. April abends um 6 Uhr, wird Herr Baron von Drais aus Mannheim der Gesellschaft seine Laufmaschine mit den neuesten Verbesserungen vorzeigen und erklären. Auch wird unter anderem die Verfertigungsart der neuen englischen Nagelschuhe mit Vorzeigung eines Exemplars zur Sprache kommen. Dr. J. H. M. Poppe

Da in England noch keine Zweiräder fahren, muß der Nagelschuh unabhängig entstanden sein.

Den Anlaß für die Nagelschuh-Demonstration bietet der rasche Verschleiß der Ledersohlen beim Draisinenreiten. Tatsächlich wird dann ein Londoner Schuhmacher mit eisenbeschlagenen Schuhen für die *velocipeders* ein Vermögen machen *(Goddard 1869)*.

— Heute früh ist der Freiherr von Drais, Erfinder der Draisine, wieder nach Mannheim abgereist. Er bedient sich auf seiner Rückreise seiner eigenen Erfindung, welche sich hier eines allgemeinen Beifalls zu erfreuen hatte, wozu die bekannte Persönlichkeit und bescheidene Anspruchslosigkeit des Hrn. Erfinders, der während seines Hierseyns in der hiesigen Gesellschaft zur Beförderung nützlicher Kenntnisse einen geehrten und tiefsinnigen Vortrag gehalten hat, nicht wenig beigetragen haben mag.

aus: Frankfurter Ober-Postamts-Zeitung vom 23.4.1818

Demnach ist außer der Laufmaschine auch Drais' neues dyadisches Sprachssystem das Thema eines Vortrags. Seit dem Tod Bürmanns im vergangenen Jahr sieht sich Karl Drais als Fackelträger solch binärer Vereinfachung, die wir nicht genau kennen. Zwanzig Jahre später erinnert er sich *an diesen Aufenthalt in Frankfurt mit Entzücken. Der ...öffentliche Vortrag, für dessen Gehalt derselbe viel neue, auch eine schönes Teilnahmeschreiben der berühmten Königlichen Akademie der Wissenschaften in München erhielt, betrifft die Idee eines neuen allgemeinen (systematisch dyadischen) Sprachsystems, welches folgende 4 Eigenschaften im höchsten Grad verbinden soll: 1) Vollkomene Deutlichkeit 2) Möglichste Kürze 3) Schnelle Erlernbarkeit 4) Durchaus wohllautend (Drais 1838).* Mehr darüber im Zusammenhang mit Drais' Schnellschreibmaschine, doch wird man die Bezeichnung des Vortrags als *tiefsinnig* nicht als ironisch werten dürfen, wie es bezogen auf die Laufmaschine die Sekunddärliteratur gerne tat. Aufgrund der positiven Resonanz beantragt Drais wieder zuhause ein Erfindungspatent statt des üblichen Privilegs:

Hochpreislicher Senat
Gehorsamste Bitte des Freiherrn Karl. v. Drais
um ein Erfindungspatent für seine Laufmaschine
Bezüglich auf meine Laufmaschine, deren Hauptcharakter darin besteht, daß ein Sitz auf Rädern mit den Füßen auf dem Boden fortgestoßen wird, wovon ich eine nähere Abbildung mit Beschreibung hier beizufügen mir die Ehre gebe, bitte ich Einen hochpreislichen Senat zu Schutz und Förderung deutscher Erfindung um ein Patent auf 10 Jahre in dem

Maße, daß niemand dieselbe auf öffentlichen Straßen und Plätzen gebrauchen soll, ohne sich zuerst mit mir abgefunden, ein Zeichen von mir gelöst und der roulierenden Maschine sichtbar vornen einverleibt zu haben – bei einer von Hochpreislichem Senat zu bestimmenden Strafe und der Konfiskation der illegalen Maschine zum Vorteil des Erfinders. Von meinen reinen Einnahmen in dem Gebiet der Freien Stadt Frankfurt oder von jedem dort debitierten (berechneten) Honorarzeichen würde ich auch gerne eine mäßige Abgabe an die dortige Stadtkasse abtreten, wenn ein hoher Senat eine solche im voraus zu bestimmen geruhen sollte.

Ich bemerke noch gehorsamst, daß ich nach der weiteren Beilage in meinem Vaterland (Baden) sowie für ganz Frankreich ein Erfindungs-Patent erhalten habe und deren noch in andern deutschen Ländern zu erhalten mit Grund hoffen darf. Respektvoll

Mannheim, d. 30ten April 1818   Karl Frh. v. Drais

Wollenschlägers Inserat in der Ober-Postamts-Zeitung vom 28.6.1818.

Der *Engere Rat* saß zwei Wochen später darüber und kam zu dem lakonischen Schluß: *Es ist dem Freiherrn von Drais in Mannheim in einem Schreiben zu bemerken, daß seinem Gesuch rücksichtlich der dahier bestehenden bürgerlichen Verhältnisse nicht zu willfahren stehe (zitiert nach Rauck 1985).* Außer in Amerika und Frankreich gibt es kein geistiges Eigentum für Erfinder!

Wollenschlägers Plakette, rechte Seite: Wollenschlägers Zweirad und Dreirad *(3x Oberösterreichisches Landesmuseum Linz)*

Die *bürgerlichen Verhältnisse* haben eine Adresse: Mechanikus Emrich Wollenschläger, Frankfurt, Schäfergasse C 151. Der kinderlose Witwer meldet keine zwei Wochen später eigene Draisinen-Konstruktionen in der Frankfurter Oberpostamts-Zeitung. Walter Ulreich, der dies alles recherchiert hat, fand im Frankfurter Stadtarchiv sogar ein Inventar seiner Werkstatt, das nach seinem Tod 1833 erstellt wurde. Im Oberösterreichischen Landesmuseum in Linz entdeckte er zwei Wollenschläger-Laufmaschinen, wovon die zweirädrige praktisch eine unveränderte Raubkopie der ergonomisch verstellbaren Original-Draisine darstellt – wenn auch ohne Bremse. Neu ist dagegen die dreirädrige Wollenschläger-Maschine, wo auf einen Leistenrost über den beiden Hinterädern ein rückwärts gewandter Soziussitz aufgeschnallt werden kann. Ein Herstellerschild ist auf der Langwied aufgenagelt *(Ulreich 1998)*. Poppes *Magazin der neuesten Erfindungen* berichtet 1818 ebenfalls darüber:

Verbesserte Laufmaschinen. Der Mechanikus Wellenschläger (Druckfehler!) zu Frankfurt am Main hat die Laufmaschinen oder Draisinen so bedeutend verbessert, daß man damit ohne große Anstrengung auf trockenen Chausseen in elf Minuten eine Stunde zurücklegen kann (18 km/h). *Er verfertigt kleine Maschinen für Knaben und große für Erwachsene sehr elegant zu 30 bis 60 Thaler; auch Damenmaschinen für zwei Personen.*

Stolze Preise, wenn man erfährt, daß Wollenschlägers Haus 1500 Gulden (860 Taler) wert ist. ❧

1818

Fürstliche Draisinen-Flotte

Die politische Heirat Carl Egons II. von Fürstenberg mit Amalie von Baden aus der Hochheimer Linie stabilisiert das Fürstentum dieses „Unterlandesherren" innerhalb Badens. Im Schloß seiner Residenz Donaueschingen ist die größte bekannte Draisinen-Flotte erhalten.

Rechts: Draisinenreiter Carl Egon II. Fürst zu Fürstenberg 23jährig. Links: Amalie Fürstin zu Fürstenberg 28jährig. Beide 1819 gemalt von Marie Ellenrieder. Die Bilder hängen im Schloß Donaueschingen. *(2x Fürstenberg-Sammlungen Donaueschingen)*

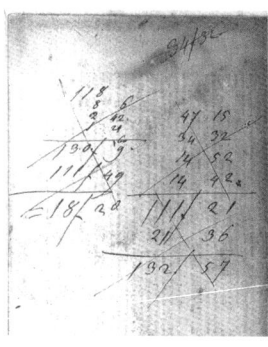

Was kostet der Spaß? Rückseite der Drais'schen Beschreibung aus Donaueschingen mit Kalkulation *(Reiss-Engelhorn-Museen Mannheim)*

Das heute noch bestehende Fürstentum, bekannt durch Brauerei und Musiktage, hat mit den Folgen der Rheinbund-Umverteilung wie andere Standesherren zu kämpfen, wobei in Baden noch leidlich vorgegangen wird im Gegensatz zu Württemberg, wo der Ausspruch zirkuliert: *Lieber Sauhirt in Anatolien als Standesherr in Württemberg.* Der Württemberger König wollte denn auch 1805 das Benediktinerkloster im Fürstenbergischen Sprengel durch Annageln des Besitzergreifungspatents annektieren, was die kämpferische Fürstenwitwe rückgängig machte. Indem der 22jährige Carl Egon II. am 19. April 1818 mit großem Pomp in Karlsruhe die einzige Tochter aus der kommenden Herrscherlinie Badens heiratet, kann das Haus Fürstenberg künftig dem badischen Staat enorme Zugeständnisse abtrotzen.

Spätestens um diese Zeit dürfte auch die Laufmaschinen-Flotte in Donaueschingen entstanden sein. Zuvor lebte Amalie ja in Karlsruhe, und das Fürstlich-Fürstenbergische Palais in Karlsruhe wird erst 1830 gekauft werden, da infolge der neuen badischen Verfassung Carl Egon II. als Mitglied und Vizepräsident der Ersten Kammer ständig im 170 km entfernten Karlsruhe zu tun haben wird. Leichte Abweichungen von den Drais'schen Kupferstichen sind ein weiteres Indiz, daß die Fahrzeuge nicht in Mannheim, sondern eben in Donaueschingen gebaut und zum Teil mit Lizenz-

marken versehen wurden. Nachgewiesen sind dort *„sechs Dressinen verschiedener Façon"* erst in einem Inventar von 1833/34 *(Kistner 1933)*. Die Drais'sche Beschreibung war dort ebenfalls vorhanden (jetzt Reiss-Engelhorn-Museen Mannheim), und die sonst leere vierte Seite trägt hier eine handschriftliche Kalkulation.

Glanzlichter sind aber die beiden Damendraisinen, eine dreirädrige und eine vierrädrige jeweils mit Damensitz vorn, die einzigen erhaltenen Exemplare weltweit. Die Drais'sche Beschreibung enthielt ja keine Pläne für diese Versionen, sodaß man sich fragt, wie die Information für den Bau nach Donaueschingen gelangen kann. In seinem 1820er Artikel wird Drais auf den Mannheimer Bildhauer und Vergolder Diemer verweisen, der maßstäblich verkleinerte Modelle von beiden für 1 Louisdor das Paar anbietet. Vermutlich nach solchen Modellen wurden die Damendraisinen dann vom Wagner in Donaueschingen gebaut. Sie haben den üblichen Drehschemel fürs Verdrehen der Vorderachse. Und im Sessel dürfen wir uns die fünf Jahre ältere Amalie vorstellen, befördert von Carl Egon II. 🐦

Oben:
Vierrädrige Damendraisine mit Lizenzmarke. Die Lenksäulen erinnern an die Fahrmaschine.

Unten:
Dreirädrige Damendraisine *(2x Fürstenberg-Sammlungen Donaueschingen)*

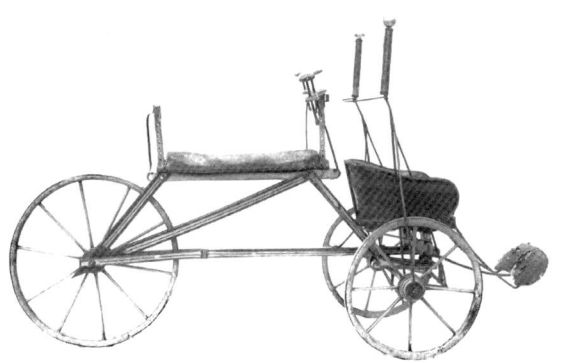

Bühnenauftritte
Paris - Berlin - Wien - London

Die aktuelle Tagesschau oder Wochenschau ist damals die Theaterbühne. Was in Paris als Komödie beginnt, wird auf den Bühnen
Berlins und Wiens zum Ballett stilisiert. Vielleicht ist die Laufmaschine der Mannheimer Reiss-Engelhorn-Museen eine Bühnen-
Draisine.

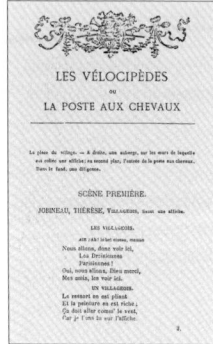

K aum war die Vorführung der Draisinen im Pariser Jardin du
Luxembourg vorüber, standen sie keine zwei Wochen später auf der
Bühne eines Monsieur Comte, eines gebürtigen Genfers. Sein Stück
läuft unter dem Titel *Les Vélocipèdes* – Inhalt unbekannt – bis Mitte Juni
(Kobayashi 1990). Dagegen ist der Text der Komödie *Les vélocipèdes ou la poste
aux cheveaux* (Die Velozipede oder die Pferdewechselstation) bekannt. Er stammt
von dem 27jährigen Komödienschreiber Eugène Scribe und zwei Mitarbei-
tern, der nach rund 400 solcher problemloser bis bühnenwirksamer Stücke
in die französische Ehrenlegion aufgenommen werden wird (Keizo Kobayashi
fand heraus, daß der Titel ursprünglich *Les Draisiennes...* lauten sollte, was die
Zensur verbot). Die Presse war von dem Stück, das ab Mai in Scribes Variété-
Theater lief, mäßig begeistert: *eine kleine Parade, worin man von allem etwas findet,
außer einen Sinn. Die ... Erfindung des Baron von Drais liefert, wie man sich denken kann,
lediglich den Vorwand für dieses Vaudeville.* Der *Courrier des Spectacles* vom 16. Mai
meint, daß die Autoren *keine großen Kosten an Phantasie* aufgewendet hätten.

Der Inhalt ist denn auch schnell erzählt: Ort der Handlung ist eine Pferdewechselstation bei einem Dorf nahe Paris. Postmeister Jobineau möchte
seine Tochter Thérèse verheiraten, und zwar nicht an den Postillon Clic-Clac,
den sie liebt, sondern an einen Deutschen namens Fiacrenberg, Mechanikus
und Erfinder einer Maschine, mit der man ohne Pferde reist. Der Postmeister ist selbst davon so überzeugt, daß er seine eigenen Pferde an Clic-Clac
verkauft. Aber da ihm die Erfahrung mit dieser Maschine noch völlig gefehlt hatte, ist er dann überglücklich, seine Tochter dem Postillon zu geben,
um seine Pferde zurückzuerhalten, nach denen zahlreiche Reisende verlangen. Fiacrenberg erscheint erst in der Schlußszene auf dem Velozipied und
wird von den Dorfbewohnern auf Steckenpferden begrüßt. Trotz schlechter Kritiken gibt es bis zum August mindestens 30 Vorstellungen. Garcin
findet dies eher geschäftsschädigend – das *Journal de Paris* zitiert ihn Ende
Juni: *Der Importeur der Velozipede wünscht dezidiert nicht, daß dies in Chansons endet
(Kobayashi 1990)*.

Mit 400 Komödien in die
Ehrenlegion: Eugène Scribe,
oben Titelblatt *(2x Kobayashi
1990)*

Von Julius von Voß, dem Autor des Drais bekannten Zukunftromans *Ini*, erfahren wir etwas über die Draisinen in Berlin: *Im Jahre 1818 kam der erste Wagen dieser Art nach Berlin, und nach seinem Vorbild ließen manche rüstige, Neuheit liebende Jünglinge sich ähnliche fertigen. Welche*

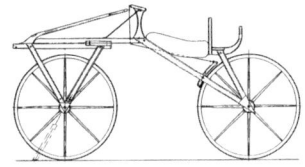 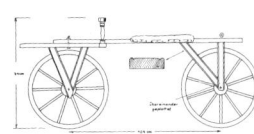

allgemeine Bewunderung erregten, welchen Beifall ernteten sie, auf der ebenen Kunststraße* (dem Kurfürstendamm) *von den Propyläen* (Brandenburger Tor) *nach Charlottenburg eilend! (Lessing 1995).* Und so gibt es im Königlichen Schauspiel am 26. Mai 1818 die Premiere für das Ballett *Der Maler oder die Wintervergnügungen* von Telle, ein Winterstück, in dem die Schlittschuhläufer wohl auf Rollschuhen fahren: *Plötzlich erscheint ein neues Fuhrwerk unter ihnen. Zwei junge Herren kommen auf Draisinen gefahren, geritten oder gegangen und versammeln die Menge um sich.* Goethesohn August berichtete dem Vater über *viele Dreysinen, welche vorkamen und sehr gut gefahren wurden* – er hatte wohl die Proben besucht. Leider ist das Libretto des Musikers Joseph Augustin Gürrlich, der dies Ballett vertont hatte, verschollen (laut *Répertoire International des Sources Musicales RISM*). Doch von E. T. A. Hoffmann, Kammergerichtsrat und Bühnenautor, ist eine Skizze *L'aimable vélocipède* eines Draisinenreiters aus dieser Ballettaufführung erhalten. Die Maschine ist viel zu niedrig, sowie Lenkung und Armstütze offenbar vereinigt und unterhalb der Langwied befestigt, wodurch der Lenkausschlag begrenzt wird. Die Hosenstege des Tänzers verlaufen über den Ballettschuhen.

1821 wird dann Johann Gottlieb Dingler in seinem Polytechnischen Journal anläßlich der Gompertz-Draisine die Bemerkung machen, *daß man in Wien mehrere herrliche Balletts mit Draisinen tanzte* – vermutlich ebenfalls schon 1818. Vom Choreographen Marius Petipa soll ein Draisinen-Stück erhalten sein *(pers. Mitteilung von Stephan Kopf, Theater Heidelberg)*, über London später.

Interessanterweise hat die Laufmaschine der Reiß-Engelhorn-Museen in Mannheim ähnliche Merkmale wie die Hoffmannsche Skizze. Lange wurde sie natürlich lokalpatriotisch als Drais' erster Protoyp hingestellt. Doch dafür ist sie mit 62 cm Sitzhöhe viel zu niedrig, die Laufmaschine nach Maß auf Drais' Kupferstich hat 81 cm entsprechend der Schrittlänge des normalgroßen Manns heutiger Ergonomietafeln. Die schnelle Bauweise aus Brettern könnte Bühnenarbeit sein, erinnert aber auch an die österreichischen Laufmaschinen. Die Begrenzung des Lenkausschlags durch die zwei Stützen des Lenkers könnte auf der Bühne hilfreich sein. Allerdings ist Telles Stück laut Aufführungsverzeichnis des Mannheimer Nationaltheaters dort nie gespielt worden *(pers. Mitt. Frau Dr. Homering)*. Falls in Wiener Zeitungen die dortigen Ballette identifiziert werden, könnte der Fall nochmals aufgerollt werden.

Die zweite Möglichkeit ist, daß es sich um eine Kinderdraisine von 1833 handelt. In diesem Jahr wird in der *Karlsruher Zeitung* eine Annonce des Karlsruher Spielwarenhändlers Döring erscheinen: *Kinder-Draisinen eingetroffen!* Fazit also: entweder 1818 oder 1833. 🚲

Rechts: Niedrige Laufmaschine der Reiss-Engelhorn-Museen. Links zum Größenvergleich: Laufmaschine von 1817

Selbstbildnis von 1810: Ernst Theodor Amadeus Hoffmann, Kammergerichtsrat und Bühnenautor, skizzierte den Draisinen-Tänzer und sein viel zu niedriges Zweirad *(2xEbeling 1985)*

High-Tech im Kurbad

Karl Drais nutzt die Multplikator-Wirkung von Baden-Baden für weitere Demonstrationen und führt damit den Konnex zwischen High-Tech und Kurort an. Spätere Beispiele sind der magenkranke Gottlieb Daimler in Bad Cannstatt und der verunfallte Ernst Sachs in Bad Kissingen, der das nahe Schweinfurt groß macht.

D ie zweite bekanntgewordene Zweirad-fahrt hatte Karl Drais im vergangenen Sommer von Gernsbach über den Berg nach Baden-Baden durchgeführt. Dieses Jahr geht er zweimal nach Baden-Baden. Laut Badwochenblatt logiert er in der ersten Juniwoche als Professor der Mechanik aus Mannheim in der *Sonne*, sechs Wochen später als Großherzoglich-Badischer Kammerjunker in der *Rose*. Woher diese neue Bescheidenheit kommt, darüber können wir nur spekulieren: sollte der Professorentitel sich als preistreibend erwiesen haben? Jedenfalls berichtet das *Badwochenblatt* vom 12.8.1818 atemlos von Fahrten über 230 Schritte oder 170 Meter – ohne dazwischen einen Fuß auf den Boden zu bringen!!! Den Normalbürger schaudert's ob dieser Balancierkunst, und doch gibt es nun auch in Baden-Baden Jünger dieser neuen Kunst. Das Promenadehaus war die in den

---

Verbesserte, kunstvollere Behandlung der Draisine, (Laufmaschine.)

Der Freyherr Karl von Drais, Erfinder der Draisine, der schon im vorigen Jahr (s. Bad-Wochenblatt Nro. 24. von 1817.) die große Schnelligkeit und Anwendbarkeit seiner Lauf-Maschine bewiesen hat, zeigte nun noch eine größere Kunst bey der Behandlung dieser Maschine, indem er öfter – auf etliche Stöße, die er sich an dem Promenadehaus gab – durch die ganze Länge der Haupt-Allee des Promenadeplatzes und alsdann noch links um das Eck herum seitwärts noch über 100 Schritte weiter, (im Ganzen also über 250 Schritte) balancirt hat, ohne dazwischen einen Fuß auf den Boden zu bringen. – Einige seiner Zöglinge haben auch schon dieser Kunst sich angenähert, und sie gewährt manchen Badgästen auf den vorzüglich guten Straßen und schönen Promenaden in Badens nächsten Umgebungen vieles Vergnügen.

In der Sonne.

Hr. Berger, Kaufmann, nebst Gattin, aus Carlsruhe.
— Fellmeth, — — von da.
— Stanislaus, — — aus Bern.
Madame Langsdorf aus Lahr.
Hr. Liermann, Kaufmann von da.
— Reich, Geheimer Kriegsrath aus Carlsruhe.
— Heil, Kaufmann aus Worms.
— Leiz aus Eberbach.
— Kern aus Seckenheim.
— Koch, Zahlmeister aus Carlsruhe.
— Kramer aus Rastatt.
— Koch, Kaufmann aus Mannheim.
— von Drais, G.H. Bad. Oberlieutenant von da.
— Höllmann, Oberzollinspektor aus Ettlingen.
— von Sensburg, Staatsrath, nebst Hrn. Sohn, aus Carlsruhe.
Hr. Krauß, Kaufmann aus Frankfurt am Main.
— Häfelin, Advokat aus Carlsruhe.
— Müller, Kaufmann aus Frankfurt am Main.
— Posth, — — aus Lahr.
— von Kelitsch, Landrath, nebst Gattin und 4 Kindern, aus Dessau.
— von Drais, Lieutenant aus Carlsruhe.

Linke Seite, li.: Aus dem *Badwochenblatt* vom 16.7.1818. Linke Seite, re.: Aus dem *Badwochenblatt* vom 17.6.1819

Die Spielbank gibt's selbstredend noch.

(Correspondenz des O. B. Baden im Großherzogthum, den 15. Junius 1819.) Das dießjährige Bad scheint nicht sehr glänzend zu werden. Die Gasthäuser, so wie die meisten Privatwohnungen stehen noch leer, und die Spieler und die Töchter der Lust und der Unlust schleichen gar trübseelig auf den einsamen Promenaden umher. Unstreitig ist der allgemein verbreitete Geldmangel eine Hauptursache dieser unerwarteten Erscheinung. Für Baden mag eine zweite Ursache wohl darin liegen, daß in den letzten Jahren dem Hazardspiel, welches noch immer für ungefähr 20,000 Fl. jährlich verpachtet ist und der öffentlichen Lüderlichkeit zu freies Treiben eingeräumt wurde. Die Zahl der Straßendirnen belief sich in den letzten Zeiten manchmal über 100; in einer kleinen Stadt mit engen Straßen ist man allenthalben ihrer Nachbarschaft ausgesetzt, und ihre Frechheit geht so weit, daß eine derselben vor zwei Jahren eine Art öffentlicher Schauspiele gab. Die Zuschauer wurden an den Wirthstafeln genannt.

Aus dem *Oppositions-Blatt* Juni 1819

Die alte, längst abgerissene Trinkhalle, auch Promenadehaus genannt. Oben das markgräfliche Schloß *(Stadarchiv Baden-Baden)*

60er Jahren abgerissene alte Trinkhalle an der Stelle des heutigen Marktplatzes. Dahinter stand das Gasthaus *Roter Löwe*, dessen 1835 geborener Wirtssohn Hermann Seefels später als Landtagsabgeordneter sich erinnern wird, daß er in den 1840er Jahren die abgestellte Laufmaschine des Kurgasts Drais ausprobiert habe. Da dem alterskranken Drais erst ab 1845 Aufenthaltsverbot für Baden-Baden auferlegt werden wird, könnte der Bericht glaubhaft sein. *(Stadtarchiv BB)*

Das Badwochenblatt mit seiner Gästeliste erlaubt eine interessante Bewegungsdatei, zumindest für die Sommerfrischen. Im nächsten Jahr

legt sich Depression über den Kurort, wie das Oppositions-Blatt berichtet, doch Drais verhält sich antizyklisch und kommt im Juli wieder, diesmal in den noblen Badischen Hof, ein von Hofarchitekt Weinbrenner umgebautes Kloster (heute Steigenberger-Hotel). Dort logiert einen Monat später auch Drais-Vater mit Fräulein Tochter. Doch die Gästeliste vom Juni davor schafft Verwirrung; In der *Sonne* logieren ein Hr. von Drais, Großherzoglich-Badischer Oberlieutenant von Mannheim und ein Herr von Drais, Lieutenant aus Karlsruhe – letzterer als Drais-Vetter identifizierbar. Aber aus Mannheim ein Oberlieutenant Drais? Nun sind die Gästelisten nicht von der heutigen, vom Personalausweis abgeschriebenen Genauigkeit. Oft geht's recht phonetisch zu: während der ersten Zweiradfahrt wird z.B. ein Dr. Mörge mit Familie aus Stuttgart aufgelistet, niemand anderes als der Vater des Dichters Eduard Mörike! Und so dürfte es sich beim Oberlieutenant Drais um Drais-Onkel handeln, der statt von Freiburg zufällig von Mannheim her anreiste. 1820 logiert Karl Drais bei Privatier Schmidt und inseriert sein Erhöhungs-Perspektiv (siehe dort) im Badwochenblatt. Und 1821 ist Drais gleichzeitig mit dem Kolonisten Georg v. Langsdorf in Baden-Baden, der ihn als Landmesser für Brasilien anheuert. ✤

Ein bayrisches Patent?

In der Bayerischen Akademie der Wissenschaften wird dank Kommissar Zufall Drais' Patentantrag für die Laufmaschine an den Bayernkönig gefunden. Er wurde begutachtet und durch ihre bekannten Mitglieder Yelin, Reichenbach und Baader befürwortet.

D ie noch heute z.B. Antarktis-Forschung treibende Bayerische Akademie der Wissenschaften war 1759 vom bayrischen Kurfürsten in München gegründet worden zu einer Zeit, als es in München selbst noch keine Universität gab. Zu ihren Aufgaben - zumindest ihrer sog. mathematisch-naturwissenschaftlichen Klasse - zählte dann auch die Begutachtung von Privilegien-Anträgen an das Staatsministerium des Innern. Karl Drais hatte im Dezember 1817 an den bayrischen König ein Erfindungspatent-Gesuch geschickt, zuvor aber die Akademie direkt angeschrieben (siehe Faksimile). Das Innenministerium ersuchte dann sofort die Akademie um Beratung, die unter ihren Mitgliedern einen Bauingenieur namens Wiebeking und einen ehemaligen Mathe- und Physiklehrer aus Ansbach, jetzt Oberfinanzrat in München, um Gutachten bat. Dieser Julius Conrad von Yelin (1771-1826) war schon in dem Bauerschen Büchlein über Drais' Zweirad mit einer Widmungsseite bedacht worden. Hier die Gutachten der beiden – das Pferdesterben 1816/17 ist schon vergessen:

Gutachten der Königlich-Bairischen Akademie der Wissenschaften
München, den 24. Februar 1818
Wenn nach dem Antrage der Akademie der Wissenschaften die Einführung einer Erfindung oder Verbesserung bei irgendeiner neuen Maschine, eines Instruments usw. durch Verleihung eines Patentes befördert werden soll, so übernimmt sie gewissermaßen einen Teil der Bürgschaft für den Erfolg der Maschine und für ihre Neuheit. Wer vermag die letztere aber immer beweisen zu können? In dieser Hinsicht möchte die in der Anlage beschriebene Laufmaschine nicht zu empfehlen sein.
Ihr Gebrauch muß den Mann bald auf eine solche Art ermüden, daß er auf ebenem Wege die Anstrengung nicht lange aushalten kann. Bergauf wird er die Maschine ziehen müssen, und auf Straßen, welche nur von einigen Geleisen (=Radfurchen) durchschnitten sind, ist ihr Gebrauch nicht anzuwenden, weil der darauf sitzende Mensch nicht bloß die Maschine mit großer Kraftanstrengungen fortstoßen, sondern auch das Gleichgewicht auf unebenen Wegen zu erhalten suchen muß. Man gedenke sich nur das Manöver, wenn der eine Fuß auf eine tiefere Stelle der Straße und der andere auf eine hohe stoßen muß. Es dürfte daher an das hohe Ministerium der Bericht dahin zu erstatten sein, daß die Akademie der Wissenschaften auf die Erteilung eines Privilegiums für den Drais'schen Laufwagen nicht antragen könne. Wiebeking

Bauingenieure wissen nichts von Fahrphysik: Geheimer Hofrat Karl Friedrich Wiebeking, übrigens kein gebürtiger Bayer (Deutsches Museum München)

Hochzuverehrende Akademie der Wissenschaften
Einer verehrungswürdigen Akademie der Wissenschaften habe ich die Ehre, durch die Beilage meine Erfindung der Laufmaschine ehrerbietig vorzulegen und zu bemerken, daß ich auch in dem Königreich Bayern ein Erfindungspatent für ausschließlichen Gebrauch auf allen öffentlichen Straßen und Plätzen zu erhalten wünsche und mich deshalb an Se. Majestät den König alleruntertänigst wende.
Ich füge den Ausdruck meines ausgezeichneten Respekts an.
Mannheim im November 1817
Karl Frhr. v. Drais

Kleiner Diskurs über Patente:

M.M. steht in Beethovens Noten
für Metronom Mälzel, erfunden
1816.

Yelin schlägt Wettrennen für's
Oktoberfest vor.

Ich vermag der Ansicht des vorstehenden Gutachtens nicht beizustimmen. Erstlich scheint mir die Behauptung nicht ganz richtig, daß der Staat durch die Erteilung eines Patents für eine Erfindung einen Teil der Bürgschaft für den Erfolg, die Wirkung, Nützlichkeit und Neuheit derselben übernehme. Der Staat übernimmt durch die Erteilung eines Patents bloß die Verpflichtung, dem Erfinder auf eine bestimmte Zeit die Vorteile, welche er sich aus der Mitteilung der Erfindung verschaffen mag, zum alleinige Genusse zu sichern. Gegen das Publikum verpflichtet sich der Staat zu gar nichts.

Ein Patent erweist auch nicht die Nützlichkeit einer Sache, noch weniger verbürgt es dieselbe. Es gibt ja Erfindungen, welche gar keinen andern Zweck haben als zu belustigen und zu unterhalten, und dennoch pflegen dergleichen mit Patenten versehen zu werden. Ich nehme hierbei selbst den gepriesenen Mälzel-Metronom nicht aus. Der Musikus kennt seine Tempos aus langer Praxis, und selbst der strengste Komponist würde nichts dagegen haben, ob bei seinen Allegros 14, 15 oder 16 Takte im Lauf einer Minute gespielt werden und ob die Minute Sternenzeit wäre oder mittlere Sonnenzeit ist? Insofern ist also selbst der Metronom kein besonders nützliches Instrument, und dennoch haben die meisten Staaten Europens Patente darauf erteilt.

Endlich verbürgt ein Patent auch die Neuheit einer Erfindung nicht. Es verbürgt dem Erfinder den Handelswert seiner Erfindung salus jure ter, tu cuiuscunque – sonst weiter nichts. Das Patent erlischt daher eo ipso (von selbst), sobald jemand die Priorität der Erfindung durch rechtlichen Beweis für sich oder andere reklamiert hat. Wo wäre denn auch derjenige zu finden, welcher in einem Gutachten über die Neuheit einer Erfindung dieselbe unbedingt verbürgen möchte? – Soviel die Patente, ihre Absicht und Bedeutung betreffend.

Was die Draisische Laufmaschine betrifft, so ist meines Wissens ihre Neuheit noch von niemand in Anspruch genommen worden, und die Draisischen Versuche waren denn doch schon oft genug Lückenbüßer in Zeitungen, denen wie dem „Correspondenten v. u. f. Deutschland" wichtigere Korrespondenz fehlt.

Und was ihre Nützlichkeit oder Anwendbarkeit anbelangt, so getraue ich mir, wenn ich sie auch nicht öffentlich unbedingt verteidigen mag, dennoch in der Tat nicht, dieselbe geradezu abzustrafen. Wir alle, d.i. sämtliche Mitglieder der K(öniglichen) Akademie, würden freilich auf einem von Drais' Laufwagen eine sonderbare Figur spielen und nicht weit damit kommen – aber ganz anders wird ihn künftig der Mann brauchen können, der sich von Jugend auf gewöhnt hat, damit zu laufen. Und – ernstlich gesagt – ich wünschte am Oktoberfeste einen Wettlauf gewandter Jünglinge auf Drais' Laufwagen um die ganze Rennbahn viel lieber zu sehen als das schwerfällige Laufen einiger unbehilflicher Bengel auf 50 Schritte weit und ihr Voltigieren über eine Stange 1/2 Schuh hoch! -

Zwar fordert, wie H(err) G(eheimer) H(ofrat) von Wiebeking richtig bemerkt, der Drais-Wagen gute Straßen oder Wege. Allein: die Straßen werden ja darum gemacht, um gut zu sein, und sind sie es nicht aus Schuld der Inspektoren, Unterinspektoren, Wagenmeister, Wegpoliere, Wegmacher p.p., so könnte sich ja die Nützlichkeit des Drais-Wagens dadurch am besten bewähren, daß man gerade das Straßenbaupersonal nötigte, dieser Maschine sich zum Fahren zu bedienen, wobei noch die Gepäckegelder erspart würden. Und gesetzt auch, der Gebrauch dieses Wagens bliebe nur auf gute, ebene Wege und für trockene Zeit eingeschränkt, würde das seine Nützlichkeit gänzlich aufheben? Die (optischen) Telegraphen sind darum dennoch sehr nützlich, wenn man sie auch schon nur bei gutem Wetter brauchen und keine Pakete durch sie verschicken kann, und ein Steg leistet für seinen Zweck dieselben Dienste wie eine Krücke für ihren ausgedachten.

*Auch halte ich für billig, daß man eine Idee darum nicht wegwerfe, weil sie vorder-
hand nur Idee ist und Andeutungen für, statt Vollendung (von) gibt. Nicht alle Erfindungen gehen wie der Strumpfwirkstuhl sogleich in ihrer Vollkommenheit aus ihres Schöpfers
Hand hervor, und wie mag wohl die erste Säge in der Hand des Thalet oder Daedalus, wie
Erichthons erster Wagen im Vergleich mit unsern Sägen und Spazierwagen ausgesehen haben?! –*

*Wäre aber am Ende die Maschine auch keiner weiteren Verbesserung fähig, so weiß
man ja genau, was sie leistet, und Proben, welche Drais in Mannheim und Bauer in Nürnberg damit öffentlich angestellt haben, sind wenigstens nicht zum Nachteil ausgefallen.
Das Schlittschuhlaufen ist bei uns bloßes Spiel, höchstens Übung für körperliche Bewegung. Das Stelzengehen ist vollends den Knaben ganz überlassen worden. Warum das? –
Die viele Übung, welche beides erfordert, die Anstrengung dabei, die Unbequemlichkeit
des nicht allenthalben anwendbaren Apparats und, was die Hauptsache ist, die Sitte haben den Gebrauch von beiden Fertigkeiten bei uns verhindert. Frage man dagegen den
Westfalen, den Holländer. Dort geht in vielen Gegenden bei schmutzigem Wetter Alles,
Mann und Weib, Jung und Alt, auf Stelzen und das Stunden weit. Und das Milchmädchen
trägt Milch und Eier auf dem Kopf im Winter stundenweit auf Schlittschuhen zur Stadt,
und sie finden das bequem, nützlich und unentbehrlich, was für uns das Gegenteil zu sein
scheint.*

*Darum vermag ich meines Orts der Drais-Laufmaschine ihren Nutzen nicht abzuspre-
chen und trage aus diesem Grunde, und weil sie meines Wissens neu ist, unbedenklich und
umsomehr auf Erteilung eines 5- bis 6-jährigen Patents an, als auch die beiden großherzoglichen Regierungen zu Baden und zu Wien bereits Patente darauf erteilt haben und
überdies eine Nachricht aus Leipzig vom 5. Februar 1818 bemerkt, daß die Draisine auf
den sächsischen Wegtafeln bereits als Fuhrwerk aufgeführt stehe und wie jeder andere
Karren Weggeld bezahlen müsse - eine Verordnung, welche den häufigen Gebrauch des
Laufwagens in Sachsen am besten verbürgt (siehe Morgenblatt 1818 No. 50, Seite 200 in
fine).*

*Zum Schlusse gewahre ich übrigens einen Irrtum. Herr v. Wiebeking hat nämlich nicht
gesagt: der <u>Staat</u> übernehme durch Erteilung eines Patents einen Teil der Bürgschaft für
den Erfolg und die Neuheit einer Erfindung, sondern: die Akademie tue das, indem sie eine
Erfindung zu einem Patent begutachte. Das ändert übrigens in meiner Ansicht nichts. Die
K. Akademie, welche in wissenschaftlichen, mechanischen und technischen Gegenständen
dem K(öniglichen) Ministerium als beratende Stelle dient, hat demhalben allerdings
culpam ultissimam zu prakti(zie)ren (Böhme in jure Digest. Ad libr. XIII lit. VI § 20 und
l.13.C mandati, dann l.25.§.7. locat. conduct.) Allein: eine solche Haftung bezieht sich doch
nur allein auf einen der Regierung oder dem Staat aus einem Übelachten denkbar entstehenden Schaden. Wenn demnach von bloßer Begutachtung zu einem Patente die Rede ist,
so ist eine solche Haftung, mithin auch irgend ein Begriff von Bürgschaft nicht denkbar,
weil dabei gar niemand gefährdet ist und ohnedem in honorem Academiae die Frage nur
aufgeworfen werden darf: ob etwas, das sie als brauchbar oder als gut begutachtete, nicht
gar albernes Zeug sei? –*

Ich wiederhole demnach meinen Antrag auf ein 5- bis 6-jähriges Patent.

München am 17. März 1818

v. Yelin

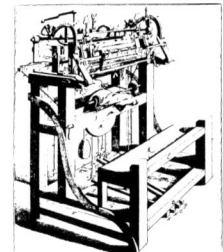

Laut Prof. Langsdorf die
kunstrreichste Maschine ihrer
Zeit: Stumpfwirkstuhl
(Lessing 1986)

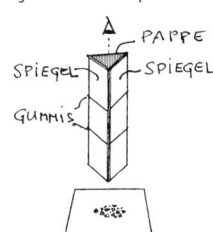

Eigenbau Kaleidoskop

Baader nennt das Kaleidoskop
unnütz, doch es gibt das Buch:
Yelin: *Das Kaleidoskop - eine
Bairische Erfindung 1818*

Yelin war 1816 einer der
Gründer des polytechnischen
Vereins Bayerns.

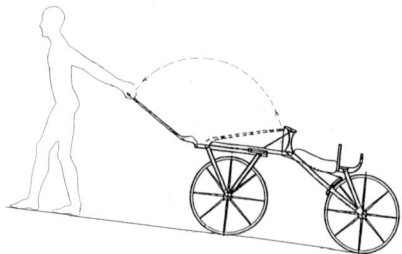

Nun geht das Ganze noch im Umlaufverfahren an weitere Mitglieder, wobei die lange Stellungnahme Franz von Baaders interessant ist, der bald die Eisenbahn in Bayern ohne Erfolg vorschlagen wird. Georg von Reichenbach ist uns schon als Verfasser der Notiz über den anonymen Mainzer Laufmaschinen-Kopisten auf der Frankfurter Herbstmesse 1817 bekannt. Die beiden waren sich übrigens nicht sonderlich symphatisch.

Abbildung oben: Ganz wie die Fahrmaschinen sollte die Laufmaschine bergauf mit umgelegtem Lenker gezogen werden. Drais fand aber bald, daß sie einfacher am Balancierbrett geschoben werden kann.

Solche Geißfüße bewegten auch das Bauersche Dreirad

Joseph Baader, Maschinen-Direktor in München und Eisenbahn-Vorkämpfer *(Archiv Lessing)*

Die Draisische Laufmaschine zeichnet sich von allen seit einem Jahrhunderte bekannt geworden selbstbewegenden Fuhrwerken auf eine originelle und vorteilhafte Art aus. Die bewegende Kraft wirkt nämlich nicht wie gewöhnlich durch Umdrehen der Räder oder durch Schubstangen (Geißfüße), welche in den Boden eingreifen müssen; sondern der leichte Wagen wird mit dem darauf sitzenden oder vielmehr reitenden Menschen unmittelbar durch dessen Füße fortgestoßen. Da nun das Moment eines solchen Stoßes (coup de pied) nach wieder aufgehobenem Fuße noch lange anhält und, wenn die Maschine einmal im Gange ist, die Reibung der Räderachsen und den Widerstand des Grundes (NB: auf ganz ebenen, glatten und festen Wegen) mehrere Sekunden lang zu überwinden, folglich den Wagen ziemlich weit fortzutreiben hinreicht, so ist leicht zu begreifen, daß ein in der Bearbeitung dieser Maschine hinlänglich geübter und starker Mensch auf solchen Wegen sich weit schneller und leichter fortzubewegen vermag, als er auf gewöhnliche Art laufen könnte, indem ihn genug Schritte oder Fußstöße weiter bringen als sonst acht oder zehn Schritte. Man kann daher der Drais'schen Erfindung das Verdienst der Neuheit ebensowenig als das der möglichsten Simplizität und Leichtigkeit absprechen, worauf es hier vorzüglich ankömmt, indem der Reisende nebst seinem eigenen Gewichte auch das des Fuhrwerks fortstoßen muß.

Obgleich mir von der andern Seite auch viele Einwendungen gegen diese Laufmaschine stattfinden, z.B. daß solche, wo es etwas stark bergan geht, gar nicht zu gebrauchen ist und gezogen oder getragen werden muß, daß man bei schnellem Fahren seine Zehen gegen vorragende Steine abzustoßen, bergabwärts den Hals zu brechen Gefahr läuft, Schuhe oder Stiefel auch Beinkleider schnell zerreißt, bei nassem Wetter sich mit Kot über und über besprizt, auf neu bekiesten oder ausgefahrenen Wegen gar nicht fortkommen kann und dergl. und obwohl daher diese Laufwagen schwerlich einer allgemeinen und ernsthaften Anwendung fähig sind und mehr zum Zeitvertreibe und Spielwerke geeignet sind, so stimme ich doch mit Herrn v. Yelin für den Antrag auf ein sechsjähriges Patent, da nach einer richtigen Ansicht allerdings auch solche Erfindungen, welche bloß zum Vergnügen dienen (wie z.B. das ganz unnütze optische Spielzeug, das Kaleidoskop) auf Patente Ansprüche machen dürfen, und selbst ihre Urheber oft weit schneller und reichlicher lohnen als die wichtigsten und nützlichsten Erfindungen. Joseph v. Baader

Mit dem sehr ausführlichen Gutachten des K(öniglichen) Oberfinanzrates Herrn v. Yelin vollkommen einverstanden, stimme ich auf die Erteilung eines 6jährigen Patentes für die Drais'sche Laufmaschine.   G. v. Reichenbach

Da nun außer dieser Erfindung nur 15 Patente auf 6 Jahre für würdig galten, obige selbst in Baden dermalen wie (in) unserer Abt. Laufmaschinen vorhanden sind, so stimme ich demselben zu.   (Geologe) v. Flurl am 28. Aug.
Ebenso. Was die bereits vorhandenen Maschinen betrifft, so denke ich, die Folgen des Privilegiums werden auf diese nicht rückwirkend sein.
Den 20. Juli 1818   Soldner

Und so kann endlich im August 1818 der Akademie-Sekretär befürwortend an das Staatsministerium des Innern schreiben:
Unter den Bemühungen, das Fortbewegen des Menschen mit größerer Geschwindigkeit als durch das Gehen ohne Hilfe von Pferden zu erleichtern, hat in unsern Augen besonders die Erfindung des Freiherrn v. Drais die allgemeine Aufmerksamkeit erregt. Hr. v. Drais hat bei S(einer) M(ajestät) ein Privilegium für seine Laufmaschine nachgefragt und Allerhöchstdieselben haben durch Reskript v. 15. Dec. v(origen) J(ahres) der Akademie der Wissenschaften die nähere Prüfung seiner Maschine aufgegeben(...)

Drais erhält offenbar kein bayrisches Privileg. Denn in der Folgezeit enthält die amtliche Zeitung, das *Allgemeine Intelligenzblatt für das Königreich Baiern*, zwar Privilegien anderer Antragsteller, doch keins für Karl Drais. Vermutlich ist er damit ein Opfer der Politik geworden. Denn Bayerns König versuchte nach Napoleons Abdankung mit Macht das verlorenen Rheinbayern (die ehemalige Kurpfalz) mit Mannheim und Heidelberg von Baden zurückzugewinnen. Doch Baden hatte im schwiegerlich verwandten Zaren Alexander I. einen mächtigen Fürsprecher, und Drais-Vater hatte ihm mit seiner eigens ins Französische übersetzten Schrift das argumentative Rüstzeug geliefert. Als Revanche gab es kein Patent für den Sohn! ☙

G v Reichenbach

Salinendirektor Georg Reichenbach, gebürtiger Badener, skizzierte im Vorjahr eine Raubkopie der Draisine auf der Frankfurter Herbstmesse *(Archiv Lessing)*

Vermutlich selbst Draisinenreiter, weil er an die Folgen für Raubkopien denkt: der 42jährige Astronom Johann Georg v. Soldner *(Archiv Lessing)*
Den Bauenjungen hatte Yelin aufgezogen und gefördert.

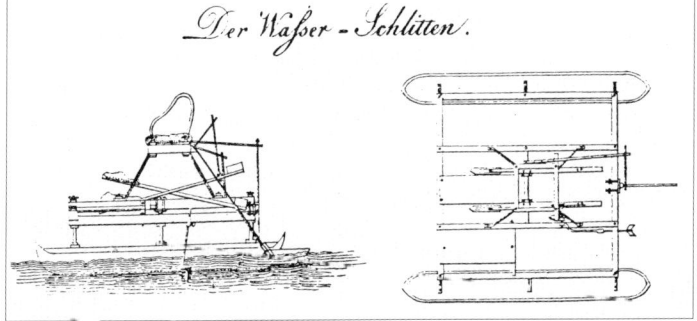

Der Waßer-Schlitten.

Baaders Wasserschlitten von 1810 konnte man mieten um den See des Nymphenburger Schlosses damit zu befahren. *(Heigel: Nymphenburg 1891)*

Selbst nach Frankreich

Nachdem Österreich, Bayern und die Stadt Frankfurt gegen Drais entschieden haben, erscheint Paris wichtiger denn je. Im Herbst fährt Drais über Nancy hin und führt die Draisinen im Jardin du Tivoli vor. Trotz des französischen Brevets gibt es Raubkopien – Photographie-Erfinder Nièpce fährt eine davon.

Französische Darstellung einer Damendraisine datiert 24.4.1818 (Ausschnitt)

Einer Nachricht vom 22.4.1818 der *Vossischen Zeitung* zufolge sind nun auch um Paris Draisinen unterwegs, sodaß *der König, als er vorgestern spazierenfuhr, bei der Brücke von Besons einer Draisine (accélérifère) begegnete und sie mit großer Aufmerksamkeit untersuchte (zitiert nach Rauck 1983).* Das war der kinderlose Louis XVIII, der aus dem Londoner Exil 1814 Napoleon nachgefolgt war.

Importeur Garcin betreibt nach den Vorführungen im April das Vermieten der Draisinen an festem Ort und geht zusätzlich auf die Sommerfeste am Rande von Paris. Zunächst plakatiert er seine Reitbahn als *Etablissement und Velozipede-Läufe in Monceaux No. 52* – also vermutlich im Park von Monceaux im Pariser Nordwesten: *Ein großes Plakat bedeckt die Mauern von Paris und unterrichtet uns, daß diese Läufe einer neuen Art in Monceaux nahe des Stadtwalls wieder beginnen. Dort wird man halbstündlich einen dieser Läufer aus Holz mit zwei Rädern leihen können; und als keineswegs überflüssige Vorsichtsmaßnahme wird es vor der Stunde der Wahrheit Reitlektionen geben. Wir werden sehen, ob diese neuerliche Verschwörung gegen die Pferde, Esel usw. mehr Erfolg haben wird als die Vorführung im Luxembourg (Journal de Paris 29.6.1818).* Dann geht er nach Sceaux, einem Städtchen 20 km südlich von Paris: *Letzten Sonntag hatten die wagenähnlichen Velozipede viel Erfolg bei den Damen, die das Fest an diesem Platz durch ihre Anwesenheit verschönerten. Trotz des sehr sandigen Geländes folgten die Läufe ununterbrochen aufeinander. Ein Amateur-Äquilibrist hat auf seinem einfachen Veloziped weitere Läufe unternommen, die lebhaften Beifall hervorriefen, und der Stab, den jemand in sein Rad steckte (ein Unvorsichtiger hatte seine Krücke reingebracht und zwei Speichen zerbrochen) hat seinen Triumph nur noch erhöht (Journal de Paris 22.7.1818).* Nächstes Sommerfest ist in Belleville, im Pariser Nordosten: *Der einzige Vorwurf, den wir gegen die Velozipede hörten, war der Mietpreis: zehn Sous für jeden Lauf – und der ist so schnell vorbei! Man könnte also für seinen Abend an die vierzig Francs ausgeben (Journal de Paris 25.7.1818, Zitate nach Seray 1988).*

Im August verlegt Garcin seine Reitbahn mehr ins Stadtinnere, in den Jardin du Tivoli, der dann dem Bahnhof Saint-Lazare Platz machen wird. Aus diesem ersten Englischen Garten Frankreichs, der wie der Vergnügungspark in Kopenhagen nach dem italienischen Ort Tivoli benannt ist, gibt es dann im *Almanach des Modes et des Moeurs Parisiennes für 1819* eine galante Geschichte (die Walter Ulreich entdeckt hat):

DIE DRAISINEN IM TIVOLI

Zweifellos ihrer provinziellen Luft verdankt die Bevölkerung der Vorstadt St. Germain zahlreiche Vorspiegelungen, deren Spielball sie im vergangenen Jahr wurde. An allen Sonntagen - den einzigen Wochentagen, wo sie etwas Luft schnappt - verbarrikadierte man ihre Lieblings-Promenade, den Jardin du Luxembourg: Bald war es ein Ballon, der sich in höchste Höhen erheben sollte. Ein Ballon, achwas der riesigste aller Ballone. Was geschah? Der Ballon brannte. Bald war es eine Röhre, die als Schiff dienen sollte. Man pries ein Wunderwerk an. Plötzlich schlug der Versuch fehl, und der Erfinder und mehr noch der Eintritt, den alle bezahlt hatten, fiel ins Wasser. Nach der „schiffbaren Röhre" wurden die „Draisinen" angekündigt, und die Neugierigen waren nicht weniger düpiert. Ansonsten ist es verdrießlich, daß diese beiden Erfindungen nichts wert waren, denn man hätte mit seinem Schiff unterm Arm oder seinem Fuhrwerk über der Schulter die Welt umrunden können.

Die Draisinen, auch noch Velozipede genannt, erschienen dann auf der Bühne der Variétés. Eine kleine Revue voller Bosheit, aber erheitert durch anmutige Liedchen ließ den Novitäten des Augenblicks Gerechtigkeit widerfahren. Die vier deutschen Sänger, der groteske Luftreisende und das unvergeßliche Theater Feydeau (Stücke heute noch gespielt) erfuhren verdientermaßen begeisterte Aufnahme.

Von dort fanden die kleinen deutschen Fuhrwerke, mit denen man eine Meile in sechs Stunden machen kann, Eingang ins Tivoli, jenes Tivoli, das diesen Sommer zu den alten glanzvollen Tagen zurückgefunden hat und mit noch größerem Aplomb wiederkehrte. An den Feiertagen war die alte und die neue Örtlichkeit mit Fuhrwerken belebt, die in 620 Fuß Höhe zwischen vier in verschiedenen Farben beleuchteten Terrassen rollten; Schaukelbretter erhoben sich noch höher in die Lüfte, und in der alten Einfriedung gab es wie früher Tanzsäle, Seiltänzer, einen Pantomimen, ein kleines Schauspiel und ein großes Feuerwerk. Endlich machte das Tivoli Furore, wie erstaunlich! Denn wenn der Pariser einmal einen der Altäre der Tagesmode abgerissen hat, baut er ihn niemals wieder auf.

Die großen Ansammlungen sind für Abenteuerhungrige ergiebig, und die Schönen des Tages müssen im Tivoli diesen Sommer zahlreiche Eroberungen gemacht haben. Der junge Graf de Sainville begab sich, vom mittags begonnenen Tageslauf bereits gelangweilt und nur noch fünf Stunden vor sich habend, ins Tivoli in der Absicht, sich auf Kosten irgendeiner kleinen, noch unschuldigen Person zu amüsieren, die an diesem Tag zufällig von der Schaukel oder aus dem Morast springt. Er dagegen hatte seine Garderobe keineswegs vernachlässigt; beim Hofieren der Putzmacherin wollte er die große Dame blenden. Ein blauer Anzug nach der neuesten Mode mit Samtkragen und Seidenknöpfen zauberte ein wohlgestalte Erscheinung; eine Nanking-Hose und eine lässig geknöpfte, breitgestreifte Jacke verliehen Statur, ebenso wie eine fächerförmige Halskrause und ein amerikanischer Zylinder vor allem auffallen sollten. Dergestalt für die Attacke vorbereitet fing de Sainville das Liebäugeln mit einem unter französischem Strohhut verborgenen Gesichtchen an, als sich in der Nähe ein Schrei hören ließ............ Er dreht sich um; eine charmante junge Frau droht von einer Draisine zu fallen, die ein deutscher Offizier mit aller Macht vorantreibt; er reicht ihr die Hand; sie wird bereitwillig ergriffen und angstvoll gedrückt; er empfindet diesen Händedruck mit dem Ausdruck tiefsten Gefühls........ Der deutsche Offizier rollt weiter..... Aber ein Herr gesetzten Alters, den die junge Frau als mein Vater anredet, erscheint alsbald. Er dankt de Sainville recht trocken, wenn auch ehrenhaft, und Sainville bleibt da, wo er innehielt, stumm, bestürzt und ganz erstaunt, daß ein Händedruck all seine Absichten für diesen Abend durchkreuzt haben soll.

Illustration zur Almanach-Geschichte; Dreirädrige Damendraisine zur Mitnahme von Frauen.
(2x Bicycle-Archiv Ulreich)

Aus irgendeinem Grund will Karl Drais nun selbst in Frankreich nach dem Rechten schauen, und zwar fährt er über Nancy, wo er am 4. Oktober eine Vorführung macht: *Wir haben mehr Glück als die Pariser, denn wir konnten den Erfinder selbst bewundern und der Grazie und Geschwindigkeit applaudieren, mit welcher er den Hang von Toul herunterfuhr. Darüber, wie er hinaufgefahren ist, verlieren wir kein Wort. Es hatte die Nacht über geregnet, und das Gelände war mit Schlamn bedeckt, weshalb es für die Beine des Herrn Baron allerhand zu tun gab, die aber mit dieser Übung zugegebenermaßen glänzend zurechtkamen (Journal de la Meurthe 6.10.1818).* Am 21. des Monats ist er dann im Pariser Tivoli-Garten zu sehen: *Eine kleine Zahl Neugieriger hatte sich heute morgen zum Tivoli begeben, um bei den Draisinen-Übungen dabei zu sein. Herr Baron von Drais erklärte ihren Mechanismus und gab damit wiederholt Proben wie auch mehrere junge Leute. Auf ebenem Gelände in Bewegung gesetzt scheint die Maschine ein Pferd im Trab zu überholen. Die Tätigkeit des Draisinenreiters hat viel von derjenigen eines Schlittschuhläufers. Es ist dieselbe Bewegung, dieselbe Regelmäßigkeit und dasselbe Gleichgewicht. Doch von dessen Grazie und Eleganz ist die Körperhaltung weit entfernt. Diese neuerlichen Beweise können uns in dem bereits geäußerten Gedanken nur bestätigen, nämlich daß in einem großen Park die Draisiennes den Rang angenehmer, ja vielleicht gar gesundheitsfördernder Übungen erreichen können (Le Moniteur Universel 21.10.1818).*

Dieser verspätete Vergleich mit dem Schlittschuhlaufen ist ein Indiz dafür, daß Drais erst zu diesem Anlaß die französische Druckfassung seiner Beschreibung mitgebracht und den Presseleuten überlassen hat, wo sie diese Gedanken nachlesen konnten. Sie ist in denselben Schrifttypen gesetzt wie die deutsche, d.h. also in Mannheim gedruckt worden, wobei allerdings die Jahreszahl 1817 und die dritte Seite mit den Beschaffungshinweisen weggelassen wurden. Die ziemlich wörtliche Übersetzung weicht völlig von der freier formulierten der handschriftlichen Beilage beim Brevet-Antrag ab (siehe früher). Also ist die französisch-sprachige Druckschrift mit ziemlicher Sicherheit erst Ende 1818 in Mannheim gedruckt worden. Wie lange Drais geblieben ist, ist schwer zu sagen – mit Gewißheit ist er Anfang nächsten Jahres wieder in Mannheim, weil es dann Schreiben von ihm gibt. Allerdings ist zwei Jahre später nicht mehr von Garcin, sondern wieder von Tournus die Rede (siehe früher). Hat Tournus die Lizenz an Garcin nur verpachtet und dann, nachdem die Einführungsarbeit bravourös geleistet war, das Geschäft wieder an sich gezogen?

Ob es schon obrigkeitliche Verbote sind oder das Raubkopieren, was Drais zu dieser Reise veranlaßte, ist auch nicht sicher. Schon im Mai war allerdings der Zorn Garcins zitiert worden *gegen solche, die verleitet durch Einschätzungen, deren Voraussetzungen sie nicht kennen, gewagt haben, sein Exklusivrecht zu verletzen, das er zum Produzierenlassen und Verkaufen der Velozipede hat.* Wenn er sie oder ihre Maschinen erwischt, *werden wir bei der Justiz den Velozipede-Prozeß haben, der dann wie ein Fandango laufen wird (Journal de Paris 29.5.1818).* Tatsächlich gibt es dann im August einen Zeitungsbericht aus Dijon über die Vorführung einer Raubkopie des Drechslers François Lagrange (1792-1846) aus Beaune, 38 km südlich von Dijon: *Es hat heute auf der Place Royale um zehn Uhr morgens die Vorführung einer Reisemaschine gegeben, genannt Draisienne oder Velozipede. Diesem Versuch ist es gelungen,*

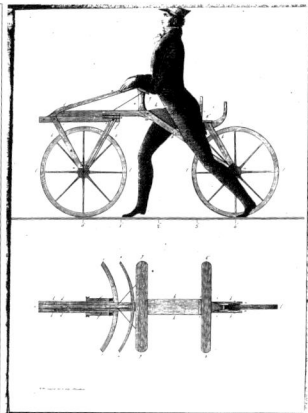

viele Neugierige anzuziehen. Der Herr Lagrange, Drechsler aus Beaune, der gestern aus dieser, von Dijon sieben Landmeilen entfernten Stadt in zweieinhalb Stunden gekommen ist (Schnitt 15 km/h!) und die Place Royale rasch hin- und her durchläuft, wirkte in deren Handhabung sehr geübt. Man konnte zwei Draisiennes zugleich in Aktion sehen. Der Herr Lagrange hat bereits mehrere davon sehr solide und von eleganter Form gebaut. Personen, die sich dieses neue Verkehrsmittel besorgen möchten, auf das der Name Velozeped exakt zutrifft, können sich an Herrn Lagrange wenden. Es wird versichert, daß morgen während der Exerzitien zum Fest des Heiligen Ludwig im Park Herr Lagrange eine neue Probe der Schnelligkeit dieses ökonomischen Geräts geben wird, das weder Heu noch Hafer verbraucht (Journal de la Côte d'Or 25.8.1818, zitiert nach Kobayashi 1990).

Weder für Stephanie noch für den Brevet-Antrag, sondern erst für Drais' Herbstreise 1818 gedruckt: französische Beschreibung in derselben Schrifttype, aber ohne Jahreszahl 1817 *(Reiss-Engelhorn-Museen Mannheim)*

Tatsächlich sind Maschinen erhalten, die einen Anteil von rund gedrechselten Holzstäben besitzen und deshalb wohl Lagrange zugeordnet werden dürfen, z. B. diejenige des Museums im 33 km von Beaune entfernten Chalon-sur-Saône, dem Heimatort von Photographie-Erfinder Nicéphore Nièpce (1822, ab 1829 zusammen mit Daguerre). In Frankreich wurde aufgrund einiger erhaltener Briefe seines Bruders Claude aus Hammersmith (heute zu London) von ihm lange Zeit geglaubt, er sei der Erfinder des Zweirads gewesen. Claude schreibt am 31.10.1818 ... *über die Velozipede. Ich glaube wie Du, daß man daraus großen Vorteil ziehen kann und ich denke, daß diese Art von Übung sehr angenehm sein muß. Mein Kompliment für den Erfolg, den Du erzielt hast. Es ist ziemlich erstaunlich, daß diese erste Erfindung sich noch nicht bis in dieses Land hier ausgebreitet hat.* Und am 19.11.1818:

Ich danke Dir vielmals, mein Lieber, für die Instruktionen, die Dein Brief über die neue Maschine enthält, die Du schon benutzt hast und die mir völlig unbekannt war. Nach allem, was Du darüber sagst, könnte sie vor allem auf dem Land sehr nützlich werden, wo Straßen gut unterhalten und einheitlich sind. Ich denke mir, daß man mit Übung und auf einem schönen Weg sehr schnell laufen kann. Man muß jedoch, wie wir sagen würden, eine schelmische Miene auf solchem Gerät aufsetzen. Ich glaube, daß einer mit langen Beinen wie Isidor (Sohn des Erfinders) ziemlich schnell damit laufen kann, denn offensichtlich dienen die Beine der Fortbewegung, und je länger die Deine, desto mehr kann

Draisinenreiter Nicéphore Nièpce
(1765-1833) und
seine Camera obscura
(2x Archiv Lessing)

man ohne Ermüdung zurücklegen. *Sehr gern würde ich weitere Einzelheiten <u>dieser</u> neuen Erfindung erfahren, vor allem wenn Du wie beabsichtigt damit fertig bist, sie zu vervollkommnen (zitiert nach Seray 1988).*

Demnach war im Herbst 1818 die Draisine in London noch weitestgehend unbekannt (siehe später), und Claude spricht von dieser - <u>nicht</u> Deiner - Erfindung. Die vorausgehenden Briefe von Nicéphore an Claude sind leider nicht erhalten. Tatsächlich wurde nach dem Tod des Sohnes in dessen bereits zweimal weiterverkauftem Haus ein Zweirad gefunden, das dann 1913 dem Museum geschenkt wurde. Es sieht handwerklich gefertigt aus, enthält gedrechselte Teile und wiegt nur 15 kg, statt der 22 kg der verstellbaren Laufmaschine im Deutschen Museum. Zudem befinden sich an der Unterseite der Langwied zwei Bohrungen, deren Bewandtnis ein sechs Jahre späterer Brief an Claude erhellt, nachdem Nièpce bereits die Photographie-Erfindung realisiert hat, am 1.9.1824:

Ich weiß nicht, ob ich das Vergnügen hatte, Dir zwischenzeitlich zu berichten, daß ich mein Veloziped mittels zweier seitlicher Federn in Bewegung setzen ließ, die für eine fortschreitende Bewegung einen Fixpunkt an zwei am Rumpf des Wagens angelenkten Beinen fanden. Diese Beine waren aber zweifach gelenkig, sonst hätte die Bewegung nicht stattfinden können. Ich habe diese Idee nicht weiter verfolgt, denn das Wichtigste fehlte mir: eine bewegende Kraft (moteur) ohne Verbrauch. Für Dich, mein Lieber, bleibt der Ruhm für diese große Entdeckung (also des Perpetuum Mobile!) *reserviert.*

Szenenwechsel: Braunsdorf (heute zu Braunsbedra) im Kreis Merseburg, nach 1900. Wie reichsweit wurmt es auch den örtlichen Radverein, daß Frankreich mit dem Comte de Sivrac die Priorität der Zweiraderfindung beansprucht und so den deutschen Drais im Regen stehen läßt (siehe später). Aber da hat doch die Frau Ottilie Walbe am Ort so ein hölzernes Zweirad, das nur ein Stellmacher gebaut haben kann *(Sportalbum der Radwelt 2/1904)*. Mal sehen, wann der letzte Stellmacher in Braunsdorf

1906 in Paris ausgestellt, dann
verschollen: Velozipede eines
Marquis d'Agrain *(Kobayashi
1990)*

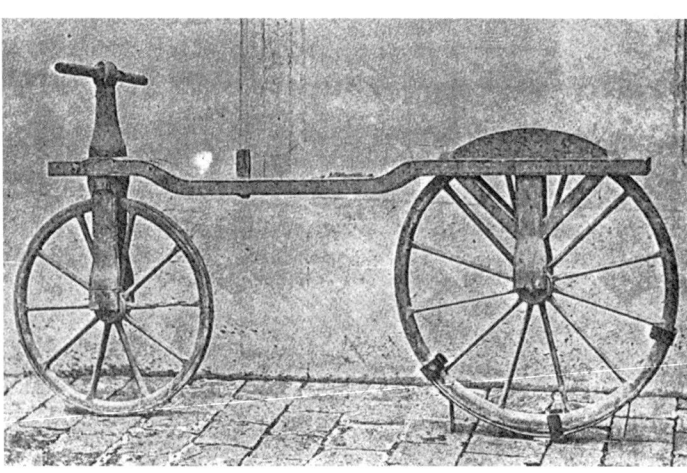

lebte. Natürlich: Michael Kassler (1733-1772) war Stellmacher - und ältere Braunsdorfer versichern unisono, daß lange vor ihrer eigenen Geburt jener Kassler genau dieses Zweirad gebaut und benutzt habe (ja dann...). Eigentlich ähnelt das angebliche Kassler-Rad, das dann vom Germanischen Museum Nürnberg 1923 gekauft zum Deutschen Museum München gelangte, mit seinem die Langwied durchbrechenden Hinterrad stark den französischen Drechsler-Zweirädern. Ob man da nicht lieber nachschaut, ob 1818 oder später jemand aus der Gegend mal auf Wanderschaft in Burgund war? 🐛

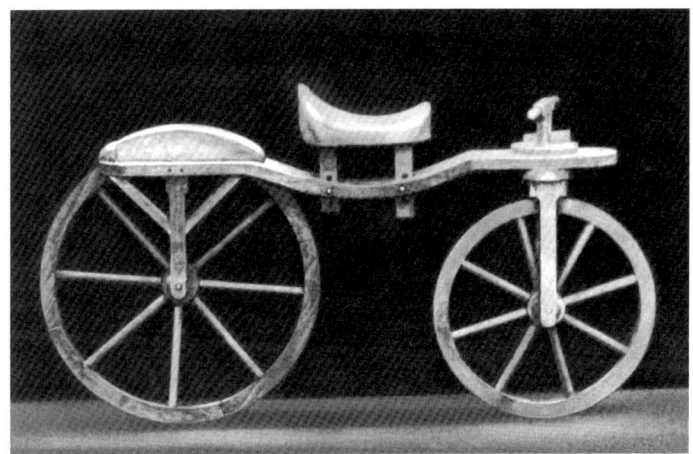

Veloziped, gefahren und verbessert von Nièpce *(Musée N. Nièpce Chalon-sur-Saône)*

Veloziped mit Richtungszeiger aus Braunsdorf im *Deutschen Museum München (Foto: Deutsches Museum München)*

Mailands Velocimano

(Neue Fahrmaschine.) In Mailand hat ein Hr. Cajetan Brianza eine neue Maschine zum Fahren erfunden, die jene des Herrn v. Drais u b mehrere andere in Teutschland und Frankreich weit übertrifft, indem man bequem darauf sitzen, sie ganz leicht mit den Händen dirigiren und vorwärts oder rückwärts damit fahren kann. Vorne an den Wagen ist ein geflügeltes Pferd angebracht, durch dessen Flügel man den Wagen in Bewegung setzt.

Gaetano Brianzas Velocimano von 1819 im Mailänder Technikmuseum *(Photo Deutsches Museum München)* Oder doch eine Rekonstruktion?

Man kann sich vorstellen, daß Karl Drais langsam der Kragen platzt, als er schon wieder von einem Dreirad mit Handantrieb lesen muß. Er weiß ja, daß die Beine das Dreifache der Arme leisten können – wie durch Messungen 100 Jahre später im Kaiser Wilhelm-Institut für Arbeitsphysiologie glänzend bestätigt. Das Oppositionsblatt aus Weimar vom Februar 1819 hat aber lediglich diese Nachricht aus Mailand übernommen, einschließlich der ungeprüften Behauptung, der Velocimano (italienisch *mano* = Hand) fahre leichter als die Draisine – eine weitere Verschlimmbesserung wegen der Balancierangst der Zeitgenossen. Zuwege gebracht hat sie der Mailänder Gaetano Brianza in der Via Larga No. 4774, wie wir einem Flugblatt vom 28.1.1819 entnehmen können, das mit Genehmigungsstempel der Zensurbehörde versehen ist (*Uccelli 1944*, die Datierung 1829 dort ist wohl ein Druckfehler statt 1819). Ein Flugblatt mit derselben Abbildung ist rechts wiedergegeben (dank Pietro Vercellino). Und oh Wunder – ein Velocimano ist erhalten und steht im Mailänder Technikmuseum. Die Pferdeanmutung ist möglicherweise ein Versuch, die Vierbeiner auf der Straße vom Scheuen abzuhalten. Durch die Draisine sensibilisiert und dank der Aussicht, nicht balancieren zu müssen, wird die Nachricht jedoch bis nach Kanada nachgedruckt. ❧

ALLI AMATORI DELL' ARTE MECCANICA ·

L'entusiasmo che destò in questo colto Pubblico l'invenzione del *Velocipede*, il quale però bentosto si estinse atteso i moltiplici inconvenienti che s'incontrarono nell'uso della suddetta macchina , come il continuo esercizio della persona coi piedi, ed il sempre perfetto equilibrio da osservarsi con pericolo perdendolo di procurarsi qualche dispiacere, suggerì a GAETANO BRIANZA Milanese l'invenzione del *Velocimano* ossia *Caval-meccanico*, il quale è scevro degli inconvenienti del *Velocipede*, ed è più utile dello stesso. Può la Persona starvi sopra comodamente senza obbligo di conservare equilibrio , tenendo i piedi sopra un appoggio di cui si giova per girare o più volgarmente per sterzare, può del pari ascendere, avanzare, e retrocedere coll'istessa velocità ed anche più facilmente che col *Velocipede*.

Il sudd. GAETANO BRIANZA volendo, oltre procurare qualche utile e divertimento a questo colto Pubblico, proccaciare una ricompensa ai suoi Studj; pensò di aprire una associazione a detta macchina.

Allorachè Egli avrà raccolti cento Soscrittori ed anche meno altretanti *Cavalli-meccanici*, si farà un dovere di immediatamente consegnare a ciascun di essi dopo quattro mesi della soscrizione la med. macchina. Il prezzo per li Signori associati della soscrizione della macchina è di Mil. lir. 300, metà delle quali da pagarsi all'atto della soscrizione, e l'altra metà all'atto della consegna della macchina, garantindo però per sei mesi ogni rottura naturale.

La macchina in grande può vedersi dal sudd. GAETANO BRIANZA abitante in cont. Larga al N. 4774 presso il quale è pure aperta l'associazione. In testa al presente può osservarsi per maggiore intelligenza il modello , avvertendo che dinanzi vi è una sol ruota , e due dietro.

Milano li 28 Gennajo 1819.

Carl I. ist tot –
es lebe Ludwig I.

Der todkranke Großherzog stirbt 32jährig im Dezember 1818, nachdem er noch die neue Verfassung unterzeichnet hat. Nachfolger wird sein 55jähriger Onkel Ludwig I. Stephanie bezieht als Witwensitz das Mannheimer Schloß und läßt den Schloßgarten malen

Ludwig I. von Baden als
Großherzog um 1819
*(Frhrl. Gayling-v. Altheim'sches
Gesamtarchiv Ebnet)*

Mit der Gesundheit des jungen Großherzogs geht es 1818 bergab, er hält sich in den Kurbädern Rippoldsau und Griesbach, dann im Schloß Favorite in Rastatt auf, wohin seine Regierungsbeamten reisen und ihn zwei wichtige Gesetzeswerke unterzeichnen lassen: das badische Hausgesetz und die neue badische Verfassung. Das Hausgesetz regelt die Erbfolge: nach Carl I. mit mysteriös verstorbenen männlichen Nachkommen folgt sein Onkel Ludwig, der seinerzeit wegen der von Napoleon betriebenen Staatsheirat Carls mit Stephanie übergangen worden war, dann dessen männliche Nachkommen (es gab einen Sohn aus der unstandesgemäßen Ehe mit einer Hoftheaterstatistin, der aber übergangen wurde) und danach schließlich die Hochberger Linie des alten Carl-Friedrich mit seiner 40 Jahre jüngeren zweiten, unstandesgemäßen Frau. Der älteste aus dieser Linie ist Leopold, der Karl Drais jenes Lobschreiben zur Laufmaschine gesandt hatte. Dank dieser Regelung können die Rückgabeansprüche auf Mannheim, Heidelberg und die Kurpfalz seitens des bayrischen Königs und diejenigen der Österreicher auf dem Aachener Kongreß abgeschmettert werden – nicht zuletzt dank Drais-Vaters für Zar Alexander ins französische übersetzte Schrift. Die badische Verfassung beschert Baden eine Erste Kammer der Adelsrepräsentanten (Vorsitz: Egon II. von Fürstenberg) und eine Zweite Kammer der Bürgerlichen. Hierzu wird das erste deutsche Parlamentsgebäude, das Karlsruher Ständehaus, gebaut.

Ludwig ist endlich am Ziel und macht seine turbulenten Markgrafenjahre durch staatsmännisches Handeln vergessen, z.B. durch Gründung der Polytechnischen Schule in Karlsruhe. Eine Hofdame beurteilt ihn so: *Er wurde beschuldigt, die Versuche unseres Großherzogs Carl, schöne Anlagen zum Heile des Landes zu entwickeln, vereitelt zu haben, um sich einen desto nachhaltigeren Einfluß auf den jungen Herrscher zu sichern. Ja man ging so weit zu sagen, der Markgraf habe nichts versäumt, seinen Neffen im Lebenskeime zu knicken und sein Nachfolger zu werden, wie das auch geschah. In der Einsamkeit seines Gartens verbrachte er ein auf den Umgang mit einigen Männern niedrigen Standes beschränktes Leben (Hahn 1964). Ludwig hatte*

Ansicht eines Theils des Parks Ihrer K.H. der Frau Gros-Herzogin von Baden zu Mannheim von der West-Seite gegen die vordere Schloß Facade.

auch den Vorsitz der Oberforstkommission innegehabt, der Karl Drais bislang unterstand. Wahrscheinlich verliert Drais-Vater weiter an Einfluß bei Hofe, doch immerhin bestätigt Ludwig die Zusage an Karl Drais, zur Pension weiterhin die Zulagen für ein Dienstpferd zu erhalten.

Carls Witwe Stephanie, jetzt 30, räumt das Residenzschloß in Karlsruhe und bezieht mit ihren Bediensteten das Mannheimer Schloß als Witwensitz. In ihren frühen Jahren im Mannheimer Schloß, als noch der alte Carl-Friedrich regierte, hatte sie den Wunsch der Mannheimer nach einem Schloßgarten tatkräftig unterstützt, der seither bis auf einen privaten Bereich Stephanies um die Gloriette allen Bürgern offensteht. Im Mai 1819 erhält dann der Maler Josef Karg den Auftrag, diesen Schloßgarten in acht Ansichten zu malen. Zwei sind im II. Weltkrieg verbrannt, sechs sind noch in den Reiss-Engelhorn-Museen erhalten. Auf dreien davon sind Laufmaschinen dargestellt, und auf einer (Gloriette) haben wir die erste authentische Darstellung von Karl Drais auf einer Laufmaschine. Daß es sich um ihn handelt, kann man aus den Buchstaben „v.Dr." schließen, die auf der Langwied über dem Vorderrad angeschrieben sind, wie man bei Vergrößerung erkennt *(Lessing 1996)*. Für später wichtig: Der nun 34jährige Karl Drais hat blonde Haare, nicht schwarze wie auf der späteren Karikatur um 1845!

Mannheimer Schloß-Südseite, links Maler Joseph Karg 1819. Wo ist die Laufmaschine? *(Reiss-Engelhorn-Museen Mannheim)*

Vor dem mittleren Gebäudeteil.

Blick auf Stephanies Privatgarten, links Maler Joseph Karg,
rechts Karl Drais, hinten Dame auf Schubkarre von
Bedienstetem geschoben, 1819 (Reiss-Engelhorn-Museen
Mannheim)

Im Kasten:
Ein Jahr später: Draisinen-Verleih im Schloßgarten (Mannheimer
Tageblätter 20.4.1820)

D a seit Dezember 1817 das *Laufen mit Laufmaschinen* auf den einzig benutzbaren Bürgersteigen in der Stadt Mannheim verboten ist,
wird der Schloßgarten zum Refugium der Draisinenreiter. 1820 wird ein Carl Helmlin dort sogar einen Verleih aufmachen. Doch nachdem Karl Drais
nach Brasilien abgereist ist, wird 1822 das *Fahren
und Laufen mit Laufmaschinen* auch im Schloßgarten
verboten werden!

Ansicht der Glorie

Vermiethungen.

(Draisinen=Vermiethung.) Der
Unterzeichnete zeigt hierdurch an, daß er
Lust habe, eine Miethanstalt von Draisinen
(Laufmaschinen) zu errichten, wenn sich eine
hinlängliche Anzahl von Abonnenten findet,
welche etwa für täglich eine Stunde, monat=
lich einen großen Thaler, oder für wöchent=
lich einen Tag, jährlich einen Carolin vor=
aus bezahlen wollen. Indessen wird der=
selbe, wenigstens in den nächsten 8 Tagen,
vom 20sten bis 27sten d. M. einschließlich,
täglich mit einigen Draisinen, gewöhnlich
von Morgens 6 bis 12, und Nachmittags
von 2 bis 8 Uhr, in dem Schloßgarten an
dem Schlosse seyn, um dieselben viertelstun=
ben= und stundenweise um folgende Preise
zu vermiethen.

1. Eine Draisine ohne Vergoldung, die
    Viertelstunde . . . , ... , 3 kr.
2. Eine Draisine mit Vergoldung, die
    Stunde . . . . 1 fl.

Mannheim den 15. April 1820.
      Carl Helmlin, in Lit. N 2. No. 5.

Park Ihrer k. H. der Frau Gros Herzogin von Baden
zu Mannheim.

Man sieht sich veranlaßt, das Laufen mit Laufmaschinen auf den Nebenstraßen, und den für die Fußgänger auf den öffentlichen Spaziergängen bestimmten Wegen im Bezirk der hiesigen Stadt bei 1 Rthlr. Strafe hiermit zu verbieten.

Stadtamt Mannheim, Mannheim den 5. Dec. 1817.

Eingang in den Park J. K. H. der Frau der Sternwarte zu Mannh...

1818

Eingang des Schloßgartens nahe der Sternwarte, gemalt von Joseph Karg 1819. Bei den beiden weiß Uniformierten dürfte es sich im Parkwächter handeln, die auch ein Auge auf die Schmuggler vom noch bayrischen Rheinufer gegenüber haben sollten. Der an ihnen vorbeifahrende Draisinenreiter ist nicht mit Karl Drais identisch *(Reiss-Engelhorn-Museen Mannheim)*

Im Kasten der Grund für die Schloßgarten-Nutzung:
Verordnung über das Fahrrverbot vom 5. Dez. 1817

Nikolai Gogol wird 25 Jahre später am 20.06.1844 schreiben: *Mannheim ist die einzige deutsche Stadt, ... in der man im Winter spazieren gehen kann, weil dort alle straßen Trottoire haben, die übrigens reinlich mit Steinplatten gepflastert sind. Es gibt einen prächtigen Park..., wo man nicht den Staub der vorüber rollenden Equipagen zu kosten bekommt wie in Frankfurt!* 🐦

Im britischen Königreich

Naive Chronisten unterstellen aus heutiger Sicht ganz selbstverständlich, daß der Londoner Wagenbauer Denis Johnson ein Lizenznehmer von Drais gewesen sei. Doch das damalige britische Patentrecht ermöglichte britischen Bürgern die Aneignung ausländischer Erfindungen, indem sie diese mit kleinen Verbesserungen nochmals für sich schützen ließen.

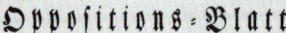

Oppositions-Blatt
oder
Weimarische Zeitung.

(Draisinen in England.) Wie zu erwarten war, ist die Erfindung des Hrn. v. Drais nach England gekommen, wo sie Fußgänger-Equipage (Pedestrian-Carriage) oder Gangbeförderer (Walking-Accelerator) im Scherz auch Teutsche Pferde (German Horse) genannt werden. Der Wagenbauer Johnson, in Long-Acre hat die Draisine verbessert und ein Patent (was ihm immer 100 Pfd. Sterl. kostet) darauf genommen und ist nun der Eigenthümer der Erfindung. Das Stück kostet bei ihm 8 Guineen.

Oben: Aus dem Oppositions-Blatt Juni 1819.
Unten: Denis Johnson auf Nachfolgemodell. Lithographie, verlegt von Rudolph Ackermann 1.5.1819.

Karl Drais liest die Nachricht, daß seine Erfindung einem Denis Johnson in London patentiert wurde, vermutlich im Lesesaal der Harmonie-Gesellschaft zu Mannheim, einer privaten Vororganisation der heutigen öffentlichen Bibliotheken. Was soll er machen? Internationale Patentvereinbarungen wird es erst nach seinem Tode geben, beginnend mit der Pariser Verbandsübereinkunft von 1883. Er hätte wie Georg Lankensperger den Kontakt zum Verleger Ackermann in London aufnehmen können, damit dieser die Laufmaschine auf sich hätte anmelden können. Doch selbst Lankenspergers Achsschenkel-Kutschen fanden dort dann kaum Lizenznehmer.

Denis Johnson sorgte mit seiner Manufaktur für die Verbreitung der *Deutschen Pferde* im Vereinigten Königreich, doch der erste Draisinenreiter im Lande war er nicht gewesen. Dies ist einem Vorstellungsvortrag zu entnehmen, den zwanzig Jahre später ein Mathematiker vor der Königlichen Militärakademie halten wird, woraufhin er als Dozent angestellt wird:

Bald nach der Veröffentlichung der Drais'schen Broschüre vor etwa zwanzig Jahren (im November 1817) kam ein deutscher Herr aus meiner Bekanntschaft namens Bernhard Seine, aus der Stadt Mannheim gebürtig (kein Meldezettel da!), nach England, brachte die Broschüre mit und ritt oft auf den Straßen der Stadt Bath mit einem Veloziped herum, das nach den Plänen der ursprünglichen

Erfindung gebaut war. Herr Seine zauderte nicht, einige der steilsten Straßen jener Stadt mit mörderischer Geschwindigkeit hinabzureiten, aber ich habe nie gehört, daß ihm ein Unglück widerfahren wäre – im Englischen sagt man ja heute noch *to ride a bicycle/motorcycle.* Und wieder mal ist ein Badeort der Ausgangspunkt von High-Tech. Übrigens heißen geschobene Rollstühle für Invalide in England *Bath chairs.*

Die Erfindung wurde bald in London bekannt, und viele der heute hier Anwesenden können sich zweifellos erinnern, wie rasch diese Neuheit vom Publikum aufgenommen wurde. Die Gleichmäßigkeit und Schnelligkeit der Bewegung im Vergleich zu dem so sehr ähnlichen Zu-Fuß-Gehen machten die Velozipede für viele Leute attraktiv, welche die Umstände und Kosten der Pferdehaltung scheuten, und die erreichbare Geschwindigkeit erinnerte etwas ans Schlittschuhlaufen. Die Neuheit und Genialität der Idee brachte diese Erfindung in allgemeinen Gebrauch; in der New Road konnte man sie jeden schönen Abend in großer Zahl herumreiten sehen, besonders beim Finsbury Square und am oberen Ende der Portland Road, wo sie stundenweise vermietet wurden. Übungsräume wurden in verschiedenen Teilen der Stadt eröffnet, und mehrere erfahrene Velozipedreiter machten es sich zur Aufgabe, sie in den größeren Städten Englands vorzuführen.

Ich habe Bekannte, die damals auf Landausflügen mit ihren Velozipeden zwischen zwanzig und dreißig Meilen (30 bzw 50 km) am Tag fuhren, und viele junge Männer machten es sich zur Gewohnheit, im Laufe einer Woche sechzig Meilen (100 km) oder mehr zurückzulegen. Es ist unschwer zu erkennen, wie wohltuend diese Übung für die Gesundheit der Reiter gewesen sein muß, die generell Städter und tagsüber während der Geschäftszeit oft mit sitzenden Tätigkeiten befaßt waren (Davies 1837).

An sich war die früheste bislang bekannte Meldung in englischen Zeitungen jene über die Vorführung im Pariser Jardin du Luxembourg im Londoner Morning Chronicle vom 25.3.1818 gewesen. Da wundert es dann doch etwas, daß am 11.12.1818 The Courier nochmal die übersetzte Urmeldung aus dem Badwochenblatt vom Sommer 1817 auftischt und wie folgt abschließt: *Dem Vernehmen nach hat ein geschickter Kutschenbauer unserer Hauptstadt eine dieser sehr nützlichen Maschinen besorgt, an der er einige wichtige Verbesserungen vorzunehmen gedenkt.*

Hat sich Johnson solch eine französische Draisine über den Kanal geholt? Die Eisenstreben übernahm er jedenfalls. Nicht jedoch den selbst-stabilisierenden Nachlauf des Vorderrades! *(Smithsonian Institution Washington)*

Und dieser geschickte Kutschenbauer ist also Denis Johnson (1760-1833), seit 1792 verheiratet mit Mary Newman und Vater zweier Töchter. Erst 1818 wird er Eigentümer des Anwesens in Long Acre Nr. 75, wo sich heute ein italienisches Modegeschäft und eine an Johnson erinnernde Plakette befindet. Alle Informationen hierzu stammen aus der Monographie von Roger Street (Street 1998). Vermutlich hat Johnson in diesem Herbst das Patent angemeldet, das ihm dann für die enorme Gebühr von £ 100 am 21.6.1819 unter der Nummer 4321 erteilt wurde. Die originale Patenzeichnung und der handschriftlichen Text wird 40 Jahre später dann richtig gedruckt, wie auf den folgenden Seiten wiedergegeben. Erst im Frühjahr bringt der Birmingham Commercial Herald vom 20.3.1819 eine Übersetzung der Drais'schen Beschreibung von 1817, die irgend jemand herbeigeschafft hat.

Im Vordokument schreibt Johnson, daß er infolge der Mitteilung eines gewissen Fremden im Ausland in Besitz dieser Erfindung gekommen sei. *(Street 1997)*

A.D. 1818 . . . . N° 4321.

Fußgängerwäglein oder
Veloziped

Pedestrian Curricle or Velocipede.

JOHNSON'S SPECIFICATION.

TO ALL TO WHOM THESE PRESENTS SHALL COME, I, Denis Johnson, of 75, Long Acre, in the County of Middlesex, Coach Maker, send greeting.

WHEREAS His most Excellent Majesty King George the Third did, by
5 His Letters Patent under the Great Seal of the United Kingdom of Great Britain and Ireland, bearing date at Westminster, the Twenty-second day of December, in the fifty-ninth year of His reign, give and grant unto me, the said Denis Johnson, my exōrs, admāors, and assigns, His especial licence, full power, sole privilege and authority, that I, the said Denis Johnson, my exōrs,
10 admāors and assigns, during the term of years therein mentioned, should and lawfully might make, use, exercise, and vend, within England, Wales, and the Town of Berwick-upon-Tweed, my Invention of "A Machine for the Purpose of Diminishing the Labour and Fatigue of Persons in Walking, and Enabling them at the same Time to use Greater Speed, and which he
15 intends to denominate the Pedestrian Curricle;" in which said Letters Patent there is contained a proviso, that if I, the said Denis Johnson, shall not particularly describe and ascertain the nature of my said Invention, and in what manner the same is to be performed, by an instrument in writing under my hand and seal, and cause the same to be inrolled in His Majesty's
20 High Court of Chancery within six calendar months next and immediately after the date of the said Letters Patent, that then the said Letters Patent, and all liberties and advantages whatsoever thereby granted, shall utterly cease, determine, and become void, as in and by the same, relation being thereunto had, will more fully and at large appear.

„EINE MASCHINE ZUM ZWECKE DER VERRINGERUNG VON ARBEIT UND ERMÜDUNG VON PERSONEN BEIM GEHEN UND ZUGLEICH ERMÖGLICHUNG GRÖSSERER GESCHWINDIGKEIT, WELCHE ER DAS FUSSGÄNGER-WÄGLEIN ZU NENNEN VORHAT"

Johnson's Pedestrian Curricle.

NOW KNOW YE, that in compliance with the said proviso, I, the said Denis Johnson, do hereby declare that the machine herein-before mentioned, and for which the said herein-before recited Patent has been granted and obtained, is fully and faithfully described, as well as the manner of constructing and using the same, in the following description, and the Drawing 5 thereunto annexed (that is to say):—

Fig. 1 in that Drawing represents the machine as it appears without its furniture or trimmings, and when not in use; and Fig. 2 shews the same machine with its furniture or trimmings, and with a person upon it, and in the act of using it, by which such manner of using will be sufficiently obvious. 10

The machine in its naked state, as shewn at Fig. 1, consists of a beam A, B, made of wood or metal of sufficient strength to bear the weight of the person who is to ride or use it.

This beam is supported upon two light wheels C, D, by means of the light iron work *e*, *e*, and *f*, *g*, the hinder wheel D being so fixed as only to revolve on 15 its axle or centre pin in the direction of the beam, while the front wheel C not only turns in like manner upon its center, but has a motion for turning the carriage by a pivot or axle passing through the beam, and secured by a key or screw at *g* ; *h* is a saddletree or seat, supported by the two long screws *i*, *i*, passing through the beam and fixed by two nuts upon each screw, one above 20 and the other below the beam, and by these the seat may be raised or lowered, and fixed at a convenient height to the person using the machine, who, for this purpose, must stride the same, as if on horseback, the height of the seat having been previously adjusted to the length of his legs, so as to allow convenient foothold upon the ground, which will best be determined by trial. 25

The person thus seated leans his body forward, as in Fig. 2, resting his elbows upon the cushion *k*, so as to support himself with the full muscular use of his legs, and with one or both hands he holds the handle *l*, which communicates by the light bar *m* with the axis, or axis carriage of the front wheel C; and thus he will be able to guide himself and the machine, and to turn the 30 same when going at the greatest speed.

The dimensions of this machine must depend upon the height and weight of the person who is to use it, as well as the materials of which it may be formed, consequently no specific directions can be given about them, further than saying that the lighter and more free from friction the whole can be 35 made, and the larger the diameter of the wheels, the better and more expeditious the machine will be. The more effectually to obtain these ends the bam A, B, may be considerably curved or bent downwards at the part where

Übersetzung:

(…) Die Maschine im nackten Zustand wie in Fig. 1 besteht aus einem Balken AB aus Holz oder Eisen hinreichender Dicke, um das Gewicht der reitenden oder sie benutzenden Person zu tragen.

Dieser Balken ist auf zwei leichten Rädern C und D abgestützt, wobei das Hinterrad D so befestigt ist, daß es sich nur um Achse oder Mitteldorn in Richtung des Balkens drehen kann, wogegen das Vorderrad C sich nicht nur gleichermaßen um seine Mitte dreht, sondern auch eine Bewegung zum Wenden des Fuhrwerks mittels einer Achse durch den Balken und gesichert mittels Splint oder Mutter bei g hat; h ist ein Sattelbalg oder Sitz, getragen von den beiden Langschrauben i, wobei i durch den Balken geht und durch jeweils zwei Muttern gesichert wird, eine oberhalb und eine unterhalb des Balkens. Durch sie kann der Sitz höher oder tiefer gestellt und in einer angenehmen Höhe für eine die Maschine benutzende Person eingestellt werden, welche hierzu dieselbe wie den Pferderücken unterklemmen muß, nachdem der Sitz zuvor entsprechend der Länge der Beine höhenverstellt wurde. Derart wird der beste Halt auf dem Boden erzielt, am besten durch Ausprobieren.

Die so plazierte Person lehnt den Körper vorwärts wie in Fig. 2 und stützt dabei die Ellbogen auf das Kissen k, um sich den vollen Muskeleinsatz der Beine zu ermöglichen, wobei mit einer oder beiden Händen der leichte Handstab l zu halten ist, der über die leichte Stange m mit der Achse oder Achsgabel des Vorderrads C verbunden ist. Derart kann man sich selbst und die Maschine steuern oder selbige zu wenden, auch bei der größten Geschwindigkeit.

Die Abmessungen dieser Maschine müssen von Körpergröße und –gewicht der sie benutzenden Person abhängig gemacht werden, wie auch von den Materialien, aus denen man sie bauen will. Folglich können hierüber keine weiteren Angaben gemacht werden bis auf die Aussage, daß je leichter und reibungsfreier das Ganze oder je größer der Durchmesser der Räder gemacht werden kann, desto besser und flinker die Maschine sein wird. Um dieses Ziel wirksamer zu erreichen, kann der Balken AB dort beträchtlich herunter- gebogen werden, wo der Sattel oder Sitz angebracht ist, um

Kolorierter Kupferstich in der handschriftlichen Patentschrift (Street 1998). Die gedruckte Patentschrift enthält nur eine Umrißzeichnung.

A.D. 1818.—N° 4321. 3

Johnson's Pedestrian Curricle.

the saddle or seat is placed, and thus it will still pass over the tops of the wheels, through their diameter may be considerably increased.

The wheels C, D, may be placed nearer or further asunder, but must not be so close as to interfere with the legs of the person using the machine while
5 turning it out of its straight direction.

In witness whereof, I, the said Denis Johnson, party hereto, have hereunto set my hand and seal, this Twenty-first day of June, in the year of our Lord One thousand eight hundred and nineteen.

DENIS (L.S.) JOHNSON.

10 **AND BE IT REMEMBERED**, that on the Twenty-first day of June, in the year of our Lord 1819, the aforesaid Denis Johnson came before our said Lord the King in His Chancery, and acknowledged the Specification aforesaid, and all and every thing therein contained and specified, in form above written. And also the Specification aforesaid was stamped according to the
15 tenor of the Statute made for that purpose.

Inrolled the Twenty-first day of June, in the year of our Lord One thousand eight hundred and nineteen.

LONDON:
Printed by GEORGE EDWARD EYRE and WILLIAM SPOTTISWOODE,
Printers to the Queen's most Excellent Majesty. 1857.

dennoch über die Räder zu reichen, auch wenn deren Durchmesser beträchtlich vergrößert wird.
Man kann die Räder enger oder weiter auseinander stellen, doch dürfen sie nicht so eng beieinander sein, daß sie mit den Beinen einer die Maschine benutzenden Person kollidieren, während diese aus der geraden Fahrtrichtung gedreht wird.

Vom Typ der Patentzeichnung weiterentwickeltes Johnson-Velociped No. CICV.
Null Nachlauf der Lenkung!
(Science Museum London)

Drei Räder besser?

Wie zuvor in Nürnberg der Mechanikus Bauer so findet sich auch in London ein etablierter Wagenbauer namens Birch, der den Leuten die Balancierangst vor zwei Rädern nehmen will. Allerdings schreibt er keine Broschüre, dies besorgt ein quicker Verleger.

Birchs Velocimaniped vom Mai 1819

Fairburns Broschüre existiert nur noch in zwei Exemplaren *(Archiv Roger Street)*

In der Straße namens Long Acre sind sämtliche Londoner Wagenbauer ansässig, und in ihrer Verlängerung, der Great Queen Street Nr. 71, arbeitet Charles Lucas Birch, Sproß einer seit dem vorigen Jahrhundert ansässigen Wagenbauerfamilie. Sein Vater war immerhin 1801 und 1802 zum Master of the Coachmaker Company, der Gilde der Wagenbauer also, gewählt worden. Der Sohn übernimmt dann das Geschäft des Vaters und hat Patente, z.B. auf ein Faltdach für Kutschen. Im Mai 1819 bringt er dann sein Velocimaniped heraus, ein Dreirad mit Velozipedreiter vorn, erhöhtem Damensitz in der Mitte und einem weiteren Mann hinten, der mit den Händen die Hinterrad-Kurbelwelle antreibt. Das Konzept erinnert an Wochers Damendreirad 1817 in Basel, doch über Verbindungen dahin ist nichts bekannt – auch nicht, warum Birch die in Frankreich erfolgreiche Damendraisine nicht übernahm. Vielleicht war es ja ein Desiderat der Damen, nicht ohne sichtbaren Halt über dem auf sie mit ungewohnter Schnelligkeit einstürmenden Boden zu schweben, sondern lieber etwas höher und weiter zurück zu sitzen. Am 11. Mai stellt Birch das Velocimaniped der königlichen Familie im Kensington-Palast vor. *The Times* vom 13.5.1819 bewertet die Erfindung so: *Die Maschine vereinigt Genialität mit Brauchbarkeit und muß Bewunderung erregen. Sie ist besonders handlich auf Privatwegen und herrschaftlichen Parks* (zitiert nach *Street 1984*). Das Velocimaniped soll mit Leichtigkeit 8 Meilen in der Stunde (13 km/h) geschafft haben.

Ein findiger Verleger namens John Fairburn, hauptsächlich von Liederbüchern und tagespolitischen Schriften, druckt vieles in einer Broschüre zusammen und mengt noch satirische Geschichten bei, deren Wahrheitsgehalt fraglich ist. Immerhin weist er auf Karl Drais und den Ursprung der Erfindung in Deutschland hin. Auch sei die vierspännige Kutsche zum Nordseebad Brighton (80 km) um eine halbe Stunde unterboten worden. Es folgt die Übersetzung der Drais'schen Beschreibung, dann kommt der launige Teil, der mangels Relevanz nicht faksimiliert wird. Die Broschüre existiert nur noch in zwei Exemplaren und kann dank Roger Street hier abgedruckt werden.

ACCURATE DESCRIPTION

OF THE NEW

New Pedestrian Carriage,

&c. &c.

IN the Frontispiece to this work is a Correct Representation of the Pedestrian Carriage, or Walking Accelerator, drawn by an eminent Artist, from one of the latest improvements of the Machine. It was originally the invention of an ingenious German, Baron Charles de Drais, but has been introduced into this country and improved by Mr. Johnson, coachmaker in Long Acre, who has secured it by taking out Letters Patent. The Machine is of the most simple kind, supported by two light wheels running on the same line; the front wheel turning on a pivot, which, by means of a short lever, gives the direction in turning it to one side or the other, the hind wheel always running in one direction. The rider mounts it, and seats himself in a saddle conveniently fixed on the back of the horse, (if allowed to be called so,) and placed in the middle between the wheels, the feet are placed flat on the ground, so that in the first step to give the Machine motion the heel should be the first part of the foot to touch the ground, and so on with the other foot alternately, as if walking, observing always to begin the movement very gently. In the front,

Genaue Beschreibung des neuen Fußgänger-Fuhrwerks etc. etc.

(...) Es war ursprünglich die Erfindung eines genialen Deutschen, Baron Karl von Drais, wurde jedoch in unser Land durch Mr. Johnson, Wagenbauer in Long Acre, eingeführt und verbessert, der es sich durch einen Patentbrief geschützt hat. Die Maschine ist von einfachstem Bau, getragen von zwei leichten Rädern, die in derselben Spur laufen. Das Vorderrad ist drehbar gelagert und kann mit einem kurzen Hebel zur einen oder anderen Seite gedreht werden. Das Hinterrad läuft immer in einer Richtung. Der Reiter besteigt es und setzt sich auf einen Sattel, der auf dem Rücken des Pferdes (wenn man es so nennen darf) bequem befestigt ist, und zwar in der Mitte zwischen den Rädern. Dann werden die Füße flach auf den Boden gesetzt, sodaß beim ersten Schritt zur Bewegungserteilung an die Maschine der Absatz vom Fuß zuerst den Boden berühren sollte, und so weiter abwechselnd mit dem anderen Fuß wie beim Gehen. Man achte darauf, die Bewegung immer sehr sanft zu beginnen. Vorn vor dem Reiter ist ein Polster plaziert, um die Arme darauf zu stützen, während die Hände den Hebel halten. Dieses Polster sollte man passend eine Waage nennen, da es diesen Zweck erfüllt. Denn wenn bei einer kleinen Wendung die Maschine sich nach links neigt, wird der rechte Arm auf die Waage gepreßt, wodurch die Maschine wieder aufgerichtet wird und umgekehrt.

Ein derart aufsitzende und sich selbst vorantreibende Person scheint Schlittschuh zu fahren, worin die Bewegung der Beine sehr ähnlich ist. Es ist offensichtlich, daß die Glieder vom ganzen Körpergewicht entlastet werden, wodurch ein immenser Anteil an Ermüdung eingespart wird. Und da ein leichter Anstoß auf die so gebaute Maschine eine beträchtliche Wirkung erzielt, erreicht man eine Geschwindigkeit über allem, was äußerste persönliche Anstrengung ohne solch Kunstwerk erreichen kann.

Versuche haben ergeben, daß man auf diesen „deutschen Pferden" 50 Meilen (80 km) und mehr am Tag reisen kann. Und da die Eröffnung einer Reitschule dafür unmittelbar bevorsteht, erwarten wir, daß sie in weiten Gebrauch kommen. Für Ertüchtigung in Parks usw. erscheinen sie

before the rider, is placed a cushion, to rest the arms on, while the hands hold the lever : this cushion should be properly called a balance, as it answers that purpose ; for in giving a short turn, if the Machine inclines to the left, the right arm is pressed on the balance, which brings the Machine upright again, and so *vice versa*.

A person thus mounted, and propelling himself, appears to be skaiting, which the motion of the feet greatly resembles. It is evident, that the whole weight of the body being relieved from the limbs, an immense portion of fatigue must be saved ; and as a slight impulse produces a considerable effect upon a Machine so constructed, a velocity is attained far beyond what the utmost personal exertion, unassisted by art, can accomplish.

Experiments have shown that it is easy to travel fifty or more miles a day on these " German Horses ;" and as a riding-school is about to be opened for them, we expect to see them brought into extensive use. For exercise in parks, &c. they seem to be admirably adapted ; and from a trial of their powers, we can say that their management is very readily acquired.

It is stated that a person well practised, can travel eight, nine, and even ten miles an hour, on good and level ground ; and that the Accelerator has even beat the Brighton four-horse coach by half an hour.

Mr. Johnson's Repository is daily thronged with visitors, and it is amusing to see his servant riding about a long room to *show the Horse*, threading the carriages, and wheeling and turning with great precision. They may also be seen in a large Exhibition-room, near Exeter-Change, Strand ; and at another in Brewer-street, Golden-square; which have been engaged for that purpose. The cost is about Eight Guineas.

The following account of the Machine is given by the inventor, Baron Charles de Drais, master of the woods and forests of H. R. H. the Grand Duke of Baden.

1. That on a well-maintained post road, it will travel up hill as fast as an active man can walk.

2. On a plain, even after a heavy rain, it will go six or seven miles an hour, which is as swift as a courier.

3. When roads are dry and firm, it runs on a plain at the rate of eight or nine miles an hour, which is equal to a horse's gallop.

4. On a descent, it equals a horse at full speed.

Its theory is founded on the application of a wheel to the action of a man in walking. With respect to the economy of power, this invention may be compared to that very antient one of carriages. As a horse draws, in a well-constructed carriage, both the carriage and its load much easier than he could carry the load alone on his back; so a man conducts, by means of the Accelerator, his body easier than if he had its whole weight to support on his feet. It is equally incontestible, that the Accelerator, as it makes but one impression, or rut, may always be directed on the best part of a road. On a hard road, the rapidity of the Accelerator resembles that of an expert skaiter; as the principles of the two motions are the same. In truth, it runs a considerable distance while the rider is inactive, and with the

wunderbar geeignet. Und seit einer Erprobung ihrer Stärken können wir sagen, daß ihre Bedienung sehr leicht erlernt werden kann.

Es wird gesagt, daß eine wohlgeübte Person auf ebenem, gutem Untergrund acht, neun, ja zehn Meilen in der Stunde (13-16 km/h) reisen kann, und daß der „Beschleuniger" sogar die vierspännige Kutsche nach Brighton um eine halbe Stunde geschlagen hat. Herrn Johnsons Lager ist täglich drangvoll von Besuchern, und es amüsiert zuzusehen, wie sein Bediensteter eine lange Halle herumreitet, um Das Pferd zu zeigen, indem er die Fuhrwerke auffädelt, rollt und mit großer Präzision wendet. Man kann sie auch in einem großen Ausstellungsraum nahe der Exeter-Börse im Strand und in einem weiteren in der Brewster Street am Golden Square sehen, welche zu diesem Zweck angemietet wurden. Der Preis beträgt etwa acht Guineen (= £ 8.4).

Dann folgt die englische Übersetzung der Drais'schen Beschreibung von 1817. Diese hat Fairburn beim *Birmingham Commercial Herald* vom 20.3.1819 abgeschrieben. (vgl. Faksimile des Originals im Kapitel: *Laufmaschine via Buchhandel*)

same rapidity as when his feet are in motion; and, in a descent, it will beat the best horses in a great distance, without being exposed to the risks incidental to them, as it is guided by the mere gradual motion of the fingers, and may be instantly stopped by the feet.

It consists of two wheels, one behind the other, connected by a perch, on which a saddle is placed, for the seat of the traveller. The front wheel is made to turn on a pivot, and is guided in the same manner as a Bath chair. On a cushion in front the arms are rested; and by this means the instrument and traveller are kept in equilibrio.

Der *Bath chair* ist ein geschobener Invaliden-Rollstuhl (benannt nach dem Badeort Bath)

ITS MANAGEMENT.

The traveller having placed himself in the position represented in the plate, his elbows extended, and his body inclined a little forward, must place his arms on the cushion, and preserve his equilibrium by pressing lightly on that side which appears to be rising. The rudder (if it may be so called) must be held by both hands, which are not to rest on the cushion, that they may be at full liberty, as they are as essential to the conduct of the machine as the arms are to the maintenance of the balance of it (attention will soon produce sufficient dexterity for this purpose): then, placing the feet lightly on the ground, long but very slow steps are to be taken, in a right line, at first; taking care to avoid turning the toes out, lest the heels should come in contact with the hind wheel. It is only after having acquired dexterity in the equilibrium and direction of the Accelerator, that the attempt to increase the motion of the feet, or to keep them elevated while it is in rapid motion, ought to be attempted.

The saddle may be raised or lowered, as well as the cushion, at pleasure; and thus suited to the height of various persons.

The inventor proposes to construct them to carry two persons, and to be impelled by each alternately, or both at once; and also with three or four wheels, with a seat for a lady: besides the application of a parasol or umbrella, he also proposes to avail himself of a sail, with a favourable wind.

This instrument appears to have satisfied a desideratum in mechanics: all former attempts have failed, upon the known principle that power is obtainable only at the expense of velocity. But the impelling principle is totally different from all others: it is not derived from the body of the machine, but from a resistance operating externally, and in a manner most conformable to nature—the resistance of the feet upon the ground. The body is carried and supported, as it were, by two skates, while the impulse is given by the alternate motion of both the legs. The Germans call this machine " Drais Laufmashin," and the French " Drais-ena."

Under the direction of Baron Drais, a carriage was some years since constructed to go without horses; but as it required two servants to work it, and was a very complicated piece of workmanship, besides being heavy and expensive, the Baron, after having brought it to some degree of perfection, relinquished the design altogether in favour of the present machine.

(…) Dieses Instrument scheint ein Desiderat der Mechanik erfüllt zu haben. Alle früheren Versuche waren Mißerfolge gemäß dem bekannten Prinzip, daß Leistung nur auf Kosten der Geschwindigkeit zu bekommen ist. Doch das Antriebsprinzip hier ist von allen anderen ganz verschieden: es wird nicht aus dem Rumpf der Maschine abgeleitet, sondern von einem außerhalb wirkenden Widerstand, und in einer der eigenen Natur höchst bequemen Weise – aus dem Widerstand der Füße auf dem Boden. Der eigene Körper wird – wie vormals durch zwei Schlittschuhe – getragen und unterstützt, während der Antrieb durch die abwechselnde Bewegung beider Beine geliefert wird. Die Deutschen nennen diese Maschine „Drais Laufmaschin" (nein: Draisische Laufmaschine) und die Franzosen „Draisena" (nein: Draisienne!).

Hier erinnert man sich sogar der vierrädrigen Fahrmaschinen von 1813/14. Die restlichen 7 Seiten enthalten satirische Anekdoten.

Theater - Wettrennen - Frauen

In England wiederholt sich vieles, doch es gibt auch Neues: Der englische Sportsgeist gebiert alsbald Wettrennen per Veloziped. Und die Frauen, die hier selbst Schlittschuh fahren, bekommen ein eigens konstruiertes Ladies-Velocipede angeboten.

Johnson – Veloziped Nr. C, also 100, aus Tabley House mit praktischem Seitenständer. Die höchste Nummer unter den elf erhaltenen Exemplaren ist 320 (Street 1998)

Satirisches Veloziped-Gedicht in 50 Versen zu sechs Zeilen. Preis 2 Penny, London 1819

Denis Johnson hat mittlerweile die Lenker-Konstruktion verändert, anders als in der Patentzeichnung. Statt der drehbaren Anlenkung an der Vorderachse, die wohl Stöße auffangen sollte, gibt es jetzt ein Querholz, das direkt am Lenkerschaft oberhalb der Langwied befestigt ist. Darauf ist auch seine Patentplakette genagelt. Der Lenkung fehlt im Gegensatz zur Draisine ein selbststabilisierender Nachlauf. Und was noch schicksalhafter ist: es fehlt jegliche Bremse, weil Drais auf seinem Kupferstich diese Innovation hinter dem Oberschenkel des Reiters versteckt hat! Alle anderen Fuhrwerke haben ja auch keine Bremse, sondern werden mit dem Körper der Zugtiere gebremst. Hören wir hierzu nochmals Mathematiker Davies:

Wenn der Reiter eine gewisse Geschwindigkeit erreicht hatte, wurde es äußerst schwierig, die Maschine nach rechts oder links zu lenken oder auch nur die Erde mit einem Fuß zu berühren, ohne sogleich zu stürzen, und diese Schwierigkeit, die Maschine bei voller Geschwindigkeit zu kontrollieren oder anzuhalten, zog viele Unfälle nach sich. Wenn das Veloziped gegen einen Pfosten oder eine Mauer fuhr, erhielt das Vorderrad den Stoß, und der Reiter kippte, wenn er auf den Aufprall vorbereitet war, gewöhnlich bloß um, wenn auch manchmal die Vordergabel oder gar der Langbaum kurzerhand abbrach. Diese Schwierigkeit war ein großer Schwachpunkt der originalen Maschinen, wie ein Herr der Wissenschaft mir gegenüber einmal kummervoll äußerte, nachdem er die Reste seines Velozipeds aus einem Graben am Fuß eines steilen Hangs gezogen hatte: „Ah! Wenn ich irgendeine Feder zur Kontrolle der Räderbewegung vorgesehen hätte, hätte ich mich nicht in jenem Bett aus Nesseln und Disteln zu wälzen brauchen" (Davies 1837). Bei den Draisinen hatte Karl Drais gleich nach den Erstfahrten 1817 das Problem gelöst!

Derweilen erobert Johnsons Veloziped die Londoner Bühnen. Es wird offenbar in die laufenden Vorstellungen einer Pantomime im Covent Garden eingebaut mit dem Titel: „*Harlequin Munchhausen or The Fountain of Love*", die seit Dezember bis Anfang März laufen. Im April kommt im Drury-Lane-Theater die „*Comedy of Honour*", in deren Epilog das Veloziped bedichtet wird. Vollends wird ab Mai der Epilog von *Carib Chiefs* durch das Veloziped bestimmt, hier nur drei Zeilen (zitiert nach *Street 1998*):

And Johnson will deserve a Palmer's pension!
Bus'ness or Love may travel by express,
With speed far greater, and expense far less

Daß Johnson eine Palmer-Pension bekommen solle, bezieht sich auf die

Einrichtung eines Postkutschendiensts 1784 durch einen John Palmer, für dessen Ausbau und Beschleunigung dieser später eine Staatspension bewilligt bekam. Tatsächlich gibt es im nächsten Jahr eine Anstrengung in dieser Richtung, deren Erfolg oder Mißerfolg unbekannt ist *(Street 1998)*.

Die Velozipedreiter beginnen alsbald ein Kräftemessen und laut Street wetten sie überall im Land um Geld, wer schneller ist als die Postkutsche oder in bestimmter Zeit weiter kommt als ein Herausforderer – ein Spitzenwert von 19 km/h wird beim Trainieren berichtet: *Die Straße von Ipswich nach Whitton wird jeden Abend von mehreren Pedestrian Hobby-Horses bereist, mindestens sechs sieht man gleichzeitig. Die Entfernung von drei Meilen wird in 15 Minuten bewältigt (The Bury and Norwich Post vom 17.3.1819).* Aber auch Pferderennbahnen nehmen zusätzlich Velozipedrennen auf, z.B. in Ipswich. Im Herbst machen Raubkopierer Johnson Konkurrenz, darunter ein William Field in Birmingham und ein John Rutter in Dorset, und bringen die Velozipede bis nach Irland. Der Adel und das Königshaus kaufen jedoch überwiegend Johnson-Velozipede.

Johnsons Damen-Veloziped mit tiefgelegter Langwied und Ellenbogen/Bauchstütze vom 12. Mai 1819 *(Sammlung Roger Street)*

Und nur in England ist daran zu denken, die Frauen allein auf das Zweirad zu setzen. Doch natürlich gilt das Aufsitzen rittlings als unsittlich, müssen doch auch Pferde im seitlichen Damensitz mit geschlossenen Beinen geritten werden. Eine Broschüre der Zeit satirisch:

Regeln für das schöne Geschlecht

Falls meine schönen Landsmänninnen den Ehrgeiz haben sollten, dem männlichen Geschlecht nachzueifern, sollte Sie beachten, daß das Veloziped Ihr nicht seitlich zu sitzen gestattet. Neinnein, Frauen müssen schließlich aufs Äußerste gehen und Reithosen tragen, ob sie nun Beißzangen wären oder nicht. Also ein paar gelbe Lederkniehosen und Schaftstiefel angezogen – und aufgesessen, sag ich, und reitet euer Roß nach Herrenart rittlings. Dann rollt davon wie eine Billardkugel und werft eure Beine elegant links und rechts, indem ihr durch die Art eurer Bewegungen und Positionen das Herz eines jeden überholenden Herrn gewinnen werdet (Joe Dobbin: Hobbyhorsiana 1819, zitiert nach Street 1997). Frauen durften eben kein Bein zeigen, noch dazu in Bewegung!

Patentplakette Johnsons

Doch Denis Johnson versucht, auch dieses Problem zu lösen. Er inseriert im *Liverpool Mercury* vom 2. Juli 1819:

LADIES, VELOCIPEDE. MR. JOHNSON, der originale Erfinder und Patentinhaber des Velozipeds hat eins aufgrund gänzlich neuer Prinzipien für Benutzung durch die Damen fertiggestellt und stellt dessen Vorzüge in der MUSIC HALL, Bold Street, von zehn bis sechs aus. Eintritt 1 Shilling

In derselben Ausgabe steht ein Kommentar: *Bei der Untersuchung seiner Vorzüge finden wir, daß es entweder von Herren oder Damen oder von einem Herrn und einer Dame zugleich gesteuert und geritten werden kann (zitiert nach Street 1998)* – also Sie auf der Bauchstütze lenkend und Er auf dem Sattel vorwärts grätschend, oder beide synchron?

Der bei Ackermann in London verlegte Kupferstich (oben) datiert bereits vom 12. Mai 1819, und tatsächlich ist ein Exemplar von 30 kg Masse im Science-Museum London erhalten, dessen Herkunft leider nicht dokumentiert ist. Auch sind bislang keinerlei Zeitzeuginnen-Berichte aufgetaucht.

Dandy contra Obrigkeit

Die nicht billigen Velozipede Johnsons werden von einer Schicht reicher Müßiggänger gekauft und auf den Gehwegen benutzt. Dies ruft die ätzenden Karikaturen auf den Plan, bis die Obrigkeit durch Fahrverbote und Strafen gegen die Dandies dem Volkszorn genügt.

Karikatur der Dandy-Mode vom 26jährigen George Cruikshank (*Archiv Roger Street*)

Der 79jährige George Cruikshank als Temperenzler. König George IV. zahlte ihm £100 , um nicht mehr karikiert zu werden. (*The Hornet vom 6.12.1871*)

Das Aufkommen der Velozipede in England trifft auf eine Modeströmung, den Dandyismus, dessen Jünger denn auch den Großteil der Käufer und Nutzer der Velozipede stellen. Insbesondere die literarischen Vertreter dieser Stutzer, wie George Brummel oder Oscar Wilde, wollen den Aristokratismus durch auf die Spitze getriebene Formen und Moden bewahren. Hierzu grenzen sie sich gegen die große Masse und den bürgerlichen Alltag ab. Im Straßenbild erkennt man die Dandies sofort an äußerst raffinierter Eleganz der Kleidung, ansonsten am zynischen Konversationston, einer stoisch-überlegenen Haltung in jeder Lebenslage und am egoistisch-arroganten Müßiggang. Zur Kleidung gehören weiße Hosen, frackähnliche Jacken und kunstvolle Kragen mit Schals, die in Karikaturen zu kropfähnlichen Gebilden übertrieben werden. Manche tragen auch Korsetts, um eine Wespentaille zu erzielen (*laced like an hourglass* = zur Sanduhr eingeschnürt). Dazu kommt ein affektierter Gang, weshalb das tropische Denguefieber wegen der durch die Erkrankung hervorgerufenen, geziert wirkenden Gehstörungen auch als *Dandy-Fieber* bezeichnet wird. Wer es sich leisten konnte, imitierte diesen Trend.

Diese auch in Frankreich, jedoch nicht in den deutschen Fürstentümern vorkommenden letzten Aristokraten des Geistes und des Geschmacks, wie sie sich selbst sehen, machen nun auf Johnsons Velozipeden die Bürgersteige unsicher, denn die Fahrbahn der Fuhrwerke ist ungepflastert, morastig und von den Wagenrädern so zerfurcht, daß sie ähnlich wie heutige Straßenbahngeleise ein Zweirad stürzen lassen. Damit ist offenbar die Grenze des Zumutbaren erreicht, und die anfangs informativen Kupferstiche weichen nun ätzenden Karikaturen von Dandies auf Velozipeden. Wahrscheinlich war jedoch ein eigener Veloziped-Unfall des Karikaturisten Cruikshank und seines Verlegers und Raubdruckers James Sidebotham die Ursache (die fehlende Bremse!), dessen Verlag wie der Ackermannsche im *Strand* behaust war. Mit solchen kolorierten Flugblättern (gewissermaßen Ein-Blatt-Illustrierten) wird in London Politik und Geld gemacht – alles schon dagewesen. Die Geschichte steht in einem alten Fahrradbuch:

---

*C*ruikshank war mit seinem Verleger James Sidebotham eng befreundet, und bei irgendeiner Gelegenheit brachen im Winter 1819 die beiden Kumpel, gekleidet nach der extrem grotesken Mode jener Tage, jeder auf seinem Veloziped zu einem Ausflug auf. Eine beträchtliche Strecke lang ging alles gut, aber als sie in voller Geschwindigkeit – fast zehn Meilen pro Stunde (16 km/h) den Highgate Hill herabkamen, prallten sie aneinander oder, um den ausdrucksstarken Amerikanismus zu verwenden, kollidierten. Dann stieben sie auseinander, wobei jeder mit ziemlicher Heftigkeit auf der gegenüberliegenden Straßenseite stürzte – mit dem Ergebnis, daß die Maschinen ernsthaft beschädigt und es selbst mächtig rein haute. Mr. Cruikshank (der damals vermutlich kein Temperenzler war) wurde von seinem weniger verletzten Freund in die Archway Tavern geführt, wo sie soviel Trost fanden, wie die Umstände zuließen, um schließlich mit einer von Wibers Kutschen nach London zurückzukehren.

Der Bruder Robert Cruikshank 22jährig *(Scourge vom 1.11.1811)*

Dieser unglückliche Unfall war tatsächlich der Hauptgrund für den Popularitätsverlust der Velozipede. Statt ihre Velozipede zu reiten, widmeten sich die Herren Cruikshank und Sidebotham hinfort der Lächerlichmachung des Sports, wobei die raffinierte und fantastische Vorstellungskraft des ersteren ihn mit seiner leichten Feder zur Ausführung zahlloser drolliger Zeichnungen erbärmlich aussehender Individuen inspirierte, die nach dem letzten Schrei der Mode gekleidet waren und auf den sogenannten Dandy- oder Hobby-Horses saßen, offenkundig unbequem und lächerlich zugleich. Diese wurden im Schaufenster von Mr. Sidebotham ausgehängt, wo sie ein derartiges Gelächter der Passanten erzeugten, daß es eindeutig nicht mehr ratsam schien, in der Öffentlichkeit auf einem Veloziped zu erscheinen, so laut und stadtweit war das Gelächter über die Ähnlichkeit des Velozipedreiters auf der Straße und seiner Karikatur im Ladenfenster. *(Spencer 1883)*.

Charles Spencer, geboren 1837 wird 30 Jahre später das Frontkurbelveloziped in England produzieren lassen und u.a. das untenstehende Fahrradbuch 1883 schreiben. *(2xArchiv Lessing)*

Allerdings ist Charles Spencer, der diese Geschichte berichtet, erst 1837 geboren, hat sie also nicht selbst erlebt. Er meint wohl den zum Temperenzler gewandelten, damals 20jährigen George Cruikshank, der aber zu Sidebotham einmal ein gespanntes Verhältnis wegen Raubdrucken hatte. Die meisten Velozipedreiter-Karikaturen scheinen jedoch von seinem damals 23jährigen Bruder Robert zu stammen, und diese sind bei Sidebotham verlegt, der bald darauf stirbt – ob an den Folgen dieses Unfalls ist nicht bekannt. Wohlmeinende Pressestimmen beginnen zu warnen: *Es ist wichtig, daß der Charakter des Johnsonschen Hobby vor Schmach und Haß gegen das Dandytum bewahrt wird (Sussex Weekly Advertiser vom 31.5.1819* zitiert nach *Street 1998)*. Schon im März wird in der Presse über die erste saftige Geldstrafe von £ 2 berichtet – ein Viertel des Kaufpreises des Velozipeds! Zum Vergleich: bei einem heutigen Fahrrad für 1000 Mark entspräche dies 250 Mark Strafe! Und solche Nachrichten häufen sich: *Der überfüllte Zustand der Hauptstadt läßt diese neuartige Bewegungsart nicht zu, weshalb sie von den Polizeimagistraten niedergeschlagen wird (Gentleman's Magazine März 1819)*. Es gibt einen *Pavement Act*, ein Gesetz für die gepflasterten Bürgersteige, wonach ein Verbot mit Strafen möglich ist. Roger Street glaubt jedoch in seinem Buch etwas blauäugig, daß die Einschränkungen des Veloziped-Reitens nicht besonders schwerwiegend gewesen seien, da sie nur das Fahren auf den Bürgersteigen der Hauptstadt verboten hätten *(Street 1998)*. Aber die Fahrbahn der Fuhrwerke war doch schlicht unpassierbar! Da glauben wir doch eher zwei Zeitzeugen, deren einer schon damals etwas vorschlägt, das wir heute Fahrradspuren nennen:
Vorzüglich liegt die Ursache des Verfalles der Draisinen in dem Verbote, dieselben auf

Ludwig Gompertz, Tierschützer und Erfinder, baut 1821 einen Handantrieb für Draisinen in London.

Professor Thomas S. Davies, der 1837 seinen Vortrag über die Draisine halten wird. *(Archiv Lessing)*

Fußwegen zu gebrauchen. Ein Verbot, welches (wenn es hier und da notwendig war) zugleich mit dem Befehle hätte verbunden werden müssen, daß sie drei oder vier Fuß (etwa 1 Meter) *von dem Fahrwege zu ihrem ausschließlichen Gebrauche angewiesen und diese für sie stets in gutem Zustande erhalten bekommen sollen. Sie verdienen dies. Und diejenigen, die sich derselben bedienen wollen, sollten nicht der Gefahr der Verletzung von Kutschen und Pferden ausgesetzt oder verdammt sein, bis an die Knie im Kot zu waten. Nur durch Einführung und Vervollkommnung dieser Maschinen kann der Mensch von einem der langsamsten Tiere in der Schöpfung durch wohltätige Ausübung eigener Kraft zu einem der schnellsten erhoben werden.* <u>Das lächerliche Licht, das einige Müßiggänger</u> (die Dandies) <u>und Karikaturenkrämer</u> (Sidebotham u.a.) <u>auf sie geworfen haben, wird vor den Strahlen der Vorteile verschwinden, die die Draisine der Welt noch einst gewähren werden</u> *(Gompertz 1821).* Ludwig Gompertz, der erfinderische Sohn eines jüdischen Bankiers in London und damals 40, hat Recht behalten, wenn er es auch nicht mehr erlebt hat.

Zwei Jahrzehnte später wird der Mathematiker Davies in seinem Vorstellungsvortrag vor der Royal Military Academy in Woolwich seine Eindrücke aus der Jugend beschreiben, als er 24 war: *Wenn die Velozipede auf den Gehwegen der Straßen fuhren, was sie nicht durften, kamen sie den Kindern in den Weg oder die Kinder ihnen, wodurch die Dienerinnen der Damen alarmiert wurden. Während die Velozipede die Straßen entlang fuhren, scheuten ängstliche Pferde vor ihnen, wie junge Pferde manchmal schon bloß vor ihrem eigenen Schatten scheuen, und selbst ruhige alte Kutschpferde beäugten offenkundig diese Maschine mit Erstaunen und Entsetzen. Hastige und unbesonnene Velozipedreiter fuhren dicke Personen unglücklich an, und alle dicken Leute und alten Frauen beschwerten sich, daß die Velozipede zuviel Platz auf dem Gehweg beanspruchten, vor allem wenn er schmal war. Schlimmer noch als das – es kam das Lamento von der Gefahr, der großen Gefahr, meine Herrn, des Velozipedreitens (...) Der Mob ergriff ebenfalls Partei gegen das alte Veloziped, ermuntert noch durch die Obrigkeit jener Tage, die vermutlich arm dran und froh war, auf irgendeine Weise ein paar Schillinge zu erheben – ich weiß nicht, meine Herren, ob es sich so verhielt – jedenfalls gab sie Anweisung, daß solche Velozipedreiter auf den Stadt- und Landstraßen angehalten und um ihr Geld erleichtert werden sollten. Dies nannte sie* <u>Niederschlagung</u> *des Velozipeds durch Strafen. Also die Polizisten mit Unterstützung der dicken Männer, die Nachtwächter, die alten Frauen, die Obrigkeit, der Mob, die königlichen Minister und die Pferde vereinten sich zu seiner Niederschlagung. Was hätte einer solch geschlossenen Phalanx widerstehen können, noch dazu in vereinter Aktion, wie sie es machten? Ach was,* <u>nicht mal die Dampfmaschine hätte sich gegen solch mächtige und einige Allianz durchsetzen können</u> *– alle einer Meinung und in wirklich wundervoller Einmütigkeit zusammenwirkend. Und sie hatten so durchschlagenden Erfolg, daß ein Veloziped jetzt so selten ist wie ein schwarzer Schwan und die jetzt aufwachsenden jungen Leute kaum wissen, um was es sich da handelte, nicht einmal mehr dem Hörensagen nach (Davies 1837).*

Was lernen wir daraus?
• Daß Herrenfahrzeuge schon immer Volkszorn erregten.
• Das ausgerechnet die ökologisch sinnvolle Erfindung ausgebremst wurde (perfekte Sozialkontrolle der Technik)
• Daß das Dilemma: Fahrrad = Fahrzeug oder Fußgänger eben so alt ist.
• Daß Aussagen, die Laufmaschine habe sich nicht durchgesetzt, naiv sind.

Ein politischer Mord

Für Metternich ist die Tat willkommener Anlaß, dem Frühkonstitutionalismus, den Burschenschaften, der Presse und der Turnerbewegung endlich den entscheidenden Schlag zu versetzen.

- Die Pressefreiheit wird wieder durch Zensur beschränkt
- Eine Zentralkommission zur Untersuchung demagogischer Umtriebe entsteht in Mainz
- Die allgemeine Burschenschaft und die Turnanstalten werden verboten
- Universitäten werden der Aufsicht von Regierungsbevollmächtigten unterstellt
- Diesen Beschlüssen haben sich alle deutschen Regierungen zu unterwerfen

Die schauderhafte Nachricht wird durch die Richtigstellung, daß der Student namens Karl Ludwig Sand seinen Selbstmordversuch überlebt, in ihrer Wirkung nicht gemildert. Der 23jährige Theologiestudent, der beim Wartburgfest durch eine Flugschrift aufgefallen war, hatte Jena am 9. März verlassen und sich, in Mannheim angekommen, im Gasthaus zum Weinberg einige Blocks vom Wohnhaus Kotzebues entfernt einquartiert. Von seinem ersten Weg zu Kotzebues Mietwohnung kehrt Sand unverrichteter Dinge zurück, weil der Dichter vormittags keine Besuche empfängt. Abends geht der in der altdeutschen Tracht der Wiedervereinigungs-Befürworter gekleidete Burschenschafter nochmals hin, gibt unter falschem Namen vor, aus Miethau im Kurländischen zu kommen („Jena" hätte Kotzebue alarmiert!) und wird ohne weiteres vorgelassen. Nach wenigen Begrüßungsformeln schreit er „Hier, du Verräter des Vaterlands!" und sticht mit dem Dolch dreimal auf den nichtsahnenden Kotzebue ein, um – wie er im Gerichtsprotokoll aussagen wird – *„an dem Verräter Volksrache zu üben. Ich zog den Dolch aus dem linken Rockärmel, wo ich ihn in einer Scheide verwahrt hatte, und versetzte ihm einige Stiche in die linke Seite. Kotzebue hat während des Angriffs gar nicht gesprochen, sondern nur ein bloßes Gewimmer hervorgebracht, selbst da, als er schon sah, daß ich mit aufgehobenem Arm auf ihn loskam. Er hielt nur die Hände vor und fiel gleich am Eingange des Zimmers linker Hand zusammen (...) dann sah ich ihm noch einmal in die Augen, um zu sehen, wie es mit ihm stehe. Ich wollte wissen, was mein Angriff für Folgen gehabt habe, und ihm überhaupt noch einmal ins Gesicht sehen. Ich glaube, er hat noch mit den Augenwimpern gezwinkert, so daß man bald das Weiße der Augen, bald nichts sah. Daraus schloß ich, er sei noch nicht tot, wollte aber doch nichts weiter dazu tun, weil ich glaubte, genug getan zu haben."*

Eigentlich will er sofort nach der Tat fliehen, aber als er plötzlich ein Kind, Kotzebues vierjährigen Sohn Alexander an der blutigen Stätte bemerkt, verliert er die Fassung und reißt ein kleines Schwert aus dem Jackett und stößt es sich selbst einige Zoll tief in die Brust. Draußen will er sein Rechtfertigungspapier *„Todesstoß dem August von Kotzebue"* an die Haustür pinnen, da er den Dolch aber im Zimmer hat fallenlassen, gibt er es Kotzebues Bedienstetem, der zur Polizeiwache rennt. Auf der Straße unternimmt er

August v. Kotzebues Ermordung.

Kotzebues Ermordung am 23. März 1819 in seiner Mannheimer Wohnung in A2, 5 (Reiss-Engelhorn-Museen Mannheim)

einen weiteren Selbstmordversuch und liegt bewußtlos in einer Blutlache. Der 57jährige Kotzebue wird ins Nebenzimmer gebettet und stirbt bald danach. Die Nachricht eilt wie ein Lauffeuer durch Mannheim. Die Vorstellung im Nationaltheater gegenüber wird abgesagt. Trotz des starken Blutverlusts kommt Sand abends wieder zur Besinnung, antwortet dem Untersuchungsrichter mit Zeichen und schreibt auf ein Papier: *„A. v. Kotzebue ist der Verführer unserer Jugend, der Schänder unserer Volksgeschichte und der russische Spion unseres Vaterlandes."* Nach einer Operation kann er seine Aussagen zu Protokoll diktieren. Es stellt sich heraus, daß er schon seit dem Vorjahr den Mordplan hegt und mit dem Dolch an einem Skelett die Stiche übte – wenn etwas vorsätzlicher Mord ist, dann dieses. Weshalb gerade Kotzebue und nicht Fürst Metternich als eigentlicher Hüter der deutschen Teilung sterben mußte, fragen sich viele, so auch Ferdinand Freiligrath in seinem Gedicht *„Deutschland ist Hamlet"*: Polonius-Kotzebue habe statt des Rechten (=Metternich) den Stich empfangen. Doch Sand hatte offenbar nie an Metternich gedacht, da ihm Kotzuebue mit seinem die Burschenschafter verspottenden *Literarischen Wochenblatt* verächtlicher und hassenswerter erschien (mit Metternich kann man folglich heute noch für Sekt werben). ❧

„Tracena" in Amerika

Über englische Zeitschriften, aber auch mündlich gelangen Nachrichten von dem Zweirad in die Neue Welt. Von Baltimore an der Ostküste ausgehend befördert es die Studenten von Harvard und Yale. Doch auch im „Land der Freien" wird das Fahren auf Gehwegen bestraft

Eines Februarmorgens 1819 sahen die Bürger des Hafenstädtchens Baltimore an der Ostküste Amerikas folgende Annonce in ihrer Zeitung:

TRACENA.

A new mode of travelling combining the advantages of carriage, horse, and foot. It has a saddle as a horse, it has wheels as a carriage, yet the rider derives his progress from his own feet. It exhibits the principle of skaiting on land.

This curious, useful and simple machine, was invented in Germany by TRACE. J. Stewart claims the merit of constructing and introducing them here, with improvements which he has patented, and is ready to execute them to order. These horses are cheap, they are safe, and do not fall without the rider's consent.

In that part of Germany where they are introduced, they are not only possessed by numbers, but hired out as horses are.

The public are informed that the above TRACENA will be exhibited to morrow and Saturday at Concert Hall, South Charles st. from 9 A.M. till 5 PM. Admittance 25 cents.

fe 5   d4t

TRACENA - Eine neue Reisemöglichkeit mit den Vorteilen von Kutsche, Pferd und Fuß. Sie hat einen Sattel wie ein Pferd; sie hat Räder wie eine Kutsche, doch der Reiter bewirkt das Vorwärtskommen durch die eigenen Füße. Sie beinhaltet das Prinzip des Schlittschuhlaufens auf dem Lande. Diese interessante, nützliche und einfache Maschine wurde in Deutschland von TRACE erfunden (klingt auf Englisch wie Drais!). J. Stewart beansprucht die Ehre, sie hierzulande zu bauen und einzuführen mit Verbesserungen, die er sich patentieren ließ, und steht nun für Aufträge bereit. Diese Pferde sind preiswert, sie sind sicher und stürzen nur, wenn der Reiter es zuläßt. In jenem Teil Deutschlands, wo sie verbreitet sind, besitzt man nicht nur eine große Anzahl davon, sondern vermietet sie auch genau wie Pferde. Dem verehrten Publikum wird kundgetan, daß obenerwähnte Tracena morgen und am Samstag in der Concert Hall, South Carolina Street, von 9 bis 5 Uhr ausgestellt wird. Einlaß 25 Cents. (Baltimore American and Commercial Daily Advertiser 5.2.1819).

John Stewart ist der Musikinstrumentenbauer von Baltimore, und daß er die Sache nur vom Hörensagen kannte, erkennt man an der phonetischen Schreibweise von Drais und Draisine. Die Patente aus dieser Zeit sind später im Patentamt verbrannt, darunter auch das Patent eines William K. Clarkson jun. aus New York vom 26.6.1819. Damals kommt Charles Willson Peale, seinerzeit Amerikas berühmtester Porträtmaler, auf der Heimreise von der Hauptstadt Washington durch Baltimore und sieht zum ersten Mal in seinem Leben ein Zweirad. Er ist sofort davon fasziniert, und kaum zuhause in

seinem Alterssitz Belfield im damaligen Germantown angekommen, macht
er sich ans Werk. Dieser Alterssitz des Malers von Präsidenten wie George
Washington oder Thomas Jefferson ist eine Hobbyfarm oder eine Art Gar-
tenschau, die von weither besucht wird. Und der alte Peale baut alles selbst:
eine Windmühle mit Blechflügeln, eine Dreschmaschine aus Eisen und so
fort. Nachdem er auch noch einen Kupferstich der englischen Laufmaschine
in einem Fachblatt findet, geht er ans Werk. Zuerst kanibalisiert er seine
Dreschmaschine und verwendet deren Eisenteile für die Draisine wieder.
Dadurch wird sie etwas schwerer als die Holzleichtbauten in Deutschland,
halten aber auch mehr Unwegsamkeiten aus. Die Räder macht er so groß,
wie seine Schritthöhe gestattet. In einem Brief an seinen Sohn Tizian, (er
benannte alle nach berühmten Malern) schreibt er: *Dein Bruder Franklin macht
sie hauptsächlich aus Holz - die wiegen dann nur halb so viel wie meins. Dies ist ganz
wichtig, da wir nicht ohne Mühe bergauf fahren können, denn bei mehr als sanfter Steigung muß die Maschine von Hand geführt werden. Also je leichter die Maschine gemacht
werden kann, desto besser, vorausgesetzt sie bleibt stabil und spurtreu. Auf vollkommener Ebene kannst Du mit größerer Geschwindigkeit und geringerer Mühe vorankommen
als zu Fuß. Deine Brüder und andere junge Männer fahren meine Straße vom Haus zum
»Echo« schnell wie ein Rennpferd hinab, ohne mit den Füßen den Boden zu berühren, ja
oft legen Sie sogar die Beine über den Sitz. Auf diesem Abhang fährt die Maschine derart
schnell, daß ich selbst es nicht wage, die Maschine mit mir durchgehen zu lassen, denn
ein böser Sturz mit Verletzungen könnte die Folge sein. Doch dies ist wie beim Betrieb
aller Maschinen, die Übung erfordern.*

Diese erste Laufmaschine im Staate Pennsylvania stellt dann Sohn Rubens
in seinem Museum in Philadelphia aus, dem ersten Amerikas, dessen Glanz-
stück ein Mastodon-Skelett bildet, das Peale mit Hilfe eines Laufrad-Bag-
gers selbst ausgegraben hat. Das starke Interesse an der Draisine sorgt für

Charles W. Peale zeichnete sein
„Velosopede" 1819 *(American
Philosophical Society)*

Selbstporträt des
Velozipedreiters Charles W. Peale
1822 *(Peale-Katalog)*

Peales Gartenfarm Belfield in Germantown, PA *(Peale-Katalog)*

Velozipedreiter Rubens Peale *(Peale-Katalog)*

schöne Einnahmen. Mittlerweile fahren die Peale-Söhne und andere auch nachts um den Washington Square in Philadelphia. Wieso nachts? Dies führt zu der wenig bekannten Tatsache, daß die Zweiräder alsbald von der Obrigkeit mit Strafen bekämpft werden – wie in Mannheim und London, so auch sofort in Philadelphia. Ein mißgünstiger Spießbürger zeigt einen jungen Mann an, der mit der Laufmaschine auf den mit Platten belegten Bürgersteigen gefahren war, weil die von den Fuhrwerken zerfurchte Fahrbahn unpassierbar ist. Nun gibt es in Philadelphia eine Verordnung von 1811 zum Schutz der Steinplatten der Bürgersteige, daß zweirädrige Karren - zwei Räder nebeneinander wohlgemerkt - nicht drüber fahren dürfen, um diese nicht zu zermörsern. Statt vor Gericht zu streiten, zahlt der junge Mann beträchtliche drei Dollar Strafe – und hinfort fährt kein Mensch mehr in Philadelphia mit der Laufmaschine, wie Peale in seinen Memoiren zornig vermerkt. Norman L. Dunham, dessen Doktorarbeit wir die USA-Berichte verdanken, weist darauf hin, daß eine Nachricht über das britische Verbot vermutlich der Auslöser war *(Dunham 1956)*.

Mittlerweile erschienen erste Velozipede weiter nördlich in den Neuenglandstaaten:

Eine Tracena, auch Veloziped genannt, wurde kürzlich in der Water Street in Boston von Mr. Salisbury gebaut, nach einem Vorbild aus englischen Publikationen. Es wurde in den Straßen und auf der Mall vorgestellt und zog durch die Raschheit ihrer Bewegung und ihrer einzigartigen Form die Blicke der Menge an (Boston Intelligencer & Evening Gazette 24.4.1819). Studenten der Harvard-Universität fahren damit, und zwar nachts, über die lange Brücke zwischen Boston und Cambridge, was wieder auf ein Verbot schließen läßt. Darunter ist Charles Sumner, später ein bekannter Senator. Auch in der Universitätsstadt New Haven tauchen Velozipede auf: *Diese modischen Undefinierbaren erschienen kürzlich auf den Straßen in großer Zahl... Diverse stürmische Reiter haben die Angewohnheit, auf ihnen bei Dunkelheit die Bürgersteige entlang zu flitzen mit derartiger Unachtsamkeit und Impulsivität, daß alle verärgert werden, die nicht wie sie selbst das große Glück haben, auf hölzernen Pferden zu sitzen (New England Palladium & Commercial Advertiser 13.7.1819).* Also zwingt auch hier ein Verbot zur Nachtfahrt.

Velozipedreiter und
Museumsleiter Rembrandt Peale
(Peale-Katalog)

In New York sorgt angeblich der über den Atlantik angereiste Denis Johnson für die Verbreitung. Die Nachfrage übersteigt die Herstellungsmöglichkeiten. Beliebte Strecken sind die Bowery entlang bis zum Vauxhall Garden oder den Abhang hinab von der Chatham Street zum City Hall Park.: *Die New York Evening Post bemerkt anläßlich des Erscheinens der neu erfundenen Reitmaschine, daß in England infolge des plötzlichen Auftretens dieser Velozipede die Pferde 40 Prozent im Preis gesunken sind. Dieser Preisverfall ergab sich, weil solche Tiere weder Heu noch Hafer fressen, kein Striegeln erwarten und niemals ausschlagen oder beißen, welche Qualitäten bei einem tänzelnden Klepper nie vereinigt sind. Man verkaufe also seinen vulgären altmodischen Vierbeiner, bevor er gänzlich aus der Mode kommt, und besteige ein Dandy-Pferd (Boston Intelligencer & Evening Gazette 19.6.1819).* Die Stadtväter New Yorks verbieten den Velozipedgebrauch umgehend! Ähnliches muß sich in Troy, Saratoga und Hoosick Falls ereignet haben.

Der 78jährige Charles Peale benutzt die Laufmaschine zuhause mit angebautem Zählwerk zur Landvermessung und als Gesundbrunnen: *Es war meine Routine, bei Tagesanbruch aufzustehen, die Farben anzurühren und vor dem Frühstück zu malen. Wenn sich wegen der intensiven Arbeit mein Rücken zu beklagen anfing, bestieg ich dann mein Veloziped und machte ein halbes Dutzend Runden um einige Geviere meines Gartens, was eine ausgezeichnete Übung darstellte und mich alsbald mit Kräften erneuerte, um in meinen Anstrengungen fortzufahren (Brief an Charles Polk 9.1.1820).* 🐦

Aus Peales Brief an Charles P. Polk vom 9.1.1820 (*American Philosophical Society*)

1819

317

Weimarer Journal reizt

Der bereits als Verschlimmbesserer bekannte Londoner Wagen-bauer Birch kommt als Überwinder der Draisinen groß heraus. Seine handgetriebenen Dreiräder würden sich angeblich auf Englands Straßen bewähren.

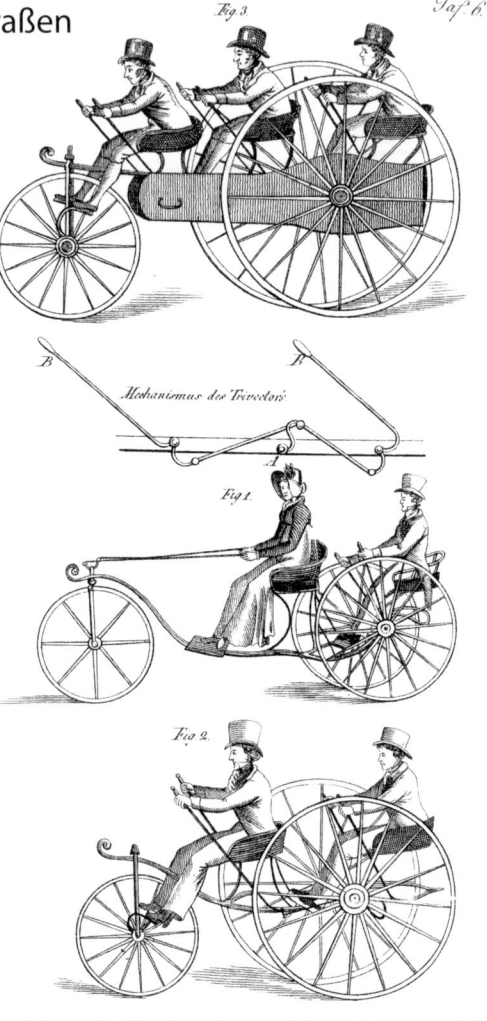

Das in Weimar seit 1876 verlegte Journal für Literatur, Kunst, Luxus und Mode, die erste deutsche Mode-und Frauenzeitschrift, bringt in jeder Nummer farbige Modekupfer, aber auch sonstige Neuheiten der Lebensart wie z.B. das Jo-Jo. Von der übrigen Presse angesteckt präsentiert es nun einen Beitrag über die neuen Fahrzeuge, den es aus dem *Monthly Magazine* vom 1. November 1819 auszugsweise übersetzt hat. Charles Lucas Birch hat im Mai 1819 sein Dreirad mit Damensitz und zwei fortbewegenden Herren dem Königshaus vorgeführt (siehe Kapitel *Drei Räder besser?*). Nun kommt er mit handbetriebenen Dreirädern an, die offenbar für die Straße gedacht sind.

Karl Drais dürfte sich über die Mitteilung, daß man dort die Draisine wieder beiseite gelegt habe, ärgern. Das entscheidende Argument ist nicht die Muskelentzündung, sondern daß seit März 1819 die Velozipedreiter in London und sonstwo auf Gehwegen mit knallharten Geldstrafen verfolgt werden – vermutlich ist dies im deutschen Sprachraum noch nicht publik. Birch versucht, mit großen Rädern seine *Vectoren* für verschlammte oder zerfurchte Straßen tauglich zu machen – angetrieben von Arbeitern! Das Original endet mit der Voraussage, daß *dadurch die wichtige Konstruktion von Mr. Burgess zur beschleunigten Postbeförderung der Briefe realisiert wird (Street 1984).*

IX.
Modificationen der Draisine.
(Hierzu Taf. 6.)

Hrn. v. Drais's Erfindung ist, wie bekannt, bald nach England gekommen, und von Johnson zu Long Acre etwas verändert, oder, wie es dort heißt, verbessert (improved) worden. Sie kam auch einigermaßen in Aufnahme; allein man will die Erfahrung gemacht haben, daß die bei dem Gebrauch der Draisine nöthige besondere Muskelanstrengung leicht Zerreißung und Entzündung gewisser Muskeln des Schenkels und Beins zu Wege bringe, und so hat man die Maschiene wieder bei Seite gelegt.

Wahrer Grund: drakonische Geldstrafen!

Dieser, der Draisine gemachte Einwurf, bewog nun einen kunstreichen Mechaniker, Hrn. Birch, eine einfache Maschienerie anzubringen, um die Räder, mittelst der Wirkung der Hände oder Füße herumzudrehen. Und so hat er Fuhrwerke von verschiedener Form und Einrichtung zu Tage gefördert, welche in England Beifall zu finden anfangen. Da die Bewegung eben so gut durch eine Dampfmaschine oder durch Menschen Hände hervorgebracht werden kann, so ist es allerdings möglich, daß auf diese Art die Erfindung praktisch wichtig werde. Die von Hrn. Birch erfundenen Fuhrwerke sind der Manivelociter, der Bivector und der Trivector, welche wir auch auf Taf. 6 abgebildet sehen.

Also die Dampfmaschine soll dem Gentleman den schimpflichen Körpereinsatz abnehmen!

Der Manivelociter

heißt so, weil er mit den Händen allein bewegt wird. Der Körper der Maschiene ist von Eisen und bildet ein

lat. „handschnell"

Parallelogramm mit abgerundeten Ecken. Auf beiden Seiten finden sich Höcker um die Axen der Räder zu tragen. Eigentliche, ganz queer durchgehende Achsen sind deßhalb nicht nöthig. Zur Bewegung der Räder, dient auf beiden Seiten ein Hebel, welche die hinten sitzende Person immer rückwärts bewegt und so die Räder umdrehen macht. Die vorderen Winkel des Körpers der Maschiene gehen in einer Stange aus, unter welcher sich das Vorderrad, wie bei einer Draisine bewegt, und mittelst eines oben angebrachten Handgriffs, von einer Dame dirigirt werden kann.

nicht selbstjustierend: null Nachlauf

Der Bivector

lat: „Zweifahrer"

heißt so, weil er mit doppeltem Hebelpaar bewegt wird. Die Construction des Körpers des Fuhrwerks kommt mit dem Manivelociter überein, nur wird sie durch die doppelten Hebel auch mit doppelter Gewalt vorwärts getrieben. Die Hinterräder sind vier Fuß hoch, das Vorderrad nur zwei Fuß. Auf jeder Seite des Vorderrads finden sich Fußtritt=Eisen, mittelst welcher das Vorderrad und so die Maschiene dirigirt wird. In der Mitte befindet sich ein bequemer Sitz, auf welchem einer sitzt, und mittelst eines Hebels in jeder Hand, die Maschiene forttreibt. Er kann dieß allein thun; aber um es um so kräftiger zu bewegen, ist hinten noch ein zweiter Sitz, mit Hebel, welcher mit dem vorderen zusammenhängt und gemeinschaftlich wirken, so daß durch doppelte Gewalt die Maschiene sehr schnell läuft.

Der Trivector

lat: „Dreifahrer"

hat seinen Namen von den drei Hebeln, durch welche er in Bewegung gesetzt wird. Der Bau ist derselbe, wie bei dem Bivector, nur verlängert, so daß drei Sitze dar-

K

auf angebracht sind, auf welchen drei Paar Hebel so zu=
sammenhängend bewegt werden, daß die Wirkung gleich=
zeitig und durchaus auf die Forttreibung gerichtet ist.
Auch diese Maschiene hat drei Räder, das vordere drei
Fuß hoch, die hinteren fünf Fuß.   Der vordere **Mann**
leitet mit den Füßen, das bis auf einen gewissen Grad
drehbare Vorderrad. Unter den zwei anderen Sitzen be=
findet sich ein Magazin für die Bagage. — Auf der
abgesonderten Zeichnung, welche den Mechanismus dar=
stellt, sieht man in der Mitte die Are, und vorn und
hinten die Vorrichtungen, mittelst deren die Hebel auf die
Räder wirken.

    Die Männer arbeiten zu einer und derselben Zeit,
und auf dieselbe Art, als wenn sie ein Boot ruderten;
nur ist diese Bewegung der Hebel weit weniger ermü=
dend, als das Rudern. Wenn die Maschiene beladen ist,
wiegt sie 700 Pfund. — Es ist einleuchtend, daß da,
wo der Mittelmann sitzt, auch ein Doppelsitz angebracht
seyn könnte für zwei Passagiere, welche durch die Arbeit
des Vorder= und Hintermannes noch hinlänglich schnell
fort bewegt werden würden.

    Dieser Trivector gieng am 11. Sept., von drei
Männern, wie in der Figur angegeben, bewegt, von Lon=
don nach Brighton binnen sieben Stunden; hier wurde
von den Arbeitern Mittag gemacht, alsdann fuhren sie
noch dreizehn Englische Meilen weiter, was zusammen
67 Englische Meilen im Laufe dieses Tages machte. Es
würde aber möglich gewesen seyn, die Maschiene 120 Eng=
lische Meilen im Tage, d. h. in der Stunde 10 Engli=
sche Meilenweit fort zu bewegen.

ø 90 cm , ø 1,50 m

300 kg

Arbeiter aus Birchs Werkstatt:

107 km

182 km

16 km/h

Dreirad mit Riemenantrieb

Das *Kunst- und Literaturblatt aus Baiern* stellt den Mechanischen Wagen ohne Pferde von Mechanikus Keller aus Kempten vor. Zwar verläßt er sich einerseits wie Bauer auf die Geißfüße, doch sein Riemenantrieb ist zukunftsweisend.

Der hier abgedruckte Fund in der Beilage des Münchener Journals *Eos* geht auf eine Erwähnung durch Karl Drais zurück, und Jost Pietsch in München ist er dann geglückt. Die Literaturangaben von Karl Drais erweisen sich stets als zutreffend. Der Mechanikus Keller hat also sein einsitziges Dreirad dem bayrischen König im Nymphenburger Schloßgarten vorgeführt – auf frisch aufgeschüttetem Sand! Bei der Bayerischen Akademie der Wissenschaften gutachten die Mitglieder Baader und Yelin, die wir schon von Karl Drais' Antrag auf ein Erfindungspatent kennen. Auch Mechanikus Keller scheint kein Privileg zu erhalten, denn in der Folgezeit steht keine Privilegmeldung im amtlichen *Allgemeinen Intelligenzblatt für das Königreich Baiern*.

Mechanikus Keller hat das Bauer-Büchlein offenbar gelesen – auch ein will das Zurückrollen am Berg verhindern und verwendet deshalb die Geißfüße oder Jungnickelschen Hebel, diesmal aber mit Fußantrieb. Für das Bergabfahren hat er einen auf den Radreifen drückenden Hebel wie bei den Bergwerks-Loren in England. Der Hauptantrieb aber soll der Handantrieb sein, der per Riemenübersetzung auf das Hinterrad wirkt – demnach gibt es zwei Vorderräder. Für jede einmalige Umdrehung der Kurbel wird der Wagen 1.50 m fortbewegt. Siebzig Jahre später weiß man, daß für Fußkurbelantrieb diese Strecke um die 6 Meter sein kann, um noch leicht treten zu können. Da die Armmuskulatur nur ein Drittel so stark ist wie die Beinmuskulatur, kann ihr wohl auch nur ein Drittel von dieser sog. Entfaltung zugemutet werden, etwa 2 Meter. Mechanikus Keller liegt also mit seinem empirischen Wert gar nicht so sehr daneben. Dieser Riemenantrieb, „Schnur ohne Ende", hätte wegen der relativ leichten Veränderbarkeit der Übersetzung (andere Schnurscheiben aufstecken) die Suche nach der idealen Übersetzung enorm verkürzen können, wenn sie denn öfter verwendet worden wäre. Vermutlich ist aber der Lederriemen erst mit der Dampfmaschine im Kommen. ❦

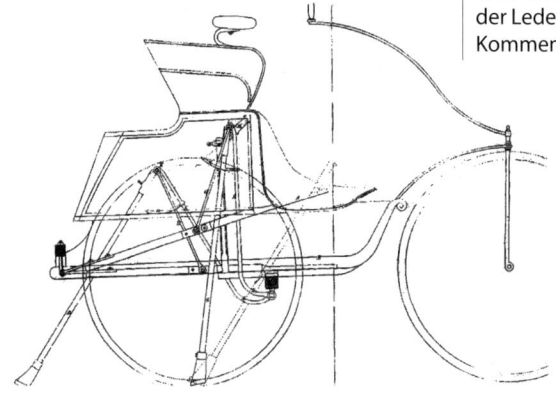

Den Fußantrieb muß man sich so ähnlich wie diese englische Konstruktion von John Baynes 1819 vorstellen *(Street 1996)*

Kunst- und Literatur-Blatt

aus Baiern.

Eine Beilage zur Eos.

Nro. 7.　　　　　1820.　　　　Februar.

Mechanischer Wagen ohne Pferde.

Der Mechanikus **Keller** aus Kempten hat Sr. Maj. dem Könige einen Wagen vorgezeigt, worin ein Mensch sich selbst fahren kann, und hat zu dem Ende in dem Garten des Lustschloßes zu Nymphenburg vor des Königs Majestät in eben frisch aufgeschüttetem Sande Proben vorgezeigt. Der Wagen ist einsitzig und hat drei Räder, zwei vorne und ein größeres hinten. Die Bewegung geschieht mittelst eines an der Kurbel eines Stirnrads angebrachten Hebels, welchen der sich Fahrende bequem vor sich hat. Das Stirnrad greift in ein zweites unter dem Wagen befindliches ein, mittelst dessen durch eine Schnur ohne Ende das hintere Rad in Umlauf gesetzt wird, also, daß für jede einmalige Umdrehung der Kurbel, der Wagen fünf Fuß weit fortbewegt wird. Die Bewegung geschieht ohne sonderlichen Kraftaufwand, und es unterliegt keinem Zweifel, daß ein Mensch sich mittelst dieses Wagens auf ebener Chaußee oder gutem Feldwege (bei trockenem Wetter) ohne große Ermüdung eine Stunde Wegs spazieren fahren könnte. Um bergauf zu fahren, dient zur Beihülfe noch eine zweite Vorrichtung. Man stellt nämlich die beiden Füße in eine Art beweglicher Schuhe, welche auf eine geschickte Weise mit eisernen Streben in Verbindung gebracht sind, so, daß man sich durch Hülfe derselben, auch ohne die Kurbel mit der Hand zu bewegen, weiter fortschieben kann. So arbeitet man, bergauf fahrend, mit der Hand und den beiden Füßen zugleich, während die in die Erde eingreifenden Streben das Zurück-

rollen des Wagens verhindern. Zum Bergabfahren dient eine auf den Umfang des Hinterrads drückende Bremse, welche durch einen Hebel stärker oder schwächer angepreßt werden kann. Besonders sinnreich ist die Steurung der beiden eisernen Streben (Schiebfüße), welche, ganz dem Mechanismus des menschlichen Fußes nachahmend, nach vollbrachtem Schube sich während des Zurückbewegens von der Erde wieder aufrichten, und dadurch auch möglich machen, mit dem Wagen nach Belieben rückwärts zu fahren. Die Lenkung der beiden Vorderräder geschieht mit der linken Hand des fahrenden, mittelst eines an einer Kurbelstange befestigten, in ein kleines Kronrad eingreifenden Getriebes, indem dadurch eine vertikale eiserne Stange um ihre Are gedreht wird, deren unten angebrachtes Getriebe in einen auf der Achse der beiden Vorderräder befestigten gezahnten Halbkreis eingreift. Das von Sr. Maj. über diese Fahrmaschine abgeforderte Gutachten der k. Akad. d. Wiss., namentlich der beiden berichterstattenden Mitglieder derselben, des k. Oberstbergraths Joseph v. Baader und Oberfinanzraths v. Yelin gieng dahin, daß dieser Wagen unter den mehreren, der k. Akademie bereits vorgekommenen, ähnlichen Maschinen den besten Mechanismus enthalte, wenn er gleich, die allerdings lobenswerthe Steurung der Schubfüße ausgenommen, nichts Neues aufweise, und überhaupt die ganze Construktion mancher Vereinfachung fähig sei.

v. —n.

Student Sand geköpft

Nach dem Votum des Hofgerichts für Enthauptung sitzt unter Vorsitz von Drais-Vater das Oberhofgericht nochmals über den Akten. Einstimmiges Urteil: daß der Inquisit C.L. Sand mit dem Schwert vom Leben zum Tode zu bringen sei – kein Begnadigungsgesuch

Während Sand ein Jahr Zeit zur Heilung seiner operierten Selbsverwundungen gelassen wurde, hatte sich in den deutschen Fürstentümern ein wahrer Sand-Kult von Verehrern gebildet, aber auch Mitleid mit seinen Eltern. Ebenso in Mannheim: *Wie ein Märtyrer wurde er gefeiert, ihm wurden Blumen und Erfrischungen gesandt, das Volk sammelte sich vor dem Hospital und rief ihm Lebehoch und Beifall. Eifrige Katholiken beteten öffentlich für sein Seelenheil, besonders aber sprachen die zahlreichen Engländer und Engländerinnen, die sich damals in Mannheim befanden, vielfach ihre Bewunderung aus (Varnhagen 1859).* Ihm werden nur die edelsten Motive unterstellt. Sand selbst gibt nach den Vernehmungen sein politisches Glaubensbekenntnis mit vernichtender Kritik an den Fürsten zu Protokoll, das nach Bekanntwerden die fürstlichen Kabinette in höchste Aufregung versetzt:

Ihr sollt die ersten im Volke sein und habt euch fast überall als die Schlechtesten erwiesen! Jammer und Not im Lande rühren euch nicht, euer übermäßiges Prassen, euere Selbstsucht einzuschränken; gegen allen edlen Gemeingeist im Volke, gegen das Aufkommen einer freien öffentlichen Tugend, überhaupt gegen alle Regungen des Großen und Edlen verfahret ihr so gehässig, so mit bösem Gewissen und wählet so niedrige Mittel, um es alsbald zu unterdrücken, daß man euch für die eigentlichen Lügengeister halten muß, weil ihr dem reinen Geiste so geradezu ins Angesicht höhnt! Die Fürsten und ihre Beamten sahen darin den Beweis für eine bereits weit fortgeschrittene allgemeine Verschwörung gegen sie. Zur Beruhigung der in Wien versammelten Minister wird ein lithographiertes Schreiben von Drais-Vater verteilt, in dem er die Grundzüge der Prozeßführung darstellt - Gewaltenteilung ist in den Monarchien

ein Fremdwort *(NN 1841).*

Die Gerichtsverfahren finden damals ohne Angeklagten, Zeugenverhör, Reden des Anklägers oder Verteidigers statt. Das Richterkollegium urteilt nur nach den Akten – auch der Verteidiger kann mit ihm nur schriftlich kommunizieren. Sands Anwalt, ein Licentiat Rüttger, hatte beantragt, *den verirrten Täter für schuldfrei zu erkennen, denselben seines Arrestes zu entlassen und ihn wegen der ihm festhaftenden irrigen Vorstellung als gemütskrank der besonderen Aufsicht seiner Obrigkeit zu unterstellen.*

Wie heißt das Gesetz, das solche Vaterlandsliebe, die Tötung eines Vaterlandsmörders, den aufwallenden Eifer fürs Vaterland verbietet oder bestraft? – so das von Sachverständigen kritisierte Pathos des Verteidigers, welches zum politischen Mord einlädt

Das Oberhofgericht kann dem nicht folgen. An den Großherzog berichtet es, *der Verteidiger habe sich zwar bemüht, aus den Handlungen und aus den nachherigen Äußerungen des Inquisiten* (Angeklagten) *zu deduzieren* (abzuleiten), *daß daraus eine Art partiellen oder fixen Wahnsinns hervorgehe, welcher einen Mangel an aller Zurechnungsfähigkeit begründe.* Doch das Geständnis des Täters beweise das Gegenteil: die kalte, ruhige und besonnene Überlegung der Tat widerstreite dem Begriff des Wahnsinns. Von rechtlichen Milderungsgründen lasse sich nur der eine denken, daß der Angeklagte *in unseliger Selbsttäuschung den Mord als eine Pflicht, als eine Tugend angesehen habe, daß derselbe mithin bei der fixen Idee von der Gefährlichkeit des v. Kotzebue für das deutsche Vaterland die Strafbarkeit seiner Handlung nicht eingesehen und insofern nicht frei gehandelt habe.* Aber auch dieser Grund könne nicht gelten, zumal da der Angeklagte mit dem Morde noch die weitergehende

hochverräterische Absicht einer Umwälzung der deutschen Verfassung gehabt habe – letzteres aus heutiger Sicht verwerfliche politische Justiz!

Großherzog Ludwig I. bestätigt das Todesurteil. Die Hinrichtung wird auf den 20. Mai anberaumt. Scharfrichter Wittmann aus Heidelberg, ein Tierarzt, besucht Sand am Vorabend und verläßt ihn nach längerer Unterhaltung *„weich und unsicher"*, nachdem ihm Sand gut zuredete. Mit einer Kalesche wird anderntags der noch einen Verband tragende Sand zum Richtplatz (hinter dem heutigen Wasserturm) gefahren. Außergewöhnliche Sicherheitsmaßnahmen werden ergriffen, weil Gerüchte von Befreiungsplänen und Anzünden der Stadt durch Studenten die Runde machen. Die ganze Garnison steht Wache oder patrouilliert durch die Straßen. Großherzogin-Witwe Stephanie hat gleich nach der Urteilsverkündigung Mannheim verlassen, um erst nach der Hinrichtung wieder zurückzukehren. Auf dem Schaffot wird Sand von den Gehilfen des Scharfrichters auf einem Stuhl festgebunden, die langen Haare abgeschnitten und die Augen verbunden. Oberhofgerichts-Kanzler v. Hohnhorst und Stadtdirektor

Hinrichtung Karl Sands am 20.5.1820 in Mannheim – links die amtlichen Zeugen *(Reiss-Engelhorn-Museen Mannheim)*

v. Jagemann sind amtliche Zeugen. Der erste Schwertstreich des Scharfrichters trennt zwar das Haupt vom Rumpfe, doch bleibt es am Kehlkopf hängen, worauf der bestürzte Scharfrichter einen zweiten, aber zu heftigen und tief abwärts gerichteten Hieb ausführt, der das Schwert in den Schenkel bis auf den Knochen treibt. Nachdem der Leichnam im Sarg weggebracht ist, befinden sich viele Menschen auf dem Schaffott, die ihre Taschentücher in das Blut tauchen, Holzspäne loslösen und vom Scharfrichter die abgeschnittenen Locken kaufen. In der Folgezeit wird *Sands Himmelfahrtswiese* das Ziel vieler Besucher von nah und fern. Scharfrichter Wittmann baut aus dem Holz des Schaffotts in seinem Heidelberger Weinberg eine Hütte mit Ausschank für die Studenten.

Anstifter Karl Follen, der Sand das Geld zur Reise gab, kann sich dank seiner juristischen Schulung straffrei herauswinden, flieht und wandert dann nach Amerika aus. *(alle Zitate: Walter 1907)* ❦

Drais meldet sich zu Wort

Wenn schon das führende Modeblatt seine Seiten der Muskelkraft öffnet, kann Karl Drais es auch zur Richtigstellung manchen Irrglaubens nutzen. Geduldig erklärt er die ganze Sache nochmals und stellt Draisinen der zweiten Generation vor.

Lizenzierte Draisine der zweiten Generation des holländischen Königs Willem I. *(Rijksmuseum Paleis het Loo, Apeldoorn)*

William Murdocks Dampfdreirad-Modell (30 cm hoch) von 1784 beeinflußt wohl Drais' Design der zweiten Generation, falls hierzulande publiziert *(Archiv Lessing)*.

V.

Draisinen.

(Antwort auf die Modificationen derselben in dem Februar-Heft d. J.)

(Von dem Hrn. von Drais eingesendet und unverändert abgedruckt.)

Seitdem ich die Erfindung der nun sogenannten Draisine machte, wurde viel über deren Nutzen gestritten, der jedoch endlich im Ganzen siegte, wie Auszüge aus öffentlichen Blättern in der Note *) und entschiedene Bei-

*) Auszüge aus öffentlichen Blättern:

I. Neues Magazin aller neuen Erfindungen, Entdeckungen und Verbesserungen, herausgegeben von dem Königlich Preußischen Hrn. Geheimen Rath D. Siegismund Friedrich Hermbstät; dem Hrn. Professor der Therapie zu Leipzig u. s. w., D. Carl Gottlob Kühn, dem Hrn. Professor der Mathematik u. s. w. zu Frankfurt, D. Jo-

326

1820

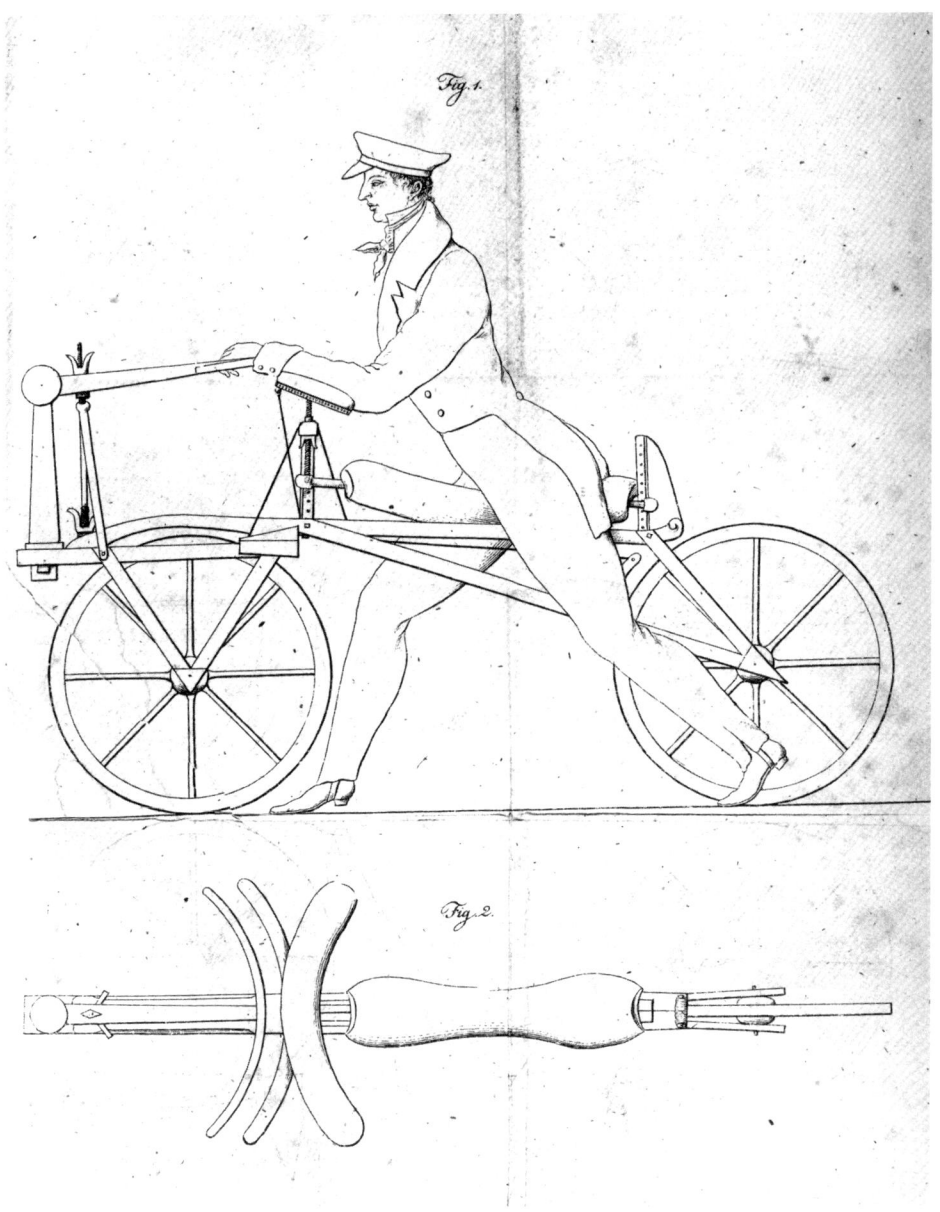

Fig. 1.

Fig. 2.

Draisine der 2. Generation: Sitz, Armstütze und Lenker separat
höhenverstellbar

1820

fallsbezeugungen von Regierungen und gelehrten Gesell=
schaften (die mich darauf nach und nach zu ihrem aus=
wärtigen Mitgliede erster Classe ernannten) u. s. w. zei=

siehe früheres Kapitel „Eine Zwischenbilanz"

hann Heinrich Moriz Poppe, und dem Hrn. Director
einer Buchhandlung zu Leipzig, D. Friedrich Gotthelf
Baumgärtner, dritter Band 1816.

Der durch ein glückliches Talent sich auszeichnende,
auch als scharfsinniger Mathematiker bekannte
Großherzoglich Badische Kammerjunker und Forstmei=
ster Carl Freiherr von Drais in Mannheim, hat
seit einiger Zeit folgende nützliche Erfindungen
gemacht, wovon die Fortsetzung unseres Magazins
nach und nach ausführlichere Beschreibung liefern wird.

Das Sammelwerk 1818 des selben Herausgebers erwähnt er nicht, vergleiche Kapitel „Baden auf zwei Rädern"

1) Eine allgemeine Auflösung aller möglichen Wur=
zeln der numerischen Gleichungen jedes Grades, wel=
che die vollkommenste genannt werden darf, die
man für numerische Gleichungen hat.

2) Auch mit Vollständigkeit ein Dyathisches Rechen=
system, oder eine solche Charakteristik, welche sehr ein=
fach alles durch zwei Zeichen ausdrückt. Er hat
dieses System in einem eigenen kleinen Werke be=
schrieben.

3) Ein Wagen der ohne Pferde läuft.

4) Eine Schießmaschine, welche weiter reicht, als alle
bisherige Maschinen dieser Art, welche die Körper
scharf durchbringt, welche in Hinsicht des Pulvers,
Metalls und Transports wohlfeil und zugleich in
der Wirkung schnell ist.

siehe füheres Kapitel „Die Verschlimmbesserer"

II. Beschreibung der von Drais'schen Fahrmaschine, von J.
C. S. Bauer, in der Steinischen Buchhandlung zu
Nürnberg, 1817.

Eine der wichtigsten Erscheinungen in dem Ge=
biete der mechanischen Wissenschaften ist die von Drais'=
sche Fahrmaschine, und beinahe ganz Teutschland beschäf=
tigt sich in diesem Augenblick mit der Entscheidung über
deren Brauchbarkeit oder Unbrauchbarkeit u. s. w.

gen, so gut wie die zunehmende Frequenz, selbst zu Dresden, Wien, Mailand und London u. s. w.

Dabei wollten aber auch Viele Verbesserungen machen, weßwegen ich mich, hauptsächlich auf den 4ten öffentlichen gedruckten Vorschlag, mit den Armen statt mit den Füßen zu treiben, aufgerufen fühle, auch darüber meine Gedanken zu äußern.

1) Bauers Geißfuß-Dreirad
2) Brianzas Velocimano
3) Birchs Vectoren im selben Journal
4) Kellers mechanischer Wagen

1) Von einer großen Muskelanstrengung durch diese Maschine weiß ich nichts, da ich im Gegentheil ihren

III. Frankfurter Ober=Postamts=Zeitung, Nro. 113, den 23. April 1818. Frankfurt, den 22. April.

siehe früheres Kapitel *Zum Vortrag nach Frankfurt*

Heute früh ist der Freihr. von Drais, Erfinder der Draisine, wieder nach Mannheim abgereis't. Er bediente sich auf seiner Rückreise seiner eigenen Erfindung, welche sich hier eines allgemeinen Beifalls zu erfreuen hatte, wozu die bekannte Persönlichkeit des Herrn Erfinders, der während seines Hierseyns in der hiesigen Gesellschaft zur Beförderung nützlicher Kenntnisse einen gelehrten und tiefsinnigen Vortrag gehalten hat, nicht wenig beigetragen haben mag.

IV. National=Kalender für die gesamte Oesterreichische Monarchie, bei Calve zu Prag 1819.

siehe füheres Kapitel *„Zeitungsfehde"* Der Text stand zuerst in den Dresdner *Miscellen* am 28.11.1817.

Beschreibung und practische Bemerkungen über die Draisine oder Reisemaschine, nebst Abbildungen derselben.

Unter die nützlichsten Erfindungen der neueren Zeit gehört unstreitig die vom Forstmeister Freihrn. von Drais zu Mannheim erfundene Maschine, womit eine Person balancirend auf einem Reitsitze zwischen zwei hinter einander laufenden Rädern, welche, wie beim Schlittschuhfahren, vermittelst der Füße, auf dem Erdboden fortgestoßen werden, mit der Geschwindigkeit eines austrabenden Pferdes, von einem Ort zum andern kommen kann u. s. w. (Ferner Moniteur Nro. 96 und Gazette de france Nro. 283, 1818 etc.)

vom 6.4.1818

Gang auch praktisch sehr leicht fand. Doch kann ich mir denken, daß irgend Jemand einmal Berg auf, auf schlechtem Wege, mit schlechter Maschine, übermäßig schnell fahren wollte, und dieses habe ich nicht gerathen (so wenig als das, selbst am Schreibtisch, schädliche Auflegen der Brust u. s. w.),

Österreichische Brustpolster statt Armauflage

2) Ich kann bloß solche Abänderungen und Zusätze als Verbesserungen anerkennen, welche der Beschreibung in der allgemeinen Zeitung von 1817. Nr. 204 und meiner Beschreibung desselben Jahres nicht widerspricht, sofern nämlich die Maschine durch eigene Kräfte gesunder Menschen getrieben werden soll.

Allgemeine Zeitung 16.8.1877
Die Laufmaschine des Freiherrn Karl von Drais, 1817
Siehe Kapitel: „*Laufmaschine via Buchhandel*"

Ich gebe daher der Verwendung noch besserer Materialien zu den Maschinen, und noch größerer Vervollkommnung der Fußwege auf den Landstraßen, meinen Beifall, tadle aber unnütze Vervielfältigungen des Mechanismus (z. B. die mittelbare Kraftanwendung und Französische Krümmung der Stützen u. s. w.) und freundschaftlich die Verwandlung der im Ganzen viel stärkeren Fuß-kraft, gegen die viel schwächeren Arme für die Regel.

Das Verhältnis Fuß:Arm entspricht dem Verhältnis 3:1.

Herr Mechanikus Bauer zu Nürnberg war der erste, der in oben erwähnter Beschreibung meiner Maschine, bei sonst sehr gründlicher Beurtheilung der Sache, Verbesserungen vorschlug. Auf dessen Veranlassung machte ich ihm meine Gegenbemerkungen zu seiner eigenen Zufriedenheit, wie ein Auszug aus dem Wechselschreiben mit demselben in der Note *) zeigt, zugleich dienlich als Widerlegung gegen den

Die hier benannte Riesen-Fußnote enthält den Briefwechsel.
Dieser steht im Kapitel „*Die Verschlimmbesserer*"

Luxus und Mode. Junius 1820.   369

Italienischen velocimano, gegen die im Februarheft d. J. erwähnte Englische Modificationen und gegen die neuliche Münchener Bekanntmachung darüber in dem Journal Eos.

Ich wollte daher wohl wetten, daß ich auf jedem großen Wege, bei dem es so viel Berg auf, als Berg ab geht, gegen den Englischen Trivector den Sieg davon tragen würde, — selbst wenn jeder Treiber desselben starke Muskelkraft hätte.

Luxus und Mode. Junius 1820. 371

Indessen sind auch für die praktische Ueberzeugung die bisher bekannten Erfahrungen mehr auf meiner Seite; denn wenn wir auch annehmen, die erwähnten drei Reisenden haben bei der angeführten Fahrt von London nach Brigton auf dem ganzen Wege keine weitere Kraft, als die ihrer 6 Arme zu Hülfe genommen, so sind doch schon mit der Draisine noch stärkere Touren gemacht worden, nicht nur von mir selbst, sondern auch von dem großen Draisinenreuter zu Dresden, welcher nach mehreren Zeitungen u. s. w. von dort bis Leipzig, 27½ Stunden (55 Englische Meilen weniger guten Weges), in 7 Stunden Zeit zurück gelegt hat? —

88 km
Schnitt 12,5 km/h

Der beste Beweis für den denkenden Mann ist aber der theoretische, wenn man weiß, daß der gesunde Mensch in den Füßen viel mehr Kraft hat, als in den Händen, und daß sich dabei, eine im Verhältniß leichtere Maschine, unter sonst gleichen Umständen, auch besser fortbringen läßt, als eine schwerere.

vorallem während der Beschleunigung!

Die Draisine wird also von keiner bloßen Handmaschine verdrängt werden, obschon sie hauptsächlich für große Reisen in Gesellschaft vieler und bequemer Personen auf schlechterm Wege, durch die Postpferde allerdings übertroffen ist, und ich mir sie durch die Dampfmaschine selbst noch mehr zu übertreffen getraue.

Richtig!

bequeme Menschen werden keine Draisinen-Reiter

Dieses schließt aber nicht aus, daß sie dennoch für folgende Zwecke so nützlich ist, als es die oben angeführten öffentlichen Blätter behaupten.

1) Für Boten, um ihre Touren viel bequemer zu machen.

2) Für Briefposten und andere Stafetten, welche dadurch auf guten Landstraßen der Ebene noch schneller und wohlfeiler von Statten gehen können, als es jetzt auf den Posten im Durchschnitt der Fall ist, da eine Draisine viel schneller bestiegen, als ein Pferd gefüttert und gesattelt wird, und da ein guter Reiter darauf die meisten Postpferde bei weitem übertrifft, und viel weniger Zeit zu dem Ausruhen bedarf.

3) Für Reisende in kleiner Gesellschaft, um im Sommer wohlfeiler und schneller zu wandern, als mit eigenen Pferden.

4) Für die Gesundheit und das Vergnügen, um sich mit wenig Mühe in kurzer Zeit viele Bewegung auf angenehme Art zu machen, und auf der vollkommenen Fläche des glatten Eises auch die Schlittschuhläufer zu übertreffen *).

*) Als in dem Januar d. J. nach der bekannten großen Ueberschwemmung Frost eintrat und fast die ganze hiesige Gegend mit Eis überzogen war, ließ ich meiner Draisine ein paar Schlittschuhe machen (bestehend aus ein paar kleinen Schlittläufen unter die beiden Räder, deren jeder auf jeder Seite ein Schlittschuh-Eisen unten eingelassen hatte) und mir ein Stachelkreuz unter jedem Fuß anschnallen.

Damit habe ich auf glattem Eis die besten vorhandenen Schlittschuhläufer tüchtig übertroffen.

Um 2000 ein Touristik-Boom!

11 Jahre später diese Idee:
Mechanics' Magazine Nr. 390

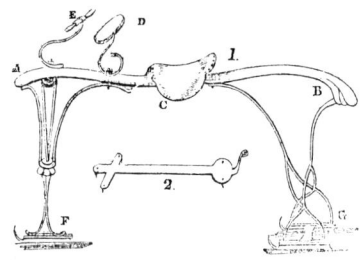

THE SKATER'S VELOCIPEDE.

Luxus und Mode. Junius 1820. 373

Original faksimiliert im Kapitel *„Laufmaschine via Buchhandel"*

Ich wiederhole daher hierdurch einen Theil meiner Beschreibung von 1817, mit Abbildung und mehreren Zusätzen.

Die

Laufmaschine

des

Freiherrn Karl von Drais.

(Draisine)

neueste Gattung.

= der 2. Generation

Hauptcharakter.

Ein Sitz auf Rädern, der mit den Füßen auf dem Boden fortgestoßen wird.

I.

Reisedraisine.

Ein Reitsitz auf nur zwei hinter einander laufenden Rädern.

Fig. 1 und 2.

Eigenschaften.

1) Berg auf geht man damit, auf guten Landstraßen, so schnell als ein Mensch im starken Schritt.
2) Auf der Ebene, selbst sogleich nach einem starken Gewitterregen, wie die Staffetten der Posten, in einer Stunde zwei.

   zwei Stunden Wegs = 4 Meilen = 6,5 km
3) Auf der Ebene, bei trockenen Fußwegen, wie ein Pferd im Galopp, in einer Stunde gegen vier.

   =13 km
4) Berg ab, schneller als ein Pferd in Carrier u. s. w.

   Carrière = franz. *Rennbahn*

Dieses habe ich mit beiden Gattungen Draisinen bewirkt, welches in theoretischer Hinsicht vorzüglich dem zuzuschreiben ist, daß man sitzend einen viel größeren Schwung der Füße hat, und welches auch wahrscheinlich die Hauptursache ist, daß junge Leute, die nach meinem Unterricht viel auf Draisinen gerollt sind, schönen Wuchs mit großen Füßen erhalten haben.

süddeutsch = *starke Beine*

Beweis.

Die Urnachricht aus dem Badwochenblatt siehe Kapitel *„Locomotion und Dada"*.

1) Beispiele davon in der Carlsruher Zeitung Nro. 211, in der Allgemeinen Nr. 204 und in vielen andern Blättern des Jahres 1817 u. s. w.

2) In theoretischer Hinsicht liegt der bekannte Mechanismus des Rades, auf die einfachste Art für das Laufen angewandt, zum Grunde. Die Erfindung ist daher, in Hinsicht auf die Ersparung der Kraft, fast ganz mit der sehr alten der gewöhnlichen Wägen zu vergleichen. So gut ein Pferd auf den Landstraßen im Durchschnitt die, auf einem verhältnißmäßigen, wohl gearbeiteten Wagen geladene Last viel leichter sammt dem Wagen zieht, als ohne ihn die Ladung auf dem Rücken trägt; — so gut schiebt ein Mensch sein eigenes Gewicht viel leichter auf meiner Ma-

Zu dünne Achsen siehe Kapitel *„Fahrphysik light"*.

Die Drais'sche Beobachtung siehe Kapitel *„Fahrphysik light"*.

schine (mit dünn gedrehten Achsen) fort, als er es selbst trägt. — Dieses ist um so mehr der Fall, als man mit dem einzigen Geleis sich fast immer die besten Strecken der Landstraßen heraussuchen kann, deren Fußwege den ganzen Sommer fast immer trocken sind.

Die Schnelligkeit der Maschine gleicht auf ebenem festem Wege fast ganz der des Schlittschuhlaufens, indem die Grundgesetze übereinkommen. So schnell man nämlich im Stande ist, den Fuß einen Augenblick hinauszustoßen, so schnell geht es während dem Ausruhen fort; Berg ab werden die besten Pferde auf langen Strecken übertroffen — und doch mit größerer Sicherheit gegen Un-

die dosierbare Bremse siehe Kapitel *„Laufmaschine via Buchhandel"*

glücksfälle, da man nebst einer kleinen Schleifsperre, die man während des Laufens mit einem Finger gradationsweise dirigiren kann, auch mit den Füßen zum Anhalten beständig bereit ist.

Manipulation.

Nachdem man sich auf die Maschine ungefähr so gesetzt hat, wie es die anliegende Figur zeigt, lege man mit etwas vorgerichtetem Körper die Arme, mit weit von einander entfernten Ellenbogen, fest auf das Balancirbrett auf, und suche sich dadurch mit der Maschine im Gleichgewicht zu erhalten, indem man immer da sanft hinunter drückt, wo das Brettchen anfangen will, in die Höhe zu steigen. Mit den Händen halte man die sehr leicht in Bewegung zu setzende Leitstange, um den Gang nach Gefallen zu dirigiren, doch so, daß das Rad, wo möglich auf einer festen Linie der Straße gehe. Dieses muß aber für gewöhnlich fast bloß mit den Händen geschehen, da die Vorderarme in der Nähe der Ellenbogen wenigstens einige Zeit aufgelegt bleiben müssen, und man sich mit diesen für das Balanciren, so wie mit den Händen für das Leiten, ein sicheres Gefühl und Achtsamkeit angewöhnen muß. Alsdann mache man, mittelst leichten Aufsetzens der Füße, große, aber Anfangs langsame Schritte in paralleler Richtung mit den Rädern, und halte die Absätze dabei nicht einwärts, daß man nicht mit denselben unter das hintere Rad komme, und wann man nachher in dem Schuß ist, und aus Versehen die Balance etwas verloren hat, kann man sich gewöhnlich mit den Füßen helfen, oder durch das Leiten, wenn man ein Bischen gegen die Richtung leitet, auf welche der Schwerpunkt des Ganzen sich neigte, und wenn man eine Schwenkung machen will, richte man unmittelbar vorher den Schwerpunkt etwas auf die innere Seite und lenke gleich darauf hin. Um eine der erforderlichen Fertigkeiten nach der andern zu erlernen, mache man die ersten Proben auf ganz guten Wegen oder Plätzen von gewisser Breite, etwa in dem Hause. — Erst nach hinlänglicher

G c

Bedienungsanleitung jetzt ausführlicher (diese ist einer der ältesten deutschsprachigen)

Neuer Hinweis: kippender Fahrer wird durch Steuern in die Kipprichtung via Zentrifugalkraft wieder aufgerichtet - die immer noch gültige physikalische Erklärung siehe Kapitel *„Phobie gegen Balancieren"*

Fertigkeit im Balanciren und Dirigiren schiebe man sich schneller, und halte meistens beide Füße zugleich in der Höhe, wie die Figur auf der Damendraisine zeigt, um auszuruhen, während man in voller Schnelligkeit fortrollt.

Zusätze.

Dabei kann man auch folgende Sachen zusetzen:

Das Tandem! siehe Kapitel „Höhenverstellbare Laufmaschine".
Der Schirm kippbar, abgebildet im Kap. „Nach Paris".

1) Einen zweiten Reitsitz, der auch durch andere Last besetzt werden kann u. s. w.

2) Einen Schirm, der bei günstigem Wind als Segel gebraucht werden kann u. s. w.

II.
Damendraisine.
Fig. 3 und 4

Siehe Kapitel „Fürstliche Draisinen-Flotte"

hat 3—4 Räder, und taugt nicht so gut zum Reisen auf den jetzt gewöhnlichen Landstraßen, da sie mehr als ein Geleis hat, gewährt aber auf ganz guten Spazierwegen von gewisser Breite die Annehmlichkeit, eine Dame vor sich zu haben und wie im Rennschlitten nach Belieben schnell zu fahren, diese hat dabei von keinem Pferd vor sich her, und von keinem Staub, was solches gemacht hätte, zu leiden; sie sitzt tief genug, um nicht zu schwindeln und überhaupt sehr behaglich mit dem offenen Weltkreis vor ihren Augen *)

Schlußbemerkung.

Zum Schluß muß ich hierdurch anerkennen, daß bis zu diesem Augenblick die Englische Nation der unserigen

Diese dienten den Wagnern als Vorbild zum Bau.

*) Modelle von beiden Gattungen Draisinen sind schön verfertigt zu haben bei dem Bildhauer und Vergolder Diemer zu Mannheim, zusammen für ein Louisd'or.

in mehrerer Rückficht rühmlich, vorangegangen ift, daß
wir ihr aber wahrfcheinlich bild mehr folgen werden,
wenn, wie wir jetzt hoffen dürfen, die Verfaffung (wofür wir den großmüthigen Fürften billiger Weife vielen
Dank zu leiften haben), auch hier unter andern die Er-
findungstalente auf ähnliche Art aufmuntert, wie dort und
in Frankreich u. f. w. Denn nach der Herftellung mög-
lichfter Perfonalfreiheit u. f. w. fcheint mir die Anfeuerung
zu nützlichen Erfindungen eines der größten Mittel zu feyn,
die Energie einer Nation empor zu heben.

Bei diefer Gelegenheit grüße ich meine Freunde
herzlich, und reiche Jedermann freundlich die Hand,
der unpartheiifch fich beftrebt, die Wahrheit zu unter-
fuchen und das Gute zu befördern.

Mannheim, den 22. Junius 1820.

Carl Freiherr von Drais.

*   *   *

Nachfchrift des Einfenders.

Ganz neue Nachrichten fagen, daß der neue Trivector u. f. w. jetzt fchon wieder auf die Seite gelegt,
die Draifine hingegen feit dem 1ften d. M Junius 1820
fchon auf den meiften Englifchen Briefpoften der Ebene
im Gange fey.

In dem Frankfurter Teutfchen Journal vom 20ften
d. M. Junius 1820 fteht, daß ein Englifcher Ingenieur
die Reife von Pau nach Madrid auf einer Draifine gemacht habe u. f. w.

Ec 2

Die Badische Verfasssung war die erste in den deutschen Fürstentümern

Erfolgsbeispiel: USA

die vom Vater abgelauschte Grußformel

noch nicht wieder gefunden! Konzept eines Mr. Burgess

noch nicht wieder gefunden!

500 km über die Pyrenäen!

50 Jahre später. Dampfvelociped
von Louis Perreaux 1871

Holländische Verhältnisse bei
gefrorener Rhein-Überschwem-
mung.
Überschwemmungsgebiet
1882/1883

Nachdem schon die vierte Veröffentlichung den Lesern vorgaukelt, sie könnten sich das Balancieren sparen und zudem besser mit den Armen antreiben, reißt Karl Drais die Hutschnur und er schreibt diese Gegendarstellung. Wohl von Universitätszeiten her weiß er, daß die Beinmuskulatur dreimal so leistungsfähig ist wie die Armmuskulatur, was Messungen im Kaiser-Wilhelm-Institut für Arbeitsphysiologie achtzig Jahre später vollauf bestätigen werden! Also muß er den Journalisten den Zahn ziehen, daß Handbetrieb und damit weniger Straßenkontakt vorteilhafter sei.

Daß bei der Beschreibung der Birchschen Fuhrwerke die Dampfmaschine ins Gespräch gebracht wird, nimmt er auf und schreibt, daß er die Draisine *durch die Dampfmaschine selbst noch mehr zu übertreffen getraue*. Ohne seine Auswanderung nach Brasilien hätte es also vielleicht schon fünfzig Jahre vor Louis Perreaux ein Dampfzweirad gegeben! Die überfrorene Überschwemmung in Mannheim vom Januar 1820 kann den Schlittschuhläufer Drais nicht abhalten, dennoch die Draisine zu benutzen – er baut Kufen unter die Räder und überholt alle anderen!

Hoch wünschenswert wäre, die Nachricht der Langstreckenfahrt eines englischen Ingenieurs laut Ausgabe des *Frankfurter Journals* (deutsche Ausgabe) vom 20. Juni 1820 zu finden. In den Bibliotheken ist dies Exemplar ausweislich der Zeitschriftendatenbank ZDB nicht vorhanden.

In derselben Nummer des *Journal de Francfort* (französische Ausgabe) steht die Nachricht nicht drin, auch nicht früher oder später! Daraus kann man schließen, daß sie sechs Wochen früher eher in einer Londoner als in einer Pariser Zeitung gestanden haben muß. Pau war in den Napoleonischen Kriegen Standort englischer Militärs, danach beliebter Kurort der Engländer. Gern wüßte man mehr, wie der Brite die Tour-de-France-verdächtige Leistung – 500 Kilometer von Pau nach Madrid und dabei über die Pyrenäen – vollbracht hat! ❦

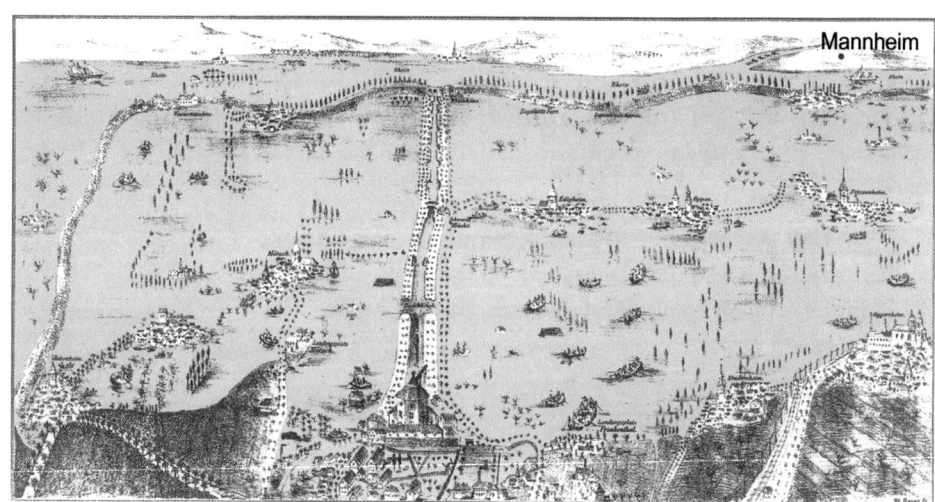

Mannheim

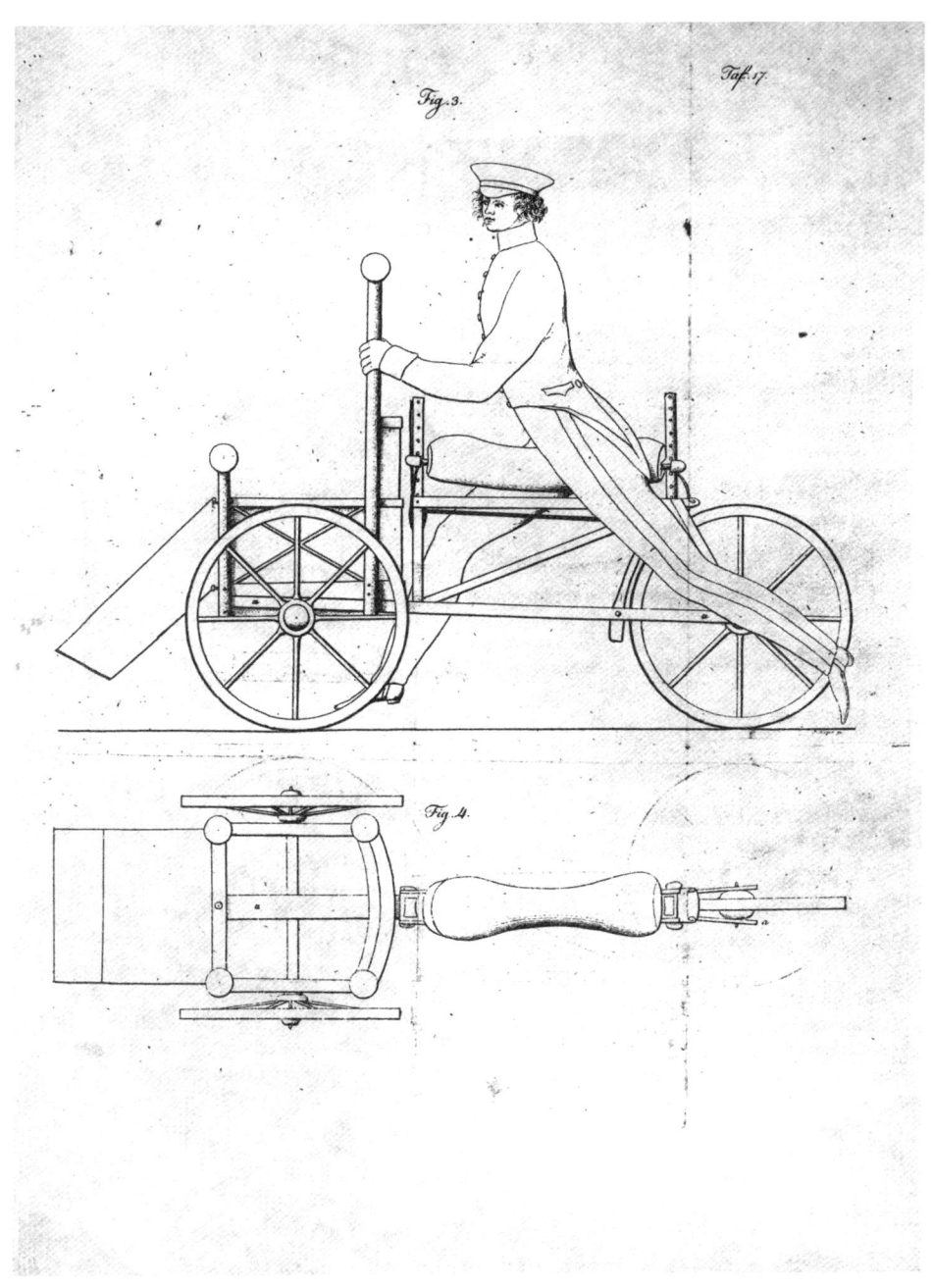

Fig. 3.

Taf. 17.

Fig. 4.

1820

339

Kammerherr baut Schreibmaschine

Nach drei Jahren Wartezeit kann Drais endlich die Kammerjunker-Uniform gegen die Kammerherrn-Uniform austauschen. Für den erblindenden Vater baut er eine mechanische Schreibhilfe, genannt Schreibclavier.

Kammerherrnschlüssel. Dieselbe Form mit Initial L wie Ludwig wurde Karl Drais verliehen (*Reiß-Engelhorn-Museen Mannheim*)

E s ist schon gesagt worden, daß in den deutsche Fürstentümern ein Mensch ohne Uniform ein Nobody ist. Mit seiner Zuruhesetzung aus dem Forstdienst 1818 hat Karl Drais die Möglichkeit verloren, die Forstmeister-Uniform zu tragen. Also muß sich der über dreißigjährige Professor der Mechanik in die Kammerjunker-Uniform zwängen, die einfach nicht mehr altersgemäß ist. Großherzog Carl I. hatte damals zugesagt, ihn bei der nächsten Gelegenheit zum Kammerherrn zu ernennen, doch vorher starb er ja. Jetzt holt dies Ludwig I. endlich nach (*Großherzoglich badisches Staats- und Regierungsblatt* 9.3.1821), und Drais hat die passende Uniform und den Kammerherrnschlüssel, der bei offiziellen Anlässen am Bund getragen wird und jederzeitigen Zugang zum Herrscher symbolisiert.

Was macht Drais nach der Laufmaschinen-Erfindung, zu deren Verbreitung er nichts mehr tun muß? Den Schlüssel liefert der anonyme Biograph von Drais-Vater: *Aber jetzt trat eine schwere Prüfung ein. Der rastlos tätige Mann fühlte seine Sehkraft ermatten; nach kurzer und immer kürzerer Anstrengung verschwammen ihm die Augen; das Tageslicht schmerzte ihn; er mußte sich meistens in ein trauriges Halbdunkel zurückziehen und bald erkannte er die eignen Schriftzüge nicht mehr. Alle angewandten Mittel und Beratungen ausgezeichneter Ärzte waren vergebens, denn der graue Star war wirklich vorhanden* (NN 1841). Drais-Vater macht aber weiter, laut Biograph wollen die Untergebenen den Vorgesetzten noch möglichst lange haben – offenbar ist er beliebt. Problem erkannt – Problem gebannt: Karl Drais macht sich an den Bau eines *Schreibclaviers*, wie er es später auch nennt, zur Prägung von Buchstaben auf Papier, die aus Punkten gebildet werden.

Daß er dies zum jetzigen Zeitpunkt tut, ist nur aus späteren Zeugnissen rückschließbar. In seinen anonym veröffentlichten Briefen aus Brasilien (siehe später) berichtet er davon, daß er dem dortigen Kronprinzen in Audienz eine mitgebrachte Erfindung vorgeführt habe. Na klar – die Laufmaschine, mutmaßten viele Skribenten, die Weglosigkeit Brasiliens nicht berücksichtigend. Doch Drais ist dort wie jeder andere zu Pferde unterwegs. Einer Nachricht im *Morgenblatt für die gebildeten Stände* vom 4.1.1830 über einen Vortrag in Frankfurt ist zu entnehmen, daß Drais die Schreibmaschine der brasilianischen Regierung vorgeführt hat.

Die schon ausgeführte Maschine zu diesem Zweck besteht nach ihrem Aeussern aus einem hölzernen Kästchen in der Grösse und Form eines Cubicfusses, in dessen obern Fläche, etwas versenkt, sich in der Mitte Oeffnungen für 4 mal 4 quadratische abwärts gehende Fingertasten befinden, deren jede mit einem oder einigen verwandten Buchstaben (für ein gemeinschaftliches Zeichen) beschrieben seyn kann, wie die zwei breiten Figuren beifolgender Zeichnung in Grundriss und Durchschnitt in natürlicher Grösse weissen.

Um hiernach Buchstab für Buchstab auszudrücken, darf der Schreiber (der sitzend auf einem Reitsitz die Maschine zwischen den Beinen hat) nur die mit den verlangten Buchstaben bezeichneten Tasten der Reihe nach leicht niederdrücken, um auf einem in dem Innern der Maschine befindlichen Papiere (durch Maschinerie, mittelst leichten Fussdrucks, bewegt) den entsprechenden Abdruck, deutlich auf einander folgend, zu bewerkstelligen.

Schon auf diese Weisse kann man eine grosse Schnelligkeit erreichen, zumal wenn man die Fingerfertigkeit eines geübten Clavierspielers besitzt, da man nur gleichsam Punkte Statt ganzen Buchstaben mit mehreren Zügen zu machen braucht.

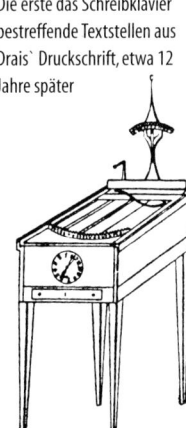

Die erste das Schreibklavier bestreffende Textstellen aus Drais` Druckschrift, etwa 12 Jahre später

In den späteren Druckschriften beschreibt Drais immer zwei Versionen, wovon die erstere offenbar diejenige für 25 fühlbare Buchstaben ist. Das Rätsel ihres Mechanismus ist bis heute nicht gelöst, da die später ebenfalls angekündigte käufliche Baubeschreibung bislang nicht gefunden wurde und die Maschine aus dem Nachlaß verschollen ist. Laut Technikhistoriker Feldhaus ist dies die erste, die jedem Buchstaben eine Taste zuordnet. 🚲

William Burts Typographer, gemäß Patent 1829 *(Adler 1973)*

F.A.Z.-Grafik: Kaiser

Links: Rekonstruktion der Schreibmaschine (hier die spätere für 16 Buchstaben) *(Frankfurter Allgemeine Zeitung)*

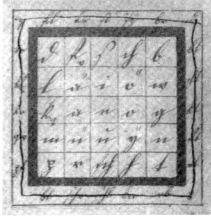

So könnte das 25-Tasten-Feld ausgesehen haben: Geheimschrift-Bogen von 1833 *(2x Generallandesarchiv Karlsruhe 233/10359)*

Handantrieb für Draisine

Der Gründer des ersten Tierschutzvereins ist Diamantenhändler-sohn und ein erfinderischer Kopf. Durch den Anbau eines Hand-antriebs will er beim Zweirad zusätzlich die Arme beschäftigen und es so schneller oder müheloser zu machen.

Ludwig Gompertz (1779-1861), Tierschützer und Erfinder, baut 1821 einen Handantrieb für Draisinen in London.

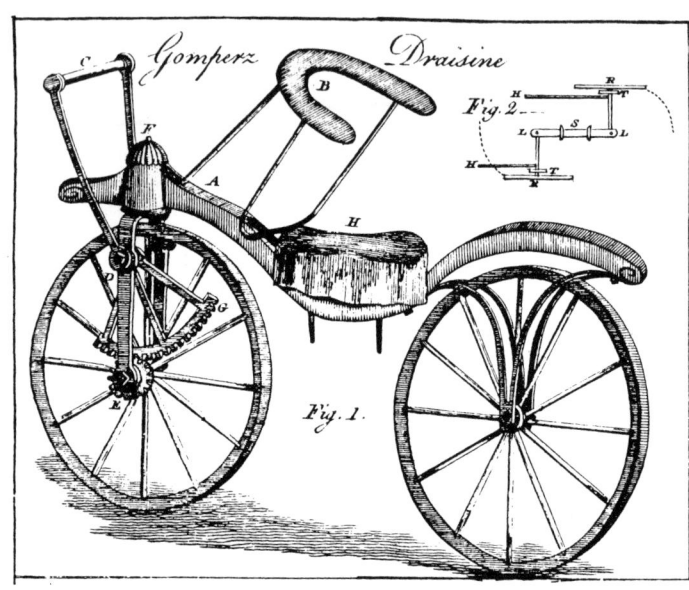

Ludwig Gompertz ist in London geboren und entstammt einer jüdischen Diamantenhändler-Familie, ursprünglich aus Emmerich am Niederrhein. Der Kämpfer für die Rechte der Frauen, Farbigen, Armen und Unterdrückten widmet sein Leben dem Tierschutz. Er hält für ungesetzlich, ein Tier zu tö-ten oder für ihm abträgliche Zwecke einzusetzen. Konsequent verdammt der Jagd und Vivisektion, ist Vegetarier, verschmäht auch Eier oder Milch, sowie Leder und Seide, und fährt niemals in einer Kutsche. 1824 wird er seine Sicht im Buch *Moral Enquiries on the situation of Men and Brutes* vorstellen (Moralische Fragen zur Lage der Menschen und Biester, 1997 als Reprint von Bioethiker Peter Singer herausgegeben). *Brutes* (Biester) nannte man in England alle Tiere. Im Folgejahr gründet er mit einem Parlaments-Mitglied die *Society for the Prevention of Cruelty to Animals*, den ersten Tierschutzbund der Welt.

L.

Zugabe zu den Draisinen. Von Ludw. Gomperz.

Aus dem Repertory of Arts, Manufactures et Agriculture. II. Series. N. CCXXIX. Junius 1821.

Mit einer Abbildung auf Tab. VI. und einem Zusaze des Ueberſezers.

Fig. 1. Tab. VII ſtellt die ſinnreiche und wohlbekannte Erfindung des Freyherrn von D r a i s (die man in England Velocipede nennt. Ueb.) mit meiner Zugabe dar, durch welche die Geſchwindigkeit derſelben vermehrt und die Mühe des Reiters vermindert wird, ohne daß etwas mehr als eine kleine Abänderung an dieſer Maſchine, rükſichtlich auf meine Verbeſſerung nöthig wäre, welche vorzüglich darin beſteht, die Arme des Reiters mehr in Thätigkeit zu ſezen und den Füßen zu helfen. In dieſer Hinſicht habe ich eine Kurbel C angebracht, welche vor = und rükwärts gezogen werden muß. An dieſer Kurbel iſt ein Viertel eines Zahnrades D G angebracht, welches mit ſeinen Zähnen in einem Triebſtoke E eingreift, der an dem vorderen Rade der Draiſine befeſtigt iſt. Wird die Kurbel nun mit beiden Händen zurükgezogen, ſo wird die Draiſine dadurch vorwärts geſtoßen; ſtößt man aber die Kurbel wieder vor ſich hin, um ſie ſpäter zurükzuziehen, ſo wird die Draiſine dadurch nicht zurükgeſchoben, weil das Viertel = Zahnrad in den Triebſtok in dieſer Richtung nicht eingreift. H iſt der Sattel. Die Lehne B muß etwas an=

Polytechnisches Journal. Herausgegeben von Dr. Johann Gottfried Dingler, Chemiker und Fabrikanten ꝛc. Fünfter Band. Jahrgang 1821. Mit 6 Kupfertafeln. Stuttgart. In der J. G. Cotta'ſchen Buchhandlung.

Gomperz Aufsatz *Zugabe zu den Draisinen* erschien Juni 1821 in Dingler's polyt. Journal. Ergänzt durch einen Zusatz des Übersetzers.

Falsch übersetzt! Vielmehr Freilauf

1821

343

ders als in der ursprünglichen Draisine des Freiherrn gebaut seyn, wie die Figur zeigt; nämlich so, daß die Brust
des Reiters gegen das vordere Ende derselben drükt, während die Seiten der Lehne ihn zum Theile umfassen und in
einiger Entfernung unter seinen Armen hinlaufen. Diese
Lehne ist weich ausgepolstert, und mittelst derselben kann
er die Maschine, ohne seine Arme im mindesten dazu nöthig zu haben, gehörig im Gleichgewichte erhalten. Er
braucht hier seine Arme, zugleich mit seinen Füßen, um die
Draisine in Bewegung zu sezen, und auch um dieselbe zu
leiten; denn das Vorderrad wendet sich hier so, wie in der
ursprünglichen Draisine, und dieselbe Kurbel, die sie vorwärts schiebt, leitet sie auch). Der Reiter kann, wenn er
will, seine Arme und die Kurbel in Ruhe halten, ohne daß
deßwegen die Maschine stehen bleiben würde, er kann aber
auch, wo der Weg gut ist, und er sich im Gleichgewichte zu
erhalten vermag, dieselbe durch seine Arme in Bewegung sezen, ohne die Füße dazu nöthig zu haben.

Der Viertelkreis muß groß genug seyn, um den Armen
des Reiters volle Zusammenziehung zu gestatten, und beinahe auch volle Ausstrekung derselben: jedoch brauchen die
Arme nicht ganz ausgestrekt zu werden: denn, wenn die
Draisine rükwärts geht, muß das Viertelrad außer dem Trieb-
stoke gehalten werden, und in diesem Falle sind die Arme etwas mehr ausgestrekt, als wenn sie in Bewegung sind; gäbe
man hierauf nicht acht, so würde die Kurbel soweit vorgezo-
gen, daß der Reiter sie nicht mehr erreichen könnte. Die
Räder sind an der in der Zeichnung dargestellten Draisine etwas größer als gewöhnlich: wollte man sie kleiner haben, so
müßte auch der Triebstok verhältnißmäßig kleiner, oder das
Viertelzahnrad müßte größer seyn, so daß ein Stoß an der
Kurbel die Maschine ebensoweit treiben könnte, wie die hier

Hierzu ist eindeutig der Freilauf nötig.

Beim modernen Fahrrad verhackt sich die linke Kurbel mit dem Seitenständer beim zuückschieben.

gezeichnete, deren Größenverhältniſſe die Erfahrung mich als die vortheilhafteſten kennen lehrte. Dieſer Punkt iſt zu wichtig, als daß man denſelben nicht genau beachten ſollte: denn wenn die Bewegungen der Kurbel zu ſchnell auf einander folgen, ſo gewähren ſie wenig Vortheil. Der Rüken oder die ſogenannte Langwied der Draiſine iſt aus Buchenholz und unten noch mit Eiſen beſchlagen; die Theile, in welchen die Räder laufen, ſind von Eiſen, und die aufrecht ſtehenden Theile der Kurbel, obſchon von Stahl, doch beinahe noch etwas zu leicht: denn dieſe verbeſſerten Draiſinen müſſen ehe etwas ſtärker und ſchwerer ſeyn als diejenigen, welche nicht durch die Hand bewegt werden. Ich habe gefunden, daß die Geſchwindigkeit der Draiſine durch meine Vorrichtung um vieles vergrößert wird, und obſchon hier die Arme durch das Arbeiten an der Kurbel mehr angeſtrengt werden, als wenn ſie, wie in der alten Draiſine, ruhig in der Lehne liegen bleiben, ſo iſt doch dieſe Anſtrengung nicht anhaltend; die Arme ſind hier ungefähr ſo, wie bei dem Rudern, beſchäftigt, nur daß die Hände hier nicht ſo leicht ermüden, weil ſie bloß der Kraft der Arme zu widerſtehen haben, während bei dem Rudern ſie ſelbſt den Muſkeln, welche an dem SchenkelKnochen den Rüken rükwärts ziehen, und der ganzen Schwere des Körpers, und noch überdieß der Kraft der Arme Widerſtand leiſten müſſen.

Es verdient wahrlich bemerkt zu werden, wie ſehr das Publicum bei der erſten Erſcheinung der Draiſinen ſich derſelben freute, und wie ſchnell es dieſelben wieder als unnüzes Kinderſpiel wegwarf. Der Fehler ſcheint mir indeſſen nicht ſowohl in der Erfindung ſelbſt, als vielmehr in der Art zu liegen, mit welcher ſie von denjenigen aufgenommen wurde, deren Schuz ſie in Anſpruch nahm, und wohl auch von denjenigen, deren unüberlegten Tadel ſie eben nicht nöthig hatte;

Erste Überlegungen, wie groß die Entfaltung pro Kurbelzug sein sollte.

Gompertz hat dies also gebaut und gefahren.

D.h. die Obrigkeit

vorzüglich aber liegt die Ursache des Verfalles der Draisinen in dem Verbothe, dieselben auf Fußwegen zu gebrauchen; ein Verboth, welches, wenn es hier und da nothwendig war, zugleich mit dem Befehle hätte verbunden werden müssen, daß sie drei oder vier Fuß von dem Fahrwege zu ihrem ausschließlichem Gebrauche angewiesen, und diese für sie stets in gutem Zustande erhalten, bekommen sollen. Sie verdienen dieß; und diejenigen, die sich derselben bedienen wollen, sollten nicht der Gefahr der Verlezung von Kutschen und Pferden ausgesezt oder verdammt seyn, bis an die Kniee in Koth zu waten. Nur durch Einführung und Vervollkommnung dieser Maschinen kann der Mensch von einem der langsamsten Thiere in der Schöpfung durch wohlthätige Ausübung eigener Kraft zu einem der schnellsten erhoben werden. Das lächerliche Licht, das einige Müssiggänger und Caricaturen-Krämer auf sie geworfen haben, wird vor den Strahlen der Vortheile verschwinden, die die Draisinen der Welt noch einst gewähren werden.

Zusaz des Uebersezers.

Wir kennen in Deutschland, Wien vielleicht ausgenommen, wo man mehrere herrliche Ballets mit Draisinen tanzte, und zeigte, welcher Sicherheit und Leichtigkeit der Bewegung diese Maschine unter einem geübten Reiter fähig ist, die Vortheile dieser Erfindung viel zu wenig: indessen scheinen aber auch ihre Freunde die Nachtheile derselben viel zu wenig zu kennen; denn alles, was Hr. Gomperz in dem Nachsaze gegen das nothwendige Verboth derselben auf den Trotoirs und die Müheseligkeiten auf dem Fahrwege sagt, wird auf unserer besten Welt sich schwerlich jemals ausgleichen lassen, und ist im Grunde, unbedeutend. Die ernsteren Nachtheile der Maschine sind vorzüglich:

Schon damals: Radstreifen gefordert

Dandytum

Visionär!

Dingler ist da ein bissel blauäugig.

1. die Gefahr des Umschlagens, die, wie Uebersezer nur aus dem Kreise seiner Erfahrung weiß, manchen Arm, manches Bein, manche Rippe, und in Folge dieser Verletzungen auch ein paar Leben kosteten. Diesem Nachtheile könnte zum Theile dadurch abgeholfen werden, daß man die beiden Räder nicht unmittelbar hinter einander, wie die Kutschenmacher zu sagen pflegen, auf Einem Faden, sondern in zwei Geleisen so laufen ließe, daß das vordere Rad z. B. acht bis zehn Zoll links, das hintere eben so viel rechts von der Langwied entfernt liefe. Hierdurch würde die Gefahr des Umschlagens so wie die Müheseligkeit des Balancirens mit dem Körper bedeutend vermindert werden. Allerdings würde die Behendigkeit der Bewegung dadurch leiden: allein, diese ließe sich dadurch wieder zum Theile ersezen, wenn man an dem hinteren Rade zwei Hebel anbrächte, auf deren einem Ende der Fuß des Reitenden, wie in einem Steigbügel ruht, und dessen anderes Ende entweder durch ein Viertel=Zahnrad, wie Hr. Gomperz hier an dem Vorderrade anbrachte, oder durch eine andere bequeme Vorrichtung das Rad nach vorwärts treibt.

Wenn Hr. Gomperz bei seiner Vorrichtung den Füßen durch die Hände hilft, so finden wir es pflichtmäßig für die Füße, daß auch sie gegen die Hände das Reciprocum beobachten, um so mehr, als sie bei dieser Vorrichtung sich durchaus so sehr werden anstrengen dürfen, als bei der gewöhnlichen Draisine. Es ist um so mehr nöthig, bei der Draisine Brust und Arme zu schonen, als der 2te Nachtheil dieser Art von Fahrzeuge vorzüglich darin besteht, daß die Brust, oder eigentlich das, was in der Brust ist, die Lungen gar sehr in Gefahr sind, bei anhaltendem oder angestrengten Gebrauche derselben angegriffen zu werden, und zu leiden. Mehrere Bekannte des Uebersezers mußten daher, auf Geheiß ihres

Todesfälle!

Vorschlag des Herausgebers, jedoch schwer zu beherschen.

Erstmals Hinterradantrieb anedacht.

Auch Drais kritisiert das schädliche Auflegen der Brust, aber bei Gompertz Handantrieb geht es nicht anders

Johann Gottfried Dingler (1778-1855) Technologe, Herausgeber, Unternehmer. Er übersetzte und verschlimmbesserte Gomperz' Aufsatz (siehe zweite Figur) *(Städt. Kunstsammlungen Augsburg)*

Zum Lenken!

Arztes, den Gebrauch der Draifine aufgeben, der, so lang man mit der Bruft fich in derfelben anftemmen muß, und nicht die Füße als die vorzüglichften Treibwerke brauchen kann, jungen noch im Wachfen begriffenen Leuten fo wie allen Erwachfenen und auf der Bruft fchwächlichen, unbedingt zu unterfagen ift.

Erklärung der zweite Figur.

L L Langwied mit dem Sattel S.

R R Räder.

H H Hebel, welche den Triebftok T in Bewegung fezen, der in die Räder R eingreift, und die Bewegung derfelben hervorbringt, indem man fie an dem oberen Ende mit der Hand faßt.

Die Achfe muß an den Spizen geftählt und in einer Vertiefung des Rades laufen, nicht daffelbe durchbohren, um fo wenig als möglich Reibung zu erzeugen. Bei L und R find Reibnägel, die den halben Achfen LR jede halbkreisförmige Bewegung gegen und von L geftatten, alfo die Lenkung.

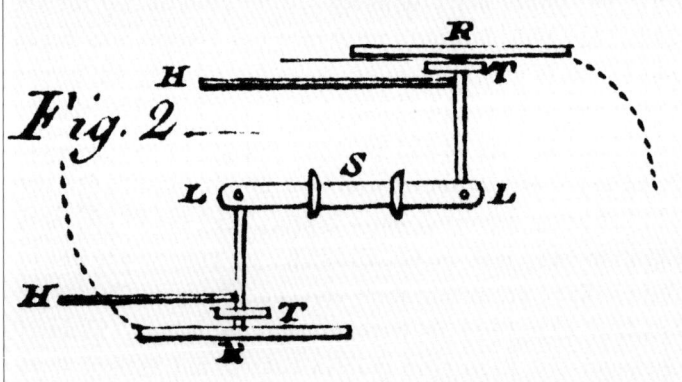

Fig. 2

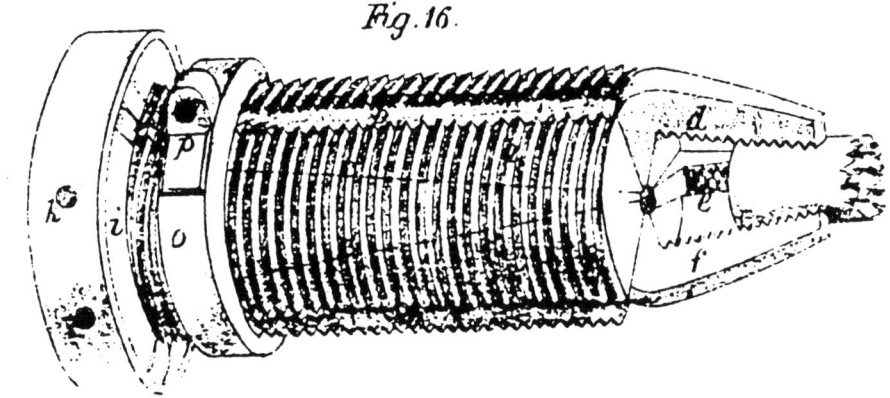

Fig. 16.

Aus diesem Bund wird Ludwig Gomperz 1832 ausgeschlossen, weil ein Mitglied in diesem Buch christenfeindliche Tendenzen entdeckt zu haben glaubt. Er wird dann die *Animals' Friend Society* mit eigener Zeitschrift gründen.

Seine zahlreichen Erfindungen sind in einem *Index to Inventions of Lewis Gompertz* 1837 veröffentlicht, wovon das Bohrfutter jedermann kennt – unbekannt dagegen blieb der Erfinder der seinen Erfindungen nicht weiter unternehmerisch verwertete!

Sein Vorderrad-Antrieb (Fig. 1; siehe S. 342)) für die Draisine muß die Armauflage durch eine Brustauflage ersetzen und kann eigentlich nur funktionieren, wenn im Ritzel auf der Vorderachse ein Freilauf vorhanden ist, und so steht es auch im englischen Originaltext: the rack ... *when thrust from him does not send it back again, on account of <u>the ratch which allows the pinion to turn in that direction free of the wheel</u>*. Herausgeber Dingler übersetzt dagegen falsch, daß beim Wegdrücken der Antriebsstange das Zahnsegment nicht ins Ritzel eingreife! Ansonsten macht Dingler einen eigenen Vorschlag für einen zusätzlichen <u>Fußantrieb</u> und zeichnete eine Draufsicht von oben (Fig, 2). Die zwei Räder sollen nicht einspurig, sondern um 20-25 cm seitlich versetzt an der Langwied gelenkig angebracht werden, und das hintere soll dann über zwei Fußhebel mittels Zahnsegement und Ritel oder sonstwie angetrieben werden. Dingler schlägt also für damals Ungeheuerliches vor, nämlich die Füße auf Dauer vom rettenden Boden zu nehmen und auf Trethebel zu setzen! Die Handhebel H sollen die Räder antreiben und zugleich einzeln lenken – schwierig, schwierig! Vermutlich hat er dies nicht weiter verfolgt, denn in seinem Journal ist bis 1896 nie mehr die Rede von Zweirädern. 🐾

An jeder Bohrmaschine und Drehbank: Gompertz-Bohrfutter

Wie sah Karl Drais aus?

Während die Drais-Verehrung Ende des 19. Jahrhunderts einen schwarzhaarigen Drais visualisierte, gibt uns ein neu aufgetauchtes Porträt den blonden Drais wieder. Gesucht wird das Familienporträt von 1821, welches bis in die 1940er noch lokalisierbar war.

Die Gedächtnisausstellung zum 200. Geburtstag des Erfinders 1985 in Karlsruhe machte es überdeutlich, daß ein authentisches Porträt fehlt *(Drais-Katalog 1985)*. Denn die Draisverehrung anläßlich der Umbettung in den neuen Karlsruher Friedhof 1891 mußte sich auf die nicht authentische Karikatur von 1845 und ein daumennagelgroßes Porträt (s2) im Huldigungdbild für den nach der 1849er Revolution zurückgekehrten Herrscher stützen. Die Suche des Mannheimer Stadthistorikers Friedrich Walter nach einem se-

riösen Porträt blieb damals erfolglos, wurde vielleicht auch von den badischen Monarchisten hintertrieben. Daraus wurde schließlich ein schwarzhaariger Karl Drais.

Als die Ausstellung im selben Jahr nochmals im Mannheimer Reiß-Museum gezeigt wurde, hängte Oberkonservatorin Dr. Grit Arnscheidt ein Porträt von Drais-Vater (vs) aus Mannheimer Familienbesitz dazu (außer Katalog). Zumindest war es so beschriftet. Sie kannte es von Besuchen bei dem ehemaligen Museumsdirektor Gustav

s1: Karl Drais im Park 1819
s2: Karl Drais als Zuschauer 1849
(siehe später)
v1: Vater mit Orden nach 1807
v2: Vater zum Amtsantritt 1810
v3: Vater zum Jubiläum 1827
vs: Drais-Abbildung „Um 1820"

Der Erfinder, nicht der Vater:
Karl Drais etwa 35jährig. Pastell, um 1820, Zeichner ungenannt *(Archiv Friedmann)*

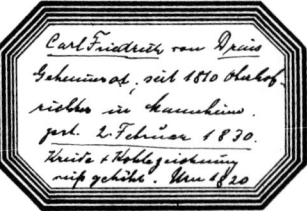

Das wohl von Jacobs beschriftete Etikett auf der Rückseite des Porträts

Jacobs, der wie seine Frau aus alter Mannheimer Familie stammte, also das Bild wohl geerbt hatte. Dann kam die Entdeckung der Beschriftung „v.Dr." auf Kargs Schloßgartenansicht von 1819 dazu *(Lessing 1996)*, siehe früher. Der blonde Draisinenreiter sollte also Karl Drais darstellen, ergo war Drais gar nicht schwarzhaarig! Jetzt konzentrierte sich das Interesse erneut auf das Bild aus der Familie Jacobs. Das moderne Etikett, hinten aufgeklebt und vermutlich von Kunsthistoriker Jacobs beschriftet, besagt:

Carl Friedrich v. Drais. Geheimrat, seit 1810 Oberhofrichter... Um 1820.

Hier fällt schon mal auf, daß nicht des Geheimen Hofrats Vornamen <u>Friedrich Wilhelm</u> genommen wurden, sondern die Vornamen-Kombi von Karl Drais. Mit freundlicher Genehmigung wurde das Bild auf der Suche nach Malersignaturen oder -datum ausgerahmt. Es fand sich aber lediglich innen auf dem Rahmen mit dickem Zimmermannsbleistift:

Oberhofgerichtsrat Drais, der Vater des Erfinders des Fahrrad

- aber kein Künstlername und kein Datum. Nach kunsthistorischen Kriterien ist die Datierung um 1820 jedoch einwandfrei. Doch bei der notorischen Verwechslung der letzten Vier derer von Drais kann man sich eben auch nicht auf die Zuordnung des Bildes verlassen, auch wenn der doppelte Hinweis auf den Oberhofrichter Bestätigung suggeriert. Beide Beschriftungen sind ja offenbar posthum, also <u>nicht</u> durch Zeitgenossen erfolgt (der Begriff *Fahrrad* wird erst 1885 eingeführt). Um 1820 war aber Drais-Vater 65jährig und Karl Drais 35jährig. Ersichtlich zeigt das Bild keinen 65Jährigen, eher einen 35Jährigen, also doch Karl Drais! In die Zeitreihe der Porträts von Drais-Vater paßt das Bild ebenfalls nicht! Vollständigkeitshalber muß man noch an Drais-Onkel denken (62jährig, kein Porträt bekannt) oder an Drais-Vetter (32jährig, Altersphoto bekannt). Beide lebten aber zuletzt in Freiburg, nie in Mannheim, siehe später.

Zu welchem Anlaß malte man damals ein Porträt? Nun, wie bei Drais-Vater zu sehen, etwa nach einer Ordensverleihung. Karl Drais wird 1821 immerhin Kammerherr. Aber noch mehr spricht für 1821 Karl Drais' Entschluß, nach Brasilien zu reisen – oder gar für immer auszuwandern? Da beauftragt man noch schnell ein Porträt des Entschwindenden – vielleicht sieht man ihn ja nie wieder. Dies bestätigt die Existenz eines bisher nicht wieder aufgetauchten Familienporträts, datiert vom 23. September 1821, dem 66. Geburtstag von Drais-Vater. Dies könnte zeitgleich und vom selben Maler angefertigt worden sein. Quelle ist der Brief eines Nachfahren der Drais-Cousine Auguste, verheiratete v. Kalitsch, nämlich Herr v. Loßberg, General der Infanterie a.D. aus Berlin. Lietzenburger Str. 29:

Durch meine im Oktober 26 im Alter von 90 Jahren gestorbene Mutter kam ein kleines altes Familienbild in meinen Besitz, auf dem auf eine Metallplatte 6 Köpfe der Familie b.Drais aufgemalt sind. Oben ein männlicher Kopf mit der Unterschrift: Vater. Unten ein männlicher Kopf mit der Unterschrift: Karl. Links und rechts je 2 weibliche Köpfe mit den Unterschriften: Amalie, Caroline, Luise, Ernestine. In der Mitte dieses Bildes steht, von einem Eichenkranz umgeben, die Inschrift: „Unser Reichtum ist Genügsamkeit, unsere Stärke Seeleneinigkeit. 23. Sept. 1821."

(Stadtarchiv Mannheim)

Außerdem besaß er noch den Ehrenbürgerbrief der Stadt Mannheim für Drais-Vater. Der Ruheständler wurde in Berlin ausgebombt, dito nochmals in Kiel. Viel Material übereignete er dem Militärarchiv Potsdam, das abbrannte, und ein Rest befindet sich im Militärarchiv Freiburg, worunter aber das Familienbild nicht vorhanden, ebensowenig wie bei seinem Sohn. Hätte doch Mannheims Stadthistoriker, Friedrich Walter damals, eine Ablichtung erbeten! So bleibt nur, einen Steckbrief zu montieren, wo anstelle der Frauen überall Base Augustes Porträt eingesetzt ist, und zu hoffen, daß trotz Luftangriffen dieses Metallbild irgendwo überlebt hat. ❧

Steckbrief: Wo hängt dieses Metallbild?

Rekonstruktionsversuch des verschollenen Metallbildes

Brasilien braucht Landmesser

Mit der Zurruhesetzung ist Karl Drais in Baden komplett geerdet. Drais-Vater kann beim Großherzog nichts mehr für ihn tun. Wenn er selbst etwas anfängt, verliert er am Ende noch die Erfinderpension. Er muß woanders neu beginnen.

Georg Heinrich v. Langsdorf, Generalkonsul und Kolonist

Dessen Onkel Karl Christian v. Langsdorf (Prof.) *(Universitätsarchiv Heidelberg)*

Karl Drais und sein Vater hatten noch bis 1819 versucht, die Zurruhesetzung aufzuheben oder wenigstens eine günstigere Umrechnung der Naturalien ins Ruhegehalt zu erreichen. Dezember 1819 kam dann der lakonische Schlußstrich: *Dem Professor von Drais in Mannheim wird auf seine Vorstellung vom 2. des Monats eröffnet, daß es bei der diesseitigen Anordnung, wornach seine Pension den aufgestellten Grundsätzen gemäß berechnet worden, sein Bewenden behalte. Er müsse sich daher mit der ihm berechneten Pension umso mehr begnügen, als ihm sogar die früher bezogene Pferdefourage, welche er als Pensionär nicht ansprechen könne, aus besonderer Gnade belassen worden sei (GLA 76>/1673-43).* Ein eigener standesgemäßer Hausstand mit Weib und Kind ist da nicht drin.

Dazu kommt die Erkenntnis des Vaters, daß er entweder dauerhaft blind bleiben oder sich einer Staroperation mit ungewissem Ausgang unterziehen muß. Die vier Töchter werden wegen der Epilepsie des Vaters unverheiratet bleiben. Sie besorgen dem Witwer seit dem Tod der zweiten Frau den Haushalt. Bleibt er blind und wohnt der Sohn weiterhin hier, wird unweigerlich das Regiment im Hause auf den Sohn übergehen, wozu der Alte wenig Lust verspürt. Dies zu verhindern, wäre eine Abmachung denkbar dahingehend, daß der Sohn bis zur Staroperation das Haus verlassen muß und nur bei gutem Ausgang zurückkehren kann. In den ja anonym erscheinenden Briefen von Karl Drais aus Brasilien an den Vater ist einmal die Rede von *der Ihnen bekannten freundschaftlichen Konvention,* einer Abmachung also entweder mit dem Vater oder mit dem Kolonisten, bei letzterem aber wäre das Wort Vertrag angemessener. Vermutlich hat der die Briefe veröffentlichende Vater, der Anonymität halber diese Stelle ein wenig redigiert.

Wie auch immer, 1822 wird sich Karl Drais mit dem Kolonisten Georg Heinrich v. Langsdorf nach Rio de Janeiro einschiffen. Dieser russische Generalkonsul in Brasilien hat dort ein Landgut (Fazenda) namens *Mandioka* mit 40.000 Kaffeebäumen, wohnt aber in Rio de Janeiro und ist seit vergangenem Jahr wieder mal in Europa, um Auswanderer anzuwerben. Hierzu veröffentlicht er auf französisch in Paris und auf deutsch in Heidelberg eine geschickt Fragen und Antworten liefernde Werbeschrift von 107 Seiten, in der alles Wissenswerte über seine Unternehmung steht. Das Land Brasilien schenkt jedem katholischen Einwanderer je nach Familienköpfen an die 200 Morgen Land – protestantische müssen sich ihr Land kaufen!

Die Überfahrt wird nicht bezahlt. Hier springen *Capitalisten* wie Langsdorf ein und machen Verträge mit Auswanderungswilligen dahingehend, daß diese drei Jahre auf seinem Besitz dienen und dafür die Überfahrt, Nahrung, Kleidung und Wohnung erhalten. Danach ist der Einwanderer ein freier Mann und kann – falls katholisch – die 200 Morgen Land von der brasilianischen Regierung erhalten oder sich wieder einem Capitalisten anschließen oder als Handwerker in die Stadt ziehen. Aber auch für besser betuchte hat Langsdorf ein Beispiel in einem Dr. Lezesne: *Durch Fleiß, überwiegende Kenntnisse und Betriebsamkeit hat nun dieser Dr. Lezesne im ersten und zuende des 2ten Jahres an 100.000 Kaffeebäume gepflanzt und diese mit 38 Sklaven gepflegt; zwei von denselben sind von den 40 im ersten Jahre gestorben.* Ein Sklave ist bei 200 spanischen Thalern Kaufpreis viel billiger als ein Auswanderer, aber Langsdorf zieht letztere dennoch vor. Natürlich wird Brasilien im besten Lichte geschildert, Schattenseiten wie die Stechmücken Rio de Janeiros, über die sich ein Preuße öffentlich beschwert hat, seien sehr lästig, aber: *Auf dem Lande habe ich diese Schnaken nie gesehen* – sprich: auf meiner Fazenda ist alles in Ordnung.

Der Vater dieses Weltenbummlers ist Vizekanzler und Oberhofgerichtsrat am Mannheimer Oberhofgericht, d.h. er und Drais-Vater begegnen sich täglich im linken Flügel des Schlosses. Dessen Bruder ist der Technologe Karl Christian v. Langsdorf, der meist positive Gutachten zu den Erfindungen von Karl Drais schreibt. Kurz: Die Familien Drais und Langsdorf sind befreundet. Da kann schon mal ein Brain-Storming unter Juristen über die Zukunft des 36jährigen pensionierten Professors der Mechanik stattgefunden haben. In der Woche vor Drais-Vaters 66. Geburtstag halten sich Karl Drais und Kolonist v. Langsdorf gleichzeitig in Baden-Baden auf und spätestens dann wird Drais als Geometer für die Fazenda angeheuert. 🍎

Gab möglicherweise den Ausschlag: Kolonist Georg Langsdorfs Werbeschrift

Unten: Auszug aus Langsdorfs poetischer Werbeschrift

Schnee und Eis kennt man nicht einmal dem Namen nach. Ein Haus oder eine Hütte, von Brettern aufgeschlagen und mit Stroh bedeckt, schützt jeden hinlänglich gegen Regen und ungestüme Witterung. Der Reisende begnügt sich dort zu Lande des Nachts zu seiner Unterkunft mit einer Art von allen Seiten offenen Scheune oder Schoppen (in Brasilien RANGSCHO genannt), der, mit Stroh oder Ziegeln bedeckt, ihn hinreichend gegen den schädlichen Morgenthau schützt. Man glaubt dort in einem ewigen Sommer zu leben; auch hat man beinahe das ganze Jahr hindurch mit geringer Abweichung 12 Stunden Tag und eben so viel Nacht.

Im Sommer, wo die Tage um etwa zwei Stunden länger sind, regnet es öfter schauerweise mit Gewitter; der Winter, der in Hinsicht auf Temperaturen unserem europäischen Sommer gleicht, führt gewöhnlich trockenes Wetter mit sich. In den Waldungen sieht man kein Nadelholz, dagegen sind die Blätterbäume in mancherlei Farben und Schattierungen mit ewigem Grün, und ihre hohen Kronen mit vielfarbigen Blumen geschmückt, die ihre Farben mit jedem Monat zu ändern scheinen, so daß man unwillkührlich den allmächtigen Schöpfer in der Pracht seiner Werke bewundern muß. Jeder, selbst der gefühlloseste Mensch, wenn er die Gegenstände so schildern und beschreiben soll, wie sie dort stehen, wird zum Poeten. Es ist kein Tag im Jahr, an dem man nicht pflanzen könnte. Die Ernte erfolgt der Aussaat ohne weitere Sorg und Mühe. Wer gepflanzt und gesäet, ist der Früchte gewiß.

Periskop für England

Die Abreise vor Augen versucht Karl Drais über Kontakte des Vaters zum Landgrafen von Homburg sein Perspektiv dessen Schwager und König von England George IV. zur Patentierung anzudienen.

Draisinenreiter Landgraf Friedrich VI. von Hessen-Homburg. An Friedrichs Vater sandten Drais-Vater und -Onkel ihre Bücher. Drais sendet Friedrich seine Laufmaschinen-Beschreibung, *nachdem Eure Durchlaucht sich zu meiner großen Ehre Draisinen eigen gemacht haben (Staatsarchiv Darmstadt)*

Friedrichs Gemahlin Elisabeth ist eine Schwester des englischen Königs George IV. *(Staatsarchiv Darmstadt)*

Ein neuer Brieffund mit Beilagen, datiert 1. Juni 1821, im Hessischen Staatsarchiv belegt, daß Karl Drais die Landgräfin Elisabeth von Hessen-Homburg einspannen will, um vom englischen König ein Patent auf sein Erhöhungs-Perspektiv zu erhalten. Vater und Sohn verkennen wohl die Rechtslage in der konstitutionellen Monarchie, wo die Patenterteilung keine kostenlose Gnade mehr, sondern ein Rechtsakt ist, der Gebühren in die Staatskasse schwemmen soll. Aufgrund der Quellenlage ist nicht nachprüfbar, ob Elisabeth tatsächlich geschrieben hat (Mitteilung von Dr. Rainer Maß) und Drais ein englisches Patent erhielt. Immerhin erfahren wir aus dem beigelegten Memorandum, daß Drais <u>nicht auswandern</u>, sondern lediglich ein paar Jahre in Brasilien verbringen will! *(D11 Nr.150/12)*

Untertänigstes Memoire

Da Ihro Königliche Hoheit, die Frau Landgräfin von Hessen-Homburg, die hohe Gnade haben wollen, in einem Schreiben an Ihren erhabenen Bruder, des Königs von von England Majestät, mich und mein erfundenes Erhöhungs-Perspektiv zu empfehlen, so darf ich mich unterstehen, die Hauptsätze anzuzeigen, um deren bestimmten Ausdruck in oder neben dem höchsten Vorschreiben ich untertänigst bitte.

1.) Das Zeugnis, daß Ihro Königliche Hoheit selbst samt Ihrem durchlauchtigsten Gemahl und nebst höchst Ihrem Hofstaats nicht nur das kleine Erhöhungs-Perspektiv – womit man z.B. in Theatern über den Kopf des Vordermanns hinweg, als ob dieser nicht im Wege stehe, sehen kann – sondern auch den Erhöhungs-Perspektivstock eingesehen und wahrgenommen haben „daß man durch die Dünnheit und Höhe eines Rohrs über Hindernisse weg, durch eine besondere Kehreinrichtung dabei einen größern Raum zugleich sehen konnte, als nach der Herausnahme dieser Einrichtung möglich war." (wohl Konvexspiegel wie Autorückspiegel oder beim U-Boot-Periskop)

2.) Die Anlegung des gedruckt öffentlichen Blatts, woraus der Grad der bereits ausgeführten Erweiterung des Gesichtsfeldes noch bestimmter zu ersehen ist (Mannheimer Tageblätter 11.7.1820)

Dabei ist z.B. rücksichtlich der Benutzung auf Schiffen noch weiter zu bemerken, daß man den Effekt der Augen noch beträchtlich höher bringen kann, als wenn man auf dem Mastbaum säße, und der oberste Spiegel mit seinem nötigen Umgebunge p.p. noch leichter sein kann, als das Gewicht eines Menschen.

3.) Meine allerunterтänigste Anfrage und Bitte, ob ich durch königliche Gnade ein unentgeltliches Erfindungs-Patent für den ausschließenden öffentlichen Debit und Gebrauch erhalten könnte, wie ähnliche Vergünstigung jeweils ausnahmsweise dem Erfinder einer Sache von besonderer Nützlichkeit für den Staat soll zuteil geworden sein, und wogegen ich, wenn es verlangt wird, gern auf meinen besonderen Vorteil des unmittelbaren Gebrauchs in den Königlichen Schlössern und Schiffen p.p. Verzicht leisten will.

4.) Nötig erachtetenfalls die Einleitung, daß die englische Gesandtschaft zu Paris – wohin ich in kurzem durchreisend mich begeben werde, um mit dem russischen Staatsrat und Generalkonsul v. Langsdorf mich weiter für Brasilien einzuschiffen und *bei ihm einige Jahre zu verleben* – mein Erhöhungs-Perspektiv einsehen und im Fall der gesandtschaftlichen Prüfung und Bestätigung ihrer Nützlichkeit mir die bestimmte hoffentlich willfährige Resolution Sr. Majestät zustellen soll – als worum ich mich immerhin in Paris bei dem Großbritannischen Herrn Minister anmelden werde.

5.) Schwerlich werde ich noch die Zeit finden, mich von Paris aus nach London zu begeben, ich schäme mich aber auch nicht sehr zu gestehen, daß ich die Mittel zu dieser kostspieligen Reise und Unternehmung wahrscheinlich nicht ohne volle königliche Unterstützung aufbrächte, welche neben dem Freipatent zu erbitten, die Bescheidenheit mich zurückhält.

6.) Erfolgte die allerhöchste Willfahr schnell genug, so würde ich bemüht sein, allenfalls durch To L. Engelbach Esq(ui)re., audit office, Somerset Palace or No. 12 Little Queen Street, Westminster solche Bestellung zu hinterlassen, daß die Perspektiv-Stöcke (oder zu gleichem Zweck ineinander gesteckte kürzere Röhre) noch vor dem Krönungsfest Sr. Majestät zum Debit kommen und dadurch manche weitere Interessen bewirkt werden könnten.

Mannheim, den 1sten Juni 1821   Karl Freiherr von Drais
                    Großherzoglich-badischer Kammerherr und Forstmeister
                    Erfinder der Draisinen ❧

Using periscopes for a better view, spectators watch the 1962 National Open.

130 Jahre später: amerikanische Sportzuschauer mit Periskopen
(Archiv Lessing)

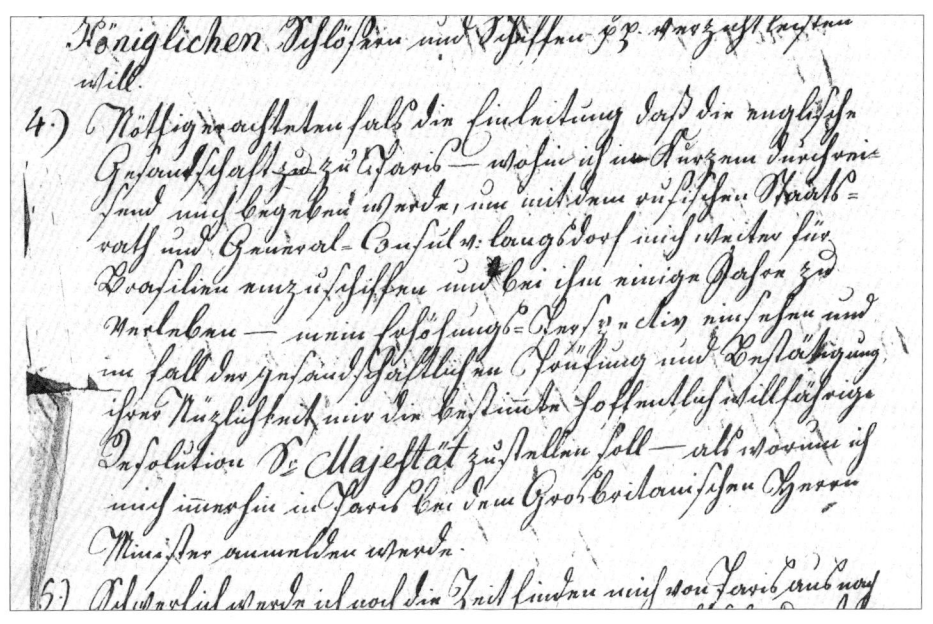

Aufbruch zur Nordsee

Im Spätherbst verläßt Karl Drais Mannheim in Richtung Wesermündung mit dem Schreibclavier im Gepäck. Unterwegs trifft er den englischen König George IV. und sendet ihm ein Patentgesuch nach. In Brake besteigt er die Segelbark *Doris* nach Rio.

Traf Drais in Göttingen: König George IV., seit 1820 auch König von Hannover *(Archiv Lessing)*

Wir wüßten nichts von der Zeit vor der Einschiffung nach Brasilien, wenn nicht anläßlich der ersten Fahrrad-Ausstellung 1889 in Leipzig eine Ausstellungs-Festnummer des Fachblatts *Das Stahlrad* erschienen wäre, in der von anonymer Seite vier Schreiben des Karl Drais abgedruckt sind, drei davon aus dem Französischen übersetzt und eins auf deutsch als Faksimile. *Das Sportalbum für Radfahrer* (1. Band, Leipzig 1890) übernimmt dies und schließt kurzerhand, der König sei Louis XVIII. gewesen. Den Stadtarchiven von Göttingen, Minden und Hannover ist aber von einem Besuch des Franzosenkönigs nichts bekannt. Drais benutzte mangels Englisch-Kenntnissen eben die Diplomatensprache Französisch, und der König, um den es sich handelte, war immer George IV., der oft in Hannover anwesend war.

Ew. (=Eure) Majestät - Im Hinblick auf das Glück, gestern Ew. Majestät (dem König der größten Nation) vorgestellt worden zu sein, überreiche ich Ihnen einliegend in zwei Blättern zwei Erfindungen mit meinen diesbezüglichen Empfehlungen und bitte Sie, mir gnädigst die Erfüllung meiner untertänigsten Bitte zu gewähren, die mich sehr wahrscheinlich in den Stand versetzen würde, bald noch andere nützliche Erfindungen auszuführen, die ich nicht ermangeln werde, gleichfalls Ew. Majestät zu Füßen zu legen. – Die beiden anderen Blätter sind Beweise der Solidität meiner Werke. – In tiefster Ehrfurcht verharre ich Ew. Majestät untertänigster und gehorsamster

Diener Karl Baron von Drais   Minden, den 31. Oct. 1821
Kammerherr Sr. Kgl. Hoheit des Großherzogs von Baden, Erfinder der Draisinen

Die Beilagen ohne jede Anrede sind aus Götingen vom 30. Oktober 1821 datiert. Also hat Drais vermutlich in Göttingen den englischen König George IV. am 30. Oktober gesprochen, sich abends im Gasthof hingesetzt und die zwei Blätter beschrieben. Das eine geht um die seit einem Jahrzehnt diskutierte Idee, gezähmte Vögel Luftballons ziehen zu lassen. Drais wollte sie dagegen vor einen Flugdrachen spannen. Das zweite Blatt ist eine Beschreibung seines Höhenperspektivs (siehe Kapitel *Eine Zwischenbilanz*). Schlußbemerkung: *In Anbetracht ihrer Nützlichkeit wünsche ich für diese Erfindung ein Patent für ganz Großbritannien zu erhalten in der Art, daß in den nächsten 10 Jahren kein Exemplar ohne meinen Stempel öffentlich gebraucht werden darf, mit Ausnahme derjenigen Exemplare, deren man sich unmittelbar in den Palästen und Schiffen des Königs und der Regierung selbst bedienen wird.* Statt nach England sendet er dann alles nach Hannover zu dessen Bruder, dem Herzog von Cambridge. ❧

1821

Adressat: Herzog Adolph Friedrich von Cambridge und Bruder des Monarchen George IV., Militärgouverneur von Hannover
(Archiv Lessing)

Aus dem Sonderheft von *Das Stahlrad* zur ersten Fahrrad-Ausstellung in Leipzig 1889
(Archiv Lessing)

Durchlauchtigster Herzog! Gnädigster Fürst und Herr
Euer königlichen Hoheit danke ich hierdurch untertänigst für das gnädigste Versprechen, die Beilagen an Se. Majestät den König Höchst Dero Herrn Bruder selbst sicher zu besorgen. Darf ich dabei auch um weitere gnädigste Fürsprache untertänigst bitten, indem ich die sämtlichen Beilagen offen übersende und in tiefster Dankbarkeit verharre als Euer Königlichen Hoheit
untertänigster Frhr. v. Drais   Brake, Schiff Doris 14. Nov. 1821
N.S.: Der H. General, der zu Hannover an der Göttinger Torwache wohnt, gab mir Hoffnung, daß Eure Dienste für die Staffetten-Maschinen (wohl Draisinen) etwas interessieren werden, worauf ich ihm vorläufig noch etwas weitere Erklärungen gab.

Briefe aus Brasilien

Vater Drais veröffentlicht Karls Briefe als Warnung gegen übereiltes Auswandern. Wir wissen es anders und entdecken darin einen sympathischen Karl Drais, der genau beobachtet und die Sklaven bedauert – ein Voltairescher Candide, wie Hermann Ebeling ihn nennt.

W as die Segelbark *DORIS* noch sechs Wochen in Brake an der Wesermündung festhält, ist nicht bekannt, womöglich muß auf günstigen Wind gewartet werden. Das Schiff ist acht Jahre alt, erbaut von Johann Lange, der am Anfang der 1997 geschlossenen Bremer Vulkan-Werft steht. Mit 26 Meter Länge, 7 Meter Breite, zweieinhalb Meter Tiefgang, zwei Decks und 87 Commerzlasten (Gewichtsmaß) ist es aus heutiger Sicht eine Nußschale, die den Insassen Seekrankheit beschert. Am 3. Januar 1822 sticht es in See: an Bord Kolonist Langsdorff mit neunzig Auswanderern, darunter Karl Drais. Die Überfahrt ohne Zwischenhalt dauert zwei Monate. Langsdorff hält bei Ankunft in Rio eine Rede, die er drucken läßt, und schilt seine ab jetzt von ihm abhängigen Einwanderer: *Ihr habt es für eine Schande gehalten, Euch Wasser*

Typgleich mit der *DORIS*: Bark *UNION (Deutsches Schifffahrtsmuseum Bremerhaven)*

1822

zu schöpfen, das Schiff und Eure Schlafstellen reinlich zu halten oder auf die Reinlichkeit Eurer Kinder zu sehen. Ihr habt nicht mal Euer Essen bereiten wollen, sondern Euch nur beklagt, wenn solches nicht nach Eurem Geschmack bereitet war (Ebeling 1985). Die *Briefe eines Deutschen aus Brasilien* erscheinen anonym in Harls *Archiv,* wo Drais-Vater viel veröffentlicht. Der Erlanger Professor Johann Paul Harl hatte Karl Drais ja 1817 in die dortige Kameralistisch-Ökonomische Sozietät aufgenommen.

Briefe eines Deutschen, aus Brasilien in seine Heimath. ¹)

Hier fanden sich Drais` Briefe:
Titelfaksimile von Harls Archiv

1.

Rio de Janeiro im März 1822.

Sie werden, lieber Vater, meinen letzten Brief aus Bremen erhalten haben, womit ich ihnen unsre Abfahrt auf dem Schiffe Doris am 5. Jenner noch gemeldet hatte.

Am 3. Merz liefen wir glücklich in den Hafen von Rio ein. Wir hatten in den ersten Tagen den Vorschmack eines Sturms, der aber nur malerische Bilder vor die Augen brachte und sich wieder verzog. In 10 Tagen kamen wir an die Insel Madera, hielten aber nicht an. Auch kleinere Widerwärtigkeiten des Windes wurden mit keinem Aufenthalt beachtet, damit die Schnelle der Ueberfahrt nicht gehemmt werde. Dies bewirkte freilich andere Ungemächlichkeiten für den noch ungeübten Seefahrer — nemlich ein so anhaltend ihm empfindlicheres Schaukeln des kleinen Schiffs, das bekanntlich ohnehin nicht so ruhig als ein grosses geht. Meine Seekrankheit war dadurch verstärkt und verlängert, zumal ehe ich entdeckte, daß man in der Mitte des Schiffes ruhiger als an dessen Enden sich verhält, und daß es am besten gethan ist, wenn man abwechselt mit rascher activer Bewegung, und mit Hinlegen auf das Bett. Die widerliche Empfindung der Seekrankheit, läßt sich am besten vergleichen

Harl, der Herausgeber.

1) Diese h i e r z u e r s t im Drucke erscheinenden O r i g i n a l - B r i e f e eines meiner e d l e n Freunde in Brasilien gewähren neues Interesse und enthalten W a r n u n g e n g e g e n ü b e r e i l t e s A u s - w a n d e r n, das besonders jetzt in manchem deutschen Lande durch unermüdliches Zusprechen allzusehr in Reiz gesetzt zu seyn scheint. — Harl.

mit dem Zustande dessen, der unmittelbar nach einer Mahlzeit von unkräftiger Kost sich auf eine Schaukel setzt und sich stark auf und nieder treiben läfst, so dafs die unverdaulichen Speisen gegen den Magenschlund zurückgetrieben werden.

Unter vergnüglichen Erscheinungen zeichneten sich die häufig gesehenen zum Theile gefangenen Hayfische, fliegende Fische und andere Seethiere von sonderbarer Gestalt aus. Am meisten erfreuten mich die vielen Scheinwürmer, die am Rand des Schiffes dasselbe bei Nacht umleuchten.

Die zweimonatliche Zeit, in der wir die Ueberfahrt vollzogen haben, ist die gewöhnlich kürzeste; zu der Rückfahrt nach Europa pflegen 3 Monate, dem weniger günstigen Windstrom gemäs, aufzugehen.

Der Hafen zu Rio, wo die Schiffe aller Nationen eingelassen werden — hat für die Ankommenden ein imposantes Ansehen; die regelmäfsig gebaute Stadt ist mit grofsen Plätzen angelegt; es stehen darin manche prächtige Gebäude, wie die neue Börse und das Theater, meistens jedoch noch geringe Häuser; mit dem schon in der nächsten Nacht für die Nase des Fremden allzufühlbaren Fehler, dafs darin keine Abtritte gebaut sind, sondern der menschliche Unrath, nach eingebrochener Dunkelheit, mit seiner schlimmen Ausdünstung durch die Gassen getragen und in das Meer geschüttet wird.

Am auffallendsten aber, und einer grofsen Maskerade ähnlich, sind, ihren verschiedenen Farben nach, die Menschen selbst; es sind der Neger, durch welche alle lästigen Arbeiten verrichtet werden, bei weitem mehr, als die Weifsen und Mulatten zusammen in der Hauptstadt betragen; sie sind aber im Durchschnitt elend aussehend, nicht so grofs und wohlbeleibt, als die einzelnen Mohren, die jeweils nach Europa gelangen. Dazu kommt ihre harte Behandlung, die man auf allen Strafsen sieht — nicht allein hinsichtlich der anstrengenden Arbeiten, sondern auch der Mifshandlungen, die der willkührliche Zorn ihrer Herren, zum Beispiel mit Faustschlägen in das Gesicht, an ihnen verübt. Indessen singen sie unter ihren Arbeiten beständig — was nicht immer ein Ausbruch der Lust seyn möchte.

1831 Sklavenhandel verboten
1850 Sklaverei eingeschränkt
1871 Sklavenkinder frei
1888 Sklaverei abgeschafft

In den ersten Tagen nach unserer Ankunft war feierliche Gratulation am Hofe des Kronprinzen, wo auch ich präsentirt und am folgenden Tag bei dem ersten Minister J o z e B o n i f a z i u s d e A n d r e a mit ausgezeichneter Güte empfangen wurde; er bot den freien Zutritt zu ihm an, wenn in dem von meiner Heimath weit entfernten Lande ich eines Schutzes zu bedürfen glaube. Die Deutschen scheinen eine nähere Adresse in der Geneigtheit der Kronprinzessin, als einer östreichischen Fürstin, und in deren Hof-Umgebung zu haben.

Eine kleine Excursion habe ich schon auf die M a n d i o c a, 8 Stunden von hier gemacht, um vorläufig das Gut und seine Waldgegend anzusehen, wo ich nach der ihnen bekannten freundschaftlichen Konvention meine erste Zeit größstentheils zubringen und mich mit Feldmessen beschäftigen will. Noch ist erst ein schwacher Anfang in den projektirten Gebäuden, Garten-Anlagen und Plantagen gemacht. Am schwierigsten aber ist der Zugang zu den Waldungen, die — in ihrer ursprünglichen Pracht herrlicher Holzarten — so mit Verwachsung ihrer Aeste und eigener vieler Schlingpflanzen, die unsern Epheu übertreffen, um- und durchzäunt sind, daß man erst den Weg sich hauen muß, ehe man die Meßruthe anlegen, und in eine erkleckliche Ferne blicken kann.

Dies gehört zu den neuen Erfahrungen, die man ja in der neuen Welt zu suchen hat. Heute, lieber Vater, konnte ich Sie nur erst von diesem Wenigen, was sogleich in die Augen springt, unterhalten; indessen wird einstweilen dies Wenige schon Ihnen zur Beruhigung dienen.

Kronprinz ist Don Pedro, später Peter I. Kaiser von Brasilien. Kronprinzessin ist Leopoldina (Tochter Franz I., Kaisers von Österreich)

José Bonifácio d'Andrada e Silva, steht an der Spitze der monarchistischen Bewegung und wird nach der Unabhängigkeitserklärung von Portugal zum Jahresende Innenminister.

Georg Langsdorfs Fazenda Mandioca, 25 km nördlich vom Hafen Rio (heute Stadtgebiet), wo Drais als Geometer arbeitet. *(2x Archiv Lessing)*

Kaum hat Karl Drais das Fürstentum Baden verlassen, verschwindet vollends alle Rücksicht der Obrigkeit auf die Draisinenreiter, jene Anhänger des ausgewanderten Sohns des höchsten Beamten am Ort, und auch im Schloßgarten wird Drasisinenreiten bestraft.

5) Im Bezirke des Schloßgartens ist noch besonders untersagt, Blumen und Gesträuche abzubrechen, über die Grasplätze zu gehen oder die Graseinfassung an den Wegen zu betreten, Holz in den Gebüschen zu sammeln; ferner ist das Reiten, Fahren und Laufen mit Laufmaschinen auf den Nebenwegen, das truppweise Versammeln und Spielen der Kinder, besonders der Schulknaben, aller Lärm, Streit und sonstige Unfug, wodurch die Ordnung gestört wird, verboten.

Stadt Mannheim, Mannheim den 15. Mai 1822.

In der Folgezeit wird die ganze Verordnung neu gefaßt und sieht nun folgendermaßen aus (Dollmätsch 1836):

Fahren.

Das Fahren und Reiten innerhalb der Stadt ist nur in mäßigen Trabe, und in den Neckargärten, wie auch an Comödien= und Concert=Tagen in den Straßen der Ausgänge aus dem Comödien=Hause und Concert=Saale, nur im Schritte erlaubt.

Niemand darf Pferde ohne die nöthige Aufsicht auf den Straßen und öffentlichen Plätzen stehen lassen.

Das Reiten mit mehr als Einem Handpferde wird nicht gestattet.

Jedes Fuhrwerk muß den andern auf der halben Straß rechts ausweichen.

Das Einfahren der Kutschen auf die Nebengassen zum Anfahren an die Hausthüren, so wie jenes der Wägen zum Auf= und Abladen, darf nur im langsamen Schritt geschehen sonst aber ist alles Fahren mit Kutschen oder Wägen, Schub= und andern Karren, und das Laufen mit Laufmaschinen an den Nebengassen verboten. Wer durch solches Fahren an den Nebenpflaster, den Platten oder den Häusern erweislichen Schaden verursacht, hat letztern nebst der Strafe zu vergüten wenn aber sogar jemand dadurch körperlich beschädigt werden sollte, so wird nebst dem Kostenersatz erhöhte Strafe eintreten

Wer diesen Vorschriften entgegen handelt, wird nebst Ersatz des etwa verursachten Schadens um 1 Reichsthaler gestraft

Während Drais-Vaters Briefe nicht erhalten sind, findet Hermann Ebeling in Harls Archiv danach noch Nachträge zu Karl Drais' Briefen. Hier der erste:

Nachtrag zu den Briefen aus Brasilien.

Villa ricca, September 1824.

heute: Oúro Prêto

Auf die verschiedenen Fragen, die Sie, lieber Vater, aus Anlaſs meiner frühern Briefe, mir noch gestellt haben — erwiedere ich, in denselben kurzen Sätzen, so viel oder wenig ich, ohne Aufenthalt, weiſs.

(Zum Brief 1.) Bei dem Seesturm, den ich ohne liegen sah, waren die Wellen des Meeres so mächtig, daſs sie groſse Berge und tiefe Thäler in beweglichen Erscheinungen bildeten. Ich war lebhaft und nicht unangenehm erregt, wann unser Schiff, während ich oben auf ihm mich festhielt, abwechselnd auf Thurmhöhe gehoben ward, und dann pfeilschnell in die Tiefe hinunterschoſs.

Von dem Verlassen des europäischen Festlandes bis zum Erblicken des südamerikanischen, sahen wir keine andere Insel, als Madera. England und Frankreich sind die letzten Länder, die der Abfahrende von Europa im Auge hat; Cap frio aber und die Hafengebirge von Rio die ersten von Amerika auf unserer Fahrt. Erst näher am Hafen wurden uns zwei kleine Inseln sichtbar, die vor ihm liegen. Beim Einlaufen hat man zur Linken einen groſsen nackten Felsen, in Form eines Zuckerhuts; zur Rechten weniger hohes Gebirg, jedoch genügend, um zwischen beiden Bergketten die Schiffe sicher einlaufen zu lassen. Innerhalb des Hafens sind wieder zwei Inseln von beträchtlicher Gröſse, und auf der einen, von der man ins weite Meer sieht, ist der erste Telegraph angebracht, welcher die in Ferne erscheinenden Schiffe schon dem zweiten Telegraphen in der Stadt ankündigt.

während der Kanalfahrt der *Doris*

optischer Flügeltelegraph

Die andere der letzterwähnten Inseln, von ihrer Form Schlangeninsel genannt, und sehr nah an der linken Seite der Stadt liegend, ist ein Festungstheil derselben und zugleich der Sammelplatz von den umherliegenden grofsen und kleinen Schiffen. Gegenüber von dieser Schlangeninsel — für die Einlaufenden links — liegt die Hauptmasse der grofsen Stadt, fast ganz auf einer Ebene.

Auf dem sehr gekrümmten Ufer gegen den Zuckerhut hin, liegen die Landhäuser von Kaufleuten und andern Reichen, auf eine starke Meile hinaus vertheilt; andererseits, in der Entfernung einer kleinen Meile, das Dorf St. Christoph, mit den Landwohnungen des Hofes und seiner Grofsen. Wieder von einer weitern Seite des Hafens (*brai o grande*) noch mehr Landhäuser von reichen Städtern; im Ganzen ein prächtiger Anblick mit vielem Grün untermischt, und doppelt anziehend nach einer langen Seereise.

Wenn ich der Thiere von sonderbarer Gestalt, die ich auf dem Meer sah, gedachte, so will ich Ihnen das sonderbarste beschreiben, so gut ich, ohne Zoolog zu seyn, es vermag. Denken Sie sich ungefähr die Form von blauen Kornblumen oberhalb der Wasserfläche, aber ohne Stiel; einen Kreis von polypenartig aus einer Mitte, in der das Maul ist, hinauslaufender Hälse oder Arme, als Einfänger der Nahrung. Das Thier von verschiedener Gröfse ist keineswegs angewachsen, sondern frei auf dem Meere schwimmend. Der Körper, welcher unterhalb dieser scheinbaren Sternblume hängt, gleicht einer runden Blase, wässericht angefüllt und durchscheinend, theils blau, theils roth. *)

Diejenigen Waldungen, welche mir in der Gegend von Rio als Urwaldungen gezeigt worden, aber es schwerlich sind, weil sonst weit dickere Stämme darunter seyn sollten — haben Holz von gar vielerlei Gattungen. Die meisten Stämme härte-

Sepia = Tintenfisch

Es ist Prof. Gatterer! (2x Archiv Lessing)

*) Die Wissenschaft nennt diese Thiergattung *Sepia;* sie gehört dem Meere der dortigen Gegenden allein an, und hat allerdings mehrere Untergattungen.
Anmerkung eines Naturhistorikers.

rer Art hängen, in der Höhe von ungefähr 10 Klaftern, mit ihrem Laubwerk zusammen. Viele Stämme sind, um die sonst ziemlich glatte Rinde herum, mit 3″ langen Stacheln ausgerüstet, und das 6′ lange buschige Unterholz hat viele Dornen. Besonders zeichnet sich das sogenannte Ige an schönen langen Stämmen und großer Zähigkeit für Bau und Nutzholz aus. Unerwartet bemerkte ich indessen, daß die m e i s t e n der großen und kleinen Nadel-Holzgattungen von so weicher und zum Theil so schwammiger Art sind, daß ich durch einen einzigen Hirschfänger-Hieb 6″ dicke Stämmchen gut abhauen konnte.

8 cm
1,8 cm

15 cm

Aber das Fällen der schönsten Bäume hat eine besondere Schwierigkeit durch die vielen langen Wieden (Schlingpflanzen), die an ihnen hinaufwachsen und oben auf andere Bäume übergehen. Sie sind mit starken Stricken zu vergleichen, zu denen sie auch sonst gebraucht werden, und die im Walde die Kronen der Bäume so verbinden, daß gewöhnlich, um einen gewählten Baum zu erhalten, eine Zirkelreihe anderer mit umgehauen werden muß. Welch eine feste natürliche, noch nie gebrochene Allianz! — Eine bessere Art der Fällung möchte seyn, Steigeisen einzuführen, und Menschen abzurichten, daß sie die gewählten Stämme besteigen, und oben einen Theil ihrer Aeste absägen. Müßten auch noch ein paar andere bestiegen und mitgefällt werden, um den Hauptstamm vollends zu befreien und zum Fall zu bringen: so würde doch der Zusammenhang mit v i e l e n andern abgeschnitten. Doch ich behalte mir, als Forstmann, noch mehr Untersuchung nach dem System bevor, besonders über die vielfältigen Holzeigenschaften — und bemerke nur noch hier, daß für Bewachung und Verwerthung der Waldhölzer noch keine Anstalten getroffen sind!

heute: auszubilden

Warum nicht auf Rollen?

Aufstieg und Strafverfolgung der Velocipede in England bringt neue Problemlöser auf den Plan. Warum nicht das Veloziped weiter reduzieren und damit die Verbote unterlaufen? Zwei Engländer probieren es.

Der Theaterarchitekt Carl Ferdinand Langhans (1782-1869) experimentierte in Breslau mit dreirädrigen Draisinen, die er stehend abstieß und lenkte - natürlich von der Polizei verfolgt *(Krünitz 1851)*

D as engliche Verbot gebiert neue Problemlösungen. Dinglers *Polytechnisches Journal* berichtet über das wohl Ende 1822 beantragte Patent des englischen Fruchthändlers Robert John Tyers für etwas, das wir heute Inline-Skates nennen, einspurige Rollschuhe also, bereits mit Bremsdorn hinten. Er nennt sie *Volitos*, und Dingler titelt dazu: *oder eine zum Schnell-Laufen an Schuhen oder an Stiefeln anzubringende Vorrichtung*. Doch Dingler glaubt nicht an die Einsetzbarkeit, und äußert in einer Fußnote zur Beschreibung: *Dieser ganze Apparat dient höchstens zur gymnastischen Übung in Zimmern. Auf der Straße wird man ihn wegen der Unebenheiten und wegen des Staubes und Schmutzes wohl schwerlich jemals brauchen können*. Die Idee, mit Rollen unter beiden Füßen ohne festen Halt balancieren zu können, ist noch unpopulär.

Drei Jahre später sendet ein Unbekannter seine Idee einer noch unlenkbaren Radelrutsch (in heutiger Terminologie), die er als Veloziped bezeichnet, an den Herausgeber des *Mechanics Magazine: gedacht an einem Fuß befestigt zu werden, während der Velocipedestrian* (Schnellfußgänger) *sich mit dem anderen fortstößt*. Mit den Rädern von 15 cm Durchmesser sind die Chancen auf holprigen Wegen besser, und ein Fuß hat noch Kontakt zum rettenden Boden. ❦

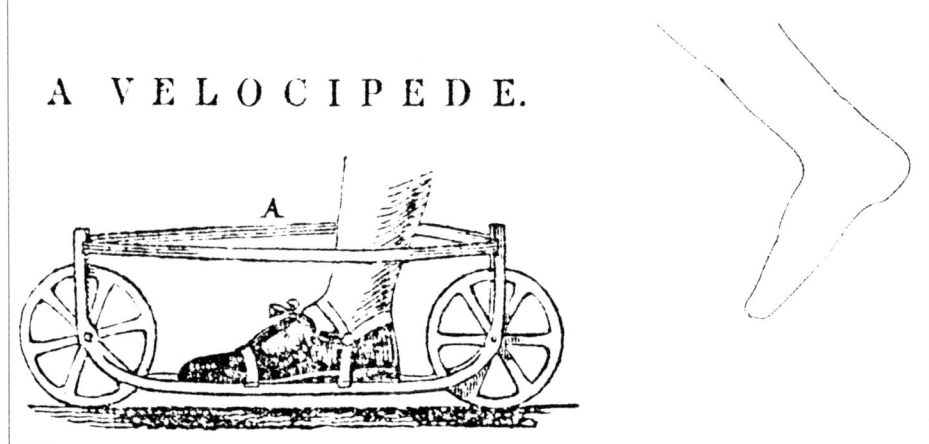

A VELOCIPEDE.

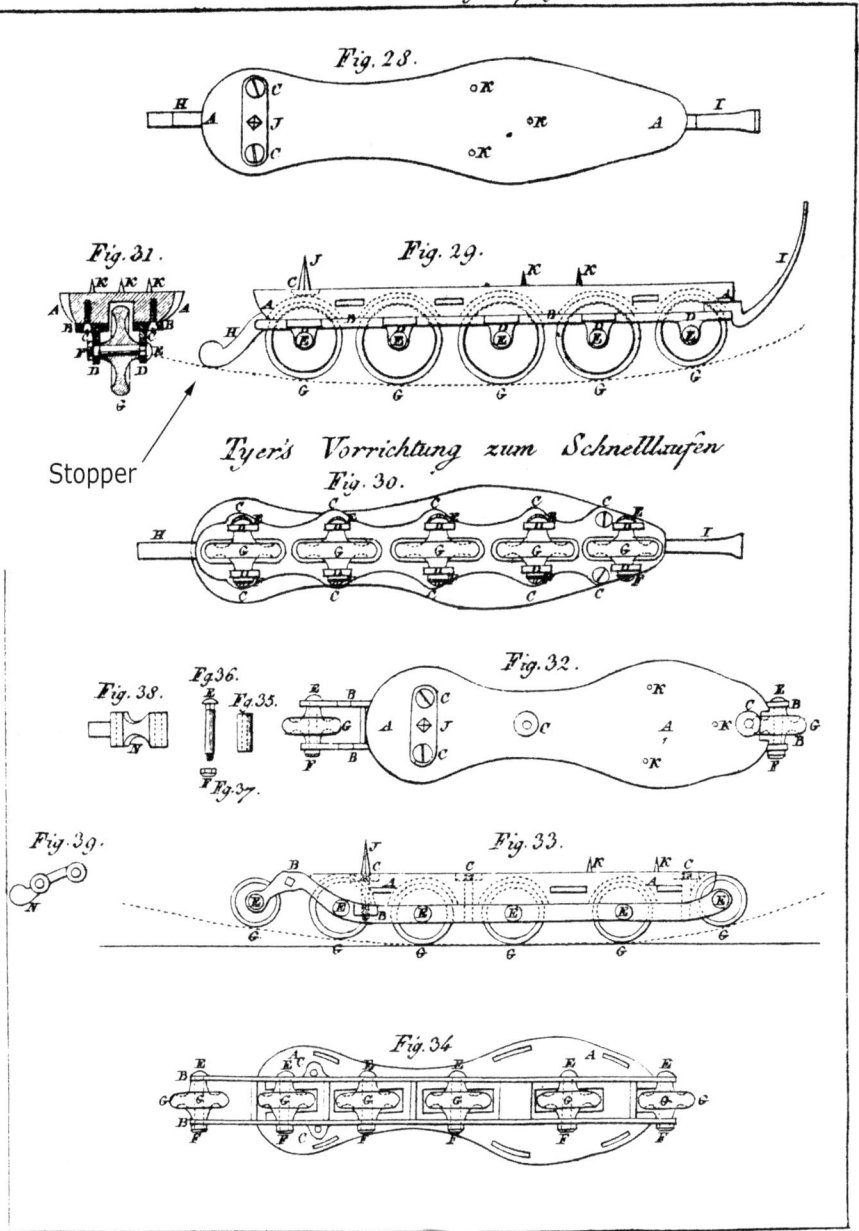

Fig. 28.

Fig. 31.　　*Fig. 29.*

Stopper

Tyer's Vorrichtung zum Schnelllaufen

Fig. 30.

Fig. 38.　*Fg 36.*　*Fig. 35.*　　*Fig. 32.*

Fg. 37.

Fig. 39.　　　　*Fig. 33.*

Fig. 34.

Zweiter Brief aus Brasilien

Karl Drais ist nun auf der Fazenda Mandioca des Kolonisten Langsdorff und arbeitet als Landmesser seine Überfahrtkosten ab. Seine Schilderung der brasilianischen Verhältnisse verlockt tatsächlich nicht zum Auswandern.

Am Schluss des Jahrs 1822.

Ich möchte einen ganzen Jahreslauf dahier verlebt haben, he ich mir heraus nehme, über die climatische Lage und die ̄aturprodukte Brasiliens auch nur einen Privatgedanken zu xiren. Nehmen Sie einstweilen mit andern zerstreuten Wahr-̄chmungen über Menschen, Sitten und Einrichtungen fürlieb, ̄ie mir bemerkenswerth geschienen haben. Ich werde jedoch da-̄ei, ihrer Anempfehlung gemäs, die Politik des Tages, und ebenso ̄iejenigen Sätze umgehen, welche in den von uns gelesenen

Vierrädriger Karren ohne Lenkung in Rio
(Florence 1941)

Reise - Beschreibungen schon aufgezeichnet sind, so oft ich nicht einen eigenen Zusatz von etwelchem Interesse anzufügen vermöchte.

Gewifslich lernt der Europäer seine heimathliche Lebensweise und viele wohlthätige Institute, auf denen sie beruht, erst höher schätzen, wenn er einer Vergleichung mit dem Lebens-Verbrauch in einem andern Welttheile näher gebracht ist. Schon Reisebeschreibungen führen darauf hin, wie viel mehr der Anblick mit eigenen Augen. Es ist eine alte Wahrnehmung, dafs in den schönsten Ländern die Menschen im Durchschnitt keineswegs am glücklichsten leben. Wo nicht eine Art Noth die Anstrengung gebietet und dadurch den Fleifs mit seinen bürgerlichen und moralischen Vortheilen erzeugt, da überläfst sich der Mensch der Trägheit und Unwissenheit, zumal wo eine gar heifse Sonne seine physischen Kräfte niederschlägt und er nicht Mittel genug besitzt, ihnen durch nahrhafte Stärkung wieder aufzuhelfen. Die Trägheit fasset hier zu Lande noch tiefere Wurzeln durch die Leichtigkeit, mit der man noch immer die bedauerliche Waare, die schwarzen Menschen, von den afrikanischen Küsten herüber schiffen läfst, und alle, auch nur mittelmäfsige Lasten ihnen auflädt, ohne darauf zu denken, dafs man sie   erleichtern könnte.

So z. B. ist es herkömmlich in der weitläufigen Seestadt die Waaren in die Schiffe und aus denselben auf niedern Karren mit vier Rädern, die nur 2 Schuh hoch sind durch 8 Neger transportiren zu lassen. Die Karren haben nicht einmal eine Drehungs - Anstalt, müssen daher, wo es um ein Eck geht, gerutscht und gehoben werden. Da sie nun auch, vermöge ihrer kleinen Räder und des sehr schlechten Pflasters der Stadt, häufig, und manchmal nach einigen Schritten schon aufs Neue, hinunter sinken, so müssen sie mit ungeheurer Anstrengung der Schwarzen, immer wieder in die Höhe gehoben werden. Durch einen guten Karren mit einem starken Maulthier und einem Menschen, würde man viel mehr ausrichten können; aber das Vorurtheil und der Vortheil der Duanen-Beamten ist dagegen, und die, welche Verbesserungen versuchten, wurden verfolgt.

Beinah jede Art Industrie ist weit zurück — besonders

60 cm Durchmesser

Zollbeamte

371

Druckfehler!
Richtig 4/5 oder 80%

Regierungssitz Brasilia wird erst
1960 wahr.

Ein Zweirad wäre da nicht
benutzbar.

aber der Maschinenbau. Ich habe Mühlenwerke mit Pferden getrieben gesehen, wobei nahe an ¾ der angewandten Kraft sehr unnützerweise verloren geht.

Einzelne sehen indessen ein, wie vieler Verbesserungen beinah alle Industrie bedürfe, und man erwartet mit Vertrauen große Veranstaltungen von dem neu ausgerufenen Kaiser und seinem Ministerium, sobald die höheren Formen des Reichs geordnet seyn werden. Unt r andern ist nach einer Aeußerung des Herrn Ministers projectirt, die Residenz selbst mehr in das Innere zu verlegen und durch eine Staats-Kommission den angemessenen Platz dazu aufsuchen zu lassen.

Zwei rühmenswerthe schon frühere Bauwerke habe ich jedoch gesehen. — Erstens die große Wasserleitung in die Hauptstadt auf zwei Stunden Wegs von einem Wasserfall an einem Felsen her, bestehend aus einer starken Rinne mit einem viel weitern steinern Gewölbe darüber, worin ein Mann gehen kann. Zweitens sieht man ein zwei starke Stunden langes Stück Landstraße von der Mandioca über das Gebirg gegen die Provinz Minas sehr schön gepflastert und mit Futter- und Stütz-Mauer sehr gut versehen.

Dies sind jedoch die Werke von einzelnen Sachverständigen und meistens von Europäern. Aber desto trauriger sieht es in andern Umgebungen des großen Hafens mit den Landstraßen aus. Der Theil von der Mandioca nach Porto d'Estrella, gegen Rio de Janeiro 4 Stunden lang, ist fast immer größtentheils mit Wasser überschwemmt, und hat in der trockensten Zeit des Jahres so tiefen Koth mit Löchern, daß Pferde halb darin versinken oder Beine brechen! etc. Welche Arbeiten sind in dem großen Reiche nur allein an Straßen, als einem der größten Bedürfnisse, noch zurück!

Was der arbeitsamen Industrie noch weiter im Wege steht, ist ein falscher Begriff von Schande der an sie geknüpft wird, so daß man eher noch vorzieht zu darben. Man nimmt mit unreinlichen Lebensmitteln, besonders im Artikel von Fleisch verlieb, worüber häufig Geschwüre an den Füßen im heißen Lande aufbrechen.

Ganze Familien leben von der Arbeit eines einzigen Sclaven,

und kein Glied derselben will ihm helfen, weil es sich zu be-
schimpfen glaubt. Die daraus entstehende grofse Anstrengung
der Neger eben sowohl in häuslichen, als öffentlichen Arbeiten
bringt sie auch der Verzweiflung nah. Es brach während meines
Hierseyns eine schon mehrmals versuchte Empörung der Schwarzen aus, die noch niedergedrückt wurde, aber aufs neue droht.

Die Anstalten für die Landes-Sicherheit sind überhaupt in der Regel nicht hinreichend; ich selbst bin zweimal
auf dem achtstündigen Weg von der Residenz nach der Mandioca angegriffen worden, wo persönliche Tapferkeit im Widerstand und einmal Hilfe von aussen, mir zu gut kamen. In dem
letzterwähnten Fall, gaben zwei Kerl sich fälschlich für Polizei-
Diener aus, und wollten mich, drohend mit ihren Stockdegen
fortschleppen. Aber auch wirkliche Polizei-Soldaten sollen nicht
selten die Reisenden mifshandelt, beraubt, ja zuweilen ermordet
haben, und in Entdeckungsfällen mit schwacher Bestrafung durch-
gekommen seyn. Kürzlich jedoch wurde ein Soldat wegen der
dritten solchen Unthat füssilirt. Es mag hiezu beitragen, dafs
unter dem Schutz der Inquisition der Ablafskram, selbst für
künftige Mordthaten noch getrieben wird, und dafs auf ihn die
strafenden Gerichte mildernde Rücksichten nehmen sollen;
welch ein Abstand von unserer heimischen Justiz!

Nicht weniger sind die geselligen Lebensfreuden hier zu
Lande sehr zurück, und ein Haupthindernifs hieran ist wohl
in der Sonderung des weiblichen Geschlechts zu
suchen. Oeffentliche Gesellschaften für Herrn und Damen oder
gar Bälle werden vom Volk für unschicklich gehalten und auch
geringe Häuser scheinen nach der Einrichtung gebaut zu seyn,
dafs die Frauenzimmer nicht auf die Strafse schauen sollen,
dagegen ist die heimliche Sittenlosigkeit nur zu sehr Mode.
Die Frauenzimmer gehen bei Tag nicht spazieren, sondern nur
bei Nacht, wo sie oft nur ins Geheim die frische Luft schöpfen.
Dafür sieht man in dieser Hauptstadt beinah kein blühendes
Gesicht und Kinder von 12 Jahren sollen häufig schon ver-
derbt seyn.

Der Zutritt in Familien hält für einen Fremden schwer —

MAMELUCA

Kaukasier-Indio-Mischlingsfrau
mit in São Paulo häufigem Kropf
(Spix 1823)

*„Die Seele aus dem Fegefeuer
springt, wenn das Geld im
Kasten klingt.“*
vor Luthers Reformation.

was freilich den Einheimischen, bei der Erscheinung vieler Abentheurer in der neuen Welt, nicht zu verübeln ist.

Ich bemerke Ihnen, lieber Vater, noch einige Worte über die Geld-Verhältnisse. Man sieht im gemeinen Verkehr beinahe nichts als Papier und Kupfermünze. Gold und Silber scheinen zu den grofsen Handelsartikeln verwahrt zu seyn. Dabei ist die gemeine Rechnungsweise nach Rees sonderbar genug. Für einen grofsen Thaler Silber oder für 3 Pataken (ebenfalls eine Silbermünze) bekommt man 1000 Rees, nach denen auch die gröfsten Summen calculirt werden. Ich sah z. B. assignirte 72 Pf. St. in einem grofsen Handelshaus evaluiren zu 345,150 Rees. Hiernach hat auch das in Europa assignirte und in Rio auszuzahlende Pf. Sterling einen ziemlichen Aufschlag (bis zu 12 fl. 17 kr.) und daher werden Geldsendungen anher gern durch Wechsel umsonst besorgt; ja nach Umständen kann man es einrichten, noch etwas heraus zu bekommen. Die Namen der vorzüglichsten Handelshäuser die am häufigsten mit London in Verbindung stehen, sind: 1) Fries, Blankenhagen Kutschen und Comp. wo auch Expeditionen in deutscher Sprache geführt werden; 2) Samuel Philips; 3) die Gebrüder Neylor; 4) Harrison und Comp. Die europäischen Geldassignationen an irgend einen einzelnen Bekannten in Rio sind nicht so sicher als an ein etablirtes Handelshaus, weil jener wieder abwesend seyn könnte.

Je weniger in der Industrie eine Verbreitung und Koncurrenz ist, desto theurer sind die Artikel die die Nothdurft gleichwohl zu einer Produktion bringt; der gewöhnliche Gesellen-Lohn ist, je nach dem Gewerb, täglich 1000 bis 2000 Rees; der Verdienst eines Meisters 3 bis 4000 Rees. In der Schuster-Arbeit, die zu den dringendsten gehört, wird für ein Paar tüchtige Schuhe eine Carolin bezahlt, und in wenigen Wochen sind sie abgenutzt.

... (Zum Brief 2) Die Orte gewöhnlicher Erscheinung der Frauen sind 1) die Kirchen — in welchen sie, weil bei deren sonst schöner Ausschmückung Stühle und Bänke fehlen, ungefähr so, wie bei uns die Schneider, mit gekreuzten Beinen auf dem Boden sitzen, während die Männer stehen; 2) das prächtige und sehr geräumige Theater, wo sie, meistens nach sorg-

heute Bedarf

fältiger Toilette, sich schauen lassen; 3) auf den Balkonen der bessern Häuser. Man sieht aber gar viele bleiche Gesichter.

Die ziemlich steife Hof - Etiquette hatte ich die Gelegenheit, bald nach meiner Ankunft, mitanzusehen, als, wie Sie schon wissen, feierliche Glückwünschung wegen der glücklichen Entbindung der damaligen Kronprinzessin (jetzigen Kaiserin) war. In dem Thronsaal warten die Fremden von Stand — mit Einschluſs der General - Konsulen, die nach den Ministern den Rang haben — auf den Regenten. In dem daran stoſsenden Saal sind die andern Staatsdiener und Offiziere bis auf gewissen Rang, sammt den Konsulen und Vice - Konsulen; in einem dritten, der Rest der Staatsdiener und Gratulanten. Mit dem Schlag 1 Uhr erschien der Kronprinz, begleitet von den Ministern, und bestieg eine Stufe des Throns; einer der zugelassenen Fremden nach dem andern näherte sich, machte mit oder ohne Anrede seine Verbeugung, und trat dann wieder zurück. Ich wurde von dem ruſsischen Herrn Staatsrath, Ritter von Langsdorf, als mit ihm in das Reich angekommen, präsentirt. Nach den Fremden kamen aus den andern Sälen allmählig die inländischen Offiziere und Zivildiener herbei, und küſsten kniend dem Regenten die Hand. Zur Tafel wird in der Regel kein Fremder eingeladen, der nicht Fürst ist. In der Folge lieſs der, bald darauf zum Kaiser ausgerufene Prinz, mich aus Anlaſs einer mitgebrachten Erfindung, zu sich rufen und sprach mit Leutseligkeit.

Hinsichtlich der Münzverhältnisse trage ich nach, daſs es einzelne Stücke von 1 R e oder R e y nicht gibt; wenige von 2½ R., mehrere von 5, 10, 20, 40, 80 R. in Kupfer, und immer die geltende Zahl derselben darauf geprägt, 5%₁₁ R. machen erst 1 rhein. Kreuzer. 80 R. sind gleich dem vierten Theil der seltenen Silbermünze, welche Patak heiſst, und für einen holländischen Gulden oder doppelten Frank gilt. 320 R. machen solch einen ganzen Patak, oder 55 Kreuzer. Hiernach wird auch das noch seltnere Gold evaluirt — z. B. eine Duplone zu 12,800 R. Im Papier besagt der kleinste Zettel 4000 R., steigend bis zu einer Million R.!!

Indio-Schwarze-Mischlingsfrau
(Spix 1823)

• 7.9.1822 Unabhänigheit ausgerufen.
• 1.12.1822 Kaiserkrönung

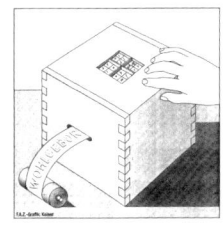

Die mitgebrachte Schreibmaschine.

Dublone = spanische Goldmünze seit 1557

Schnell laufen
ohne zwei Räder

Als Folge der Aufsehen erregenden Draisinen-Fernfahrten entdekken ausdauernde Läufer die Öffentlichkeit. Bei Schauläufen über große Distanzen sammeln sie Geld von den Zuschauern. Der erste Deutsche rennt von Mainz-Kassel nach Frankfurt und zurück.

Peter Bajus,
der Schnell Läufer.

An sich waren Läufer in fürstlichen Diensten schon lange unterwegs. Vor den Wagen oder Reitpferden der Herrschaften herlaufend, schufen sie freie Bahn. Auch beim badischen Herrscher Carl Friedrich dienten Läufer, wie mit einer wenig einnehmenden Anekdote Drais-Vater berichtet: *Als einer der ihn bedienenden Läufer um den erhöhten Titel eines Cabinetsläufers unmittelbar anhielt, so war die Antwort: „Seh` er sich um, das Cabinet ist viel zu eng, da kann er nicht laufen" (W. Drais 1818).* Die übliche Kleidung war gelb und reich mit Tressen besetzt, zudem trugen sie einen langen Stock mit Quasten und Zierknopf. Die aus dem Orient stammende Sitte, Läufer vor den Galawagen herrennen zu lassen, hat nach der französischen Revolution aufgehört.

Doch nach den spektakulären Schaufahrten der Draisinenreiter besinnen sich ausdauernde Läufer, daß man dies auch ohne Räder versuchen kann. So wettet Anfang 1824 der 28jährige Taglöhner Peter Bajus, Beiname Stolz, in Mainz-Kastel mit dem örtlichen Metzger, daß er nach Frankfurt und zurück (16 Stunden Wegs = 50 km) in fünf Stunden laufen werde. Er verliert zwar die Wette, doch zahlreiche Zuschauer sind erschienen, und von ihnen sowie in Frankfurter Wirtshäusern werden 500 Gulden für Bajus gesammelt. Prompt wird anonym eine Folgewette angekündigt, Kastel nach Höchst, doch der Lauf findet nicht statt, und die Obrigkeit erteilt Bajus einen Verweis, daß er Schauläufe künftig genehmigen lassen muß. *(2x Bauch 1996)* 🐦

376

1824

Der Prästipeditateur (Schnellfüßler) am Rhein.

Unsere Zeit ist die der Wunder, und bei uns ist wirklich ein Wettlauf geschehen, der einem Wunder so ähnlich sieht, wie ein Ei dem andern, d. h. einem jener Wunder, welche wir am Ende mit den Sinnen fassen, und die sich in blose Bewunderung auflösen.

Wir besitzen einen Schnelläuffer in Hessen, (ein Taglöhner von Rauheim, Namens Stolz) welcher wirklich, lebte er in London, der Stolz und die Krone aller brittischen Wettläufer wäre, und von der Natur mit Kraft und Körperbau begabt ist, einem englischen Wettrenner nicht nur den Preis abzulaufen, sondern ihn auch kaput zu rennen. Dieser fliegende Mensch ist indessen bei uns wenig bekannt, und bewährt das Sprüchwort: Es gilt kein Prophet in seinem Vaterlande. — Am 18. Jänner hat sich jedoch in unserm hiesigen Kassel in einem Wirthshause eine Wette auf diesen Stolz gemacht, er lief in fünf und drei viertel Stunden nach Frankfurt a. M., und wieder zurück. Von Frankfurt mußte er eine ächte gesiegelte Bescheinigung von Hrn. F. Depré. Zöllner am Bockenheimer Thor mit Anzeige der Zeit seiner dortigen Ankunft wieder nach Kassel mitbringen, und ein unparteiischer Mann versiegelte die Uhr, nach welcher die Sache gerichtet wurde.

Fünfzehn Minuten nach neun Uhr Vormittags ging Stolz von Kassel ab, und in fünf Stunden und fünfundvierzig Minuten, prezis drei Uhr, war er in Kassel zurück, mit dem Zeugniß des Hrn. Zöllners von Frankfurt, daß er halb zwölf dort angelangt war; wobei noch der Verhalt unter Wegs von einer Viertelstunde bemerkt werden muß, ferner, daß er so lange ohne alle Nahrung blieb, endlich, daß ihm die geflickten, alten Socken schon in Hochheim in Lappen abgefallen waren, nachdem er die alten zerlöcherten Schuhe weggeworfen hatte.

Dieser fliegende Mensch will eine Wette eingehen, in vier Tagen nach Paris und wieder zurück zu lauffen; es wäre für die Anthropologie eine Merkwürdigkeit sonder Gleichen, würde diese Wette gemacht und von dem Renner gewonnen.

Beter Bajus lief von Mainz nach Frankfurt und wieder zurück.

Nachricht aus: *Der Spiegel, Mainz 25.1.1824*
Statt Kassel ist richtig: Kassel bei Mainz

1838 wird der norwegische Schnellläufer Mensen Ernst in 59 Tagen von Konstantinopel nach Kalkutta und zurück laufen.

Bild links:
Peter Bajus der Schnellläufer. Großherzog Ludwig von Hessen Darmstadt bietet Bajus die Hofläuferstelle und der Vater einer vierköpfigen Familie nimmt an. Trotz dieser Lebensstellung wird er 1843 nach Amerika auswandern.

Dritter Brief aus Brasilien

Karl Drais berichtet über den Stand der Landwirtschaft Brasiliens und die Landprodukte, besonders den Kaffee und macht eine Bemerkung, wonach er nachhause reisen will.

3.

Vom Jahr 1823.

Hier, lieber Vater, folgen meine vorläufige Betrachtungen über die Tropen.

Ich hörte von andern und mein Nachdenken bestätigte mich in dem Glauben, daß die Tropenländer zu den interessantesten des

In Rio de Janeiro...
Die höhere Gesellschaft Rios –
ein barfüßige Sklavin bedient

1823

Erdballs gehören, weil sie unter dem nähern Einfluſs der Sonne liegen, die hauptsächlich unsern Erdkörper belebt, und ihn durch ihre
Strahlen mit geistigem Extracte versieht. Wo sie hinscheint,
ist Leben; und man braucht nicht erst zu reisen, um diese Bemerkung zu machen. Es werden zum Beispiel die Pflanzen
in nassen Jahren meistens geschmackloser, hingegen unter
anhaltendem Schutze heller Witterung, viel kräftiger seyn. Der
Rebstock erhält seinen meisten Zuckerstoff unter den Sonnenstrahlen, und der Wein bekommt dadurch mehr Geist, dem
bekannten Sprichwort gemäſs:

«Je süſser der Most; desto stärker der Wein.»

Der Gehalt der südlichen Weine, so wie die tropischen
Gewürze und die feinen Mineralien, die bis zu den Diamanten
dort zu Hause sind — alles bestätigt den mächtigen Einfluſs der
majestätischen Sonne. Auch die tropischen Thiere zeichnen
sich durch Schönheit und Energie aus, und wenn der Mensch
in diesem Gürtel der heiſsesten Erdstriche am ersten ausartet:
so ist wohl der Grund davon in seinen Leidenschaften oder in
seiner Armuth zu suchen, die ihn oft abhalten, der Natur
gemäſs zu leben, und z. B. Zuckerstoffe genug, neben ver-
hältnifsmäſsiger Bewegung und Ruhe zu genieſsen.

Unter solchen Vorbetrachtungen schien es mir vorlängst
von hohem Interesse, die Tropenländer selbst zu besuchen.
Ich wollte die Natur durch ihre drei Reiche in ihrer Vollkommenheit zusammen finden. Aber meine Erwartungen waren
noch zu einseitig aufgefaſst. Als wir im März in den Hafen
von Rio de Janeiro einliefen, hatte ich gehofft starken Blüthen-
duft, prächtige Farben, sehr schmackhafte Früchte und kräftige Menschen zu finden; fand aber zu meinem groſsen Erstaunen gar wenig von dem Allen (immerhin jedoch eine schöne Blüthe
im nachgefolgten Jenner), fand vielmehr die Warnungen gegen
jeden übertriebenen Glauben bestätigt, die der königl. preuſs.
Husaren-Rittmeister v. Leithold (in der Schrift: «Meine
Ausflucht nach Brasilien,» Berlin 1820.) gegeben hatte. Sehr
schnell geht zwar das Wachsen der Pflanzen; der Pananen-
Baum schieſst in einem Jahre haushoch auf, treibt Blätter von
6 Fuſs in der Länge und 2 Fuſs in der Breite, liefert auch

Bananenstaude

1,20 m x 0,60 m

1823

 379

Ananas-Pflanze

Vielleicht der Beginn von Drais'
Alkoholismus.

Heute: Johanniskäferchen

sehr viele Früchte. Aber bei allen Pflanzen, die ich in hiesiger Gegend sah, ist der Blüthengeruch schwach und das Farbenspiel der Blumen im Durchschnitt ebenfalls nicht so lebhaft, als in den europäischen Gärten. Die Früchte in der Wildnifs aufgewachsen, schmecken fade; die durch Kunst veredelten angenehmer, aber doch meistens schwach — mit Ausnahme der besten Gattungen von Orangen, welche, wie ich im Junius sah, die Bäume reichlich mehr gelb, als grün überdecken, gleichwohl aber die Stärke der besten italienischen nicht ganz erreichen. Die Ananasse werden auch, wie bei uns der Most, eingekocht. Die europäischen Samenwerke gedeihen beinah alle gut, und können noch zum grofsen Vortheil werden, da es nicht viele einheimische Gattungen von solchen guten Früchten geben soll.

Die Menschen in der Hauptstadt und Umgegend sehen gröfstentheils matt und elend aus, wovon freilich die Ursachen erwähntermafser gar verschieden seyn können. Besser stehen diejenigen Ausländer da, welche seit kurzem erst angekommen sind, oder welche sich in Länge mit ausländischen Produkten, besonders mit gutem Portwein gegen die dunstige Luft stärken, die fast immer so feucht, als auf dem Meere ist, und zu selten sich bei klarem Himmel reiniget.

Auch die von der Fütterung, welche ihnen die Menschen reichen, mit abhangenden Thiere, zeugen von wenig Lebhaftigkeit. Hingegen die aus dem innern Lande kommenden Zugvögel weisen prächtige Farben auf, und eine Menge Insekten desgleichen. Da werden unsere Johanniswürmchen weit übertroffen von dem nächtlichen Schein einer Menge fliegender Insekten, so dafs die Wiesen bei Nacht dem gestirnten Himmel ähnlich und reichlicher prangen, ja die Gestirne an Glanz noch übertreffen.

Die Kunde aus dem innern Lande Brasiliens sowohl, als die von den westlichen Küsten des südlichen Amerika, wo die Seewinde theils gar nicht, theils milder erst gegen den Abend hingelangen, sagt, dafs dort die Pflanzen weniger schnell, als an den östlichen Küsten wachsen, hingegen kräftiger gedeihen, gleich als in Ostindien und an der prächtigen Küste von Malabar.

Harls Archiv. II. Band. 2. Heft. 13

Vergleicht man diese Verhältnisse, so wird es in hohem Grade wahrscheinlich, daſs an den obigen nachtheiligen Eigenschaften der Gegend von Rio, hauptsächlich die übermässig groſse Feuchtigkeit schuld ist, welche von dem nahen atlantischen Meer, durch die fast immer wehenden Ostwinde, die von der entgegengesetzten Drehung der Erde sich erklären lassen — auf das Land getrieben wird, wodurch sich die Kraft der Sonne zum Theil verliert, bis sie die meistens nebelichte Luft durchdringt und die Pflanzen erreicht. Ein weit Mehreres soll daher in trockenen, heiſsen Gegenden, wo also die Sonne öfter hell scheint, mit Hilfe von Wässerungs-Anstalten auszuführen seyn; und ich will versuchen, etwas davon mit eigenen Augen wahrzunehmen, sey es vor oder nach dem Wiedersehen der mir theuren Personen in Deutschland.

„oder nach" kann auch von Drais-Vater reinredigiert worden sein, um den Sohn als echten Auswanderer glaubhaft zu machen.

Was insbesondere den Kaffeebau, der in der Gegend von Rio stark angelegt ist, betrifft: so ist es ausser Zweifel, daſs dieses Produkt in weit gröſserer Menge auf dem Morgen Landes, als anderwärts, und in groſsen Bohnen erzeugt wird, aber eben so gewiſs, daſs dieser Kaffee als Kaufmannswaare von geringer, jedoch nicht schlechter Sorte ist, so daſs er z. B. zur Hälfte mit surinamer Kaffee vermischt, einen befriedigenden Genuſs gewährt. Die Bäume sah ich schon 40 Fuſs hoch gewachsen; in der gewöhnlichen Kultur aber läſst man sie nur 6 Fuſs hoch werden, um die Kirschen bequemer abzupflücken. Dies vermindert jedoch die Fruchtbarkeit nicht; ja man versichert, daſs ein gut gepflanzter Morgen Landes 10,000 Pfund Kaffee jährlich tragen, und das werbende Kapital in 20 Jahren sich verzehnfachen könne. Schon an der Hälfte wäre Profit genug.

12 m
1,80 m

Um aber auf die nähere Vergleichung der Küstenländer mit den innern Ländern, und der europäischen mit den tropischen zu kommen; so dürften vier Klassen anzunehmen seyn:

1) Wenig Sonne bei vieler Nässe erzeugt wenig Geistiges und viel Wässeriges;

2) Wenig Sonne bei wenig Nässe, erzeugt wenig Geistiges mit wenigen Wassertheilen;

3) Viel Sonne bei vieler Nässe erzeugt wohl viel **Geistiges**, aber mit viel Wässerigem vermischt;

4) Viel Sonne bei weniger Nässe erzeugt viel **Geistiges** von wenig Wässerigem geschwächt — im Durchschnitt nämlich und unter sonst gleichen Umständen betrachtet.

Angewandt auf unser Europa, so ist der größte Theil seiner Ländermasse von der nördlichen Seite, durch grosse asiatische Gebirge und Länderstrecken vor den anhaltenden Winden geschützt, und dasselbe hat dabei die gemäfsigte Sonnenlage, zwischen den Tropen und zwischen den kalten Zonen, kann daher in seinem größsten Länder-Theile neben guter Fruchtbarkeit für vorzüglich gesund angenommen werden, zumal wenn ein mäfsiger Genufs der stärkenden tropischen Gewürze hinzukommt. Im Ganzen läfst sich wohl annehmen, dafs in den Tropen-Ländern mehr Einflufs der Sonne auf den Grad der Fruchtbarkeit — in Europa hingegen ein glücklicheres Verhältnifs für die Gesundheit vorwirkend sey. Daher vielleicht seine starke Population und seine frühere Civilisation? — Nur seine nördlichen und westlichen Küsten-Länder, die von vieler feuchter Seeluft angespült werden, mögen auch hinsichtlich der Gesundheit demjenigen Theil der Tropenländer nachstehen, welche tiefer im Lande, an einem Flusse und bei reinern Lüften oder auch an den wärmern westlichen Küsten von Südamerika gelegen und besser geschützt sind.

Ein besonderes Interesse erregt, wenn ich recht vermuthe, z. B. der grofse Amazonen-Flufs, wenn man sich an ihm eine angenehme Temperatur zwischen Feuchtigkeit und Trockenheit wählen würde; ferner die schon etwas mehr kultivirte Gegend der Stadt Quito in Peru. Diese ihrer Lage nach höchste und bekannte Stadt mit kühler klarer Luft umflossen, die zugleich nahe am Aequator, nahe an einem immer mit Schnee und Eis bedeckten Berg, ziemlich nahe an dem stillen Meer, ziemlich nahe an dem Chimboraco, dem höchsten bekannten Berg der Tropen und des Erdballs liegt, wo daher fast alle Gattungen von Climaten und Produkten mit den wohlthätigen Einwirkungen von der Kälte und dem reinem Licht, mitten im heifsen Himmelsstrich der Tropen in einer mäßigen Nähe zur Auswahl beisammen seyn sollen. Es versteht sich jedoch, daß, wer an eine Niederlassung denkt, nicht bei solchen allgemeinen Nachrichten, oft noch sehr fern vom Treffpunkt stehen bleiben darf; sondern der einzelne Unternehmer, oder besser von einer größern Gesellschaft eine wohlgewählte Deputation, würde erst solch eine Gegend bereisen und sich zu versichern haben, ob das Klima sowohl als die Fruchtbarkeit ihm zusagt, ob nicht eine andere physische Unannehmlichkeit, von der oft keine Beschreibung spricht, dort herrschend sey; ob die dortige Regierung eine Dauerhaftigkeit verspreche und wie sie den Einwandernden behandeln würde? Denn erst im Genuß bürgerlicher Wohlfahrt schmeckt die Gesundheit und der Reichthum wohl etc.

Reisen per Sklavensänfte oder Pferd in Brasilien. Es gibt kaum Kutschen

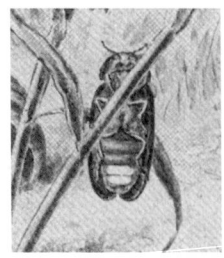

Leuchtkäferchen

3,6 - 4,8 m
15 cm

1,8 - 2,40 m

15 cm
4 cm
Zeitigung = Reife

(Zu Brief 3.) Da unter den Erscheinungen für das Auge in den Tropenländern der prächtige Glanz der fliegenden Schein-Insekten keine der letzten Eigenheiten ist: so trage ich auch darüber etwas Näheres nach. Eine Art derselben glänzt beständig; aber ich meine, nicht mit so vollem Feuer, als diejenige andere, wovon die Thierchen gleichsam taktweise, in der Schnelligkeit von Pulsschlägen, ihre Strahlen hinausschiefsen — und zwar oft so gemeinschaftlich, dafs ganze Abende lang abwechselnd eine Wiese oder ein Weidplatz bald finster ist, bald in unzählbaren Lichtern prangt. Ein Dutzend solcher Insekten, in einem Glas gehalten, machen hell genug zum Lesen und Schreiben *).

Die Bananen-Bäume, deren schnellen Wuchses ich gedachte, werden in einem Jahre 12 bis 16 Fufs lang, und unten 6" dick. Der Stamm selbst aber nimmt nur die halbe Länge ein; die andere Hälfte tragen die ausserordentlich grofsen Blätter aus, aufwärts stehend und 6 bis 8' lang. Die Früchte solchen Baumes, die einen bedeutenden Nahrungsartikel ausmachen, sind geformt wie Würste, gewöhnlich 6" lang und 1½" dick; ausserhalb glänzend-gelb in der Zeitigung, nach Abziehung der nicht dünnen Schale aber blafsgelb, und schmeckend wie ein Teig von feinem Mehl mit angenehmem Saft vermischt.

Was die Güte oder Geringhaltigkeit des Kaffee anlangt, so gibt es zwar vielen von so schwacher Kraft, dafs 4 Pfund erst mit 1 Pfund gutem gleich zu schätzen sind; doch macht die Verschiedenheit der Lage, wo die Frucht gezogen wird, einen grofsen Unterschied — oft schon in der Distanz von nur wenigen Meilen. Es kommt unter andern darauf an, ob die Kaffeebohne durch ein Gebirg (wie auf der Mandioka) vor der sonst schwächenden beständigen Einwirkung der Seeluft geschützt ist;

*) Noch mehrere, und allerdings die vorzüglichsten Arten der Schein-Insekten gehören der südamerikanischen *Fauna* an. Bei manchen bewirkt erst die taktmäfsige Bewegung der Flügel und Flügeldecken den prächtigen Schein. Von einer gröfsern Gattung, *Lampyrus* genannt, genügt ein einziges Insekt, um, statt Laterne, an einem Faden mitgeführt zu werden. Note des Naturhistorikers.

Die Fußnote ist wieder von Prof. Gatterer, Heidelberg

alsdann dringen die Sonnenstrahlen kräftiger ein. Eben so ist es mit den Orangen, von deren gewöhnlichem Schlag man 1000 für 1000 R. kauft, aber darunter viele unzeitige, welche die Einfalt schon abpflückt. Manche gute Gattung von Wald- obst ist in der Nähe der Hauptstadt fast ausgerottet worden, theils im Umtausch gegen die, an Menge mehr ausgebende, fade schmeckenden Kirschen, theils nach der kurzsichtigen Mode, daſs Bäume, die eine Partie Früchte in unbequemer Höhe tragen, umgehauen und selbst getödtet werden.

1000 Rey
unzeitige = unreife

Ueber das Fortkommen europäischer Saatkörner, wornach Sie fragen, sind schon viele Proben, um Rio her, mit erwünsch- tem Erfolg, hinsichtlich des Aufgehens, gemacht; aber die Früchte meistens von geringerm Geschmack, als bei uns, befunden worden.

Ich sah im Lande mehr Rindvieh, als ich erwartet hatte; aber milchgebende Kühe viel weniger und viel schlechter, als bei uns — aus Mangel an menschlicher Pflege, an Stallfütte- rung, an gut eingerichteten Wiesen. Die Thiere laufen und nähren sich kümmerlich auf unkultivirten Weidplätzen.

Straßenszene in Bahia mit Sklaven als Sänftenträgern
(3x Spix 1823)

Burg & Sohn: Dreiräder!

Während Drais im unwegsamen Brasilien zu Pferde unterwegs ist, beantragt Burg 1824 in Wien unverdrossen ein Privileg für neuartige Dreiräder, zu deren Benutzung kein Balancieren erforderlich ist.

Offenbar weiter im Trend meldet Anton Burg & Sohn am 11. Juli 1824 ein Privileg auf drei Jahre für *Gesundheits- und Unterhaltungs-Maschinen* an, nach ihrer *Comotions-Maschine* (Zweirad) *(Archiv der Technischen Universität Wien Pr 1002)*

Der Skala zufolge zeigen die Abbildungen Kindermaschinen von etwa 60 cm Höhe. Dies und der Rückzug ins Private *(Gärten)* läßt vermuten, daß auch in Österreich die Obrigkeit Erwachsene auf zwei Rädern verfolgt.

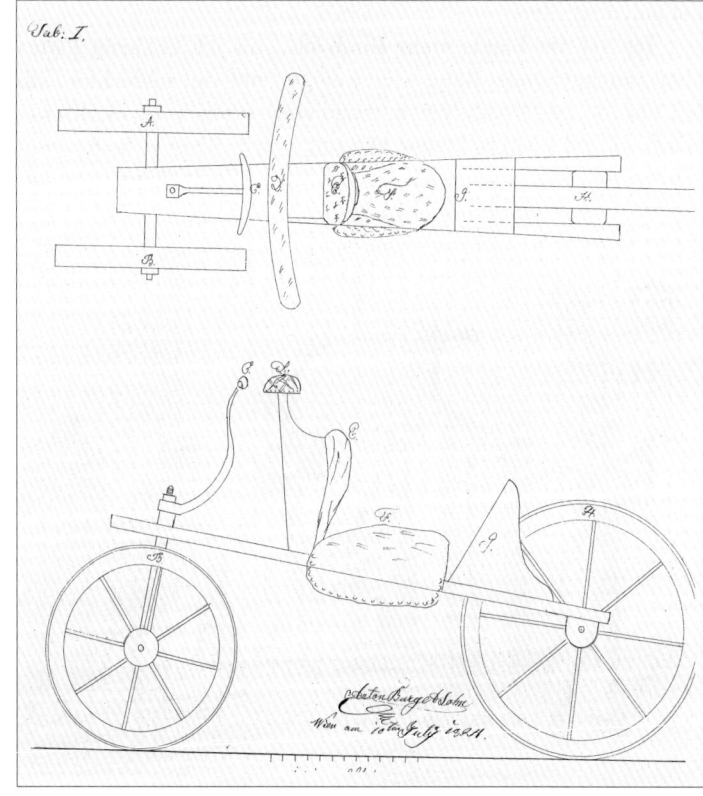

D ist eine Armlehne
E ein Polster, damit der Unterleib beim Gebrauch der Maschine nicht im mindestens echauffiert werde
F der Sattel, welcher auf einer Feder liegt, worauf die fahrende Person sitzt, und ist neu
G ein Spritzleder, damit man nicht von dem hinteren Rade H beschmutzt werde

386

1824

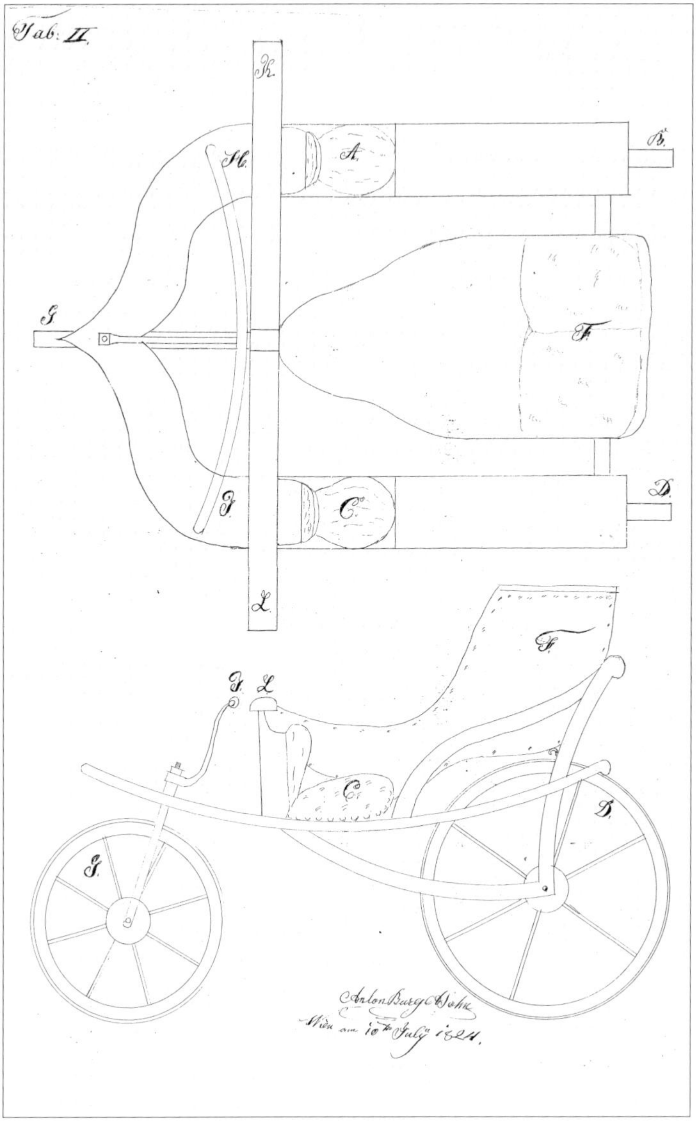

Tab. II.

A ist ein Sattel, worauf eine Person sitzt.

C ist ebenfalls ein solcher Sattel, darauf auch eine Person sitzt.

F ist eine Calesche, worin 2 Frauenzimmer sitzen können, und diese werden von den rechts und links Sitzenden geführt, ohne daß sie jedoch selbst mitwirken. Diese Calesche (Korb) ruht ebenfalls auf Federn und ist elastisch.

Burgs Kinder Dreirad mit zwei Reitern <u>neben</u>einander nimmt eine Bauform vorweg, die später in Coventry nicht *Tandem* (<u>hinter</u>einander), sondern *Sociable* (engl.=gesellig) genannt werden wird. *(Ulreich 1992)* ✎

Sociable in den 1880ern.
(Archiv Lessing)

1824

 387

Vierter Brief aus Brasilien

Karl Drais hat offenbar seine Überfahrtskosten abgearbeitet und bereist mit zwei sächsischen Bergkundigen die Provinz Minas, noch heute als Minas Gerais der wichtigste Bergbaustaat Brasiliens. Drais beklagt die Landschaftszerstörung durch die Goldgräberei.

Mit dem Nachtrag vom September 1825 enden die veröffentlichten Briefe von Karl Drais. In diesem Monat bricht Langsdorf zu einer unglücklichen Expedition ins Innere Brasiliens auf. Einer der drei Expeditionszeichner ertrinkt, die Teilnehmer erkranken an Malaria, besonders schwer Langsdorf, der zurück nach Baden gebracht wird und dort noch bis 1852 leben wird. Karl Drais verdient sich bis 1827 die Heimfahrtkosten vermutlich wieder als Landmesser.

Villa ricca im Julius 1824.

Nun kann ich Ihnen, lieber Vater, aus der merkwürdigen Provinz Minas schreiben. Vor vier Monaten hab ich die gute Gelegenheit benutzt, in Gesellschaft von zwei gebildeten Deutschen hieher zu reisen. Sie sind die Herren Augusti und Wagner, Bergkundige aus Sachsen, die der brasilianische Kaiser hat einladen lassen, seine mineralischen Reichthümer, und die wegen denselben vorgerichteten Anstalten zu untersuchen und zu berathen.

Lassen Sie mich vor Allem aussprechen, wie wohl mir ist, daß ich aus dem feuchten Qualm von Rio in eine reinere Höhe gekommen bin, wo auch die meisten Menschen besser aussehen. Die erfrischende Luft hat eine Kühle, die in diesem Monat beinahe um den Gefrierpunkt steht, und die überaus angenehm bei der mehrentheils trockenen Witterung ist. Denn der Regen bleibt, gegen starke nächtliche Thaue, zu halben Jahren aus — worauf er wieder mächtig, zu ganzen Monaten, eintritt. Ein Zeugniß von der glücklichen Temperatur des Klima in dieser ausgezeichneten Provinz liefern die köstlichen Trauben, die sich schon im gegenwärtigen Monat genießen lassen, aber im September noch besser seyn sollen.

Die Entfernung von Rio bis Villa ricca beträgt über achtzig Stunden. Die erste Hälfte des Wegs bis Barbacena zieht

Schreibfehler: Es handelt sich hierbei um Karl Heymo Seneka Augustin.

Villa Ricca heißt heute Ouro Prêto

sich durch Urwaldungen und mächtiges Gebirg hinauf. In der andern Hälfte hingegen, also in Minas, sahen wir viel plattes Land, noch kahle Weiden, auf den Strafsen aber einen auffallenden metallischen Glanz — meistens von Eisentheilen, die neben den Goldtheilchen hier zu Hause sind.

Durch die häufig geübten Goldwäschen ist der meiste Goldsand in frühern Jahren weggehoben worden. Jetzt gilt es mehr die Bearbeitung des tiefern Gebirgs. Die Diamantgruben der Provinz sind entfernter von hier. Neben Goldminen kommt man auch stärker auf Silber, das besonders A u g u s t i, in cubisch kristallisirtem schönem Bleierz zu Agaïste und zu Marianna genüglich vorgefunden hat, um darauf mit wahrscheinlichem Vortheil neue Werke anzulegen.

Aber über diesen Forschungen unterhalb der Erde, bleiben die herrlichsten Felder brach liegen. Nicht einmal als Weide werden sie verhältnifsmäfsig benutzt, weil der Viehstand noch in jeder Beziehung schwach ist. Proben der Umbrechung haben indessen treffliche Resultate geliefert, und auch F e l l e n b e r g s wichtigen Grundsatz von der reichern Einwirkung der, in die aufgelockerte Erde eindringenden Sonnenstrahlen bestätigt.

Es fehlt nur an Menschenmenge und an Berichtigung des Menschensinnes. Trägheit und Vorurtheil in Anschung der Arbeitsschande sind hier, wie in Rio, heimisch — ungeachtet die eingerissene Armuth stärker ist, seitdem die Goldwäschereien, unter welchen sich die Leute vorhin verwöhnt haben, schwächer gehen, und mancher Sklave nicht mehr wie sonst, die Familie seiner Herrschaft ernähren kann. Dazu kommt nun noch ein auffallender Grad von Kurzsichtigkeit und der Abgang erleichternder Polizei - Vorkehrungen. Zu der erstern Beziehung gehört z. B., dafs diese Menschen ihre Orangen abbrechen, ehe sie zeitig sind, um daraus ein Spottgeld nur geschwinder zu erlösen; dafs sie auf Pflegen und Putzen ihrer Thiere kein Augenmerk richten, ja bald eben so wenig auf sich selbst. Die Nägel ihrer Daumen lassen sie in auffallender Länge, gleichsam zum Müssiggang (bis auf das Zitherspielen) eingeweiht. Beim Essen bedienen sie sich der andern Finger, statt unserer

Philipp Emanuel von Fellenberg führte ein landwirtschaftliches Mustergut (Hofwyl) in der Schweiz.

heute: Verwaltungsmaßnahmen
zeitig=reif

Bestecke, um ihre elende Kost — meistens aus Welschkorn-
mehl und Bohnenbrühe — zu vermischen und zum Munde zu
führen. Selbst in der Stadt oder dem reichen Flecken
(Villa ricca, eine Stunde lang, mit vielen Hügeln und Tiefen
in den Gassen) ist ein Gemisch von Pracht, Unbequemlichkeit
und Noth, wobei die letztere sich sehr hervorheben. Es fehlt
nicht an ansehnlichen Staatsbeamten und Staatswohnungen, auch
nicht an einem Theater — aus dessen königlicher, jetzt kaiserlicher Loge der Präsident, der als Gouverneur honorirt ist,
bei Gelegenheit der proklamirten neuen Reichs-Konstitution
zu dem Publikum gesprochen hat. Derselbe ließ mich, als
Fremden von Stand, durch einen Offizier zu der Feierlichkeit
einladen, und nahm mich zu sich in jene Loge ehrend auf.

Zu den städtischen Gebrechen, die zum großen Theil die
ländlichen selbst sind, kann man wohl zunächst rechnen, daß
kein ordentlicher Speisemarkt sich zu Stande bringen läßt, so
lange die meisten Lebensmittel weit her transportirt werden
müfsen, wodurch sie selbst dem Luxus beschwerlich, noch mehr
aber durch Vertheurung, unfähig werden, um der Noth steuern
zu können. Die über Land kommenden Maulthiere werden
mit ihren Körben vor den Häusern angehalten, und müssen
oft lange stehen, bis eine Kleinigkeit debitirt wird. Kein
Wunder, daß man auch in Wirthshäusern nicht leicht ein gutes
und genügendes Essen haben kann. Selbst Kaffeehäuser fehlen
in diesem Lande des Kaffee — der zudem schlecht und theuer
zubereitet wird. Noch weniger Wunder ist die große Zahl
von Bettlern, die ihre langen Daumennägel dabei aufweisen
— als wollten sie sagen: «Wir sind von guten, nun herabge-
kommenen Familien.»

Aber mitten durch alle Gebrechen dieser Zeit sieht man,
was einst Herrliches aus dem südlichen Amerika werden kann.

Im Nachtrag schreibt Drais oder der Setzer den Namen des Bergkundigen
richtig: *Augustin*, statt bisher *Augusti*. Es handelt sich um den Mansfelder Karl
Heymo Seneka Augustin *(Schiffner 1942)*

Die Reichs-Proklamation war am
25.3.1824

(Zu Brief 4.) In metallurgischer Hinsicht ist in der Gegend von Rio wenig — desto mehr in der Provinz Minas zu sehen, wo das Klima viel trockener ist. Der Glanz auf Straßen, von dem ich geschrieben, ist meistens von Eisentheilen, die bei Sonnenschein wie Silber schimmern. Obschon dieselben gewöhnlich nur in kleinen Partieen mit dem gemeinen Sand, oder oxydirtem Eisensand, vermischt sind: so gibt es doch auch ganze Flächen und Anhöhen von äusserlich oxydirtem Eisen — im Ganzen enorm viel dieses Metalls, Material genug für die Eisenbahnen, wozu den Europäern billig die Lust wächst.

Neue Goldgänge wurden kürzlich in bergmännischen Gruben gefunden. Goldsand ist unterhalb der Erde noch immer mit ihr vermischt; liegt auch, nach sichern Spuren, unterhalb manchen Gewässern, worüber denn das Problem bleibt, über das ich wirklich mit Herrn A u g u s t i n in Betrachtungen stehe, w i e mit Maschinen - Hülfe das mächtige Natur - Hinderniß zu überwinden sey, um einem Goldklumpen, der tief unter zuströmenden Wassern liegt, beizukommen? Was aber bequemer ober-

Schwarze Sklaven beim Goldwaschen unter Aufsicht
(Spix 1823)

Der erste Personenzug der Geschichte fährt am 27.9.1825 von Stockholm nach Darlington. Drais hat wohl vom Bau gehört.

1824

391

Badische Ruthe=3m

60 km

halb war, ist längst weggefischt. Bei der Entdeckung des Landes soll an vielen Stellen gediegenes Gold frei da gelegen seyn, und die Finder, welche nur ein Fünftheil an die Regierung abzugeben hatten, sammelten damals noch leicht ihre Reichthümer. Allmählig wurde der Boden mehrere Ruthen tief aufgewühlt; daher sieht man auf ganzen Strecken aufgethürmte Steine neben tiefen Gräben. Eine Menge guter Erde wurde durch das Goldwaschen weggeschwemmt — und so hat der Mensch zur Zeit Zerstörung dahin gebracht, wo die Natur am freigebigsten für ihn gewesen ist! Nun fehlt es darüber — ausser den besonders gepflegten, aber verhältnifsmäfsig wenigen Gärten — so sehr an Anpflanzungen, dafs die Nahrungsmittel für Menschen und Thiere nur aus der Ferne her, und nur auf Fufswegen, kümmerlich beigebracht werden müssen. Das Vieh zum Schlachten wird ungefähr 40 Meilen weit aus dem tiefern Land (wo, unter mehrern Viehzuchten, die der reichen Wittwe Donna Puana die renommirteste ist) geholt, und über hier gelangt es erst, auf noch einmal so langem Weg, nach Rio. Die meiste Fleischnahrung besteht hier, wie in der Hauptstadt, in gesalzenem Fleisch oder Speck — und gleich dürftig ist, wie gesagt, die Pflanzennahrung im reichsten Lande.

Um noch einmal auf das mineralische Reich zu kommen, so hatte man von Silber und von Platina, die mehr in den südwestlichen Provinzen von Amerika zu Hause sind, bisher nur weniges in Brasilien gefunden; um so wichtiger sind die neuen Versuche hierüber, die noch mehrerer Prüfung und Bestätigung bedürfen. Das Kochsalz ist, in dem Länderstrich, den ich sah, nicht heimisch, sondern einer der grofsen Einfuhr-Artikel. Sandsteine, nach denen Sie gefragt haben, gibt es in Menge, für künftige Besserung der Bauten. Granit ist in der Provinz Minas nicht sichtbar, — wohl aber bei Rio.

Lassen Sie mit einer allgemeinen Hypothese mich für heute schliefsen. Sollten nicht durch die beständige Einwirkung der Sonne — wenn die menschliche Kultur genügend hinzutritt, um Hindernisse zu entfernen — die Naturkräfte überhaupt, von einem Zeitraum zum andern, lebhafter werden? — Bei sonst gleichen Umständen, scheinen dann die Tropen, wo die meiste

Sonne ist, am ersten dazu befähigt, wenn damit seiner Zeit eine grofse Kultur zusammenwirkt, wo dann der Erdboden das Hergegebene nicht nur durch Dungmittel, sondern auch durch mehr eingesaugte Sonnenstrahlen und mehr geschwängerte Lüfte, reichlicher zurückempfängt.

Bei ziemlich gleicher Kultur also werden künftig die Tropenländer fast in jeder Hinsicht den Vorzug vor andern Ländern ansprechen können. Jetzt hingegen soll z. B. im Pflanzenreich Ostindien, Marocco etc. die kräftigsten Produkte aufliefern.

Es werden indessen die fortgesetzten Vergleichungen ganzer Menschenalter dazu gehören, um unsere Vermuthungen mehr zu berichtigen *).

---

*) Anmerkung des Vaters. Ich entsinne mich nicht, ob mein Brasilianer von der einschlägigen andern Hypothese mehrerer philosophirender Geognosten gehört hat, wornach dieselben aus mancherlei Naturwahrnehmungen folgern wollen, dafs die Wassermasse auf unserm Globus in einiger Abnahme stehe, das Element des Feuers aber — nicht die Einwirkung der Sonne allein — ein allmähliges Uebergewicht erreichend, die Erde einstens verbrennen, oder verwandeln wird. — Sie wird aber, ehe solch eine grofse noch sehr ferne Veränderung eintritt, erst die volle Schönheit ihrer jetzigen Vereigenschaftung; sowohl in der physischen als gesellschaftlichen Gestaltung, dem Menschengeschlechte aufweisen. Denn so wie jede Blume ihren Vollkommenheitspunkt erreicht, ehe sie verblüht: so wird noch vielmehr ein ganzes Gestirn nicht zurückbleiben in der Darstellung der Herrlichkeit, deren es innerhalb der Grenzen seiner Natur fähig ist. Da wir aber von diesem grofsen Schönheitspunkte selbst — man vergleiche die andern Welttheile mit Europa, oder dieses mit unserm Ideal! — noch weit entfernt sind: so liegt darin zugleich der Beweis von der, noch viel weitern Entfernung jener totalen Veränderung, die das Ende der Erde und der Menschen als solcher heifsen würde. Nähert sich aber einst diese Katastrophe: dann könnte es kommen, dafs die Tropenländer am ersten unausstehlich vor Hitze werden und ausbrennen; dafs eine Zeitlang noch in den mittlern Zonen, wo die Menschen schon jetzt mehr Energie äussern, die gröfste Bildung und Schönheit bliebe, die endlich auch in die kalten Zonen überginge, so weit diese bis dahin zu einer höhern Ausbildung würden empfänglich geworden seyn.

Ich sage «es könnte» wer möchte mehr behaupten wollen? Indessen vermögen wir schon für jetzt, aus dieser Erhebung der Gedanken, praktischen Nutzen zu ziehen — in einer richtigern und mildern Schätzung unsers Weltgangs; in dem befestigten Glauben an die Fortschritte der Kultur und der Menschheit selbst; aber auch im Abstehen von hitzigen Forderungen, dafs es plötzlich in allen Stücken auf einmal besser werden sollte. Wen diese Betrachtungen über unsern Erdball allein noch nicht dahin bringen, der vergleiche ihn selbst, als einen nur kleinen Punkt, mit dem Sternenhimmel, welcher uns nicht umsonst vor die Augen gestellt, und so sehr geeignet ist, uns mit Bescheidenheit, Geduld, Hoffnung, Muth zu erfüllen und zu stählen, es komme wie es wolle!

D.

Drais-Vater, wohl 1827, gezeichnet von seiner Tochter Luise

Wieder in Mannheim

Der geglückten Staroperation bei Drais-Vater zufolge kann Karl Drais wieder zuhause einziehen. Er macht sein Schreibclavier weiter publik. In München findet das erste bekannte Drasinen-Rennen in Deutschland statt.

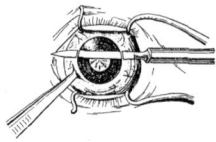

Einleitung der Linsenentfernung bei der Staroperation *(Axenfeld: Augenheilkunde 1920)*

Am 22. Februar 1827 besteigt Karl Drais in Rio das Schiff nach Antwerpen, um zum 50jährigen Dienstjubiläum des Vaters wieder in Mannheim zu sein, wie Michael Rauck aus dem *Registro des Estrangeiros 1823/1830* ermittelte *(Rauck 1983)*. Die Rückreise dauert damals mit drei Monaten länger als die Hinreise. Für Professor Gatterer in Heidelberg bringt er ausgestopfte brasilianische Vogelarten mit *(Varnhagen 1859)*. Großherzog Ludwig hatte 1825 in Karlsruhe nach französischem Vorbild das Polytechnikum gegründet – Pech für den Professor der Mechanik, daß er zu dieser Zeit Brasilien vermaß.

Mittlerweile hatte sich Drais-Vater ja am 31.10.1823 mit 50%igem Erfolg den grauen Star operieren lassen. *Wir übergehen die angstvolle Spannung seiner Kinder, ihre stillen Gebete für eine glückliche Wendung der Gefahr, die nachmaligen vielen Sorgen um das rechte Auge, welches verwachsen mit der Hornhaut seine Sehkraft nicht wieder erlangte und wodurch langwierige Kopfschmerzen sich entwickelten (NN 1841).* Für die zweitägigen Jubiläumsfeiern gibt Drais-Vater gleich noch die Sprachregelungen vor, die sich denn außer in seinem Tagebuch auch in der gedruckten Predigt des ersten Mannheimer protestantischen Pfarrers wiederfinden *(Ahles: Rede 1827): Die Töchter versüßen dem seit elf Jahren verwitweten Greise die Tage und Stunden. Der Sohn, aus Brasilien von seiner wissenschaftlichen Reise heimgekehrt, wird sich gern für mich den Schwestern anschließen.* Großherzog Ludwig sendet eine mit Brillanten und seinem Porträt geschmückte Dose und die Städte Mannheim sowie Durlach Ehrenbürgerbriefe.

Karl Drais wohnt wieder bei der Familie in M1, 8. Er macht sein Schreibclavier weiter publik, z.B. antwortet ihm 1829 der bayerische Abgeordnete Graf Benzel -Sternau wohlwollend auf die Zusendung einer gedruckten Beschreibung (siehe später). In München findet unter Ausschluß der Öffentlichkeit ein Draisinen-Rennen mit 26 Draisinen statt. Ist der Sieger, ein Herr v. N.N., gar mit Karl Drais identisch? Elf Kilometer in einer halben Stunde bedeuten beachtliche 22 km/h im Schnitt! Das *Münchner Tagsblatt* vom 23.4.1829 ergänzt:*Die bessern Draisinen, welche zuerst kamen, waren meistens von Herrn Mechanikus Semler verfertigt; von denselben kostet eine hölzerne 25 Gulden, eine eiserne 55 Gulden: Auch sind dieselben von Herrn Mechanikus Semler lehnungsweise zu haben, die Stunde für 9 Kreuzer, den ganzen Tag für 48 Kreuzer (Neues Fiakergeschäft).* Die Recherche verdanke ich Dr. Blasenbrey und Jost Pietsch in München. ❦

CARL FREIHERR VON DRAIS
Oberhofrichter
des Ordens der Treue Großkreuz

Vermutlich zum Dienstjubiläum 1827 lithographiert: Drais-Vater im Profil *(Stadtarchiv Karlsruhe)* gezeichnet von Luise v. Drais

Der Bayer'sche Landbote.

Verfaßt und herausgegeben v. Dr. K. Fr. A. Müller. (Wohnt Promenadestraße Nro. 1508.)

Sonnabend Nro. 50. München, den 25. April 1829.

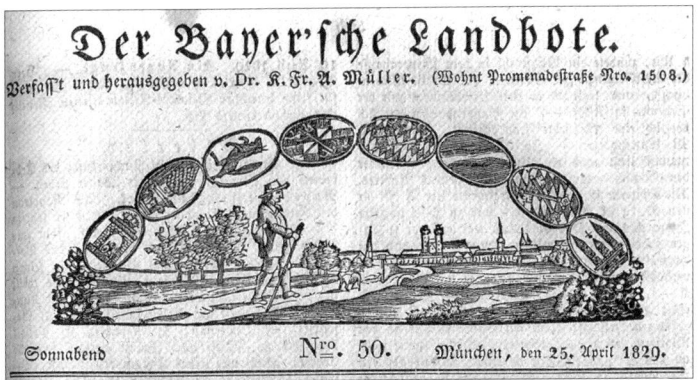

Der Bayerische Landbote vom 25.4.1829

— Von den Ferien und dem herrlichen Frühling profitirend, werden JJ. KK. HH. der Kronprinz und Prinz Otto, in Begleitung des Hrn. geistl. Raths u. s. w. v. Oettl, der Hrn. Grafen v. Paumgarten und Fugger, und des Hrn. Frhrn. v. Redwitz, morgen eine Fußreise antreten.

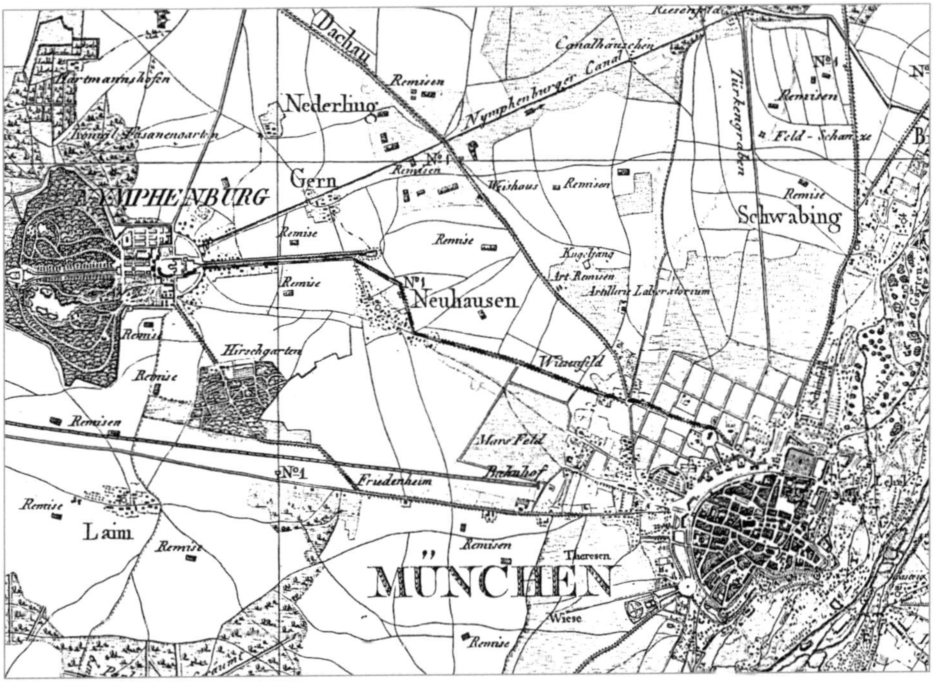

Streckenverlauf des Draisinen-Rennens 1829 *(Topographischer Atlas 1812)*

Körper & Geist-Volksfest

Nachdem der Vater und Großherzog Ludwig gestorben sind, tritt Karl Drais auch publizistisch in Vaters Fußstapfen. Beeinflußt von den zeitgenössischen Sozialutopisten entwirft er einen Erziehungsstaat.

Wird Karl Drais überleben: Großherzog Leopold *(Sammlung Klaus Häfner)*

N achdem im Vorjahr sich bei Drais-Vater, mit 74 Jahren immer noch als Oberhofgerichtspräsident im Dienst, nächtliche Anfälle von *Angina pectoris* mehrten, zieht er sich vom Dienst zurück und stirbt in Gegenwart seiner fünf Kinder im Februar 1830. Mit Fug kann man dieses Datum als Wendepunkt in Karl Drais` Leben bezeichnen, denn die Unterstützung des Vaters hatte seine atypische Erfinderkarriere überhaupt erst ermöglicht. Jetzt dreht sich der Wind, und als Kehrseite muß Karl Drais nun politische Altlasten ausbaden, welche die Gegner des Vaters auf ihm abladen. Wie erinnerlich hatte er ja schon 1818 kein bayrisches Patent erhalten, weil der Vater mit Druckschriften bayrische Rückeroberungsgelüste auf die Pfalz abwehrte.

Im März stirbt auch noch 67jährig Großherzog Ludwig. Statt dessen Sohn aus nichtstandesgemäßer Verbindung wird nun der 40jährige Leopold Großherzog, der Älteste aus der Hochberger Linie. Viele hätten lieber seinen jüngeren Bruder Markgraf Wilhelm wegen dessen militärischen Meri-

Volksfest in Cannstatt 1824 – in Württemberg nach Fellenberg etabliert *(Napoleon-Katalog 1987)*

396

1831

ten auf dem Thron gesehen, denn Leopold gilt als menschenscheu und entschlußlos. 1817 hatte Leopold dem fünf Jahre älteren Karl Drais zur Laufmaschine gratuliert und sie als geniale Erfindung bezeichnet. Da war die Thronfolge noch unklar und von Drais-Vaters Unterstützung abhängig. Karl Drais wird erfahren, daß dies jetzt vergessen ist – ideale Gelegenheit für die futterneidischen badischen Beamtenadligen, an dem Außenseiter ihr Mütchen zu kühlen.

Im selben Jahr unternimmt Karl Drais eine Frankreichreise, was nur aus einer einzigen Quelle bekannt ist *(Cathiau 1893)*. Ist er dort dem Fourierismus oder gar dem *„Buster Keaton der Utopie"*, Charles Fourier, persönlich begegnet? Der utopische Sozialist bekam diese Bezeichnung in Frankreich, weil er wie der Filmkomiker nie lächelte, obwohl seine Utopie von Arbeit durch Liebe fröhlich sein sollte. Ein Jahr später läßt jedenfalls Karl Drais seinen *Vorschlag von einem Badener für Emporhebung der Volkskraft* drucken, *durch den mächtigen Hebel des Ehrgefühls*, wie am Ende zu lesen ist. Dieses physikalische Vokabular (Hebel, franz. levier) ist auch Fourier zu eigen: der Hebel für die Verwirklichung der anziehenden Arbeit in der Siedlung Harmonie sind z.B. kurze Arbeitszeiten (Menschen sollen alle 2 Stunden Arbeit wechseln). 1829 ist von ihm *Le nouveau Monde industriel et sociétaire* in Paris erschienen, und diese auch ökonomisch klare Formulierung seiner Utopie dürfte Karl Drais animiert haben.

Noch deutlichere Bezüge gibt es aber zum Erziehungsstaat des Philipp Emanuel v. Fellenberg in Hofwyl bei Bern. Nach einem Artikel darüber im *Badischen Magazin* wollte Karl Drais schon 1809 zu diesem landwirtschaftlichen Mustergut mit Schulen und Landmaschinen-Manufaktur reisen, um die Konzepte dieses Philanthropen kennenzulernen, und beantragte einen Urlaub bei der Forstkommission *(GLA 391/45778-34)*. Doch in den Unterlagen des Internats kommt der Name Drais nicht vor *(laut Burgerbibliothek Bern)*. Fellenberg war von Pestalozzi beeinflußt und baute auf Erziehung durch Landarbeit. 1808 und 1810 führte er mit seinen Schülern große landwirtschaftliche Feste auf - vor vielen Gästen von nah und fern. Zelte wurden aufgebaut und Zuchttiere und Landmaschinen prämiiert. Der spätere württembergische und bayerische König sahen sich diese Feste an, der Württemberger war gar in Fellenbergs Schule gewesen. Fellenbergs Feste standen Modell für ihre dann ins Leben gerufenen Volksfeste: das Münchner Oktoberfest 1810 und das Cannstatter Volksfest bei Stuttgart 1818 nach dem Hungerjahr. In Baden gibt es dies bislang nicht – also hat Drais` Schrift wohl das Karlsruher Landwirtschaftliche Fest von 1833 mit angestoßen, an dem er mit seiner Ofenkonstruktion teilnehmen wird.

Fouriers Gesellschaftssystem, vielversprechend für alte Junggesellen:
Ebenso wird eine schöne und liebenswerte Frau von dreißig Jahren einen jungen Anfänger von fünfzehn rascher betören, als es ein leichtsinniges Mädchen von zwanzig vermöchte. Gesetzt, ein Mann von etwa vierzig Jahren, wohl erhalten wie Alkibiades oder Richelieu und gleich ihnen erfahren in der Kunst, Frauen zu verführen, macht einem unerfahrenen Mädchen von sechzehn den Hof; er wird es leichter bezaubern als ein aufgeblasener junger Geck, der meint, man müsse ihn auf der Stelle anbeten (zitiert nach Fourier, Aus der Neuen Liebeswelt, Berlin 1977) 🐌

Der junge Philipp v. Fellenberg (1771-1844)
Fellenbergs Mustergut inspiriert Drais.

Sozialutopist Charles Fourier (1772-1837) *(2x Archiv Lessing)*

VORSCHLAG

von einem Badner

für

Emporhebung der Volkskraft und Bereicherung der Staatskasse

mittelst

grosser guter Erziehungs - Anstalten

und

hoher Belebung des Ehrgefühls

vorläufig flüchtig entworfen

von

C. F. L. C. F. D. V. S.

C.F.L.C.F.D.V.S.=

Carl
Friedrich
Ludwig
Christian
Freiherr
Drais
Von
Sauerbronn

MANNHEIM.

Druckerei von F. Kaufmann's Witwe

1831.

I.
Erziehungs - Anstalten.

Hauptsächlich zu dem Zwecke, dass die besten Kräfte der heranwachsenden Menschen nicht mehr so oft vor der Reife verschleudert, und dagegen bei dem Eintritt in die volle Manneskraft zu guten Zwecken verwendet werden, veranlasse man unter Oberaufsicht der drei Staatsgewalten — Seiner Königlichen Hoheit des Grossherzogs, der ersten Kammer und der zweiten Kammer —, auf Subscription die Errichtung grosser und guter Erziehungs - Anstalten, die sich dadurch selbst bezahlen, dass die unvermöglichen Zöglinge darin theils während der Erziehung, theils nach deren Beendigung, die Kosten derselben doppelt abverdienen; theils für das Militair und theils für grosse Civil - Arbeiten etc.

Baden ist seit 1818 konstitutionelle Monarchie

Dabei mache man Anstalten,

1) Dass die jungen Leute bei sonstig guten Mitteln für Stärkung des Körpers und des Geistes etc. vor dem Eintritte in die volle Manneskraft sicher nicht mehr vor ihrer Reife ihre besten Kräfte vergeuden können, bei dem Eintritte in diese volle Lebenskraft aber dagegen sogleich etwa heurathen dürfen, indem die Sorge für die Erhaltung ihrer Kinder schon wieder durch diese Anstalten gehoben ist, während sie selbst vielleicht noch mehrere Jahre an ihrer eigenen Erziehung täglich mehrere Stunden abzuverdienen haben.

Studentenförderung.
BaföG muß heute zurückgezahlt werden

2) Dass auch die Eltern jederzeit das Recht haben, ihre, bei Vermögensmangel in die Anstalt gebrachten Kinder nach später erworbenem Vermögen, gegen doppelten Ersatz der dafür gehabten Kosten der Anstalt, auszulösen, und nach ihrer Wahl dabei herausnehmen oder gegen einfache Vergütung der weitern Kosten darin lassen dürfen, so wie Jedermann in der Regel gestattet seye, seine Kinder in der Anstalt erziehen zu lassen, ohne dass sie nachher dafür dienen müssen, wenn sie die betreffenden Kosten dafür zeitlich ersetzen.

II.

E h r g e f ü h l

in allen Klassen

sey hochbelebt, wenigstens ohngefähr so weit, als es die Verfassung in unserm constitutionellen Staate gestattet, deren Festhaltung wechselseitig beschworen ist.

Volksfeste,

etwa mit Kampfspielen verbunden (ähnlich den Olympischen Spielen), können dieses nach meiner Meinung sehr wahrscheinlich bewirken, wenn sie die Einrichtung haben:

1) dass wenigstens in der dazu bestimmten Jahreszeit auf dem beschränkten Platze des Festes die grössten Talente des Volkes auf gerechtem Wege zu den grössten Ehrenbezeugungen gelangen können;

(auch als eines der grössten Schutzmittel gegen absolut mögliche Revolutionen der Zukunft, in Verbindung mit Pressfreiheit; als erstes Schutzmittel gegen diese, indem dabei auch unrichtige Ansichten zeitig zu erfahren und zeitig zu belehren sind etc.)

2) dass hauptsächlich für diese öffentlichen grossen Feste und auch zu weiterbeliebigem Tragen fast jeder unbescholtene Mann ein schönes Ehrenzeichen des Jahres von vielen Klassen, nach Verhältniss der Grösse seiner Verdienste, erhält, die noch nicht belohnt sind; seye es z. B. durch unmittelbare Arbeiten für den Staat, oder mittelbar etwa durch freiwillige Abtretung eines Theils seines rechtmässigen Einkommens des Jahrs zum allgemeinen Besten in die Staatskasse.

Also die Errichtung eines für unbescholtene Leute auch kaufbaren Ehrenzeichens, welches dadurch grosse Anregung bekommt, dass es bei auch sonstiger Tragung desselben bei einem jährlichen grossen Volksfeste einen Ehrenplatz im Verhältnisse der Zahlengrösse desselben bestimmt.

Die modernen Olypischen Spiele werden 1896 beginnen.

1830 war Julirevolution in Paris. Pressefreiheit als demokratisches Element.

Heute kann man durch Spenden Ehrendoktor einer Universität werden.

Grosse Verdienste um den Staat durch Arbeiten haben die Wahl, ob sie ein Ehrenzeichen, in seiner vollen Grösse auf ein Jahr, oder ein kleineres, für mehrere Jahre frei, wollen, und haben auch das Recht, als Theil ihrer verdienten Belohnung, eine Geldsumme zu empfangen, indem ein gewisser Grad von materiellem Geld zur Unterstützung der geistig edlen Ehre gehört.

Die jetzt vorhandenen Adeligen und Staatsbeamten (Officiere und Ordensritter) etc. hätten dabei in diesem constitutionellen Staate angemessene Klassen dieses oder anderer gleichgeltender Ehrenzeichen anzusprechen. Erstere wegen den Verdiensten ihrer Vorfahren, und Letztere, weil sie jetzt schon nur zum Theil durch Geld und anderntheils durch Ehre bezahlt sind.

Diese Vorausbesitzer von verhältnissmässigen Klassen der Ehrenzeichen können dieselben dabei durch weitere Verdienste oder freiwillige Beiträge vergrössern.

Die nähere Art, wie die Volksversammlungen mit grossen belebenden Festen einzurichten wären, könnten etwa von einer Commission der drei gesetzgebenden Gewalten des Staates (Seiner Königlichen Hoheit des Grossherzogs, der ersten Kammer und der zweiten Kammer) vorgeschlagen und vorläufig bestimmt werden, indem die Herren Commissionaire jederzeit Aufträge auch für Stimmungen von ihren Behörden zu empfangen haben.

1. Kammer: Adlige
2. Kammer: Volksvertreter

Meine nähere vorläufig flüchtigen Gedanken-Aeusserungen darüber wären zum Theil folgende:

1) Der Ort einer badischen Volksversammlung wäre in der Nähe der mit europäischem Ruf begabten Badstadt Baaden, da in dieser Mitte des Landes auch viele reiche Fremde zum Vortheile der Staatskasse beiwohnen würden.

Baden-Baden

Dabei seyen die Haupt-Kampfspiele und Feste wo möglich, wenigstens zum Theil, auf einer Gebirgshöhe, weil, wie man in Süd-Amerika in grossem Maasstabe sehen kann, die Luft in der Höhe viel belebender ist.

Eddi Mercx wird in den 1970ern für Stundenweltrekord ins hochgelegene Mexico-City gehen.

2) Die Zeit wäre jährlich eine Reihe der längsten Tage, zwischen den Geburtsfesten unseres hochgeliebten Regentenpaares, Ihrer Königlichen Hoheiten der Frau Grossherzogin S o p h i e und des Herrn Grossherzogs L e o p o l d. (Alle in diesen 100 Tagen Zwischenraum.)

Großherzog Leopold, geb.: 29. August 1790

Großherzogin Sophie (um 1832) geb.: 25. Mai 1801 in Schweden
(Frhrl. Geyling v. Altheim'sches Gesamtarchiv Ebnet)

Auch der kolorierte Kupferstich der Laufmaschine zeigt patriotisches Design in rot-gelb

3) Die Hauptplätze der Kampfspiele und Bälle etc. seyen mit vier grossen Logen umfasst:

die erste für die Disposition S. K. H. des Grossherzogs;

die zweite für die erste Kammer;

die dritte für die zweite Kammer;

die vierte für die grössten Totalbeiträger zur Staatskasse.

4) Auf dem Hauptplatze der Feste selbst haben die grössten Sieger der körperlichen und geistigen Kampfspiele und die grössten Prämisten der körperlichen und geistigen Lieferungen, etwa vier mal vier an der Zahl, den ersten Rang, mit grossen Preissen in Ehrenzeichen und Geld;

dann folgen die andern obengenannten Ehrenzeichen nach der Grösse des Nutzens, der dem Staate mittelbar oder unmittelbar über Schuldigkeit geleistet wurde.

5) Jeder Erwerber eines Ehrenzeichens erhalte auch, so weit als es der Raum gestattet, wenigstens für die Redouten - und andere Bälle, vier Zeichen seines Ranges für vier Plätze, für einen Tänzer, für eine Tänzerin, einen Zuschauer und eine Zuschauerin (in der Regel für Vater, Mutter, Sohn und Tochter gemeint).

Den kleinern Ehrenzeichen werden daher andere Stunden zu Festen bestimmt.

6) Jedermann darf bei Verhinderung des Selbsterscheinens seine Ehrenzeichen für sich und seine nächsten Familienglieder an andere unbescholtene Personen leihen, doch mit der Bedingung, dass irgend ein Merkmal in diesem Falle fehlen muss, damit man weiss, ob der Träger die Person des Verdienstes selbst, oder blos ein Stellvertreter seye, obschon er dabei den Rang des Zeichens geniesst.

7) Bei der Tragung des bestimmten Ehrenzeichens, welches den Rang auf den Festen bestimmt, darf sich übrigens in der Regel Jedermann kleiden, wie er will, mit Redouten - und Theaterartiger Freiheit auf dem Hauptplatz der Feste in der dazu bestimmten Zeit.

8) Vor jedem Hauptfeste des Landes seyen kleinere Feste mit Kampfspielen etc. in allen Kreisen, um davon nur die ersten Sieger zum Hauptkamp zu senden etc. Vor diesen in den Aemtern, und vor diesen in den Ortschaften.

9) Dass jedes Glied dieser grossen Ehrengesellschaft das andere wenigstens etliche Augenblicke genau betrachten kann, werden grosse Triumphzüge dabei etablirt, wobei ein Weg von hinlänglicher Länge so hin und hergezogen wird, dass jeder Ehrenträger nicht nur an den Zuschauern, sondern auch an dem Zug selbst vorbeiziehe.

10) Dass dabei von den berühmtesten Namen jeder Art die gegenwärtigen Personen, und von den äusserlich interessirenden Personen die Namen mit Wohnung und Heimath schnell gefunden werden können, habe jedes Glied bei der schönen [diätischen Zahl seines Ehrenzeichens (durch die schönen badischen Farben roth und gelb von oben

herunter characterisirt) eine ähnliche zweite, die auf einer grossen Liste aller dieser Ehrenglieder steht, welche an mehreren Plätzen angeschlagen und auch gedruckt vertheilt werden.

Die Kampfspiele und Prämien überhaupt könnten etwa nach folgenden oder andern Normen beginnen, mit dem Vorbehalt jährlicher näherer Bestimmungen und Aenderungen für Abwechslung etc.

A. Körperliche Kampfspiele:

1te Art: Ganz ohne Waffen, blos weich gekleidet.
2te Art: Nichts Hartes aus dem Mineralreich an sich zu haben.
3te Art: Keine fremde Kraft, als Pulver etc. dabei zu gebrauchen.
4te Art: Wobei alle Mittel erlaubt sind ohne zu tödten. *)

ähnlich: Suomiringen

B. Geistige Kampfspiele.

*1) Zur Prüfung des Feldherrn-Talents durch Kriegs-Spiele **).*
2) Durch Schnell-Lesen mit richtigem Wiedergeben verbunden.
3) Durch Gesichtskunst als Malerei oder Bildhauerei etc.
4) Durch Tonkunst als Gesang oder Clavierspiel etc.

C. Körperliche Lieferungen.

1) Das grösste Thier im Verhältniss seiner Gattung.
2) Das kräftigste Thier im Verhältniss seiner Gattung.
3) Die grösste Frucht im Verhältniss ihrer Gattung.
4) Die kräftigste Frucht im Verhältniss ihrer Gattung.

D. Geistige Lieferungen.

1) Für Emporhebung der menschlichen Geisteskraft.
2) Für Emporhebung der menschlichen Körperkraft.
3) Für Vermehrung der menschlichen Nahrungsmittel.
4) Für Verbesserung der Staatsverfassung etc.

Wem die Taxation seines Talentes oder Verdienstes in dem laufenden Jahre nicht genügt, darf damit zurücktreten, um sich ein anderes Jahr wieder damit zu melden.

Auch haben die obenerwähnten ersten Sieger der körperlichen und geistigen Kampfspiele, und die ersten Prämisten der körperlichen und geistigen Lieferungen, 1 mal 4 an der Zahl, bis zu 4 Jahren für 4 Personen, nach obiger Bestimmung, den Rang in der ersten Hauptklasse der Feste etc.

---

*) *Oder für das ganze Leben zu verstümmeln, bei allen diesen Kampfspielarten. Wer dabei seinen Gegner mit oder ohne Harnisch in eine gewisse mit Heu belegte Vertiefung seiner Hälfte des Kampfplatzes bringt, sey Sieger dieses Kampfes.*

**) *Schachähnlich, mit einer Art von Secundenuhr für Schnelligkeitsregeln dabei etc.*

Dabei haben die ersten sechzehn Sieger und Prämisten des laufenden Jahres ganze Feste und nachfolgende, dem Range nach, Tänze zu dirigiren etc.

Auf ähnliche Weise seyen auch die grössten, unmittelbaren, freiwilligen Beiträger zur Staatskasse bedacht.

Auch auf den Strassen und öffentlichen Plätzen überhaupt können, etwa mit Ausnahme eines Theils der Feste bei Hof, die alle ganz von der Willkühr des Regenten abhängen, eine weitere Rangordnung statt finden, mit Bestimmungen auf das Ausweichen, wenigstens bei den (mit dem deutlichen sichtbaren Ehrenzeichen des Besitzers im grössern versehenen) Equipagen.

Für die nächsten Jahre etwa in folgender Ordnung:

1) Vier für die vier KK. HH. der Grossherzoglichen Familie.
2) Vier für die vier ersten Personen der ersten Kammer.
3) Vier für die vier ersten Personen der zweiten Kammer.
4) Vier für die grössten Verdienste oder Beiträger der Staatskasse.
5) Nr. 17. Nach der Wahl des Grossherzogs Königliche Hoheit.
6) Nr. 18. Nach der Wahl der ersten Kammer.
7) Nr. 19. Nach der Wahl der zweiten Kammer.
8) Nr. 20. Für das folgend grösste Verdienst für den Staat etc. und so fort neben einander laufend.

Auch diese Ehrenzeichen für Equipagen dürften an andere Ehrenleute, während des Nichtselbstgebrauchs verliehen und schnell von einer Equipage zur andern gebracht, aber in der Regel nicht vervielfältigt werden.

Hat Jemand aber mehrere Ehrenplätze zugleich, so darf er auch mehrere zugleich benutzen.

Eine natürliche Folge der Gesammtheit obiger Einrichtungen würde wahrscheinlich seyn, dass wenn sie einmal in allen Staaten verbreitet sind, das viele Geld, was jetzt auf den übertriebenen Luxus bei beständiger unzweckmässiger Veränderungssucht der Mode in Möbeln und Kleidern etc. verschwendet wird, dann grösstentheils der Staatskasse zu nützlichen Zwecken zugestellt wird, und worauf eine Menge Hände frei werden, theils um nach Fellenbergs wichtigen Versuchen die jährlichen Nahrungsmittel sehr zu vermehren, und theils um sie zu andern nützlichen Arbeiten für Beförderung der Volkskraft und des Volksglücks überhaupt zu leiten, mit überflüssiger Zeit für Stärkung des Körpers und des Geistes.

Heute noch bei Oldtimerkorso

Ähnlich wird in den 1990ern der Physiker Karl Friedrich v. Weizäcker für ökologische Askese argumentieren

404

1831

Ich hoffe, dass die Ausführung der hauptsächlichsten dieser Ideen alle gezwungenen Abgaben so überflügelt, dass man bald

1) diese sämmtlich auf unbestimmte Zeit aufheben, und
2) weitere grosse Anstalten für das Gemeinwohl unternehmen;
3) die Armen-Kasse für die wirklich Dürftigen sehr vermehren, und
4) die Besoldungen (bei Verminderung ihrer Zahl) vergrössern; auch die hohen Standes- und Grundherrn, wegen früher verlornen Rechten, in pecuniärer Hinsicht noch voller entschädigen und den Ehrengehalt der höchsten Grossherzoglichen Familie noch mehr erhöhen könnte.

Auch hätte ich Lust anzufragen, ob es mir erlaubt seye, meine hauptsächlichste dieser Vermuthungen vor einer Commission oder vor dem Plenum der hochzuehrenden Kammer (ohne Stimme) gegen alle Angriffe zu vertheidigen, wenn ich nicht Ursache hätte zu vermuthen, dass es auch andere Glieder dieses Vereins, auserlesene Männer aus dem ganzen Grossherzogthum, ohngefähr gleich gut, oder noch besser, thun könnten, und ich von jetzt an schon zur Durchführung eines Theils dieser Vorschläge überflüssig sey, obschon ich mir vorenthalte, auch schriftlich weitere Ideen über diese und andere mir wichtig scheinende Gegenstände nachzutragen, wenn man einstweilen einen Theil davon anerkannt, oder für Commissions-Prüfungswürdig erklärt.

Die Hauptgesichtspunkte dieser Abhandlung sind:
1) *die menschlichen Kräfte hochzusteigern durch Erziehungsanstalten etc.*
2) *sie zu grossen guten Zwecken zu leiten durch den mächtigen Hebel des Ehrgefühls etc.*

C. F. L. C. F. D. V. S.

Stenomaschinen in US-Gerichten

Man kennt ihn aus amerikanischen Spielfilmen, den Gerichtsschreiber mit der unter seinen Händen verschwindenden Stenomaschine. Hierzulande völlig unbekannt sind solche Steno-Maschinisten, hochbezahlte Mitspieler in den Gerichten der USA und berechtigt, für Klarstellungen jederzeit die Verhandlung zu unterbrechen.

Jeder Schreibmaschinen-Schreiber oder Computer-Tipper macht die Erfahrung, daß die freie Rede zu schnell ist, um tippend mitzuhalten. Diktieren muß langsamer erfolgen als die freie Rede. Seit 1772 mit Thomas Gurney der erste Regierungsstenograph ernannt war, wurden im englischen Oberhaus und Unterhaus die Parlaments-Verhandlungen von Hand mitstenographiert. Darunter befand sich auch der Autor Charles Dickens, der nach dem Gurney-System manche Verhandlung mitschrieb und eine Figur in seinem Roman „David Copperfield" einmal sagen läßt, daß Stenographie der Beherrschung von sechs Sprachen gleichkomme.

In den USA wurde 1882 eine Stenomaschine gebaut, die auf einen 10 mm breiten Papierstreifen Striche ganz ähnlich wie Krauses Notenschrift schrieb, z.B. bedeutete ein Strich nahe der Papierkante den Buchstaben d, sowie einer weiter weg den Buchstaben n. Die Folge dn stand für *word done*, also Wort zuende. Dieser *Stenograph* von Miles M. Bartolomew wurde 1887 durch den *Shorthand Writer* von George K. Anderson abgelöst, der Buchstaben statt des Strichkodes auf den Papierstreifen druckte, wobei auch mehrere Tasten gleichzeitig gedrückt werden konnten. Damit konnten zugleich ganze Silben mit einem Handschlag geschrieben werden. Derart wurde z. B. Präsident McKinleys Antrittsrede mitgeschrieben.

Mit den nur 5 Kilo schweren Stenomaschinen von Ward S. Ireland, zuvor offizieller Stenograph der Panama-Kanal-Kommission, gelang 1914 in einem Wettbewerb der National Shorthand Reporters Association der Durchbruch: neun geschulte Teenager mit Stenomaschinen schlugen mit 99,3 % Genauigkeit beständig 30 gewiefte Handstenographen. Dies brachte den Durchbruch der Stenomaschinen in den USA, in Büros, Gerichtssälen oder Pressekonferenzen. Gerichts-Stenotypisten verdienen dort 64,000 Dollar im Jahr und können noch zusätzliche Einnahmen durch Verkauf der Transkripte - für 3 Dollar die Seite - an die Prozeßparteien erzielen! An sämtlichen Wirtschafts-Colleges werden Kurse für die Stenomaschinen gegeben. Dank Computerisierung erscheint die Rückübersetzung des Stenogramms

1814+

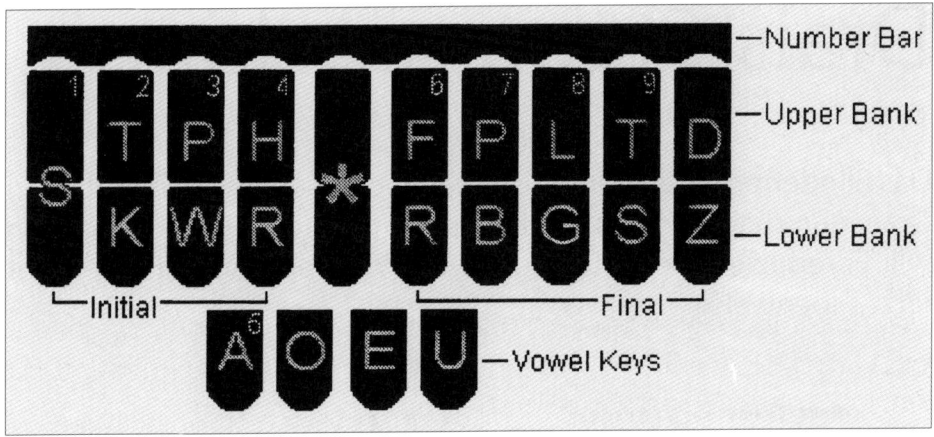

Tastatur der US-Stenomaschine *Stenograph (Atkinson-Baker Inc.)*

heute sofort auf dem LCD-Schirm der Stenomaschine. Doch die Eingabe und Umsetzung der freien Rede in die verkürzte Buchstabenkette erfordert nach wie vor den denkenden Menschen, und der Gerichtsstenograph wird durch Ton- oder Videoaufnahmen bisher in den USA nur wenig verdrängt. Es zeigt sich wieder mal, daß in der Neuen Welt sinnvolle Problemlösungen ermutigt werden, wogegen sie in der Alten Welt auf Ablehnung stoßen und dann nie in Gebrauch kommen.

Wird bei Gericht der Stenograph aufgefordert, Aussagen nochmals vorzulesen, zieht er den Papierstreifen rasch durch die Finger, auf dem z.B. steht:

KOUPBLAOUPHAEUTEUPBWKWRORTKREBGT

und liest laut vor:

Counsel, you may continue with your direct

also auf deutsch: *Verteidiger, Sie können mit der Befragung fortfahren.* Für diese phonetische Kurzschrift besitzt die Stenomaschine nur 25 Tasten in vier Reihen. Die Tastenbelegung zielt darauf, mit möglichst wenig Fingerwechseln ganze Silben auf einmal zu zu tippen. Hierzu sind links häufige Anfangslaute der Silben, eben Konsonanten, und rechts häufige Endlaute der Silben gruppiert; das besonders häufige S kommt z.B. auf beiden Seiten vor. Die vier Vokaltasten A, O, E, U bilden eine tiefergelegte Reihe. Bei Korrekturen wird der Stern * getippt. Leertaste gibt es nicht, dafür ist ganz oben eine breite Zifferntaste angeordnet, die für Ziffern zusammen mit einer Konsonantentaste gedrückt werden müssen. Zugegeben, ein komplexer Kode, aber eben auf optimale Ergonomie hin entwickelt. Erfahrene Stenographen tippen quasi automatisch, sodaß sie nebenher noch an etwas Anderes denken können! 🐛

Drais' Stenomaschine

Das Blindenproblem bei Drais-Vater hat sich erledigt, weshalb Karl Drais nun die Maschine zur Erfassung der freien Rede fitmachen will. Er reduziert die Tasten auf 16, und der Papiervorschub ergeht jetzt silbenweise

Korrespondenz-Nachrichten.
Frankfurt a. M., December.
(Beschluß.)

Bei dieser Veranlassung wollen wir einige Worte über eine neue Erfindung des Freiherrn v. Drais aus Mannheim sagen, die derselbe bei seiner letzten Anwesenheit produzirte und die uns Beachtung zu verdienen scheint, weil sie von praktischem Nutzen zu seyn verheißt. Es betrifft diese Erfindung, welche schon vor mehreren Jahren die Aufmerksamkeit der brasilianischen Regierung erregte, bei welcher Hr. v. D. das mit debütirte, eine Schnellschreibmaschine, deren Hauptcharakter darin besteht, daß durch einen leichten Fingerdruck ganze Buchstaben und durch einen Taktschlag der Hände ein Wort ausgedrückt wird. Ihrer Form nach stellt die Maschine ein hölzernes Kästchen von der Größe eines Kubikfußes dar, auf dessen Oberfläche sich in der Mitte eine Oeffnung von vier Zoll im Quadrat befindet. Um nun Buchstabe um Buchstabe darzustellen, darf der Schreiber, der sitzend die Maschine auf dem Schooße oder zwischen den Beinen hält, nur die mit den verlangten Buchstaben bezeichneten Tasten der Reihe nach leicht niederdrücken, um auf einem in dem Innern der Maschine befindlichen Papiere den entsprechenden Abdruck zu bewirken. Schon auf diese Weise kann man eine große Schnelligkeit erreichen, zumal wenn man die Fingerfertigkeit eines geübten Klavierspielers besitzt, da man gleichsam nur Punkte, statt ganzer Buchstaben, zu machen braucht. Indessen hat Hr. v. D. noch eine andere Methode erdacht, welche, auf die Kombination der Zahl 4 sich gründend, es möglich macht, jeden der verlangten Buchstaben des Alphabets auf jedem ¼ der 16 Tasten auszudrücken. Durch die Befolgung dieser zweiten Methode, wodurch ganze Wörter dargestellt werden, wird es möglich, so schnell oder noch schneller zu schreiben, als man sprechen kann, indem Taktschläge mit den Händen in eben so kurzer oder in noch kürzerer Zeit zu bewirken sind, als Wörter ausgesprochen werden können. Der praktische Nutzen der hier allerdings nur in flüchtigen Zügen und daher sehr unvollkommen skizzirten Erfindung möchte sich, was die erste Methode betrifft, vornehmlich bei Blinden bewähren; sodann dürfte dieselbe auch Personen, die undeutliche Handschriften schreiben, sehr zu empfehlen seyn. Die Anwendung der zweiten Methode würde vornehmlich beim Nachschreiben parlamentarischer Verhandlungen mit Vortheil angewendet werden; auch könnten, meint der Erfinder, sehr schnell denkende Schriftsteller sich ihrer bedienen, um die desto größere Menge ihrer Geistesprodukte zu Tage zu fördern, was denn freilich nur ein relativer oder doch sehr bedingter Gewinn für das Publikum seyn möchte.

Wir wissen, daß Drais 1830 bis 1831 eine neue Schreibmaschine baut – er nennt sie jetzt Schnellschreibmaschine - Sie hat sicher mehrere Stadien durchlaufen, denn für den Rest des Lebens hat Karl Drais noch an ihr verbessert, z.B. den Papiervorschub. Zunächst erfolgt er durch leichten Druck des Fußes (süddeutsch = des Beines), also vermutlich per Knie seitlich an die Maschine – später durch eine Spule mit Uhrwerk darin, wie Zeitzeuge Weylöhner dem Landgerichtsrat v. Freydorf 1908 berichtete *(Freydorf 1908)*.

Der gute Hofschlossermeister hat zwar die von Drais ererbte Schnellschreibmaschine bei einem Umbau seiner Werkstatt 1870 in Karlsruhe verschlampt oder weggeworfen, doch wenigstens dem Landgerichtsrat seine Erinnerungen geschildert: *Es war ein Kästchen, braun poliert, etwa so (zeigt 25 cm) hoch, so groß (zeigt 35 cm) im Geviert, oben im Deckel befanden sich „Carreaule" (kleine Karos), auf die man mit den Fingern drückte; dann ist es unten wie Messerlein heraufgekommen. Die „Carreaule" federten wie etwa die Tasten einer Harmonika. Zu dem Kasten gehörte auch ein Uhrwerklein in messingener Büchse, das man aufzog und links etwas entfernt vom Kasten hinstellte. Hierdurch wurde ein Papierstreifen von rechts nach links über den „Messerle" vorübergezogen. Der Papierstreifen erinnerte an den ähnlichen eines Telegraphenapparats, von dem der Telegraphist das Telegramm ablesen kann. Die „Carreaule" waren aus Bein, wenn auch „nicht mehr schön weiß", jedes etwa so groß (ca. 2 cm im Geviert) und ohne Buchstaben- oder sonstiges Zeichen. Es waren vielleicht drei Reihen solcher*

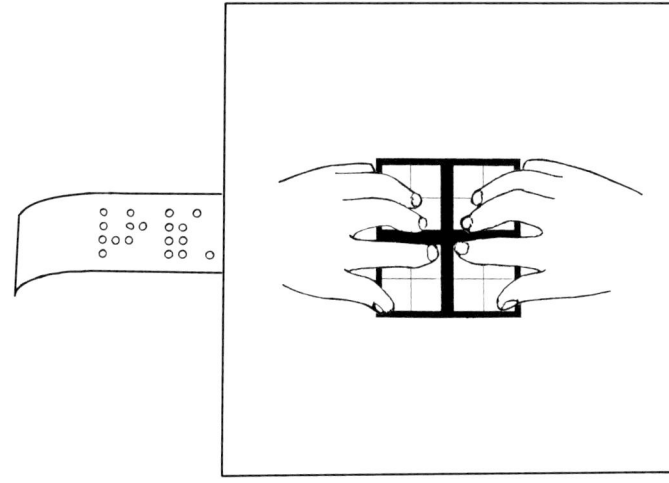

Rekonstruktionsversuch der Stenomaschine namens *Schnellschreibmaschine*. Diese ergonomische Armhaltung wurde später auch von anderen Stenomaschinen verwendet.

links:
Aus dem Morgenblatt vom 4.1.1830

Carreaule (nein, vier à vier); *die Gelenke der „Messerlein" waren aus Draht gemacht.* Interviewer Freydorf fährt fort: *Die Frage, ob die „Messerlein" etwa Typen getragen haben, wird bestimmt verneint, auch davon, daß sie solche aufzunehmen bestimmt waren, weiß Herr W. nichts. Er selbst hat sich mit der Maschine nie befaßt, doch in jungen Jahren noch öfter vom Freiherrn, einem nie verbitterten Menschenfreund, sie sich und anderen vorführen sehen. Auch einige hinterlassene Briefe und Urkunden des Freiherrn werden in der Familie W. mit Sorgfalt verwahrt –* darunter zwei Blätter auf Hotelbriefbögen *von The Crown* in der englischen Stadt Bath, worauf Drais offenbar 1832 die englische Aussprache seiner Beschreibung der Schnellschreibmaschine memorierte (siehe nächstes Kapitel).

In der hier abgedruckten Beschreibung nach 1833, der ausführlichsten von drei erhaltenen *(GLA Karlsruhe)*, hat Drais zwei verschiedene Schreibmaschinen in einen Text vermengt:
• Schreibklavier für 25 Prägebuchstaben
• Schnellschreibmaschine mit 16 Tasten, eine Stenomaschine mit Stachelschrift

Die entscheidende Frage wurde bei der Befragung Weylöhners ja nicht geklärt: wie sah eigentlich das Resultat auf dem Papierstreifen aus? Das Schreibklavier hat mit Sicherheit Buchstaben erzeugt, denn Drais hatte es ja auch *für die so große*

Zahl undeutlicher Handschriften gedacht. Andererseits steht in seiner Beschreibung, die Stenomaschine würde die Buchstaben deutlich aufschreiben – *in Krausisch kleiner Schrift!* Und von Krause hat Drais ja die Notenschrift als Striche - unterschiedlicher Länge je nach Dauer - bei seinem Klavier–Rekorder benutzt. Dies kann nun folgendes bedeuten:
• Die Buchstaben setzen sich aus einem gestochenen Punktraster zusammen – wie bei der ersten Generation der Nadeldrucker für Heimcomputer (Typenmaschine)
• Der Papierstreifen zeigt wie Musiknoten nur Punkte bzw. Löcher, die entschlüsselt werden müssen (Stenomaschine)

Drais hat für 1 Gulden eine Bauanleitung angeboten, von der bisher leider kein Exemplar gefunden wurde. Gewißheit über den Bau ist ohne diese nicht zu erlangen. Bleibt uns ein Rekonstruktionsversuch aufgrund der Tatsache, daß Drais eine sowohl-als-auch-Maschine gebaut hat *(Mechanics Magazine 4.8.1832)*. Dies legt nahe, daß der Ausdruck z.B. in einem 4x4-Punktraster geschah, und zwar ist
• sowohl jeder Taste ein 4x4-Buchstabe zugeordnet wie aufgemalt (Typenbetrieb)

• als auch jedem Tastengeviert nur 1 Lochspalte nebeneinander zugeordnet, wobei nun gleichzeitig vier Tastengevierte = 4 Buchstaben = 1 Silbe angeschlagen werden können, worauf der Papierstreifen weiterrückt (Stenobetrieb)

Wie dies ohne eine Umschaltung mit ein und derselben Mechanik möglich gewesen sei, ist ohne genaue Kenntnis nicht nachzuvollziehen. Zur Veranschaulichung soll hier ein willkürlich ausgewählter Kode für die Zuordnung der Tasten zu den Löchern bei der Stenomaschine genommen werden, nennen wir ihn Autors Reko-Kode, der ebenso wie das 4x4-Punktraster keinen Anspruch auf letzte historische Gewißheit erheben kann. Demnach wäre bei der Stenomaschine also folgendes Alphabet denkbar (es gibt 23 andere!).

Wie heute noch muß also der Stenotypist mental den Redefluß in Silben à 4 Buchstaben zerlegen und dann mit beiden Händen alle vier Gevierte der Tastatur gleichzeitig niederderdrücken nach Maßgabe des 16er Alphabets, in Drais' Beispiel also:

Aller Anfang ist schwer = ALER ANFG ESDH SWER

denn E und I sind derselbe Griff! Jedoch alles als Lochmuster verschlüsselt! Das H deutet eigentlich nur an, daß hier kein Geviert gedrückt und keinerlei Loch gestochen wird. Man kann sich vorstellen, daß die Biedermeier das Erlernen eines Lochkodes als Zumutung empfinden. Doch - bis zur Wende 1989 jedenfalls - mußten die angehenden Teletypistinnen der DDR in der zentralen Fernschreibeschule in Nordhausen die gelochten Streifen der Fernschreiber lesen können (pers. Mitteilung von Rolf Schmalfeldt)

Der von Drais angegebene Rekord von 1000 Buchstaben pro Minute (rechnet man das Wort wie in USA zu 6 Buchstaben, also 160 Wörter oder Taktschläge) ist heute überholt, denn der Rekord heutiger Maschinen-Stenotypisten liegt bei rund 500 Silben pro Minute.

Drais beantragt für die Schnellschreibmaschine ein Erfindungspatent, spätestens nach seiner Englandreise 1832. Der Vorgang ist im badischen Generallandesarchiv bislang nicht aufgefunden worden. Er erhält offenbar eine Ableh-

Denkbarer Kode für das Alphabet der Stenomaschine (vermuteter Reko-Kode des Autors) Beim Drücken der schwarzen Tasten des Gevierts gibt es im Papierstreifen die darunter abgebildeten Lochmuster.

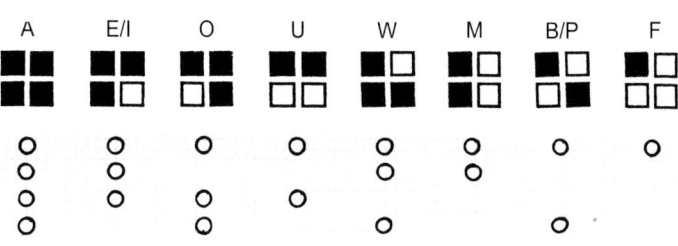

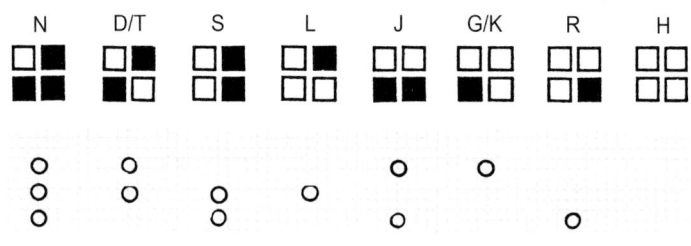

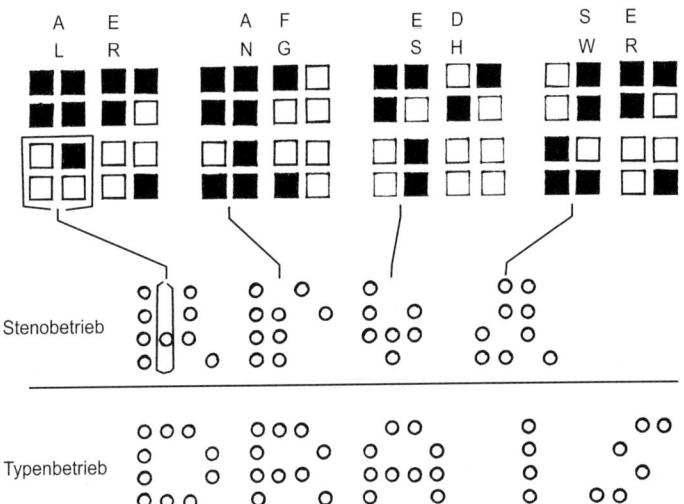

| A | E | | A | F | | E | D | | S | E |
| L | R | | N | G | | S | H | | W | R |

Beispiel ALER ANFG ESDH SWER auf der Stenomaschine (gemäß Reko-Kode des Autors) Dem eingerahmten Geviert entspricht die zweite Lochspalte.

Darunter: Lesbare Stachelschrift DRAIS mit derselben Maschine

Stenobetrieb

Abbildung unten: Mit Stacheltypen werden 1832 in Berlin Blindenbücher gedruckt (Mell 1899)

Typenbetrieb

nung, denn nach des einflußreichen Vaters Tod kann nun das große Mobbing des Beamtenadels gegen den nonkonformistischen Standesgenossen beginnen. Aus der Beschreibung geht hervor, daß Drais hiergegen 1833 beim Oberhofgericht (der früheren Dienststelle seines Vaters) prozessiert – vorher muß er schon beim Hofgericht anhängig gewesen sein. Von drei Gutachtern ist namentlich bekannt der Onkel des Kolonisten, Professor Karl Christian v. Langsdorf in Heidelberg. Er moniert Schwierigkeit des Gebrauchs (die Verschlüsselung!), hält die Maschine aber dennoch der größten Aufmerksamkeit für wert. Der Prozeß geht wahrscheinlich negativ aus und verursacht hohe Kosten. 1834 versucht Drais noch, beim Innenministerium eine Empfehlung für die Schulen zu erreichen, doch auch dies wird abgeschmettert mit der klassischen Abweisung, daß *überhaupt jede neue Erfindung, wenn sie sich in der Erfahrung erprobe, sich ebendadurch von selbst empfehle* (GI A 236-6735-105). Immerhin: Drais war viel früher dran, als bisher gedacht

- 1820/21: 25-tastiges Schreibklavier mit Prägeschrift

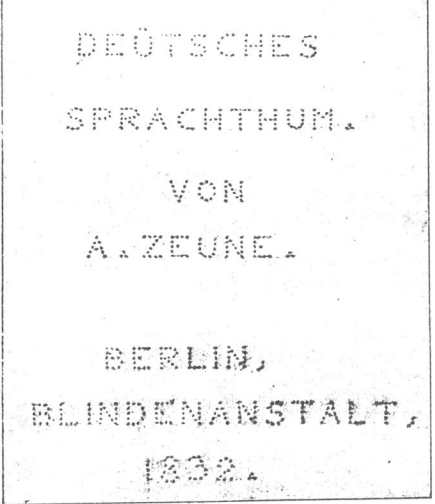

- dazwischen das fünfjährige Brasilien-Abenteuer
- 1830/31: 16-tastige Schnellschreibmaschine mit Stachelschrift 🍓

S⸱hnellschreibmaschine

(Schnellschreibclavier)

des

FREIHERRN VON DRAIS,

Grossh. Bad. Kammerherrn, Professors etc.
Erfinders der Draisine *) etc.

Mittel um die grösste Sprechschnelle schriftlich zu erreichen
oder zu übertreffen.

(In einer Minute 1000 Buchstaben oder mehr wurden schon oft dadurch gemacht.)

(Urtheile stehen unten.)

Die Hauptcharaktere dieser Doppel-Erfindung

bestehen in den Eigenschaften,

*durch einen leichten Fingerdruck einen ganzen Buchstaben,
und durch einen einzigen schnellen Tactschlag der Hände
ein abgekürztes ganzes Wort in der Regel auszudrücken.*

Die schon ausgeführte Maschine zu diesem Zweck besteht nach ihrem Aeussern aus einem hölzernen Kästchen in der Grösse und Form eines Cubicfusses, in dessen obern Fläche, etwas versenkt, sich in der Mitte Oeffnungen für 4 mal 4 quadratische abwärts gehende Fingertasten befinden, deren jede mit einem oder einigen verwandten Buchstaben (für ein gemeinschaftliches Zeichen) beschrieben seyn kann, wie die zwei breiten Figuren beifolgender Zeichnung in Grundriss und Durchschnitt in natürlicher Grösse weissen.

Um hiernach Buchstab für Buchstab auszudrücken, darf der Schreiber (der sitzend auf einem Reitsitz die Maschine zwischen den Beinen hat) nur die mit den verlangten Buchstaben bezeichneten Tasten der Reihe nach leicht niederdrücken, um auf einem in dem Innern der Maschine befindlichen Papiere (durch Maschinerie, mittelst leichten Fussdrucks, bewegt) den entsprechenden Abdruck, deutlich auf einander folgend, zu bewerkstelligen.

Schon auf diese Weise kann man eine grosse Schnelligkeit erreichen, zumal wenn man die Fingerfertigkeit eines geübten Clavierspielers besitzt, da man nur gleichsam Punkte Statt ganzen Buchstaben mit mehreren Zügen zu machen braucht.

Indess hat der Erfinder noch eine andere Methode ausgedacht und ausgeführt, welche, auf die Combination der Zahl 4 sich gründe, es möglich macht, jeden der verlangten Buchstaben des obigen Alphabets auf jedem Viertel der 16 Tasten auszudrücken; denn 4 Tasten geben 16 Veränderungen (auf ähnliche Art, wie ein Telegraph von 3 Klappen 8).

Für dies zweite Verfahren ist sich aber beifolgendes (nach Art der Grundsätze des Flötenunterrichts formirtes) kleines Alphabet gut einzuprägen, welches übrigens, so wie die Form der Maschine etc., auf vielerlei Art nach Belieben abgeändert werden kann (so wie man auch das Kistchen zum Schreiben herumdrehen mag, um mit der rechten Hand die erste Sylbe und mit der linken die andere des abgekürzten Wortes und mit den grössern Fingern die ersten Buchstaben der Sylben zu machen und auch die Sache einer zur Unterrichtung gegenüber sitzenden Person noch anschaulicher zu machen bei gewöhnlicher Lage der Buchstaben für dieselbe).

Die mit schwarzem Flecke bezeichneten Felder jeder Figur bedeuten die niederzudrückenden Tasten des betreffenden Spielviertels, die weissen die nicht niederzudrückenden.

Das Niederdrücken aller 4 Tasten bewirkt darnach die Aufzeichnung des Buchstaben a, das der 3 ersten allein die des i etc., das des letzten allein das des k und die gänzliche Leerlassung der Stelle bedeutet ein h oder nichts am Ende des Wortes oder der Sylbe, wo ein h nicht gehört wird.

Zu diesem Zweck ist die Maschine so eingerichtet, dass sich in dem Innern derselben gleich nach jedem Tactschlag immer 4 Buchstabenplätze schnell mit einander eröffnen für die 4 Viertel des Spielfeldes.

Will man dabei nur eine grosse Sprechschnelle erreichen, so kann man zu jeder Sylbe einen schnellen Tactschlag, folglich vier Buchstaben, verwenden, und braucht dadurch nur selten und wenig abzukürzen bei Sylben, die mehr als 4 Tonzeichen nöthig haben, während man bei Sylben von weniger solcher Zeichen auch harte von weichen ähnlicher Art durch ein darauf folgendes Zeichen des h (leeren Platz) unterscheiden kann, z. B. p durch bh, t durch dh, k durch gh, sch durch sh. etc. etc.

Um, nach hinlänglicher Einübung, zum Beispiel die Worte

ALER ANFG ISDH SWER

ALLER ANFANG IST SCHWER

auszudrücken, sind nach beifolgenden im Kleinen gezeichneten Figuren (die andeuten, wie im Grossen die Finger zu setzen sind) nur vier schnelle Schläge in einer Sekunde nöthig, wenn man die mit schwarzem Fleck bezeichneten Felder des Tastenspiels durch die (zur Sicherheit am Rande anstossenden) Fingerballen niederdrückt, um die Buchstaben in Ordnung aufzuzeichnen, welche alsdann die Maschine deutlich aufschreibt (in Krausisch kleiner Schrift), und wodurch es möglich wird, so schnell oder noch schneller zu schreiben, als der schnellste Sprecher sprechen kann, indem Tactschläge mit den Händen so schnell oder noch schneller zu machen, als Wörter (oder sogar als Sylben) auszusprechen sind.

Die Hauptbenutzungsarten dieser Erfindung mögen seyn:
1) Die zweite Methode für Parlamentsverhandlungen etc.
2)   «   «   für schnelldenkende Schriftsteller etc.
3) Die erste Methode für die kleine Zahl von Blinden etc.
4)   «   «   für die so grosse Zahl undeutlicher Handschriften etc.

1 und 2: Stenomaschine
3 und 4: Typenmaschine

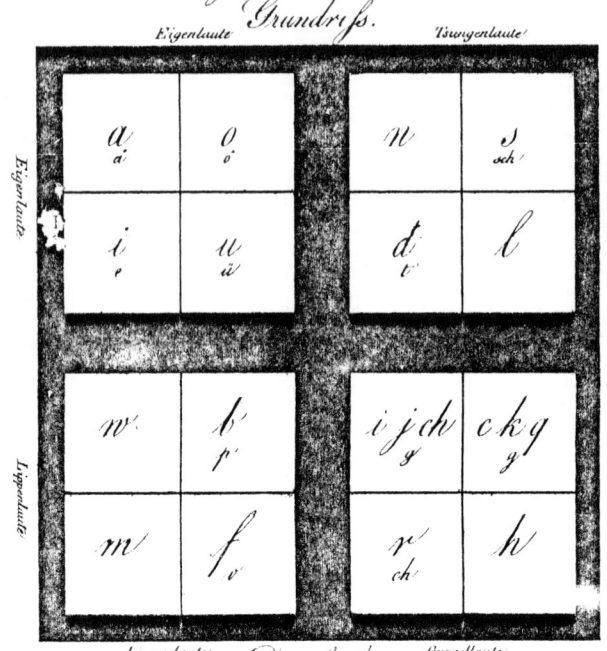

Das *Beispiel: „aler anfg isdh swer"* zeigt wie mit einer Fingerkuppe zwei Tasten niederzudrücken sind.

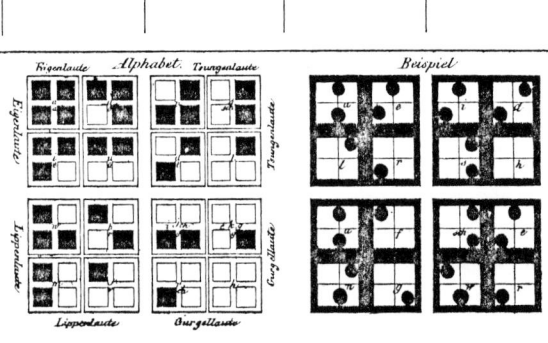

414

Nachtrag zur Beschreibung.

Die Zeit der Erlernbarkeit der Kunst dieser zweiten Methode wird von verschiedenen Leuten sehr verschieden angesprochen.

Es meinen dafür nöthig

1) Einzelne wenigstens ein ganzes Menschenleben (30 Jahr)! —
2) Viele wenigstens ein ganzes Jahr;
3) Viele höchstens einen Monat;
4) Einzelne höchstens einen Tag! —

Der Erfinder selbst ist der Meinung, dass die Talente so verschieden, oder noch verschiedener seyen, als die Zeiten von Menschenleben und von Tag, und dass wenigstens einzelne grosse Talente, diese wie andere Sachen in einem Tag so gut oder noch besser lernen können, als Andere in einem ganzen Menschenleben, wenigstens bei hellem Wetter in der belebenden Luft von Hochgebirgen, etwa in der Schweiz, wo nicht in den Cordileras etc.

Siehe Harts Archiv für Staatswirthschaft bei Willmanns in Frankfurt a. M. Band 2. Heft 2. Briefe eines Deutschen (von Drais) aus Brasilien in seine Heimath Brief 3 und 4. von 1824, und Vollmers Reisebeschreibung von Südamerika. München 1828. Art. von Quito, worin es heisst: „Dort sollte man ewig leben, denn es ist eine Vereinigung alles Angenehmen ohne das Unangenehme.‟

bei Befolgung nachfolgender Regeln (auf gute Nachtruhe nach vollständigem Abendessen mit Wein auf kurze aber rasche Bewegung des vorigen Tags) bei fast alleinigem Genuss von kaltem Kaffee etc. zum Einprägen in das Gedächtniss und darauf folgendem guten Essen mit mässigem Trinken von Champagner Wein (oder Punsch etc.) zu schneller Ausführung des Gelernten.

Auszug aus den Unterrichtsregeln für die zweite Methode:

A. Für grosse Talente.

Bei Ermanglung einer Maschine lasse man sich einstweilen Gefühlsmodel nach dieser Zeichnung vom Grundriss und Durchschnitt der Mitte des Tastenreihen machen, ein dickes mit Tastenbewegung oder ein dünnes ohne diese, oder man mache erste Versuche auf dieser Zeichnung, umgekehrt, dass man auch das kleine Alphabet dazu über der Tastenzeichnung zum Greifen vor Augen hat, und thue das Brettlein auf etwas Elastisches (auf ein Rosshaarkisschen oder auf ein aufgelockertes Tuch etc.), dass einem bei anhaltendem Gebrauch, so wenig als auf der Maschine selbst, die Finger wehe thun. Dann richte man die Hände so über das Spielfeld, dass jeder Finger, vom Daumen bis zum Goldfinger, 2 Tasten unter sich hat, um nach Belieben beide Tasten mit einander, den ersten allein, den zweiten allein, oder keinen von beiden niederzudrücken.

Nun übe man sich nach folgenden Gradationen:

1) Uebe man jeden Finger (wenigstens 10 Minuten lang) auf seinen 4 Gattungen von Griffen mit voller Aufmerksamkeit recht ein.

Bei vorgeschlagener Umdrehung zeigt der dickere Finger jedes Spielviertels die Classe der Buchstaben an, und der andere, der wievielte er in der Classe ist.

2) Darauf übe man die Fingerpaare auf die Buchstaben ein, anfangs langsam und dann schnell, indem man dabei seine Form zuerst in dem kleinen Alphabet, und dann auf dem Tastenfelde selbst genau betrachtet, und dann bei raschem Schlag seinen Ton mit lauter Stimme (bei dem Lernen) kräftig ausspricht, indem dadurch die ganze Person für jeden dieser Augenblicke noch viel belebter und dadurch auch noch viel mehr zu dauernder Auffassung befähigt wird (wie fast bei allem Lernen nach Beobachtung des Erfinders). Dies wiederhole man öfters einzeln und öfters im Ganzen mit Präcision und Eile, so werden grosse Talente nur ungefähr 1½ Stunde nöthig haben, um alle 4 Fingerpaare auf die 16 Haupttöne so einzuüben, dass wenn man an einem derselben für das Fingerpaar denkt, sich dasselbe schon selbst dafür stellt.

Personen, die sich die Bemühung des Selbstabstrahirens beim Greifen ersparen wollen, können diese oder andere Vortheile von dem Erfinder oder von einem Lehrling desselben gefaellig praktisch absehen.

3) Nach diesem übe man sich die 2 charakteristischsten Buchstaben, der ersten charakteristischsten Sylbe der Worte mit der einen Hand zugleich, und schnell darauf die zwei charakteristischsten Buchstaben der zweiten charakteristischsten Sylbe mit der andern Hand auch zugleich niederzudrücken.

4) Endlich suche man darauf die Charakteristiken der ganzen Worte zugleich in der Regel schnell nach einander auszudrücken.

Nachdem man durch diese Uebungen die mittelmässigste Sprachschnelle schriftlich übertroffen hat, reibe man die etwas müde gewordenen Muskeln der rein gehaltenen Hände mit reinem Fett (gut ausgelassenem Schweinenschmalz) und Branntwein (Weingeist) tüchtig ein, mache sich noch eine kurze aber rasche Bewegung, um ohne Ermüdung das Blut in schnellen Lauf zu bringen, halte dann das obenerwähnte tüchtige Mahl mit mässigem Trinken von Champagner Wein, so wird man sehr wahrscheinlich gleich darauf das schnellste Sprechen schriftlich erreichen, oder übertreffen können.

Nach genauer Beobachtung aller dieser Regeln vermuthet der Erfinder, dass ein grosses Talent mit kräftigem Körper, welches vorher schon guter Stenograph und Clavier-Spieler zugleich war, die so einfach zusammen concentrirte Kunst in einem Tag erlernen kann, wenigstens in seiner Gegenwart.

Auf alle Fälle äussert er sehr bestimmt die Meinung, dass auch die Kunst dieser zweiten Methode im Ganzen viel schneller erlernbar sey, als die des Clavierspielens, weil die Hände dabei nicht wie bei dem Clavierspielen in grosser Entfernung hin und her zu eilen brauchen, um dabei in schief ankommender Richtung die Claves dennoch richtig und dabei noch sehr präcis in der Zeit zu treffen, sondern die Hände sich nur ganz einfach und gleichförmig ein wenig auf und ab zu bewegen brauchen, während jeder Finger unter sich nur 4 Gattungen von Griffen einzuüben braucht, ohne grosse Akuratesse, weil (ohne nahe) die betreffenden Fingertasten viel dicker sind, als die Fingerspitzen, und ein viel geringerer Grad von Akuratesse viel schneller eingeübt werden kann, als ein viel grösserer, wie besonders der beim Saitenspiel, wo auf ein Haar getroffen werden muss.

B. Für kleinere Talente,
(die auch bei Kindern schon zu finden sind),

um doch fast ohne Abkürzung mittelmässigste Sprechschnelle schriftlich zu erreichen. Solche verwenden ohngefähr gleich viele Zeit und Mühe darauf, wie auf die Erlernung einer ganzen Sprache bei folgenden Regeln:

1) Man mache die ersten 2 Vorübungen, wie sie für die grossen Talente angegeben sind.

2) Darauf bilde man eine Sylbe nach der andern, nach den Regeln der gedruckten Beschreibung Seite 2. Satz 4. betrachte die Form davon genau, und schlage sie öfter (wenigstens 4 Mal hintereinander) mit Force und spreche dabei den Ton derselben mit lauter Stimme lebhaft aus.

Diesen Cours bei guter Lehre angefangen, bis zum 4ten Mal wiederholt, wird, bei dem Gedanken an eine Sylbe, sich das Händepaar schon selbst stellen, bei den meisten Menschen, die dadurch wenigstens ihre eigene Sprechschnelle sehr gut werden erreichen können.

Oder man verwende die 65536 Gattungen von Totalgriffen (2^{16}) für die Unterscheidung der hauptsächlichsten Wörter mit ihren wesentlichsten Veränderungen, um in der Regel durch jeden Griff in ¼ Secunde ein ganzes Wort auszudrücken, und dadurch seine eigene Sprechschnelle zu verdoppeln, um einen schnell denkenden und schnell sprechenden Schriftsteller für seine Geistesprodukte tüchtig zu unterstützen, und auch in einer Minute 1000 und in einem Tag 1,000,000 Buchstaben, wo nicht zu machen, doch (in Vergleich gegen die jetzt noch gewöhnlichste Schreibart) zu ersetzen.

Jedes Loch ein ganzes Wort - schwer zu memorieren

1833+

Benutzungsgelegenheiten dieser Erfindung.

1) **Frei** ist persönlicher Unterricht des Erfinders selbst in dessen Wohnung zu Mannheim für unbescholtene und anständig erscheinende Personen, welche sich durch Mitbringung der Zeichnung dieses Blattes zur Benützung der betreffenden Vorträge befähigt haben.

2) **1 Gulden** ist der Pränumerationspreis für eine vollständigere Beschreibung und Zeichnung der Maschine auch für Nachmachung etc. bei einstweiliger Ueberlieferung eines solchen Exemplars wie dieses.

Pränumerationssammler erhalten das 12te Exemplar gratis.

3) **1 Louisd'or** ist das Honorar für Unterricht an andern Orten für eine Gesellschaft von 11 oder 12 Personen bei hinlänglicher Subscription, um die Reisekosten des Erfinders selbst oder die eines Stellvertreters zu decken, (ohne oder mit einem Diener, um zugleich auch Unterricht in dem Draisinenreiten zu geben, in welcher Kunst der Erfinder selbst, schon öfters in einem Tag den Unterricht so vollkommen gab, dass der Lehrling schon schnell auf schlangenförmigen Wegen mit Sicherheit behaglich balanciren konnte, ohne dazwischen einen Fuss auf den Boden zu setzen. —)

4) **100 Gulden** ist der Pränumerationspreis für eine gute Maschine selbst, für Privatgebrauch — nach beschriebener Art oder mit 25 Tasten für so viel Buchstabenstempel (nur) für die erste Methode des Gebrauchs eingerichtet — mit den Bestimmungen a) dass die Fabrikation mit offener Rechnung unter Oberaufsicht des Erfinders selbst errichtet seye; b) dass die Ablieferungen nach den Nummern der eingegangenen Pränumerationsgelder folgen. c) Dass die Pränumeranten Classenweise, nach der Grösse der gelieferten Pränumerationsgelder, als Beförderer des Nutzens der Erfindung, bei Ausgabe obengenannter genauerer Beschreibung gedruckt werden sollen. d) Dass, sobald der Erfinder in dem reinen Gewinn rücksichtlich dieser Erfindung, auch in pecuniärer Hinsicht ist, jeder Pränumerant auf eine Maschine der Reihe nach, nach seiner Wahl noch eine 2te elegante Maschine oder 100 Gulden zurückerhält bis zu Nr. 100.

Pränumerationssammler erhalten ein Procent.

Die Rechte auf Erfindungs-Patente rücksichtlich dieser Maschine, wie auch bei andern, gibt der Erfinder dem Publikum in allen Ländern frei gegen wechselseitige Bedingung der Abgabe von $\frac{1}{4}$ des Brutto-Ertrags aller Einnahmen davon, bei auch offener Rechnung, deutlich sichtbarem Zeichen mit den Zahlen der Nr. und der Gulden des Verkaufspreises, zu vertheilenden und öffentlich anzuschlagenden Listen dieser Nrs. mit Namen und Wohnort ihrer ursprünglichen Besitzer (den Herrn Pränumeranten und nachherigen Käufern etc. etc.) und künstlich gedruckten Quittungen für fast vollkommene Sicherheit gegen Verfälschungen, wenigstens in den k. k. Oestreichischen Landen, wo z. B. laut Stuttgarter Polytechnischem Journal, Septemberheft 1832. bei sonstig guter Befestigung der Erfindungsrechte, gegen Verfälschung grosser Schimpf und Strafe (100 Species-Ducaten) gesetzt ist, wovon die Hälfte dem Erfinder gehört, welcher sie auch dem Denuncianten lassen kann, um ihn besseres Nachsehen zu bewirken.

Denjenigen, welcher hierdurch zuerst schriftlich, die allergrösste Sprechschnelle vollkommen erreicht, erkennt der Erfinder selbst als grossen Beförderer des Nutzens der Erfindung an, und ist bereit, wenn er will, auch nebenbei seinen etwaigen pecuniären Vortheil davon, wenigstens bis zu zehntausend Gulden des reinen Gewinstes davon in gleiche Theile mit demselben zu theilen.

Bei Uebersetzung dieser Beschreibung in andere Sprachen müssen die Töne zum Theil genauer beschrieben werden, was in der deutschen Sprache fast nur bei dem Ton das j nöthig ist, der in mehrere Zeichen vertheilt ist, wie z. B. in i bei dem Wort ja, in ch bei ich, in g im Alphabet und im

---

Bislang nicht gefunden:
Die Bauanleitung

die Typenmaschine von 1820/21

Pränumeration =
Vorbestellung oder
Subskription

1833+   🚲🚲 417

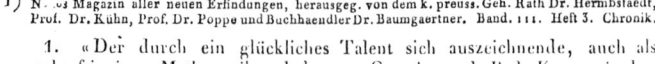

Urtheile.

Vollständig siehe früheres
Kapitel: *Eine Zwischenbilanz*

1) N. ..s Magazin aller neuen Erfindungen, herausgeg. von dem k. preuss. Geh. Rath Dr. Hermbstaedt, Prof. Dr. Kühn, Prof. Dr. Poppe und Buchhaendler Dr. Baumgaertner. Band. III. Heft 3. Chronik.

  1. «Der durch ein glückliches Talent sich auszeichnende, auch als «scharfsinniger Mathematiker bekannte Grossherzogl. Bad. Kammerjunker «und Forstmeister Karl Freiherr von Drais in Mannheim hat seit «einiger Zeit folgende nützliche Erfindungen gemacht, wovon die Fort- «setzung unseres Magazins nach und nach ausführlichere Beschreibungen «liefern wird.»

  a) «Eine neue Methode, viel schneller zu schreiben, als es bei der «bis jetzt gewöhnlichen Art möglich war etc. etc.»

2) Der berühmte Parlamentair und Schriftsteller, Se. Exc. Herr Staatsminister Graf v. Benzel-Sternau, wohnhaft auf seinem Landgute Emmerichshofen bei Hanau, hatte in einer Druckschrift öffentlich aufgefordert, doch auch in Deutschland mehr für die Schnellschreibkunst zu thun, wegen ihrer grossen Nützlichkeit, worauf der Erfinder demselben obige Abhandlung sandte, und die nachfolgende Antwort erhielt, welche seinen Eifer für die Sache natürlich noch mehr beleben musste:

Euer Hochwohlgeboren

geehrte Zuschrift aus Frankfurt erhielt ich mit eben so vielem Dank, als Bedauern, dass es, deren Inhalt zufolge, zu spät war, Sie daselbst aufzusuchen. Ich sende Ihnen daher den Ausdruck meiner aufrichtigen Erkenntlichkeit für Dero interessante Mittheilung, mit der Bitte nach, mir gefälligen Aufschluss geben zu wollen, ob Sie über Ihre Schnell- schreibmaschine schon öffentliche Rücksprache mit dem Publikum nah- men; ob die Maschine schon in den Ständeverhandlungen oder bei den academischen öffentlichen Vorträgen im Grossherzogthum ange- wendet wird? und ob sich schon bestimmte Menschen mit derselben Gebrauch, dem Unterricht in solchem, und der Anfertigung der Maschinen beschäftigen. Sollten Sie vielleicht in einer eigenen Schrift diese Aufschlüsse schon concentrirt haben, so bitte ich um geneigte Mittheilung des Titels und Verlagsorts.

  Allerdings interessire ich mich sehr für die Schnellschreibkunst, zunächst in parlamentarischer Hinsicht, aber im Allgemeinen auch gewiss nicht weniger, weil ich in ihr die Flügel der Ideenmittheilung, folglich ein hohes Beförderungsmittel der Herrschaft der Intelligenz, und was das nämliche ist, ein unsäglich fruchtbares Vervollkomm- nungsmittel der Menschheit nicht nur sehe, sondern bezeuge.

  Die mir von Euer Hochwohlgeboren mitgetheilte Note flösst mir grosses Zutrauen in Ihre Erfindung ein, und es freut mich, dass der Mann, welcher die Körper schnell bewegen lehrte, nun im edlen Fortschritt, der so würdigen Beflügelung geistiger Wirksamkeit sich widmet.

  Indem ich mich dem freundschaftlichen Andenken Dero Herrn Vaters zu erinnern bitte, unterzeichne ich mich hochachtungsvollst

Euer Hochwohlgeboren

Emmerichshofen in Baiern   gehorsamer Diener
über Hanau, d. 8. Dec. 1829.   Graf Benzel-Sternau.

Karl Christian Ernst Graf v. Benzel-Sternen war kurzzeitig Vorgänger von Drais-Vater, später dann in Frankfurter Diensten.

Er schriftstellerte auch.

1833+

3) Morgenblatt vom Jahr 1830. Nr. 3.

4) (Frankf. O. P. A. Zeitung vom 18. Sept. 1851.)

* Zur Geschichte der Erfindungen.

Wenn man begonnen hat, durch Kunststrassen und Kanäle, durch Eilwagen und Dampfmaschinen die Menschen sich einander näher zu bringen und so gleichsam den Erdplaneten zu verkleinern; wenn man angefangen hat, durch Schnellpressen, durch verbesserten und erleichterten Unterricht, Kenntnisse, Wissenschaft und Gesittung allgemeiner zu verbreiten und gleichsam zum Gemeingut zu machen; so fehlte es doch noch an einer Erfindung, den flüchtigen Gedanken festzuhalten und die Blüthe des menschlichen Geistes, die freie Rede, die begeisternde Entwicklung der Ideen, durch Zeichen schnell zu befestigen. Und auch dieses scheint der sinnige Verstand des Menschen erlangen zu wollen. In der letzten Generalversammlung der Gesellschaft zur Beförderung nützlicher Künste etc. zeigte Hr. v. Drais, der Erfinder der Laufmaschinen etc., ein Instrument vor, vermittelst dessen ein Eingeübter, gleichsam wie auf einem Klavier spielend, auf Tasten die schnell gesprochenen Worte in Zeichen zu verwandeln im Stande ist. Alle zugegen gewesenen Mitglieder überzeugten sich sogleich von der richtigen Wirkung der äusserst sinnreich und einfach ausgedachten Maschine und brachten es bald dahin, vermittelst des Schlüssels, gleichsam die Noten dazu, mit derselben selbst zu experimentiren.

5) (Lond. deutsch-engl. Anzeiger Nr. 1. bei Eræffnung des Blattes den 27. July 1852.)

Zeitung bisher nicht gefunden

Die Schnellschreibmaschine des Herrn Baron von Drais ist eine der sinnreichsten und nützlichsten Erfindungen des Zeitalters. Die Stenographie ist dadurch überflüssig geworden; mit einer Berührung der Hand wiederholt und zeichnet sie vier Buchstaben. Man hat berechnet, dass man dem schnellsten Redner damit folgen, und seinen Vortrag aufzeichnen kann. In den Nummern 464 und 469 des «Mechanics Magazine» findet man Kupfer und Bemerkungen über obigen Gegenstand; es empfiehlt ihren Nutzen besonders in Ansehung genauer Berichte der Parlamentsverhandlungen. (Man sehe weiter dasselbe Blatt Nr. 8. vom 15. Sept. 1852. etc.)

6) Auszug aus einem Gutachten dreier von dem Grossh. Oberhofgerichte wegen eines entstandenen Processes in mechanischer Hinsicht ernannten Experten nach der Expertice vom 1. July 1833.

«Der innere Organismus der Schnellschreibmaschine des Freiherrn «von Drais beruht auf einer sehr sinnreichen, einfachen und dauer-«haften Construction, und lässt keinen Zweifel übrig, dass sich die «berührten Tasten genau und vollständig in dem auf der Walze aufge-«wundenen Papierstreifen eindrücken.»

Der berühmte Professor der Mathematik, Geheimerhofrath v. Langsdorf zu Heidelberg, schickte dabei am 1. Juli 1833 schriftlich die Meinung: «Die mit Scharfsinn erfundene Schnellschreibmaschine des Herrn «von Drais scheine zwar (mit ihrer Anleitung zum Schlagen ganzer «Worte mit einander in der Regel) von ziemlich schwierigem Ge-«brauch etc., aber wegen der Wichtigkeit ihres Zweckes der grössten «Aufmerksamkeit werth.»

Dr. C. Ch. LANGSDORF

Karl Christian Langsdorf (1757-1834) kam nach Drais' Studienzeit an die Universität Heidelberg. Wurde später geadelt. Ein neues Salinendorf nannte der Herzog von Mecklenburg-Schwerin ihm zu Ehren Langsdorf.

Alle Einwendungen gegen die Sache, die der Erfinder bisher hörte, widerlegte er einstweilen theoretisch sehr gründlich, und es wurden theils in der obengenannten Expertice und theils ausser derselben schon oft in einer Minute mehr als 1000 Buchstaben durch diese Erfindung gemacht.

Reise nach London

Mit einem Gehaltsvorschuß kann Drais eine Reise ins Zentrum der Industrialisierung unternehmen, um dort seine Erfindungen zu realisieren. In der Heimat des Parlamentarismus müßte seine weiterentwickelte Schnellschreibmaschine hoch willkommen sein.

Adolf Bielefeld, Karlsruher Buchhändler und derzeit in London, ist Drais` Anlaufstelle. Später Stadtrat und Synagogenrat *(Stadtarchiv Karlsruhe)*

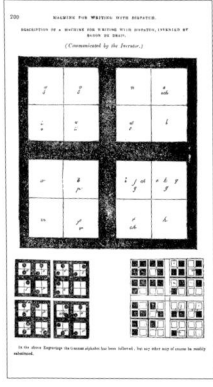

aus: Mechanics` Magazine

Daß Drais 47jährig die Englandreise wagt, ist nur mittels Gehaltsvorschuß denkbar. Die Hinreise erfolgt irgendwann nach dem Vortrag vor der Frankfurter *Gesellschaft zur Beförderung der nützlichen Künste* im September 1831. Auf der Rückreise hält er am 16. November 1832 einen Vortrag vor dem *Verein für Kunst und Literatur* zu Mainz, zumindest legt dies der Eintrag in der Vereinsregistratur nahe: *Baron v. Drais aus England berichtete über eine von ihm erfundene Schreibmaschine (Stadtarchiv Mainz)*. Da Drais bislang keine Englisch-Kenntnisse besaß – an König George IV. schrieb er ja auf französisch – war die Vermittlung des Karlsruher Kammersängers Haizinger und des Buchhändlers Bielefeld hilfreich. Er wohnte wohl Strand Nr. 340, vermutlich bei dem 27 Jahre jüngeren Buchhändler. Seine Erfindungen waren in der *Exeter Hall ausgestellt (Cathiau 1893)*.

Das Fachblatt *Mechanics` Magazine* (Magazin der Mechaniker) öffnet seine Seiten für Drais' Erfindungen. Zuerst erscheint am 3.6.1862 seine Verwandlungsmaschine unter der Überschrift *Baron de Drais' Triangle Meter* (siehe Kapitel *Eine Zwischenbilanz*). Der Herausgeber fügt hinzu: *Wir empfehlen dies Instrument der Aufmerksamkeit unserer Vermessungsfreunde (zu erhalten bei Mr. Cary). Es scheint auf einem soliden Prinzip zu basieren und ist in der Praxis wohl von großem Nutzen*. Ob Drais irgendwelche Lizenzgebühren erhielt, ist bei der damaligen Raubkopiermentalität fraglich.

Im nächsten Heft erscheint seine *Machine for Writing with Dispatch* mit dem Bild des Tastenfelds und der Beispielgriffe für ALER ANFG ISDH SWER – man könne damit *Every beginning is difficult* schreiben, wie der Begleittext meint! Offenbar hat Drais kein englisches Beispiel mitgebracht – er kann halt bloß Französisch. Der Herausgeber fügt hinzu: *Wir haben Baron von Drais mit seiner Maschine schreiben sehen, die zweifellos sehr einfallsreich ist. Doch wir glauben, daß eine gewisse Mühe aufgewendet wurde, sie schwer benutzbar zu machen* (die Verschlüsselung!), *die man sich hätte sparen können. So wie sie ist, kann sie lediglich eine Umschreibung von Stenografie erzeugen und dürfte kaum schneller arbeiten, als es bereits Stenografen können. Zudem ist bei ihr, wie schnell sie auch immer arbeiten mag, jegliche Selektion oder Unterscheidung ausgeschlossen, die bei einem guten Stenographen ebenso wichtig ist wie eine schnelle Hand* (versteh das, wer will). *Wenn die Maschine jedoch Steno schreiben könnte, würde sie nach Vereinfachung alles schreiben können. Und eine derartige Vereinfachung würden wir Baron von Drais empfehlen anzugehen. Eine Kopiermaschine nach dieser Methode – Schriftstücke ohne jede Abkürzung lediglich zu kopieren*

Blick auf Strand vom Charing Cross in London 1842 *(Archiv Lessing)*

Aus der *Frankfurter Oberpostamts-Zeitung* vom 16.9.1831

Frankfurt, vom 16. September.

Zur Geschichte der Erfindungen.

Wenn man begonnen hat, durch Kunststraßen und Kanäle, durch Eilwagen und Dampfmaschinen die Menschen sich einander näher zu bringen und so gleichsam den Erdplaneten zu verkleinern; wenn man angefangen hat, durch Schnellpressen, durch verbesserten und erleichterten Unterricht, Kenntnisse, Wissenschaft und Gesittung allgemeiner zu verbreiten und gleichsam zum Gemeingut zu machen, so fehlte es doch noch an einer Erfindung, den flüchtigen Gedanken festzuhalten und die Blüthe des menschlichen Geistes, die freie Rede, die begeisternde Entwicklung der Ideen, durch Zeichen schnell zu befestigen. Und auch dieses scheint der sinnige Verstand des Menschen erlangen zu wollen. In der letzten Generalversammlung der Gesellschaft zur Beförderung nützlicher Künste ꝛc. zeigte Hr. v. Drais, der Erfinder der Laufmaschinen ꝛc, ein Instrument vor, vermittelst dessen ein Eingeübter, gleichsam wie auf einem Klavier spielend, auf Tasten die schnell gesprochenen Worte in Zeichen zu verwandeln im Stande ist. Alle zugegen gewesenen Mitglieder überzeugten sich sogleich von der richtigen Wirkung der äußerst sinnreich und einfach ausgedachten Maschine und brachten es bald dahin, vermittelst des Schlüssels, gleichsam die Noten dazu, mit derselben selbst zu experimentiren. — Hr. v. Drais ist nun im Begriff, mit dieser Erfindung nach England zu gehen, dem Lande, wo die Kunst der freien Rede bereits in voller Blüthe steht, und wir werden dann von dort aus die Mittel, solche für die Mittheilung aufbewahren zu können, erhalten, wenn wir weiter fortgeschritten sind in dem jugendlichen Zeitalter, welches wir erst anzutreten begonnen haben.

Karl Drais lernt Englisch
(Faksimile gegenüber)
Auf Hotelbriefbogen von The
Crown in der Stadt Bath
memoriert Drais irgendwann
1832 die phonetisch
aufgeschriebenen Texte seiner
Stenomaschinen Beschreibung.
Transkribiert vom Original der
Familie Weylöhner *(Freydorf
1908)*

– wäre eine wirklich nützliche Sache. Besonders wenn zugleich mehr als eine Kopie erzeugt werden könnte, das sich leicht einrichten ließe, wenn erstmal <u>eine</u> gemacht werden kann (Mechanics Magazine 30.6.1832). Er will eben keine Stenomaschine!

Drais antwortet mit einem Leserbrief vom 20. Juli, der dann zwei Wochen später erscheint, vermutlich von Adolf Bielefeld getextet: *Bezüglich der Bemerkung des Herausgebers, daß es von großem Nutzen wäre, wenn eine Maschine lediglich fürs Kopieren ohne notwendige Abkürzungen gebaut werden könnte, möchte Baron Drais bekanntmachen, daß er vor den jetzt verfügbaren stenographischen Maschinen eine Maschine für diesen Zweck gebaut hat* (das Schreibklavier). *Erst danach ging er jenes Ziel an, das ihm wichtiger erschien, nämlich komplette und klare Berichte von Parlamentsbeschlüssen und - debatten wiederzugeben. Hierfür baute er die in No. 464 beschriebene Maschine und er versichert, daß sie derart konstruiert ist, daß sie sowohl für Steno als auch ohne Abkürzung zu schreiben fähig ist. Baron Drais sucht einen Kooperationspartner, um ein Patent für die Erfindung zu nehmen und sie in Gebrauch zu bringen (Mechanics Magazine 4.8.1832).* In einer späteren Eingabe schreibt Drais (GLA 76/1673-48a), daß ihm *durch Zeitungsartikel bekannte Versprechungen des Herzogs von Sussex, königlichen Hoheit p.p., nicht bald erfüllt werden sollten.* Vermutlich wollte er diesen Bruder des derzeitigen englischen Königs Wilhelm IV. als Kooperationspartner gewinnen. Die genannten Zeitungsnachrichten müssen noch gefunden werden.

Schließlich erscheint die Laufmaschine auf dem Titelblatt vom *Mechanics` Magazine* am 29.9.1832. Neu für England an der Laufmaschine der 2. Generation ist die nun deutlich eingezeichnete Bremse. Wie es dazu kam, beschreibt Drais später so, nämlich *daß nachdem der Herausgeber des Mechanics Magazin zu London mich selbst auf einer nach meiner nähern Angabe konstruierten Draisine manipulieren sah, mich derselbe um Zustellung einer Zeichnung nach meiner Draisine mit Stellung einer Figur darauf ansprechen ließ und ehrenhaft in sein Magazin aufnahm (GLA 236/ 6735-57a).* Drais hatte sich also in London eine Laufmaschine bauen lassen, und der Herausgeber schreibt folgende Einleitung: *Baron Drais war, so glauben wir, der ursprüngliche Erfinder des Velocipede, das vor etwa 14 oder 15 Jahren* (richtig: 1818/19) *hierzulande beträchtlich Figur machte. Seit seiner Ankunft in England versucht er, ihren Gebrauch wieder zu beleben und verweist darauf, daß dies auf irgendeinen Konstruktionsfehler unserer englischen Version oder große Unerfahrenheit bei ihrer Steuerung zurückzuführen sei, weshalb sie bei uns in solch allgemeinen Mißkredit gefallen sei* (ja klar, fehlende Bremse, dann Geldstrafen!). *Wie weit solche Vorstellungen aus dem Stegreif auf Tatsachen oder einer Selbsttäuschung beruhen, wie sie allen zuversichtlichen Erfindern zueigen ist, wollen wir nicht vertiefen (wiewohl wir gewiß eine feste Meinung dazu haben). Doch Höflichkeit einem genialen Ausländer gegenüber gebietet, daß wir unseren Lesern die eigene Beschreibung seiner Erfindung in ihrer verbesserten Form vorlegen, damit sie sich selbst ein Urteil bilden können.*

Drais schreibt später, daß *sich bei meiner Reise nach England meine Ehre noch mehr vergrößert und mein Vermögen noch mehr verkleinert hat,* und seine Schwester Amalie v. Drais von *seiner leider mißglückten Reise nach London (GLA 236-6735-68).* Damit ist alles gesagt. ❧

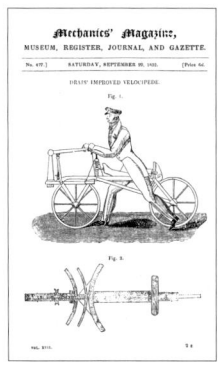

Papier-
stempel:
„Krone,
BATH."

Tächigräphical Mäschin inwented bey Bäron Drais.
Schnell-Schreibmaschine des Freyherrn von DRAIS.

te män käräkters off tis dobbel inwentschen konsist in te kwälity off
Die Hauptcharaktere dieser Doppelerfindung bestehen in den Eigenschaften durch

expressing ä hul käräkter bey mihns off ä sleit presschur uiss te finger
einen leichten Fingerdruck einen ganzen Buchstaben

änd ä äbridsched uord bey ä singel räpid teim biting uiss te
und ein abgekürztes Wort durch einen einzigen schnellen Takt Schlag mit den

hends Tis mäschin aalreddy composed to te äbowe porposs konsists
Händen Diese Maschine schon verfertigt zu dem obigen Zwecke besteht

in its extirior off ä schmaal*) wuden box off te seis änd
in ihrem Aeußeren aus einer kleinen hölzernen Schachtel von der Größe und

schäp off ä kubikel fut on te hol extirier part off uitsch
Gestalt von einem Kubikfuß An dem ganzen äußeren Teil von welchem

tehr ahr in te middel openings off fohr teim fohr kihs squered
da sind in der Mitte Oeffnungen von vier mal vier Tasten viereckig

going daunwerds ihtsch off uitsch biing serkomskreibed uiss uonn
gehend abwärts jede von welchen seyend umschrieben mit einem

or siwerel sinonimos käräkter äs en juniwersel mark äs is
oder verschiedenen synonimen Charakter als ein allgemeines Zeichen als ist

indikäted bey te following sketsch — Te hule elphabet biing
angemerkt durch den folgenden Abriß — Das ganze Alphabet seyend

äbridshed to sixtihn letters it schuhs itself often tad uonn tip
abgekürzt zu sechszehn Buchstaben es zeigt sich selbst oft daß ein Niederschlag

marks somteimes menny tad is to säh sutsch ess in sohm lenguetsches
bezeichnet zuweilen viele, das ist zu sagen solche wie in einigen Sprachen

ahr ressembling in tähr saunds end partikulerli te alphabet is
sind gleichend in ihren Tönen und insbesonders das Alphabet ist

deseined ekkording to saunds.
beabsichtigt gemäß zu tönen.

ä äs it saunds for instens in faader end aalso ä in fäs
a als es tönt zum Beyspiel in Vater und ebenso a in Gesicht

e & i in tscheild end aalso in tschildern
e und ei in Kind und gleichfalls in Kindern.

1832

Unruhen in Mannheim

Drais kehrt in eine veränderte Stadt zurück. Den Fürstbeamten in Baden geht die Liberalisierung zu schnell. In Mannheim sind Regierungsdirektor Dahmen und Polizeikommissär Hoffmann die reaktionären Scharfmacher, die eine Kundgebung für die freie Presse blutig auseinandertreiben lassen.

Großherzog Leopold will ein guter konstitutioneller Monarch sein, anders als sein Vorgänger Ludwig, der die badische Verfassung seit 1818 praktisch ignoriert hatte. 1831 gewährt ein Pressegesetz die lang ersehnte Pressefreiheit, und die Blätter im Großherzogtum nutzen sie so weidlich, daß der Bundestag der Fürsten in Frankfurt die Rücknahme verlangt und Leopold unter Druck setzt. 1832 erweckt die Ernennung Reitzensteins zum Ministerpräsidenten neue Hoffnungen, die aber durch seine Verordnung zur Genehmigungspflicht von Vereinen einen Dämpfer erhält. Im April nämlich hatte eine machtvolle Demonstration stattgefunden, der Zug von fast 30.000 Menschen auf das Hambacher Schloß an der Weinstraße gegenüber Mannheim, welche die Wiedervereinigung der Fürstentümer zu einem Nationalstaat forderten. Fahnen in den Farben schwarz-rot-gold wurden geschwungen! Die bayrische Regierung dort hatte dies ursprünglich verbieten wollen. Ob der Forderungen nach Presse-, Rede- und Meinungsfreiheit, Versammlungsfreiheit und Gleichberechtigung aller Staatsbürger wird es den Fürstbeamten mulmig. Solche Untertanen lassen sich nur schwer verwalten.

Während Drais England bereist, gehen die Auseinandersetzungen in Mannheim weiter. Die Wiedervereinigungsbegeisterung der Bürger toleriert auch manchen Fanatiker vom Hambacher Fest. Der Redakteur Stromeyer in seinem Blatt *„Wacht am Rhein"* scheint eine blutige Umwälzung zur Republik herbeischreiben zu wollen. Der Herausgeber namens Schlund, sein Strohmann,

wird wegen Aufreizung zum Umsturz der Staatsverfassung zu einem halben Jahr Zuchthaus verurteilt und Strohmeyer selbst wegen Fluchtgefahr unter Hausarrest gestellt. Die in Heidelberg herausgegebene *„Mannheimer Zeitung"* wettert als Organ der *freiheitsfeindlichen, aristokratischen Partei* gegen Pressefreiheit und ähnliche Umtriebe. An einem Sonntagabend im Juli gibt es eine Demonstration von 150 bis 200 Leuten vor Stromeyers Wohnung. Er zeigt sich und äußert die Hoffnung, daß sein Anwalt die baldige Aufhebung des Hausarrests erreiche und bittet die Demonstranten, die gesetzliche Ordnung einzuhalten. Was dann geschieht, ist einer Druckschrift zu entnehmen *(Walter 1907)*:

Gegen 11 Uhr sah man eine starke Patrouille Linien-Militär durch die Straßen ziehen...Die Zusprache des Polizeibeamten...des Oberbürgermeisters und einiger Stadträte blieben fruchtlos. Ein von dem Stadtrate an Strohmeyer abgeschickter Bürger ersuchte denselben, die versammelte Menge nochmals aufzufordern, sich nach Hause zu begeben, was er auch tat und mit dringender Bitte jedoch vergebens begleitete. Achtbare Bürger baten die auf dem Paradeplatze versammelten Regierungsbeamten (also Josef Dahmen und Karl Hoffmann) *und das Militärgouvernement inständigst, vor Anwendung militärischer Gewalt nochmals gütlich einzuwirken. Indessen rückte die Infanterie, so breit die Straße war, anfangs mit geschultertem Gewehr in dieselbe ein, fällte dann auf Kommando des Anführers das Bajonett und zog nun im Sturmschritte durch die Straße, ohne den mindesten Widerstand zu finden, alles verwundend, was nicht schnell entkommen oder in die Häuser sich retten konnte. So wurde namentlich ein ruhiger Bürger... mit dem Bajonette durch die Schenkel gesto-*

Meuchlerifcher
einer Verſammlung wehrloſer Bürger
des Würf; dritten

Ueberfall
durch Unterofficiere und Soldaten
Reiter-Regiments

Am Abend des 27 Juni 1848. hatten ſich ziemlich viele Bürger von Ulm
eines demorratiſchen Vereins zu beſprechen. Die Verhandlungen
als eine Rotte von 50 bis 60 Cavalleriſten hereinbrach u mit ſcharfem
(Die Darſtellung dieſer Greuelſcene)

im Saal des Gaſthauſes zum Schiff verſammelt, um ſich über die Bildung
waren — in völliger Ruhe u. Ordnung — eben vom Schloße gebracht)
Säbel blindlings einhieb. Man zählte etwa 42. Verwundete.
iſt auf eigene Anſchauung gegründet.)

Ulm, zu haben bei J.Ebner.

chen und bis zum nächsten Hause fortgedrängt, wo er niederstürzte und sich mit den Händen von dem Bajonette
befreite. So erhielten mehrere aus der „Stadt Lück" (einer
Wirtschaft) *Heimkehrende und wieder andere, die nur Zuschauer waren, sogar am Ende der Straße entfernt von der
Strohmeyerschen Wohnung teils schwerere, teils leichtere
Bajonettstiche... Ein anderer junger Mann...der... sich vor
den Bajonetten gegen die Planken* (Straßenname) *flüch-
tete, wurde dort von dem Anführer, welches der Rittmeister der Gendarmerie selbst gewesen sein soll, in den Kopf
gestochen, stürzte wie tot zu Boden und wurde von dem
Verwundenden mit den Worten empfohlen, ihn aufzuheben und zu besorgen. Auch die bürgerliche Polizeiwache
mißhandelte mit ihren Säbeln einige in der Straße befindliche Menschen...* Für diesen staatstragenden Einsatz erhält Polizeikommisär Hoffmann die kleine
goldene Civil-Verdienstmedaille!

Dahmen und Hoffmann werden auch Drais` Ver-
folger sein, der sich in sechs Jahren mit der Forderung nach dem imperativen Mandat als Demokrat
outen wird. Die Geschwister Drais haben das Haus
verkauft und unterschiedliche Wohnungen bezogen: Amalie, Luise und Ernestine in L2, 5 – Karl in
M3, 9 – Ernestine nacheinander in drei Wohnungen. Sie verläßt laut Meldebogen 1835 als erste
Mannheim. Die drei Schwestern folgen im nächsten Jahr nach Freiburg, wo Onkel und Vetter wohnen. Grund: die bedrohliche Situation und der stei-
gende Alkoholkonsum des Bruders. 🐎

Versammlungsfreiheit – ein Fremdwort in den Fürstentümern. Vom
Mannheimer Zwischenfall gibt es kein Bild, wohl aber von einem in
Ulm 16 Jahre später *(Revolutions-Katalog 1998)*

1832

Geheimschrift-Vordrucke

Im diplomatischen Dienst ist die Verschlüsselung von Botschaften wünschenswert. Drais hat dem Außenminister die Beschreibung seiner schnell zu schreibenden Geheimschrift ausgehändigt und reicht Verschlüsselungs-Vordrucke nach.

Ein Aktenfund im Generallandesarchiv (dank Dr. Christel Heß) förderte diesen Vorgang zutage, der an den Außenminister Freiherrn v. Türckheim gerichtet ist. Ohne weitere Funde, z.B. des antwortenden Präsidialschreibens an Drais, kann die Verschlüsselung nicht sicher rekonstruiert werden (vermutlich nach Schlüssel jeweils ein Kleinkästchen einstechen oder schwärzen - dann den Schlüssel abschneiden und den Rest zur Post geben).

Drais' Handschrift (siehe rechte Seite) wirkt fahrig. Wenn er es nicht schon in Brasilien war, wird jetzt erkennbar, daß er zum Alkoholiker geworden ist. 🐦

Verschlüsselungsvordruck wie ihn Drais an den Außenminister sandte *(Generallandesarchiv)*

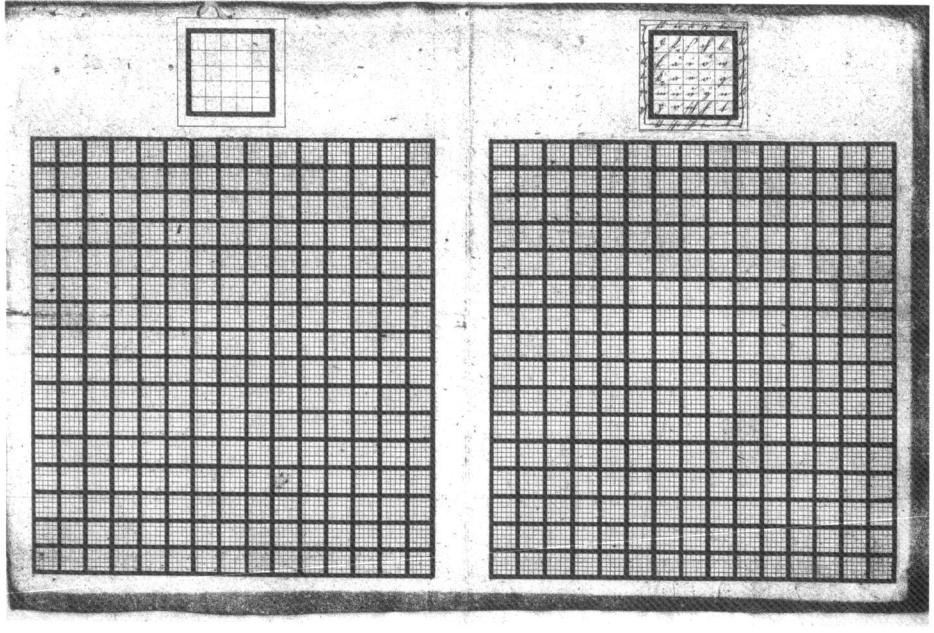

Seiner Königlichen Hoheit
Dem allerdurchlauchtigsten
Herrn Großherzog von Baden
Ministerium der auswärtigen Angelegenheiten.

[handschriftlicher Vermerk]

Anmit übersende ich eine
Geheimschrift welche folgende
4 Eigenschaften in hohem Grad
mit einander verbindet.
1, Vollkommenheit als Geheimschrift
2, Leichtigkeit des Lernens
3, Schnelligkeit des Schreibens
4, Erinnerungsfähigkeit ohne neues Studium
Mit dem Wunsch der Benützung
in höchster Unterthänigkeit.
Mannheim den 30.ten December 1833
Frhr: v: Drais Kammerherr pp

Anmit übersende ich eine Geheimschrift, welche folgende 4 Eigenschaften in hohem Grad miteinander verbindet
1) Vollkommenheit als Geheimschrift
2) Leichtigkeit des Lernens
3) Schnelligkeit des Schreibens
4) Erinnerungsfähigkeit ohne neues Studium
Die Beschreibung dieser Geheimschrift wurde schon früher Seiner Exzellenz dem Herrn Minister Freiherrn von Türckheim eingehändigt; und ich erfuhr darauf mit großem Vergnügen, daß dieselbe zur Prüfung gegeben wurde und diese Prüfung gut bestand, worauf ich hierdurch noch weitere Blätter zu Proben nachsende, mit der Wunschäußerung der Nachricht von baldiger Benutzung.
Mannheim den 30ten Dez: 1833
Frhr: v: Drais Kammerherr p p.

1833

427

Holzmangel und
Holzsparofen

Holz ist das einzige Heizmaterial und entsprechend knapp. Der Bruder des Herrschers schreibt einen Wettbewerb für einen holzsparenden Zimmerofen aus, der zugleich auch kochen soll. Drais gewinnt eine Medaille, doch nicht das Preisgeld.

Während in England die einfachen Leute mit rußender Kohle und nur die Bessergestellten mit qualmfreier Holzkohle heizen, hängt in den deutschen Fürstentümern alles vom Brennholz ab: private Heizung, Kochen, Glasschmelzen, Eisenschmelzen und -schmieden, sowie Salzsieden. Die deutschen Kohlevorkommen sind kaum erschlossen und mangels Transportmöglichkeiten auch nicht verfügbar – etwa diejenigen im Saarland für Baden. Holzknappheit läßt die Armen frieren, sodaß sie vom Mannheimer Holzhof Zuteilungen erhalten.

In dieser Situation ruft der 40jährige Markgraf Wilhelm, Bruder des Herrschers, aus Anlaß des ersten in Baden stattfindenden Landwirtschaftsfests (wofür ja Drais' Schrift geworben hat) ein Preisausschreiben für einen preiswerten, holzsparenden Heizofen aus, mit dem man auch kochen kann. Karl Drais entwirft einen Holzsparofen aus Blech mit Wärmeaustauscher, von dem keine Abbildung bekannt ist. Doch wie schon gesagt begleicht der badische Beamtenapparat nun alte Rechnungen, wofür zu Lebzeiten von Drais-Vater keine Gele-

genheit war. Das Preisgericht erklärt seinen Ofen zur besten Lösung, doch was tut der frischgebackene Vorsitzende des Landwirtschaftlichen Vereins aus Wilhelms Entourage? Friederich v. Ellrichshausen täuscht Drais bei der Preisverleihung mittels einer Medaille mit Phantasie-Schnur und läßt in das *Landwirtschaftliche Wochenblatt* keine Bewertung einrücken, und das Preisgeld – oder vielmehr derselbe Betrag, aber jetzt angeblich aus der Privatschatulle von Markgraf Wilhelm - geht an einen anderen Einsender. Als Drais dies moniert, wird ihm erklärt, er habe statt eines Heizofens mit Kochmöglichkeit einen Kochherd mit Heizmöglichkeit eingesandt, und Wilhelm habe Ersteres ausgeschrieben – wieso wurde dann der andere Einsender eines Heizofens mit Kochmöglichkeit prämiert? (vergleiche übernächste Seiten). Nachträglich erschien dann im *Landwirtschaftlichen Wochenblatt* die Berichtigung, daß Drais' Ofen von den Preisrichtern als der beste anerkannt wurde. Hinter dieser Riesen-Mauschelei steckt vermutlich der Markgraf persönlich, der wie erinnerlich Drais wegen Tragens der Forstuniform während der Vorführung der Fahrmaschine in Wien 1814 bei der Karlsruher Oberforstkommission angeschwärzt hatte – zumindest fällt ihm in seinen Erinnerungen zu Drais nichts anderes ein *(Wilhelm 1906)*. Drais vermutet völlig zu Recht ein Komplott. Der Gesichtsverlust ist irreparabel, denn der Herrscher glaubt natürlich der Version seines Bruders.

Bild links: Drais Feind Freiherr von Ellrichshausen aus dem Stab des Markgrafen Wilhelm von Baden *(Generallandesarchiv Karlsruhe)*
Faksimile hier: Drais' Ankündigung seiner neuesten Erfindung als in: *Mannheimer Tageblätter* vom 10.2.1833

Erfindung für Heizung.

Auf die Aufmerksamkeit, welche Seine königliche Hoheit der Herr Markgraf Wilhelm auf Holzersparung richtete, zeige ich hierdurch auch dem Publikum vorläufig an, daß ich schon vor einer mehrjährigen Reise nach Amerika als Forstmeister mich um so mehr mit Holz erspaenden Einrichtungen beschäftigte, als mir das Gesetz sehr übertrieben schien, daß auch diejenigen Waldungen, die auf gutem Feldboden stehen, in der Regel *) nicht zu Feld gemacht werden sollen, auf welche Art sie zehnmal so viel tragen, und durch deren Umwandlung die National-Oekonomie des Großherzogthums Baden schon, nach meiner Bemessung um beträchtlich mehr als hundert Millionen, Gulden Kapitalwerth bereichert wird.

Die National-Oekonomien unseres schönen Vaterlandes um diese Summe, und andere Staaten zusammen um noch größere zu bereichern, ohne daß wir oder unsere Nachkommen in dem Durchschnitt so viel frieren sollen, als jetzt, dahin ging dieses Augenmerk von mir, und um dieses kräftig zu unterstützen, bewies ich theoretisch und praktisch auf meine Kosten, daß man mit ohngefähr 4 Pfund Holz per Tag bei gefrorenem Wetter, folglich mit ¼ Klafter Holz per Winter, ein kleines Zimmer sehr gut heizen kann, — nach den mir abstrahirten Grundsätzen für gute Feuerungs-Anstalten überhaupt, — zu machen, daß sich die Hitze möglichst schnell an den Ort hin begiebt, wo man sie haben will, und möglichst schwerer davon entfernt.

Dieses auf Zimmerheizungen angewandt, fand ich zu obigen Zweck schon hinlänglich.

1) Einen einfachen kleinen blechernen Ofen mit engen Rauchdurchgängen zu versehen, die täglich von außen in etlichen Minuten ausgeputzt werden, und durch die der heiße Rauch sich drängen muß, um fast alle seine Hitze auf nahen Weg durch dünnes Blech fast ohne Ruß, dem Zimmer zu übergeben.

2) Gute Verwahrung des Zimmers (oder ganzen Hauses) von außen durch gut geschlossene doppelte Fenster, und weit auseinander stehenden auch gut geschlossenen Doppelthüren oder Vorplätzen.

Diese Einrichtungen fast allgemein zu machen, braucht man nur einen mäßigen Theil des Totalgewinnstes, oder des gefällt werdenden Holzes, auf Vorschüsse für minder Bemittelte zu verwenden. — Nach dem Leipziger Magazin der neuen Erfindungen von 1829, in dem 4. Band, 2. Heft, ist die Verwahrung der Zimmer und Häuser von außen noch vollkommener, als die meinige, schon lange allgemein, aber meine kleine Oefen mit kleinem gut getrocknetem Holz und engem (bei dem Heizen ganzer Häuser auch hohem) Zug, halte ich für noch besser, und bin schon in der jetzigen Mitte dieses Winters bereit, diese oder noch bessere Einrichtungen näher zu erklären, mit allen von Seiner Hoheit dem Herrn Markgraf Wilhelm ganz öffentlich geäußerten Wünschen.

Des Morgens um 9 oder 11 Uhr bin ich gewöhnlich zu Hause, wenigstens in den nächsten Tagen, wenn es vorher angesagt ist.
Mannheim den 9. Febr. 1833.
Karl Frhr. v. Drais.

*) Mit Ausnahme von Leibgehegen für Se. königliche Hoheit den Großherzog und dessen erhabenen Familie 2c. 2c.

N.º 39.   1833.

Karlsruhe   27. September.

Landwirthschaftliches Wochenblatt
für das
Grossherzogthum Baden.

Herausgegeben von der Centralstelle des landwirthschaftlichen Vereines.

1. Das landwirthschaftliche Central-Fest bei Karlsruhe.

Am 16. d. M. hat der landwirthschaftliche Verein ein Fest gefeiert, das erste dieser Art in Baden.

Der große Exerzierplatz bei Karlsruhe, auf welchem dasselbe abgehalten wurde, war ganz geeignet, die große Zahl der Theilnehmer und Zuschauer zu fassen, und die Ausführung der einzelnen Festlichkeiten zu begünstigen.

Ein Theil dieses Platzes war in Form einer Ovale eingegrenzt, und in dessen Mitte ein Pavillon für die höchsten Herrschaften errichtet, den man zwar einfach, aber geschmackvoll geziert hatte.

Diesem gegenüber hatte man eine sehr schöne Säule aus Feldfrüchten und Obst errichtet. Sie enthielt die Namenszüge Ihrer Königl. Hoheiten, das Großherzogliche Wappen, den Tag und die Jahrzahl des Festes, und das Sinnbild des Vereins.

Der äußerste Umfang der Ovale war mit besondern Barrieren umgeben, und bildete die Rennbahn; auf dem untersten und obersten Theile waren besondere Plätze für die preiswürdigen Thiere und Rennpferde errichtet.

Den Stufen des Großherzoglichen Pavillon gegenüber waren außerhalb der Ovale zwei Tribünen für die Musik und die Preisträger erbaut; in den unteren Räumen derselben waren Modelle landw. Geräthe, landw. Produkte, so wie die Doppelspinnerei aufgestellt, auch an verschiedenen anderen Stellen Tribünen zur Bequemlichkeit der Zuschauer erbaut. Hinter diesen befanden sich die Buden der Wirthe und die, welche zu andern Volksbelustigungen dienten.

Weiterhin war eine größere Bude errichtet, und in dieser die größern landwirthschaftl. Geräthe und Maschinen, und insbesondere ein Dampfbrennapparat für Se. Hoheit den Hrn. Markgrafen Wilhelm, durch Kupferschmied Keßler in Weinheim gefertigt, aufgestellt.

Hierauf kamen die Buden, Standplätze und sonstige Einrichtungen der Schützengesellschaft. Auf der entgegengesetzten Seite war der Platz zum Viehmarkte ausgesteckt.

nung dieses Landes, in deren zarten Herzen diese Versammlung unauslöschliche Eindrücke hinterlassen wird, die in Zukunft nicht ohne wohlthätige Folgen seyn werden; im Namen und an der Seite eines Prinzen aus dem Großherzoglichen Hause, dem die Vorsehung das häusliche Glück an der Hand einer geliebten, der höchsten Verehrung würdigen Gemahlin gewährt, der den Werth des Ackerbaues kennt, und solchen mit Liebe und Einsicht treibt und pflegt, und mit unermüdeter Thätigkeit als erster Vorsteher des landwirthschaftlichen Vereins, solchen von einem kleinen Anfange über das ganze Land ausgedehnt hat, unterstützt von einem kenntnißreichen Manne, der mit einem Eifer, den kein Hinderniß erschüttert, seinem Berufe sich hingibt; unterstützt von so vielen in allen Landestheilen zerstreuten, würdigen, edlen und uneigennützigen Männern, die alle mit Lust und Freude zu einem gemeinschaftlichen Zwecke zusammenwirken; umgeben von den Abgeordneten des Volkes, die die Ueberzeugung erhalten, und es rühmend sagen können, wie Fürst und Volk den Stand des Landmannes ehren, und in ihm die Grundsäule des Staatsvereins erblicken; umgeben von so vielen Tausenden, die mit Freude erfülltem Herzen die Erzeugnisse des heimischen Bodens, die reichen Gaben ihres gesegneten Vaterlandes, um sich aufgestellt erblicken.

Ich lade nun diejenigen, welchen die Preise zuerkannt worden sind, ein, solche in Empfang zu nehmen, nicht als Lohn, sondern als Anerkennung ihrer Thätigkeit."

A. Allgemeine Preise für Baden.

1.

Preis Sr. Hoheit des Herrn Markgrafen Wilhelm von Baden, Präsident des Vereins, von

dreißig Dukaten

für denjenigen, welcher das beste Modell oder die beste Zeichnung über einen Ofen vorlegt, der Folgendes vereinigt:

1) er heizt leicht, ist deßhalb

2) holzersparend,
3) ist geschickt zum Kochen,
4) er ist leicht aufzusetzen, und
5) wohlfeil.

Diese Preisaufgabe, unter welcher nach der höchsten Intention Sr. Hoheit des Hrn. Markgrafen Wilhelm und nach dem Wortlaut der Bekanntmachung ein Ofen verstanden ist, in welchem man zugleich kochen kann, und welcher die übrigen Bedingungen der Preisfrage erfüllt, nicht aber ein Kochheerd, welcher zugleich heizt, — ist nach dem einstimmigen Ausspruche der Preisrichter durch die eingekommenen 42 Bewerbungen nicht gelöst; weßhalb sie für das nächste Jahr 1834 ausgesetzt bleibt.

1) In Anbetracht aber, daß der mit einer Heizanstalt verbundene Kochheerd des Chemikers Fischer von hier von den Preisrichtern vorzüglich construirt befunden worden, haben Se. Hoheit der Herr Markgraf Wilhelm von Baden zum Anerkenntniß dieses Verdienstes dem Bewerber eine Summe von **dreißig Dukaten** aus Privatmitteln gnädigst zustellen lassen, welchen von Seiten des Vereins noch eine Prämie, bestehend in

einer großen silbernen Medaille

beigefügt ward.

Von allen eingekommenen Oefen wurde
2) der des Freiherrn v. Drais in Mannheim als ein solcher anerkannt, der eine ganz neue Idee, nämlich den Rauch in ganz engen Durchgängen mit möglichst großen Oberflächen abzuführen, enthält; eine Idee, welche mit einigen Verbesserungen in der Construktion des eingereichten Ofens, besonders für Landwirthe sehr anwendbar befunden wurde, weil ein darnach erbauter Ofen vor Allem sehr holzersparend, und dessen Ausführung ungemein wohlfeil ist.

Es wurde demselben deßhalb zum Anerkenntniß dieses Verdienstes

eine große silberne Medaille

als Preis zuerkannt.

Faksimile Links: Ankündigung des ersten Landwirtschaftsfestes in Karlsruhe! Auch Drais hatte mit seiner Schrift im Vorjahr dazu aufgerufen. Oben: die Veröffentlichung der Preisverleihung in derselben Ausgabe. (*Landwirtschaftliches Wochenblatt 27 9 1833*)

Berichtigung.

In Nr. 39, S. 230, Spalte 2, Zeile 16 u. 17 von unten sind die Worte einzuschalten: „als der beste und"

Vier Räder
mit Heckantrieb

Nach dem gewonnenen Prozeß gegen willkürliche Kürzung seiner Pension ist Drais wieder liquide. Er läßt eine Chaise umbauen, die zur Staubunterdrückung von einem Pferd geschoben statt gezogen wird – und nimmt damit die hitzige Debatte über Front- versus Heckantrieb beim Auto um 100 Jahre vorweg.

Späte Fotografie des Drais-Widersachers Karl Ignaz Wedekind, Obergerichts-Advokat. Er ist wahrscheinlich der Anstifter der anonymen Kampagne gegen Drais *(Stadtarchiv Mannheim)*

D as Jahr 1834 verspricht ein gutes Jahr für Drais zu werden. In zweiter Instanz vor dem Oberhofgericht gewinnt er seinen Prozeß gegen den großherzoglichen Fiskus, der ihn unsinnigerweise aufgrund eines neuen Diener-Edikts (Beamtengesetzes) Leopolds 1832 nochmals pensionierte und die Pension erneut kürzte – und gleich noch die damals gewährte Zulage fürs Dienstpferd strich. Seither war Drais in Finanznot geraten und mußte nun auch noch den kostspieligen Prozeß mithilfe eines Advokaten namens Schamer führen. Beim Hofgericht abgeschmettert, hatte er dann beim Oberhofgericht doch noch Erfolg. Der badische Fiskus läßt sich dabei von dem 26jährigen Obergerichts-Advokaten Karl Ignaz Wedekind vertreten, der anstelle des sonst zuständigen Fiskal-Advokaten Dr. Bertheau einspringt. Dieser Wedekind ist vom Prozeßausgang geschockt, denn er *ist zur Herstellung seiner Gesundheit in ein Bad gereist und wird noch etwa vier Wochen ausbleiben (GLA 76/1673-67a)*. Das Finanzministerium sucht seine Niederlage vor dem Herrscher damit zu beschönigen, *daß in Prozessen gegen Staatsdiener der Großherzogliche Fiskus in der Regel unterliegt.*

Doch Wedekind plant noch eine Kampagne gegen das seiner Ansicht nach krasse Fehlurteil und will *den Fall einer öffentlichen Kritik unterwerfen.* Da er an dem Urteil nichts mehr ändern kann, begibt sich dieser neue Drais-Widersacher auf den Weg der Privatrache für diese Niederlage gleich bei seinem Einstand am Oberhofgericht (laut Meldebogen wir er erst im nächsten Jahr als Bürger Mannheims aufgenommen). Es werden anonyme Attacken in Mannheimer Zeitungen folgen, ein fingiertes Heiratsgesuch des Karl Drais und so fort. Ab 1839 wird Wedekind Mitglied der *Räuberhöhle* sein, einer feuchtfröhlichen Gesellschaft von Beamten und Offizieren, die keine politische Agitation aufnehmen wolle – nein, nein – aber als Plattform für ein Kesseltreiben der Nadelstiche gegen einen adligen Abweichler bestens geeignet erscheint. Drais wehrt sich 1835 mit acht Ehrenangriffsklagen vor Gericht, deren Prozessunterlagen die Drahtzieher – vermutlich während der badischen Revolution – verschwinden lassen werden, damit sie nicht von der Revolutions-Regierung zur Rechenschaft gezogen werden können.

Drais hat zunächst wieder Auftrieb und schreibt an Großherzog Leopold, ob er nicht doch noch in den Forstdienst aufgenommen werden könne, zumal Leopold kürzlich die Versorgung seiner Schwestern geregelt hat. Seit dem Vorjahr sind Kinderdraisinen bei Spielzeughändlern im Angebot. Daraufhin bietet er u.a. an, dem später geisteskranken Erbengroßherzog, dem neunjährigen Ludwig, Unterricht auf der Laufmaschine zu erteilen, während dessen jüngere Brüder Friedrich und Karl offenbar schon selbst Kinderdraisinen reiten. Leopold legt den letztjährigen wie auch den diesjährigen Brief unbeantwortet zu den Akten. Doch im Herbst läßt Leopold an Drais die strikte Anweisung ergehen, nur bei passenden Gelegenheiten die Kammerherrn-Uniform zu tragen. Jemand hat also Drais in Karlsruhe angeschwärzt dafür, daß er noch die Forstuniform und gar in niederen Gasthäusern die Kammerherrn-Uniform trage. Wo aber soll ein eisern sparender Junggeselle sonst speisen?

Nichtsdestotrotz geht Drais anläßlich des Mannheimer Maimarkts mit seinem neuesten Konzept für den Landverkehr an die Öffentlichkeit. Die künstlerischen Darstellungen damaliger Kutschfahrten sind ja alle darin unrealistisch, daß sie die Einstaubung der Passagiere und des Kutschers beschönigend ignorieren. Erst der Spielfilm unserer Tage zeigt dies ungeschminkt, etwa der 1963er Film nach dem Roman *Der Leopard* von Tomasi di Lampedusa: Nach der Aus-

Draisinen für Kinder in mehreren Größen sind neu angekommen im Kinderspiel-waarenlager von E. Wilhelm Döring in Karlsruhe.

Leopolds älteste Kinder: Ludwig (links), Alexandrine, Friedrich. Nur Knaben durften Kinderdraisinen reiten. *(Sammlung Klaus Häfner)*

Anzeige ganz oben: Aus der *Karlsruher Zeitung* vom 3.6.1833

Links: Der Staub vom vorderen Pferdepaar steigt am höchsten – der Kutscher trägt Mundschutz *(Ginzroth 1817)*

Englische Mail Kutsche No 2.

fig 2

1834

433

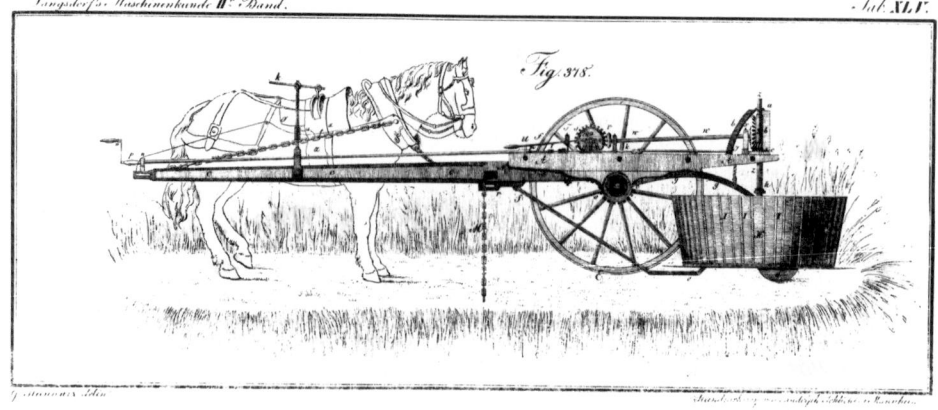

Fig. 375.

Vom Pferd geschobene Mähmaschine *(Langsdorf 1828)*

fahrt in einer offenen sizilianischen Kutsche erscheinen die Gesichter der Insassen grau gepudert! Drais hatte schon 1817 bei seinen Damendraisinen erwähnt, daß die vorn sitzende Dame von keinerlei Staub behelligt wird. Seit 1831 experimentiert er nun damit, bei vierspännigen Kutschen das vordere Pferdepaar hinter der Kutsche schieben zu lassen, um dessen Staubaufwirbelung zu vermeiden. Jetzt kurvt er mit einer kleinen Chaise durch Mannheims Straßen, ge-

Kastenauto: Staubwirbel!

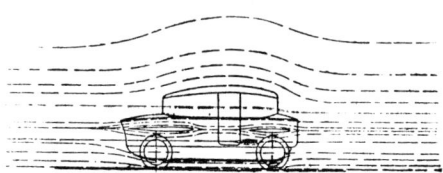

Tropfenauto: kein Staub!

schoben von einem einzigen Mietpferd mit Scheuklappen. Der ängstliche Pferdebesitzer läßt es sich allerdings nicht nehmen, aus Sorge um sein Pferd mitzulaufen. Dies sorgt für einen ironischen Unterton in dem ansonsten Drais wohlgesonnenen *Mannheimer Stadt- und Landboten.* Dort erhält Drais anschließend Gelegenheit, seine Ideen vorzustellen.

Die Pferde hinten anzuspannen, nämlich an einer Mähmaschine für Gras und Korn, dürfte 1826 der Einfall des amerikanischen Theologiestudenten Patrick Bell gewesen zu sein – allerdings zu einem anderen Zweck: um das Mähgut nicht niederzutrampeln. Bilder davon gelangten in europäischen Technik-Journale, und auch Heidelbergs Professor Langsdorf nahm eines in seinen Maschinenkunde-Atlas von 1828 auf. Spätestens hieraus wird Drais den Impuls zu seinen Anspann-Experimenten bezogen haben. Neunzig Jahre später ist Staubaufwirbelung wieder ein Thema – diesmal wegen der Belästigung der Passanten durch die Automobile – und führt zum Durchbruch der Stromlinie. Und noch in der Nachkriegszeit brodelte der Streit, ob im Auto „die Pferde" hinten (wie vom Fahrrad übernommen) oder vorne antreiben sollen, bis der Frontantrieb den Sieg davontrug. ❦

1834

N⁰. 137. Samstag, 17. Mai 1834.

Mannheimer
Stadt- und Landbote.

Tägliche Mittheilungen zur Unterhaltung und Belehrung aus dem Gebiete des öffentlichen
Lebens, der Geschichte, der Industrie, des Handels', der Romantik,
Literatur und Kunst.

Dieses Blatt kostet in Mannheim jährlich 4 fl., halbjährlich 2 fl., vierteljährig 1 fl. und monatlich 24 kr. Für Aus=
wärtige, welche es jedoch nur halbjährlich beziehen, erhöht sich dieser Preis um den sehr mäßigen Postaufschlag, welcher
im ganzen Großherzogthum Baden für das halbe Jahr nur 20 kr., und im Auslande nur wenig mehr beträgt. —
Anzeigen aller Art werden schnellstens aufgenommen und die Zeile mit 3 kr. berechnet.

Etwas zur Geschichte der Erfindungen.

„Es gibt nichts Neues unter dem Monde," sprachen unsere biedern, schlichten Vorältern, die so manche Wahrheit — gleichsam wie eine goldene Frucht mit rauher Schale umschlossen — in Sprüchwörtern kurz, sinnreich und bildlich auszudrücken wußten, sich ihrer in ihren Reden bedienten, mit ihnen ihr Räsonnement bekräftigten, und ihnen in so vielen Fällen die Stelle der Gesetze einräumten; allein sind auch ihre „Sprüchwörter," wie sie sprüchwörtlich zu sagen pflegten, (wenigstens in der Regel) „Wahrwörter," so läßt sich dieß doch wenigstens von dem Eingangs erwähnten Sprüchworte nicht sagen, da jedes Jahr, jeder Monat, ja fast jeder Tag Neues bringt.

Namentlich aber fand dieses Sprüchwort seine vollkommne Widerlegung an dem diesjährigen hiesigen Maimarkte, wo Herr Baron von Drais, bekannt durch so manche scharfsinnige und nützliche Erfindung, in Anwesenheit vieler hiesigen Einwohner und Auswärtigen, ein Pferdegespann producirte, wie solches gewiß noch nirgendswo in der Welt gesehen wurde.

Es fuhr nämlich derselbe theils in mehreren Straßen hiesiger Stadt, theils aber auch außerhalb derselben, in einem Chaischen, an welches das Pferd, statt (wie gewöhnlich) vorn, hinten angespannt war, so daß dieses, anstatt zu ziehen, die Chaise mittelst zweier Stangen, wie einen Schiebkarren vor sich her schob, während Herr von Drais mit Hülfe einer Leitstange, in Gestalt einer nach dem Chaischen zurückgelegten Deichsel, letzteres ganz nach Willkür lenkte.

Es war ein schöner Anblick, wie Herr von Drais in raschem Fahren seinem sehr netten Fuhrwerke ohne die mindeste Anstrengung, mit einer ganz unglaublichen Leichtigkeit jede beliebige Wendung gab, und wie sicher er um die Ecken fuhr und umkehrte, und man muß nothwendig Augenzeuge gewesen seyn, um einen richtigen Begriff davon zu haben.

Nur etwas mißfiel jedoch dem Referenten dieses und machte in ihm Mitleid rege; daß nämlich der Kutscher, welcher, das Pferd am Zaume führend, hinter demselben mit sichtbarer Anstrengung (namentlich auf dem nicht überall guten Straßenpflaster) nachspringen mußte, und keuchend, ja von diesem anstrengenden Schnelllauf fast athemlos, von Schweiß triefte und mit Sehnsucht nach dem Ziel dieser Tour schmachtete und lechzte, obgleich Herr von Drais kaum etwas über eine halbe Stunde gefahren war.

Viele Einheimische und Auswärtige, welche der Maimarkt hieher lockte, waren Zeugen dieser Fahrt, und namentlich war bei unseren Landleuten das große Staunen auf ihren Gesichtern nicht zu verkennen, in das sie durch die Ausführung der Erfindung des Herrn von Drais geriethen; — allein fast Niemand wollte den Nutzen derselben einsehen.

… und so fort. Die Monarchisten-Hetze wird Drais als schweißtriebend verspotten.

Drais' Antwort auf den Artikel in Nr. 137, betitelt: Etwas zur Geschichte der Erfindungen.

Durch dieses Blatt bin ich aufgefordert, dem Publikum eine etwas nähere Erklärung zu geben, über meine Idee, die Pferde für manche Fälle statt vornen, hinten anzuspannen.

Zuerst muß ich darauf bemerken, daß die speziell benahmte Fahrt mir einerseits zu viel gelobt und andererseits zu viel getadelt scheint.

Der erste Hauptzweck dieser Idee (einfachen Erfindung) ist eigentlich für vierspännige Equipagen bestimmt, für große Herrschaften und Diligencen ꝛc. um bei Fahrten über Land zugleich weniger Gefahr und weniger Staub zu haben.

Deßwegen bin ich schon im Jahre 1831 zum ersten Mal auf solche Art mit vier Pferden gefahren, wovon nur zwei vornen und die andern zwei hinten an einer zweiten rückwärts stehenden Deichsel so angespannt waren, daß die Pferde die Spitze der Deichsel gegen die Chaise gezogen und dadurch das Ganze vorgeschoben haben, mit Kappenschilden, daß die Pferde nicht sahen, wenn sie von einem zweiten rückwärts sitzenden Diener mit der Peitsche etwas angetrieben wurden und wobei die Leitseile der beiden hintern Pferde durch die glatten dicken Schlüssel der Rückendeckel zum Anhalten beliebig angezogen werden konnten.

Bei vierspännigen Equipagen, wobei alle vier Pferde vorn angespannt werden, entstanden bisher bei weitem die meisten Gefahren durch das scheu werden der vordern frei laufenden Pferde, welche zugleich auch viel mehr Staub in die Chaise bringen, weil sie dreimal so weit entfernt sind, als die zwei hintern, und dadurch bis zur Ankunft der Chaise auch der dicke Staub Zeit in die Höhe zu steigen, und in die Chaise einzudringen.

Diese beiden Uebel werden sehr gut gehoben durch obengenannte einfache Einrichtung und ist schon nach obiger Beschreibung um so anwendbarer, als bei fast allen vierspännigen Herrschaischaisen, ohnedies ein zweiter Diener und bei den Eilwagen ein Conducteur ist, welcher das einfache Geschäft rückwärts sitzend sehr gut versehen kann.

Man kann aber auch den Postillon mitten auf den Eilwagen postiren und ihn mittelst Züge und Rollen und einer langen Peitsche alles zusammen dirigiren lassen, um so bequemer, wenn man demselben auch noch einen Spiegel, (welcher etwa vor ihm, etwas höher schief gestellt ist,) anbringt, um die hintern Pferde mit den vordern zugleich zu beobachten ꝛc. (Fortsetzung folgt.)

Schon die Fahrt von 1831 hat einstweilen mehrere Personen von der Zweckmäßigkeit der einfachen Erfindung für Sicherheit und Gesundheit überzeugt, aber Viele sollen bis zur diesjährigen vierten Fahrt der Meinung geblieben seyn, daß die hinten angespannten Pferde viel weniger oder gar nicht ziehen, deßwegen hauptsächlich spannte ich jetzt nur ein Pferd hinten an und vornen keines.

Daß hiebei das Gefährt rasch gegangen ist und schön ausgesehen hat, hat seinen Grund darin, daß die Miethpferde des Herrn Hoffschmidt Fürst dahier vorzüglich gut und seine Chaisen dazu elegant sind, denn rücksichtlich des Kraftverbrauchs des Pferdes ist es sehr einerlei, ob dasselbe wie bisher gewöhnlich vornen oder nach meiner Art hinten angespannt ist. Aber das abwechselnde Nachspringen und Reiten eines kräftigen Burschen war an dem Vorabend des Leopoldsfestes nur auf ein kleines Stück Weg, um Störungen von (wahrscheinlich boßhafter Weise aufgehetzten) Jungen (mit seiner Peitsche) abzuhalten und das Pferd nach dieser neuen Bespannungs-Art in vollen Gang zu bringen. Beständiges Nachspringen war meine Meinung nicht.

Bald darauf nahm ich ihn zu mir in die Chaise und fuhr mit ihm durch die ganze Stadt, noch rascher als im Jahr 1831 mit den auch sehr guten 4 Mieth-Pferden des Herrn Kutscher Schmidt dahier.

Die neue Leitung zu dem Gefährte war nach meiner Angabe von dem hiesigen Herrn Chaisenfabrikant Frei, frei geliefert, aus Ehrgefühl und Interesse für den Nutzen der Sache.

Bei dem Bau einer ganz neuen Chaise zu diesem Zweck kann die Sache noch besser eingerichtet werden, um für verschiedene Fälle die Pferde auch abwechslungsweise vornen und hinten anspannen zu können ꝛc.

Hauptsächlich bei vier- und dreispännigen Gefährten halte ich dem Gesagten zufolge das Anspannen theils vornen und theils hinten für besser, wobei ein Kutscher [au]ch vornen oder hinten sitzend alles zusammen dirigiren [un]d übersehen kann, während ein Herr oder anderer [D]iener an dem anderen Ende des Gefährtes für besondere [Fä]lle ist ꝛc.

Bei zwei- und einspännigen Gefährten halte ich für [gu]t, schnell abwechseln zu können, um theils nur vornen [un]d theils nur hinten anzuspannen.'

A. Die Bespannung vornen hat Vorzüge:

1) Bei dem Selbstkutschiren, wenn man einen Weg [nur] hin und her zu fahren hat, und hat ein gut dressir[te]s Pferd dafür, daß man die Zeit der Fahrt viel meh[r] [zu]r Ruhe und Schlaf benutzen kann.

2) Bei dem dreſſiren der Pferde zu dieſem Zweck ꝛc.

B. Die Beſpannung hinten hat Vorzüge:

1) Für noch größere Sicherung gegen Gefahr bei ſol=
en Pferden, welche dann ſcheu werden leicht unterwor=
n ſind, weil große gewölbte Kappenſchilde bewirken kön=
n, daß die Pferde faſt nichts als Chaiſen und Boden
hen, beſonders gefahrlos bei viel niederem Sitze, mit
nnoch freier Ausſicht der Herrſchaft.

2) Um von den eigenen Pferden faſt gar nicht durch Koth
er Staub inkommodirt zu ſeyn und auch nicht zu riſki=
t, jeweilige üble Ausdünſtung von Kutſcher oder Pfer=
n einathmen zu müſſen.

3) Durch einen leicht hinten anzubringenden kleinen
abertrog oder etwas Heu ꝛc. den Eifer der Thiere ohne
itſche unſchädlich zu erregen, worauf gleich nach der
rkunft die Belohnung erfolge, wo nicht zum Theil un=
wegs, um ſtatt dem Friſchiren, bei dem Schrittgehen
it und Geld zugleich zu ſparen.

4) Für ungenirteres, auch vertrauliches Sprechen der
Herrſchaften vor, und der Dienerſchaften hinter einer
Rückwand, auch bei Halbchaiſen.

Ein Theil der Kutſcher werden freilich natürliche
Feinde der Sache ſeyn und wenn ſie unbillig ſind, ſuchen,
dieſelbe zu unterdrücken.

Außerdem aber können ſie bei der Geſchicklichkeit der
Leitung von hinten, ihren Herrſchaften ein ſehr behagli=

ches Fahren verſchaffen, beſonders bei dem Fahren mit
Damen bei niederem Sitze mit dennoch offenem Welt=
kreiſe vor den Augen.

Man kann nämlich auch einrichten, daß ein Kutſcher
hinten, etwa rückwärts ſitzend, mittelſt eines Spiegels
auch vorwärts und rückwärts zugleich ſieht und dabei
mittelſt zweier Leitſtangen die Direktion beſorgt. *)

Die Kutſcher, die dieſe auch etwas mühſamere Lei=
tung recht geſchickt beſorgen, mögen dabei wohl etwas
mehr Gehalt verdienen.

Man kann aber auch durch etwas mehr Mechanis=
mus machen, daß die Leitung mit großer Präziſion ſehr
leicht geht, und daß, ſo oft die Stränge lotter ſind, die
Pferde von ſelbſt gepeitſcht werden, während dieſe Ein=
richtung mit dem Zug zum Anhalten aufhört und man
bei beſonderem Preſſiren auch beſonders antreiben kann ꝛc.

Dieſe und andere Einrichtungen näher zu beſchreiben,
erlaubt jetzt der Platz hier nicht.

Ich bin aber bereit, auf mündliches oder freies ſchrift=
liches Fragen genauere Auskunft zu geben, wenn nicht
nach meiner Vermuthung auch Andere daſſelbe thun
können. Mannheim im Mai 1834.

*) Ähnlich wie bei einer Damendraiſine. S. Weimarer
Journal, für Literatur, Kunſt, Luxus und Mode

NEUE ERFINDUNG – DER KARREN VOR DEM PFERD

Im vergangenen Monat Mai wurde in den Straßen Mannheims ein Pferd gesehen, das eine Fuhrwerk vor sich her schob, von Baron Drais gewandt gelenkt. Er ist der Urheber dieser neuen Erfindung, die große Vorzüge aufweist: 1. das Pferd kann nicht durchgehen; 2. die Kutsche ist nicht jenem Staub und Schmutz ausgesetzt, welche gewöhnlich vom Pferd aufgewirbelt werden. 3. der Ausblick wird nicht vom Kutscher oder Pferd verstellt; 4. die Unterhaltung der Reisenden kann vom Kutscher nicht mitgehört werden; 5. die Reisenden werden nicht von dessen Tabakrauch etc. belästigt. Der Kutschkasten

MISCELLANY.

NEW INVENTION—THE CART BEFORE THE HORSE.

IN the month of May last, there was seen in the streets of Manheim a horse pushing before him a carriage, guided with much address by Baron Drais, the author of this new invention, which is attended with great advantages: 1. the horse cannot run away; 2. the carriage is not exposed to the dust and dirt generally thrown up by the horse; 3. the prospect is not interrupted by the coachman and the horse; 4. the conversation of the travellers cannot be heard by the coachman; 5. the travellers are not incommoded by the fumes of the tobacco, etc. The coach-box will be placed on the roof of the carriage, behind, and by means of a looking-glass the driver is able to guide the vehicle. This invention is applicable to carriages drawn by four horses. Baron Drais also exhibited his machine called *Draisienne Velocipede*, greatly improved, which gave entire satisfaction.

COMPRESSION.

ist auf dem Dach der Kutsche rückwärts angebracht und mittels eines Spiegels vermag der Kutscher das Fahrzeug zu lenken. Die Erfindung ist auf vierspännige Kutschen anwendbar. Baron Drais stellte auch seine stark verbesserte Maschine namens Draisine/Veloziped aus, die völlig zufrieden stellend arbeitete.

1834

437

Gesellschaftlicher Tod und Rufmord

Drais wird in einen Zwischenfall verwickelt, der ihn den Kammerherrn-Status kostet, wie überall bekannt wird. Der jungdeutsche Schriftsteller Karl Gutzkow erkennt die Chance zur späten Rache für Sands Hinrichtung am Sohn des ihm verhaßten Oberhofrichters.

Verlust des Kammerherrn-schlüssels bedeutet Drais' gesellschaftlichen Ruin

I n Mannheim beginnen die liberalen Ideen zu erstarken und die komplizierte Wahl zum Stadtparlament gibt Anlaß zu ständigen Übergriffen seitens des Innenministeriums aus Karlsruhe. Regierungsvertreter hier sind der Geheimrat Joseph v. Dahmen und der Polizeikommissär Hoffmann, beide ja seit 1831 für ihre Hau-Drauf-Bereitschaft bekannt (siehe Kapitel *Unruhen in Mannheim*). Gegen letzteren hat Drais eine Verleumdungsklage angestrengt, er erwähnt später dessen *erwiesenen falschen Bericht* (GLA 76-1673-142a) - doch die Akten sind beseitigt worden. Der Zwischenfall, der das Verhängnis ins Rollen bringt, spielt sich beim Gastspiel einer Kunstreitertruppe ab, und zwar laut einem Schreiben dieses Dahmens nach Karlsruhe über Drais folgendermaßen: *Er beging die Gemeinheit, in einem Wirtshaus der untersten Klasse sich in die Gesellschaft der Stallknechte der englischen Reiter zu mischen und nachdem alles betrunken war, sich zur Ehre zu rechnen, eine Weibsperson nach Hause zu begleiten. Einer aus der Gesellschaft mußte den Eifersüchtigen spielen, und als Drais auf der Straße war, ward er angefallen und gräßlich mißhandelt, so daß er ganz blau, mit blutrünstigem Auge, ohne Hut und ohne Mantel auf die Polizeiwachstube kam und heute ganz erbärmlich herumläuft* (GLA 236/6735-109a). Der besorgt sich nur gebende Dahmen empfiehlt kurzerhand, die bereits erfolgte Androhung des Entzugs der Kammerherrnwürde noch mit der Auflage zu koppeln, daß Drais Mannheim verlassen und sich in den Schwarzwaldort Hornberg verbannen lassen solle.

Drais schreibt in der fahrigen Handschrift des Alkoholikers an Dahmen, um sich zu rechtfertigen: *An dem Straßenspektakel am 27ten* (Oktober 1835) *bin ich nicht schuld, sondern erwiesenermaßen der amerikanische Kunstreiter Belling, dem schon Strafe dafür diktiert wurde mit dem Vorbehalt weiterer Satisfaktionsrechts für mich, was ich auch zu benutzen gedenke, um meine Ehre ganz reinzuhalten. Ich habe auch zu meinem großen Erstaunen gesehen, daß der großherzogliche Polizeikommissar Hoffmann wegen dieses Straßenspektakels mit abscheulichen Unwahrheiten gegen mich berichtete, indem er mich z.B. der Nachtschwärmerei, der Unsittlichkeit und des niederträchtigsten Betragens für meinen Stand als Kammerherrn vorwirft (Er soll die spe-*

ziellen Handlungen angeben, wodurch ich dieses verdient habe, so will ich ihm darauf antworten) (GLA 76-1673-120). Im selben Schreiben stellt er richtig: *daß ich an den bewußten Abenden selbst in der eleganteren neuerrichteten Wirtschaft „König von Preußen" dahier eine Kleidung ohne alle Uniformzeichen anhatte.* Man kann sich des Eindrucks nicht erwehren, daß es hier wieder um Politik geht: Ein gewonnener Prozeß eines Staatsdieners gegen den Scharfmacher Hoffmann käme der Regierung in der derzeitigen angespannten Situation denkbar ungelegen. Also versucht man unauffällig, vor Prozeßbeginn den Prozeßgegner zu schwächen. Sollte also auch dieser Zwischenfall inszeniert gewesen sein?

Drais` Rechtfertigungsversuche richten nichts aus: der Kammerherrnschlüssel wird ihm abgenommen und sein Name aus dem Hofkalender gestrichen. Gesellschaftlich ist er damit ruiniert, auch wenn der Vorgang zunächst bei Wohlverhalten nicht öffentlich gemacht werden soll. Im nächsten Jahr steht die Nachricht dennoch in einer überregionalen Zeitung, dem *Deutschen Courier* vom 11.10.1836. Spätestens jetzt nimmt der jungdeutsche Journalist und Literaturkritiker Karl Gutzkow die Witterung auf, ein von den preussischen Behörden gehetzter 35 Jähriger, den Literat Hebbel einmal eine Ratte nannte.

Gutzkow publiziert 1837 unter dem Decknamen eines populären englischen Romanautors eine zweibändige Schrift: *„Die Zeitgenossen. Ihre Schicksale, ihre Tendenzen, ihre großen Charaktere."* Im Kapitel *„Der Stein der Weisen"* lanciert er einen faustdicken Rufmord gegen einen Herrn von D. in Mannheim! (siehe nächste Seite). Wie kommt er dazu? Lesen wir nach, was Altmeister Arno Schmidt fand, der mit seiner 1965er Radiosendung Gutzkow dem Vergessen entriß: *Hatte schon die Hinrichtung Ludwig Sands den Grund zu einer Lebensanschauung gelegt, die mit wohlgemuter Ergebung auf eine Laufbahn der Märtyrerschaft hinausgehen wollte; hatte der Knabe in seiner Kammer – wie oft! - die Situation nachgeahmt: sich auf einen Stuhl zu setzen; den Hals zu entblößen; und den tödlichen Streich zu empfangen, grade wie auf dem Wiesenrain bei Mannheim; so wurden die Wirrsale des Kopfes immer heißer & bedenklicher (Gutzkow nach Schmidt 1965).* Der junge Gutzkow war also bedingungsloser Sand-Jünger, und Drais-Vater hatte sein Idol nicht von der Hinrichtung begnadigt! Da der Alte längst verblichen ist, rächt er sich eben jetzt am Sohn! Literaturkritik ist das jedenfalls keine, und von Technik hat Gutzkow nicht die leiseste Ahnung: die *kindisch-winzigen Hülfsmittel* nennt man heute *Maschinenelemente*! Daß Kritiker es nicht besser können müssen als die Kritisierten, gilt nur für die an Mr. Jedermann sich richten wollenden Medienkünste – also darf auch Mr. Jedermann den Mund aufmachen. Techniker lösen Probleme und wollen niemanden unterhalten – also lassen sie sich auch nur von anderen Problemlösern kritisieren. Daß das schaurig-schöne Melodram vom toten Kind der armen Mutter nicht stimmt, läßt sich an einem Detail ablesen: Drais sei danach ins Gefängnis geworfen worden. Doch von Polizeikommissär Hoffmanns Hand gibt es 1838 das schriftliche Bedauern: *Herr von Drais war zwar bis jetzt noch nicht in polizeilichem Verwahr* (siehe nächste Seite). Drais wehrt sich öffentlich, doch die Harmoniegesellschaft schließt ihn dennoch aus. Jetzt ist ihm die Bibliothek verschlossen. 🦫

Karl Gutzkow, wahrer Autor des Rufmords *(Archiv Lessing)*

Gutzkow ist ein genialer Schnüffler von starken Geruchswerkzeugen, ein Spürhund, der die Schwächen, Lächerlichkeiten und deutschen Michelein herauswittert. Ein solches lauerndes, immer auf dem Sprunge liegendes Ungetüm, welches bald eine schwächliche Gazelle, bald eine hochnäsige Giraffe der Prunksucht anspringt und erledigt, hat es bis dahin in unserem von Affen und Papageien übervölkerten Literaturwalde nicht gegeben *(Marggraff 1839)*

1837

439

Die Zeitgenossen.

Ihre Schicksale, ihre Tendenzen,

ihre großen Charaktere.

Aus dem Englischen

des

E. L. Bulwer.

Erster Band.

Stuttgart.
Verlag der Classiker.
1837.

---

dem Kontinente zu leben, und das Städtchen Mannheim am Rheine, angelockt von mehreren dort angesiedelten englischen Familien, zu seinem Aufenthalt gewählt hatte, von einem wunderlichen Adeligen, dem Sproß einer in dortigen Landen achtbaren Familie. Dieser Herr von D.... hatte das Glück gehabt, mit Hülfe eines ihm wirklich von der Natur gestatteten erfinderischen Geistes ein Fuhrwerk zusammenzusetzen, welches, auf zwei Rädern ruhend, fast die Gestalt einer Spinnmaschine hat. Die ganze Einrichtung ist so getroffen, daß man mit einigen geschickt angebrachten Bewegungen sich selbst auf diesen zwei Rädern fortspinnen kann. Die Maschine gibt einen schnurrenden Ton von sich und erlaubt Jedem, der sie gut zu führen im Stande ist, sich mit einer Schnelligkeit fortzubewegen, die etwa an einen kleinen Pferde- oder, besser gesagt, Hundetrab erinnert. Die ganze Maschine ist auf Lächerlichkeit angelegt, denn nur Kinder können sich derselben, der komischen Gestikulationen wegen, die man dabei machen muß, bedienen. Es sieht fast so aus, wenn man auf der Maschine sitzt, als wollte man auf dem Straßenpflaster Schlittschuh laufen. Genug, seit Erfindung dieses ganz zwecklosen Kinderspielzeugs hat Hr. von D., so zu sagen, seinen Verstand verloren. Die Zwecklosigkeit seines Fuhrwerks wohl fühlend, strebte er nach höherer Anwendung der Gesetze, auf deren Grund es konstruirt war; aber nicht ein einziges Projekt ist ihm mehr gelungen. Bald hat er eine neue Flugmaschine fertig, bei deren Benutzung man sich unfehlbar den Hals

---

brechen würde, bald will er die Kunst entdeckt haben, beim Luftballon ein Steuerruder anzubringen. Er hat wirklich ein Projekt durch die Zeitungen bekannt machen lassen, nach welchem man künftig, um bei Fuhrwerken eine größere Schnelligkeit zu erreichen, besser thäte, die Pferde hinter den Wagen anzuspannen. Alle Erfindungen des Herrn von D. sind mechanische Hirngespinnste; von Kenntniß der Physik hat er keine Vorstellung. Hier einen Druck, dort eine Feder, hier eine Spindel, die um sich selbst läuft, dort ein wellenförmiges Rad; aus solchen kindisch-winzigen Hülfsmitteln will er Hülfswerkzeuge für die außerordentlichsten Naturerscheinungen herstellen. Genug, Herr von D. ist ein Narr.

Aber man käme schön an, wenn man Herrn von D. nur die bedenklichste Miene und das leiseste Kopfschütteln über seine Tollheiten verriethe. Mein Freund kam gerade nach Mannheim, wo die Stadt von einer gräßlichen Geschichte über Herrn von D. erfüllt war. Er hatte sich nämlich anheischig gemacht, Todte durch Einblasen seines Odems frisch nach ausgehauchter Seele wieder ins Leben zurückzurufen. Er hatte den Moment abgepaßt, wo einer armen Frau in der Vorstadt ihr krankes Kind gestorben war. Herr von D. stürzt in das Haus hinein, über die kalte Leiche her und beginnt aus Leibeskräften ihrem krampfhaft offenstehenden Munde seinen Athem einzublasen; die Mutter schreit, die Bewohner und Nachbarn des Hauses kommen zusammen; Herr von D. läßt sich nicht stören, sondern

---

schrie, während man ihn von hinten wegziehen wollte, einmal über das andere: „Es lebt schon, es lebt schon.“ Als ihn endlich die Polizeibehörde ergriff und von der Leiche fortriß, bewegte sie sich in der That; allein es war dies nur das allmähliche Einfallen des Herrn von D. wie ein Schlauch aufgeblähten Leibes; er mußte sein blasphemisches Blasen eine Zeit lang mit dem Gefängnisse büßen.

Seither hat sich Herr von D. wieder ganz auf die Mechanik geworfen. In Folge jener mißlungenen Todtenerweckung hat er gesagt, die Physiologie gäbe keine genügenden Resultate. Das vielfache Gespräch über Eisenbahnen, der Luftballon des Herrn Green haben ihn um die letzte Dosis von Verstand gebracht. Sieht man ihn an öffentlichen Orten, in der Stadt oder auf der Straße, so kann man ihm ohne Weiteres in den Weg treten und ihn anreden: „Herr von D., ich habe gehört, daß Sie sich gegenwärtig mit der Untersuchung beschäftigen, Vögel so abzurichten, daß sich die bisherige Luftschifffahrt in Luftfuhrwerk verwandeln lasse?“ Herr von D. wird stolz, mit einem etwas mißtrauischen, übrigens boshaften Blicke antworten: „Ja, Sir“ — und sogleich anfragen: „wollen Sie eine Aktie nehmen?“ Diese Zudringlichkeit verleidet jeden Scherz, den man sich mit ihm machen möchte; man wird ihn nicht los, er verfolgt uns sogar in unsere Wohnung und setzt uns das Messer an die Kehle oder, was ihm noch lieber wäre, an unsern Geldbeutel. Er hat hundert Ideen zu gleicher Zeit und ist

---

im Stande, uns seine Vogelflugfahrtluftmaschine durch die Tauben, welche vor den Wagen der Venus gespannt waren, oder durch die Greife der Tausend und Einen Nacht zu beweisen.

Dieß ein Extrem.

Die Entdeckungen, welche zuvörderst in das Gebiet der Physik und Chemie gehören, haben in neuerer Zeit beiden Wissenschaften eine ganz veränderte Gestalt gegeben. Es ist besonders die Lehre vom Elektromagnetismus, welche in der bisherigen Physik und Chemie allen früheren Gesetzen eine ganz neue Nuancen gab. Die elektrischen Strömungen riefen den Magnetismus hervor; jetzt hat man auch umgekehrt versucht, durch Magnete elektrische Strömungen hervorzurufen. Die von dem Franzosen Ampère darüber gemachten Andeutungen hat Faraday bis zur Evidenz erhoben. Man wird von mir eine Darstellung der hier einschlagenden Versuche mit ausgehöhlten Holzcylindern und spiralförmigen, mit Seide ausgesponnenen Metalldrähten nicht verlangen; allein das neueste Resultat des Elektromagnetismus kann ich nicht übergehen, nämlich die Aussicht, durch diese Entdeckung eine Kraft zu gewinnen, welche die des Dampfes noch bei Weitem übertrifft und in ihrer Anwendung auf die Mechanik weit wohlfeiler ist, als die Hülfsapparate der Eisenbahnen, welche man braucht, um dem Dampfe die freie Entwicklung seiner freilich ausgezeichneten Kraft zu geben. Wie man hört, soll, um die elektromagnetische Friktion auf die beschleunigte

Erklärung.

Ich fühle mich veranlaßt wiederholt zu erklären, daß ich durch den deutschen Courier (von Stuttgart) vom 22. Dec. 1837 öffentlich erklärt habe:

„Das in dem Verlag der Classiker in Stuttgart „herausgekommene Buch
„Die Zeitgenossen, ihre Schicksale, ihre Tenden-„zen, ihre große Charaktere, von Bulwer"
„enthält ein Gemisch von sehr entstellten Erzählun-„gen und totalen Lügen. Ich warne daher das Pu-„blikum, dieselben für Wahrheit zu halten, um so „mehr, als mehrere darin angegriffene Männer die „in diesem Buch gegen sie geworfene Gifthauche „verdienen sollen, und ich meine Ehre in jeder Haupt-„hinsicht gegen alle Angriffe nach Wahrheit gründ-„lich vertheidigen kann,

mit der in diesem deutschen Courier wiederholten Er-klärung:

„Daß ich meines Wissens in meinem ganzen Leben noch „keinem unschuldigen Menschen Etwas zu Leide that, „und dennoch, wahrscheinlich gegen ein abscheuliches, „ehren-meuchelmörderisches Verläumdungskomplott ge-„gen mich — (für das Gute) zu kämpfen habe bis zum „Tod!

Dabei aber erinnere ich mich mit Entzücken an mehr-seitige sehr freundliche Begegnungen an mehrern Orten in Europa und Amerika (laut Frankfurter Oberpostamts-zeitung vom 23. April 1818, und Journal von Nancy vom 6. October 1818 &c. &c.

Mannheim, den 13. Juli 1838.

Der Freiherr von Drais,
gr. bad. Forstmeister a. D.

So extrem also kann es einem ergehen, dessen Vater einen politischen Mörder und zugleich Studentenidol nicht zur Begnadigung vorschlug! Kann denn der Sohn etwas dafür? In unserem Rechtssystem gibt es keine Haftung der Söhne für die Taten der Väter und keine Sippenhaft – das gab es nur in Hitlers Diktatur! Daß die Tiraden des rachsüchtigen Schandmauls Gutzkow frei erfunden und nicht selbst erlebt sind, erkennt man etwa an der Passage, dass Drais den Sir (alias Gutzkow) in die Wohnung verfolge – unglaubhaft, denn Gutzkow saß damals im Mannheimer Gefängnis ein. Dahinein hatte ihn eine beispiellose Kampagne eines vormaligen Freundes, des reaktionären Stuttgarter Redakteurs und Literaturkritikers Wolfgang Menzel, gebracht, der ihn und andere Schriftsteller des jungen Deutschland verfolgte. Verurteilt wurde Gutzkow in Mannheim wegen *verächtlicher Darstellung des Glaubens der christlichen Religionsgemeinschaft* in seinem Roman Wally, die Zweiflerin, dessen Verlag in Mannheim saß. Eine inkriminierte Stelle ist aus heutiger Sicht harmlos: Um den Geliebten zu halten, zeigt Wally sich ihm für eine Sekunde nackt.

Natürlich wußte jeder in Deutschland, wer der Herr von D. in Mannheim war – nach Drais' Tod schrieb Gutzkow den Namen in seinen gesammelten Werken auch voll aus. Mit Drais hatte Gutzkow einen Bruder im Geiste, einen von der Obrigkeit verfolgten Demokraten wie er selbst, irreparabel verunglimpft – nur um sein Mütchen am verstorbenen Vater zu kühlen! Das verheerende Drais-Image bis heute nahm hier seinen Anfang. Da ist es eine schwache Genugtuung, daß der alternde Gutzkow Selbsmord beging indem er sein Zimmer und damit sich selbst abfackelte. Wäre dies Buch ein Brettspiel, müsste es jetzt heißen: rücke ein Kapitel vor, um ein Gegenmittel zu lesen - das Drais-Lob des sachverständigen Professors Davies!

Kommissär Hoffmann Harmonie-Gesellschaft:

„ . . . Herr von Drais war zwar bis jetzt noch nicht in polizeilichem Verwahr. Was demselben hauptsächlich zum Vorwurfe gemacht werden muß, ist sein Besuchen selbst der geringsten Wirtshäuser. Sein Auftreten daselbst entwürdigt denselben gänzlich.

Oben: aus *Mannheimer Geschichtsblätter 1903*, Spalte 276
Links: Erklärung aus *Mannheimer Abendblatt* vom 14.7.1838

Über die Laufmaschine zur Professur

Vor der Royal Military Academy in Woolwich hält der Mathematiklehrer Thomas S. Davies im Mai 1837 einen Bewerbungsvortrag betitelt „On the Velocipede". Er überzeugt und wird als Professor berufen.

Professor Thomas Stephens Davies (1795-1851), dessen sphärische Koordinaten seinen Namen verewigt haben *(The Expositor 1851)*

Herr Vorsitzender, meine Herren,
es gab einmal eine kleine Maschine, erfunden von einem deutschen Herrn namens Baron Karl von Drais, die viele der Anwesenden sich erinnern gesehen zu haben und die unter verschiedenen Bezeichnungen lief, aber am passendsten war wohl der Name Veloziped. Der Erfinder, Baron von Drais, veröffentlichte in Deutschland eine Broschüre, in der seine Erfindung beschrieben war, zusammen mit einem Kupferstich der Konstruktion, die schwerer war (oder erschien) als die in unserem Land seitdem aufgekommenen Ausführungen, und manche Teile waren aus Holz, die hierzulande später aus Eisen gemacht wurden. Er nannte sie Laufmaschine, also auf englisch soviel wie running machine, und druckte in seine Broschüre die Verwendungszwecke, denen sie dienen könnte (nein, das war bei der Fahrmaschine).

Der Pionier in England

Bald nach der Veröffentlichung dieser Broschüre vor etwa zwanzig Jahren kam ein deutscher Herr aus meiner Bekanntschaft namens Bernhard Seine, aus der Stadt Mannheim gebürtig, nach England, brachte die Broschüre mit und fuhr oft auf den Straßen der Stadt Bath mit einem Veloziped herum, das nach den Plänen der ursprünglichen Erfindung gebaut war. Herr Seine zauderte nicht, auf seinem Veloziped einige der steilsten Straßen jener Stadt mit mörderischer Geschwindigkeit hinabzufahren, aber ich habe nie gehört, daß ihm ein Unglück widerfahren wäre.
Die Erfindung wurde bald in London bekannt, und viele heute Anwesende können sich zweifellos erinnern, wie rasch diese Neuheit vom Publikum angenommen wurde. Die Gleichmäßigkeit und Schnelligkeit der Bewegung im Vergleich zu dem so sehr ähnlichen Zu-Fuß-Gehen machten die

Velozipede für viele Leute attraktiv, die Umstand und Kosten der Pferdehaltung scheuten, und die erreichbare Geschwindigkeit erinnerte etwas ans Schlittschuhlaufen. Die Neuheit und Genialität der Idee brachte diese Erfindung in allgemeinen Gebrauch; in der New Road konnte man sie jeden schönen Abend in großer Zahl herumfahren sehen, besonders beim Finsbury Square und am oberen Ende der Portland Road, wo sie stundenweise vermietet wurden. Übungsräume wurden in verschiedenen Teilen der Stadt eröffnet, und mehrere erfahrene Fahrer machten es sich zur Aufgabe, sie in den größeren Städten Englands vorzuführen.

Ich habe Bekannte, die damals auf Landausflügen mit ihren Velozipeden zwischen zwanzig und dreißig Meilen am Tag fuhren, und viele junge Männer machten es sich zur Gewohnheit, im Laufe einer Woche sechzig Meilen oder mehr zurückzulegen. Es ist unschwer zu erkennen, wie wohltuend diese Übung für die Gesundheit der Fahrer gewesen sein muß, die im allgemeinen Städter und tagsüber während der Geschäftszeit oft mit sitzenden Tätigkeiten befaßt waren.

Das Original

Das ursprüngliche Veloziped bestand aus zwei Rädern, eins vor dem andern *laufend; die Gabeln, in denen diese Räder sich drehten, waren an einem hölzernen Langbaum befestigt, auf dem der Sattel des Fahrers angebracht war, manchmal auf Federn, dies dann aber meist mangelhaft, und dann wurde die Bewegung auf einer holprigen Straße stoßartig und gefährlich unregelmäßig. Vor dem Fahrer befand sich eine vom Langbaum unterstützte Polsterung, um seine Arme zu stützen und um damit die Maschine zu balancieren; vor dieser Polsterung, mit der technischen Bezeichnung Balancierbrett, befand sich der Lenker, der mit dem Vorderrad verbunden war und das Kurvenfahren nach rechts oder links ermöglichte.*

In der originalen Laufmaschine des Barons von Drais bestanden die Streben, die die Achse des Hinterrads am Langbaum befestigten, aus Holz; und um das Vorderrad verstellbar zu lagern, diente außer der Gabel ein gekrümmtes Holzstück am Langbaum, gegen das ein ähnliches Holzteil lief, das über die Streben mit der Radachse verbunden war. Diese Streben zum Vorderrad sollten offensichtlich die Gabel verstärken und sie so bei zufälligen Stößen gegen das Vorderrad sichern. (Diese „Verstärkungen" waren in Wirklichkeit die anklappbaren Parkstützen.)

Mit einem derart gebauten Veloziped konnte ein Fahrer auf ebenem, glattem Grund sich stets viel schneller fortbewegen als ein Mann zu Fuß. Wenn er an einen Hang kam, mußte er absteigen und seitlich neben seiner Maschine gehen, dabei den Lenker mit der rechten Hand halten und sie balancieren, indem er mit der linken das Ende des Balancierbrettes faßte; das ist kaum anstrengender als frei zu gehen, denn die Stütze, die Maschine bietet, ist hilfreicher, als es irgendein Spazierstock sein könnte, und erleichtert die Überwindung des Hangs beträchtlich. Aber bei der Talfahrt von einem Hang erwies sich das Können des Fahrers und die Schnelligkeit des Velozipeds als sehr vorteilhaft. Der Mann hob seine Füße vom Boden und ließ das Veloziped den Hang hinabfahren, was um so rascher geschah, je steiler der Hang war; der Fahrer balancierte derweil, ohne die Erde mit den Füßen zu berühren, und je schneller er fuhr, um so leichter war die Balance zu halten; denn wenn man etwa einen Reif den Hang hinunter rollen läßt, weiß jedermann, daß dieser um so beständiger aufrecht bleibt, je schneller er getrieben wird, aber beim Nachlassen der Schnelligkeit zu torkeln beginnt und, wenn er seinen Antrieb verliert, sich unregelmäßig bewegt und fällt.

Wenn der Fahrer eine gewisse Geschwindigkeit erreicht hatte, wurde es äußerst schwierig, die Maschine nach rechts oder links zu lenken oder auch nur die Erde mit einem Fuß zu berühren, ohne sogleich zu stürzen; und diese Schwierigkeit, die Maschine bei voller Geschwindigkeit zu kontrollieren oder anzuhalten, zog viele Unfälle nach sich. Wenn das Veloziped gegen einen Pfosten oder eine Mauer fuhr, erhielt das Vorderrad den Stoß, und der Fahrer kippte, wenn er auf den Aufprall vorbereitet war, gewöhnlich bloß um, wenn auch manchmal die Vorderradgabel oder gar der Langbaum kurzerhand abbrach. Diese Schwierigkeit anzuhalten oder die Fahrt zu kontrollieren war ein großer Schwachpunkt der originalen Maschinen, wie ein alter Herr der Wissenschaft mir gegenüber einmal kummervoll äußerte, nachdem er die Reste seines Velozipeds aus einem Graben am Fuße eines steilen Hangs gezogen hatte. „Ah!" sagte der Herr mit einem tiefen Seufzer, „wenn ich irgendeine Feder zur Kontrolle der Räderbewegung vorgesehen hätte, hätte ich mich nicht in jenem Bett aus Nesseln und Disteln zu wälzen brauchen." (Drais hatte seine innovative Schleifbremse vor den Raubkopierern in der

Zeichnung versteckt – deshalb hatten die englischen Nachbauten keine Bremse!)

Gut fürs Militär?

Wenn auch das damals benutzte Veloziped unvollkommen und in vieler Hinsicht schlecht konstruiert war, besonders in Einzelheiten, auf die ich jetzt Ihre Aufmerksamkeit lenken möchte, mag es doch nützlich sein, ein wenig in die mechanischen Grundlagen der Maschine und ihre Vorteile bei der Beschleunigung der Bewegung einzudringen, die ihr unter anderem die Bezeichnung accelerator (Beschleuniger) *eintrugen:*

Der erste Vorteil in der Verwendung des Velozipeds scheint darin zu liegen, daß ein beträchtliches Gewicht von den Beinen genommen und auf Räder gesetzt wird. Wenn der menschliche Körper einhundert Pfund wiegt, was oft zutrifft, und wenn die Beine als Stütze dienen und diese hundert Pfund im Laufe eines Tages zwanzig oder dreißig Meilen tragen müssen, ist der Mann ermüdet, aber wenn diese hundert Pfund, die das Körpergewicht darstellen, von den Beinen weggenommen und auf ein Paar Räder gelegt werden, wird den Beinen die Arbeit, sie zu tragen, erspart, und sie können infolgedessen dieselben zwanzig oder dreißig Meilen mit weniger Ermüdung gehen. Dies scheint die Hauptabsicht des Erfinders Baron von Drais gewesen zu sein und muß insoweit als sehr glückliche Idee bezeichnet werden.

Darüber hinaus gab es auch einen zweiten mechanischen Vorteil. Die übliche Schrittlänge eines Manns ist selten größer oder auch nur gleich einem Yard (0,9 m). Aber wenn er auf einem Veloziped fährt, wird seine Schrittweite um die zusätzliche Bewegung der Maschine verlängert. Wenn sie so fährt, ist die Distanz manchmal sechs Fuß (1,8 m) vom Abheben des rechten Fußes bis zum Aufsetzen des linken. Und obgleich die Schrittweite beim Gehen nicht mehr als drei Fuß (0,9 m) beträgt, wird sie, nachdem der Mann auf Räder gesetzt wird, auf sechs Fuß oder mehr verlängert, einem Unterschied von zwei zu eins zugunsten des Velozipeds gleichkommend. Wenn also ein Mann zwanzig Meilen in einem Tag gehen kann, kann er anscheinend mit derselben Anstrengung doppelt so weit oder auf vierzig Meilen im Tag kommen, wenn jeder seiner Schritte mithilfe eines Velozipeds doppelt so weit wird. Also entstanden zwei mechanische Vorteile bei Benutzung eines Velozipeds: ein Mann brauchte nicht das Gewicht seines Körpers zu tragen, das auf Räder gesetzt wurde, und seine Schrittweite wurde

verdoppelt oder mehr als verdoppelt durch die Vorwärtsbewegung der Maschine während des Laufens. So einleuchtend waren diese Vorteile, daß zuerst jedermann mit mechanischer Neigung von der Genialität der Idee erfreut und überrascht war, daß einem selbst nie der Gedanke gekommen war, solch einen Apparat zu erfinden.

Alle, die fahren konnten, waren sich einig, daß das Veloziped die Gehbewegung stark beschleunigte. Durch wiederholte Versuche hat sich bestätigt, daß jemand zu Fuß in einem Tag viele Meilen weiter auf seinem Veloziped als ohne es gelangen konnte. Mehrere Autoren waren der Meinung, daß solche Maschinen den Marsch von Infanterieeinheiten verbessern könnten, indem sie nicht nur den Soldaten schneller und leichter vorwärtskommen lassen, sondern auch dessen Waffen, Proviant und Munition mit weniger Ärger und Unbequemheit tragen. Und wenn man bedenkt, daß Waffen, Proviant und Munition eines Infanteriesoldaten auf dem Marsch ein Gewicht von mehr als sechzig Pfund darstellen und daß ein Tagesmarsch zwischen zwanzig bis dreißig Meilen weit ist, dann ist der Vorteil offenkundig, dieses Gewicht von den Schultern des Manns nehmen und auf zwei Räder setzen zu können. (auch Drais schreibt 1833, *daß in großen Ebenen von America laut Zeitungsnachrichten Draisinencorps errichtet worden seien, welches … glaubhafter scheint.* GLA 276 /6735-52)

Die Akzeptanz der Erfindung

Man hat mir geraten, meine Herren, Ihre Entschuldigung zu suchen dafür, daß ich Ihnen ein Thema vorlege, das einigen Leuten zu trivial erscheinen mag, als daß es das Interesse der Mitglieder dieser Institution verdiente oder das Sie als überholt betrachten könnten – ganz überholt und veraltet. Es stimmt schon, meine Herrn, daß ich nur mit einer gewissen Schüchternheit es wage, Ihre Aufmerksamkeit auf diese kleine Erfindung zu richten, aber da ich die Ehre hatte, Ihnen bei zwei anderen Gelegenheiten mathematische Themen vorzulegen, und Ihre geschätzte Aufmerksamkeit erhielt, vertraue ich auch jetzt auf Ihre Nachsicht – in der Überzeugung, daß nur praktischen Männern irgendwelche Anregungen zu geben gewagt werden kann. Und ich bin sicher, daß viele von Ihnen mit mir darin übereinstimmen, daß eine Maschine nur dann weggelegt und vergessen werden sollte, nachdem ihre Grundlage oder Theorie ziemlich genau untersucht wurde und nachdem diese Theorie jede Verbesserung erfahren hat, die mithilfe der mechanischen

Kanadische Infanteristen mit Falträdern im Landungsboot vor der Invasion 1944 *(Archiv Lessing)*

Wissenschaft gegeben werden kann. Denn viele isolierte Ideen genialer Menschen entstanden, die mangels angemessener Untersuchung und Entwicklung ins Gras gebissen haben oder für Jahre, manchmal Jahrhunderte, liegengelassen wurden, bis sie zum Tragen kamen und für die Menschheit praktisch nutzbar gemacht wurden. Zudem, nicht alles was trivial aussieht, ist trivial: Als der Knabe einen alten Herrn ernsthaft ins Seifenblasen und in die Beobachtung ihres Aufsteigens und Platzens vertieft sah, bildete sich der Knabe ein, der alte Herr sei aus dem Häuschen – so etwas wie in seiner zweiten Jugend, und doch war der alte Herr niemand anders als Sir Isaac Newton, eifrig mit ein paar Experimenten über Licht und Farben beschäftigt und auf einem Weg der Wissenschaft, den wenige Philosophen so tief erfor-

schen konnten wie er. Es ist bemerkenswert, wie lang manchmal eine neue Idee oder eine Anregung in der Wissenschaft darniederlag, bis sie zur Wohltat der Öffentlichkeit gereichte. Wie Sie alle wissen, diente die Dampfmaschine viele Jahre bei der Schinderei, Wasser aus den Minen in Cornwall zu pumpen, bis Herr Watt herausfand, daß sie zu etwas Besserem zu gebrauchen war. Ganz analog schrieb Apollonius von Perge, der etwa zweieinhalb Jahrhunderte vor der christlichen Zeitrechnung lebte, sein Buch über Kegelschnitte, das während mehr als tausendneunhundert Jahren in Vergessenheit geraten war, nur den Gelehrten bekannt und selbst von denen nur wenigen, bis Sir Isaac Newton beobachtete, daß die Planeten sich auf Kegelschnitten bewegten und ihre Bahnen elliptisch waren. Daraufhin unterzog sich sein Freund Dr. Halley der Mühe, das Werk von Apollonius aus dem Griechischen zu übersetzen. Die Ergebnisse wurden sogleich auf die Newtonsche Theorie angewandt und in Oxford veröffentlicht. Diese Beispiele reichen aus zu zeigen, daß eine originelle Idee nicht aus den Augen verloren werden sollte, denn wenn der Erfinder selbst nicht die volle Tragweite und Anwendung davon erkennt, dann möglicherweise jene, die nach ihm kommen.

Aber wie bei jeder bemerkenswerten Erfindung dauerte es nicht lange, bis sich ein Aufschrei gegen die Velozipede erhob. Die alten Damen äußerten :„Sie sind so albern aussehende Sachen." Nun war es sehr naheliegend, daß die alten Damen so etwas sagten, denn alte Damen können kein Veloziped fahren, sie können am Vergnügen nicht teilhaben und ihre Vorteile nicht genießen. Sie betrachteten die Velozipede etwa so wie die Wilden Hemden ansehen, als nutzlosen, wertlosen, teuren Luxus, dem der Weise niemals zu willfahren gedenkt. Die alten Damen konnten an den Velozipeden nicht mehr finden als Hottentotten an Hemden. Aber dennoch tragen die Leute weiterhin Hemden, auch wenn die Hottentotten oder Neuseeländer keinen Sinn darin erkennen können.

Unfälle!

Jedoch lagen die alten Damen nicht ganz daneben, denn wenn gesetzte Leute ein Veloziped einen Hang herab auf sich zu rattern, wie ein Blitz von Mal zu Mal schneller an sich vorbeizischen und schließlich den Fahrer seinen rasenden Lauf beenden sahen, indem er mit dem Mut der Verzweiflung kopfüber in einen Graben bis zu den Augen in Schlamm sprang, dann konnten sich respektable Leute nicht anders helfen, als dieses heftige Betragen einer Geistesverwirrung zuzuschreiben, einer Art von zeitweiligem Blackout durch die Velozipede (Andere mußten an jene bekannte Schweineherde denken, die unter Satans Einfluß heftig einen steilen Hang hinab ins Meer raste und im Wasser zugrunde ging).

Aber noch andere Übel entstanden. Wenn die Velozipede auf den Gehwegen der Straßen fuhren, was sie nicht durften, kamen sie den Kindern in den Weg oder die Kinder ihnen, wodurch die Dienerinnen der Damen alarmiert wurden. Während die Velozipede die Straßen lang fuhren, scheuten ängstliche Pferde vor ihnen, wie junge Pferde manchmal bloß schon vor ihrem eigenen Schatten scheuen, und selbst ruhige alte Kutschpferde beäugten offenkundig diese Maschinen mit Erstaunen und Entsetzen. Hastige

und unbesonnene Fahrer fuhren dicke Personen unglücklich an, und alle dicken Leute und alten Frauen beschwerten sich, daß die Velozipede zuviel Platz auf dem Gehweg beanspruchten, vor allem wenn er schmal war. Schlimmer noch als das – es kam das Lamento von der Gefahr, der großen Gefahr, meine Herrn, des Velozipedfahrens.

Aber Unfälle passieren immer, wenn eine neue Erfindung auftritt, bis die Leute des Guten und Schlechten dieser neuen Entdeckung gewahr werden. Sie können sich die Unfälle vorstellen, meine Herrn, als die Menschen zum erstenmal wilde Pferde einfingen und auf ihre Rücken stiegen: die Stürze, die gebrochenen Hälse und Glieder stehen Ihnen vor Augen: bis es den Menschen gelang, die Pferde zum Dienst an der menschlichen Rasse zu zähmen. Selbst heute in seiner Zahmheit und von Geburt an sorgfältig dressiert fordert das Pferd oft noch Opfer an Menschenleben trotz aller Vorsichtsmaßnahmen. Doch diese Übel haben nicht zur Abschaffung der Pferde geführt, denn man findet, daß das Gute ihrer Dienste größer ist als das Schlechte bei ihrer Verwendung. Hinwiederum, meine Herrn, als die Dampfmaschine in Schiffe eingebaut wurde, wie oft hörten wir von geplatzten Kesseln, wobei die Passagiere verbrüht, verstümmelt oder ertränkt wurden. Die Verluste an Leben waren sehr hoch, und dennoch konnten Verhütungsmaßnahmen gefunden werden, und man braucht nur über die Brüstung der London Bridge in das Bassin zu schauen, um die Wertschätzung des Dampfes in der Schiffahrt zu erkennen, nach all den Gefahren und Verlusten an Menschenleben, die beim ersten Einsatz in Schiffen vorkamen.

Die Bewegung des Velozipeds ist mit dem Schlittschuhfahren verglichen worden, aber es ist nicht so gefährlich wie ein Paar Schlittschuhe. Im Mittel ist die Bewegung eines Velozipeds nicht geschwinder oder unkontrollierbarer als die Bewegung eines guten Schlittschuhläufers. Ein Schlittschuhläufer hat nur zwei Unterstützungspunkte, ein Velozipedist hat vier, seine beiden Füße und die Räder. Und der Schlittschuhläufer trägt das Risiko, beim Brechen des Eises zu ertrinken, ganz abgesehen von den schweren Stürzen, die er sich beim Erlernen zuzieht. Doch einige Fälle von Fehlverhalten und Stürzen waren reif für die öffentlichen Hospitäler, und mir wurde berichtet, daß zu einer Zeit das St.-George-Hospital viele Patienten infolge Mißbrauchs dieser Maschinen hatte. Aber wenn ein junger Mann, der nie einem Pferd über den Weg lief, zu Tattersall's gehen und sich mit einem feurigen Vierbeiner versehen auf einen Ritt nach Hempstead machen sollte, mag er nach der Ebene und nach einem vollen Galopp den Highgate Hill hinunter gesund nach Hause kommen oder nicht, aber ich fürchte, er dürfte einen ernsten Unfall bauen. Junge Männer, die nie das Veloziped fahren gelernt hatten, probierten derlei gefährliche Heldentaten, und wenn ihnen ein Mißgeschick widerfuhr, gaben sie die Schuld statt sich ganz dem Holz und Eisen, das sie trug. Und nicht ganz zu Unrecht: Ohne die Attraktivität jener verführerischen Maschine wären sie nicht so heimgekehrt, wie ich sie manchmal gesehen habe, mit vom Hinterrad halb abgerissenen Rockschößen ein Spektakel für alle Umstehenden und eine Warnung, niemals ein Gefährt zu fahren, das sich solch launische Freiheiten mit den Leuten herausnahm. Männer, die es vollkommen sicher hätten haben können, wenn sie sich nur zunächst mit einem leichten Tempo zufrieden gegeben hätten, bis sie sich an die Bewegung gewöhnt hätten, pflegten aufzusteigen und so schnell wie möglich auf einer kiesigen Straße voller lockerer Steine zu laufen und hatten dann wegen der heftigen Anstrengung zu leiden.

Verfolgung durch Obrigkeit

Der Mob ergriff ebenfalls Partei gegen das alte Veloziped, und ihn ermunterten die Mächtigen jener Tage, die möglicherweise arm dran und froh waren, auf irgendeine Weise ein paar Schillinge zu erheben – ich weiß nicht, meine Herrn, ob es sich so verhielt, jedenfalls gaben sie Anweisung, daß solche, die Velozipede fuhren, auf den Stadt- und Landstraßen angehalten und um ihr Geld erleichtert werden sollten. Dies nannten sie Niederschlagung des Velozipeds durch Strafen. Also die Polizisten mit Unterstützung der dicken Männer, die Nachtwächter, die alten Frauen, die Mächtigen, der Mob, die königlichen Minister und die Pferde vereinten sich zu seiner Niederschlagung. Was hätte einer solch geschlossenen Phalanx widerstehen können, noch dazu in vereinter Aktion, wie sie es taten? Ach was, nicht mal die Dampfmaschine hätte sich gegen solch mächtige und einige Allianz behaupten können – alle einer Meinung und in wirklich wundervoller Einmütigkeit zusammenwirkend. Und sie hatten so durchschlagenden Erfolg, daß ein Veloziped jetzt so selten ist wie ein schwarzer Schwan und die jetzt aufwachsenden jungen Leute kaum wissen, um was es sich da handelte, nicht einmal mehr dem Hörensagen nach.

Aber wenn etwas übertrieben verfolgt wird, kommen die Leute bald auf die Vermutung, daß ein paar sehr gute Punkte dran sein müssen, um soviel Haß und Bosheit zu

erregen, und wenn der Aufruhr vorüber und die Verfolgung abgeblasen ist, können wir auf die Erfindung wieder zurückkommen. Es mag jetzt von Nutzen sein nachzufragen, warum das Veloziped keinen Erfolg hatte, was die wirklichen Mängel an seiner Konstruktion waren und warum die Grundprinzipien – doppelte Schrittweite und Unterstützung des Fahrergewichts – nicht den dauernden Gebrauch der Maschine garantierten. Ursachen für Behinderung oder Anhalten der Maschine in Bewegung sind der Luftwiderstand und die Reibung der Maschinen auf der Erde oder ihrer Teile gegeneinander. Mit diesen Behinderungen hat jede Maschinerie zu schaffen, und solange es sie gibt, wird das Problem ständiger Bewegung ungelöst bleiben. Je größer die Geschwindigkeit unserer Maschinen, desto größer wird der entgegengesetzte Luftwiderstand sein, und uns bleibt nichts anderes übrig, als mehr Kraft aufzuwenden und die Reibung zu vermindern. Je mehr man bei den letzten beiden Punkten gewinnen kann, desto schneller und leichter wird sich die Maschine bewegen oder laufen. Beim Veloziped scheint die Kraft fest vorgegeben und keine Möglichkeit zu existieren, den vom Fuß des Fahrers erteilten Impuls zu erhöhen. Alles was man tun kann, ist die Reibung herabzusetzen und nutzloses Gewicht wegzunehmen.

Verbesserungsmöglichkeiten

Das alte Veloziped wog in vielen Fällen etwa vierzig Pfund (18 kg), große Exemplare bis zu fünfzig Pfund (22.5 kg), manche aber auch zwischen vierzig und dreißig Pfund (13.5 kg), aber der Durchschnitt war wohl vierzig Pfund. Von diesen vierzig Pfund wirkten während der Fahrt wohl zehn Pfund in den Rädern und hielten die Bewegung aufrecht, während die restlichen dreißig Pfund Totgewicht darstellten, die nur zu den hundert Pfund dazukamen, die nach unserer Annahme das Körpergewicht des Fahrers ohne Beine darstellen sollen. Das macht also 130 Pfund (58.5 kg), die zu überwinden und fortbewegen sind. Hierzu sind die von der Reibung der Räder verursachten Widerstände hinzuzuzählen. Der doppelte Vorteil, einen Schritt fünf oder sechs Fuß weit zu machen und den Körper auf Rädern zu tragen, wurde so gemindert, indem nun eine so schwere Masse wie 130 Pfund oder mehr fortbewegt werden mußte und nun soviel Muskelkraft ausgeübt werden mußte, um den Widerstand oder Trägheit dieser Masse zu überwinden (nur beim Beschleunigen ein Mehr von 30 Pfund; Fußgänger muß seine 100 Pfund auch beschleunigen). Nun waren manche Anteile die-

ses Gewichts vollkommen nutzlos, und die Reibung, verursacht dadurch, daß die Räder aus Holz gemacht waren und die Achse in einer Büchse lief, behinderte die Fortbewegung sehr stark, obgleich dieses Übel manchmal durch Verwendung von Friktionsrollen verringert wurde (erste Wälzlager!). Auch war oft die Breite der Radreifen zu groß; ein Viertel-Zoll (6 mm) ist breit genug, um das Gewicht zu tragen. Und indem wir diese Breite verringern, setzen wir die Reibung des Rads auf der Straße herab – und damit den Fahrwiderstand.

Personen, die ständig mit dem Bau von Maschinen einer Sorte befaßt sind, können sehr gut jede andere geforderte Maschine bauen – aufgrund der gleichen Prinzipien und in genau der gleichen Art, wobei sie aber nur zu leicht den anderen Zweck der neuen Maschine übersehen. Die Männer, die Velozipede machten, pflegten Kutschenbauer oder Stellmacher zu sein, die den Bau von Kutschen, Karren und Wagen gewohnt waren, die Lasten von ein paar hundert Pfund bis zu mehreren Tonnen tragen sollten. Also machten sie die Räder eines Velozipeds , das nur einen Mann tragen solle, gewöhnlich so stark, daß sie gern das Zwanzigfache des Erforderlichen hätten tragen können. Ist das Gewicht eines Manns 120 Pfund (54 kg) und verteilt sich dieses Gewicht auf zwei Räder, dann genügt es, jedes Rad so stark zu machen, daß es 60 Pfund (27 kg) trägt und gelegentliche Stöße aushält. Dafür können wir dann unsere Räder viel größer als bisher machen, ohne daß sie mehr wiegen, vor allem wenn sie aus Eisen gemacht und an den Passungen hartgelötet werden. Denn ein wesentlicher Vorzug eines großen Rads ist, daß die Reibung in seiner Mitte oder Achse umso kleiner wird, je größer das Rad ist (siehe früher „Fahrphysik light"). Also wenn ein Rad zwei Fuß sechs Zoll Durchmesser (0.76 m) hat, macht es zwei Umdrehungen auf 15 5/7 Fuß (4.60 m); wird das Rad auf fünf Fuß Durchmesser (1.52 m) vergrößert, macht es nur noch eine Umdrehung auf dieser Strecke. Und die Reibung in der Mitte des großen Rads wäre gerade die Hälfte der Reibung in der Mitte des kleinen. Wenn man nur die Reibung in Radmitte betrachtet, reicht daher eine Kraft, ausreichend das große Rad 15 Fuß 8 Zoll weit zu treiben, beim kleinen nur für 7 Fuß 10 Zoll. Wenn wir nur die Reibung in den Radmitten betrachten, reicht also die Kraft, die ein Veloziped mit 30-Zoll-Rädern zwanzig Meilen treibt, bei einem Veloziped mit 60-Zoll-Rädern gar für vierzig Meilen.

Viele Leute erkannten zunächst, wie vorteilhaft es wäre, das Hinterrad zu vergrößern, und einige bauten tatsächlich Velozipede mit großen Hinterrädern. Und da diese Rä-

der in der alten Weise aus Holz und sehr schwergewichtig gefertigt wurden, vor allem die Nabe in Radmitte, so ging, was immer durch die Radgröße gewonnen wurde, gewöhnlich durch die Hinderlichkeit seines zusätzlichen Gewichts verloren, und die Reibung im Radlager, wo die Achse in der Nabe rieb, wurde wenig besser als zuvor. Die Stahlachse, auf der sich das Rad des alten Velozipeds drehte, war wie die eines Kutschenrads gefertigt. Sie war stark und dick genug, um fast das Fünfzigfache der tatsächlichen Belastung zu tragen, und war oft sechs Zoll lang und mindestens einen halben Zoll dick. Wenn sie in einer Nabe lief, bot sie eine Oberfläche von vielen Quadratzoll, auf der sie mit der Nabe Kontakt hatte (dies laut Coulomb egal!), wodurch sie jede Menge Reibung in jedem der beiden Radlager garantierte und allezeit die Anstrengungen des Fahrers behinderten.

Sind Schwungräder notwendig?

Wenn wir nun aber, meine Herrn, die Räder vergrößern und deren Umfang beschweren, entfalten wir eine Gewalt, die in den früher verwendeten kleinen Rädern gering war. Der lange Radius und der schwere Umfang jedes Rads führt zu einem Verhalten, wie es in anderen Maschinen als Schwungrad bezeichnet wird, also ein schweres Rad, das als Empfänger aller überflüssigen Kraft wirkt, und wenn die antreibende Kraft aufhört, fährt dieses Schwungrad sich zu drehen fort und hält die Bewegung der Maschine für einige Zeit länger aufrecht. Der Nutzen eines Schwungrads wird jetzt so allgemein akzeptiert, indem sie nicht nur für stationäre Dampfmaschinen wesentlich, sondern auch in Ölmühlen und anderen kleinen Mühlen zu sehen sind. Wenn wir also den Radius unserer Räder vergrößern und den Umfang eines jeden schwer machen, fangen jene an als Schwungräder zu wirken und die Bewegung zu unterhalten und außerdem gleichförmiger zu machen. Um den zusätzlichen Vorteil unter diesem Aspekt zu untersuchen, wollen wir ein Fünf-Fuß-Rad untersuchen, dessen Felge aus Eisenband von 1 Pfund pro Fuß gemacht ist. Der Umfang solcher Felge ist dann 15 5/7 Fuß und ihr Gewicht nahezu 16 Pfund. Wenn nun das Rad fährt mit einer Geschwindigkeit der Radmitte von fünf Meilen pro Stunde, so bewegen sich die 16 Pfund in der Felge nicht nur diese fünf Meilen, sondern da sie sich zugleich ums Zentrum drehen, eben infolge ihrer kombinierten Bewegung entsprechend mehr. Wenn dieser Kreis hier das Rad bedeutet (Bild Kreis) und dieses Rad abrollt, bis es eine volle Drehung um seine Achse gemacht hat, dann ist ein Punkt von der Unterseite des Rads erst nach oben gestiegen und dann wieder nach unten gesunken. Bei einem Fünf-Fuß-Rad, also mit einer Felge von 15 5/7 Fuß Umfang, hat dieser Punkt auf dem Umfang hier, während das Zentrum 15 5/7 Fuß weiter gewandert ist, diese Kurve hier

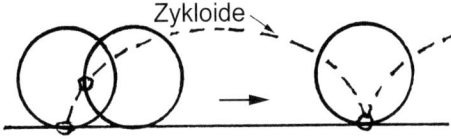

durchlaufen. Aber diese Kurve ist unter der Bezeichnung *Zykloide* bekannt und es verhält sich so, daß die von dem Punkt des Umfangs durchlaufene Strecke das Vierfache des Raddurchmessers oder zwanzig Fuß beträgt. Die Herleitung dieser Tatsache, meine Herrn, beruht auf einer Aufgabe der Differentialrechnung, die nicht allgemeinverständlich wäre, wenn ich mich darauf einließe. Während also das Zentrum 15 5/7 Fuß gewandert ist, hat jeder Punkt der Felge 20 Fuß zurückgelegt, oder fast 5 Fuß, wenn die Mitte 4 Fuß gewandert ist. Gleichermaßen, wenn das Vorderrad 3 Fuß Durchmesser hat, hat seine Felge 9 3/7 Fuß Umfang.

Das Vorderrad sollte aber stabiler als das Hinterrad sein, weil es gröberen Stößen ausgesetzt ist, wenn es zufällig gegen einen Stein oder ein anderes Hindernis fährt, und weil es auch eine größere Last zu tragen hat. Denn wenn das Fahrergewicht näher zur Vorderradachse als zur Hinterradachse gesetzt wird, trägt das Vorderrad proportional zum Abstand des Fahrers von der Hinterradachse eine größere Last. Das Vorderrad hat auch das Gewicht des Langbaums zu tragen, sowie Druck aus dem Vorstoßen des Fahrers auszuhalten. Es bringt auch direkt Vorteile, die Vorderradfelge zu beschweren, da ihr Schwung als Schwungrad zunimmt und dadurch gleich groß wie der Schwung des anderen Rads werden kann. Wenn dann die Felge des Vorderrads aus Eisen von *zwei* Pfund je Fuß gemacht wird, beläuft sich das Gewicht dieser Felge auf 18 6/7 oder nahezu 19 Pfund. Und während die Radmitte fünf Meilen wandert, hat diese 19 Pfund durch ihre zusammengesetzte Bewegung eine Entfernung von 6 1/4 Meilen zurückgelegt haben. Während also die Maschine 5 Meilen fährt, haben die sechzehn Pfund des großen und die neunzehn Pfund des kleinen Rads jeweils einen Weg von 6 4/11 Meilen zurückgelegt, und wenn man ihr vereintes Gewicht mit dieser Zahl multipliziert, gibt das Ergebnis von 222 8/11 Pfund diejenige Kraft an, wel-

che die Schwungräder zur Aufrechterhaltung der Bewegung der Maschine beitragen, was einem Gewicht von vierundvierzig Pfund und 6/11 entspricht, das sich mit 5 Meilen pro Stunde bewegt. Solange daher die Reibung der Räder auf ihren Achsen an der Straße zusammen mit dem Luftwiderstand einen Fahrwiderstand von weniger als vierundvierzig 1/2 Pfund ergibt, kann der Fahrer mit sehr wenig Kraftaufwand seinerseits rechnen.

Aber für die Beschwerung der Radfelgen gibt es eine Grenze, und je schwerer die Räder gemacht werden, desto schwieriger wird das Bergauffahren, weshalb das Gewicht der Räder der Stärke und dem Gewicht des Fahrers angepaßt werden sollten. Ein starker und schwerer Fahrer wird schnell laufen, wenn die Felge jedes Rads entsprechend seiner Muskelkraft und Last beschwert wird. Aber eindeutig untersetzte Männer sollten sich, außer auf glattem und ebenem Boden oder bei extremer Fahrzeugbeherrschung, nie auf ihre Velozipede trauen, und dann nur mit mäßiger Geschwindigkeit (der Glaube an das Schwungrad war ein Irrweg – die Felgen sind heute möglichst leicht!).

Vor- und Nachteile

Jener Teil des alten Velozipeds, der technisch als Balancierbrett bezeichnet wurde, war für den gedachten Zweck nicht sehr gut angepaßt. In der Maschine vor Ihnen, meine Herrn, wurde eine andere Form genommen, die dem Unterarm mehr Unterstützung und daher einen besseren und sichereren Sitz im Sattel gibt. Gerade mit den herausstehenden Enden dieses Balancierbretts belästigten die ursprünglichen Velozipede die Fußgänger beim Spazierengehen auf dem Plattenweg.

Ich muß einer so wohlinformierten Körperschaft wie den Mitgliedern dieses Instituts nicht erklären, was man unter dem Schwerpunkt einer Maschine versteht. Aber manchen Leuten ist möglicherweise nicht klar, daß dies ein derart lokalisierter Punkt ist, daß bei einer Unterstützung dieses Punkts der ganze Körper unterstützt wird. In dem alten Veloziped nun scheint der Schwerpunkt irgendwo zwischen Fahrer und Vorderrad gelegen zu haben, und zwar viel tiefer als der Schwerpunkt des Fahrers, der in Lendenhöhe liegt. Aber es wäre wünschenswert, den Schwerpunkt der Maschine so nah wie möglich an jenen des Fahrers zu bringen, also Mensch≈Maschine. Denn wenn zwei Körper in dieselbe Richtung wandern und einer den andern vorwärtstreiben soll, dann sollte der Anstoß gebende so angeordnet werden, daß dies mit der besten Wirkung geschieht. Durch Vergrößerung der Räder heben wir den Schwerpunkt an und bringen ihn näher zu demjenigen des Menschen. Denn da der Schwerpunkt des Menschen in fester Höhe liegt, wird, je höher wir den Schwerpunkt der Maschine anheben, umso mehr Mensch und Maschine in Bewegung als ein Körper wirken.

Ein wichtiger Mangel, der denn auch lange das Veloziped in der öffentlichen Meinung herabgesetzt hat, bestand darin, daß es keine Vorrichtung zum Anhalten oder zur Kontrolle der Bewegung gab, wenn die Maschine in voller Fahrt einen steilen Berg hinunterging (wie gesagt: die Raubkopierer wußten von Drais' Schleifbremse nichts). Infolge dieses Mangels raste der Fahrer manchmal gegen einen Pfosten oder eine Mauer. Ein junger Freund von mir kam eines Tages an und sagte: „Hatte ein Mißgeschick letzten Sonntagmorgen." Wie das kam, fragte ich. „In ein Friseurgeschäft gekracht kurz vorm Gottesdienst. Veloziped raste den Hang hinab wie der Wind – konnte überhaupt nicht halten – konnte nur auf die Tür zielen – Tür besser als Mauer – Tür flog auf und rein gings mit Karacho." Aber was sagten der Friseur und seine Kunden dazu? „Zu beschäftigt, um was zu sagen - erkannte, daß es sich um einen Unfall handelte – las mich auf und trug die Bruchstücke des Velozipeds weg."

Wenn die diversen Mängel, die ich aufgezeigt habe, wirksam behoben und eine Bremse zur Kontrolle der zu raschen Bewegung der Räder vorgesehen wird, wird man möglicherweise erkennen, daß das Veloziped keine so unnütze Erfindung ist, wie man sich manchmal einbildete. Auch wenn nach allen Erprobungen der Maschine und aller Opposition gegen sie in ihrer ältesten Form die meisten ihrer Befürworter einzuräumen bereit waren, daß sie nicht die in sie gesetzten Erwartungen erfüllte und daß die Vorteile der alten Maschine die Mühe nicht ausgleichen konnten.

Als vor zwanzig Jahren das Veloziped zum erstenmal erschien, erwarteten die Leute zuviel von ihm. Einige gingen so weit sich vorzustellen, daß es die Pferde ablösen könne. Und in der Tat, wenn alles Land, welches das Futter für solcherlei Pferde liefert, die nur zu Schau und Pomp statt zum Nutzen gehalten werden, zur Gewinnung von Nahrung für Menschen eingesetzt würde, hätten wir weniger von den derzeitigen Klagen, daß Pferde gefüttert werden, während Menschen sterben. Aber was den oft gezogenen Vergleich zwischen Veloziped und Pferd angeht, so wird generell eingeräumt, daß ein Mensch zu Fuß überlegen ist, wenn er Tag für Tag eine lange Strecke geht, und daß kein Pferd tausend

Meilen in tausend Stunden hätte gehen können, wie es Hauptmann Barclay und verschiedene andere getan haben. Wenn also ein Mann zu Fuß ein Pferd zur Erschöpfung bringen kann, dann sollte er mit einem gut gebauten Veloziped auf einer guten Straße noch weiter kommen.

Die Vorstellung, daß Maschinen je die Pferde ablösen könnten, scheint tatsächlich auf schwacher Grundlage zu stehen. Selbst die Dampfmaschine hat weder in Amerika die Pferde abgelöst, wo die Lokomobile am zahlreichsten sind, noch ist es wahrscheinlich, daß die Dampfmaschine sie jemals ablösen wird. Ein Pferd hat seine eigene Sphäre der Nützlichkeit und bestimmte Anlagen, mit denen keine Maschine konkurrieren kann. Es kann steiniges, felsiges oder sandiges Land überqueren, über einen Zaun oder Graben springen und einen mit Kieseln bedeckten Meeresstrand entlangrennen, was man von keiner Maschine jemals erwarten kann. Nur mit dem Reit- oder Fuhrpferd ist das Veloziped konkurrenzfähig und wird mit keiner anderen Klasse von Pferden jemals interferieren. Und der Einsatz des Velozipeds wird in vieler Hinsicht ganz anders als beim Reitpferd oder Zugpferd sein. Denn wenn es auch auf jeder guten Pferdestraße fahren kann, so kann es überdies auch auf einem Fußpfad im Feld und über Gelände fahren, wo Pferde nicht gut mitgenommen werden können. Indem man die Maschine in zwei Teile zerlegt, was augenblicklich geschehen kann, kann nämlich jedes Teil für sich über irgendein Tor gehoben und danach genauso rasch wieder zusammengesetzt und in Fahrt gebracht werden.

Diese Maschine hat einige Vorzüge gegenüber dem Pferd, vor allem auf der Ausgabenseite. Ein Reitpferd kostet vielleicht 40 britische Pfund, und anschließend günstigenfalls 30 oder 40 Pfund im Jahr für die Haltung, und mit den Ausgaben für einen Stall und für einen Mann, der nach ihm schaut, oft mehr als das Doppelte dieser Summe. Wenn es dreißig Jahre lebt, belaufen sich diese Ausgaben zusammen mit den Anschaffungskosten auf mehr als 1700 Pfund: soviel kostet ein Pferd von Anfang bis Ende. Wenn dieselbe Person statt eines Pferds ein Veloziped für dieselbe Zeitdauer gehalten hätte, würden Anschaffungskosten und Reparaturen nicht mehr als zwanzig Pfund betragen. Nach dieser Zeit ist das Pferd tot, meine Herrn, aber eine Maschine immer noch eine Maschine, ja mit den erforderlichen Reparaturen wird sie weiterhin so gut laufen wie immer.

Aber der Einsatz von Maschinerie ist so anders als der von Tierkraft, daß wir argumentieren können, wenn schon die Dampfmaschine nicht den Einsatz von Pferden ablösen kann, wieviel weniger könnte es dann das Veloziped, selbst wenn es je ganz verbreitet wäre. Gute Straßen scheinen wirklich für alle Fahrmaschinen wesentlich zu sein, und ohne einen Schienenweg verliert selbst die Dampfmaschine viel von ihrer Fortbewegungskraft. Vor einigen Jahren, als das Veloziped allgemein in Gebrauch war, waren die Straßen viel rauher und schlechter als gegenwärtig. Das System, die großen Straßensteine aufzubrechen, hat ein Hindernis nicht nur für die Fuhrwerke, sondern auch für die Velozipede beseitigt. 1819 waren die großen Steine auf den Straßen in vielen Teilen Englands die Hauptursache für die Überschläge, die die Fahrer von Velozipeden erlitten.

In der Zeit vor 18 oder 20 Jahren, als sie in der Gunst standen, wurden die Velozipede von vielen Herrn unterschiedlichen Alters und Körpergewichts aus meiner Bekanntschaft ständig in der hügeligen Landschaft außerhalb der Stadt Bath gefahren. Viele fuhren vor dem Abendessen Strecken von zwölf oder vierzehn Meilen hin und wieder zurück (19-22 km). Und ich habe einige bestätigen hören, daß sie sechs oder sieben Meilen pro Stunde fahren konnten (10-11 km/h). Es war nichts ungewöhnliches, dreißig oder vierzig Meilen am Tag auf den alten Velozipeden zu fahren (50-70 km), und doch gab es keinen tödlichen Unfall, weder Arme noch Beine wurden gebrochen und kein Chirurg benötigt. Tatsächlich habe ich nie von einem Unfall mit ihnen gehört, der nicht mit Essig und braunem Papier kuriert werden konnte.

Die Zukunft

Das, meine Herrn, sind die Einsatzmöglichkeiten und Verwendungszwecke, deren das Veloziped fähig ist. Ob sie ausreichen, es praktisch einsetzbar zu machen, bleibt zu beweisen. Sicher ist, daß Städte für Velozipede ungeeignet sind – der Straßenbelag ist zu grob, und die Pflasterwege sind zu bevölkert, als daß sie für sich und die anderen bequem befahren werden könnten. Kein höflicher oder wohlerzogener Fahrer geht gern das Risiko ein, über anderer Leute Zehen zu fahren – es verursacht zuviel unschöne Reibereien für beide Parteien. Aber auf einer offenen Landstraße zeigt das Veloziped seine nützlichen Qualitäten, vor allem wenn wir eine sanfte Steigung von einer oder zwei Meilen Länge hinabfahren, ohne jemals mit einem Fuß den Boden zu berühren und dies schnell wie ein Pfeil. Das läßt die Reise kurz erscheinen, und die derart erlangte Verschnaufpause lindert die Anstrengung der zuvor gefahrenen Meilen.

Das Veloziped erscheint am besten für jenes Segment der Gesellschaft geeignet, das wohl am zahlreichsten und aktivsten von allen ist: Männer im Vollbesitz ihrer Gliedmaßen, denen Pferde zuviel Ärger und Umstand, aber das Selberfahren einen Genuß und körperliche Ertüchtigung bedeuten, statt ein Horror zu sein. Solchen gibt das Veloziped die Möglichkeit, ohne große Ausgaben und schnell genug von Ort zu Ort zu fahren. Geht es kaputt, es ist leicht repariert. Und wenn es nicht gebraucht wird, braucht es an eine Mauer gelehnt nur wenig Raum. Beim Gebrauch hängt die Sicherheit des Fahrers von seiner eigenen Sorgfalt und Geschicklichkeit ab und nicht wie beim Reiter vom Wohlverhalten eines häufig schlecht zugerittenen, schreckhaften oder bösartigen Tieres.

Ob die Maschine sich wieder allgemein durchsetzt, ist schwer vorauszusagen. Aber wenn sie in dieser Form nochmals versucht wird, werden zweifellos viele weitere Verbesserungen vorgeschlagen werden. Gelärme braucht uns nicht zu überraschen, wie es sich bisher gegen diese Maschine erhob und hernach wieder erheben wird. So lange jene Klasse lebender Kreaturen weiter existiert, auf welche die Natur in irgendwelcher weiser Absicht die Fähigkeit zu blöken versammelt hat, müssen und werden diese blöken. Als die Regenschirme zuerst aufkamen, haben sie dagegen geblökt, und als die Dampfmaschine üblich wurde, erhoben sie ein einstimmiges Geblök, so laut, daß es über dem Atlantik gehört und von Nordamerika zurückgeechot wurde. Aber Regenschirm und Dampfmaschine waren zu nützlich und zu stark, um durch jene laute Körperschaft in die Knie gezwungen zu werden. Ihre Anstrengungen brauchen uns nicht zu überraschen noch ihr Lärmen zu alarmieren, wenn wir im Auge behalten, woher all das Gelärme kommt.

Ich bedaure, meine Herrn, daß es in dieser Einrichtung hier nicht genug Platz gibt, das Funktionieren der Maschine vollständig zu zeigen. Vielleicht sollte man es nicht unter einer Fahrt von zwanzig oder dreißig Meilen tun, um ihren Nutzen ausreichend klar zu demonstrieren. Wie auch immer, gestatten Sie mir, das Thema zu verlassen, um Ihnen Dank für Ihre freundliche und geduldige Aufmerksamkeit zu sagen, die Sie meinen Ausführungen widmeten, die – so fürchte ich – zu trocken und zu eng mit Berechnungen verknüpft waren, als daß man sie jemand anderem als den Mitgliedern einer Einrichtung hätte vorlegen dürfen, die zu solchen Beurteilungen und Entscheidungen in der Lage sind. (R.1.68 Trinity College Library, Cambridge (UK), englische Transkription in TB 108+111) ❦

Leichtbau und Pferde für Badens Eisenbahn

Als der Bau einer großherzoglichen Staatsbahn im Karlsruher Ständehaus diskutiert wird, reicht Drais über Erst-Kammer-Präsident Fürst und Draisinenreiter Egon II. von Fürstenberg einen ökonomischen Vorschlag nach britischen und US-Vorbildern ein.

Auf den ersten 12 Meilen der Charleston&Hamburg-Linie wird 1829 die prämierte Pferdebahn des New Yorker Mechanikers C.E. Detmole erprobt: 12 Passagiere bei 21 km/h mittels einem Pferd! *(W.Brown: History of 1st Locomotives in USA, 1871)*

Beim britischen Rainhill-Wettbewerb 1829 disqualifiziert: Thomas S. Branreths *Cyclopede* mit zwei Pferden nebeneinander auf Endlosband *(R.Loewy: The Locomotive, 1937)*

Hoher I. Kammer der Landstände des Großherzogtums Baden
Einsendung des Freiherrn von Drais die Eisenbahn betreffend
Hohe Kammer!
Mit aller geziemenden Ehrerbietung benachrichtige ich hierdurch, daß ich schon lange dem hochpreislichen Ministerium des Inneren geziemend anzeigte, daß ich meine, durch eine Zusammensetzung mehrerer Erfindungen bewirken zu können, daß man wenigstens die Hälfte des Nutzens der bis jetzt gebräuchlichen Gattungen Eisenbahnen mit dem vierten Teil der Kosten erlangen kann, so daß eine doppelte Bahn nur halb so viel kostet als eine einfache gewöhnliche und daß man übrige Gelder für Nebenbahnen benutzen kann.
Eine dieser betreffenden Ideen besteht darin, durch viel leichtere Locomotive für Personen und leichte Pakete viel Eisen der Schienen zu ersparen, während man die großen Lasten, die weniger auf einige Tage pressieren, auf dem Rhein fortgehen lassen kann.
Eine weitere Idee besteht darin, durch Komposition und Präparation pp des Eisens noch viel weniger von diesem Metall zu gebrauchen.
In letzter Hinsicht ist ein Modell in Arbeit, welches bald fertig werden soll. In erster Hinsicht habe ich folgende vier Gattungen von viel leichteren Locomotionen für verschiedene Zwecke und Zeiten des Tages nacheinander anzugeben.
1. *für täglich große Gesellschafts-Wägen und -Sälen*
    Viel leichtere und einfacher konstruierte Dampfwägen mit Ersparung an Kohlen durch meine zum Teil schon bekannten Verbesserungen der Heizungsmethoden i.d. Carlsruher Zeitung vom 2ten Dezember 1833 und 3ten Januar 1837 pp
2. *für stündliche kleine Gesellschafts-Wägen.*
    Locomotive, welche ich schon vor ungefähr 21 Jahren in einer Gesellschaft des Museums zu Carlsruhe in Gegenwart des Majors und Baudirektors Arnold erklärt habe, nämlich: „durch einfachen Mechanismus zu bewirken, daß man durch ein schrittgehendes Pferd in Galoppschnelle von einer Entfernung zur anderen kommen kann, wenn man z.B. das Pferd auf den Wagen stellt, so daß dasselbe darauf angespannt einen künstlichen Boden unter sich herumtreibt, bestehend aus querlaufenden Stangen aneinander gekettet um die verdickte hintere Achse und eine vordere Walze herumgehend, und dadurch viel größeres Rad zu drehen.

1838

*Bei Eisenbahnen kann man nun durch diese Hauptidee noch viel größere Schnellig-
keit erreichen, und dabei die Schönheit eines Pferdes produzieren."*

3. *für Extrapostfahrten der nämliche Mechanismus durch leichtere Tiere (Maultiere, Esel
oder Hunde pp) getrieben, wobei man häßliche Tiere auch bedecken kann.*

4. *Für viele einzelne Personen (Stafetten p.p.) durch Draisinen, umso mehr als ich eine
besondere Gattung derselben besonders für Eisenbahnen ausgedacht habe, auf Rädern um sich wenigstens ungefähr so schnell oder noch schneller als durch Dampf zu
treiben, nach bisherigen Beispielen."*

*Zu näheren Erklärungen bereit habe ich die Ehre, mich mit aller geziemenden Hochach-
tung zu unterzeichnen.*

Mannheim den 11ten März 1838   der Freiherr von Drais

*N.S. Lange nach Äußerungen meiner Ideen für das Stellen der Pferde auf dem Wagen für
obenbenannten Zweck, soll nach Druckschriften ein Versuch damit gemacht werden, aber
deswegen nicht gelungen sein, weil der künstliche Boden zu klein war - für gute Ausführungen unter meiner Direktion will ich sehen (Fürstenberg-Archiv, Donaueschingen)*

Der Vorschlag, den Drais von jemand anderem schreiben ließ und mit
seiner Alkoholiker-Handschrift nur unterzeichnete, wird in der Kammer-
sitzung an den Ausschuß verwiesen, in dessen Akten er heute noch schlum-
mert. Man ist versucht, sich eine Analogsituation vorzustellen, etwa daß bei
der Planung des World Wide Web im Pentagon ein Steve Wozniak seinen
Individualrechner Apple I vorschlägt. Doch so uninteressiert werden sich
vor der Eröffnung der ersten Bahnlinie Heidelberg-Mannheim 1840 die
Großherzoglich-Badischen Staatseisenbahnen dann doch nicht zeigen. Wie
Österrreich, das ohne eigene Kohlevorkommen die Strecke Linz-Budweis
1828 als Pferdebahn begann, muß auch Baden die Kohle teuer importieren
und ist für Wirtschaftlichkeits-Überlegungen aufgeschlossen. Und in South

Friedrich Arnold erbaute 1821
das Ständehaus nach Plänen
seines Lehrers Weinbrenner

Auguste d'Heureuse,
erfinderischer Fabrikant in
Berlin: Damenhüte und
Schokolade *(Bild Gil René
d'Heureuse)*

Heureuses Roßmaschine treibt
seit 1828 seine Berliner
Schokoladenfabrik an *(Heureuse
1834)*

1838   ✶453

Carolina wurde 1829 die erste amerikanische Eisenbahnstrecke ab Charleston mit dem Flying Dutchman befahren, auf dem sich zum Antrieb ein Pferd befand. Die Alternative zum Pferdegöpel, Maschinen anzutreiben, indem man Pferde auf zwei Walzen traben läßt, hat sich seit 1828 in der Schokoladenfabrik des hugenottischen Auguste d'Heureuse in Berlin offenbar bewährt. Auch eine Sägemühle in der Region wird derart angetrieben, wie das *Mannheimer Journal* vom 2.1.1839 aus Heidelberg berichtet:

Der Mechanikus Schmidt dahier, welcher 4 Jahre in der Werkstätte des berühmten Herrn v. Reichenbach war, betreibt schon seit Jahr und Tag eine Sägemühle durch Pferde, welche letztere so wenig Raum zu Ihrer Bewegung brauchen, ohne dadurch an Kraft zu verlieren oder eine unbequeme Stellung zu haben, daß man sogar diese Einrichtung auf einem gewöhnlichen Eisenbahnwagen anbringen kann. Sein dieserwegen gemachter Vorschlag soll von der Eisenbahn-Direktion in Karlsruhe als richtig erkannt worden sein und er den Auftrag erhalten haben, eine vollständige Zeichnung hierüber einzusenden, um – wenn nichts abzuändern ist – einen Wagen in wirklicher Größe auszuführen, und erstere ist bereits vor 8 Tagen abgegangen. Nach derselben gehen die Pferde im Schritt, während der Wagen, auf dem sie stehen, 8 Stunden Wegs (25 km) in einer Stunde zurücklegt, und somit wird man auf der badischen Eisenbahn von Mannheim bis Basel kein Unglück von einer Dampfmaschine zu befürchten haben.

Drais als Weißkragen-Erfinder fühlt sich nun gegenüber dem Handwerksmann zurückgesetzt und entgegnet im *Mannheimer Abendblatt* vom 27.2.1839, daß er vor mehr als zwanzig Jahren in der Museumsgesellschaft zu Karlsruhe eine Straßenequipage mit solchem An-Bord-Pferd beschrieben habe. Deren Räder sollten 1818 viermal so groß wie die Walzen des Endlos-Lattenrosts sein und somit vierfache Geschwindigkeit erreichen. Ob Schmidts Pferdewagen gebaut wurde, ist nicht bekannt, doch offenbar hat der Kölner Ingenieur August Wilhelm Beyse, der die Bahnprojekte in Württemberg und Baden berät, davon erfahren, denn in seinem 1844 in Karlsruhe erscheinenden Buch stellt er eine eigene ,Pferdedrähsine' vor.

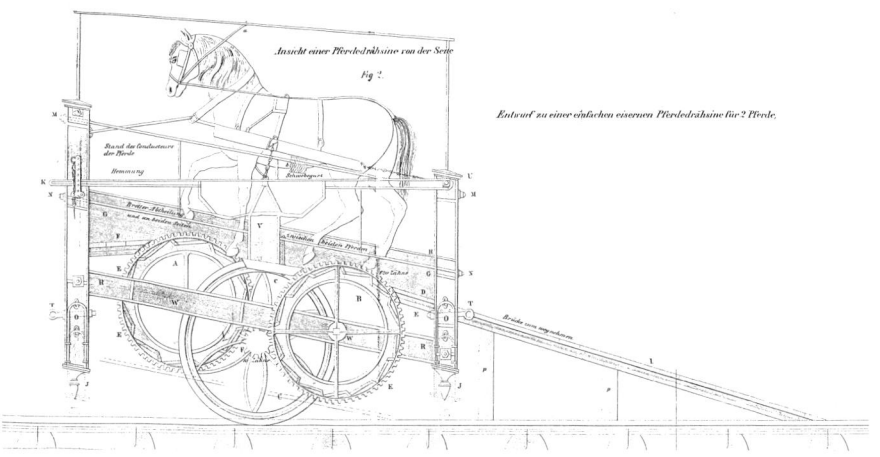

454   1839

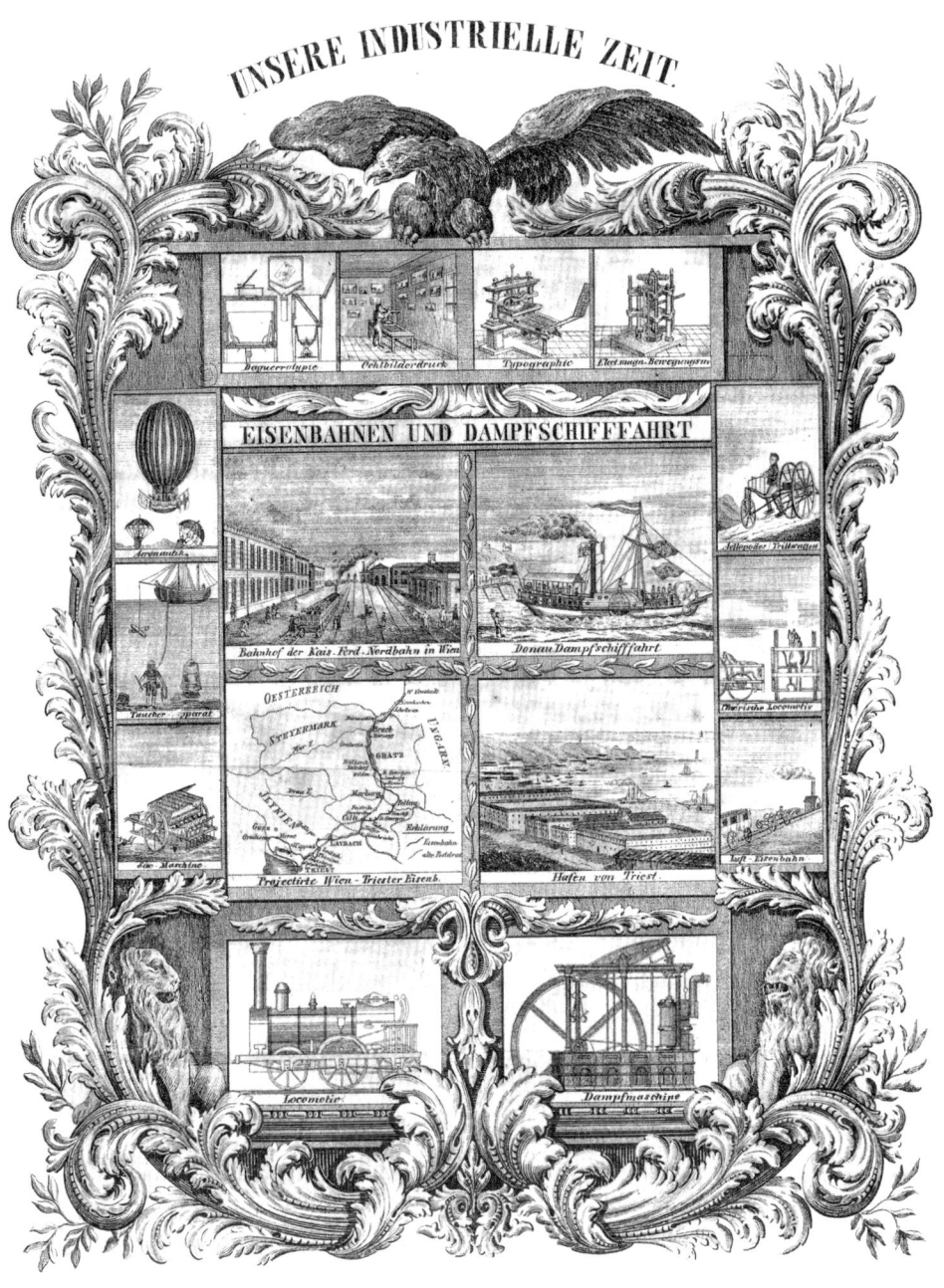

UNSERE INDUSTRIELLE ZEIT.

EISENBAHNEN UND DAMPFSCHIFFFAHRT

1841

455

Staatsfeinds Kochkiste

Ein wohlmeinender Mannheimer Stadtrat startet eine Aktiengesellschaft für Drais` Erfindungen, wozu eine Weiterentwicklung seines Holzsparofens zur Kochmaschine gehört. Wahrscheinlich ist diese das missing link in der Geschichte der Kochkiste.

Eilig.
Erklärung.

Auf Aufforderung wiederhole ich auch hierdurch, dass ich schon vor mehr als zehn Jahren, bei einer Gelegenheit zu Mannheim in der „Harmonie" öffentlich erklärt habe: „Ich halte für Zufall, in welcher Religion und in welcher Nation, in welcher Standeshöhe und mit welchem Reichthum ein Mensch geboren sey und bin daher der Meinung, dass man sich wegen den zufälligen Verschiedenheiten nicht hassen oder verachten soll, auch halte ich für billig zu bestimmen dass die Mehrzahl der Wähler jederzeit das Recht habe ihrem Gewählten in das Parlament in wichtigen Verhandlungen in ihrem Nahmen statt in seinem so zu stimmen, wie sie es ihm vorschreiben, ähnlich wie die Regenten sich vorbehielten, ihrem Gesanten Aufträge zu geben (bei nicht sehr pressanden, bleibenden Gesezen etc.)

Karlsruhe, 18. August 1848.

Karl Drais.

Die 1848er Forderung nach dem imperativen Mandat des Bürgers Drais, nach dem verschollenem Original (*Der Velocipedist, 25.4.1891; Stadtarchiv Karlsruhe*)

Unsere Kochkiste scheint ihren Ursprung in Baden zu haben, denn um 1855 war in landwirtschaftlichen Kreisen des Großherzogtums die sogenannte „Heukiste" bekannt: ein einfacher, mit Deckel versehener und mit Heu ausgelegter Kasten, in den die Bauern das frühmorgens gekochte Essen hineinstellten, um es nach der Erntearbeit fertig gekocht genießen zu können, schreibt der Technikhistoriker Franz Feldhaus. *Das Erstaunen, das durch diesen Artikel hervorgerufen wurde, können wir uns heute kaum mehr erklären. Die Wirkung einer alten Kiste, in der jedermann binnen drei bis vier Stunden etwas ohne Feuer garkochen konnte, hielt man damals für „geradezu unerklärlich". Vereinzelt kamen solche Kochkästen in Karlsruher Familien zur Verwendung (Feldhaus 1934).* Er springt dann allerdings zu den 1867 von einer Brettener Firma nach Pariser Vorbild mit norwegischen Pelzen isolierten Kochkisten.

Karl Drais hat für seinen auf dem 1834er Landwirtschaftsfest ausgezeichneten Blechofen sogleich ein Erfindungspatent beantragt und eine Kühlpfeife (à la Wasserpfeife) nach diesem Prinzip zur Vorbestellung ausgeschrieben, wovon er ein Exemplar zur Veranschaulichung an Leopold schickte, der sie aber unbenutzt zurückgeben ließ. Auf den ablehnenden Bescheid ließ man ihn über ein Jahr warten. Gutachter war diesmal der Chemiker am Polytechnikum, Professor Gustav Walcher, der sich vom Schriftsteller zum Mineralogen und Bergrat aufgeschwungen hatte. Baden hat noch immer kein Patentgesetz, und so liegt nach Walchers freiem Ermessen die Latte so hoch wie für eine wissenschaftliche Entdeckung: Wärmeaustausch gebe es schon bei den Herrnhuther- und Schlangenöfen, allerdings sei die Drais'sche Ausführung noch nicht bekannt (GLA 236-6735-109). Ja was denn nun: geht es hier um einen Nobelpreis für Physik oder um den Schutz einer Bauart? Der Praktiker Drais muß sich von dem Herrn der reinen Lehre verschaukelt vorkommen – sein Ofen ist doch als beste Konstruktion bereits ausgewiesen! Natürlich nimmt der Beamtenapparat die weitere Mobbing-Gelegenheit gegen den Außenseiter dankbar wahr. Noch Jahrzehnte später bestätigt

Gewerbehallenleiter Meidinger die Praxisferne der Lehrkräfte: *Sie sahen ver-achtlich auf ihn* (den **Praktiker**) *herab, weil er in allen seinen Arbeiten immer an das Nützliche dachte, während die Kollegen sich damals bemühten, möglichst wissenschaftlich und deshalb der großen Menge unverständlich zu sein (Feldhaus 1934).*

Unbeirrbar entwickelt Drais den Ofen zu seiner *Kochmaschine* weiter und beschreibt sie 1838 in einer Druckschrift *Beste Heizungen zu Mannheim* leider ohne Abbildung (siehe nächste Seiten). Darin beschreibt folgender Passus das Wesen der Kochkiste:

> *dicke Umgebung gegen Entweichung der*
> *Hitze, auch um die Töpfe des Kochens*

Bei einer der Vorführungen für die Mitglieder der Harmonie-Gesellschaft kommt es dann zu Drais' Verlautbarung seiner Forderung nach dem imperativen Mandat, wodurch er sich als Basisdemokrat outet. Zu entnehmen ist dies einer Quelle, deren Original noch gefunden werden muß: *Der Velocipedist. Zeitschrift für Radfahrer* (München) vom 25.4.1891, von der ein Sonderdruck *Feierliche Wiederbeisetzung* zirkulierte. In einer eiligen Erklärung sagt ihr zufolge Drais im Revolutionsjahr 1848, daß er *schon vor mehr als zehn Jahren, bei einer Gelegenheit zu Mannheim in der Harmonie öffentlich erklärt habe,* daß die Gewählten wie die Mehrheit ihrer Wähler abzustimmen haben. Diese Äußerung 1838 oder 1837 will er 1848 in die Zeitung setzen. Ob sie wirklich erschien, ist nicht bekannt. Drais hat jetzt definitiv die Seiten gewechselt, und die Monarchisten in Mannheim intensivieren ihre Angriffe. Die versteckten und offenen Angriffe der Drais-Gegner kulminierten schon 1835 in körperlicher Misshandlung. Man scheut sich, alle aufzuzählen, weil sie bisher immer augenzwinkernd als Wirtschaftsschlägereien eines Suffkopfs einseitig zu Drais' Lasten erzählt werden. Doch im Juli 1837 erfolgt nächtens ein mörderischer Anschlag auf ihn, der nur durch seine Geistesgegenwart nicht mit einem Schädelbruch oder gar tödlich endet. Der Täter kann fliehen unter Zurücklassung der Tatwaffe, eines schweren Feuerspritzenrohrs. *(Mannheimer Abendblatt vom 28. Juli 1838).* Anzeigen bleiben natürlich ergebnislos, denn Polizeikommissär Hoffmann ist ja der Demokratenfresser selbst – die Akten sind verschwunden. Unterstützung findet Drais hingegen bei liberalen Bürgern, den neuen Stadträten. Stadtrat und Kaufmann Martin Biermann hatte ihm schon vor Jahren 900 Gulden vorgestreckt (GLA 76/1673-86). Nach-

Der aus Westfalen gebürtige Eduard Moll, Mannheims späterer Bürgermeister 1870. Der Kaufmann hatte Drais schon 900 Gulden vorgestreckt, schlägt ihm die Gründung einer Aktiengesellschaft vor und zeichnet selbst ein paar Hundert Aktien. *(Stadtarchiv Mannheim)*

dem die Patentgesetzgebung z.B. in Österreich Fortschritte macht, schlägt der 24jährige Stadtrat und Kaufmann Eduard Moll (später Mannheims Bürgermeister) die Gründung einer Aktiengesellschaft zur Verwertung der Erfindungen vor und zeichnet selbst mehrere hundert Aktien. Die Redaktion des *Mannheimer Abendblatt* unterstützt Drais auch mit Anzeigen „Seltene Gelegenheit" (siehe früher *Gesellschaftlicher Tod und Rufmord*). Die politischen Feinde lancieren auch hiergegen anonyme Anzeigen, und das Projekt scheitert. Drais ist am Ende und zieht 1839 (freiwillig?) in das 50 km entfernte Dorf Waldkatzenbach im Odenwald. ✿

Bauernhaus, in dem Drais 1839 bis 1845 in Waldkatzenbach bei Erbach wohnte, nachdem seine politischen Feinde die AG durch anonymen Zeitungskrieg zum scheitern brachten. *(Foto Egon Rösch)*

Heizungen

zu Mannheim

(Besichtigungsgelegenheit.)

---

1. Auszüge aus öffentlichen Blättern.

Aus der Extrabeilage des Mannheimer Abendblatts als Auszug aus der Karlsruher Zeitung.

Mannheim. Ein hiesiger Einwohner, (Oder Freiherr von Drais) welcher schon in dem Jahr 1833 von dem großherzoglich landwirthschaftlichen Verein zu Karlsruhe wegen sehr zweckmäßiger Ofenconstruktion eine große Medaille als erster Preisträger zuerkannt erhielt, hat nun auch eine Kochmaschine erfunden, welche sehr empfohlen zu werden verdient, indem dieselbe Holz und Zeit ersparend zugleich ist.

Mit dem geringen Aufwand eines halben Kreuzers für Holzkohlen, läßt sich das für 3 Personen erforderliche Essen, es bestehe auch in den derbsten Nahrungsmitteln, in 4 Stunden sehr gut durchkochen, ohne daß es nöthig ist, das Feuer nachzuschüren, indem dieses durch eine eben so einfache als sinnreiche Vorrichtung durch das Feuer selbst geschieht.

Die Maschine, welche noch obendrein eine Zierde jeder Küche abgeben könnte, wurde verschiedentlich als erprobt befunden.

Aus dem Mannheimer Abendblatt No. 89.

Der in No. 83, Seite 483 d. B., erwähnte neueste Ofen des Freiherrn von Drais, zeigte das auffallende Experiment:

„Das Feuer drängte seine Hitze so vollkommen durch das dünne (täglich in einer Minute) frisch gepuzte Hauptblech des Aufsatzes des Ofens, daß der Rauch bei dem Ausgang, kühl, fast gerade zu Boden fiel! —"

also ein Beweis, daß er vorher fast alle seine Hitze dem Zimmer übergeben hat.

Bei dem großen Vortheil, den dadurch und durch die in der Karlsruher Zeitung No. 3, v. J. und in der Extra-Beilage des 1. Mai's d. J. dieser Blätter erwähnte Kochmaschine desselben Erfinders, die Menschheit durch Ersparung an Brennmaterial und Gewinnung an Feldboden erlangt, mag diese Erfindung auch den, in England ausgesezten Preis von 40,000 Pf. Sterling für den schnellen Niederschlag des Steinkohlenrauches, verdienen.

2. Ansichtsgelegenheit selbst.

Eines Theils um dem Publikum die obenerwähnte auffallend vortheilhafte Heizungsarten nach neuer Erfindung zu
näherer Ansicht zu bringen und andern Theils um der Armen-
kasse auch unmittelbarer etwas weiteres zuzuwenden, sollen
dieselben am Mittwoch Vormittags an einem noch zu bestimmenden Ort *) zur Schau ausgestellt werden; auf mündliche Genehmigung der Armenkommission für ein Eintrittsgeld **), eines
Theils für Kostenersatz und andern Theils für unmittelbare
Lieferung an die Armenkasse.

Die Hauptsache für Zimmer-Heizung besteht in einem
Aufsatze auf jeden beliebigen Ofen, welches hierdurch einstweilen, bei der jetzigen Zeit des Ofensetzens, bekannt gemacht
wird, um etwa mit Uebereinstimmen des Erfinders, die Ofen
gegen mäßige Kosten ***) schnell benützen zu können.

Nach 8⅓ Uhr, morgens, soll rohes Fleisch öffentlich in
den Topf der Kochmaschine gelegt und Erklärung über die
einfach kurze Behandlung und Wirkung derselben und des im
Großen ausgeführten und im Kleinen dargestellten Ofens
nach obigen Angaben und Erklärungen mehrerer anderer Erfindungen des Freiherrn von D r a i s gegeben werden.

Nach 10½ Uhr ist 2te Erklärung,
    „ 11½ „ „ 3te „
    „ 12½ „ „ 4te Haupterklärung
und Anrichten mit Vorzeigung des kleinen Raums der Kohlen
und des gekochten Fleisches mit Fleischbrühe und Anerbietung,
wenigstens an die zu vorderst Sitzenden, um sich von der
Weichheit des gekochten Fleisches, für Erleichterung des Ver-
dauens, noch besser zu überzeugen.

Wer sicher seyn will, für eine oder mehrere der kurzen
Demonstrationen, für sich und 2 Damen 3 Sessel zu besetzen,
beliebe sich etwa vor der Bestimmung des Lokals (vor Dienstag morgens 10 Uhr) bei Herrn Waisenrichter und Kaffeewirth
B l a n k a r t, an dem Pferdemarktplatz, (der mit seiner Familie
und andern Bekannten die Richtigkeit der Angaben auch mit
Wahrheit zu bestätigen sich gefällig erboten hat) ein Billet zu
kaufen, und finde dann 3 Sessel seiner Nummer neben einander.

Die ersten Nummern der Sessel, kommen dann in die
vorderste Reihe ꝛc. ꝛc. und die nicht nummerirte in die Letzte.

Nur für solche Personen werden Extrasessel vor die vorderste Reihe der nummerirten Sessel gestellt, die für jeden Platz
einen Gulden bezahlen lassen.

---

*) Wenn keine Aenderung angegeben wird in Lit. B 5 No. 16
neben der Regierung und gegenüber von dem großen Aula-Saal in
ein oder mehreren Zimmern an dem Hirschel-Saal.
**) Ein Billet für einen Herrn, mit der Erlaubniß zwei Damen
mitzubringen, für zweimaligen Eintritt (auch für abwechselnde Personen) gültig, was auch der Erfinder, wenn er an der benannten Zeit
eintritt, bezahlen will, für 1 Gulden.
***) Eine Louisd'or per Ofen, wie auch die Kochmaschine.

Wenn eine Gesellschaft mehrere Dutzend Billets mit einer kauft, um eine Extravorstellung an früheren oder späteren
Tagen zu haben, wird auch dieses gestattet.

3. Aufsatz eines hier öffentlich aktiven Gelehrten.

Bei den jetzt so theuer gewordenen Brennmaterialien sind
die neue Erfindungen für bessere Benutzung dieses Materials,
besonders die des Freiherrn von Drais dahier, eine erfreu-
liche Erscheinung.

Der Verfasser dieses Aufsatzes hat sich selbst überzeugt,
daß man dadurch höchstens den 4ten oder 5ten Theil des
bisherigen Bedarfs, nach bisher bester ihm bekannter ander=
seitiger Einrichtung nöthig hat, um recht gut warm zu sitzen
und die Speisen sehr gut durchzukochen, wie nach und nach
veröffentlicht wurde, durch das Mannheimer Tageblatt vom
10. Februar 1833, die Karlsruher Zeitung vom 3. Januar
1837 und das Mannheimer Abendblatts vom 12. Oktober
d. J. 2c. 2c.

Man benutze daher mit Einwilligung des Herrn Erfinders
wenigstens dessen so sinnreiche Kochmaschine, welche zeigt,
daß man à Person Essen wenigstens 4 Stunden sehr gut
durchzukochen nur höchstens im Durchschnitt für einen Pfennig
Brennmaterilien braucht und daß sich das Feuer selbst nach=
schürt, wodurch also dieses Material und Zeit der Kochenden
zugleich erspart wird — und den Ofen der die Hitze so voll=
kommen ins Zimmer drängt, daß der Rauch beim Ausgang
in das Kamin sogar fast kühl, fast gerade zu Boden fällt.

Man suche daher diese vortreffliche Erfindungen bald zu
benutzen und stoße nicht schon die Auerbietung zur Ansicht,
gegen billige Bedingungen, für Kosten=Ersatz und Armen-
anstalt, auf etwaige Verläumdungen lieblos zurück.

Ein unbefangener Augenzeuge.

4. Weitere Erklärungen des Erfinders.

1) Wer mir als wahren Erfinder einen Preis verschafft,
dem will ich 10 Prozent des Werthes desselben mit
Vergnügen übergeben.

2) Jedermann, der mir auf die Hauptcharaktere des
„beliebigen Drängens der Hitze (oder Kühlung)
„durch dünnes großes Blech,
„des täglichen Putzens in einer Minute ohne Ver=
„unreinigung des Putzenden oder des Zimmers,
„des Selbstnachschürens des Feuers,
„der dicken Umgebung gegen Entweichung der
„Hitze, auch um die Töpfe des Kochens 2c. 2c.

in irgend einem Staate ein Erfindungspatent verschafft
und mich unverzüglich von der Eingabe dafür benachrichtigt, dem will ich gerne, wenigstens die Hälfte seines Gewinnstes davon, so lange abtreten, bis er wenigstens das Doppelte aller dafür bezahlten Taxen und
Sporteln 2c. 2c. zurück erhalten hat, bei der Bemerkung, daß in neuen Patentgesetzen deutlich steht:

    a. Erfindungspatente sind für die wahren Erfinder
    bestimmt.

    b. Im Fall eines Streites gilt derjenige als der
    wahre Erfinder unter dessen Namen die Haupt-
    charaktere der Erfindung in einer öffentlich ver-
    breiteten Druckzeitschrift erscheint, wofür ich als
    wahrer Erfinder gesorgt habe; bei der Hoffnung
    auf das Ehrgefühl vieler Gebildeten, sich eines
    sehr mäßigen Honorars nicht entziehen zu wollen.

3) Wer demnach aus Ehr- und Billigkeitsgefühl 2c. 2c.
einen verhältnißmäßig kleinen Theil des Nutzens, den
derselbe durch eine dieser Erfindungen erhält, abgeben
und dagegen sich auch sichern will, in dem Ganzen
nicht mehr als 2 Gulden Honorar für die fortwährende
Benutzung eines Ofens oder einer Kochmaschine 2c. 2c.
mit obigen Eigenschaften zu geben, dem wird vorgeschlagen, einstweilen für einen Gulden eine nummerirte
Quittung zu kaufen, die berechtigt, ein auch numme-
rirtes Patentzeichen für einen Ofen oder eine Kochmaschine oder irgend eine andere Erfindung desselben
Erfinders für gewöhnlichen Hausgebrauch, jederzeit für
irgend ein Land des Rechts des Erfinders, nach Wahl
für einen zweiten Gulden zu kaufen, während dem
ein späterer Käufer meiner Rechte per Jahr mehrere
Gulden fördern kann, für nachfolgende No.

    Wer auf Speculation viele solche nummerirte Quit-
tungen mit einander kauft, erhält dabei einen Rabatt,
und jeder Käufer eines Eintritts-Billets für diesen
Mittwoch für obige Zwecke, erhält für einen weitern
Gulden 2 Quittungen obengenannter Art.

    Notorisch Arme brauchen nirgends ein Patentzeichen.

4) Wenn mir irgend ein Staat die Ehre erzeigt, mir ein
Erfindungspatent ganz frei zuzusenden, dem will ich
die volle Hälfte meines reinen Gewinnstes davon für
etwaige andere Belohnungen oder sonstige gemeinnützige
Zwecke mit allem geziemenden Respekt und Unterthänigkeit zurückerstatten oder lassen.

    Mannheim, den 10. November 1838.

        Der Freiherr v. Drais.

Individualverkehr auf Schienen

Während die neue Eisenbahn die ärmeren Passagiere in Stehwagen bündelt, trachten die Herren des Gleiskörpers nach individueller Fortbewegung. Sie nennen die Fahrzeuge mit Muskelkraft Eisenbahndraisine, weil die erste tatsächlich ein Zweirad war.

In der ländlichen Ruhe von Waldkatzenbach seit 1839 fängt sich Karl Drais wieder, wobei er in den Mannheimer Zeitungen weiter präsent ist und die 50 Kilometer dorthin wohl per Post überbrückt. Der Mittfünfziger plant ein fußbetriebenes Schienenfahrzeug für die Breitspur (1,60 m) der badischen Eisenbahn. Schon beim Lokomotivwettbewerb 1829 in Rainhill hatte sich ein amerikanischer Erfinder namens Ross Winans mit seinem *Manumotive* beworben, einem Schienenwagen für sechs Insassen und angetrieben von zwei Arbeitern. Wie Thomas Brandreths *Cycloped* mit dem Pferd an Bord war auch das *Manumotive* dann von der Wettbewerbskommission ausgeschlossen worden. Nun, da die Eisenbahn etabliert war, entstand der Bedarf für ein individuelles Fortbewegungsmittel des Bahnpersonals, um Streckenarbeiten zu erledigen oder geschwind zu einem anderen Bahnhof zu gelangen. Im Jahresbericht von 1844 der Großherzoglich-Badischen Staatseisenbahn ist dann ein Bahn-Kurbel-Wagen abgebildet, den der Hauslieferant

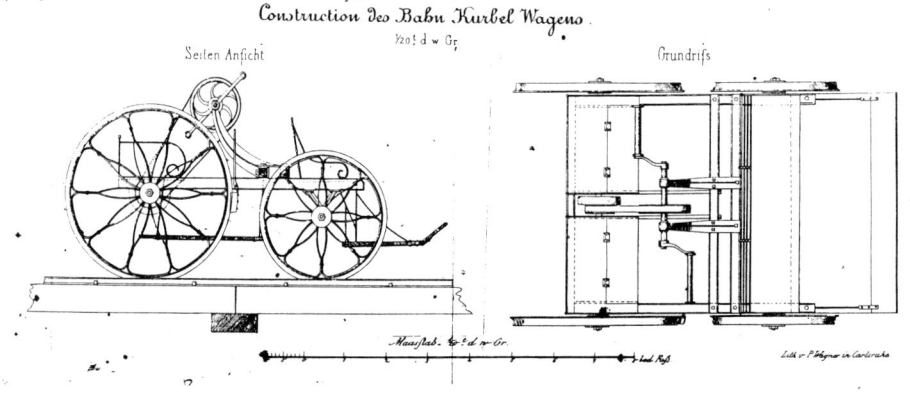

Construction des Bahn-Kurbel-Wagens.

Seiten Ansicht

Grundriß

462

1844

Eisenbahndraisinen.

[482]1

Antwort

auf die mir erst zu Gesicht gekommene Aeußerung des Mannheimer Journals d. J. gegen die Carlsruher Zeitung.

„Es seye unrecht, daß man das in der Fabrik „der Herren Keßler und Martiensen zu „Carlsruhe verfertigte Eisenbahn-Locomotiv, Ei- „senbahndraisine nenne, indem dasselbe gar keine „Aehnlichkeit mit einer Draisine habe, als die „Rundheit der Räder, und daß der Benennung „wahrscheinlich eine Usurpation zum Grunde „läge,"

antworte ich:

1) Ich selbst habe sie nicht so getauft; dieses soll zuerst zu Wien geschehen und dann zu Berlin rc. nachgeahmt worden sein; wahrscheinlich anerkennend, daß die Grund- idee davon von der Gesammtheit meiner Fahrdraisinen genommen sei.

2) Unter mehreren Arten derselben hat die erste, die ich 1814 nach Wien brachte, viele Aehnlichkeit mit der jetzigen sogenannten Eisenbahndraisine, indem beide vier- räderig durch Curvelbewegungen die hintere Achse drehen. Beschreibung davon ist zu finden, in dem letztziger neuen Magazin aller neuen Erfindungen, Entdeckungen und Verbesserungen jener Zeit, Band 3 Heft 3.

Die Hauptverschiedenheit zwischen beiden ist die: daß die erwähnte sogenannte Eisenbahndraisine durch Hände und alle meine Menschen-Kraft-Locomotive (Fahrdraisinen) durch Füße getrieben werden. Aber gerade über diese Ver- schiedenheit nenne ich, bei meinen Angaben behauptend, viel besser, indem fast jeder gesunde Mensch wenigstens ohngefahr drei mal so viel Kraft durch das Abstoßen der Füße äußern kann, als durch die vortheilhafteste

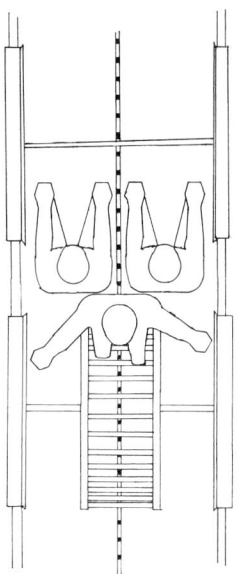

Kraftäußerung durch Hände! — während beim diese ge- schickter für das Leiten rc. sind.

Ich bemerke dabei, daß mir seit der Erfindung der Laufdraisinen schon oft der Vorschlag gemacht worden ist, die Fußkraft zu vertauschen, gegen die der Hände, daß ich aber immer dagegen sprach, und auf viermali- gen, sogar gedruckten Vorschlag, dafür, schon in den er- sten Jahren nach der Erfindung, diese und andere Ver- änderungsvorschläge (bei billiger Achtung anderseits) gründlich widerlegt habe in dem in Lesegesellschaften aufbewahrten

„Journal für Literatur, Kunst Luxus und Mode „rc. Weimar 1820. Juniheft, Seite 365 rc.", worauf mir freundliche Anerkennung selbst von Seiten der Vorschläger zu Theil geworden, und ich habe in diesem Aufsatz schon, auch weiter bemerkt, daß fast alle Arten von Arbeiten, die die Aerme müde machen, viel vortheilhafter durch das Abstoßen der Füße zu bewirken seien, welches man sehr gut einrichten könne, und wozu ich nähere Angaben für Ausführungen zu machen bereit wäre.

Eine im Sommer v. J. zu Carlsruhe von mir pro- visorisch angegebene, von vielen bei meinen Construc- tionserklärungen gesehene, aber noch nur als mangel- haftes großes Model zu betrachten, von verschiedenen Arbeitern zusammengesetzte Eisenbahndraisine, die wahr- scheinlich aus Bosheit zerbrochen wurde u. in dem Gast- haus „Stadt Rastatt" dort steht, ist für unmittelbare Umdrehung der hintern Achse (mittelst Trillings und Zahnstangen) durch die Füße zu treten, eingerichtet, und soll gut ausgeführt, nach meiner Angabe, oder noch besser im Detail nach Grundlage meiner gegebenen Hauptideen darüber bewirken, daß ein Mann sehr gut mehr als doppelt so viel leistet, als 2 mit Händen, und daß er wenigstens 2 Passagiere mit gewöhnlichem Pas- sagiergepäck noch schneller transportiren kann als jetzt der Dampfwagen zwischen Mannheim und Heidelberg gewöhnlich geht, und soll daher dienen für folgende 4 Zwecke:

1) für Staffetten und Couriere rc.,
2) für verspätete Passagiere schnell nachzuliefern,
3) für Extratouren, wie Extrapostfahrten, besonders für vornehme und reiche Leute, die alsdann die Annehmlichkeiten haben:
   a) von keinem Steinkohlengeruch incommodirt zu werden, der gleich Haut und Weißzeug rc. trübt,
   b) etwas gefahrloser tiefer sitzend, die freie Aussicht zu genießen,
   c) nach Belieben langsamer und noch schneller zu fahren als bisher, und
   d) sich ungebunden unterwegs aufzuhalten,
4) für neu anzulegende Bahnen, wenigstens für Seitenbahnen, die man dann, wenigstens auf Ebenen viel wohlfeiler anlegen kann (zum Theil für weniger als $^{1}/_{10}$) besonders wenn man die Straßenfläche dabei zu niederer Pflanzenzucht mit Vorsicht benutzt, welchen Gedanken ich wei- ter erkläre, weil man dann nicht die vielkosten- den großen Eisenmassen und Fundamenten braucht, um den ungeheuer schweren Dampfwagen zu tra- gen, sondern man braucht fast nur Rahmenschen- kel zu legen, mit viel dünnerem Beschläg! —

Dadurch betragen die Kapitalzinsen viel weniger, während die Triebkraft à Person per Station höchstens einen Groschen kostet, und gesunde Leute sich auch mit Spaß mehrere Stationen aneinander schnell treiben können.

Der Freiherr von Drais.

Keßler & Martiensen zu Beiertheim bei Karlsruhe mehrfach lieferte. Nachteil: Die Arbeiter zum Antreiben nutzten lediglich die Armmuskulatur, wo doch die Beinmuskulatur dreimal so leistungsfähig ist, wie Drais wußte.

Also läßt Drais einen Schienenwagen mit Fußantrieb bauen – *für unmittelbare Umdrehung der hintern Achse (mittels Trillings und Zahnstangen).* Trilling ist eine andere Bezeichnung für Laternenrad, eine Walze aus Stangen, die wie ein Zahnrad benutzt wird. Da Drais immer ein radikaler Vereinfacher war, ist das m. E. so zu lesen, daß er wie bei der Fahrmaschine Eins ein großes Laternenrad als Tretmühle auf der Hinterachse befestigte, um die Hinterräder unmittelbar anzutreiben, wobei über der Tretmühle *ein bequemer lederner Reitsitz schwebt (Mannheimer Morgenblatt 9.3.1843).* Wozu dann aber die Zahnstangen? Um sie auf den Gleisen zu verlegen – nach dem Prinzip der Zahnradbahn! Man kann damals kaum glauben, daß Eisen auf Eisen genügend Reibung fürs Fortkommen liefert. Nachdem es bei den *ungeheuer schweren Dampfwagen* doch funktioniert, hat Drais bei dem leichten Schienenwagen wieder Bedenken. Ob die Zahnstange wie heute bei Bergbahnen in der Mitte, oder wegen der Durchbiegung der Stäbe des Laternenrads eher bei einer der Schienen verlegt war, muß offenbleiben (siehe Rekonstruktions-Skizze). So würden nur Geleise aus hölzernen Türrahmenschenkeln gebraucht, wobei er den Gleiskörper – ganz ökologisch – zudem zur Pflanzenzucht nutzen will.

Doch was hat es mit den von Drais genannten Vorgängern in Wien und Berlin auf sich? Daß ein Wiener Seidenfabrikant Franz Aloys Bernard 1838 ein Patent auf einen dreirädrigen Muskelkraftwagen auf Schienen erhielt, war schon seit Feldhaus bekannt *(Feldhaus 1914).* Doch daß diese drei Räder <u>hintereinander</u>, also einspurig, angeordnet waren, konnte man erst nach Auffinden des Patentantrags No. 2700 vom 30.10.1837 erkennen. Bernard reagierte damit vermutlich auf den neuen Bedarf nach Individualverkehr

Drais` Teststrecke unten, links Abstellort seines Prototyps und Drais` Wohnung rechts *(Stadtarchiv Karlsruhe)*

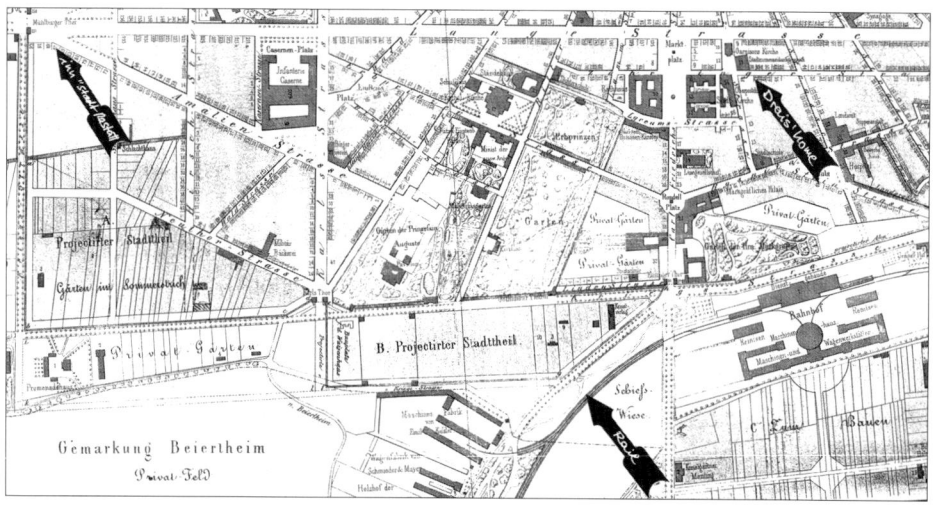

464

1843

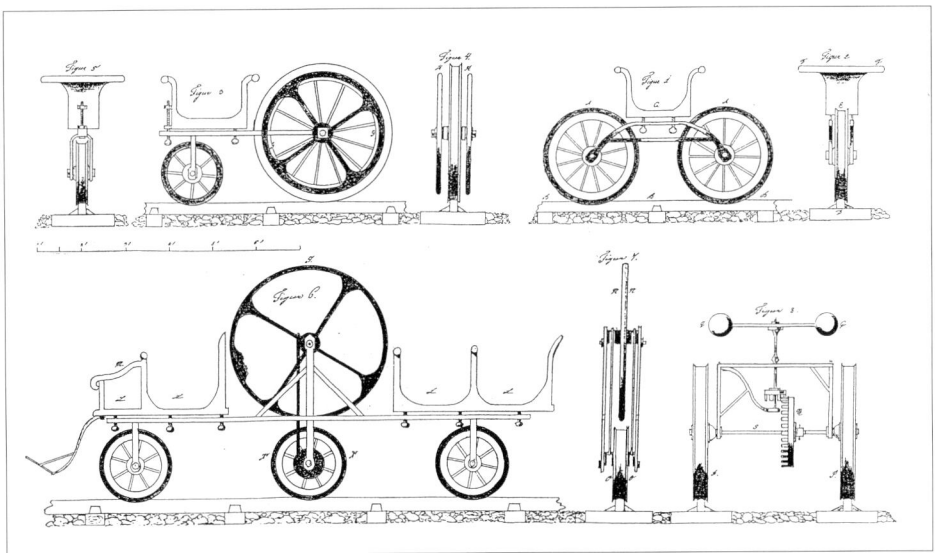

auf Schienen, nachdem die Linz-Budweis-Pferdebahn 1836 auf Dampf-
betrieb umgestellt worden war. Die Bahngesellschaft hatte jetzt keine Pferde mehr, womit ein Bahnbeamter zuvor zwischen den Gleisen reitend einen individuellen Trip machen konnte. Seine *einfache Schnellaufmaschine* Fig. 1
ist ein Zweirad im Janus-Design, das nicht balanciert werden kann, aber
zum Antrieb sich ohnehin auf den linken oder rechten Fuß stützt. Die
Namensgebung Eisenbahndraisine beruht also darauf, daß die erste ein
Zweirad war wie die Draisine zu Lande. Im übrigen folgt Bernard analog zur
Dampfmaschine dem Irrglauben an irgendeinen Gewinn durch ein
Schwungrad. Drais erwähnt auch, daß der Gastwirt von *Stadt Rastatt* eine *ei-
gentümliche Laufdraisine* habe. Dieser 40jährige Louis Müller war gelernter
Mechaniker und hatte sich vermutlich ein Schienen-Zweirad à la Bernard
gebaut – ein früher Railbiker, wie man dies heute nennen würde. Und in
Preussens Technische Deputation für Gewerbe enthält die Akte *Draisinen*
zwischen 1833 und 1844 fünfzehn Vorgänge *(Re-
cherche von Dörte Bleckmann)*.

Wie Drais` erster Biograph, der Kaufmann Ernst
Noetling schreibt, *besaß der Freiherr die Erlaubnis, das
Schienengeleise vor dem Ettlinger Tore in Karlsruhe zu seinen Probefahrten ... zu benützen (Noetling 1884)*. Ganz
offensichtlich wird Drais in Karlsruhe bei den
Bahntechnikern ernstgenommen, anders als bei
den Demokratenfressern Dahmen und Hoffmann
in Mannheim. Drais bezeichnet nun in seinen Ver-
öffentlichungen Karlsruhe als seine Vaterstadt
und zieht 1845 dorthin um. 🦢

Mit Schwungrad: Ein- und
Zweispurige Schienendraisinen
aus Bernards Patentantrag 1837
*(Archiv Technische Universität
Wien)*

Kein Vertrauen in die Reibung:
Berliner Lokomotive für
Saargrube 1817 *(Feldhaus
1914)*

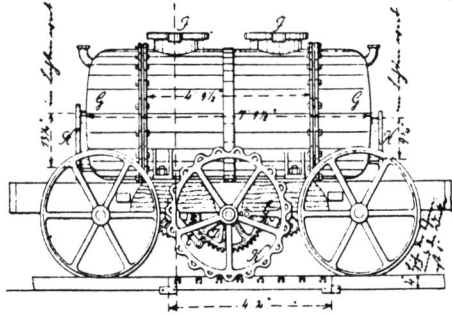

In Karlsruhe kaum besser

Ab 1845 wohnt Drais in Karlsruhe, aber auch hier holen ihn die Erynnien infolge seiner politischen Anschauungen ein. Er setzt noch neue Konzepte in die Zeitung, aber fürstlichen Schutz zu beantragen, hat er – realistisch genug – aufgegeben.

Das Finanzministerium wird aufgrund einer Benachrichtigung vom 30. Oktober tätig und veranlaßt die Pensionszahlung in Eberbach einzustellen, also wird Drais um diese Zeit endgültig nach Karlsruhe gezogen sein. Daß er schon seit Januar 1842 wieder in Mannheim Litera M4, 10 eine Wohnung hatte, hat er der Behörde verschwiegen. Bereits im August 1845 ist er offenbar in Karlsruhe und gibt von dort im *Mannheimer Morgenblatt* die Anzeige (nächste Seite) auf, jetzt immer beglaubigt, damit politische Gegner keine Chance haben, unter seinem Namen irgendwelchen Schwachsinn zu lancieren. Auch diese seine Visionen einer Mietdroschke werden später in Erfüllung gehen. In der Dritten Welt wird selbst seine Vorstellung wahr, daß Rikschafahrer das Warten auf Passagiere mit Schneiderarbeiten überbrücken, wie man in Ostasien heute noch sehen kann. Eine Droschke für zwei Passagiere und einen Fahrer soll 400 Gulden kosten. 1847 wird er noch die Anzeige (rechts) in die *Karlsruher Zeitung* setzen und nochmals das Großherzogliche Hausministerium um Rehabilitierung nach seinem gegen Polizeikommissär Hoffmann offenbar gewonnenen Prozeß bitten (*GLA 76/1673-142*).

Der Initiator der Umbettung des toten Drais 1891 in den neuen Karlsruher Friedhof, Gewerbeschuldirektor Dr. Thomas Cathiau, schreibt in seiner zur Denkmalserrichtung erschienenen Festgabe: *Wechselnd wohnend bald in der Zähringerstraße, bald in der Waldhornstraße, bald in der Schlachthausstraße und unterstützt von seinen Geschwistern lebte er hier, mit seinen Erfindungen und Maschinen be-*

Schon vor Drais` Zuzug: (österreichische?) Laufmaschine mit Bruststütze im Faschingsblatt *(Stadtarchiv Karlsruhe)*

NARREN-SPIEGEL.

SIEBENTER UND LETZTER.

Carlsruhe, den 20. Februar 1844.

1845

schäftigt ... ein ganz behagliches Dasein. Er hatte Anschluß an Familien gefunden, in welchen er ein immer gern gesehener Gast war (laut Widmung des Exemplars der BLB u.a. Familie v. Gulat), und verstand es auch durch allerlei gesellschaftliche Talente, insbesondere durch Deklamation klassischer Dichtungen von Schiller, Goethe und anderen, wobei er ein staunenswertes Gedächtnis bekundete, sich wohlbeliebt zu machen. Eine besondere Liebhaberei war es ihm übrigens, seiner Unzufriedenheit mit lokalen Vorgängen durch die Presse Ausdruck zu geben – in der Redaktion des (Karlsruher) Stadt- und Landboten z.B... (Cathiau 1893).

Doch es kann der Frömmste nicht in Frieden leben, wenn es den Nachbarn nicht gefällt. Schon in Mannheim begannen auf die Person Drais` gerichtete Karikaturen zu erscheinen, wozu bei Lebzeiten des Vaters sich niemand traute. Drais erwähnte im August 1833 in einem Schreiben an den Herrscher: *Hier hat der sehr geschickte Sohn des Zuckerbäcker Brechter viel Talent gegen mich verschwendet* (GLA236/6735-52a). Hierbei könnte es sich um jene kolorierte Miniatur-Lithographie 50 x 37 mm aus dem Besitz des Mannheimer Gastwirts Daniel Frey handeln, die in den 1950er Jahren noch vorhanden heute bei den Reiß-Engelhorn-Museen verschollen ist *(Noetling 1884)*. Die Erwähnung des Heizofens datiert diese auf frühestens 1833. Allerdings könnte das Fehlen der Kammerherrnknöpfe an der Kleidung auch auf den Entzug der Kammerherrnwürde 1835 abheben. Die Pappeln im Hintergrund und die unverstellbare Laufmaschine bedeuten, daß hier die Erstfahrt von 1817 dargestellt werden soll. Die schwarze Haarfarbe kann nicht stimmen – vermutlich hat der Verfertiger den damals 50jährigen, grauhaarigen Drais in Unkenntnis dessen jugendlicher Blondheit eben

Drais` letzte bekannte Anzeige zum Landverkehr im *Mannheimer Morgenblatt* vom 1.8.1845

Verschollene schwarzhaarige Karikatur <u>ohne</u> Kammerherrnknöpfe, wahrscheinlich 1835 in Mannheim entstanden. Maßlaufmaschine und angedeutete Pappeln im Hintergrund beziehen sich auf die Erstfahrt 1817 *(Kübler 1951)*

Schwarzhaarige Karikatur um 1845, kolorierte Lithographie, signiert Hartenstein. Laut späterer Angabe aus der Lithographischen Anstalt von Wahl & Berggötz in Aue bei Durlach.
Maßlaufmaschine, Pappelallee und die Berge Königstuhl und Hirschberg im Hintergrund verweisen auf die Erstfahrt 1817 *(Reiß-Engelhorn-Museen Mannheim)*

auf schwarz verjüngt. Daher ist die Karikatur m. E. nicht authentisch!

Noetling hielt diese für eine Kopie der viel größeren Karikatur 190 x 210 der Reiß-Engelhorn-Museen, damals im Besitz eines Mannheimers namens C. L. Künstler. Doch es spricht viel dafür, daß es sich genau andersherum verhält. Denn die hiermit stark ähnelnden beiden Flugblätter für Drais-Gegner wie Drais-Anhänger anläßlich der Umbettung 1891 tragen den Hinweis: *Nach einer um die Mitte der vierziger Jahre in der Lithographischen Anstalt von Wahl & Berggötz in Aue bei Durlach hergestellten Zeichnung.* Wegen der starken Ähnlichkeit kann die größere Karikatur als ebendiese Vorlage gelten und ist demnach um 1845 von Wahl & Berggötz vertrieben worden. Vermutlich kopierte man dort die kleinere aus Mannheim, wobei deren schwarze Haare übernommen und lediglich – aus Unkenntnis? - die Kammerherrnknöpfe angebracht wurden. Signiert ist die 1845er Karikatur von einem Hartenstein. Dessen Lebensumstände sind nicht bekannt, doch besitzt das Wehrgeschichtliche Museum zu Rastatt von seiner Hand die Lithographie einer Gendarmerie-Stube 1835 und das Bleistift-Portrait eines badischen Dragoners von 1847. Die Aufschriften von Hand auf den Karikaturen dürften von den Vorbesitzern stammen. ❧

566. Karlsruhe.

Erfindungen.

Der Freiherr von Drais ist rücksichtlich seiner, in dem Londoner Mechaniks-Magazin mit Abbildung beschriebenen und in öffentlichen Druckschriften *) hoch anerkannten Erfindung einer Schnellschreibmaschine, eines Mittels, um noch schneller zu schreiben, als der schnellste Sprecher sprechen kann (mehr als 1000 Buchstaben in einer Minute) auf den weitern Zusatzgedanken gekommen, zugleich auch in Kupfer graviren zu können, und zwar (wie auch in Papier) in viel vollkommenerer Schrift, als man bisher hatte, sogar deklamatorisch, indem die Zwischenräume des Sprechens durch die Zwischenräume zwischen der Schrift, die Stärke des Tons durch die Dicke der Eingravirung, durch die keilförmigen Stahlstifte in Papierkupfer mit elastischem Leder unterlegt, ausgedrückt wird) und wodurch die Schnellsetzmaschine des Hrn. Tschulik in Wien, dem laut den deutschen Zeitungen des Januars 1846 von Amerika aus 50,000 Dollars (100,000 fl. schwere) für ein vollständiges Exemplar angeboten wurden, — weit übertrifft.

Zu nähern Erklärungen dafür mit Vergnügen bereit, wie auch für seine anderen Erfindungen (Eisenbahn-Draisinen, viel wohlfeilere Draisinen-Eisenbahnen, Droschkendraisinen, und Holz ersparende Einrichtungen ꝛc.) behält sich übrigens der Freiherr von Drais seine Erfindungspatentrechte vor und bietet sie Länderoder Exemplarweise zum Kauf an, mit der Bemerkung, daß er wegen schnelleren Ausführungen weiterer nützlicher Erfindungen die ersten Käufe viel wohlfeiler und **die letzten viel theurer abzuschließen gedenkt**, z. B. 100 Exemplare für 10,000 fl. und alle deutsche pekuntäre Erfindungsrechte, rücksichtlich einer Erfindung für 60,000 fl. wovon nur 10,000 fl. gleich und die andern 50,000 fl. erst gleich nach Brutto-Empfang von 100,000 fl. (der gewöhnlichen deutschen Bundesbelohnung für große nützliche Erfindungen) bezahlt werden sollen.

*) Hauptsächlich in der Frankfurter Oberpostamts-Zeitung, der Münchner Akademie der Wissenschaften, und dem neuen Magazin aller neuen Erfindungen, Entdeckungen, und Verbesserungen, Band III. Stück 3. Chronik S. 201, herausgegeben von dem königlich preußischen Hrn. Geheimerath **Dr. Hermstädt**, dem Hrn. Professor der Medizin, Chirurgie und Therapie **Kühn**, dem Hrn. Prof. der Mathematik, Physik ꝛc. **Dr. v. Boppe**, und dem Hrn. Buchhändler **Dr. Baumgärtner** zu Leipzig ꝛc.

Stenomaschine gleich auf Druckplatte: aus der *Karlsruher Zeitung* vom 25.4.1847

Badische Revolution

Der lang angestaute Wiedervereinigungswunsch, der Aufstand in Frankreich, der griechische und der polnische Freiheitskampf fördern den Versuch des Reichszusammenschlusses der widerstrebenden Fürstentümer auf parlamentarischem Wege. Als dies mißlingt, kommt es zu bewaffneten Aufständen, in Baden sogar kurz zu einer revolutionären Regierung.

Die Kartoffelfäule sucht 1845 Irland heim und führt zu einer Katastrophe ungeahnten Ausmaßes. Mindestens 700.000 Iren verhungern, Millionen suchen ihr Heil in der Auswanderung. Ein Jahr danach erreicht die Kartoffelfäule die deutschen Fürstentümer. Infolge der Mißernte steigen die Preise für das verbleibende Grundnahrungsmittel, das Getreide. Hinzu kommt eine Wirtschaftskrise, die viele Einkommen unter das Existenzminimum drückt. Hunger erzeugt Hungertyphus - daran sterben z.B. allein in Oberschlesien 16.000 Menschen. Aus Protest gegen die von den Herrschern nicht gemeisterte Krise, die Teuerung und den Wucher der Händler kommt es 1847 vielerorts zu Hungerrevolten, Plünderungen und Unruhen. Aus der Massenarmut erwächst die Unzufriedenheit mit den bestehenden Verhältnissen. Einzelne Fürstentümer, wie das Großherzogtum Baden, haben sich eine Verfassung gegeben und sprechen von *Staatsbürgern*, wogegen der Bayernkönig die Rückkehr zur Bezeichnung *Untertan* einläutet. Der Preußenkönig ruft zur Finanzierung einer Eisenbahnlinie widerwillig seinen Landtag ein, macht aber zugleich klar, daß er wegen seines Gottesgnadentums eine Verfassung weiterhin ablehne: *Ich strebe nicht nach eitler Volksgunst!* Als ihm die Landstände daraufhin die 25-Millionen-Taler-Anleihe verweigern, löst er den Landtag kurzerhand wieder auf.

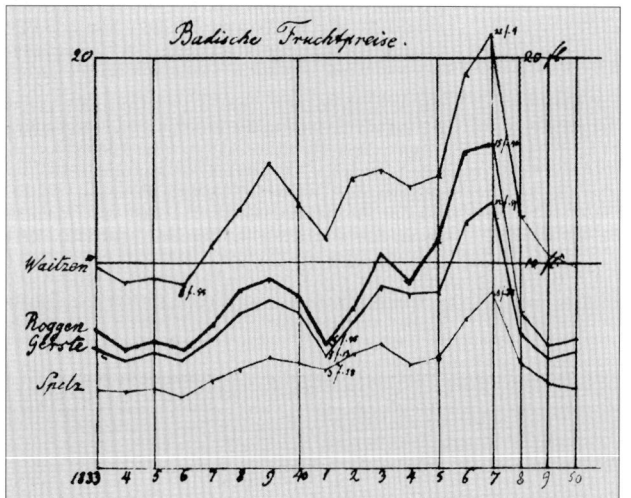

Links: Getreide-Teuerung 1846/47, diesmal ausgelöst durch Kartoffel-Mißernte (*Universitätsarchiv Heidelberg*)

Rechte Seite: Die Unruhen in Baden 1848 (*Wehrgeschichtliches Museum Rastatt*)

470

1847

Die Unruhen in Baden im April 1848.

Rhein-Uebergang der Freischärler.

Gagern's Tod.

Erstürmung von Freiburg im Breisgau.

Auf der Brücke von Mannheim.

Herwegh Flucht.

Letzter Verzweiflungskampf der Aufständischen.

Nürnberg, bei P.C.Geissler.

1848 geht es dann Schlag auf Schlag: Die französische Februarrevolution zwingt den Bürgerkönig Louis Philippe zur Abdankung und ruft die Republik aus. Im März stürzt ein Aufstand in Wien den österreichischen Staatskanzler Fürst Metternich, den Kopf der Reaktion. Daraufhin führen Schießereien bei einer Versammlung vor dem Königsschloß in Berlin zu Barrikadenkämpfen. Im Großherzogtum Baden, wo die Abgabenlast an den Wasserkopf an lokalen Adligen viel drückender ist als etwa im Königreich Württemberg, ruft im April der radikale Demokrat Friedrich Hecker in Konstanz die Republik aus. Doch badische Truppen treiben die Aufständischen nach einer Woche ins Exil in die Schweiz. Ein Treffen von Liberalen und Demokraten aus dem deutschen Süden hatte im März schon in Heidelberg die Einberufung eines Vorparlaments beschlossen, das im gleichen Monat noch in Frankfurt zusammentrat und Wahlen zu einem gesamtdeutschen Parlament beschloß, die von April bis Mai tatsächlich stattfinden. Im Mai tritt in der Frankfurter Paulskirche die gewählte Nationalversammlung erstmals zusammen, bald aus Enttäuschung das „Professorenparlament" genannt. Die Ziele sind hoch: Schaffung einer Reichsverfassung für einen deutschen Nationalstaat, gegen den Widerstand der Regenten vor allem von Österreich und Preußen. Zum provisorischen Reichsoberhaupt wird Ende Juni der Draisinen-Fan Erzherzog Johann ernannt (siehe früheres Kapitel *Ein Pfälzer in Wien*). Drei Wochen später datiert das politische Glaubensbekenntnis von Drais mit der Forderung nach dem imperativen Mandat, das er vermutlich dann doch nicht in die Zeitung setzte (siehe Kapitel *Staatsfeinds Kochkiste*)

Doch ein gegen Dänemark beschlossener Krieg zur Abwendung der drohenden Eingliede-

1848

471

Das merkwürdige Jahr 1848.—Eine neue Bilderzeitung.—37stes Bild.

Wüthender Angriff der Republikaner
auf das in der Paulskirche zu Frankfurt versammelte
deutsche National-Parlament, am 18. September 1848.

rung Schleswigs nach Dänemark erweist die Ohnmacht der Nationalversammlung. Das kriegsmüde Preußen schließ stattdessen einen Waffenstillstand mit Dänemark. Als die Nationalversammlung nun ihren Beschluß revidiert, kommt es in Frankfurt zum Aufruhr, wobei zwei preussische Abgeordnete ermordet werden (Abbildung oben

Revolutions-Katalog 1998). In Baden kommt es unter der Anführung des Mannheimer Anwalts Gustav Struve erneut zu einem bewaffneten Aufstand, der wieder scheitert. Die im März 1849 verabschiedete Verfassung eines Deutschen Reiches ohne Österreich bleibt Makulatur. Denn im April weist der Preußenkönig Friedrich Wilhelm IV. die ihm von der Nationalversammlung angetragene Kaiserkrone zurück. In einem Brief schreibt er: *diese Krone ist ein Hundehalsband*. Damit ist die 1848er Hoffnung auf ein vereinigtes Deutsches Reich gescheitert. Das Parlament verläßt bis auf die preussischen und österreichischen Abgeordneten Frankfurt und fährt per Bahn nach Stuttgart, wo es der württembergische König durch Militär auseinanderjagen läßt.

Nun brechen in vielen Fürstentümern Volksaufstände los. In Baden versammeln sich die im Vorjahr gegründeten Volksvereine in Offenburg, um ihre Opposition zu organisieren und die Reichsverfassung aus Frankfurt zu proklamieren oder, wie eine Gruppe um den Mannheimer Verwaltungsbeamten Armand Goegg fordert, gleich die Republik auszurufen, was den württembergischen Teilnehmern aber zu weit geht. Schon am Vorabend, dem 11. Mai, kommt es in fast allen Garnisonsstädten, vor allem in Rastatt und Karlsruhe, zu Soldatenaufständen. Und dies ist genau der Zeitpunkt, zu dem Karl von Drais in der Karlsruher Zeitung vom 12. und 22.5.1849 seine Adelstitel per Anzeige niederlegt!

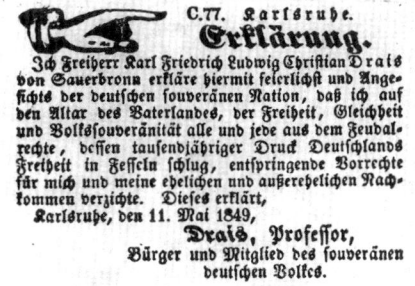

Wir wissen zwar, daß Drais bereits um 1838 noch in Mannheim vor der Harmoniegesellschaft das imperative Mandat gefordert hat und daß er seitdem von Leopolds Beamtenapparat verfolgt und kujoniert wurde, aber über den unmittelbaren Anlaß jetzt 1849 können wir nur Mutmaßungen anstellen. Die Stimmung gegen den im Großherzogtum Baden florierenden Besitzadel war aufgebracht: *Andere Völker haben ihren Adel vernichtet, die Deutschen haben Fürsten und Standesherrn daraus ge-*

macht, Giftbeulen des Menschengeschlechts, soviel offene Wunden, aus denen das Vaterland verblutet, schrieb die Karlsruher Zeitung auf der Titelseite drei Tage nach der Flucht des Großherzogs. Eine Unterscheidungsmöglichkeit zwischen Beamtenadel und Besitzadel gab es nicht – Demokrat Drais wollte mit denen nicht mehr in einen Topf geworfen werden.

In Karlsruhe etabliert sich eine provisorische Regierung unter dem Abgeordneten Lorenz Brentano. Die Karlsruher Bürgerwehr, bei der Drais offenbar Anschluß fand, ohne daß eine Mitgliedschaft belegt werden kann, verhält sich (anders als die Mannheimer) reserviert gegen die am 19. Juni einmarschierenden Freischaren. Sie blieb letztlich dem Großherzog treu ergeben. Als die Badener eine Verfasssungsgebende Versammlung wählen, die ein künftige Staatsverfassung erarbeiten soll, erklärt Leopold vom sicheren Koblenz aus den Kriegszustand gegen sein Volk und ruft die Preußen zur Hilfe. Die von Badenern und Pfälzern aufgestellte Volksarmee von 45.000 Mann steht einer Übermacht von 100.000 württembergischen, bayerischen, hessischen und preußischen Soldaten unter preußischer Führung gegenüber. ❦

Demokrat Drais bleibt standhaft

Als nach der Flucht Großherzog Leopolds die preußische Militär-intervention das Blatt wendet, stellen zwei adlige Heißsporne Karl Drais' Loyalität auf die Probe. Drais fällt nicht um und wird übel mißhandelt.

Drais-Feind Joseph Ignaz Peter. Der strafversetzte Oberhof-gerichtsrat wird in der Revolutionsregierung Justizminister. Er hatte z.B. die Möglichkeit, die Drais-Prozeßakten verschwinden zu lassen *(Generallandesarchiv Karlsruhe)*

Als nach der Rastatter Truppenmeuterei die Hilferufe des Großher-zogs nach Frankfurt um Militärhilfe unerhört bleiben, wird für ihn die Lage in Karlsruhe brenzlig, zumal zwei als Verstärkung gedach-te Infanterie-Kompanien aus Bruchsal betrunken und disziplinlos ankom-men. Die Karlsruher Soldaten meutern mit, erschiessen den Dragoner-rittmeister La Roche und zwei weitere loyale Soldaten und versuchen das Zeughaus mit den Waffenvorräten zu stürmen. Den Offizieren und dem Großherzog mit Familie bleibt nur noch die Flucht. Angesichts der Bedro-hung besinnt sich die zunächst recht aufmüpfige Bürgerwehr auf ihre Ver-antwortung für die Stadt und beschützt das Waffenlager im Zeughaus und auch noch Großherzog Leopolds Weinkeller.

Aus der zweiten Zeitungsanzeige (letztes Kapitel) von Karl Drais erfuh-ren wir immerhin, daß er mit den Bürgerwehrleuten guten Kontakt pflegte, ohne allerdings in deren Listen aufzutauchen (Mitteilung von Dr. Heinz Schmitt). Mit seinen 64 Jahren kann er altershalber wohl nicht mehr Voll-mitglied der Bürgerwehr werden. Doch auf dem pompösen Gemälde der Rückkehr des Großherzogs stellt ihn der Hofkupferstecher Louis Hoffmeister (nächstes Kapitel) mit einer Kopfbedeckung ähnlich dem Tschako der Bür-gerwehr dar, wohl aus Mitleid, um den Demokraten vor preußischer Verfol-gung zu bewahren. Allerdings steht da Drais unter den Zivilisten, nicht in den Reihen der Bürgerwehr. Ansonsten gibt es nur einen merkwürdigen Passus in der Festschrift zur Denkmalsenthüllung, verfaßt 1893 vom Initia-tor, Gewerbeschuldirektor und zugleich ehrenamtlichen Stadtarchivar Dr. Thomas Cathiau. Als Beamter des Großherzogtums Baden muß er sich vom abtrünnigen Demokraten Drais distanzieren, ohne seine Solidarität mit dem Erfinder Drais aufzugeben. Also wird er ihm die *Uniform des Bürgerwehrmanns* geben, weil sich die Bürgerwehr als monarchentreu erwiesen hat, und schrei-ben: *Zeitgenossen erzählen, wie v. Drais im Jahr 1848* (richtig: 1849) *beim sogen.* *„Verbrüderungsfeste" den Aufzug am Großherzoglichen Schloß vorüber mit gezogenem Hirschfänger als Abteilungsführer mitgemacht habe; - im Promenadenhaus hatte man sich* *die erforderliche Begeisterung in Freibier geholt. - Aus diesen Gründen war der badische Adel schlecht auf den demokratisierenden Freiherrn zu sprechen* (Cathiau 1893).

Hintergrund hierzu: Nachdem Preußen doch dem Großherzog zu Hilfe kommt, haben die Aufständischen, verstärkt durch Freiheitskämpfer aus anderen Ländern, unter dem polnischen General Ludwik Mieroslawski in den Gefechten keine Chance gegen die Übermacht. Die bayrische Pfalz auf der anderen Rheinseite wird im Juni von den Aufständischen aufgegeben, die sich auf badisches Gebiet zurückziehen. Hier kommt es in Mannheim zur Verbrüderung mit der Bürgerwehr, <u>nicht</u> jedoch in Karlsruhe, zumindest ist hier ein Verbrüderungsfest ansonsten nicht nachgewiesen. Natürlich gibt es auch in Mannheim ein großherzogliches Schloß, aber kein Promenaden-haus. Cathiau meint wahrscheinlich eine Parade der revolutionären Volks-wehr, <u>nicht</u> der das Schloß bewachenden Bürgerwehr, am 4. Juni 1849 vor dem Karlsruher Schloß, die hoch zu Roß der neue Justizminister Josef Ignaz Peter abnahm – vier Jahre jünger als Drais und laut Drais' 1842er Schreiben *(GLA 236/6735-115a)* einer seiner Gegenspieler aus Mannheimer Zeiten *(Raab 1998)*.

23.000 Revolutionären stehen bald 75.000 Mann Interventionstruppen gegenüber. Deren Sturm auf Durlach am 25. Juni kann immerhin solange aufgehalten werden, bis alle Revolutionäre Karlsruhe verlassen haben. Noch am selben Tag rücken die Preußen unter Prinz Wilhelm von Preußen (späte-rer Kaiser Wilhelm I.) in Karlsruhe ein. Es beginnt das bis 1851 während Stadtregiment durch die preußische Besatzung. Nach der großen Schlacht bei Gernsbach flüchtet der Rest der Volkswehr in die vermeintliche sichere Festung Rastatt, wo sie nach preußischer Belagerung, Beschuß auch der Stadt und einem vergeblichen Ausfallversuch dann am 23. Juli kapituliert: die badische Revolution ist gescheitert.

Die Nachricht vom Fall der Festung Rastatt ermuntert zwei Vertreter des Beamtenadels im preußisch besetzten Karlsruhe, einen Herrn v. Edelsheim und einen Herrn v. G., den alten Drais auf die Probe zu stellen, ob er noch am Demokratentum festhält – jetzt schon ein ganz risikoloses Unterfan-gen, das keinerlei politischen Mut mehr erfordert. Es handelt sich wohl um

In Baden-Baden gab es ein Promenadenhaus und ein großherzogliches Schloß. Der Vorfall ist dort bislang nicht nachgewiesen (Mitteilung von Dieter Bäuerle)

Die pfälzischen Freischaren in Karlsruhe. Zweiter Reiter von links: der eher gemäßigte Lorenz Brentano, Kopf der Karlsruher Revolutionsregierung, daneben zu Pferd die bewaffnete Frau Elise Blenker aus Worms *(Generallandesarchiv Karlsruhe)*

Einzug der pfälzischen Freischaaren in Carlsruhe am 19. Juni 1849.

den 26jährigen Ludwig Wilhelm v. Edelsheim, Banneradjutant der Bürgerwehr, der es später zum badischen Gesandten und Staatsminister bringen wird (oder einen seiner beiden jüngeren Brüder). Der Herr von G. könnte ein Gemmingen, Geusau oder Göler, aber kein Gayling sein (Mitteilung von Herrn Paul-René Zander). Karl Drais' Standhaftigkeit und schwere Mißhandlung stößt auf Solidarität bzw. Mißbilligung in der Karlsruher Bürgerschaft - so die Karlsruher Tageszeitung *Die Biene* vom 25. Juli 1849. ❦

Im von Preußen besetzten Karlruhe beschließen zwei Monarchisten, Karl Drais zum Loyalitätstest zu nötigen, als mit dem Fall Rastatts das Ende der Revolution abzusehen ist. Die bereits wieder monarchentreue Redaktion berichtet dennoch!

Die Biene.

Erscheint täglich, mit Ausnahme des Montags. Preis: ohne Postaufschlag halbjährlich 48 kr. Anzeigegebühr die gespaltene Petitzeile oder deren Raum 2 kr.

Bestellungen nehmen alle Postanstalten an, für Karlsruhe die Expedition, G. Macklot'sche Hofbuchdruckerei, Waldstraße Nr. 10.

Karlsruhe.   Mittwoch, den 25. Juli   1849.

Eingesandt.

Vor wenigen Tagen hat sich in unsern Mauern ein Ereigniß zugetragen, das, wiewohl es in aller Leute Mund ist, dennoch von Ihren Blatte besprochen zu werden verdient. Man kennt hier allgemein den Herrn von Drais als einen Mann, der Niemand Anlaß zu irgend einer Beleidigung gibt. Diesen lockten die Herren v. G. und v. E. in's goldene Kreuz, boten ihm ein Glas Wein an, und forderten ihn auf, nachdem er dieß getrunken, ein großes Glas Schnaps auf die Gesundheit des Großherzogs zu leeren. Als er sich dessen geweigert, wurde ihm ein Tuch über das Gesicht geworfen und er mit Schlägen dermaßen traktirt, daß heute noch die Spuren dieser niederträchtigen Mißhandlung zu sehen sind. Auf seinen Hülferuf wurde er zur Thüre hinausgeworfen; Unser Polizeiamt ist indessen bereits hinter den Vorfall gekommen, und wir erwarten von seiner Gerechtigkeit, daß es unnachsichtlich und ohne Beachtung eines Ständeunterschiedes den frechen Uebermuth, der in jetziger gedrückter Zeit sich auf so gemeine Weise äußern konnte, mit aller Strenge des Gesetzes zügeln und ahnden werde. Wir werden uns um den weitern Verlauf dieser Sache sehr bekümmern und das Ergebniß in diesem Blatte veröffentlichen.

Karlsruhe.

Mehrere Bürger.

Herausgeber und Verleger: **H. Berthold.**

Radwanderer, kommst Du nach Karlsruh, leere ein Glas auf Drais im „Goldenen Kreuz" - das gibt´s noch.
Aquarell von Eugen Seelos, angefertigt 1911 nach einer Lithographie von Peter Wagner. im Hintergrund das Hotel „Zum Goldenen Kreuz mit Blick in die Zähringer Straße, in der Drais wohnte. *(Stadtarchiv Karlsruhe)*

Berichtigung.

Das Karlsruher Tageblatt vom 29. d. M. enthält eine „v. Edelsheim" unterzeichnete Anzeige folgenden Inhalts: „Das hier verbreitete Gerücht über einen mit dem Herrn v. Drais stattgehabten Vorfall, wie es in einem Artikel der Biene vom 25. Juli geschildert ist, erkläre ich für eine Lüge. Die Redaktion jenes Blattes habe ich wegen des genannten Artikels auch bereits gerichtlich belangt."

Aus dieser Anzeige ersehen wir, daß der in unserer Mittheilung vom 25. d. M. über jenen Vorfall nicht genannte, sondern nur mit v. E. bezeichnete Herr, also Herr v. Edelsheim heißt. Wir sind indessen durch dessen öffentliche Anzeige nicht im Geringsten über die Unwahrheit unserer Mittheilung belehrt; wir wissen vielmehr, daß Herr v. Edelsheim nach amtlichen Protokollen bereits beim Verhör eingestanden hat, daß er es gewesen ist, der dem Herrn v. Drais ein Tuch über das Gesicht geworfen hat. Inwiefern wir also unrecht berichtet haben, das müssen wir unsern Lesern zu beurtheilen überlassen. Was aber die uns angeschuldigte Lüge anbelangt, so sehen wir uns veranlaßt, diesen Vorfall nicht mehr in unserem Blatte weiter zu besprechen, sondern wir werden die Sache in drei größeren deutschen Zeitungen zu verbreiten und noch ausführlicher zu beleuchten suchen.

Die Redaktion der Biene.

Eine Woche später gibt die Berichtigung den Namen von Edelsheim an (*Die Biene vom 31. Juli 1849*)

1849

477

Preussens Vergeltung

Mit der Rückkehr des Großherzogs dank Preußens Sieg beginnt die Verfolgung der aufrührerischen Demokraten bis zu standrechtlichen Erschießungen. Andere werden in die Irrenanstalt abgeschoben, bei Karl Drais versucht das preussische Stadtregiment die Entmündigung.

Parade der Bürgerwehr vor Großherzog Leopold am 18. August 1849. Aquarell mit gezeichneter Legende von Hofkupferstecher Louis Hoffmeister, fertiggestellt 1850. Karl Drais steht bei den Zivilisten (siehe Ausschnittvergrößerung) *(Stadtmuseum Karlsruhe)*.

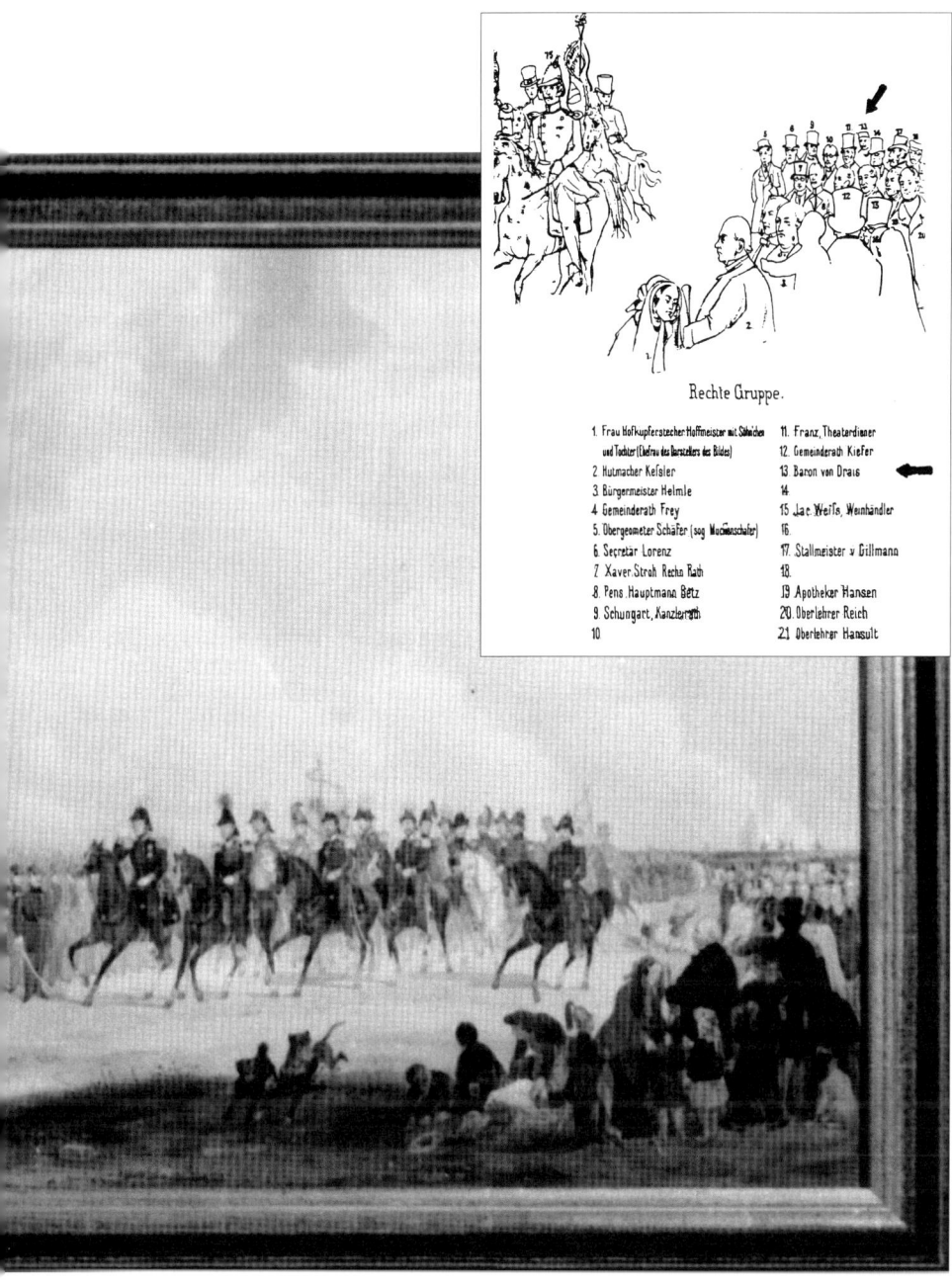

Rechte Gruppe.

1. Frau Hofkupferstecher Hoffmeister mit Söhnchen und Tochter (Ehefrau des Darstellers des Bildes)
2. Hutmacher Keßler
3. Bürgermeister Helmle
4. Gemeinderath Frey
5. Obergeometer Schäfer (sog. Wochenschäfer)
6. Secretär Lorenz
7. Xaver.Stroh Rechn.Rath
8. Pens. Hauptmann Betz
9. Schungart, Kanzleirath
10.
11. Franz, Theaterdiener
12. Gemeinderath Kiefer
13. Baron von Drais
14.
15. Jac.Weiß, Weinhändler
16.
17. Stallmeister v.Gillmann
18.
19. Apotheker Hansen
20. Oberlehrer Reich
21. Oberlehrer Hansult

1849

479

Drei Wochen nach dem Vorfall kehrt Großherzog Leopold per Dampfschiff von Koblenz zurück und hält unter Kanonendonner und Glockengeläut wieder Einzug ins Karlsruher Schloß. Weil sich die Karlsruher Bürgerwehr für ihn geschlagen hat, darf sie an der anschließenden Parade der Besatzungsarmee teilnehmen. Hofkupferstecher Hoffmeister fertigt davon ein Bild an, das 1850 fertig und in der Lesegesellschaft Museum ausgestellt wird, wo es der Großherzog sieht, ankauft und der Stadt zum Aufhängen im Sitzungssaal des Rathauses schenkt. Hoffmeister braucht solange, weil er erst die namentlich dargestellten Bürger porträtieren muß, darunter Baron von Drais, wie er ihn natürlich jetzt wieder tituliert und mit einem Bürgerwehr-Tschako ziert, um den Alten vor weiteren Verfolgungen zu bewahren (Theoretisch könnte es sich auch um Drais-Vetter handeln, der aber erst aus dem 120 km entfernten Freiburg hätte anreisen müssen). Dieses Porträt mit der undefinierbaren Haarfarbe wird 1891 beim neuen Grabmal und Denkmal als Vorlage dienen.

Zum Geburtstag des wieder zur Macht gekommenen Großherzogs – Leopold wird am 29. August 59 Jahre alt – will der 64jährige Karl Drais mit einem Flugblatt gut Wetter machen, den *Gedankenspänen des Freiherrn Carl Friedrich v. Drais, G(roßherzoglich) B(adischer) Staatsbeamter a.D., Staatsbürger etc. etc... Gut gemeint eilig geschlossen, Karlsruhe, den 28. August 1849* – also tags davor. Er nimmt wieder die zwei Vornamen seines Taufpaten und Großherzogs (Leopolds Vater), ja sogar die Schreibweise mit ‚C' an und bekennt sich noch zu seinem demokratischen Staatsbürgertum, aber natürlich ist es nach diesem Politikwechsel und für den Pension beziehenden Staatsdiener Drais hoch ratsam, seine Niederlegung der Adelstitel zu vertuschen. Was er am 19. Mai des Jahres (wie hierin erwähnt) veröffentlichte, als die Wogen der Revolution hochgingen, ist noch nicht gefunden worden. Das Blatt ist im wesentlichen ein Auszug aus seinem 1831er *Vorschlag von einem Badener für Emporhebung der Volkskraft und Bereicherung der Staatskasse mittelst großer guter Erziehungsanstalten ...* (siehe Kapitel *Körper & Geist-Volksfest*). Er empfiehlt diese Volksfeste nun – hört, hört – *auch als eines der Schutzmittel gegen absolut mögliche Revolutionen der Zukunft!* Wie soll er

auch sonst durch die Zensur des Stadtkommandanten kommen - er muß zu Kreuze kriechen, denn er kann nicht nach USA auswandern wie die anderen *Forty-Niner*, die sich dorthin in Sicherheit bringen. Das Scheitern der Revolution hat ihn in eine Krise und Krankheit gestürzt, weshalb das Blatt erst einen Monat nach dem Herrschergeburtstag erscheint. Immerhin erreicht das 3 Kreuzer kostende Blatt doch drei Auflagen – Drais hat noch Unterstützer, die mit ihm zuhause in der Zähringer Straße 43 (später umnummeriert in 63; steht nicht mehr) morgens 10 Uhr und abends 5 Uhr diskutieren können – wie bei Fourier. Die Einnahmen hat er bitter nötig, siehe gleich.

Die preußische Besatzung betreibt nun unter preußischem Kriegsrecht mit aller Härte die Abrechnung mit den gefangenen Revolutionären. Neben den Todes- und Zuchthausstrafen wird ihr Vermögen beschlagnahmt, da sie für die auf drei Millionen berechneten Schäden der Revolution und die Kosten deren Niederschlagung aufkommen sollen. Besatzungskommandant Oberst von Brandenstein verbietet alle Vereine und nichtgenehmigten Druckschriften, bis auf die *Karlsruher Zeitung* auch alle Tageszeitungen. Abendliche Sperrstunde in den Wirtshäusern ist 22 Uhr. Wer sich der Verurteilung nicht durch Fluchthelfer entziehen kann, wandert ins Zuchthaus oder wird standrechtlich erschossen, wie der 57jährige Major Ernst Freiherr von Biedenfeld. Offiziell werden 28 Revolutionäre erschossen, möglicherweise aber weitere heimatlose Revolutionäre ohne Verfahren. Der 42jährige preußische Revolutionär Adelbert von Bornstedt kommt nach der Verurteilung in die Landesheilanstalt Illmenau.

Karl Drais war zwar nur Mitläufer, doch ist *der Commissionär Mors beauftragt, seine Pension einzunehmen und den nicht beschlagnahmten Teil derselben an die Gläubiger auszubezahlen (GLA76/1673a-2)* – das heißt nichts anderes, als daß auch Drais zur Bezahlung der Revolutionskosten gezwungen und seine Pension größtenteils beschlagnahmt wird! Zudem hat sich die preußische Besatzung seine Entmündigung vorgenommen. Ein Kuraufenthalt in Baden-Baden im April 1850 wird durch polizeilichen Abschub nach Karlsruhe beendet. Über die Frage, wer die Kosten für die Fahrt trägt, entsteht

Dritte verbesserte und vermehrte Auflage.

Gedankenſpäne

des

Freiherrn Carl Friedrich v. Drais,

G. B. Staatsbeamter a. D., Staatsbürger ꝛc. ꝛc.,

Empfänger mehrerer Ehrenbezeugungen von Majeſtäten und gelehrten Geſellſchaften ꝛc. ꝛc.,

Erfinder der Draiſinen (Schnelllaufdraiſinen, Schnellſchreibdraiſinen, **Schnellrechnendraiſinen**, Schnellheizdraiſinen) ꝛc. ꝛc

Gut gemeint eilig geſchloſſen. Karlsruhe, den 26. Auguſt 1849.)

Die Schlußworte dieſer kleinen Druckſchrift heißen:
„Die Hauptgeſichtspunkte dieſer Abhandlung ſind:
„1. Die Menſchenkräfte hoch zu ſteigern durch Er-
ziehungsanſtalten.
„2. Sie zu großen guten Zwecken zu leiten durch
den **mächtigen Hebel des Ehrgefühls.**

Nachſchrift I.

Auf die neueſten Zeitungsnachrichten, daß durch die Größe
der königlich preußiſchen Einwirkung die Ruhe in dem Großherzogthum Baden jetzt wieder ſo weit hergeſtellt iſt, daß ſich
die Bäder darin ſchon füllen, und man auch für dieſes Jahr
eine ſehr brillante Nachſaiſon hofft. könnte man etwa mit
dem Geburtstag Sr. Königl. Hoheit des Großherzogs, den
29. Auguſt, ein Verſuchsfeſt auf mehrere Wochen eröffnen,
etwa mit vier weitern großen Bällen an dem 1. und den drei
letzten Samſtagen des Septembers, wovon das meiſte des reinen Gewinnſtes zwiſchen der allgemeinen deutſchen Kaſſe und
der großh. bad. Staatskaſſe etwa zu vertheilen wäre.

Nachſchrift II.

Da die Herausgabe obiger Druckſchrift theils durch eine
Reihe von Zenſurbehörden während dem jetzigen Kriegszuſtand
in dem ganzen Großherzogthum Baden und theils wegen einer
Unterbrechung des ſonſt ſehr guten Geſundheitszuſtandes des
Verfaſſers ꝛc. ꝛc. bis mehrere Wochen nach dem hohen Geburtstag Sr. K. Hoh. des Großherzogs aufgehalten wurde,
ſo wird jetzt vorgeſchlagen, etwa die letzten 9 Tage dieſes Monats
oder noch kürzere Zeit ꝛc. ꝛc. für ein Verſuchsfeſt in Baden für
noch 4 große brillante Redoutenbälle (ohne Maske) zu benutzen,
etwa auf Subſkription bei dem jetzigen Zuſammenſeyn vieler
vornehmer und reicher Leute daſelbſt bei der Geltung der betreffenden Ehrenzeichen auf mehr als $1/2$ Jahr wenigſtens in
dem ganzen Großherzogthum Baden bei wenigſtens 'einem
großen Nachfeſt etwa im April andern Jahres.
Karlsruhe, den 20. (24.) September 1849.

die Frage wo Drais das Heimatrecht besitzt – bei ihm selbst ist offenbar nichts mehr zu holen! Der Stadtphysikus (Amtsarzt) gutachtet wie gewünscht und beschreibt ein menschliches Wrack:

Freiherr von Drais, angeblich 65 Jahre alt, von untersetzter Statur und früher stets einer festen körperlichen Gesundheit sich erfreuend, nahm seit einem halben Jahr auffallend an Körperkraft ab, bekam ein verfallenes, abgelebtes Aussehen und es entwickelte sich bei ihm vor ungefähr vier Monaten eine entzündete Brust- und Hautwassersucht, wegen welcher Krankheit derselbe von dem unterzeichneten Amtsärzte ärztlich behandelt wurde. Nach glücklicher Beseitigung dieser Krankheit blieb bei Herrn von Drais ein äußerst geschwächter, fast lähmungsartiger Zustand des ganzen Nervensystems, Zittern und Kälte der Glieder, wankender Gang, unwillkürliche Stuhl- und Harnentleerung, Verdauungsschwäche, Kurzatmigkeit usw. zurück, wogegen derselbe die Therme in Baden(-Baden) in Gebrauch zu ziehen beabsichtigte. Da dies nicht ausführbar war, wurden während der verflossenen vierzehn Tage durch den Unterzeichneten anderweits geeignete Mittel gegen diese Leiden in Anwendung gebracht und dadurch sein Zustand merklich gebessert, ohne dass man sich übrigens mit der Hoffnung schmeicheln dürfte, dass von Drais je wieder seine frühere Körperkraft und Gesundheit erlangen wird.

In psychischer Hinsicht gehört von Drais seit vielen Jahren durchaus nicht zu den Gesunden, des vollkommenen, ruhigen (=untertänigen?) Gebrauchs ihrer Geisteskräfte Mächtigen, sondern seit langem in die Kategorie der Halbnarren (=Demokraten?); bei einer sehr beschränkten Fassungs- und Urteilskraft hält er sich für eine große Genialität (wir ihn heute auch!) *und trägt sich insbesondere fortwährend mit der fixen Idee, große, wichtige oder gemeinnützige Erfindungen zu machen herum und verschwendet Zeit und Geld an seine meist läppischen und unsinnigen Pläne ...* Danke, das genügt! Weiter zur Endabrechnung mit dem im Lande sitzengebliebenen Demokraten:

Mit dem zunehmenden Alter und besonders durch seine letzte Krankheit haben seine Geisteskräfte gleich den Körperkräften eine bedeutende, nachhaltige Abnahme erlitten und seine Urteilskraft auf ein Minimum reduziert; seine fixen Ideen beschäftigen ihn fast gar nicht mehr. Er ist weit stiller, passiver, willenloser als zuvor. Es liegt danach der Schluß ganz nahe, daß sein halbverrückter Geisteszustand nun allmählich in Geistesschwäche – Schwachsinn – Blödsinn überzugehen droht, und wir glau-

ben uns schließlich dahingehend aussprechen zu müssen, dass Freiherr von Drais vermöge dieser Geistesschwäche und partiellen Verbohrtheit zu rechtsgültigen Handlungen und in spezie zur Verwaltung seines Vermögens (da ist keins übrig) *nicht mehr befähigt und wegen seiner Handlungen nicht mehr zurechnungsfähig ist (GLA76/1673a-3).*

Doch der Vetter kommt in Freiburg aufs Polizei-Amt zur Niederschrift im Namen der Schwestern und hält dagegen: *Frhr. Carl v. Drais ist der Sohn des in Mannheim verstorbenen Oberhofrichters Frhr. von Drais u. hat demnach daselbst das gesetzliche Heimatrecht. Rücksichtlich der in Rede stehenden Entmündigung soll ich, im Namen der Geschwister u. meiner selbst, als nächster Anverwandter erklären, daß sie für jetzt noch nicht nötig erscheine, da C. v. Drais als Pensionär für seinen Lebensunterhalt gedeckt ist u. seine urkundliche körperliche Hinfälligkeit keinen Falles jetzt ein Einschreiten gegen ihn als Ausweisung zuließe, wenn sie überhaupt gerechtfertigt wäre. Die nächsten Angehörigen des C. v. Drais haben von diesen neuesten Unfällen und Bewegnissen Kenntnis genommen u. werden die erforderlichen Schritte rücksichtlich Verpflegung u. Obsorge tun, so daß gegenwärtig ein rechtliches Einschreiten nicht nötig erscheint. Etwa nötige Mitteilung an Gr. Polizei-Amt, Carlsruhe, behalte ich mir vor (GLA76/1673a-4).* Erfolg: *Beruht unter Bezugnahme auf die Erklärung des Grhz. Oberforstmeisters Drais bis auf weiteres auf sich.*

Die fragwürdige Schlußfolgerung aus der Mundtotmachung eines Demokraten stammt wahrscheinlich von Dr. Max Seubert, großherzoglichem Medizinalrat, dessen Sohn Major Max Seubert, ein strammer Monarchist, noch nach 1900 seinen Beitrag zur Lächerlichmachung des Demokraten liefern wird, indem er dem Technikhistoriker Feldhaus das Märchen vom *Salto Portale* auftischt, das dieser prompt niederschreibt und veröffentlicht! Wieder mal bestätigt sich: politisch Lied – garstig Lied. Karl Drais ist finanziell, physisch und psychisch am Ende – und dies nicht aus mangelnder Daseinsvorsorge, sondern weil ihm die preußische Besatzungsmacht brutal den Rest seiner Pension raubt und die badische Verwaltung mitspielt! Wir erfahren ab jetzt nichts mehr von dem bei dem Ehepaar Rebmann in Untermiete Wohnenden – Kostgebersleuten, wie man damals sagt, die den Untermieter auch mit Mahlzeiten versorgen.

Exekutiert, weil von der revolutionären Regierung mit Pensionsentzug bedroht und zur Führung der Landwehr gepresst: der 57jährige Ernst Freiherr von Biedenfeld (*Wehrgeschichtliches Museum Rastatt, Generallandesarchiv Karlsruhe*)

Valentin Steuber, Mannheimer Stadtrat und Vorsteher der deutschkatholischen Gemeinde, wird 1849 beim Friedhof standrechtlich erschossen. Gemälde um 1890 (*Reiß-Engelhorn-Museen Mannheim*)

Aus dem *Karlsruher Tageblatt* vom 13.12.1851

Die nächste Nachricht ist die vom Tod am 10. Dezember 1851 abends 5 Uhr. Die Geschwister in Freiburg setzen eine Todesanzeige in das *Karlsruher Tagblatt* – bei den Unterzeichnenden fehlt die älteste Schwester Amalie, die vermutlich schon gestorben ist. Noch ist die preussische Besatzung in der Stadt, weshalb nur die mutigsten unter seinen Bekannten den 66jährig Verstorbenen vom Sterbehaus zum alten Friedhof geleiten: der 25 Jahre jüngere Carl Otto Freiherr von und zu Marschall-Bieberstein, badischer Offizier und Bürgerwehrhauptmann a.D., und Ministerialsekretär Friedrich Pfeilsticker, die laut Sterberegister auch seinen Tod bezeugten, also wohl in der Todesstunde bei ihm waren. ❧

Drais-Freund Carl Otto Freiherr von und zu Marschall-Bieberstein besaß eine vollständige Sammlung von Dürer-Stichen und -Holzschnitten *(Generallandesarchiv Karlsruhe)*

Wir müssen in der Geschichte unseres Volkes nach jenen Männern spüren und ihnen Gerechtigkeit widerfahren lassen, die dafür gelebt und gekämpft haben, damit das deutsche Volk politisch und moralisch verantwortlich sein Leben und seine Ordnung selbst gestalten kann (Bundespräsident Gustav Heinemann 1974 zur 1849er Revolution)

Abbildung rechte Seite:
Unter der wiederhergestellten Monarchie trauen sich die Leute nur harmlose Liedern zu texten.
Aus dem *Liederbuch für Radfahrer*, Ellwangen[12] 1894.

Vater Drais.

Mäßig schnell.   Mel. Giebts 'ne frohere Erregung.

1. Giebts 'ne größ=re Freud auf Er = den, giebt es ei = nen

schönern Sport, als zu sausen ohn Beschwerden durch die Luft von

Ort zu Ort? Uns be = nei = det je = der = mann,

der nicht sel = ber fröh=lich ra = deln kann, der nicht sel=ber

fröh=lich ra = deln kann.

2. Müht euch nicht mit Flugmaschinen, seht das Gute liegt so nah! Wozu schuf uns die Draisinen Drais, des Radsports Großpapa? |: Schwingt euch auf ein stählern Roß, und ihr seid im Nu die Sorge los :|

3. Reiter kann uns nicht erjagen, Staub darf uns nicht lästig sein wie im engen Dampfbahnwagen; frische Luft wir atmen ein, |: wenn ein Berg uns Mühe schafft, wie am Ruder schwillt des Armes Kraft. :|

4. Sorge darf uns nicht bedrücken, Radler haben frohes Blut, fröh= lich auf des Rades Rücken schwellt uns Jugendlust den Mut; |: Überall drum nah und fern sehen uns auch alle Mädchen gern. :|

5. Freunde auf laßt wiederhallen, was die Brust uns froh bewegt: Lasset Lob dem laut erschallen, der des Radsports Grund gelegt, |: daß er froh werd droben noch Vater Drais, der alte, lebe hoch. :|

1. Karlsruher Bicycle=Club.   A. Schmidt.

Die Welt rollt weiter

Obgleich das Massenverkehrsmittel Eisenbahn den Zweirädern die Schau gestohlen hat, träumen einzelne Mechaniker weiter den Traum vom pferdelosen Individualverkehr aus eigener Kraft. Währenddessen bedingt der neue Eiskunstlauf den Durchbruch einer neuen Rollschuhtechnik.

Wartungsanleitung auf Karton für Sawyers Veloziped

1851 in London: Erste Fotografie des Individualverkehrs: wohl Willard Sawyer selbst auf seinem Velocipede, wahrscheinlich aufgenommen zur Londoner Weltausstellung 1851 *(2x Dover Museum)*

Vermutlich hat Karl Drais von der Eröffnung der ersten Weltausstellung, der *Great Exhibition* in der eigens errichteten gläsernen Halle namens *Crystal Palace* in London, noch aus der Zeitung erfahren. Die Industrieländer der Alten und Neuen Welt zeigten hier erstmals, was sie an Errungenschaften zu bieten hatten. Die deutsche Ausstellungskommission berichtet von vier Velozipeden-Herstellern: *Die vier Velocipede stellen eine Art von Draisinen dar, der Fahrer mit den eigenen Füßen oder Händen in Bewegung setzt, indem er – im ersten Falle – zwei Kurbelstangen tritt, die unterhalb dieser Velozipede hängen, oder – im zweiten Falle – indem man diese Stangen mittels Hebeln vor- und zurückstößt, die zum Sitz heraufragen (Lessing 1994).* Die Herren denken hierbei wohl an die vierrädrigen Eisenbahndraisinen, denn diese Velozipede sind vierrädrig!

Von den fünf Ausstellern erweist sich in der Folge Willard Sawyer aus Dover als weltweit erfolgreich. Der gelernte Wagner baut *unter königlicher und kaiserlicher Schirmherrschaft* eine ganze Palette von vierrädrigen Velozipeden und liefert sie nach Katalog u.a. an die zahlungskräftigen Fürsten der Welt. Drei Kataloge von 1858, 1863 und 1868 sind erhalten, denen zu entnehmen ist, daß er auch den Kronprinz von Hannover beliefert hat *(Ritchie 1975)*. Dem französischen Kronprinzen schenkt er ein Exemplar, worauf die Höflinge weitere bestellen und Paris neben den dort noch benutzten Zweirädern unsicher machen. Das Balancieren auf zwei Rädern ist für Sawyer kein Thema mehr, ebensowenig für den Hersteller des dreirädrigen *Rantoone* (indianisch für *Fliegender Wagen*), der zur Körperertüchtigung Arme und Beine beansprucht und als *Turnhalle in Miniatur* bezeichnet wird *(Street 1990)*.

Ab 1863 wird es den Rantoone mit Fuß- und Handantrieb geben, patentiert dem Mechaniker Joseph Goodman *(Annonce von 1865)*

Und der Rollschuh ist im Kommen! Kurz vor Drais' Tod bringt *The Illustrated London News* 1851 den neuesten Gag aus Berlin: rollschuhlaufende Bedienungen im Bierkeller! *In diesen Berliner Bierhäusern gibt es ständig das Bestreben, durch irgendeine Masche Kundschaft anzuziehen: das übliche Hilfsmittel sind Kostümierung der Bedienungen. Letzten Winter gab es einen Run auf Feen oder Märchengestalten. Die Ätherik wurde recht unvollkommen durch ein Paar winzige Tüllflügel hergestellt, symbolische Schwingen von inadäquaten Proportionen verglichen mit den oft mächtigen Schultern, an denen sie befestigt waren. Davor war das türkische Kleid, die Bloomerhosen vorwegnehmend, in Mode, aber das zog nicht recht. Das polnische oder „Polka"-Kleid zog besser und auch etwas circassisch Genanntes, was nubisches oder sonst dem Publikum unbekann-*

1851 in Berlin: Rollschuhlaufende Bedienungen der Corso-Halle *(2x Archiv Lessing)*

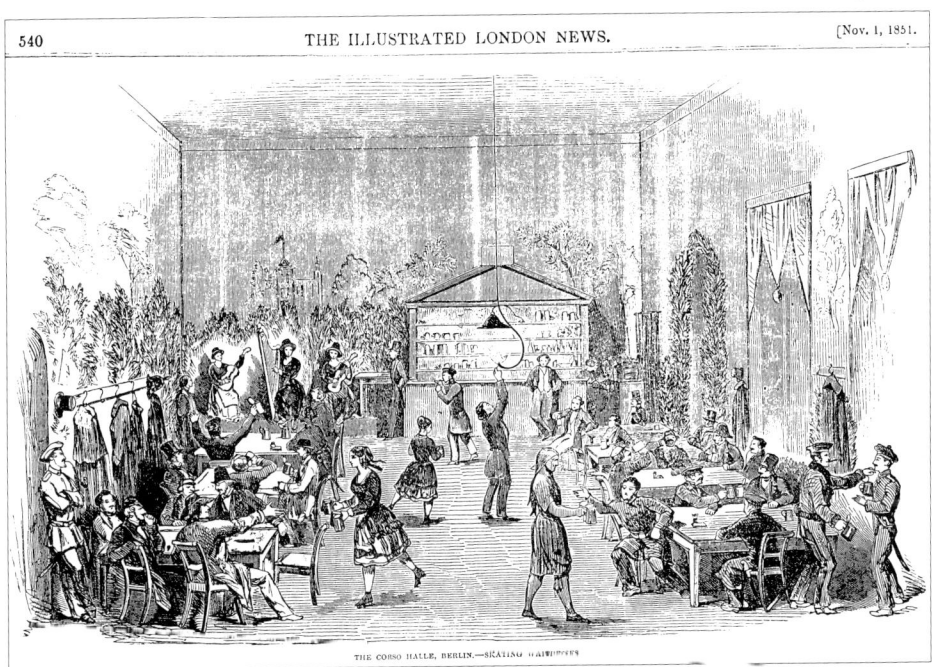

THE CORSO HALLE, BERLIN.—SKATING GARDENS

1851

Französisches Paar mit Legrand-Rollschuhen auf Gehweg (*Paulin-Desormeaux 1853*)

Machte den Rollschuh kunstlauftauglich und weltbekannt: James L. Plimpton (1828-?) (*4x Archiv Lessing*)

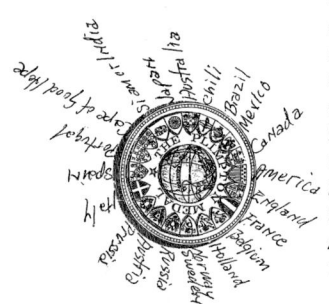

Für die Franchise-Nehmer erfand Plimpton eine Medaille für den/die monatsbeste Rollschuhläufer/in, welche von den Besuchern per Abstimmung gewählt wurden.

tes bedeutet haben mag. Kürzlich hat ein ideenreicher Wirt auf das Faible der Berliner für Militärisches spekuliert und seine Maiden in Uniform gesteckt, soweit dies ohne Aufgabe des Unterrocks möglich war, denn die Polizei gestattet das Tragen von Mannskleidung durch das andere Geschlecht nicht. Da gibt es einen Husar, ganz Pelzkappe und Tressenjacke, der wie die „Tochter des Regiments" ausschaut, wenn das Schicksal jene junge Dame in die Kavallerie statt an den Zapfhahn geworfen hätte. Ein weiteres Kostüm ist undefinierbar, ein drittes für einen Kürassier gedacht, mit Helm und stählerner Brustwehr, letztere aus der Requisitenkammer geborgt, die der Trägerin das Erscheinungsbild einer Jeanne d'Arc des Schankraums gibt. Trotzdem wäre weniger Pracht und dafür besseres Bier ein unendlicher Fortschritt. Aber keine Konkurrenz wird die Deutschen auf XXX und den Geschmack von braunem Stoutbier im Zinnbecher bringen. Unser Holzstich wurde nach der Skizze eines einheimischen Künstlers von der „Corso-Halle" gemacht. Die Gruppen zeigen Soldaten, Studenten und andere Besucher der Kneipe, die nicht zu den ersten Häusern der Stadt zählt, aber deswegen nicht weniger charakteristisch ist (*Illustrated London News* vom 1.11.1851)

Wie konnte es soweit kommen? Wie erinnerlich dienten Rollschuhe zunächst zur Simulation von Eislaufszenen auf der Theaterbühne (Kapitel *Wintermärchen fürs Ballett*). Drais' Laufmaschine löste dann ein Brainstorming aus, wie man sie noch weiter miniaturisieren könne. In Paris erhielt 1819 ein Monsieur Petibled ein Brevet auf seinen dreirädrigen Rollschuh: *Sein Zweck war, die Schlittschuhe auch im Sommer anwendbar zu machen... Der Erfinder machte damit viele öffentliche Versuche, die sehr günstig ausfielen... Im Sommer 1828 zeigte er sich mit noch zwei Anderen in dem Garten von Luxembourg, wo er die ganze Allee des Observatoriums in kurzer Zeit mit großer Leichtigkeit durchlief...* (Ginzroth 1830).

Zu gerne wüssten wir auch mehr über Jean Garcin, wie erinnerlich 1818 Importeur von Draisinen (siehe Kapitel *Das französische Brevet*), einen nimmermüden Protagonisten der Mobilität. 1813 schon hatte er das erste französische Buch über den Eislauf geschrieben: *Le Vrai Patineur ou Principes sur l'art de patiner avec grâce.* 1828 erhält er dann ein Brevet für Rollschuhe mit drei Rollen hintereinander, den er *Cingar* nennt – ein Anagramm seines Namens

Garcin – und bis 1839 baut. Beim Hafenbecken von La Villette betreibt er eine Rollschuhhalle mit Dielenboden, mit der er dann zum Neuen Tivoli bei der Place de Clichy umzieht. In Londons Norden betreibt der Obsthändler Tyers (siehe früheres Kapitel *Warum nicht auf Rollen?*) seit 1823 eine Rollschuhschule auf einem ehemaligen Tennisplatz bei der Windmill Street. Schließlich tourt 1848 die Oper *Le Prophète* von Giacomo Meyerbeer (eigentlich Jakob L. Meyer Beer) mit einer auf Rollschuhen gespielten Eislaufszene durch Europa und Amerika. Der Pariser Metzger Louis Legrand hatte die Rollschuhe mit zwei Rollen hintereinander geliefert und die Tänzer und Tänzerinnen unterrichtet *(Nieswizski 1991)*. Dies bringt den Durchbruch. Die jungen Leute, und zwar jetzt auch die Frauen, beginnen mit Rollschuhen auf den Gehwegen zu fahren.

Früh müssen Rollschuhläufer auch in New York aufgetreten sein. Dort sieht sie 1861 James L. Plimpton, der die New Yorker Filiale eines mit seinem Bruder in Boston betriebenen Möbelgeschäfts betreibt. Als Bauernjunge von enormem Wissensdrang und mechanischem Talent war er mit 18 Jahren bereits Vorarbeiter von 50 Leuten in einer mechanischen Werkstätte gewesen, bevor er mit seinem mittlerweile als Lehrer arbeitenden Bruder die Möbelfertigung aufzog. Aus gesundheitlichen Rücksichten hat er das Eislaufen angefangen und analysiert die Nachteile der nur geradeaus fahrenden simplen Rollschuhe gegenüber dem mittlerweile zum Eiskunstlauf avancierten Schlittschuhfahren mit eleganten Kurvenschwüngen. Dann eperimentiert er zwei Jahre ergebnislos, gibt 25.000 Dollar aus und hat schließlich 1863 Erfolg mit seinem *Circular Running Roller Skate* (kreislaufenden Rollschuh), den Literat Charles Dickens als *Rockable Skate* (schaukelbaren Rollschuh) bezeichnete: Vorder- und Hinterachse mit ihren je zwei Rollen lagern in je einem kugelförmigen Gummiblock, beide unter der Sohle befestigt. Beim Verkippen der festen Sohle z.B. nach außen, werden so das äußere Vorder- und Hinterrad auseinandergequetscht und fahren einen Kreisbogen. Jetzt konnte man auf Rollschuhen genauso elegante Figuren fahren wie mit Schlittschuhen. Aber Plimpton ist auch ein hervorragender Promoter. In seinem New Yorker Möbelhaus richtet er eine Betonbahn ein, von wo aus er mit erstaunlicher Cleverness ein weltweites Imperium aus lizenzierten Rollschubahnen aufbaut, wo seine Rollschuhe nur verliehen, aber nie verkauft werden. Diese höchste Form des Monopols erinnert an die Nachkriegszeit u.a. bei IBM, wo ebenfalls Großrechner nur vermietet, nicht verkauft wurden. 150 Gegenpatente versuchen sein Monopol zu erschüttern, sodaß er schließlich einen gedruckten Formbrief an die Patentverletzer verschickt – und immer obsiegt. Jetzt kann man in Kalkutta Rollschuhlaufen, wo das Schlittschuhlaufen mangels Eisfläche unmöglich ist. Die Franchise-Nehmer von Plimpton verdienen sich goldene Nasen, denn die Rollschuhbahnen werden ein gesellschaftlicher Treff ersten Ranges. Plimpton selbst wird Multimillionär. Die ersten europäischen Plimpton-Bahnen eröffnen 1865 in London und Paris. Jetzt wird Balancierenlernen schick. ❦

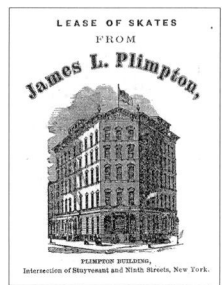

Oben: Plimptons ehemaliges Möbelhaus, jetzt Rollschuhbahn in New York. Unten Plimptons Patentabb. und seine Patentliste.

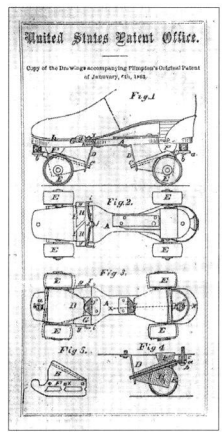

1863   489

Zweirad-Renaissance

Durch das Rollschuhlaufen ist die Balancierangst auf Rädern überwunden: Wer mit Rollen unter beiden Füßen überlebt, fürchtet auch beim Zweirad nicht mehr den Verlust des rettenden Fußkontakts zum Boden.

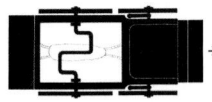

Drais' Fahrmaschine Zwei von 1814 trieb mit Kurbelwelle die Hinterräder an *(Rekonstruktion Lessing)*

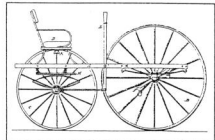

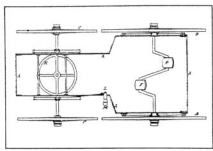

Das vierrädrige Veloziped von Michaux-Sohn Ernest wiederholt praktisch die Idee der Drais'schen Fahrmaschine Zwei, diesmal mit Vorderradantrieb; aus dem Patent 1868 *(Althuser 1986)*. Also kann man in den 1890ern sagen, Ernest habe den Kurbelantrieb fürs Veloziped erfunden, wobei die Zuhörer nurmehr das Zweirad vor Augen haben.

Versuchen wir, uns die Situation in Frankreich und besonders Paris um 1865 vorzustellen. Da waren also eine oder mehrere Rollschuhbahnen, und in strengen Wintern wird man Schlittschuh gelaufen sein, wenn Seen oder Kanäle zugefroren waren. Zudem gibt Willard Sawyers 1863er Veloziped-Katalog mit der Referenz, daß er dem französischen Kronprinzen ein vierrädriges Muskelkraft-Veloziped geliefert hat, einen Hinweis auf den möglichen Folgetrend. Also muß man davon ausgehen, daß unter Velozipeden nur noch mehrspurige, also drei- oder vierrädrige Muskelkraft-gefährte verstanden wurden. Dem folgte auch die Sprache: *aller en vélocipède*, also <u>im</u> Veloziped fahren *(Jeanes 1950)*.

Und dann ist es – schwupp – 1864 plötzlich wieder da: le vélocipède bicycle, das zweirädrige Veloziped also, und zwar sensationellerweise mit Kurbeln am Vorderrad, auf die man nach dem Anschieben und Aufspringen die Füße stellt und weitertritt – ganz ohne rettenden Fußkontakt zum Boden! Demnach hat das Rollschuhlaufen die Balancierangst der Bevölkerung positiv beeinflußt. Wir wissen dies aus einer Sekundärquelle, einem Leserbrief an das Fahrradblatt *The Irish Cyclist* vom 25. September 1895, einer Zeit im Niederrad-Boom also, wo Fahrradgeschichte schon die Leser beschäftigen wird. Hierin geht es darum, wer als erster das neue französische Kurbelveloziped nach England gebracht hat: *Ich versprach vor einiger Zeit ein Memo, wie ich zu meinem ersten Bicycle kam* (das französische *bicycle* = zweirädrig blieb als Fremdwort im Englischen erhalten, korrekt übersetzt wurde es in USA als *bicycular*). *Im Jahre 1864 war ich in Paris und eines Tages sah ich einen Mann auf Rädern dahinrollen. Ich rannte ihm nach und hielt ihn an, um zu fragen, wo er die Maschine bekommen habe. Er antwortete, von Michaux, dem Schmied in (hab den Namen der Straße vergessen). Ich ging sofort hin und fand einen feinen, kräftigen, geschäftigen Schmied, sehr clever und höchst witzig in einer enormen Schmiede, wo Kutschenbau-Eisen und alle möglichen Sachen gemacht werden. Er sagte mir, daß er soeben diese Maschinen erfunden habe und bis jetzt erst sechs davon gemacht habe, jedoch fünf davon verkauft und nur noch eine übrig habe. Ich kaufte diese und trug sie zum Hotel weg, wo ich wohnte, und lernte sie zu reiten* (die Engländer sagen heute noch *to ride*), *brachte sie dann mit nach England und von da nach Irland, wo ich ständig in Kenmare ritt, was viele Leute bezeugen können. Vor einiger Zeit kam in den Zeitungen die Frage auf, wann das erste bicycle nach England oder Irland gebracht wurde und von wem. Ich konnte damals nicht das genaue Jahr ermitteln, in dem ich meins rüberbrachte. Doch vor einigen*

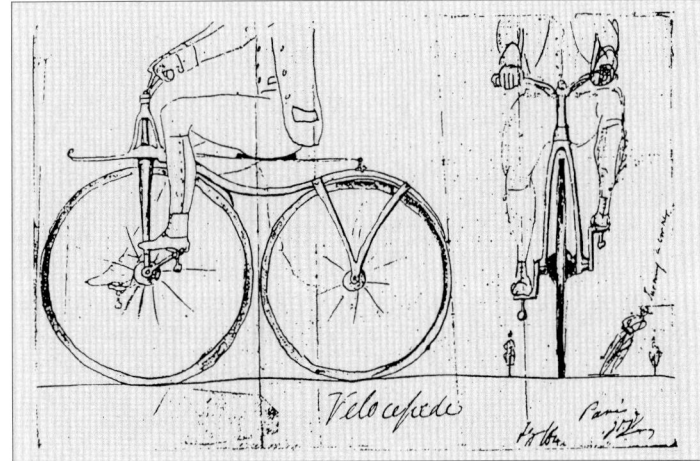

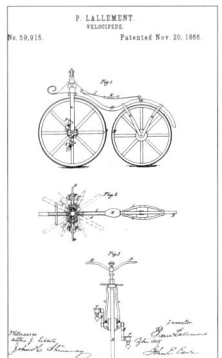

Laut Mr. Trench seine 1864er Skizze eines Velozipedisten in Paris (*The Boneshaker* 152)

Monaten sandte mir Mrs. Boldero, meine Schwester, einen Brief enthaltend eine 1864 datierte Skizze des bicycle, das ich soeben gekauft hatte. Er war zu jener Zeit in Paris geschrieben worden. Sie werden sich erinnern, daß ich Ihnen seinerzeit das Original der Skizze gezeigt hatte; sie stand auf dünnem ausländischem Papier. Ich ließ die Skizze photographieren und sende Ihnen nun ein nach diesem Photo angefertigtes Klischee, damit Sie es drucken lassen können. Dies beweist meiner Meinung nach (gestützt durch weitere Beweise, die ich wenn nötig vorlegen kann) zweifelsfrei, daß dies das erste bicycle war, das je nach Großbritannien kam und daß es im Jahr 1864 kam. Es bedeutet für mich keine Ehre, als Erster ein bicycle entweder nach England oder nach Irland gebracht zu haben. Aber als geschichtliches Zeugnis ist das von mir Berichtete von Interesse (J. Townsend Trench, zitiert nach Roberts 1991).

Der Text klingt einigermaßen authentisch, wiewohl damals in Leserbriefen an Fahrradblätter weltweit die unglaublichsten patriotischen Schwindelmärchen lanciert werden. Um 1895 will nämlich jede Zweirad-Nation das „erste richtige" Fahrrad erfunden haben, eine Denkfigur der sog. Perückenhistoriker, die glauben, die Vergangenheit habe sich zielgerichtet auf einen heutigen Höhepunkt hin organisiert. Das Heute hat sich aber doch aus mehr oder weniger Zufälligkeiten herausgemendelt.

Spätestens wenn der vom Ausland zurückgekehrte Michaux-Sohn Henry (nicht Henri) 1892 mit britischem Kapital eine neue Fahrradfabrik *Cycles Michaux* aufziehen und im Geburtsort Bar-Le-Duc ein Denkmal für seinen Vater Pierre und Bruder Ernest promoten wird, wird die Frage nach dem Erfinder virulent werden. Auslöser ist die Denkmalserrichtung für Karl Drais in Karlsruhe, wozu dann später noch die vom Schweinfurter Magistrat beschlossene Vordatierung des Fischer-Velozipeds, eines privaten Eigenbaus von 1869, auf das Jahr 1855 kommt, um den Franzosen eins auszuwischen. Weil ein gewisser Pierre Lallement nach den USA auswanderte und 1866 ein Patent auf das Kurbelveloziped erhielt, ist derzeit ein Tauziehen daraus

Der Wagner Pierre Lallement wandert 1865 aus und erhält 1866 mit einem US-Partner das erste Patent auf ein Frontkurbelzweirad. Aufgekauft wird dies die Basis des Fahrradimperiums von Albert Pope werden (Archiv Lessing)

Pierre Lallement, Auswanderer, Inhaber des US-Patents von 1866, versucht ein Come-Back in Frankreich mit einem Kurbelveloziped, baugleich zur Konkurrenz Olivier/Michaux. (Musée Chalons-sur-Marne)

1864

Die Compagnie Parisienne der unternehmerischen Brüder Olivier mit Vater Michaux schmieden 1890 täglich 20 solcher Velozipede *(Musée de la Voiture Compiègne)*

Schauspielerin Sarah Bernhardt läßt sich um 1870 auf Frontkurbelvelozipd ablichten *(De-Fiets-Katalog 1977)*

Hofrat Meidinger fährt das Kurbelvelozoiped auch privat zur Bekämpfung seiner Migräne *(2x Archiv Lessing)* Anläßlich Drais' Umbettung 1893 wird er ihm jede Erfinderqualität absprechen!

geworden, ob *le vélo = fils de France* (so ein Buchtitel) oder *son of the USA* ist.

Eine Sensation auf der 13. Fahrradgeschichte-Konferenez ICHC in Münster war der Bericht aus Paris eines chinesischen Übersetzers namens Bin Chun, der 1866 Europa bereist hatte: *Auf den Avenuen reiten Leute ein Gefährt mit nur zwei Rädern, die von einer Stange zusammengehalten werden. Sie sitzen auf dieser Stange und schieben es vorwärts durch Bewegen ihrer Füße. So halten sie das Gefährt in Bewegung. Doch gibt es noch eine andere Art des Baues, die durch Fuß-Pedalieren angetrieben wird. Auf dieser Maschine flitzen sie dahin wie galoppierende Pferde (Moghagdass 2003).* Also gab es in Paris 1866 noch Draisinenreiter und kein Verbot, was niemand bislang geglaubt hätte!

Das Frontkurbel-Veloziped führt zu einem Boom des Zweirad-Fahrens, begünstigt durch die neuen Makadam-Boulevards quer durch die Pariser Altstadt und die 1867er Weltausstellung ebenda. Auch Frauen nehmen Fahrstunden, darunter die Schauspielerin Sarah Bernhard oder die Kurtisane Blanche d'Antigny (Vorbild für Zolas *Nana*). Selbst der Leiter der Großherzoglich-Badischen Gewerbehalle zu Karlsruhe, Dr. Heinrich Meidinger (über ihn später mehr), erwirbt beim Weltausstellungs-Besuch ein Exemplar für seine Gewerbesammlung zur Nachahmung durch das heimische Gewerbe. Also findet man sie auch auf einer Tafel seiner *Großherzoglich-Badischen Gewerbe-Zeitung* neben einem Draisinenreiter abgebildet, doch eigenartigerweise fehlt der Textbeitrag dazu. 🐦

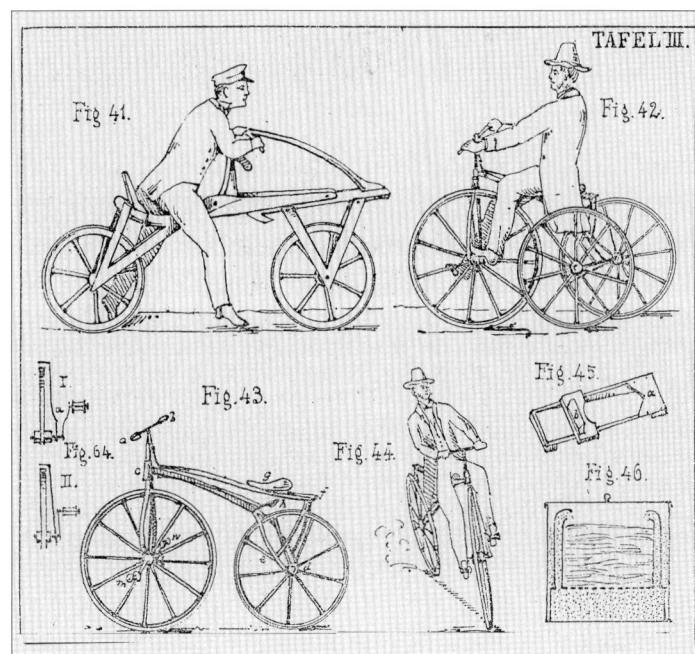

Aus der *Badischen Gewerbezeitung* 1869

Irgend jemand muß Meidinger gesteckt haben, daß es für seine Karriere gefährlich sei, den Demokraten Drais zu erwähnen, also raus mit dem ganzen Artikel – bloß die Holzstich-platte ist schon fertig und kann nicht mehr aus dem Blatt gekippt werden!

So ging es weiter: Der Buchtitel Early Bicycles von Philip Sumner illustriert von Alan Osbahr zeigt alle folgenden Bauarten bis zum heutigen Niederrad

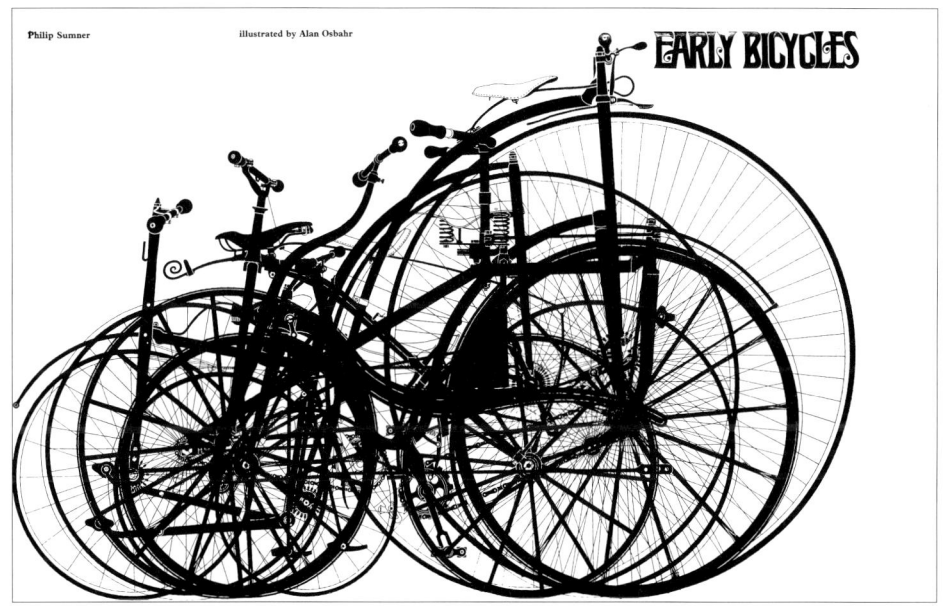

Philip Sumner   illustrated by Alan Osbahr   EARLY BICYCLES

Späte Verehrung

Die Schließung des alten Friedhofs veranlaßt den Stadtarchivar, die Umbettung von Drais' Gebeinen in den neuen Hauptfriedhof anzuregen. Inmitten des Niederrad-Booms sammeln die vereinigten Radfahrer-Vereine reichsweit für ein Denkmal.

Der letzte v. Drais: Nach dem Tod seiner kath. Frau konvertiert der kinderlose Vetter Johann v. Drais und stirbt 1883 als Pater Pius im Kloster Beuron *(Stolz1911)*

Drais-Verleumder: Moritz Cantor, *(Universitätsarchiv Heidelberg)* und sein Eintrag in der *Allgemeinen Deutschen Biographie 1877*

Ohne Nachkommen zu sterben ist ungut für den Nachruhm. Der Entwickler des Kreiskolbenmotors Felix Wankel wurde zum Beispiel wenige Monate nach seinem Tod von einem jungen Mann, heute Dozent, im Feuilleton politisch niedergemacht, der zu Lebzeiten von ihm Förderung empfangen hatte *(DIE ZEIT 7.7.1989)*. Denn das Wissen um fehlende Verteidigung durch Nachkommen läßt die Geier landen. Nachdem Drais' Schwestern in Freiburg gestorben sind, macht Moritz Cantor von der Universität Heidelberg den Anfang. Der aus Mannheim gebürtige Mathematikhistoriker schreibt 1877 den Eintrag über Karl Drais in der *Allgemeinen Deutschen Biographie (ADB)*, jenem 56-bändigen biographischen Lexikon des Kaiserreichs voll monarchistischer Ideologie. Ist es Zufall, dass Cantor just auf die Anerkennung als Honorarprofessor durch das Großherzoglich-Badische Kultusministerium wartet? Da kann eine Verleumdung des 1849er Demokraten Drais von Nutzen sein: Drais habe geglaubt, um die Ecke schießen zu können, indem er die Kanone auf die Seite legt! Ein solches Statement von Drais ist nirgends zu finden. Im *Intelligenzblatt, Beilage zum Mannheimer Tageblatt* vom 12.2.1837 schreibt er einmal, man würde *für seltene Zwecke in Bogen herum werfen oder schießen, wenn man die Körper... so gestaltet, dass sie sich während dem Lauf nicht um ihre Achse drehen können und dabei seitwärts etwa eine Biegung haben* - ähnlich wie beim Bumerang.

Drais: Karl Freiherr D. von Sauerbronn, Erfinder des Velocipede; geb. im Januar 1784, gest. zu Karlsruhe 10. Decbr. 1851. Sohn des Oberhofgerichtspräsidenten zu Mannheim Karl Wilh. Ludwig Friedrich v. D. (s. o.). Er war badischer Forstmeister und Kammerherr. 1817 erfand er das Velocipede, welches er in einer anonymen Abhandlung: „Abbildung und Beschreibung einer neu erfundenen Laufmaschine" bekannt machte. 1821 scheint er auch den Versuch gemacht zu haben eine allgemeine Formel für die Auflösung numerischer Gleichungen zu entdecken. Zu Ende der zwanziger Jahre begleitete er Georg Heinrich v. Langsdorf auf einer wissenschaftlichen Reise durch Brasilien. Nach seiner Rückkehr lebte er abwechselnd in Mannheim, Heidelberg und Karlsruhe, überall als Mann von absonderlichen Ideen bekannt. Er versuchte sein unleugbares mechanisches Talent an den verschiedensten Dingen, z. B. an dem Modelle eines Dampfschiffes, welches gegen den Strom dieselbe Geschwindigkeit haben sollte, wie mit dem Strome; an einem durch eine Claviatur zu leitenden Telegraphen; an einem Wagen, bei welchem das Pferd hinten angespannt drückt, statt zu ziehen. Daneben glaubte er eine Methode erfunden zu haben, die gekrümmte Wurfbahn eines Geschosses dadurch zum Schießen um die Ecke zu benutzen, daß man die Kanone auf die Seite lege.

posthum

Positiv ist dagegen der erste Versuch einer Drais-Biographie 1884 durch den Mannheimer Kaufmann Ernst Noetling (1825-1889), Mitglied des Mannheimer Veloziped-Klubs, also Hochradfahrer, und wohnhaft in M4,9. Er verteidigt Drais als Erfinder der Draisine, was im Kaiserreich und Nachbarland offenbar bestritten wird, und kannte Drais laut Vorwort noch persönlich: *Stellen wir noch fest, daß Freiherr Karl von Drais in den dreißiger Jahren... zu ebener Erde in dem Hause Lit. M4 No. 9 in Mannheim wohnte, allwo der Verfasser, damals noch Schulknabe, denselben häufig besuchte und all die Dinge sah, welche ihm zu jener Zeit als unerreichbare Herrlichkeiten erschienen sind und deren einige späterhin, nachdem sie umgestaltet und verbessert waren, zu großer Bedeutung gelangten... So ist z.B. ein gutes, ähnliches Porträt des Freiherrn nicht aufzutreiben gewesen, wie weit die Forschungen darnach auch ausgedehnt wurden. Das Einzige in dieser Richtung fand sich in der vor dem Titelblatte abgedruckten, sehr ähnlichen Silhouette. Das Original soll aus dem Jahre 1848 stammen, damals aber in den Stürmen der Zeit* (d.h. der Revolution) *verschwunden sein. Die Kopie gehört einem Freunde in Bonn, welcher aber über ihren Verfertiger C.St. keinen Aufschluß geben kann (Noetling 1884).* Der kleine Wuchs des Scherenschnitts, der vermutlich doch erst für das Buch angefertigt wurde, ist wohl ein Fehlschluß aus der niedrigen Sitzhöhe der Kinderdraisine in den Mannheimer Reiß-Engelhorn-Museen, die damals als *„Drais' erste Laufmaschine"* hingestellt wurde oder auch der fehlrestaurierten Nachlaß-Draisine in Karlsruhe. Der Tschako soll auf die letztlich monarchentreue Karlsruher Bürgerwehr verweisen. Bedeutet C.St. vielleicht *„Cathiau, Stadtarchiv"*, der noch ein weiteres Drais-Porträt herstellen wird?

Als Zwerg: der normalgroße Karl Drais mit Bürgerwehr-Tschako *(Noetling 1884)*

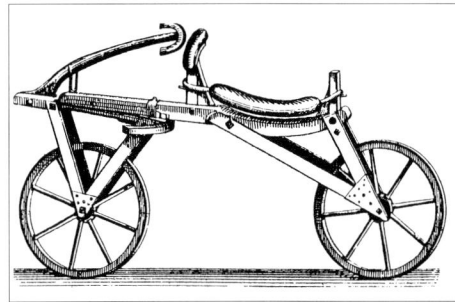

Links: Drais' Nachlaßdraisine Zustand 1884 *(Noetling 1884)*,
Links unten: absichtlich lächerliche Fehlrestaurierung seit 1900,
Unten: in etwa korrekt restauriert 2002 *(2x Stadtmuseum Karlsruhe)* Auf der Hinterradstrebe wurden Farbstreifen freigelegt: Schwarz-Rot-Gold = Farben der Revolution oder danach Schwarz-Weiß-Rot = Farben der Unterdrücker?
Leider hat ein karlsruher Modellbauer in bester Absicht die Welt mit Replikaten dieser Fehlrestaurierung die (weil zu niedrig) dem Fahrer einen strengen Krakowiak aufzwingen.

posthum

Denn das ist nun das Problem der neuen Drais-Verehrung in den sich auf ihre Geschichte besinnenden Radfahrer-Vereinen, die sich nicht zuletzt als Schutz- und Trutzbünde gegen Behördenschikanen formiert haben. Schon 1887 brachte am vermeintlichen Wohnhaus in Karlsruhe, Hebelstraße 4, der *I. Karlsruher Bicycle-Club von 1882* eine Gedenktafel an, die ironischerweise noch heute erhalten ist, während die korrigierende Tafel am Sterbehaus Zähringerstraße 63 (früher 43) mit diesem vor 1900 abgebrochen wird – beide ohne Porträt. Die geplante Einebnung des alten Karlsruher Friedhofs ruft Dr. Thomas Cathiau auf den Plan, Gewerbeschuldirektor, Vereinsmitglied und ehrenamtlicher Stadtarchivar, der eine Umbettung von Drais' Gebeinen auf den neuen Hauptfriedhof vorschlägt. Um ein Porträt zu haben, zeichnet er mit Kreidestiften selbst eins mit rotblondem Haar nach dem fingernagelgroßen Gesicht aus dem 1850er Gemälde von Leopolds Rückkehr. Der danach gefertigte Holzstich wirkt nicht ganz so dilettantisch wie die Kreidezeichnung. Ein weiteres idealisiertes Porträt unbekannter Herkunft orientiert sich an der 1845er Karikatur mit schwarzen Haaren. Drais war aber in jungen Jahren blond (siehe Kapitel *Carl I. ist tot*).

Oben: farbige Drais-Kreidezeichnung rotblond nach 1850er Detail von Cathiau 1891 *(Stadtarchiv Karlsruhe)*,
Mitte: Holzstich davon *(Biesendahl 1897)*,
Unten: idealisierter Lichtdruck schwarzhaarig nach 1845er Karikatur ohne Datum *(Stadtarchiv Karlsruhe)*

Beim VII. Bundesfest des Deutschen Radfahrer-Bundes 1890 in München macht sich dessen Präsident Carl Hindenburg (nicht der Politiker!) die Denkmalsidee zu eigen und ruft zu einer reichsweiten Sammelaktion auf, während die Umbettung und das neue Grabmal von den regionalen Radvereinen finanziert wird. Im April 1891 wird das Grab geöffnet, wie die *Badische Landeszeitung* vom 18.4.1891 berichtet: *Bei der heute früh 7 Uhr stattgehabten Ausgrabung der Überreste des anfangs der 50er Jahre † Freiherrn v. Drais... wurden dessen Kopf und Gebeine noch gut erhalten vorgefunden. Herr Bildhauer und Modelleur A. Meyerhuber von hier ist von den hiesigen Radfahrvereinen beauftragt worden, einen Gipsabguß des Kopfes vorzunehmen.* Am folgenden Samstagabend hält Cathiau einen Vortrag über Drais' Leben und am Sonntag findet die feierliche Wieder-

posthum

beisetzung unter Beteiligung von Radfahrvereinen aus nah und fern statt: *Die Bannerträger stellten sich zunächst um das Grab auf, in welches die Überreste in einem kleinen Sarg verbracht worden waren. Nach einem ...Einleitungschoral hielt Herr Dr. Cathiau die Weiherede.* Vor den Toren Karlsruhes findet – welch eine Symbolik – letztmals Bufallo Bills Pferdezirkus statt.

Zur Einweihung des Denkmals 1893, heute in der Beiertheimer Allee, verfaßt Cathiau eine Festgabe: *Freiherr Karl Friedrich Drais v. Sauerbronn, Großh. Forstmeister und Professor der Mechanik, und das zweiachsige Zweirad.* Sie endet mit einem Zitat des italienischen Anthropologen Paolo Mantegazza: *Der Radfahrersport ist der Triumph des menschlichen Gedankens über die Trägheit der Materie - zwei Räder, welche kaum den Boden berühren, die wie auf Flügeln dich weit, weit forttragen mit einer schwindelerregenden, trunken machenden Geschwindigkeit, ohne den grausamen Schweiß gepeitschter Zugtiere, ohne das verhaßte Geräusch rauchender Maschinen – ein Wunder von Gleichgewicht und Leichtigkeit, von Einfachheit – ein Maximum von Kraft und ein Minimum von Reibung, ein Wunder von Schnelligkeit und Eleganz – der Mensch, der ein Engel werden will und nicht mehr die Erde berührt - Merkur, der aus seinem alten hellenischen Grabe erstanden ist und lebendig vor uns erscheint - das ist der*

Gegenüber: Radfahrerverbände bei der Wiederbeisetzung *(Stadtarchiv Karlsruhe)*

Grabmal auf dem Hauptfriedhof *(Stadtarchiv Karlsruhe)*

Das Drais-Denkmal aus einem Plakat der Drais-Fahrradwerke (Ausschnitt). *(Friese 1993)*

moderne Radler! Genau dies habe uns Drais' Erfindung gegeben *(Cathiau 1893)*

In Mannheim gründeten 1896 Stadtgrößen wie Rechtsanwalt Dr. Friedrich Engelhorn, der Sohn des BASF-Gründers, oder Ingenieur Otto Böhringer aus der Pharma-Dynastie die Drais-Fahrradwerke GmbH. Diese sechste Fahrradfabrik am Ort wollte mit ihrem Namen den Erfinder ehren. Eine Drais-Büste stand lange im Empfangszimmer der Firma im Stadtteil Waldhof, bis man sie 1937 der Reichsarbeitsdienst-Abteilung *„Freiherr von Drais"* schenkte *(Draiswerke 1986).* Die Fahrradproduktion lief bis 1928, doch wurden seit 1907 Back- und Mischmaschinen zusätzlich hergestellt, weil die Firma bis 1985 Alleinbesitz der einschlägigen Stuttgarter Firma Werner & Pfleiderer war. Misch- und Knetmaschinen produzieren die Draiswerke noch heute. ❧

1912er Drais-Stein vor Friedensturm (vormals Bismarckturm) in Weinböhla bei Meiningen *(Foto Stiller)*

Verleumder waren Monarchisten

Die gewollte Lächerlich- und Verächtlichmachung durch die nachfolgende Gene-
ration war schmerzlich, beschreibt ein Historiker das bittere Los der im
Lande gebliebenen Revolutionäre. Die Umbettung der Drais'schen
Gebeine löst eine Schlammschlacht aus.

Monarchistische Variante des
Flugblatts der Druckerei
Berggötz in Pforzheim 1891. Das
verdunkelte blaue Auge soll an
den verweigerten Loyalitätstest
mit anschließender
Mißhandlung erinnern!
(Deutsches Museum)

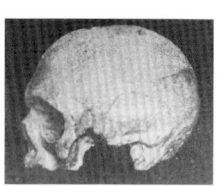

Der Schädel des Karl Drais. Die
im April 1891 ausgegrabenen
Überreste wurden in würdiger
Form begesetzt. *(Internationa-*
les Radsportarchiv Wolfgang
Schoppe)

posthum

Daß für einen verfemten Demokraten eine Denkmals-Aktion läuft und ein ehrendes Grabmal geschaffen werden soll, geht den Monarchisten in Karlsruhe über die Hutschnur – nur die klügeren werden sich angesichts der reichsweiten Unterstützung zurückgehalten haben. Beleg sind einmal die Flugblätter der Pforzheimer Druckerei Berggötz, die selbst eine bewegte Geschichte hinter sich hat. 1838 vom Lithographen Wilhelm Berggötz sen. in Durlach-Aue bei Karlsruhe als Wahl&Berggötz gegründet druckte sie, wie wir der Unterschrift entnehmen, die bunte Hartensteinsche Karikatur um 1845 (siehe Kapitel *In Karlsruhe kaum besser*). Nach gescheiterter Revolution wanderte Berggötz mit Familie nach USA aus, kehrte jedoch 1860 zurück und ließ sich im aufstrebenden Pforzheim nieder *(Pforzheimer Kurier 19.4.1961)*. Die Wogen der Emotionen in Karlsruhe nutzt Berggötz geschäftlich mit einer käuflichen Lithographie für beide Seiten – diesmal nicht von Hartenstein, sondern von einer Familienkraft, dem Sohn Wilhelm Berggötz jun., der das neue Hintergrundgesicht aus dem 1850er Aquarell Hofmeisters zu Leopolds Rückkehr wieder mal schwarzhaarig überträgt (vergleiche Kapitel *Preussens Vergeltung*). Wann wird das Deutsche Museum aufhören, dieses Monarchisten-Hetzblatt als authentisch an die Medien zu geben?

Von Revolutionärin Amalie Struve, 1862 bei der dritten Kindsgeburt in New York gestorben, wird à la Flintenweib kolportiert, sie habe *„mehr als hundert Männer umarmt"* *(Reiß-Engelhorn-Museen Mannheim)*

Kaum weniger dilettantisch: Variante des Flugblatts für Drais-Anhänger der Druckerei Berggötz in Pforzheim 1891 *(Stadtarchiv Karlsruhe)*

Karl Friedrich Christian Ludwig Freiherr Drais von Sauerbronn
Gr. bad. Forstmeister a. D. und Professor der Mechanik.
Erfinder der Schnellaufmaschine etc. Nestor des Radfahrsports.
Geboren am 29. April 1785 zu Karlsruhe, gestorben daselbst am 10. December 1851.

Franz Feldhaus mit Drais'
Schädelabguß in seiner Kasseler
Wohnung (bald ausgebombt)
(Foto: Herrad Feldhaus)

Den Gipfel an Untertanengeist leistet sich andererseits der Leiter der Großherzoglich-Badischen Gewerbehalle, jener Hofrat Heinrich Meidinger, der in seiner *Badischen Gewerbezeitung* 1869 blitzartig seinen Text zur Abbildung einer Laufmaschine und eines Kurbelvelozipeds zurückgezogen hatte – vermutlich auf einen derben Wink von oben! Trotz seiner vermeintlich unparteiischen Kompetenz als Fachmann entströmt jetzt seiner servilen Feder eine groteske Philippika im gleichen Blatt gegen Drais mit dem Ziel, ihm jede Erfindungshöhe abzuerkennen. Er macht sogar einen gedruckten Erfinder-Ratgeber seiner Dienststelle daraus *(Meidinger 1892)*. Ob dies einem Auftrag von oben oder doch seiner Verwandtschaft mit Gutzkows zweiter Frau entsprang (siehe Kapitel *Gesellschaftlicher Tod und Rufmord*), läßt sich wohl nicht mehr klären. Für Technikverständige hat Meidinger trotz eigener Erfindungen damit jeden Kredit verloren und verblaßt zurecht neben seinem württembergischen Kollegen Ferdinand Steinbeis. Das Schlimme daran war, daß hinfort jeder technisch unbedarfte Gelegenheits-Schreiber sich bei der Demontage von Drais auf den „Fachmann" Meidinger berufen konnte.

Drais gerecht wurde zunächst der autodidaktische Techno-Historiker (wie man noch lange sagte) Franz Maria Feldhaus (1874-1957), einer der drei Pioniere der deutschen Technikgeschichte. Nach Konkurs seines Mannheimer Installationsgeschäfts 1904 zog der vormalige Hochradfahrer nach Heidelberg und versuchte, gefördert durch Max Eyth von Technikgeschichte zu leben *(Lessing 2000)*. Beraten vom Mannheimer Stadthistoriker Friedrich Walter, der in den Testamenten der Schwestern Drais nach einem Porträt suchte *(Stadtarchiv Mannheim NL Walter WP 338)*, arbeitete er Drais' Personalakten im Generallandesarchiv Karlsruhe durch. Schon ab 1902 schrieb er über Drais in den Fahrrad- und technischen Zeitschriften, rief 1904 zur Anbringung einer Gedenktafel am (zerbombten) Mannheimer Wohnhaus in M1,8 auf (durch moderne ersetzt) und betrieb die Errichtung eines Drais-Denkmals zum Mannheimer Stadtjubiläum 1907, daß infolge Vereinsstreitigkeiten nicht zustande kam. Zudem plante er eine Drais-Biographie. Und dennoch verkauft er eine auf Lächerlichkeit zielende Anekdoten-Story eines ehemaligen Mannheimers, des monarchistischen Vielschreibers Leonhard Hegewald in Meiningen, an den Mannheimer *Radtourist* weiter (er widerlegt zwar ihre Authentizität, doch der Magen knurrt). Diese märchenhafte Dummschwätzerei vom *schweißtriefenden* Drais *mit dem dicken Kopf* (auf jeglicher Karikatur, Idiot!) spielt zwar vor Hegewalds eigener Geburt, aber ihre Wirkung wird durch Aufnahme in das populäre Buch *Mannheim in Sage und Geschichte (Wiederkehr 1907)* multipliziert. 1901 hat Feldhaus Kontakt zum

posthum

8° Misc. 4609
310

Forstmeister

Drais

Lux-Lesebogen 310

alten Meidinger gefunden. Hat dieser ihn umgedreht oder wird ihm allmählich klar, daß seine potentiellen Auftraggeber in der Industrie alle monarchistisch ticken? Vom Paulus zum Saulus geworden fängt Feldhaus in seinem Buch *Deutsche Erfinder* nun selbst an, die Drais-Biografie mit erfundenen Ausschmückungen auszustopfen, von Hegewald den *dicken Kopf* und von Meidinger den Vorwurf *mangelnder Kenntnisse in den mechanischen Wissenschaften* und *unbelehrbarer Starrheit* zu übernehmen *(Feldhaus 1908)*. Unverzeihlich ist aber, daß er in Band 1 seiner *Ruhmesblätter der Technik* den Major Max Seubert, Sohn des Drais entmündigen wollenden Karlsruher Medizinalrats und in der Wolle gebleichter Monarchist, zu Wort kommen läßt: Drais sei gegen einige Glas Bier bei der Bürgerwache mit seiner Laufmaschine eine Treppe hinabgefahren, was jedes Mal in einem *Salto portale* endete *(Feldhaus 1910)*. Man erkennt die Absicht und man ist verstimmt!

Diese Tradition der Verächtlich- und Lächerlichmachung des Erfinders des Zweirad-Prinzips mit aus den Fingern gesogenen Erzählungen treibt dann 1957 ein Rudolf Eger in dem Buch *Genie ohne Erfolg – Schicksale großer Erfinder* auf die Spitze. In dem Bestreben, sich auf Kosten des Zweiraderfinders zu mokieren und seine Zielgruppe zu amüsieren, produziert er eine alberne Verdrehung nach der anderen, z.B. Drais sei wandernder Schausteller gewesen *(Eger 1957)*. Und dieser Schrott findet als billiger Lux-Lesebogen *Forstmeister Drais* im Jahr 1960 tausendfache Verbreitung und den Weg in die Schulbücher *(Eger 1960)*. Leute wie Eger sind schuld daran, daß populäre Technikgeschichte im Buchmarkt bislang geächtet und mausetot war. ☙

Rudolf Egers billiger Volkslesebogen markiert den Tiefpunkt der Drais-Historiographie *(Eger 1960)*

Major Max Seubert, Erzmonarchist, der den *Salto portale* lanciert *(Stadtarchiv Mannheim)*

 501

posthum

Irrtümer entspringen nicht allein daher, weil man gewisse Dinge nicht weiß, sondern weil man sich zu urteilen unternimmt, obgleich man noch nicht alles weiß, was dazu erfordert wird.
Immanuel Kant

Badische Gewerbezeitung.

Organ der Großherzogl. Landes-Gewerbehalle und der Badischen Gewerbevereine.

Redigirt von Hofrath Prof. Dr. H. Meidinger.

| 25. Band. Nr. 20. | Karlsruhe. | 14. Mai 1892. |

Vom Erfinden.

I. Freiherr von Drais und seine Schnelllaufmaschine
in den Augen eines Vertreters der Wissenschaft.

Die Karlsruher Zeitungen berichteten in verflossener Woche ausführlich über eine von den hiesigen Radfahrern und auswärtigen Genossen zu Ehren eines Vorläufers ihres Sports und Kindes hiesiger Stadt veranstaltete Feier. Es handelte sich um die Ueberführung der Gebeine des im Jahre 1851 verstorbenen Freiherrn von Drais von dem alten nach dem neuen Friedhof. Drais baute bekanntlich zuerst ein Zweirad, auf welchem derselbe, wie noch manchem älteren Bewohner der Stadt in Erinnerung steht, vielfach Ausflüge, ja selbst weite Reisen machte. *) Die sportliebende Jugend erkennt nun in Drais auch den Urheber des heutigen Velocipeds und dankerfüllten Herzens für die durch dasselbe ihr in so hohem Grade bereiteten Genüsse

Woher will M. das wissen?

ließ sie sich die Gelegenheit zu einer Ovation nicht entgehen, wie man sie zu Lebzeiten des wenig beachteten Mannes nicht für möglich gehalten hätte. Bei diesem Anlaß erfuhr man nun auch etwas Näheres über die bisher in ziemliches Dunkel gehüllte Vergangenheit des Freiherrn. Den Bemühungen Dr. Cathiau's ist es gelungen, aus alten Akten und Familienpapieren über das Leben und die Schicksale des Mannes ein leidliches Bild zusammen zu setzen. Das positive Wirken desselben tritt

M. dann 00

daraus nicht in erfreulicher Weise hervor, es erscheint nahezu als Null. In guten Verhältnissen geboren, mit besten Aussichten auf ein schönes Vorwärtskommen im Staatsdienst, gibt der Freiherr mit 26 Jahren seinen Beruf

- war aber so!

*) Man nannte dieses Zweirad, sowie alle von Menschen getriebenen Wagen lange Zeit „Draisinen", so insbesondere den vierrädrigen Inspektionswagen der Eisenbahnen. Ob der letztere aus dem Laufrad von Drais hervorging, ist unwahrscheinlich. Bereits 1817 wurden in England sehr elegante, den heutigen nicht unähnliche dreirädrige Straßenwagen für 1 bis 3 Personen gebaut, welche wie die Bahndraisine mittelst auf Radkurbeln wirkenden Handhebeln bewegt wurden. (S. Noetling, Draisinen, Velociped. 32 S. 15 Abb. Mannheim, Hermann. 1884). Uebrigens sind früher Versuche in ähnlicher Richtung angestellt worden. So berichtete die königl. privil. Berlinische Staats= und gelehrte Zeitung vom 25. März 1784, aus Gräz, 9. März, daß daselbst Ph. J. Trexler auf einem Wagen mit 2 Rädern gefahren sei, die derselbe mit den Füßen getreten habe.

Kein Beleg für Einspurigkeit

posthum

als Forstmann auf, um in einem vagirenden, theilweise auf Einführung und Ausbeutung von Erfindungen, in erster Linie seines Laufrads, gerichteten Leben, auf weiten Reisen nach Wien, Amerika, Paris, London und in Deutschland während etwa 20 Jahren sein Vermögen zu vergeuden und in Abhängigkeit von der Güte zweier Schwestern die letzten zehn Jahre seines Lebens in Karlsruhe hinzubringen, zuletzt nur eine komische Figur bildend, wenn er mit seiner Maschine durch die Straßen der Stadt stampfte.

Drais hatte kein Glück mit seinen Erfindungen, weder mit seinem Laufrad, noch, soviel wir wissen, mit zahlreichen anderen Dingen: es wird noch unter anderem genannt: eine Schießmaschine, ein Universalspiegel, eine Schreibmaschine mit Klaviatur, ein Koch= und Bratofen rc. Sein wahrscheinlich aus dem Jahre 1814 stammendes Laufrad wurde zwar patentirt und hier auch soweit anfänglich anerkannt, daß ihm (1818) der Titel eines Professors der Mechanik ertheilt wurde; das war aber auch so ziemlich alles, was er damit erreichte; mehr als einige Exemplare des Rads scheinen in der Welt nicht verwendet worden zu sein, obwohl es weit und breit bekannt und in Zeitschriften besprochen wurde. Man sagt, die Zeit war noch nicht reif zur Verwerthung der Erfindung. Es darf dies zugestanden werden. Das städtische Pflaster und die Landstraßen waren noch uneben und holperig, letztere nur zwischen Hauptplätzen angelegt, man reiste noch nicht viel, die Leidenschaft für Touren war noch nicht entwickelt, wie überhaupt die Jugend sich körperlichen Uebungen kaum hingab und der Sport in dieser Richtung noch gar nicht existirte; zu einer Zeit, wo die Eisenbahnen noch nicht bestanden, war das Bedürfniß nach beschleunigtem Vorwärtskommen gerade kein dringendes. Aber auch in unserer Zeit würde das Drais'sche Zweirad keinen Erfolg gehabt haben, dafür war es nicht nur zu plump, sondern ihm fehlte gerade dasjenige, was das Wesen des heutigen Velocipeds ausmacht, die Tretkurbel. Die Maschine läßt sich als die Längshälfte eines 4rädrigen Wagens (ohne Obergestell) auffassen, mit nach rückwärts umgebogener Deichsel. Die beistehende Figur 1, nach einer alten Zeichnung, gibt die Konstruktion deutlich zu erkennen, zugleich zeigt sie uns den Freiherrn in voller Thätigkeit. Das Gestell des hinteren Rades ruht auf dem Gestelle des vorderen, letzteres ist um einen Zapfen drehbar, gelenkt durch die Deichsel; alles wie bei dem 4rädrigen Wagen,

Fig. 1

nicht freiwillig!

M. kann sich die Zeit vor dem Reichspatentgesetz nicht vorstellen

- nee, 1817 Laufmaschine

- nein, einige Tausend!

- doch!

- leichter als M.'s Migräne-Velociped!

Skizze von M. war 1869 ohne Text dann im Gewerbeblatt abgedruckt!

- doch!

- nein gegen die Armauflage sitzt bereits

- quatsch!

M. hat keine Ahnung, ist wohl nie damit gefahren

nur daß die Deichsel zurückgebogen ist. Auf dem Gestell des hinteren Rades befindet sich eine Lehne für die Unterarme, von wo aus zugleich der Deichselgriff mit den beiden Händen gefaßt wird. Ein eigentliches Sitzen bei dem Antreiben ist hier nicht möglich, die Person schreitet auf den Fußspitzen, das Gestell des Hinterrades lose zwischen den Schenkeln, wobei jedoch ein Theil des Körpergewichtes durch die Armlehne aufgehoben werden kann. Die ganze Maschine wird durch den Druck gegen die Deichsel, ähnlich wie beim Ziehen eines Wagens, vielleicht auch mit Unterstützung des Beckenknochens vorwärts geschoben. Ist dieselbe in vollem Lauf, so kann die Person sich setzen und ein Stück weiter fahren, wobei jedoch durch den Fußtritt die Bewegung nicht unterhalten werden kann, da bei aufgehobenem Gewicht die für das Vorwärtsschieben erforderliche Reibung zwischen Fußsohle und Boden fehlt. Das Fahren mit diesem Zweirad ist somit eine Art Laufen bei vermindertem Körpergewicht und mit zeitweiligem kurzen Ausruhen im Sitzen. Gewiß wird man bei einiger Uebung in beschleunigtem Tempo gegenüber dem Fußgänger vorwärts kommen, aber die Anstrengung wird auch groß sein und für die Meisten der Gewinn nicht lohnend. Es ist noch zu beachten, daß die erzielte Geschwindigkeit höchstens derjenigen beim freien Laufen gleich kommen könnte, sie aber doch nicht erreichen wird, weil eben doch die Arbeit des Vorwärtsschiebens der Maschine hindern muß; auch wird das Gestell zwischen den Schenkeln, welches ein Ausspreizen der Beine nothwendig macht, die Beweglichkeit des Körpers und die Sprungkraft stören, ganz abgesehen davon, daß bei den heftigen Bewegungen der Beine Reibungen der Schenkel an dem Gestell, selbst wenn es gepolstert ist, nicht zu vermeiden sein und Entzündungen der Haut hervorrufen werden.

Wie anders das Fahren auf dem heutigen Velociped, wie es bereits in den Sechziger Jahren uns entgegen trat. Die Fig. 2 zeigt die Abbildung eines Anfang 1869 in der Landes-Gewerbehalle zur Ausstellung gekommenen Exemplars, welches zugleich die Eigenthümlichkeit besaß, daß das hintere Rad durch zwei gleich große Räder ersetzt werden konnte, so daß man nach Belieben 2- und 3rädrig zu fahren vermochte. Die Maschine hat leichten Bau, die fahrende Person befindet sich in bequemer senkrechter Lage ganz auf dem

Fig. 2.

Sitze ruhend, nur die Beine in arbeitender Thätigkeit, aber in mäßiger Geschwindigkeit, die ganz dem Verhältniß des Kurbelkreises zu dem von dem Triebrad zurückgelegten Wege entspricht. Zwar hatte man auch hier noch das Gestell zwischen den Schenkeln, aber bei der mäßigen Bewegung der Beine und ihrer durch die Kurbeln festgegebenen Lage wurde dies nicht hindernd empfunden. Ein geübter Fahrer konnte hier die 2½fache Geschwindigkeit des raschen Fußgängers erreichen, ohne Ueberanstrengung, und bei doppelter Geschwindigkeit viele Stunden zurücklegen, ohne größere Ermüdung als bei nach Zeit gleich langem Fußgehen zu spüren, wie Verfasser selbst erprobte. Die Maschine mußte sich jedoch noch weiter vervollkommnen, ehe sie sich allgemeinen Beifalls erfreute; bald nach dem Krieg schwand sie wieder ziemlich aus den Augen und erst, als seit Anfang des verflossenen Jahrzehnts das hohe Treibrad mit Gummireif und das Kugellager zur Anwendung kamen, hielt sie ihren Siegeszug durch die Welt. Derselbe schlug ein noch rascheres Tempo ein, als man zu der anfänglichen bequemeren und sichereren Form der gleich hohen niedrigen Räder zurückkehrte und Kettentransmission mit Verlegung des Treibrads nach hinten verwendete, womit zugleich ein ganz freier Sitz verbunden werden konnte. Die normale Geschwindigkeit wurde durch die Neuerungen auf die dreifache des Fußgängers gehoben, bei Wettrennen konnte sie auf die 6fache gesteigert werden.*) Die Gewichte der Maschine wurden entsprechend den vollkommeneren Hilfsmitteln der Mechanik außerordentlich vermindert; das Zweirad von 1868 wog noch 26 bis 30 kg; ein neueres Zweirad für Touren wiegt 22 kg; bei Wettrennen werden solche von 8 kg verwendet. Das Holz-Laufrad von Drais dürfte mindestens das Gewicht eines Centners erreicht haben.

Die neueren Verehrer und Verherrlicher des Freiherrn erklären ihn von der Welt verkannt, weil die Zeitgenossen ihn bei seinen Erfindungen nicht unterstützten, bezw. dieselben nicht in den Gebrauch nahmen. Bekanntlich schaffen sich die Menschen nur das an, wovon sie sich irgend einen Nutzen, sei es auch nur einen eingebildeten, versprechen; dann fand sich wohl von jeher das Geld nur zur Ausbeutung solcher Unternehmungen, die Gewinn in Aussicht stellen, aber doch nicht, um Unfertiges, Unreifes, Unverwendbares nach Ansicht von Sachverständigen erst in eine brauchbare Form überzuführen. Nun darf man fragen: was hätte die Welt eigentlich mit den Drais'schen Erfindungen, von denen manche vielleicht nur im Titel existirten, machen sollen. Nur von dem Laufrad wissen wir das Genaueste und können uns deßhalb die Antwort auf die Frage ertheilen. Für die Zeit kam es, der Idee nach, zu frühe; in seiner Konstruktion und der Art seines Betriebs blieb es etwas rohes, unvollkommenes, das die Wenigen, die von demselben hätten Gebrauch machen

---

*) Als Geschwindigkeit des Promenadeschritts (mit Damen) kann man rechnen 1,1 m in der Sekunde, des raschen Fußgängers 1,6 m, des schnellsten Schritts 1,9 m, beim Laufen 3 m. Mit dem Velociped von 1869 wurde auf ebener Straße eine dauernde Geschwindigkeit von 3,3 m erreicht; heute ist solche bei längeren Touren 5 m, bei kürzeren Touren 6 m, bei Wettrennen 9,5 m.

Drais auch schon

1870/75

- nee, 20 kg

- wir wissens`s besser

- nicht verbieten, Junge!

M. saugt sich dies aus den Fingern.

posthum

505

- Drais hatte Technologie studiert, was M. nicht weiß.
- - nur optisch, ansonsten schwer.

- - tja, dazu haben alle Anderen auch 50 Jahre gebraucht

können, dazu nicht anreizen mochte. Vor Allem hätte der Freiherr an die Verbesserung seines Rads denken müssen. Dazu mußte er aber mehr technische Fertigkeiten und wissenschaftliche Kenntnisse besitzen, als ihm zur Verfügung standen. Die Maschine blieb jedoch das einfache Erzeugniß des Wagners, der Gedanke, dieselbe leicht in Eisen zu bauen, kam dem Erfinder ohne Zweifel nicht, er verstand und lernte eben nichts von der Schlosserei. Und doch bestanden schon gleichzeitig zierliche Dreiräder aus Eisen in England. Dann aber mußte er den wichtigsten Schritt nicht zu thun, der allein der Maschine die Zukunft sichern konnte: die Loslösung des Körpers vom Boden und die Verbringung desselben in die ruhende sitzende Lage, wobei die Fortbewegung durch Drehung des Vorderrades mittelst der an zwei Kurbeln arbeitenden Beine erfolgt. Diese Erfindung zu machen bedurfte es eines höheren Grades von physikalisch-mechanischem Wissen, sie konnte nicht so von ungefähr, durch Kombination bekannter konstruktiver Elemente zu Stande kommen; etwas Aehnliches in der Wirklichkeit, woran man hätte anknüpfen können, bestand bis jetzt nicht.

Kein Laie wird auf den Gedanken kommen, ein schmaler langer Gegenstand könne sich auf zwei Punkten halten, ohne umzufallen, noch dazu wenn sein einer Theil um eine senkrechte Achse drehbar ist, wie es die Anordung des Fahrrads erheischt. Verfasser erinnert sich noch sehr wohl aus 22 Jahren zurück seiner eigenen Ueberraschung, als er den ersten Velocipedisten erblickte, und wie es ihm einiges Nachdenken kostete, ehe er die Theorie des Fahrens, bezw. der Standfähigkeit der in Bewegung befindlichen Maschine erkannte. So ganz klar wurde ihm die Sache erst durch die eigene praktische Uebung. Das ruhende Zweirad fällt um, es würde auch in der Bewegung umfallen, wenn die beiden Räder starr mit einander verbunden wären. Das vordere Rad ist nicht blos darum beweglich, um im Bogen in eine andere Richtung fahren zu können, es muß auch für das Fahren in gerader Linie unbedingt lenkbar sein. Ein bewegter Körper sucht allerdings seine Richtung beizubehalten und kann dadurch an Standfähigkeit gewinnen; ein sich drehender fällt weniger leicht um, selbst wenn er nur auf einem Punkte ruht, wie von dem Kreisel oder einem fortrollenden einzelnen Rad allbekannt ist. Aber die auf zwei Punkten der Radumfänge stehende Maschine besitzt dennoch auch bei der Bewegung das Streben umzufallen, da ihr Schwerpunkt nicht genau über dem Unterstützungspunkte verbleiben kann. Sobald nun der Fahrende die Empfindung erhält, daß er nebst der mit ihm fest verbundenen Maschine aus der senkrechten Richtung kommt, dreht er das Vorderrad, wie Fig. 3 zeigt, nach der Umkipprichtung, er fährt nunmehr im Bogen und die Schwungkraft gibt dem ganzen System einen Druck nach außen, so daß es, ähnlich wie beim Laufen im Bogen (Rennen der Pferde im Cirkus), nicht umfallen

506

kann und je nach Wunsch des Fahrenden wieder in die senkrechte Richtung zurückkehrt. — Das Fahren kann somit eigentlich nur in einer Wellenlinie erfolgen und bei Anfängern ist solche auch deutlich erkennbar. Bei dem geübten Fahrer wird jedoch die Empfindung in dem Grade verfeinert, daß derselbe in Wirklichkeit eine fast gerade Fahrspur einzuhalten vermag, um so mehr, je rascher er fährt, weil die Beharrung in einer gewissen Bewegungs= richtung und die Wirkung der Schwungkraft im Verhältniß der Geschwindigkeit der Massen stehen. Dem Urheber der Fuß= kurbel=Bewegung des Zweirads, als welcher der Franzose M i c h a u x (1854) angegeben wird, müssen wir den Tribut unsrer höchsten Anerkennung zollen; gegen die Tretkurbel tritt Alles von D r a i s vorher Geleistete weit zurück. Allerdings war bei den andern Draisinen auch bereits die Kurbel vorhanden, aber in Verbindung mit einem Handhebel, welche Konstruktion auf das Zweirad unübertragbar war und übrigens auch für den vierrädrigen Bahnwagen, wie für den dreirädrigen Straßenwagen nicht das Vollkommenste bildete. Der Gedanke, die Radkurbel mit den Beinen zu treiben, welche die stärkste Muskulatur des Körpers besitzen und bei der unverrückbar sitzenden Lage desselben sehr bequem ihre Arbeit verrichten können, ohne daß der Ober= körper in Mitleidenschaft gezogen wird, indem sein Gewicht in der Reibung auf dem Sitz genug Widerstand gegen die Verschiebung bei der Rückwirkung leistet, ist der eine Theil der auf jede Radzahl des Velocipeds oder der Draisine anwendbaren Erfindung, der andere Theil beruht in der Verbin= dung des Prinzips gerade mit dem Zweirad, das erst dadurch eine praktisch verwendbare Maschine wurde.

Der Antheil des Freiherrn an dem modernen Velociped ist äußerst gering, wenn man überhaupt einen solchen anerkennen will. Er brachte die Hälfte seines Lebens auf dem Laufrad zu und konnte das konstruktiv doch nur sehr wenige nicht auffinden, was es in das Velociped umzuwandeln vermochte. Man kann nicht behaupten, die Wissenschaft hätte dafür erst noch weiter vorschreiten, neue Entdeckungen hätten vorausgehen müssen. Gewiß nicht, das mechanische Prinzip, daß ein in Bewegung befindlicher, nur auf einem oder zwei Punkten gestützter Körper nicht so leicht umfällt und die Wirkung der Centrifugal= oder Schwungkraft konnten dem Frei= herrn thatsächlich nicht unbekannt sein; sobald er auf sein Laufrad sich setzte und die Füße vom Boden hob, mußte während des Auslaufens genau das befolgt werden, was der auf dem heutigen Zweirad Fahrende besorgt — die Leitung durch Lenkung des Vorderrades. Also D r a i s verstand ohne Zweifel zweirädrig zu fahren, wie wir dies heute thun und nicht ohne

Fig. 3.

siehe Kapitel
Phobie gegen Balancieren

Drais hatte bei der Fahrmaschine selbst Fußkurbeln verwendet, was M. nicht weiß.

Wir sehen das anders

- aber hallo: Balancierangst

Technik und Naturwissenschaft sind zwei Paar Stiefel!

Müße erlernen, und bei Neigungen der Straße wird er wahrscheinlich lange Strecken frei abwärts gefahren sein, wobei übrigens das in die Höhehalten der Beine in Ermangelung von Stützen recht unbequem gewesen sein muß. Aber bis zu dem Gedanken, die Maschine in dauernder Bewegung zu erhalten durch Drehung des Vorderrades mit den Füßen, vermochte er sich nicht emporzuschwingen. Entweder hat er dies für prinzipiell oder konstruktiv unmöglich angesehen, wenn er überhaupt soweit reflektirt hat. Sein Laufrad mußte somit eine Kuriosität bleiben und Er, der eben allein dasselbe kultivirte, als Sonderling erscheinen, wie ein Jeder, der in auffallender Weise sich von seiner Umgebung durch Thun oder Lassen unterscheidet.

- die Raubkopierer auch nicht

Wir vermögen den Freiherrn von Drais nicht als ein verkanntes Genie anzusehen, wenigstens nicht auf Grund seines Laufrads, und mit seinen andern Erfindungen wird es sich ähnlich verhalten. Wir wollen ihm die erfinderische Naturanlage nicht abstreiten; dieselbe hätte vielleicht zum Nutzen der Menschheit verwerthet werden können. Aber die Gedanken machen es allein nicht! Herr von Drais hatte die Wahl, nach zweierlei Richtung sich zu bethätigen: entweder wurde er Handwerker (Techniker), oder er wurde Gelehrter. Für jenes war er wohl zu alt, als der Erfindungstrieb sich bei ihm regte, auch wird ihm sein Freiherrntitel im Wege gestanden haben; für das andere würde ihm nicht die erste Grundlage, die wissenschaftliche Vorbildung gefehlt haben, wohl aber vielleicht die Geduld, das Sitzfleisch. Er wurde zum Professor der Mechanik gemacht. Was hat er als solcher uns hinterlassen? Im Jahre 1825 wurde die Karlsruher polytechnische Schule gegründet. Hier hätte er sich eine Stellung verschaffen sollen als Lehrer, in welcher er sich und der Menschheit mit seiner Begabung hätte dienen können. Er zog es vor, ein ungeregeltes Leben zu führen, von einer Erfindung auf die andere zu springen, ohne auch nur eine in die vollendete Form auszuarbeiten, zu reisen und sein Laufrad der Welt vorzuzeigen; das war für ihn wohl ganz unterhaltend, aber gewiß nicht das Wirken des wahren Genies. Wir haben durchaus keinen Anlaß, dem nach allen Ueberlieferungen gutmüthigen, harmlosen, wenn auch etwas schrullenhaften Manne die Art seiner Lebensführung, mit welcher er Niemanden in den Weg trat, zu verübeln; aber wir können ihn doch weniger noch in den Himmel erheben, nur weil er — vielleicht — eine ungewöhnliche Erfindungsgabe besaß, die aber kaum Spuren in der Welt zurückließ, da sie nicht mit den Eigenschaften gepaart war, die damals wie heute allein Erfolg sichern: Ausdauer, Vertiefung, Fleiß, wir können noch hinzufügen: praktischer Sinn. Daran muß es dem Freiherrn von Drais auch gefehlt haben, sonst würde er nicht schon von vornherein seine Stelle aufgegeben und wie man zu sagen pflegt, in den Tag hinein gewirthschaftet haben, bis ihm das er-

Vermutungen, Vermutungen!

- ach ja?

- also jetzt doch

- wohl brieflich von Brasilien aus

- so eines wie Meidinger

- das Zweiradprinzip war genug

posthum

erbte, gewiß nicht unbedeutende Vermögen zerronnen war; auch würde er nicht Zeit Lebens die Idee seiner Laufmaschine verfolgt haben, von welcher er sich hätte sagen müssen, daß sie in der gegebenen Ausführung ein sehr unvollkommenes Instrument war, welches schon aus diesem Grunde keine Freunde finden konnte, ganz abgesehen davon, daß die äußeren Bedingungen für die Verwerthung der Idee noch fehlten. Freiherr von Drais war ein ächter Sportsmann und nur unter dem Gesichtspunkt des Vergnügens, welches ihm, dem Mann der freien Zeit und Beruflosigkeit, der Radsport bereitete, lassen sich seine Bemühungen um die Verbreitung seines Fahrzeugs verstehen. Wenn ihn die Rad fahrende Jugend als solchen, als ihren ältesten und in seiner Art einzigen Genossen feiert, der den Sport in seiner Bedeutung für Gesundheit und Lebensgenuß zuerst erkannte und während eines Menschenalters fast allein pflegte, so ist sie in ihrem vollen Recht; aber an den großen, von seinen Zeitgenossen verkannten Erfinder, an den Urheber des heutigen Fahrrades darf sie dabei in Ueberschwenglichkeit des Gefühls nicht denken, damit würde ihm eine unverdiente Ehre zu Theil. Ob er und sein Laufrad da waren oder nicht, ist für uns ohne jede Bedeutung. Als Sportsmann des Rads allein soll er in der Erinnerung fortleben und ein Mythus wird sich um seine Erscheinung bilden und dereinst wird wieder ein Scheffel erstehen, der ihn, wie der Ahne den Rodensteiner, den Helden des Kneipsports, im Gesange unsterblich machen wird: Das war der Freiherr Karl von Drais!

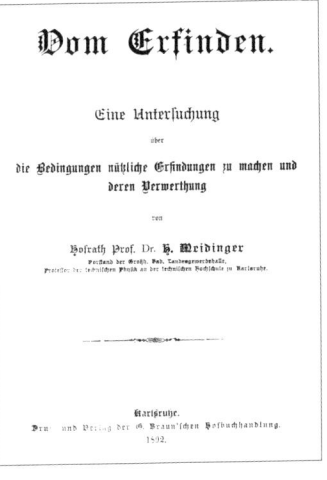

- oh schöne Selbstgerechtigkeit

so, so
Ob M. da war oder nicht, erst recht nicht

Der großherzogliche Hofrat Meidinger und sein verleumderisches Elaborat

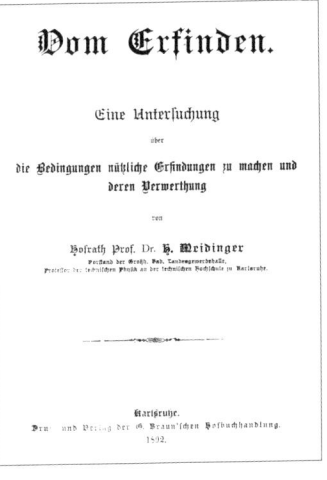

Vom Erfinden.

Eine Untersuchung
über
die Bedingungen nützliche Erfindungen zu machen und
deren Verwerthung
von
Hofrath Prof. Dr. H. Meidinger.

Karlsruhe.
Druck und Verlag der G. Braun'schen Hofbuchhandlung.
1892.

Lust am Fälschen

Da das offizielle Kaiserreich den größten Erfinder der Goethezeit wegen seines Demokratentums ignoriert, ziehen die benachbarten Zweirad-Nationen eigene Erfinder aus dem Ärmel. Beim gegenseitigen Überbieten ist man mit dem gefälschten Leonardo-Fahrrad mittlerweile bis zur Renaissance zurückgelangt.

Journalist Louis Baudry war ein flinker Schreiber. *(aus Véloce-Sport 7/1892)*

Wohl von Baudry gestrichelt: unbalancierbare Zweiräder aus seinem Buch *(Baudry 1891)*

Die Denkmalserrichtung 1893 für Drais sorgte bei den europäischen Nachbarn für Unruhe, denn schließlich fand die Evolution des Individualverkehrs bis auf den Urknall in Mannheim ja bei ihnen statt, wenn auch die mobile Avantgarde im Kaiserreich immer schnell den Anschluß fand. Schon 1894 wurde in Bar-le-Duc das Michaux-Monument für die Erfindung des Kurbelvelozipeds eingeweiht. Ein Indiz für die wachsende Beschäftigung mit der Fahrradgeschichte war auch das erste Buch dazu, nämlich *Histoire Générale de la Vélocipédie,* geschrieben von dem Journalisten Louis Baudry, der sich den schwungvollen Adelszusatz de Saunier selbst erteilt hat und natürlich dann auch zum Automobil übergelaufen ist. Sein Erstlingsroman *Die unschuldigen Spiele* handelte noch von jungen Mädchen. Das Buch erschien 1891, wahrscheinlich als Reaktion auf den Drais-Denkmalsbeschluß im August 1890 auf dem Münchener Bundestag des Deutschen Radfahrer-Bunds. Nach der demütigenden Niederlage im Siebzigerkrieg suchte Frankreich Trost im Patriotismus und einen eigenen Zweiraderfinder:*Erst 1818 ließ ein badischer Baron, Landwirt und Ingenieur, Drais von Sauerbronn, in Paris seine vermeintlich geniale Erfindung hochleben - das Pferd besiegt und der Mensch schneller als die Gazelle - die Draisine! Die Draisine war bloß ein lenkbarer Velocifer... Doch der Frankfurter Frieden ließ die Franzosen nachdenken und führte sie rasch zu folgendem rechten Gedanken: ein Gehirn von jenseits des Rheins soll die Draisine geboren haben! Ist das denn wahrscheinlich? Man blätterte bei den alten Autoren, man blies den Staub von alten Gelehrtenarchiven und man warf auf Drais' Ruhm eine Faustvoll Erfindernamen vor ihm, die alles platzen ließen und die nackte Wahrheit aufdeckten: der Badener war bloß ein Ideendieb, wie seine Nachfahren sich als Uhrendiebe erwiesen haben! (Baudry 1891).* Man sieht, daß der verlorene 1870er Krieg tiefe Spuren in der Psyche der Franzosen hinterlassen und zu kompensatorischem Chauvinismus verleitet hatte. Und daß manche französische Porzellanuhr in deutschen Wohnzimmern deutschen Soldaten hatten mitgehen lassen...

Vielmehr habe ein Comte de Sivrac schon 1791 in Paris unlenkbare Zweiräder mit Tierkopf gefahren, und das Buch erschien - welch Zufall just zum hundertjährigen Jubiläum. Ein einigermaßen historisch geschulter Blick hätte schon damals bemerken müssen, daß die Abbildungen eines pferdeköpfigen und eines löwenköpfigen starren Zweirads namens *le célérifère oder le vélocifère* nicht die Merkmale von Empire-Stichen aufwiesen, sondern ein dilettantisches Skribble darstellten - wohl von Baudry selbst, weil ohne Quellenangabe. Das Germanische Nationalmuseum in Nürnberg lancierte damals alsbald eine Gegenlegende von *„noch älteren Nürnberger lenkungslosen Zweirädern"* *(Salvisberg 1897).* Was eigentlich da ausgestellt war, läßt sich nicht mehr feststellen, war aber keine mehr vom Patriotismus, denn von historischer Wahrheitsliebe beflügelt! Trotzdem bequemten sich die Deutschen nun dazu, Drais als Erfinder des *„lenkbaren Zweirades"* zu bezeichnen und den französischen Prioritätsanspruch fürs Zweirad damit zu akzeptieren. Erst 1976 platzte der Schwindel, als der französische Fahrradhistoriker Jacques Seray in einem französischen Radsportmagazin und später in seinem Buch seine Recherchen bekanntgab *(Seray 1988).* Er war auf die in der Sorbonne vergrabene linguistische Dissertation des Kanadiers Richard Walter Jeanes von 1950 gestoßen, der auf die ständige Verwechslung von *vélocifère* und *vélocipède* hinwies *(Jeanes 1950).* Außerdem machte er deutlich, daß der Velocifer und der Celerifer seinerzeit Schnellkutschen mit festem Zeittakt waren und daß ein Jean-Henri Sievrac (sic!) aus Marseille am 30.6.1817 ein Importprivileg für einen Celerifer erhalten hatte. Damit war klar: Baudry hat die Zweiräder sich aus den Fingern gesogen, Sievrac zum adäquaten Comte de Sivrac geadelt und die Fälschung auf 1791 datiert, damit sein Buch das Hundertjährige feiern konnte! Somit ist auch der immer noch benutzte Zusatz *„lenkbar"* zur Draisine sinnlos geworden, denn lenkungslose und somit unbalancierbare Zweiräder haben - außer auf dem geduldigen Papier – nie existiert. Doch die Abschreiber in den Coffee-Table-Büchern glauben noch immer an *„die Célérifère"*, wie sie in Anlehnung an die Draisine texteten!

Nur wenig später werden die fiktiven starren Zweiräder gar auf 1690 zurückdatiert, weil Konkurrenz aufgetaucht ist: die Skizze eines englischen Kirchenfensters mit einem Posaune blasenden Putto auf einem starren Zweirad, flankiert von Figuren in Cromwellscher Tracht – also wäre die Zweiraderfindung nun britisch. Dies ist zu lesen in einem französischen Ratgeberbuch Cycliste et Bicyclette *(Galtier-Boissière 1897),* dessen Autor diese Skizze offenbar von irgendwo anders übernommen und sicherheitshalber gleich noch de Sivrac auf 1690 datiert hat! Älteste Quelle ist bislang die *Revue Encyclopédique* von 1894. Der eigentliche Multiplikator dieser Skizze war dann der vielbenutzte Privatdruck World on Wheels *(Duncan 1936),* das Fahrradgeschichte anders als beim Automobil nur noch mit Karikaturen illustrierte und das angebliche Kirchenfenster *„von 1642"* datierte. Der Lokaltermin in der Kirche von Stoke Poges westlich von London verblüfft dann doch: keinerlei Hinterrad, sondern ein Abstellsporn wie bei einem Schubkarren und

Der Celerifer (Schnellträger) aus dem Import-Brevet für Jean-Henri Sievrac von 1817 *(INPI Paris)*
Ähnliche Wortbildung ist Luzifer (Lichtträger)

Hinterrad und Cromwellsche Figuren dazugemogelt: angebliche Kirchenfenster-Zeichnung *(Revue encyclopédique 1894)*

So sieht das Kirchenfenster in Stoke Poges wirklich aus *(Foto Renate Bauer-Lessing)*

auch keine Cromwellschen Figuren! Während der unbekannte Skizzen-fälscher noch gesucht wird, liegt eine Deutung des Fenstermotivs schon vor. Der verstorbene Frank Whitt, Stifter des National Cycle Archive, identifizierte die Knotenschnur als Meßschnur und das Einrad mit Abstellsporn als Wegemeßrad von Geometern anhand historischer Illustrationen *(Whitt 1980)*. Doch der Pastor führt Besucher immer noch zum „Bicycle Window", obwohl seine Kirche als Schauplatz der *Elegy in a country churchyard* des Dichters Thomas Gray genugsam bekannt ist. Historische Wahrheitstreue ist offenbar selbst bei Geistlichen unbeliebt.

Wer hätte gedacht, daß selbst in der Nachkriegszeit noch eine neue Fälschung aufgetischt werden würde? Seit der Frankfurter Buchmesse 1974

posthum

war die Zweiraderfindung italienisch „von 1498", und zwar keinem geringeren als Leonardo da Vinci zugeschrieben, bis 1999 der Experte für Wissenschaftsbetrug Federico di Trocchio seinen Landsleuten alles für Schwindel erklärte. Seither versucht man, besonders in Deutschland wieder Ausstellungen mit einem Nachbau der Fälschung zu lancieren. Es geht um das sogenannte Leonardo-Fahrrad, um italienischen Kulturpatriotismus und um gekränkte Ehre des Vatikans – richtig, des Vatikans. Denn er ist Besitzer des Codex Atlanticus (groß wie ein Atlas), nach dessen Restaurierung durch Mönche des Klosters Grottaferrata bei Rom auf einer bisher aufgeklebten Rückseite – schwupp – ein fast modernes Fahrrad mit Kettenantrieb zu sehen war. Vorher, als Leonardo-Experte Carlo Pedretti das aufgeklebte Blatt mit einer Taschenlampe durchleuchtete, war es noch nicht drin - er sah 1961 nur zwei unverbundene Kreise *(Pedretti 1978)*. Nur wurde dieser Kunsthistoriker der University of California damals nicht zum inneren Zirkel der Leonardo-Verwalter zugelassen, sondern mußte in einem Mailänder Cafe neben der vatikaneigenen Biblioteca Ambrosiana warten. Dort versuchte ihm ein Angestellter entwendete Blätter aus dem Codex Leonardos zu verkaufen.

Zum inneren Zirkel gehörte Augusto Marinoni, Lexikograph der Katholischen Universität von Mailand, und Ladislao Reti, der etwas von Technik verstand. Von vornherein war klar, daß dieses Gekritzel nicht von Leonardos Hand stammt. Marinoni zeigt es Reti und fragt, von wem das sein könnte. Das hast Du gemacht, sagt Reti und läßt es nicht ins neue Leonardo-Buch, stirbt aber bald danach an einem Gehirntumor. Herausgeber wird dann Marinoni und – schwupp – ist die Skizze im Buch *(Reti 1974)* und dann die Sensation auf der Frankfurter Buchmesse 1974. Marinoni schrieb nun, das Fahrrad sei eben die Nachzeichnung eines Schülers nach verlorenem Original des Meisters. Eine Fälschung sei ausgeschlossen, da außer ihm und den Mönchen keine Menschenseele je den Codex hätte berühren können, weil alle Blätter in Plastik konserviert worden seien (beides unrichtig). Möglicherweise hat ihn zu diesem Ruhe-

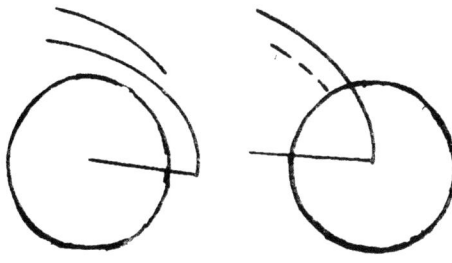

Pedrettis Katalogseite zeigt, was er 1961 beim Durchleuchten sah - deshalb seitenverkehrt *(Pedretti 1978)*

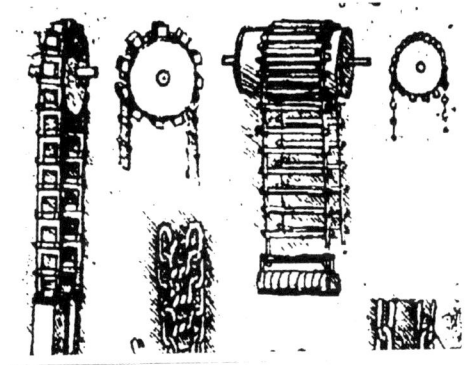

Inspiration zur Fälschung weltweit: Brunneneimerketten aus den 1967 wiederentdeckten Codices Madrid *(DER SPIEGEL #11/1967)*

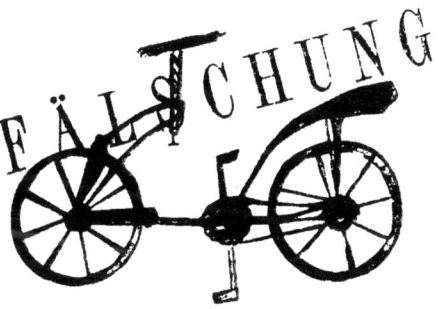

Die Skizze, eindeutig <u>nicht</u> von Leonardos Hand *(Reti 1974)*.

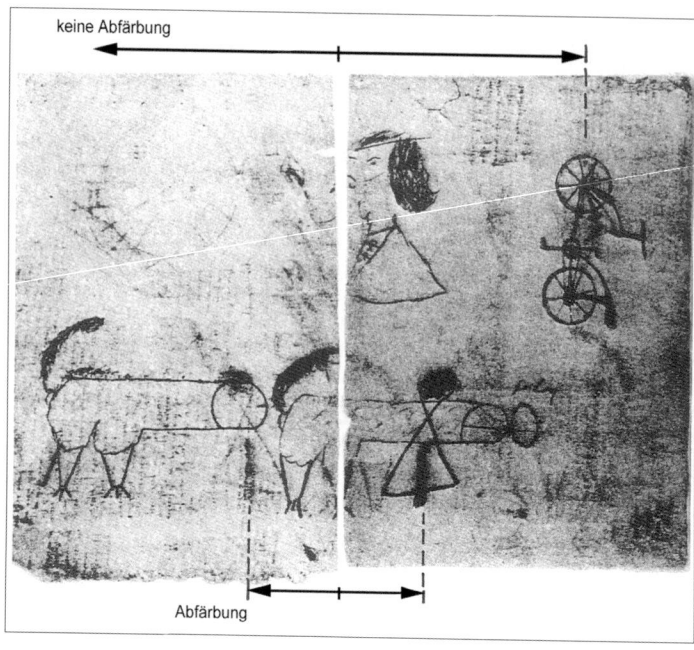

Die bei der Restaurierung freigelegte - ursprünglich zusammengefaltete Rückseite mit der Fahrradskizze eines Witzbolds *(Reti 1974)*

keine Abfärbung

Abfärbung

Karikatur im *Daily Telegraph* vom 21.10.97, bezugnehmend auch auf den damaligen britischen Überschall-Rekord

stands-Kreuzzug ein Leonardo-Wasserklosett inspiriert, das damals Kolumnist Martin Gardner als Aprilscherz in den *Scientific American* setzte.

Die italienische Nation war natürlich aus dem Häuschen: das Fahrrad, eine italienische Erfindung, auch noch gleich mit der Kette aufs Hinterrad! Bloß fahren hätte man damit nicht können. Doch Abhilfe war in Sicht: ein amerikanischer Historiker ließ seine Studenten aus Leonardo-Maschinenelementen gleich noch eine tadellose Lenkung bauen - wenn das mal nicht jeden Mäkler überzeugte! Allerdings blitzte er damit bei amerikanischen Technikgeschichte-Journalen ab, doch bei der deutschen Zweimonatsschrift *Technikgeschichte* konnte er dies Was-wäre-gewesen-wenn-Projekt unterbringen *(Foley 1983)*. Leonardo-Ausstellungen wanderten um die Welt mit einer hölzernen Rekonstruktion, die IBM Italien sponserte und der Modellbauer für Stardesigner, Giovanni Sacchi, in verschwenderischer Anzahl bauen durfte. Bis eben der Schwindel platzte! Auf der achten Internationalen Fahrradgeschichte-Konferenz an der Glasgow School of Art wurde 1997 der Nachweis geführt, daß eine Brunneneimerkette den oder die unbekannten Fälscher inspirierte. Diese stammte aus dem Madrid gleichzeitig wieder-entdeckten weiteren Codex Leonardos, und ihr Bild ging 1967 um die Welt *(Lessing 1997; www.fahrradbuch.de oder www.vanderplas.net/leonardo.htm)*.

Der britische *New Scientist* vom 18.10.1997 berichtete die Enthüllung und bezichtigte in schnöder Vereinfachung schon mal die Mönche der Fälschung. Denn Marinoni war Akademiker, also konnten es nur die Mönche gewesen sein, nicht wahr? Das hätte man besser nicht tun sollen, denn nun

514

posthum

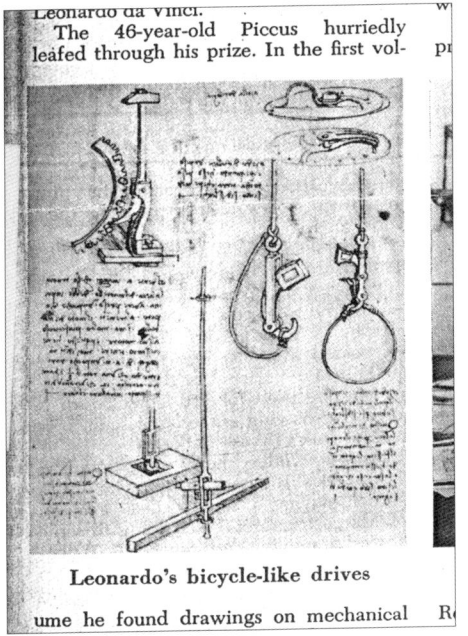

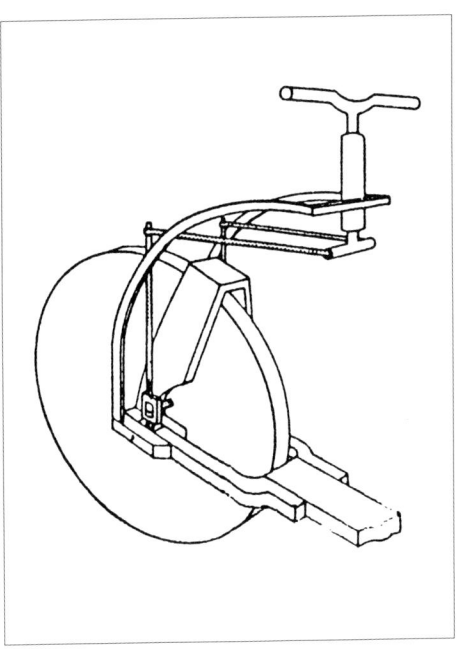

brach in Italien das große Schweigen aus, die Omertà. Offenbar wurde von der Bibliothek ein Alterstest veranlaßt (lediglich beschädigte Blätter waren versiegelt worden), und ein französischer Redakteur erfuhr das Ergebnis telefonisch von Carlo Pedretti: die Farben der Skizze stammten aus dem 19./20. Jahrhundert *(Science et Vie Junior1/1998)*. Aber eine Quelle, um dies nachzulesen? Mamma mia, der Leiter des Wissenschaftsmuseums in Florenz habe es im Flugzeug gelesen und sich die Zeitung nicht aufgeschrieben! Also faxte der Journalist den Leiter der vatikaneigenen Biblioteca Ambrosiana an (möglicher künftiger Papst), der mußte ja schließlich wissen, was mit seinem angeblich so wohlgehüteten Codex geschah. Fax zurück: Die Bibliothek gibt keine solchen Auskünfte und ist ansonsten werktäglich von 9-16 Uhr geöffnet - Cordiali Saluti! Dies ist also die Vergeltung für alle journalistischen Anschuldigungen: die Echtheit wird nicht mehr aufrechterhalten, aber der Alterstest eben unter Verschluß und damit unzitierbar gehalten.

Denn mittlerweile hatte Federico di Trocchio, Wissenschaftshistoriker an der Universität Lecce und auf Wissenschaftsbetrug spezialisiert, seinen Landsleuten die Augen geöffnet. Im italienischen Wochenmagazin spitzte er den Fall allerdings dahin zu, daß nun Marinoni in Glasgow der Fälschung bezichtigt worden sei *(L'Espresso 4.3.1999)*. Natürlich war daraufhin in dessen Heimatstadt Legnano die Aufregung groß, denn man hatte soeben die Bibliothek nach dem Verstorbenen benannt. Seine Witwe schrieb in einem Leserbrief, daß Marinoni ausschließlich mit Farbphotos gearbeitet habe. Die italienische Kulturpolitik dampfte indessen unbeirrt weiter: das Deutsche

Links: Inspiration zur Nachrüstung: -ein redaktioneller Irrtum: Ein falsches Bild zur Unterschrift *(Newsweek: 27. 02. 67)* Statt Uhrenteilen hätten die Brunneneimerketten von Seite vorher dazugehört.
Rechts: Foleys nachgelieferte Leonardo-Lenkung *(Foley 1983)* aus den tatsächlich abgebildeten Uhrenteilen.

Angebliches Leonardo-Fahrrad

MUSEEN

Falsches Fahrrad in der Pinakothek

Mit der hölzernen Rekonstruktion eines angeblich in Leonardo da Vincis Werkstatt entworfenen Fahrrades begrüßt die neu eröffnete Pinakothek der Moderne in München ihre Besucher: Im Eingangsbereich ist das Rad als historischer Kontrapunkt einem modernen Rennrad-Design gegenübergestellt.

Doch das unlenkbare und obendrein klobige Vehikel ist nach einer gefälschten Skizze aus Leonardos „Codex Atlanticus" entstanden, nachgebaut wurde es mehrfach von Modellbauer Giovanni Sacchi, der nun ein Exemplar dem bayerischen Museum schenkte. Schon verschiedentlich, so Technikhistoriker Hans-Erhard Lessing, ehemals an der Universität Ulm, wurde auf den Schwindel aufmerksam gemacht: Auf der achten Internationalen Fahrradgeschichte-Konferenz an der Glasgow School of Art wurde bereits 1997 nachgewiesen, dass eine von Leonardo gezeichnete Brunneneimerkette die Fälschung inspiriert hat. Federico Di Trocchio, Wissenschaftshistoriker an der Universität Lecce, hatte sich der Fälschungsthese angeschlossen. Das Wissenschaftsblatt „New Scientist" berichtete dann über den Schwindel. Das Deutsche Museum in München, dem die von IBM gesponserte Rekonstruktion zur Ausstellung angetragen wurde, lehnte dankend ab.

DER SPIEGEL 39/2002

Der Spiegel vom 21.9.2002

Museum sollte die Rekonstruktion des sogenannten Leonardo-Fahrrads ausstellen, winkte aber müde lächelnd ab. Doch immer noch zirkulieren Leonardo-Ausstellungen mit der Rekonstruktion in der Hoffnung, einen Dummen zu finden, der selten in die Zeitung schaut, wie z.B. die europäische Patentamtsstelle in Berlin. Und dann der jüngste Dreh: Meister Sacchi soll doch sein privates Exemplar den Deutschen schenken - die naiven Hanseln werden es schon ausstellen, was prompt geschah (Pinakothek der Moderne, München). Zwar ist Meister Sacchi ein wunderbarer Modellbauer, aber beileibe kein Historiker – Quellenkritik ist ihm ein Fremdwort. Auch eine Leonardo-Ausstellung im Weltkulturerbe Völklingen zeigte 2002 wieder mal den Fälschungsnachbau – dabei steht *„Leonardos Fahrrad"* längst im *Lexikon der Populären Irrtümer.*

Grafik: Katrin Lessing

Hier nochmal das Original und die Fälschungen, wie sie die Zweiraderfindung immer weiter in die Vergangenheit zurücklegen wollten. die
Multiplikatoren oder Fälscher werden mit der Jahreszahl des Publikwerdens
genannt, ebenso die Enthüller der Fälschung, gekennzeichnet durch ✂ .
(Lessing 1997)

Benutzte Literatur

Adler 1973: The Writing Machine, London

Althuser 1986: Pierre Michaux and his sons (englische Übersetzung), Kenilworth o.D.

Band 1895: Handbuch des Radfahrer-Sports, Wien

Bauch 1996:„...die sich für Geld sehen lassen..." – Über die Anfänge der Schnell- und Kunstläufe im 19. Jahrhundert (Koautor M. Birkmann), Marburg

Baudry 1891: Histoire de la Vélocipédie, Paris

Bauer 1817: Beschreibung der v. Drais'schen Fahr-Maschine und einiger daran versuchten Verbesserungen, Nürnberg (Reprint Lessing (Hg) Das erste Zweirad fuhr in Mannheim, Mannheim 2001)

Bekker 1956: Theory of Land Locomotion, Ann Arbor MI

Bertz 1900: Philosophie des Fahrrads, Dresden/Leipzig (Reprint Osnabrück 1984)

Bickes 1829: Anleitung zur Kenntniß ...von Equipagen, Freiburg

Biesendahl 1897: Katechismus des Radfahrsports, Leipzig

Cathiau 1893: Festgabe anläßlich der Enthüllung des vom Deutschen Radfahrerbund gestifteten Drais-Denkmals in Karlsruhe am 24.9.1893, Karlsruhe

CF-Katalog 1981: Carl Friedrich und seine Zeit, Ausstellungskatalog, Baden-Baden

Davies 1837: On the velocipede. May 1837. Vortragsmanuskript R.1.68 in Tritinity College Library, Oxford. Abgedruckt in # 109 + 111 von The Boneshaker. The Journal of the Veteran-Cycle Club (Alderley Edge) 1985

De-Fiets-Katalog 1977: Ausstellungskatalog Museum Boymans-van Beuningen, Rotterdam

Drais-Katalog 1985: K.. F. Drais von Sauerbronn ... Ausst. zum 200. Geburtstag, Karlsruhe

Drais W. 1818: Geschichte der Regierung und Bildung von Baden unter Carl Friedrich, 2. Band, Karlsruhe

Duncan 1936: World on Wheels, Paris

Dunham 1956: The Bicycle Era in American History, Diss. als Typoskript, Harvard University, Boston

Ebeling 1985: Der Freiherr von Drais, Karlsruhe

Eckermann 1998: Die Achsschenkellenkung und andere Fahrzeug-Lenksysteme, Deutsches Museum, München

Eger 1957: Genie ohne Erfolg, Zürich

Eger 1960: Forstmeister Drais, Lux-Lesebogen, Murnau

Ehrhardt 1803: Angabe und Vorschläge, Feuersbrünsten vorzustehen und zu dämpfen, Karlsruhe (Koautor: J. Schlaff)

Fabrikprodukten-Katalog 1995: Das k. k. Nationalfabriks-Produkten-Kabinett, München

Feldhaus 1903: Die Draisine im Germani-schen Nationalmuseum. In: Mitteilungen aus dem G.M. 1903, S. 5-59

Feldhaus 1908: Deutsche Erfinder. München

Feldhaus 1910: Ruhmesblätter der Technik, Band 1. Leipzig

Feldhaus 1914: Die Technik – Ein Lexikon der Vorzeit, der geschichtlichen Zeit und der Naturvölker, Unveränderte Sonderausgabe Wiesbaden 1970

Festgabe 1952: (Kollektiv hg) Festgabe der Friedrich-Schiller-Universität Jena zur 135. Wiederkehr des Wartburgfestes deutscher Studenten, Jena

Florence 1941: Viagem Fluvial do Tietê ao Amazonas 1825 a 1829, São Paulo

Foley 1983: Leonardo da Vinci und das Fahrrad, In: Technikgeschichte 50 (1983) Nr. 2

Freydorf 1908: Eine Stenographiermaschine, in: Süddeutsche Monatshefte, März 1908

Freystedt 1902: Erinnerungen aus dem Hofleben, hg.v. K. Obser, Karlsruhe

Friese 1993: Plakatkunst 1880-1935, Stuttgart

Galtier-Boissière 1897: Cycliste et Bicyclette, Paris

Ginzrot 1817: Die Wagen und Fahrwerke der verschiedenen Völker des Mittelalters und der Kutschen-Bau neuster Zeiten, München, Bd. 1+2 (Reprint Hildesheim 1979)

Ginzrot 1830: Die Wagen und Fahrwerke der verschiedenen Völker der Mittelalters und der Kutschen-Bau neuster Zeiten, München, Bd. 3+4 (Reprint Hildesheim 1979)

Goddard 1869: Velocipede – 1st History, Varieties & Practice, New York

Gogol 2002: Gesammelte Werke, Band 5 Briefe, Stuttgart 2002

Jeanes 1950: Des Origines du Vocabulaire Cycliste Français, Doktorarbeit, Université Paris

Hahn 1964: In Gutshäusern und Residenzen – Denkwürdigkeiten (O.v. Taube Hg), Hannover

Hermbstädt 1818: Museum des Neuesten und Wissenwürdigsten, 13 Bände, Leipzig

Heureuse 1834: Anleitung zum Bau der Roßmaschine mit Stufenwalzen, Berlin

Hoof 1991: Wagenbau um 1800 am Bsp. der Schlaffschen Wagenfabrik. In: Achse, Rad und Wagen Nr. 1

Übersichten

Hounshell 1984: From the American System to Mass Production, Baltimore

Junghuhn1854: Java – seine Gestalt, Pflanzendecke und innere Bauart, Leipzig

Kistner 1933: Zur Geschichte der Fahrmaschine und der Laufmaschine des Freiherrn Karl von Drais. In: Mannheimer Geschichtsblätter 1933, S. 169-181

Klemm 1986: Geschichte der Technik, Reinbek

Krebs 1994: Fünf Jahrtausende Radfahrzeuge, Heidelberg

Krünitz 1751ff: Ökonomisch-technologische Enzyklopädie, Berlin (Reprint: Hildesheim 1970)

Kobayashi 1993: Histoire du vélocipède de Drais à Michaux 1817-1870, Tokio

Koch 1977: The Shay Locomotive, Birmingham AL

Kübler 1957: C. F. Freiherr von Drais. Sein Leben und sein Werk. (ohne Ort)

Langsdorff 1826: Ausführliches System der Maschinenkunde, 2 Bände mit Atlas, Heidelberg

Leopold-Katalog 1990: Großherzog Leopold von Baden, Regent-Mäzen-Bürger, Badische Landesbibliothek Karlsruhe

Lessing 1994: Cycling or Roller Skating: The Resistible Rise of Personal Mobility. In: Rob van der Plas (Hg), Cycle History vol. 5, San Francisco

Lessing 1995: Geschichten von der Lust, auf dem eisernen Rosse dahinzujagen, München

Lessing 1997: The Evidence Against „Leonardo's Bicycle". In: Nicholas Oddy and Rob van der Plas (Hg) Cycle History vol. 8, San Francisco. Deutsche Fassung in: Mannheimer Geschichtsblätter N.F. 5

(1998) S. 345-57

Lessing 2000: Franz Maria Feldhaus – Kann man von Technikgeschichte leben? In: P.Blum (Hg): Pioniere aus Technik und Wirtschaft in Heidelberg, Aachen

Marggraff 1839: Deutschlands jüngste Literatur- und Kulturepoche, Leipzig

Maxim 1937: Horseless Carriage Days, New York

Meidinger 1892: Vom Erfinden, Karlsruhe

Mell 1899: Encyklopädisches Handbuch des Blindenwesens, Wien und Leipzig

Merlin-Katalog 1985: John Joseph Merlin – the ingenious Mechanick, Ausstellungskalatalog London

Modhagass 2003: In Cycle History, vol. 13, San Francisco

Nachweisung 1844: Ausführliche Nachweisung über den Eisenbahnbau im Großherzogtum Baden nach dem Stand am 1.11.1844, Karlsruhe

Napoleon-Katalog: Baden und Württemberg im Zeitalter Napoleons, 3bändig, Stuttgart 1987

Nieswizski 1991: Rollermania, Paris

NN 1841: C. W. F. L. Freiherr von Drais... Eine biographische Skizze, Mannheim

Noetling 1884: Draisine, Velociped und deren Erfinder, Freiherr Karl von Drais, Mannheim

Norcliffe 2001: The Ride to Modernity – The Bicycle in Canada 1869-1900, Toronto

Norden 1999: Passing Fashions but no sustainable Market – A History of Roller Skating in Austria before 1914. In: Intl. Journal of the History of Sport, Bd. 3, Ilford UK

Paulin-Desormeaux 1853: Patinage et Récréations sur la glace, Paris undatiert (1853)

Peale-Katalog 1996: The Peale familiy,

Wanderausstellungs-Katalog, New York

Pedretti 1978: The Codex Atlanticus of Leonardo da Vinci. A Catalogue of ist newly restored sheets 2 Teile, New York

Pfeil 1994: Weimar zur Goethezeit und das östliche Europa. In: Festschrift zum 200. Geburtstag von Ján Kollár, Jena

Pfister 1956: Christian Schenk (Berner Heimatbücher Bd. 67), Bern (Koauthor C. Schenk)

Plath 1978: Laufrad - Vélocipède - Hobbyhorse - eine typologische Untersuchung. In: M. Bringemeier et al. (hg), Festschrift für Wilhelm Hansen, Münster

Raab 1998: Revolutionäre in Baden 1848/49 - Biographisches Inventar, Stuttgart

Raffles 1817: History of Java, London

Rankine 1870: Théorie du Vélocipède, Paris

Rauck 1979: Wilhelm Maybach – Der große Automobilkonstrukteur, Baar

Rauck jun.1983: Karl Freiherr Drais von Sauerbronn, Wiesbaden (800seitige Diplomarbeit)

Reti 1974: Leonardo – Künstler, Forscher, Magier, Frankfurt (Neuausgabe Stuttgart 1981)

Revolutions-Katalog 1998: Revolution der deutschen Demokraten in Baden 1848/49, Badisches Landesmuseum Karlsruhe

Roberts 1991: Cycling History – Myths and Queries, Mitchum UK

Salvisberg 1897: Der Radfahrsport in Bild und Wort, München (Reprint Hildesheim1998)

Scheifele 1980: Oberforstmeister und Kammerherr F.H.G. Freiherr Drais von Sauerbronn, in: Biographie bedeutender Forstleute in Baden-Württemberg, Stuttgart

Übersichten

Schiffner 1942: Männer des Metall-
    hüttenwesens, Freiberg
Schmidt 1923: Natur und Mensch, Berlin
Schmidt 1965: Die Ritter vom Geist,
    Karlsruhe
Schwinge 2002: Johann Heinrich Jung-
    Stilling – Briefe, Gießen
Seray 1982: L'Inventeur Drais de Sauerbronn.
    In: Jean Durry (Hg), L'enCYCLEopédie,
    Lausanne
Seray 1988: Deux Roues – La véritable
    Histoire du Vélo, Saint-Georges-de-
    Luzençon
Sharp 1896: Bicycles and Tricycles – an
    elementary Treatise on their Design
    and Construction, London (Reprint
    David G. Wilson (Hg), Cambridge MA
    1979)
Siebertz 1953: Karl Benz und sein
    Lebenswerk, Stuttgart
Smith 1972: A social history of the bicycle,
    New York
Spencer 1883: Bicycles and Tricycles, Past
    and Present, London
Spix 1823ff.: Reise in Brasilien in den Jahren
    1817-20, München (Reprint Stuttgart)
Stephanie-Katalog 1989: Stephanie
    Napoleon – Großherzogin von Baden,
    Karlsruhe
Stevens 1887: Um die Erde auf dem Zweirad,
    2 Bände, Leipzig (Reprint Stuttgart
    1984)
Stolz 1911: Fügung und Führung –
    Konvertitenbilder, Teil 2, Berlin
Stommel 1983: Volcano Weather – The Story
    of 1816, the Year without a Summer,
    Newport
Street 1979: Victorian High-Wheelers,
    Sherborne UK
Street 1984: The Inventive Mr. Birch. In: The
    Boneshaker #106 (Autumn 1984) S.3-7

Street 1990: The Celebrated „Rantoone". In:
    The Boneshaker #122 (Spring 1990) S.
    9-22
Street 1997: As if on Horseback – Denis
    Johnson's patent 4321 of 1818. In: Cycle
    History vol.8, San Francisco
Street 1998: The Pedestrian Hobby-Horse at
    the Dawn of Cycling, Christchurch
The Expositor 1851: an illustrated recorder
    (London) 1(1851) 284
Tufte 1983: The Visual Display of
    Quantitative Information, Cheshire CT
Türckheim, Freiher von 414f.
Uccelli 1944: Storia della Tecnica dal Medio
    Evo ai Nostri Giorni, Mailand
Ulreich 1992: Anton Burg und Sohn – die
    Wiener Manufaktur von Draisinen, In: 3.
    Internationale Konferenz zur
    Fahrradgeschichte (deutsche Ausgabe),
    Neckarsulm
Ulreich 1994: Rad – Gestern, Heute, Morgen.
    Ausstellungskatalog, Hinterbrühl
    (Österreich)
Ulreich 1998: Three Recently discovered
    Draisines in Austria. In: Glen Norcliffe
    und Rob van der Plas (Hg): Cycle History
    vol. 9, San Francisco
Unger 1774: Entwurf einer Maschine,
    wodurch alles was auf dem Clavier
    gespielet wird, sich von selber in Noten
    setzt, Braunschweig
Varnhagen 1859: Denkwürdigkeiten des
    eigenen Lebens, Band IX, Leipzig
Walter 1907: Mannheim in Vergangenheit
    und Gegenwart Band 2, Frankfurt
Walter 1931: Scherenschnitte aus der
    Familie von Drais. In: Daheim 67 (1931)
    S. 26
Weech 1875: K. W. L. F. Freiherr Drais von
    Sauerbronn. In: Badische Biographien,
    Band 1

Werner 1980: Der letzte Freiherr von Drais,
    in: Biographie bedeutender Forstleute
    in Baden-Württemberg, Stuttgart
Whitt 1980: What is that Cherub doing? In:
    Cycletouring
Whitt/Wilson 1982: Bicycling Science, 2.
    Auflage, Cambridge MA
Wiederkehr 1907: Mannheim in Sage und
    Geschichte, Mannheim
Wilhelm 1906: (K. Ober Hg.)
    Denkwürdigkeiten des Markgrafen
    Wilhelm von Baden, 2 Bände,
    Heidelberg
Zeyher 1809: Der Garten zu Schwetzingen,
    Mannheim (Reprint Freiburg 1983)
Zindel 1825: Der Eislauf, Nürnberg (Reprint
    Hanau 1980)

Personenindex

Übersichten

Richtigstellungen

Glaub nicht Alles, was Du [...]
Glaub nicht Alles, was Du den[...]
Glaub nicht Alles, was Du siehs[...]
Arno Schmidt

Bisher:	**Vielmehr richtig:**
Freiherr Karl Friedrich Christian Ludwig Drais von Sauerbronn	Bürger Karl Drais (legte in der Badischen Revolution 1849 seine Adelstitel öffentlich nieder)
Drais war verkannt	Nein: politisch verfolgt , seit den 1830ern mit krimineller Energie!
Drais war ein spleeniger reicher Adliger	Drais-Familie war Beamtenadel ohne Güter
Forstmeister Drais versagte im Forstfach	Drais studierte in Heidelberg, war Forstlehrer
Drais hat Lenkung fürs Zweirad erfunden	Drais hat das Zweiradprinzip an sich erfunden, dies funktioniert nur mit Lenkung. Zweiräder ohne Lenkung sind unfahrbar und gab es nur als Fälschung auf dem Papier
Das Zweirad erfand man vielerorts	Nur Prioritätsfälschungen gab's allerorten
Erfindungsjahr war 1816 (oder gar 1813)	Falschinterpretation des bis 1816 verzögerten Artikels über seine beiden 4rädrigen Fahrmaschinen von 1813
Erste Fahrradfahrt war am 12.Juli 1817	Erste Zweiradfahrt der Geschichte erfolgte am 12.Juni1817, einem Donnerstag (Begriff Fahrrad kam erst 1885!)
Drais hat das Zweirad für die engen Waldwege erfunden	Drais war Stadtbewohner und benutzte die beste Straße Badens
Das plumpe, schwere Laufrad wollte keiner	Die hölzerne Laufmaschine(!) war so leicht wie ein Hollandrad heute. Sie wurde wegen des Pferdesterbens 1816/17 weltweit tausendfach nachgebaut.
Drais erfand den Vorläufer des Fahrrads	So stehts im Brockhaus seit den 1890ern. Bitte aktualisieren in: Vorläufer des Fahrrads, Motorrads, Automobils und Aeroplans
Drais erfuhr keine Anerkennung	Doch, 1817 wurde er Ehrenmitglied wissenschaftlicher Gesellschaften und als Professor der Mechanik tituliert, mit Erfinderpension.
Laufmaschinen endeten, weil unbrauchbar	Nein, Fahren wurde nach Sinken des Haferpreises ab 1817 weltweit bei harten Geldstrafen verboten und damit für 50 Jahre abgewürgt
Drais' Schreibmaschine war unnötig	Auslöser war Erblindung des Vaters
Wegen Zwist mit seinem missbilligenden Übervater musste Drais nach Brasilien auswandern	Nein, Drais-Vater kam wegen Zuschuß zu Entwicklungen des Sohnes sogar in finanzielle Schwierigkeiten. Die Brasilienreise stellt sich als Warten auf den Ausgang der Star-Operation beim Vater dar
Drais' übrige Erfindungen waren unsinnig	Nein, seine Kochkiste wurde noch in unserer Nachkriegszeit wieder benutzt
Drais war schrullig oder gar verrückt	Nein, er hatte womöglich epileptische Anfälle. Der Entmündigungs- versuch war politisch motiviert.
Drais fuhr zum Gaudium der Bürgerwehr die Karlsruher Rathaus- treppe hinab und überschlug sich	Unglaubhaft, weil von politischen Gegnern posthum lanciert. In der Bürgerwehr hatte Drais Freunde
Drais arbeitete als fahrender Schausteller	Nein, von Theaterautor Rudolf Eger erfunden
Drais starb mittellos	Schon, aber der Grund war, dass die preussische Besatzung seine Pension zur Begleichung der Revolutionskosten beschlagnahmte

Übersichten

 525

Drais' Lebenslauf

...uhe geboren und auf ...Karl Friedrich Christian ...wig evangelisch getauft. Vater Karl Wilhelm Friedrich Ludwig ist Hof- und Regierungsrat. Mutter: Ernestine Christine Margaretha geb. von Kaltenthal. Taufpate: der regierende Markgraf Carl-Friedrich

1786 Geburt seiner Schwester Amalie. Taufpatin: Amalie von Baden

1788 Geburt seiner Schwester Luise

1789 Geburt seiner Schwester Caroline

1790 Epilepsie-Ausbruch beim Vater, der zur Entlastung in den badischen Besitz Kirchheim im Hunsrück als Obervogt versetzt wird (140 km weit)

1794 achtmonatiger Familienurlaub beim Onkel in Gernsbach (Schwarzwald)

1795 kaum zurück muß die Familie vor dem französischen Revolutionsheer fliehen. Baden verliert allen linksrheinischen Besitz. Familie lässt sich in Durlach bei Karlsruhe nieder. Vater entlassen, gesund und schriftstellert

1797 Geburt seiner Schwester Ernestine

1797-99 Vater wieder im Dienst als Polizeidirektor beim erfolglosen Rastatter Friedenskongreß, der mit dem Rastatter Gesandtenmord endet

1799 Tod der Mutter im Kindbett. Vater kann in Karlsruhe am Hofe bleiben

1800 Karl beendet Lyzeum Karlsruhe mit Realabschluß. Vater Polizeidirektor. Herrscher und Pate bestimmt Karl zum Forstdienst, er besucht die private Forstschule seines Onkels, jetzt in Pforzheim

1801 Vater heiratet Friederika von Rotberg. Die zweite Ehe bleibt kinderlos

1803 Forstlehre beendet. Mangels Anwärterstellen Parkstudium der Mathematik, Physik und Baukunst bei den Technologen der Universität Heidelberg, das jetzt zu Baden gehört. Teilnahme am Vorlesungsstreik. Handverletzung durch zustechenden Studenten wird gut operiert.

1804 Karl wird noch ungeprüft Jagdjunker

1805 Studium wegen Forstprüfung beendet, die aber zwei Jahre verschoben wird. Läßt sich zum Onkel, jetzt in Schwetzingen, versetzen. Hilfslehrer an dessen Forstschule. Wird zum Hofjunker ernannt.

1807 Forstexamen. Der um eine Professur geprellte Onkel geht nach Freiburg.

1808 In Karls erster Stelle am Forstamt Schuttern bei Offenburg lässt ihn der Forstmeister ihn nur Handlangerdienste verrichten. Ernennung zum Kammerjunker

1809 Vater betreibt Karls Aufenthalt in Karlsruhe, um ihn bei Hofe zu zeigen

1810 Karl findet mathematische Lösung für

Polynom und wird Forstmeister ohne Bezirk. Mit Verlegung des Oberhofgerichts nach Mannheim kauft Vater dort ein Haus und zieht mit Familie dorthin

1811 Karl bei vollen Bezügen vom Forstdienst beurlaubt. Zieht nach Mannheim. Wohl Lehrer an Hans Heinrich Bürmanns privater Handelsakademie. Herrscher und Pate Carl-Friedrich stirbt. Nachfolger wird Enkel Carl I., verheiratet mit Stephanie Napoleon

1812-16 Serie von schlechten Ernten. Karl regt Urbarmachung von Wald an

1812 publiziert u.a. Mathematisches und Klavier-Rekorder in Tageszeitung

1813 Baut 4rädrige Fahrmaschine Eins und führt sie Zar Nikolaus vor

1814 Privileggesuch hierfür abgelehnt, ebenso Zuschuß für Fahrmaschine Zwei. Baut diese dennoch und fährt auf Donau zum Wiener Kongreß. Büchlein Dyadik über binäres Rechnen (erreicht 2 Auflagen)

1815/16 Gigantische Stauberuptionen des Tambora bei Bali. Schneefall im Sommer, Ernteausfall, Hungersnot, Pferdesterben. Stiefmutter stirbt

12. Juni 1817 Erste dokumentierte Zweiradfahrt aus Mannheim hinaus mit 15 km/h. Besorgt Bestellungen beim Wagner Frey, beantragt Privileg, dann mit Vaters Hilfe ein sog.

Erfindungspatent (in Baden unbekannt). Zwei Ehrungen. Nach heuer guter Ernte Verbot des Fahrens auf Gehwegen

30. 1. 1818 Badisches Patent für Laufmaschine bewilligt, ebenso 5.2.1818 Brevet in Frankreich, sonstwo Ablehnungen. Ernennung zum Professor der Mechanik mit Pension. Vorführung in Paris durch Diener, im Herbst durch Karl selbst. Carl I. stirbt, Nachfolger dessen Onkel Ludwig I.

1819 Raubpatente für Denis Johnson (UK) und William Clarkson (USA). Fahrverbote mit Geldstrafen in Mailand, London, New York, Kalkutta Politischer Mord an August v. Kotzebue durch Student Ludwig Sand

1820 Karl publiziert gegen Handantrieb. Erhöhungsperspektiv veröffentlicht. Sand unter Vaters Vorsitz nicht begnadigt, daraufhin geköpft

1821 Karl zum Kammerherrn ernannt. Vater erblindet am grauen Star. Karl baut Typenschreibmaschine. Bricht zur Brasilienreise auf

1822-27 Von Bremen per Segler in drei Monaten nach Rio. Als Geometer in Mandioca. Vorführung der Typen-Schreibmaschine vor Kaiser Pedro I.

1827 Heimkehr und Bau der Schnell-schreibmaschine, einer Stenomaschine

1830 Tod des Vaters. Schwestern verkaufen das Haus und ziehen später nach

Freiburg. Tod von Ludwig I., Nachfolger ist Hochberger Leopold

1831 veröffentlicht Vorschläge zur Hebung der Volkskraft (Sozialutopie)

1832 Erfolglose Englandreise. Pension wird aufgrund Beamtenedikts gekürzt. In Mannheim blutige Unterdrückung von Unruhen

1833 Karl wird um Preisgeld für holzsparende Heizung geprellt. Onkel stirbt. Gewinnt Prozeß um Pension, worauf Fiskalanwalt Privatrache androht.

1834 Karls Kutsche mit Pferd am Heck macht Schlagzeilen bis Finnland und New York.

1835 Karl wird von Gegnern massiv gemobbt. Akten gewonnener Prozesse verschwinden. Seine Rechtfertigungen werden bei Hofe unterschlagen. Verliert Kammerherrnstatus

1837 Infamer Rufmord des Sand-Fans und jungdeutschen Literaten Gutzkow

1838 Karl äußert sich in der Harmonie-Lesegesellschaft zum imperativen Mandat. Ausschluß aus Harmonie. Wirbt für seine Kochmaschine, die Kochkiste. Mörderischer Anschlag auf ihn.

1839 Verbannung oder freiwilliger Umzug nach Waldkatzenbach (50 km weit)

1842 Drais testet eigene Schienendraisine

mit Fußantrieb auf Karlsruher Gleis

1845 Umzug nach Karlsruhe. Aufenthalts-verbot im Kurort Baden-Baden

1848/49 Badische Revolution. Karl legt öffentlich seine Adelstitel nieder, noch bevor Leopold I. flieht. Nach Niederschlagung durch die Preussen nötigen zwei junge Adlige Karl zu einem Loyalitätstest pro Leopold, den Karl standhaft verweigert, worauf er übel misshandelt wird. Die preussische Besatzung will ihn entmündigen lassen, was Vetter und Schwestern verhindern, zudem wird seine Pension zur Rückzahlung der Revolutionskosten beschlagnahmt. Verkauft Flugblatt „Gedankenspäne"

10. Dez. 1851 Tod in Karlsruhe

Übersichten

Radreise um die Erde

„Heinrich Horstmann war 1895 der erste Deutsche, der auf dem Fahrrad einmal die Welt umrundete – und bis heute der jüngste. Vom 2. Mai 1895 bis 16. August 1897 radelte er von Dortmund aus in westlicher Richtung bekleidet mit einem Flanellhemd, kniekurzen Hosen, flachen Schuhen und Mütze. 16 Kilo Gepäck waren in einer Tasche am Rahmen verstaut, aber kein Kartenmaterial. Eine Schusswaffe, aber kein Geld…"

(Christian-A. Thiel im Hamburger Abendblatt)

• … das Buch selbst entpuppt sich nicht nur als kurzweilige Lektüre, es erweist sich auch als Fundgrube der Zustände in verschiedenen Weltgegenden vor hundert Jahren. Allein schon was Horstmann bei den verwilderten Cowboys in den Vereinigten Staaten von Amerika, bei friedfertigen Indianern und skrupellosen Goldgräbern erlebte, ist spannender als ein Western.

… ein Buch, daß man auch heute noch mit Genuß liest und nachher voll Verwunderung zur Seite legt.
Mannheimer Morgen   vom 07.01.2000

• … Weil sich sein Bericht so munter liest, eignet sich das Buch nicht nur für historisch Interessierte.
Frankfurter Allgemeine vom 07.03.2000

• … ein faszinierender und anekdotenreicher Reisebericht…
National Geographic im März 2000

Heinrich Horstmann: Meine Radreise um die Erde;
Hrsg.& kommentiert von Hans-Erhard Lessing.
MAXIME (Leipz. 2000); 4. Auflage;
ISBN: 3-931965-06-6; 19,95Euro(D)

letzten Freiherrn und Frei

(Kinderlose unsc

Beamtenadel ohne Güter
zuletzt in badischen Diensten

Karl Wilhelm Friedrich Ludwig (1755-1830)
Oberhofgerichtspräsident, Ehrenbürger Mannheims
1784 ∞1 Margaretha E.Freiin v.Kaltenthal (1757-1799)
1801 ∞2 Friederika von Rotberg (1759-1816) Hofdame

Vater

Samuel Friedrich Gottlieb (1723-1778)
Obristwachtmeister, Geheimer Rat in Ansbach
1754 ∞1 Elisabeth C.A.v.Reck (1719-1769)
1775 ∞2 Friederike M.C.v.Wetter (1723-?)

Großvater

Friedrich Heinrich Georg (1758-1833)
Oberforstmeister, zuletzt Freiburg
∞ Juliana H.F.Freiin v.Vischpach (1766-1833)

Onkel

Vornamen der Beamtenkinder wurden der Herrscherfamilie entlehnt. Auffallend die Ehelosigkeit der Kinder
des Epileptikers Wilhelm v. Drais